설지민 전공특수 2022학년도 연간 강좌 계획

강좌	강의 안내	교재
1~2월 기본이론반 [8주]	• 특수교육학 기본 내용을 기출 영역 ... • 매 영역마다 마인드맵을 통해 각 영 ...	2021 설지민 특수교육학 1, 2
3~6월 각론반 [13주]	• 기출문제가 출제된 영역을 각론서를 통해 심도있게 이해하는 과정 • 매 영역마다 마인드맵을 통해 심화된 내용을 추가하여, 자신만의 마인드맵을 정리 • 객관형 기출문제를 통해 기출문제에 대한 이해도를 높이며, 문제풀이에 대한 접근을 높임	시중 교재 (개별 구입)
7~8월 기출문제 풀이 & 기출 변형 문제풀이반 [8주]	• 기출문제 풀이를 통해, 이해한 내용을 문제에 적용하는 기틀을 다지는 과정 • 객관형 기출과 서술형 기출을 함께 보면서 기출문제의 변천과 내용이 다양하게 변형되는 것을 익힘 • 기출변형문제를 직접 풀어보면서, 같은 내용이 변형이 되었을 때도 문제를 풀 수 있는지 점검해보고 기출내용 영역에 대한 자신의 이해도 점검 • 첨삭을 통해, 문제의 키워드와 답을 쓰는 요령을 학습	해커스임용 설지민 특수교육학 영역별 이론+기출문제 1, 2, 3(2판)
9~10월 영역별 모의고사 [7주]	• 기출확장 영역을 다루고, 심화내용을 학습 • 영역별 내용을 통해, 각 영역의 구조화를 공고히 만들어 백지인출의 기틀을 만듦 • 심화내용에 대한 문제를 직접 풀면서, 답을 작성하는 요령과 시간 내 문제를 풀고 답을 작성하는 시험시간에 대한 전략 학습 • 첨삭 진행	프린트
10월 영역별 모의고사 [3주]	• 마지막으로 전 영역을 한번에 구조화하여, 영역에 대한 정리 완성 • 서브노트가 아닌 마인드맵 형식으로, 인출할 수 있는 형태의 개념·내용·키워드를 통해 백지인출 연습 • 첨삭 진행	해커스임용 설지민 특수교육학 마인드맵(2판)
10~11월 파이널 모의고사 [4주]	• 전 영역 문제를 통해, 영역별 전환 연습 • 교육과정, 법에 대한 문제풀이를 통해 암기할 부분 확인 • 기출영역에 대한 오개념 재확인 • 실전문제 연습 • 시험시간과 같게 시간을 맞춰놓고 모의고사를 풀면서, 시험일 시간 배분 연습을 체득 • 첨삭 진행	프린트

※ 강의계획은 상황에 따라 변경될 수 있으며, 세부계획은 강좌별 수업계획서를 참조

해커스임용

설지민

특수교육학

영역별 이론+기출문제 1

설지민

약력

대구대학교 사범대학 중등특수교육전공 졸업
대구대학교 교육대학원 특수교육전공 졸업
대구대학교 지체중복장애아 교육전공 박사과정 재학
현 | 해커스임용 특수교육 전임교수
전 | 아모르임용학원 특수교육 전임강사
　　아모르아이티칭 특수교육 전임강사

저서

해커스임용 설지민 특수교육학 영역별 이론 + 기출문제 1~3, 해커스패스
해커스임용 설지민 특수교육학 마인드맵, 해커스패스
설지민 특수교육학 기출풀이 STEP1~3, 열린교육
설지민 특수교육학, 북이그잼
설지민 특수교육학 기출변형문제집 전3권, 북이그잼

저자의 말

안녕하세요. 설지민입니다.

〈해커스임용 설지민 특수교육학 영역별 이론+기출문제 1〉이 출간됩니다. 이 교재를 만드는 지금 시점이 새로운 시작이라는 생각이 들었습니다. 내용을 이해하는 단계에서 정답을 작성하는 단계로 전환하는 시점이기 때문이죠.

대부분의 선생님들께서 '기출문제'의 중요성은 알지만, 어떤 관점에서 왜 기출문제를 풀어야 하는지는 잘 모르시는 것 같습니다.

본 교재는 기출문제를 학습하는 선생님들의 학습 방향을 설정해주는 교재입니다. 각 영역별로 알아야 할 최소한의 핵심이론과 관련 개념의 기출문제를 묶어서 배치하였습니다. 각 개념이 어떤 문제로 나오는지, 같은 개념이라도 얼마나 다양한 문제 유형으로 등장했는지를 더욱 쉽게 파악할 수 있습니다. 또한, 정답과 해설을 나누어 작성하여 개념 중 어떤 부분을 우선적으로 보면 좋을지도 알 수 있습니다.

본 교재로 기출문제를 좀 더 효과적으로 학습하시려면,

첫째, 기출문제에 나온 개념을 확인해야 합니다. 본 교재는 영역별로 기출문제를 분석하여, 각 영역마다 어떤 개념이 출제되었는지, 어떤 문제 유형이 출제되었는지 확인할 수 있습니다. 단순히 개념을 알면 문제를 풀 수 있다는 생각에서 벗어나서, 문제를 푸는 적용을 위해 기출문제를 다각도로 분석해야 합니다. 어떤 개념이 어떤 유형으로 등장하는지 암기하면 문제풀이가 수월해집니다.

둘째, 정답을 알아야 합니다. 단순히 정답만 알아서는 안 되며, 문제와 정답을 연결하는 것이 필요합니다. 기출개념(예: 상황이야기)에 대한 질문(예: 지시문)과 핵심요소(예: 목적)가 무엇인지 확인해야 합니다. 방대한 특수교육학 이론의 우선적인 개념을 파악하고자 기출문제를 분석하는 것이므로, 기출문제의 핵심인 정답은 반드시 알아야 합니다. 개념의 단편적인 파악만으로는 문제풀이가 어렵기 때문에 교재의 모범답안과 자신의 답안을 비교하며 문제와 정답을 연결하는 연습도 중요합니다.

셋째, 기출문제를 자세히 읽어야 합니다. 우리는 기출문제를 풀 때 정답보다는 정답의 개념을 먼저 떠올립니다. 그러나 정답은 개념 중에서도 세부 개념을 묻기 때문에, 포괄적인 개념만 알아서는 답안 작성이 어렵습니다. 답안을 작성하려면 문제에서 정확한 조건을 찾아야 합니다. 특정 조건에서 세부 개념의 단서를 찾고 답안을 작성할 수 있기 때문에 문제를 여러 번 풀어보며 조건을 찾는 연습이 중요합니다. 처음 기출문제를 풀 때는 개념에만 초점이 맞춰지므로, 반복적으로 학습해야 합니다.

더운 여름날, 특수교사가 되기 위해 땀 흘리고 계신 선생님의 공부에 조금이나마 도움이 되었으면 합니다. 코로나와 날씨, 여러 어려운 상황이 이어질 수 있지만 우리를 보며 배시시 웃어줄 아이들을 위해 조금만 더 참아봅시다. 사고를 치면 한 대 쥐어박아주고 싶을 때도 있지만, 사심 없이 웃어주는 아이들이잖아요.

무더운 여름 슬기롭게 잘 헤쳐 나가길 바랍니다. 남은 수험기간 동안 힘내십시오.

설지민 Dream

목차

이 책의 활용법   6
특수 임용 시험안내   8
특수 임용 시험 미리보기   10
영역별 기출문제 바로 찾기   12
학습 성향별 맞춤 학습법   20

제1장   통합교육

■ 한눈에 보는 핵심 마인드맵   24

제1절 통합교육의 이론
01 정상화와 사회적 역할 가치화   26

제2절 협력
01 협력적 팀 접근   28
02 협력교수   36

제3절 교수적합화(=교수적 수정)
01 교수적합화의 정의 및 기제   46
02 교수적합화를 위한 수정 영역 및 전략   46
03 교수적합화의 절차   47
04 교수적합화의 유형(박승희)   49

| 정답·해설 |

제1장   **통합교육**   380
제2장   **시각장애**   392
제3장   **청각장애**   410
제4장   **의사소통장애**   429

제2장   시각장애

■ 한눈에 보는 핵심 마인드맵   90

제1절 원인별 교육적 조치
01 각막 질환   94
02 중막 질환   95
03 수정체 질환   95
04 방수에 의한 질환   96
05 망막 질환   96
06 시신경 질환   99
07 외안근 이상   100
08 굴절 이상   101
09 기타 질환   102

제2절 시각장애 진단 및 평가
01 객관적 평가   107
02 주관적 검사   107
03 학습매체 평가   109

제3절 시각장애 교육방법
01 저시력   113
02 맹   124
03 시각 중복장애 학생 교육   128

제4절 시각장애 교과교육
01 과목별 시각장애 교과교육   150

제5절 보행
01 방향정위   154
02 이동   156

제6절 점자
01 점자의 표기   168

제3장	청각장애	
■ 한눈에 보는 핵심 마인드맵		188
제1절	**청각장애 유형**	
	01 청력 손실 부위	192
제2절	**청각장애 진단평가**	
	01 객관적 평가	196
	02 주관적 평가	198
제3절	**청각장애 특성**	
	01 언어적 특성	223
	02 인지 · 학업적 특성	224
제4절	**청각장애아 교육**	
	01 청각구어법	226
	02 구화법	226
	03 수어법	226
	04 종합적 의사소통법	227
	05 이중문화-이중언어 접근법(2Bi)	227
	06 농 · 맹 중복장애인의 의사소통 방법	227
제5절	**청능훈련 및 독화**	
	01 구화법	234
제6절	**보조공학**	
	01 보청기	247
	02 인공와우	250
제7절	**수어지도**	
	01 수어	259
	02 지화	261

제4장	의사소통장애	
■ 한눈에 보는 핵심 마인드맵		274
제1절	**의사소통**	
	01 의사소통의 정의와 요소	278
	02 말 산출기관	279
	03 연인두 폐쇄기능	279
제2절	**언어발달**	
	01 과잉확대, 과잉축소, 과잉일반화 현상	283
	02 대화 능력 발달	284
	03 이야기 능력 발달	286
제3절	**평가**	
	01 역동적 평가	292
제4절	**조음장애 오류와 중재**	
	01 조음장애와 음운장애	293
	02 조음장애의 형태	294
	03 조음장애의 진단과 평가	295
	04 조음장애의 중재법	297
제5절	**유창성 장애**	
	01 유창성 장애 정의 및 특성	311
	02 유창성 장애의 중재	313
제6절	**음성장애**	
	01 음성장애의 정의	319
	02 음성장애의 예방 및 중재	320
제7절	**언어장애**	
	01 언어	322
	02 언어장애 종류	327
제8절	**자발화 분석**	
	01 자발화 분석	356

이 책의 활용법

1 '기출문제 바로 찾기'로 필요한 문제 위치 빠르게 확인하기

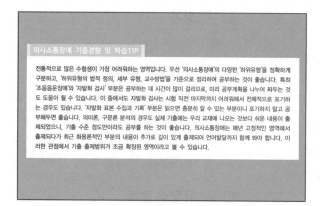

영역별 기출문제 쉽게 확인 가능

각 영역에 수록된 기출문제의 정보와 교재 내 페이지를 표로 정리하여 수록했습니다. 모든 기출문제의 세부 영역과 기출정보(학년도, 분야, 문항번호), 문제가 속한 페이지를 편리하게 확인할 수 있습니다.

원하는 문제의 위치 바로 찾기

교재 학습 전/후로 기출문제 정보가 필요할 때 간편하게 찾을 수 있습니다. 직전 연도 기출문제에 별도 표시하여 최근 기출문제가 어떤 영역에서 출제되었는지 확인하고, 최신 기출경향도 쉽게 파악할 수 있습니다.

2 '기출경향 및 학습TIP'으로 학습 준비하기

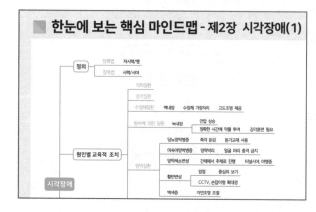

각 장 도입부에 기출경향 및 학습TIP 제공

교수님의 다년간 노하우를 담은 기출경향과 학습전략을 통해 영역별 학습방향을 올바르게 설정하여 효과적인 학습이 가능합니다.

영역별 중요 개념 파악 완료

학습에 본격적으로 임하기 전, 해당 영역에서 필수적으로 학습해야 하는 우선순위 개념과 각 영역의 기출 특징을 참고하면 중요 개념에 더욱 쉽게 접근할 수 있습니다.

3 전 영역을 구조화한 마인드맵으로 인출 연습하기

체계적으로 구조화한 마인드맵

영역별 핵심 키워드와 실제 시험에 나오는 기출개념 키워드를 마인드맵 형식으로 구조화하여, 학습자가 각 영역의 중요 키워드를 정리하고자 할 때 가이드라인이 되어줍니다.

빈출 키워드 인출 연습 가능

이론 학습 전 마인드맵을 키워드 위주로 훑어보면서 이론의 전반적인 흐름을 파악하고, 이론 학습 후 마인드맵의 주요 키워드만 가리고 백지인출 연습을 해보면서 서답형 시험을 더욱 효과적으로 준비할 수 있습니다.

4 영역별 이론과 기출문제를 한 번에 학습하기

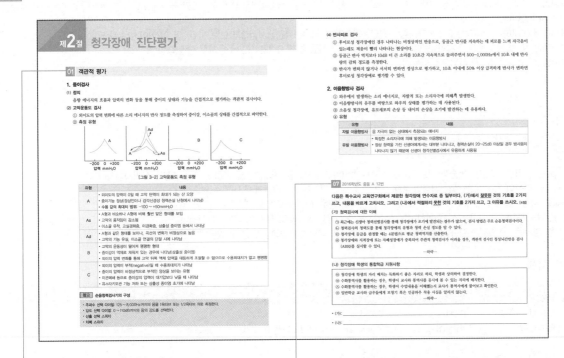

영역별 핵심이론

학습해야 할 범위가 방대한 특수교육학 이론을 영역별 핵심 기출개념 위주로 정리하여 효율적으로 학습할 수 있습니다. 또한 이론 학습에 도움이 되는 관련 개념(참고)과 심화 개념(핵심 플러스)의 설명을 더해 연계학습도 용이합니다.

2009~2021학년도 기출문제

2009~2021학년도 유·초·중등 기출문제를 관련 이론과 함께 수록하여, 이론 학습 후 바로 실전 문제풀이가 가능합니다. 기출문제에 기출연도, 분야, 문항번호, 배점 등을 표기하여 현재 학습하는 문제의 기출정보도 편리하게 확인할 수 있습니다.

5 모든 문제에 대한 정답·해설로 이론 보충하기

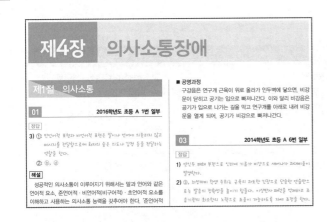

전체 문제의 정답·해설 제시

모든 문제에 대한 정답·해설을 제시하여 기출문제 풀이 후 정답 확인과 관련 이론의 복습이 가능합니다.

서답형 문제 모범답안 제공

교수님이 직접 작성한 서답형 문제의 모범답안을 수록하여 기출문제에 대한 자신의 답안을 모범답안과 비교해보고 부족한 부분을 보충할 수 있습니다.

특수 임용 시험안내

＊임용시험에 관한 자세한 정보는 시·도 교육청 및 시험별로 상이하므로, 응시하고자 하는 시험의 시·도 교육청 홈페이지의 공고문을 꼭 확인하세요.

1. 임용시험이란?

- 임용시험은 '교사 임용후보자 선정 경쟁시험'의 준말로, 교사로서의 전문적인 능력을 평가하여 공립(국, 사립) 유치원·초등학교·중등학교 교사를 선발하는 시험입니다.
- 임용시험에 응시하기 위해서는 2개의 자격증(교원임용자격증, 한국사능력검정시험 3급 또는 심화 3급 이상)이 반드시 필요합니다.
- 임용시험은 유·초등과 중등이 각각 1년에 한 번 진행되며, 1차 시험 합격 시 2차 시험에 응시할 수 있습니다.
- 임용시험은 1차 시험과 2차 시험으로 나누어져 있습니다.

2. 시험 유형 및 배점

- 1차 시험은 기입형·서술형·논술형으로 구성된 필기시험이며, 2차 시험은 수업실연 및 면접 등으로 구성된 실기시험입니다.
- 1차 시험의 성적이 각 과목별 해당 배점의 40% 미만인 경우 과락으로 2차 시험에 응시할 수 없습니다.
- 부득이한 사정으로 2차 시험에 응시하지 못하거나 불합격한 경우, 다음 연도에 다시 1차 시험부터 응시해야 합니다.
- 최종 점수는 '1차+2차 시험 성적'을 합산하여 점수가 높은 사람부터 차례로 최종 합격자가 결정됩니다.
- 1차 시험 성적은 1차 합격자 발표일에, 2차 시험 성적은 최종 합격자 발표일에 확인할 수 있습니다.

1) 1차 시험

구분	유·초등 특수교사 임용시험			중등 특수교사 임용시험		
교시 (출제 분야)	1교시 (교직논술)	2교시 (교육과정 A)	3교시 (교육과정 B)	1교시 (교육학)	2교시 (전공 A)	3교시 (전공 B)
시험 시간	60분 (09:00~10:00)	70분 (10:40~11:50)	70분 (12:30~13:40)	60분 (09:00~10:00)	90분 (10:40~12:10)	90분 (12:50~14:20)
문항 유형	논술형	기입형 / 서술형	기입형 / 서술형	논술형	기입형 / 서술형	기입형 / 서술형
문항 수	1문항	16문항 내외		1문항	4문항 / 8문항	2문항 / 9문항
문항당 배점	20점	80점		20점	2점 / 4점	2점 / 4점
교시별 배점	20점	80점		20점	40점	40점
총 배점	100점			100점		

- 기입형: 주로 풀이과정을 작성하라는 별도의 지침 없이, 단답으로 답안을 작성하는 방식(= 단답형)
- 서술형: 2~3가지의 답이 이어지도록 문장의 형태로 답안을 작성하는 방식
- 논술형: '서론–본론–결론'이 전체적으로 이어지는 하나의 틀을 가지고 답안을 작성하는 방식

2) 2차 시험

구분	유·초등 특수교사 임용시험	중등 특수교사 임용시험
시험 과목	교직적성 심층면접, 집단토의 교수·학습 과정안 작성, 수업실연	교직적성 심층면접, 집단토의 교수·학습 지도안 작성, 수업실연
시험 시간	시·도 교육청 결정	시·도 교육청 결정
총 배점	100점	100점

＊ 2차 시험은 시·도별로 시험 과목, 출제 범위 및 내용이 다르므로, 응시하고자 하는 시·도 교육청 홈페이지의 공고문을 꼭 확인하세요.

3. 1차 시험 출제 범위 및 시험 과목

구분		유·초등 특수교사 임용시험		중등 특수교사 임용시험
출제 범위 및 시험 과목	교직논술	특수학교 교직·교양 전 영역	교육학	교육학개론, 교육철학 및 교육사, 교육과정, 교육평가, 교육방법 및 교육공학, 교육심리, 교육사회, 교육행정 및 교육경영, 생활지도 및 상담
	교육과정 A, B	특수교육학, 유·초등 특수교육 교육과정, 유·초등 교육과정 전 영역	전공 A, B	교과교육학, 교과내용학 ⓐ 교과교육학: 교과교육학(론)과 임용시험 시행 공고일 현재까지 국가(교육부 등)에 의해 고시되어 있는 총론 및 교과 교육과정까지 ⓑ 교과내용학: 교과교육학(론)을 제외한 과목
기타		「장애인 등에 대한 특수교육법」(법, 시행령, 시행규칙)		

4. 응시원서 접수 안내

1) 응시원서 접수 방법

- 응시원서는 시·도 교육청별 온라인 채용시스템을 통하여 인터넷으로만 접수가 가능하며, 방문/우편 접수는 불가합니다.
- 접수기간 내에는 24시간 접수하며, 접수마감일은 18:00까지 접수가 가능합니다.
- 응시원서 접수 마감시간에 임박하면 지원자의 접속 폭주로 인하여 사이트가 다운되거나 속도가 저하되는 등 마감시간까지 접수를 완료하지 못할 수 있으므로 미리 접수하는 것이 좋습니다.
- 응시원서 최종 접수 결과는 각 시·도 교육청 홈페이지에서 확인할 수 있습니다.

2) 접수 준비물

한국사능력검정시험 3급 또는 심화 3급 이상	• 국사편찬위원회에서 주관하는 한국사능력검정시험의 3급 또는 심화 3급 이상 시험 성적이 필요함 • 유·초등의 경우, 1차 시험 합격자 결정일 전날까지 점수가 발표된 시험 중 인증등급(3급 또는 심화 3급) 이상인 시험 성적에 한하여 인정함 • 중등의 경우, 1차 시험 예정일 전까지 취득한 인증등급(3급 또는 심화 3급) 이상인 인증서에 한하여 인정함 　※ 한국사능력검정시험 급수체계 개편에 따라 제46회 시험 이전 응시자는 3급, 제47회 시험 이후 응시자는 심화 3급의 인증등급이 필요함 　※ 2022학년도 중등교사 임용시험의 경우 2016.1.1 이후 실시된 한국사능력검정시험까지의 성적에 한함 • 응시원서 접수 전 인증등급 취득자는 응시원서에 합격등급, 인증번호, 인증(합격)일자 등을 정확히 기재해야 함 • 인증등급 취득 예정자는 응시원서에 응시예정등급, 원서접수번호를 정확히 기재해야 하며, 미취득자는 결시로 처리함(응시수수료 환불 불가) 　※ 시험 시행 공고문에 취득 예정 인정 회차가 기재되어 있으므로 참고하여 응시원서 접수해야 함
사진	• 최근 6개월 이내 촬영한 3.5cm × 4.5cm의 여권용 컬러 증명사진 • 파일은 jpg, gif, jpeg, png로 된 30KB 이상 100KB 이내 사이즈여야 함
응시료	시·도 교육청별로 상이함

＊ 스캔파일 제출 대상자는 원서 접수 시 입력한 내용과 동일한 각종 증명서류를 반드시 파일 첨부로 제출해야 합니다.
＊ 교원자격증 또는 교원자격취득예정증명서는 1차 합격자 발표 이후 합격자에 한해서만 제출합니다.

⚠ **응시원서 중복 지원 금지**: 아래 17개 시·도 교육청 중 본인이 응시하길 원하는 1개의 지역에만 지원 가능합니다.
서울특별시 교육청, 부산광역시 교육청, 대구광역시 교육청, 인천광역시 교육청, 광주광역시 교육청, 대전광역시 교육청, 울산광역시 교육청, 경기도 교육청, 강원도 교육청, 충청북도 교육청, 충청남도 교육청, 전라북도 교육청, 전라남도 교육청, 경상북도 교육청, 경상남도 교육청, 제주특별자치도 교육청, 세종특별자치시 교육청

특수 임용 시험 미리보기

1. 1차 시험 진행 순서

시험장 가기 전	• 수험표, 신분증, 검은색 펜, 수정테이프, 아날로그(바늘시계) 손목시계를 반드시 준비합니다. (전자시계, 탁상시계 및 휴대전화는 반입 불가) • 중식시간 없이 시험이 진행되므로, 필요할 경우 간단한 간식(또는 개인도시락) 및 음용수를 준비합니다. 　[참고] • 유효 신분증: 주민등록증, 운전면허증, 여권, 장애인등록증 　　　　• 수험표: 이면지를 사용하여 출력할 수 없고, 컬러로 출력해야 하며, 수험표 앞/뒷면에 낙서 및 메모 금지 　　　　• 검은색 펜: 답안지는 지워지거나 번지지 않는 동일한 종류의 검은색 필기구만을 사용해야 하며, 연필 또는 사인펜은 사용 불가
시험장(시험실) 도착 및 착석	• 시험 당일 정해진 입실 시간까지 입실 완료하여 지정된 좌석에 앉아야 합니다. 　[참고] 입실 시간이 상이하므로 시·도 교육청 홈페이지의 공고문을 꼭 확인하세요. • 시험장 입구에서 선발과목 및 수험번호를 확인한 후 시험실 위치를 확인합니다. • 시험실에 부착된 좌석배치도를 확인하여 착석합니다.
시험 준비 및 대기	• 매 교시 시험 시작 후에는 입실과 퇴실이 금지되므로, 화장실을 미리 다녀옵니다. 　[참고] 부득이한 사정(생리현상 등)으로 시험 시간 중 불가피하게 퇴실할 경우, 해당 시험 시간 중 재입실이 불가하며, 시험 종료 시까지 　　　　시험관리본부 지정 장소에서 대기하여야 합니다. • 시험실에 모든 전자기기(휴대전화, 태블릿 PC, 넷북, 스마트워치 등)를 포함한 소지(반입)금지물품을 반입한 경우, 전원 을 끈 후 시험 시작 전에 감독관에게 제출합니다. (시험장 내에서 이를 사용 또는 소지할 경우 부정행위자로 간주하여 처분함) • 소지품, 책 등은 가방 속에 넣어 지정된 장소에 두어야 합니다. • 기타 보조기구(귀마개, 모자 등)의 착용은 불허합니다.
답안지 및 시험지 배부	• 감독관의 지시에 따라 시험지의 인쇄 상태를 확인합니다. (인쇄 상태 확인 후 시험 시작 전에 계속 시험지를 열람하는 행위는 부정행위로 간주됨) • 감독관의 지시에 따라 답안지의 상단 부분을 작성합니다.
시험 시간	• 총 3교시로 나누어 시험이 진행됩니다. 〈표〉 • 정해진 시험 시간 안에 답안 작성까지 완료해야 하므로 시험 시간을 고려해가며 문제를 풀고 답안을 작성합니다. • 시험 종료종이 울리면 답안지를 제출합니다. (시험지는 제출하지 않음)
쉬는 시간	• 총 2번의 쉬는 시간이 있습니다. 〈표〉 • 쉬는 시간에는 화장실을 다녀오거나, 준비해온 간식을 먹으며 휴식합니다. • 다음 시험이 시작하기 전 미리 착석하여 대기합니다.
시험 종료	• 전체 시험이 종료되면 감독관의 지시에 따라 퇴실합니다. • 시험 전 제출한 소지(반입)금지물품이 있을 경우, 물품을 받은 뒤 퇴실합니다.

시험 시간

구분	유·초등 특수교사 임용시험		중등 특수교사 임용시험	
시험시간	1교시 교직논술	09:00~10:00 (60분)	1교시 교육학	09:00~10:00 (60분)
	2교시 교육과정 A	10:40~11:50 (70분)	2교시 전공 A	10:40~12:10 (90분)
	3교시 교육과정 B	12:30~13:40 (70분)	3교시 전공 B	12:50~14:20 (90분)

쉬는 시간

구분	유·초등 특수교사 임용시험		중등 특수교사 임용시험	
시험시간	1교시 후 쉬는 시간	10:00~10:40 (40분)	1교시 후 쉬는 시간	10:00~10:40 (40분)
	2교시 후 쉬는 시간	11:50~12:30 (40분)	2교시 후 쉬는 시간	12:10~12:50 (40분)

2. 특수 임용 답안지(OMR) 작성 시 유의사항

답안지 관련 정보	• 답안지는 총 2면이 제공되며, 답안지 수령 후 문제지 및 답안지의 전체 면수와 인쇄 상태를 확인하여야 합니다.
작성 시간	• 별도의 답안 작성 시간이 제공되지 않으므로, 시험 종료 전까지 답안 작성을 완료해야 합니다. • 시험 종료 후 답안 작성은 부정행위로 간주됩니다.
답안란 상단 작성/수정	• 답안지 모든 면의 상단에 성명과 수험번호를 기재하고, 검은색 펜을 사용하여 수험번호를 해당란에 '●'로 표기해야 합니다. • '●'로 표기한 부분을 수정하고자 할 경우에는 반드시 수정테이프를 사용해야 합니다. • 답안을 작성하지 않은 빈 답안지에도 성명과 수험번호를 기재·표기한 후, 답안지를 모두 제출합니다. ＊위 내용은 2021학년도 시험 기준이며, 매년 기준이 상이할 수 있으니 각 시·도 교육청 홈페이지의 공고문을 확인하시기 바랍니다.

답안란 작성	• 답안지에 제시된 '응시자 유의사항'을 읽은 후 답안을 작성해야 합니다. • 답안은 반드시 지워지거나 번지지 않는 동일한 종류의 검은색 펜(연필이나 사인펜 종류 사용 불가)을 사용하여 작성해야 합니다. • 답안의 초안 작성은 문제지 여백을 활용할 수 있습니다. • 답안 작성 시, 해당 답안란 내에서 가로 선을 그어 답안란의 줄을 추가할 수 있습니다. 　＊중등 임용의 경우, 세로 선을 그어 답안란을 다단으로 구분할 수도 있습니다. • 아래에 해당하는 답안은 채점하지 않습니다. 　– 다른 문항의 답안란에 작성한 부분(문항 번호를 임의로 수정하는 경우, 맞바꿔 작성한 부분을 화살표로 표시하는 경우 등) 　– 문항에 대한 답안 내용 이외의 것(답안의 특정 부분을 강조하기 위한 밑줄이나 기호 등) 　– 답안란 이외의 공간에 작성한 부분 　– 내용이 지워지거나 번지는 등 식별이 불가능한 부분 　– 연필로 작성한 부분, 수정테이프 또는 수정액을 사용하여 수정한 부분 　– 개인 정보를 노출하거나 암시하는 표시(성명 및 수험번호 기재란 제외)가 있는 답안지 전체 • 시험별 답안 작성 시 특이사항

구분	유·초등 특수교사 임용시험	중등 특수교사 임용시험
작성법	하위 문항의 번호 또는 기호와 함께 답안을 작성해야 함	문항에서 요구하는 내용의 가짓수가 제한되어 있는 경우, 요구한 가짓수까지의 내용만 답안으로 작성함 (첫 번째로 작성한 내용부터 문항에서 요구한 가짓수에 해당하는 내용까지만 순서대로 채점함)
문항 내용 기재 여부	문항의 내용은 필요한 경우에만 일부 활용하여 작성할 수 있음	문항 내용을 기재하지 않음

답안 수정	• 답안을 수정할 때에는 반드시 두 줄(=)을 긋고 수정할 내용을 작성해야 합니다. • 수정테이프 또는 수정액을 사용하여 답안을 수정할 수 없습니다. • 답안지 교체가 필요한 경우, 답안 작성 시간을 고려해야 합니다. 　주의　• 시험 종료종이 울리면 답안을 작성할 수 없음 　　　　• 답안지 교체 후에, 교체 전 답안지는 폐답안지로 처리함

＊ 특수 임용 전용 답안지(OMR)는 해커스임용 사이트(teacher.Hackers.com)의 [학습자료실] > [과년도 기출문제]에서 무료로 다운받으세요.

＊ 더 자세한 답안지(OMR) 작성 시 유의사항은 한국교육과정평가원 사이트(www.kice.re.kr)에서 확인하세요.

* '2021학년도 최신 기출문제'는 NEW 로 표시했습니다.

1. 통합교육

절	영역	세부 영역	교재 내 번호	기출문제 정보	페이지
통합교육의 이론	• 정상화와 사회적 역할 가치화	정의	01	서답형 2019학년도 중등 B 2번	p.27
협력	• 협력적 팀 접근 • 협력교수	팀 접근 유형, 장단점	02	서답형 2020학년도 유아 A 7번 2)	p.30
		팀 접근 유형, 초학문적 팀 접근 진단방법	03	서답형 2015학년도 유아 A 4번 1), 2)	p.31
		팀 접근 유형, 장단점	04	서답형 2016학년도 유아 A 4번 2)	p.32
		초학문적 팀 접근 진단방법, 간학문적 접근과 초학문적 접근의 비교	05	서답형 2013학년도 유아 B 2번 1), 3)	p.33
		역할 전이	06	객관식 2009학년도 중등 24번	p.33
		초학문적 접근의 특성	07	객관식 2012학년도 중등 34번	p.34
		유형, 초학문적 팀 접근 진단방법	08	서답형 2018학년도 중등 B 3번	p.34
		통합된 치료	09	서답형 2014학년도 중등 A 4번	p.35
		협력교수 유형	10	객관식 2012학년도 초등 5번	p.39
		협력교수 유형	11	서답형 2021학년도 유아 A 7번 3) NEW	p.39
		스테이션 교수의 장단점	12	객관식 2009학년도 중등 7번	p.40
		스테이션 교수의 장점	13	서답형 2019학년도 유아 B 3번 1)	p.40
		팀 티칭, 평행교수, 교수 – 지원 장단점	14	객관식 2010학년도 중등 11번	p.41
		평행교수, 스테이션 교수의 장점, 차이점	15	논술형 2016학년도 중등 B 8번	p.42
		협력교수 유형, 대안교수의 단점	16	서답형 2014학년도 유아 A 2번 2)	p.43
		협력교수 유형, 평행교수의 단점	17	서답형 2018학년도 유아 B 2번 3)	p.44
		유형, 대안교수의 단점과 개선방안	18	서답형 2018학년도 초등 B 2번 1)	p.44
		유형, 대안교수와 교수 – 지원의 차이점	19	서답형 2020학년도 중등 B 4번	p.45
교수적합화 (= 교수적 수정)	• 교수적합화의 정의 및 기제 • 교수적합화를 위한 수정 영역 및 전략 • 교수적합화의 절차 • 교수적합화의 유형	교수적 수정 단계	20	객관식 2009학년도 초등 27번	p.51
		교수적 수정 적용 순서	21	객관식 2012학년도 중등 12번	p.51
		교수환경의 수정	22	서답형 2016학년도 초등 B 1번 1)	p.52
		교수환경의 수정	23	서답형 2013학년도 초등 B 4번 3)	p.53
		교수방법의 수정	24	서답형 2021학년도 유아 A 6번 3) NEW	p.53
		교수적 수정의 유형	25	서답형 2017학년도 초등 B 4번 4)	p.54
		교수적 수정의 유형	26	서답형 2013학년도 유아 B 3번 2)	p.55
		교수적 수정의 유형	27	서답형 (추) 2013학년도 유아 B 8번 3)	p.55
		교수적 수정의 유형	28	서답형 2021학년도 유아 A 7번 2) NEW	p.56
		또래교수의 정의	29	서답형 2018학년도 유아 B 3번 2)	p.62
		또래교수의 특성과 유형	30	객관식 2013학년도 중등 25번	p.63
		또래교수 유형과 교사 역할	31	서답형 2017학년도 중등 A 9번	p.63
		또래지원 학습전략(PALS)	32	객관식 2012학년도 초등 2번	p.64
		PALS 단계와 활동	33	서답형 2017학년도 중등 B 7번	p.65
		STAD의 특성과 PALS 활동	34	서답형 2015학년도 초등 B 1번	p.66

절	영역	세부 영역	교재 내 번호	기출문제 정보	페이지
교수적합화 (= 교수적 수정)	• 교수적합화의 정의 및 기제 • 교수적합화를 위한 수정 영역 및 전략 • 교수적합화의 절차 • 교수적합화의 유형	또래교수 유형	35	서답형 2019학년도 초등 A 4번 3)	p.67
		직소 II 특성	36	객관식 2012학년도 중등 15번	p.68
		협동학습 유형, 특성, 원리	37	서답형 2013학년도 초등 A 1번	p.68
		STAD 모형의 집단구성, 평가방법	38	서답형 2020학년도 중등 A 10번	p.69
		협동학습 원리	39	서답형 2020학년도 초등 A 3번 2)	p.70
		협동학습 유형	40	서답형 2015학년도 초등 B 5번 3)	p.71
		직소 II 수행방법	41	서답형 2017학년도 초등 B 3번 2)	p.72
		TAI 수행방법	42	서답형 2018학년도 중등 B 1번	p.73
		교육과정의 수정	43	객관식 2010학년도 초등 29번	p.75
		교육과정의 수정	44	객관식 2009학년도 초등 30번	p.75
		평가방법의 타당성, 중다수준 교육과정의 특성	45	서답형 (추) 2013학년도 중등 B 3번 3), 4)	p.76
		중복 교육과정의 정의	46	서답형 2019학년도 초등 B 2번 1)	p.77
		중다수준 교육과정의 정의, 중복 교육 과정과의 차이점	47	서답형 2015학년도 초등 A 4번 3)	p.77
		평가조정 방법의 유형	48	서답형 2014학년도 중등 A 6번	p.80
		평가방법의 수정 적용 이유	49	서답형 2016학년도 초등 A 1번 4)	p.81
		장애 유형별 교수적 수정	50	객관식 2009학년도 초등 5번	p.82
		교수적 수정의 적용	51	객관식 2011학년도 유아 28번	p.82
		교수적 수정의 적용	52	객관식 2011학년도 초등 5번	p.83
		협동학습, 교수전략	53	객관식 2011학년도 초등 23번	p.84
		교수적 수정의 적용	54	객관식 2011학년도 중등 7번	p.85
		교수적 수정, 보편적 학습설계	55	객관식 2013학년도 중등 18번	p.86
		교수적 수정의 적용	56	논술형 2019학년도 중등 8번	p.87

2. 시각장애

절	영역	세부 영역	교재 내 번호	기출문제 정보	페이지
원인별 교육적 조치	• 각막 질환 • 중막 질환 • 수정체 질환 • 방수에 의한 질환 • 망막 질환 • 시신경 질환 • 외안근 이상 • 굴절 이상 • 기타 질환	저시력 교육적 조치	01	객관식 2009학년도 중등 16번	p.103
		녹내장 교육적 조치	02	객관식 2010학년도 중등 30번	p.103
		백색증 교육적 조치	03	객관식 2010학년도 초등 5번	p.103
		미숙아 망막병증, 녹내장 학생 체육교과 적용 시 유의점	04	서답형 2014학년도 초등 B 6번 2)	p.104
		망막색소변성 교육적 조치	05	서답형 2016학년도 초등 B 5번 3), 4)	p.105
		황반변성 교육적 조치	06	서답형 2020학년도 초등 A 5번 2), 3)	p.106
시각장애 진단 및 평가	• 객관적 평가 • 주관적 검사 • 학습매체 평가	교육적 맹 지도방법	07	객관식 2010학년도 초등 30번	p.109
		0.1 이하 시력 측정	08	객관식 2011학년도 중등 10번	p.110
		교육적 저시력 지도방법	09	객관식 2012학년도 초등 23번	p.111
		검사 유형	10	서답형 2019학년도 중등 A 10번	p.112
시각장애 교육방법	• 저시력 • 맹 • 시각 중복장애 학생 교육	비광학 공학기구	11	객관식 2010학년도 중등 31번	p.130
		콘(Corn)의 시기능 모형	12	객관식 2011학년도 중등 32번	p.130
		확대자료 제작방법	13	서답형 2021학년도 초등 A 3번 1) NEW	p.131
		확대법, 점자 사용 못하는 경우	14	서답형 2016학년도 중등 A 13번	p.132
		시기능 훈련 – 주사, 추시	15	서답형 2013학년도 초등 B 6번 1), 2)	p.133
		시기능 훈련 – 중심외 보기	16	서답형 2014학년도 중등 A 9번	p.134
		확대법, 확대경의 장단점	17	객관식 2013학년도 중등 20번	p.134
		디옵터	18	서답형 2015학년도 중등 A 4번	p.135
		확대경 제공 대상, 확대경의 종류	19	서답형 2019학년도 유아 A 1번 3), 4)	p.135
		확대경 사용대상, 초점맞추기, 유형	20	객관식 2012학년도 초등 7번, 유아 3번	p.136
		손잡이 확대경의 초점거리 계산	21	객관식 2011학년도 초등 36번	p.137
		손잡이 확대경의 초점거리 계산	22	객관식 2012학년도 중등 27번	p.138
		손잡이 확대경 사용방법 (초점거리, 작업거리)	23	서답형 2017학년도 중등 B 6번	p.138
		손잡이 확대경 사용방법, 망원경 착용	24	서답형 2014학년도 중등 B 2번	p.139
		손잡이 확대경 사용방법	25	서답형 2021학년도 중등 B 3번 NEW	p.140
		망원경 착용방법, 배율	26	서답형 2020학년도 중등 A 9번	p.141
		안구진탕 교육적 조치, 옵타콘	27	서답형 2017학년도 중등 A 10번	p.142
		맹 공학기기 – OCR, 점자정보단말기	28	서답형 2019학년도 중등 B 5번	p.143
		타이포스코프 특성, 역단안경	29	서답형 2017학년도 초등 A 4번 2), 3), 4)	p.144
		녹음도서 제작방법	30	객관식 2013학년도 중등 19번	p.145
		녹음도서 제작방법	31	서답형 2019학년도 초등 B 5번 2)	p.145
		전자도서, 화면해설 서비스	32	서답형 2018학년도 중등 A 8번	p.146
		양각화 자료의 장점	33	서답형 2018학년도 초등 A 6번 3)	p.147
		전자도서	34	서답형 2020학년도 초등 A 2번 1)	p.148

절	영역	세부 영역	교재 내 번호	기출문제 정보	페이지
시각장애 교과교육	• 과목별 시각장애 교과교육	촉각 교수방법	35	서답형 2019학년도 초등 B 5번 5)	p.149
		미술 교과 지도방법	36	객관식 2009학년도 초등 31번	p.153
		사회 교과 지도방법	37	객관식 2012학년도 초등 22번	p.153
보행	• 방향정위 • 이동	보행교육 목적, 보행방법	38	객관식 2012학년도 중등 28번	p.160
		보행 구성요소, 백색증 교육적 조치	39	서답형 2015학년도 유아 A 3번 1), 2)	p.161
		대각선법, 방향정위 요소, 안내법 방법	40	서답형 (추) 2013학년도 중등 B 4번 1), 2), 4)	p.162
		방향정위 요소, 지팡이 사용법, 지팡이 계단 사용법, 안내견 보행	41	객관식 2011학년도 중등 33번	p.162
		인지지도, 랜드마크, 친숙화 과정	42	서답형 2015학년도 초등 A 5번	p.163
		트레일링, 대각선법	43	객관식 2010학년도 중등 29번	p.164
		트레일링, 대각선법 적용 상황	44	서답형 2021학년도 초등 A 3번 3) NEW	p.164
		트레일링 자세, 대각선법 자세	45	서답형 2019학년도 중등 A 10번	p.165
		황반변성 특성, 상황에 따른 안내법	46	서답형 2018학년도 중등 B 4번	p.166
		지팡이 사용법, 대각선법 사용 상황	47	객관식 2009학년도 중등 39번	p.167
점자	• 점자의 표기	점자 - 자모음	48	객관식 2009학년도 중등 25번	p.171
		점자의 특성, 표기 방법	49	객관식 2009학년도 초등 9번	p.172
		점자 - 약자	50	객관식 2010학년도 중등 38번	p.172
		점자 - 자모음, 숫자, 약자	51	객관식 2011학년도 중등 11번	p.172
		점자 - 'ㅏ' 생략 약자 규정	52	객관식 2011학년도 초등 7번	p.173
		점자 - 숫자, 된소리, 약자	53	객관식 2013학년도 중등 21번	p.173
		점자 - 약자 'ㅎ' 사용법	54	서답형 (추) 2013학년도 초등 A 6번	p.174
		점자 - 숫자, 숫자와 한글이 이어나올 때 표기방법	55	서답형 2021학년도 중등 A 5번 NEW	p.175
		점자 - 'ㅏ' 생략 법칙, 붙임표 사용규정	56	서답형 2014학년도 중등 A 2번	p.176
		점자 - 붙임표 사용 규정	57	서답형 2021학년도 초등 A 3번 2) NEW	p.177
		점자 - 'ㅏ' 생략 법칙, 약어 규정	58	서답형 2015학년도 중등 A 1번	p.178
		점자 - 숫자 읽기	59	서답형 2013학년도 초등 B 6번 3)	p.178
		점자 - 기호 작은 따옴표	60	서답형 2017학년도 초등 A 4번 1)	p.179
		점자 - 약자 읽기	61	서답형 2018학년도 초등 A 6번 4)	p.180
		점자 - 약자 읽기	62	서답형 (추) 2013학년도 중등 B 4번 3)	p.180
		점자 - 두 칸으로 표현된 모음 읽기	63	서답형 2018학년도 중등 B 4번	p.181
		점자 - 기호 쉼표, 자릿값, 약자 사용 이유	64	서답형 2016학년도 중등 B 2번	p.181
		점자 - 영어	65	서답형 2017학년도 중등 A 10번	p.182
		점자 - 약자 읽기	66	서답형 2019학년도 초등 B 5번 3)	p.183
		점자 - 약자 쓰기	67	서답형 2019학년도 중등 A 10번	p.183
		점자 - 'ㅏ' 생략 약자, 된소리표, 약어 규정	68	서답형 2020학년도 중등 B 5번	p.184
		점자 - 약자 쓰기	69	서답형 2020학년도 초등 A 5번 4)	p.185

3. 청각장애

절	영역	세부 영역	교재 내 번호	기출문제 정보	페이지
청각장애 유형	• 청력 손실 부위	감음신경성 장애 특성	01	[객관식] 2009학년도 중등 20번	p.194
		청각장애 유형별 특성, 손실 부위	02	[객관식] 2013학년도 중등 14번	p.194
		청각장애 손실 부위	03	[서답형] 2019학년도 초등 B 4번 2)	p.195
청각장애 진단평가	• 객관적 평가 • 주관적 평가	검사 유형	04	[객관식] 2011학년도 중등 14번	p.207
		어음청취역치검사 방법	05	[객관식] 2010학년도 중등 32번	p.207
		청력검사 실시방법 – 뇌간유발반응, 6개음, 순음청력, 어음청력검사	06	[객관식] 2012학년도 중등 31번	p.208
		순음청력검사 방법, 6분법, 뇌간유발반응검사	07	[서답형] 2016학년도 중등 A 12번	p.208
		평균청력 손실치 – 4분법	08	[서답형] 2014학년도 중등 A 10번	p.209
		청각장애 유형, 순음청력검사 신뢰도 확보 방법	09	[서답형] 2014학년도 초등 A 5번 1), 2)	p.209
		감음신경성 장애 특성	10	[객관식] 2010학년도 중등 33번	p.210
		감음신경성 장애 특성	11	[객관식] 2011학년도 중등 28번	p.210
		손실 부위에 따른 청각장애 유형 특성, 6개음 검사	12	[객관식] 2011학년도 초등 8번	p.211
		순음청력검사 결과, (dB) HL의 정의	13	[서답형] (추) 2013학년도 중등 B 7번	p.212
		6개음 검사, 차폐를 사용하는 경우	14	[서답형] (추) 2013학년도 유아 A 8번 1), 3), 4), 5)	p.213
		차폐 원리	15	[서답형] 2015학년도 중등 A 2번	p.213
		청력도 해석, 어음청력검사 실시 목적	16	[서답형] 2016학년도 초등 B 3번 2), 3), 4)	p.214
		순음청력검사 실시방법, 해석방법, 어음명료도 검사 해석방법	17	[서답형] 2017학년도 중등 A 11번	p.215
		6개음 검사	18	[서답형] 2017학년도 초등 B 5번 3)	p.216
		평균순음역치, 차폐음의 종류	19	[서답형] 2019학년도 유아 B 5번 1), 2)	p.217
		미로성 난청, 차폐 실시방법	20	[서답형] 2019학년도 초등 B 4번 1)	p.218
		순음청력검사와 어음청취검사 비교	21	[서답형] 2020학년도 중등 B 11번	p.219
		차폐 원리, 어음명료도 검사 해석	22	[서답형] 2020학년도 초등 A 6번	p.220
		6개음 검사 실시방법, 어음명료도 검사 계산방법	23	[서답형] 2021학년도 유아 A 4번 1), 3) NEW	p.221
		어음청력검사 결과, 형성음	24	[서답형] 2021학년도 초등 A 2번 1), 2) NEW	페이지222
청각장애 특성	• 언어적 특성 • 인지·학업적 특성	청각장애 언어적 특성	25	[객관식] 2009학년도 중등 19번	p.225
		농 학생의 읽기, 쓰기 특성	26	[객관식] 2009학년도 중등 26번	p.225
청각장애아 교육	• 청각구어법 • 구화법 • 수어법 • 종합적 의사소통법 • 이중문화 – 이중언어 접근법(2Bi) • 농·맹 중복장애인의 의사소통 방법	청각장애 아동 지도방법	27	[객관식] 2010학년도 초등 6번, 유아 6번	p.228
		청각장애 유형, 청력도 해석	28	[객관식] 2012학년도 초등 8번	p.229
		청각장애 아동 지도 시 교사 유의점	29	[객관식] 2013학년도 중등 13번	p.229
		청각장애 아동 언어지도 방법	30	[객관식] 2013학년도 중등 16번	p.230
		농맹 중복장애 학생 의사소통 방법	31	[서답형] 2015학년도 중등 A 7번	p.230
		청각 중복장애 학생의 지도법	32	[서답형] 2016학년도 유아 A 4번 1)	p.231

절	영역	세부 영역	교재 내 번호	기출문제 정보	페이지
		농문화, 독화 특성	33	서답형 2016학년도 유아 A 7번	p.232
		좌석배치, FM 보청기 특성	34	서답형 2017학년도 초등 B 5번 4)	p.233
청능훈련 및 독화	• 구화법	청능훈련 단계, 초분절적 요소	35	서답형 2016학년도 중등 A 8번	p.240
		청능훈련 단계	36	서답형 (추) 2013학년도 유아 A 8번 2)	p.240
		청능훈련 단계, 인공와우 유의점	37	서답형 2017학년도 유아 A 5번 4)	p.241
		독화 특성, 큐드 스피치	38	서답형 2014학년도 중등 A 5번	p.241
		말 추적법, 청지각 훈련, 독화 시 교사 유의점	39	서답형 2015학년도 초등 B 7번 1), 2), 3), 4)	p.242
		독화 시 교사 유의점	40	서답형 2021학년도 중등 A 11번 NEW	p.244
		의사소통 전략	41	서답형 2018학년도 중등 B 7번	p.245
		동구형이음, 모음의 중성화	42	서답형 2020학년도 중등 A 8번	p.246
보조공학	• 보청기 • 인공와우	보청기, 인공와우 구조	43	객관식 2011학년도 중등 27번	p.253
		인공와우 유의점	44	객관식 2012학년도 중등 30번	p.253
		편측성 난청, FM 보청기 장점, 인공와우 유의점	45	서답형 2013학년도 초등 A 6번, 유아 A 2번	p.254
		FM 보청기 단점	46	서답형 2015학년도 유아 B 5번 3)	p.255
		보청기 관리, 교실 내 좌석배치	47	서답형 2020학년도 유아 A 3번	p.256
		FM 보청기의 특성, 단점	48	서답형 2021학년도 유아 A 4번 2) NEW	p.257
		인공와우	49	서답형 2019학년도 유아 A 1번 1), 2)	p.258
수어지도	• 수어 • 지화	수화소, 독화소	50	객관식 2009학년도 중등 29번	p.263
		수화소	51	객관식 2009학년도 초등 7번	p.263
		지문자, 지숫자	52	객관식 2012학년도 중등 32번	p.263
		자연수화의 특성	53	객관식 2013학년도 중등 15번	p.264
		지문자, 지숫자	54	서답형 2014학년도 초등 A 5번 3)	p.264
		문법수화와 자연수화의 차이점	55	서답형 2019학년도 유아 B 5번 3)	p.265
		수화의 특성	56	서답형 2015학년도 중등 B 2번	p.265
		2Bi, 수화소, 수어	57	서답형 2019학년도 중등 B 3번	p.266
		최소대립쌍, 크로스 보청기	58	서답형 2018학년도 초등 B 3번 2), 4), 5)	p.267
		비수지기호, 문법수화와 자연수화 차이점	59	서답형 2021학년도 중등 B 11번 NEW	p.268
		지문자	60	서답형 2018학년도 중등 B 7번	p.269
		지문자, 수화소	61	서답형 2016학년도 초등 B 3번 1)	p.269
		알파벳 지문자	62	서답형 2017학년도 초등 B 5번 2)	p.270
		지숫자	63	서답형 2021학년도 초등 A 2번 3) NEW	p.271

4. 의사소통장애

절	영역	세부 영역	교재 내 번호	기출문제 정보	페이지
의사소통	• 정의와 요소 • 말 산출기관 • 연인두 폐쇄기능	초분절적 요소	01	서답형 2016학년도 초등 A 1번 3)	p.280
		구강음, 비음 형성 원리 – 연인두 폐쇄	02	객관식 2010학년도 초등 11번	p.281
		연인두 폐쇄	03	서답형 2014학년도 초등 A 6번 1), 2)	p.282
언어발달	• 과잉확대, 과잉축소, 과잉일반화 현상 • 대화 능력 발달 • 이야기 능력 발달	초기언어발달 특성 – 과잉확대	04	서답형 2013학년도 초등 A 5번 4)	p.288
		초기언어발달 특성 – 과잉일반화	05	서답형 2014학년도 유아 A B 7번 1)	p.289
		초기언어발달 특성 – 전보식 문장	06	서답형 2019학년도 유아 A 7번 1)	p.290
		참조적 의사소통	07	서답형 2021학년도 중등 A 7번 NEW	p.291
평가	• 역동적 평가	역동적 평가	08	서답형 2019학년도 중등 A 3번	p.292
조음장애 오류와 중재	• 조음장애와 음운장애 • 조음장애의 형태 • 조음장애의 진단과 평가 • 조음장애의 중재법	조음음운장애 교수방법	09	객관식 2011학년도 초등 18번	p.300
		조음장애 오류 유형	10	서답형 2013학년도 초등 A 5번 3)	p.301
		조음장애 오류 유형	11	서답형 2017학년도 유아 A 5번 1)	p.302
		조음오류 현상, 변별자질	12	서답형 (추) 2013학년도 중등 A 3번	p.303
		조음음운장애 교수방법 구별	13	서답형 2015학년도 중등 A 2번	p.304
		변별자질 접근법 단계	14	서답형 2015학년도 초등 A 3번 3), 4)	p.305
		음운변동 접근법	15	서답형 2017학년도 초등 A 1번 1)	p.306
		음운변동 오류 분석	16	서답형 2020학년도 중등 A 3번	p.306
		음운변동 오류 분석	17	서답형 2020학년도 유아 A 5번 3)	p.307
		자극반응도, 변별자질 접근법	18	서답형 2017학년도 중등 A 8번	p.308
		짝자극법	19	서답형 2018학년도 유아 A 4번 3)	p.308
		최소대립쌍	20	서답형 2018학년도 초등 B 3번 1)	p.309
		음운변동 분석, U-Tap 검사 결과	21	서답형 2018학년도 초등 B 6번	p.310
유창성 장애	• 정의 및 특징 • 유창성 장애의 중재	말더듬 수정법	22	객관식 2010학년도 중등 37번	p.315
		말더듬 수정법	23	객관식 2013학년도 중등 37번	p.315
		핵심행동, 부수행동	24	서답형 2014학년도 중등 A 11번	p.316
		유창성 장애 유형, 부수행동	25	서답형 2017학년도 유아 A 5번 2), 3)	p.316
		유창성 장애 아동 지도 시 유의점	26	서답형 2019학년도 유아 A 7번 3)	p.317
		말더듬 원인	27	서답형 2019학년도 중등 B 4번	p.318
음성장애	• 정의 • 예방 및 중재	음성 관리방법	28	객관식 2011학년도 중등 34번	p.321
		음성장애 물리적 환경 개선방안	29	서답형 2016학년도 초등 B 6번 3)	p.321
언어장애	• 언어 • 언어장애 종류	언어의 구성요소	30	서답형 2014학년도 초등 A 6번 3)	p.323
		언어의 구성요소	31	서답형 2015학년도 유아 A 7번 2), 3)	p.324
		언어의 구성요소	32	서답형 2020학년도 중등 A 7번	p.325
		언어의 구성요소	33	서답형 2020학년도 초등 B 5번 3)	p.325
		의사소통장애 유형, 언어의 구성요소	34	서답형 2020학년도 유아 A 8번	p.326
		단순 언어장애	35	객관식 2009학년도 초등 12번	p.332
		단순 언어장애, 청지각 훈련	36	서답형 2021학년도 중등 B 8번 NEW	p.332

절	영역	세부 영역	교재 내 번호	기출문제 정보	페이지
언어장애	• 언어 • 언어장애 종류	낱말찾기 훈련	37	객관식 2011학년도 중등 37번	p.333
		신경 말·언어장애 유형별 특성	38	객관식 2013학년도 중등 39번	p.333
		교사 언어중재전략 – 혼잣말하기, 평행적 발화, 확장	39	객관식 2011학년도 유아 15번	p.340
		교사 언어중재전략	40	객관식 2013학년도 중등 22번	p.340
		혼잣말하기, 평행적 발화전략 비교	41	서답형 2016학년도 중등 A 2번	p.341
		평행적 발화	42	서답형 2016학년도 초등 B 6번 4)	p.341
		평행적 발화	43	서답형 2017학년도 유아 B 7번 1)	p.342
		확대, 확장	44	서답형 2014학년도 유아 B 4번 3)	p.342
		우발교수, 혼잣말하기 평행적 발화 비교	45	서답형 2018학년도 유아 A 6번 1), 2)	p.343
		교사 언어중재전략	46	서답형 2020학년도 초등 B 5번 2), 4)	p.344
		자연적 언어중재	47	객관식 2009학년도 중등 32번	p.345
		강화된 환경중심 언어중재(EMT)	48	서답형 2021학년도 초등 A 5번 2) NEW	p.345
		MT와 EMT의 차이점	49	서답형 2016학년도 중등 A 10번	p.346
		우발교수, 요구 모델	50	객관식 2010학년도 초등 35번	p.347
		반응적 상호작용 전략	51	객관식 2012학년도 유아 28번	p.347
		강화된 환경중심 언어중재	52	서답형 2013학년도 유아 A 8번	p.348
		환경조성 전략	53	서답형 2014학년도 유아 B 4번 2)	p.349
		환경조성 전략	54	서답형 2015학년도 초등 B 3번 2), 3)	p.350
		환경조성 전략	55	서답형 2021학년도 유아 A 8번 2) NEW	p.351
		공동관심 형성	56	서답형 2017학년도 초등 B 2번 4)	p.352
		스크립트 언어교수법	57	서답형 2018학년도 중등 A 12번	p.353
		스크립트 언어교수법 목적, 활용	58	서답형 2014학년도 중등 B 1번	p.354
		스크립트 언어교수법 – 상황 선정 이유	59	서답형 2019학년도 중등 A 11번	p.355
자발화 분석	• 자발화 분석	언어평가	60	객관식 2009학년도 중등 30번	p.367
		자발화 분석	61	객관식 2009학년도 유아 33번	p.367
		의미론, 화용론, 구문론 유형	62	객관식 2010학년도 중등 24번	p.368
		아동언어장애 지도법	63	객관식 2011학년도 초등 12번	p.368
		자발화 분석 – 의미관계, 어휘다양도, 최장 형태소 길이	64	객관식 2011학년도 중등 35번	p.369
		자발화 분석 – 화용론 분석	65	객관식 2012학년도 중등 33번	p.369
		자발화 분석	66	객관식 2013학년도 중등 38번	p.370
		자발화 분석 – 구문론	67	서답형 2013학년도 유아 A 6번	p.370
		자발화 분석 – 발화구분 원칙	68	서답형 2016학년도 중등 B 6번	p.371
		자발화 분석 – 샘플 수집 시 유의점	69	서답형 2016학년도 초등 A 3번 2)	p.372
		샘플 수집 시 유의점, 어휘 다양도	70	서답형 2016학년도 유아 A 5번 1), 2)	p.373
		평균 발화길이, 자발화 분석 목적	71	서답형 2020학년도 유아 A 5번 1), 2)	p.374
		자발화 분석 – 평균 발화길이	72	서답형 2017학년도 유아 A 7번 4)	p.375
		의사소통 기능, 의미관계, 구문론	73	서답형 2021학년도 유아 A 8번 1), 3) NEW	p.376

학습 성향별 맞춤 학습법

 개별학습 혼자 공부할 때, 학습효과가 높다!

- **자신에게 맞는 학습계획을 세운다.**
  교재의 목차를 참고하여 자신에게 맞는 학습계획을 세워 시간을 효율적으로 활용할 수 있도록 합니다. 월별/주별/일별로 계획을 구체적인 학습계획을 세우고 스스로 점검합니다.

- **교재를 꼼꼼히 학습한다.**
  해커스임용 교재로 다양한 이론과 문제를 꼼꼼히 학습합니다. 학습 중 교재에 대하여 궁금한 사항이 생기면, 해커스임용 사이트의 [고객센터]〉[1:1 고객센터] 게시판에 질문합니다.

- **해커스임용 사이트를 적극 활용한다.**
  해커스임용 사이트를 적극적으로 활용하면 수험정보, 최신정보, 기출문제 등 참고자료를 얻을 수 있습니다. 또한, 학습 시 부족한 부분은 해커스임용 동영상 강의를 통해 보충할 수 있습니다.

스터디학습 여러 사람과 함께 공부할 때, 더 열심히 한다!

- **자신에게 맞는 스터디를 선택하고 준비한다.**
  자신의 학습성향 및 목표에 맞는 스터디를 선택하고, 스터디원들끼리 정한 학습계획에 따라 공부해야 할 자료를 미리 준비합니다.

- **스터디 구성원들과 함께 학습하며 완벽하게 이해한다.**
  개별적으로 학습할 때, 이해하기 어려웠던 개념은 스터디를 통해 함께 학습하며 완벽하게 이해합니다. 또한 학습 내용 및 시험 관련 정보를 공유하며 학습효과를 높일 수 있습니다.

- **스터디 자료 및 부가 학습자료로 개별 복습한다.**
  스터디가 끝난 후, 팀원들의 자료와 자신의 자료를 비교하며 학습한 내용을 복습합니다. 또한 해커스임용 사이트에서 제공하는 다양한 학습자료를 활용하여 학습 내용을 보충합니다.

동영상학습 자유롭게 시간을 활용해 강의를 듣고 싶다!

- **자신만의 학습플랜을 세운다.**
  해커스임용 사이트의 샘플강의를 통해 교수님의 커리큘럼 및 강의 스타일을 미리 파악해 보고, 수강할 동영상 강의 커리큘럼을 참고하여 스스로 학습계획을 세웁니다.

- **[내 강의실]에서 동영상 강의를 집중해서 학습한다.**
  학습플랜에 따라 공부해야 할 강의를 듣습니다. 자신의 학습속도에 맞게 '(속도) 배수 조절'을 하거나, 놓친 부분이 있다면 되돌아가서 학습합니다.

- **[교수님께 질문하기] 게시판을 적극 활용한다.**
  강의 수강 중 모르는 부분이 있거나 질문할 것이 생기면 해커스임용 사이트의 [고객센터] > [문의하기] > [학습 질문하기] 게시판을 통해 교수님께 직접 문의하여 확실히 이해하도록 합니다.

 학원학습 선생님의 생생한 강의를 직접 듣고 싶다!

- **100% 출석을 목표로 한다.**
  자신이 원하는 학원 강의를 등록하고, 개강일부터 종강일까지 100% 출석을 목표로 빠짐없이 수업에 참여합니다. 스터디가 진행되는 수업의 경우, 학원 수업 후 스터디에 참여하여 학습효과를 높일 수 있습니다.

- **예습과 복습을 철저히 한다.**
  수업 전에는 그날 배울 내용을 미리 훑어보고, 수업이 끝난 후에는 그날 학습한 내용을 철저하게 복습합니다. 복습 시 이해하기 어려운 부분은 선생님께 직접 질문하여 완벽하게 이해할 수 있도록 합니다.

- **수업에서 제공하는 자료를 적극 활용한다.**
  수업 시 교재 외 부가 학습자료를 제공하는 경우가 많으므로, 해커스임용 선생님의 노하우가 담긴 학습자료를 자신만의 방식으로 정리 및 암기합니다.

통합교육 기출경향 및 학습TIP

'통합교육' 영역은 기출문제 출제 범위가 거의 변동 없이 고정적인 영역 중 하나입니다. 특히 '교수적 수정'의 출제 빈도가 높습니다. 교수적 수정은 반복적인 출제가 이루어지는 부분이기 때문에 유형의 명칭뿐만 아니라, 해당 유형의 예시까지 작성할 수 있도록 준비하는 것이 좋습니다. 또한 교수적 수정을 비롯하여 '팀 접근', '협력교수'도 반복적으로 출제되고 있으며, '또래교수'와 '협동학습'의 경우 이전보다 구체적인 내용으로 범위가 깊어지는 경향이 있습니다. 따라서 이러한 기출경향을 참고하여 학습하면 도움이 될 것입니다.

제 1 장

통합교육

제1절 통합교육의 이론

제2절 협력

제3절 교수적합화(= 교수적 수정)

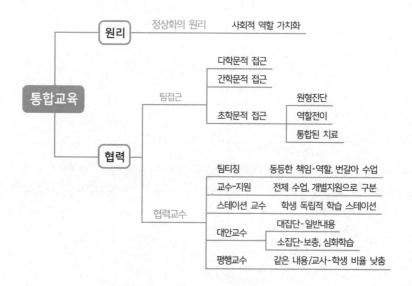

한눈에 보는 핵심 마인드맵 - 제1장 통합교육

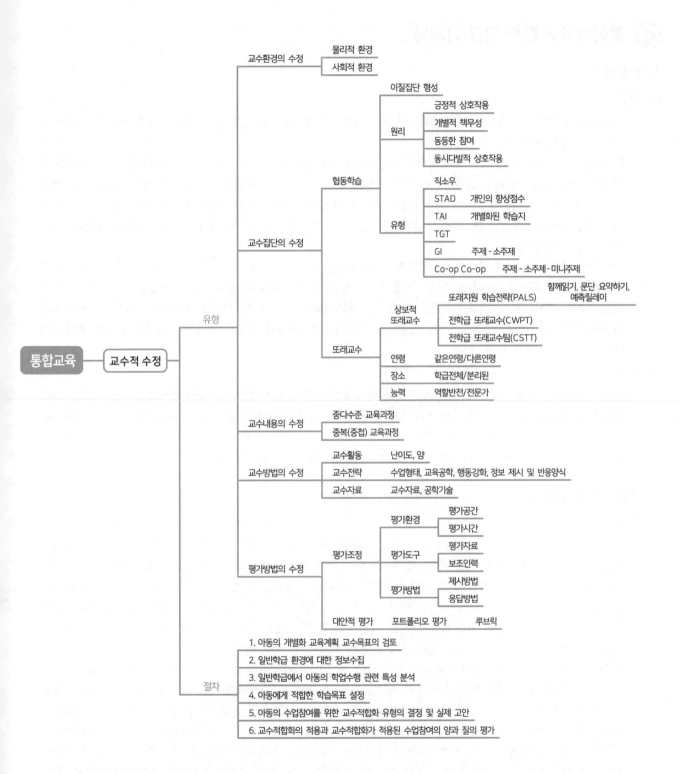

통합교육 — 교수적 수정

유형

- 교수환경의 수정
  - 물리적 환경
  - 사회적 환경

- 교수집단의 수정
  - 협동학습
    - 이질집단 형성
    - 원리
      - 긍정적 상호작용
      - 개별적 책무성
      - 동등한 참여
      - 동시다발적 상호작용
    - 유형
      - 직소우
      - STAD   개인의 향상점수
      - TAI   개별화된 학습지
      - TGT
      - GI   주제 - 소주제
      - Co-op Co-op   주제 - 소주제 - 미니주제
  - 또래교수
    - 상보적 또래교수
      - 또래지원 학습전략(PALS)   함께읽기, 문단 요약하기, 예측릴레이
      - 전학급 또래교수(CWPT)
      - 전학급 또래교수팀(CSTT)
    - 연령   같은연령/다른연령
    - 장소   학급전체/분리된
    - 능력   역할반전/전문가

- 교수내용의 수정
  - 중다수준 교육과정
  - 중복(중첩) 교육과정

- 교수방법의 수정
  - 교수활동   난이도, 양
  - 교수전략   수업형태, 교육공학, 행동강화, 정보 제시 및 반응양식
  - 교수자료   교수자료, 공학기술

- 평가방법의 수정
  - 평가조정
    - 평가환경
      - 평가공간
      - 평가시간
    - 평가도구
      - 평가자료
      - 보조인력
    - 평가방법
      - 제시방법
      - 응답방법
  - 대안적 평가   포트폴리오 평가   루브릭

절차

1. 아동의 개별화 교육계획 교수목표의 검토
2. 일반학급 환경에 대한 정보수집
3. 일반학급에서 아동의 학업수행 관련 특성 분석
4. 아동에게 적합한 학습목표 설정
5. 아동의 수업참여를 위한 교수적합화 유형의 결정 및 실제 고안
6. 교수적합화의 적용과 교수적합화가 적용된 수업참여의 양과 질의 평가

제1절 통합교육의 이론

01 정상화와 사회적 역할 가치화

1. 정상화

(1) 개관

① 정상화는 장애인이 사회 주류의 규준과 패턴에 가능한 한 유사한 일상생활의 패턴과 조건을 즐겨야 한다는 이상을 구체화한 원리이자 철학이다.

② 1959년 덴마크 정신지체 서비스의 의장이었던 뱅크 미켈슨(Bank-Mikkelson)은 '정신지체인이 가능한 한 정상에 가까운 생활 조건에서 살아가도록 하기 위하여'라는 덴마크 정신지체인법 성명에서 최초로 정상화를 언급하였다. 뱅크 미켈슨은 정상화를 '가능한 한 정신지체의 주거·교육·노동·여가 조건을 정상적으로 만드는 … 정상적인 생활조건과 밀접한 것'으로 간주하여 '정신지체인에게 모든 다른 시민의 법적·인간적 권리를 주는 것'으로 정의하였다.

③ 그 이후 정상화는 스웨덴 정신지체아동협회의 의장이었던 니르제(Nirje, 1976)에 의하여 '장애인이 사회의 생활방식과 일반 상황에 가능한 한 가까운 생활조건과 삶의 형태를 누릴 수 있도록 하는 것'으로 정의되었다. 니르제는 "사람의 하루 리듬이 개인적 행동과 특성을 유지하면서 성·연령·문화에 어울리는 평균적인 사람들의 리듬을 반영해야 한다."라고 말하면서 정상화를 주장하였다. 이들의 정상화 개념은 인간주의적 인류 평등주의에 그 가치의 토대를 두고 있다.

(2) 의의

이와 같이 정상화는 '장애인이 사회 주류의 규준과 패턴에 가능한 한 유사한 일상생활의 패턴과 조건을 즐겨야 한다는 이상'을 구체화한 개념이다. 정상화의 관심은 장애인이 생활하고 일하는 장소에서 그들의 교육·여가활동·인권을 가능한 한 정상적으로 만드는 데 있다. 그러므로 정상화는 특별한 처치·고립·시설을 떠나 장애인이 일반인과 동일한 권리·자유·선택을 즐기는 것을 보장하는 데로 이동할 것을 요청하였다.

2. 사회적 역할 가치화

(1) 개관

① 올펜스버거(Wolfensberger, 1983)는 "사회에서 어떤 집단, 특히 장애인들이 평가 절하된 사회적 역할을 가진다는 그의 관심을 반영하여 역할 기대·일탈·공공 지각의 개념을 중심으로 해야 한다."라고 주장하였다. 사회에서 개인의 상대적인 지위와 공헌은 그들에 관한 부정적인 사고를 반영하며, 이런 사고는 그들이 취급받는 방법에도 영향을 미친다. 이때 핵심적인 관심은 가치 있는 사회적 동아리에 통합되며, 가치 있는 만족한 활동을 추구하고, 정상적인 개인적 소유 등을 가지는 '개인적 능력' 및 개인이 살아가는 환경, 개인이 얻게 되는 권리와 능력, 개인의 언어, 의복, 개인적 용모 등과 관련된 그들의 '사회적 이미지'이다.

② 이러한 요인들은 개인이 타인에게 지각되는 방법과 그에 따라 개인에게 주어지는 역할 기대에 영향을 미친다. 평가 절하된 집단이나 개인은 '인간 이하의, 두려움의 대상, 영원한 아이'와 같은 부정적인 역할로 인식되는 경향이 있으며, 이러한 사회적 인식과 기대는 개인에게 평가 절하나 불명예를 벗어나야 한다고 요구하는 원인이 된다.

③ 이에 정상화는 정상적인 주택에서 생활하면서 정상적인 직업을 가지고, 정상적인 교육을 받으면서 사회적으로 가치 있는 활동과 함께 긍정적인 방식으로 참가하도록 하는 것을 목적으로 한다. 따라서 정상화는 평가 절하된 개인에게 사회로의 통합을 요구하며, 그에 따라 평가 절하된 개인에게 긍정적인 사회적 역할을 제공하고, 개인적 능력을 촉진하며, 사회적 이미지를 보강할 것을 요구한다.

(2) '사회적 역할의 가치화' 용어의 채택 배경

이와 같은 입장에서 올펜스버거(Wolfensberger)는 '정상화'라는 용어를 포기하고, 대신 '사회적 역할의 가치화'라는 용어를 채택하였다. 그는 사회적 역할의 가치화를 '사회적 평가 절하의 위험에 있는 사람을 위하여 가치 있는 사회적 역할을 개발하고 지원하며 방어하기 위하여 문화적으로 가치 있는 수단을 가능한 한 많이 이용하는 것'으로 정의하였다. 이처럼 '정상화'는 올펜스버거에 의하여 '사회적 역할의 가치화'로 개념이 정교화되었다고 할 수 있다.

(3) 의의

① 정상화는 장애인이 생활하고 공부하고 일하는 장소에서, 그들의 주거 · 교육 · 직업활동 등을 가능한 한 정상적으로 만드는 데 초점을 두고, 장애인을 특별한 처치 · 고립 · 시설을 떠나 일반인과 동일한 권리 · 자유 · 선택을 즐기는 데로 이동할 것을 요청하였다.

② 이러한 정상화의 원리는 교육에서 중도 장애아동들이 그들의 요구에 적절한 처치를 제공하는 분리교육을 필요로 할 수밖에 없다는 입장에서 장애아동을 가능한 한 최소 제한적 환경에 배치해야 한다는 개념을 확립하여 주류화를 요구하는 배경이 되었다.

---

01 **2019학년도 중등 B 2번**

다음은 ○○특수학교 참관 실습생을 위해 담당 교사가 중도 · 중복장애 교육을 주제로 작성한 교육자료의 일부이다. 〈작성 방법〉에 따라 서술하시오. [4점]

〈교육자료〉

1. 교육 가능성에 대한 신념
  • ㉠ 정상화 원리(principle of normalization)
    – 시사점: 장애인의 교육에서 중요한 것이 무엇인가에 대한 관점의 패러다임 제공
  • (㉡   )
    – 정상화 원리에 기반하여 올펜스버거(W. Wolfensberger)가 체계화함
    – 개인이 한 사회의 가치로운 구성원으로 인식되도록 하는 것의 중요성을 역설함
    – 시사점: 중도 · 중복장애 학생이 자유의지와 권리를 지켜나갈 수 있도록 필요한 교수와 지원을 제공하여 사회적 이미지를 긍정적으로 개선시킴

2. 긍정적 기대
  • 2015 개정 특수교육 기본교육과정 사회과에서 자신의 삶을 자율적으로 관리하는 자율생활역량을 강조함
    – '나의 삶' 영역 중학교 내용 요소에 다양한 상황에서 합리적인 선택방법을 알고 스스로 결정하는 '자기결정'이 있음
    – '나의 삶' 영역 고등학교 내용 요소에 자신의 요구, 신념, 권리가 소중함을 알고, 이를 지켜 나가는 생활을 실천하는 '(㉢   )'이/가 포함됨

〈작성 방법〉

• 밑줄 친 ㉠이 중도 · 중복장애 학생 교육에 제공하는 시사점을 교육환경(즉, 교육적 배치)과 교육내용(즉, 가르치고 배우는 내용) 차원에서 각 1가지씩 서술할 것(단, 〈교육자료〉에 제시된 내용은 제외할 것)
• 괄호 안의 ㉡, ㉢에 해당하는 내용을 순서대로 쓸 것

제**2**절 협력

01 협력적 팀 접근

1. 다학문적 접근

(1) 개관

① 다학문적 접근의 협력은 여러 개 영역의 전문가들이 함께 작업하되, 서로 독립적으로 일하는 방법의 협력모델이다. 각 전문가들은 자신의 전문영역을 대표하는 각각의 진단도구나 방법을 사용해서 진단하며, 그 결과를 보고할 때에도 독립적으로 한다.

② 실제로 다학문적 협력모델을 적용한 진단에서는 독립적인 작업의 특성으로 인하여 각 영역의 전문가들이 함께 협력하도록 요구되지 않는다.

(2) 장점

① 서비스 계획과 제공에 하나 이상의 전문영역이 참여한다.

② 의사결정 시 다양한 전문성이 반영된다.

③ 실수와 편견을 줄인다.

(3) 단점

① 중재를 위한 통일된 접근을 촉진하지 못한다.

② 팀의 응집력과 기여도가 부족하다.

2. 간학문적 접근

(1) 개관

① 간학문적 접근의 진단모델은 다양한 영역의 전문가가 서로 밀접하게 의사소통함으로써 진단과 교육 프로그램의 계획이 좀 더 화합된 형태로 이루어질 수 있는 협력적 접근방법이다.

② 간학문적 진단에서도 다학문적 진단과 같이 진단과정에서는 각 영역의 전문가들이 독립적으로 작업을 하지만, 그 과정과 결과의 보고에 있어서 서로 간의 의사소통을 통해 정보를 교환하고 협력적으로 진단한다.

③ 간학문적 진단에서는 다학문적 진단과 달리 가족도 팀의 구성원으로 참여하게 된다.

(2) 장점

① 활동과 교육목표가 다른 영역을 보충하고 지원한다.

② 하나로 통일된 서비스 계획에 기여한다.

③ 서비스 대표자를 통해서 정보를 공유할 수 있다.

(3) 단점

① 전문가들의 '고집'이 협력을 위협할 수 있다.

② 전문가들이 융통성 없는 경우 효율적이지 못할 수 있다.

③ 서비스 대표자의 역할이 불분명하기 때문에 역할 수행에 있어서 독단적일 수 있다.

3. 초학문적 접근

(1) 개관

① 초학문적 접근의 진단은 팀 구성원들 간의 의사소통과 협력을 최대화하기 위한 노력으로 개발된 방법이다.

② 초학문적 진단에서는 다른 접근보다 가족의 중심적인 역할을 더욱 강조한다. 팀의 모든 구성원들이 진단과 교육계획에 함께 책임을 지고 참여하게 되지만, 아동에게 주어지는 교육서비스는 가족과 주요 서비스 제공자에 의해서 행해진다는 것이다.

(2) 특징

전문영역 간에 정보와 기술을 공유한다. 직접 중재 접근을 사용하는 다학문적·간학문적 모델에 반해 초학문적 모델은 간접적·통합적 접근을 사용하는데, 이때 한 사람이나 두 사람(대개 교사)이 주된 프로그램 제공자로서 행동하고 다른 팀원은 자문가로서 역할을 수행한다.

(3) 장점

① 다양한 전문영역 간의 상호작용을 격려하며, 역할 공유를 권장한다.

② 종합적이면서도 하나로 통일된 중재계획을 제공할 수 있다.

③ 유아에 대해서 좀 더 완전하게 이해하도록 돕는다.

④ 전문가들의 지식 및 기술을 향상시키고 전문성을 강화한다.

(4) 단점

① 다양한 영역의 전문가들의 참여가 요구된다.

② 서비스 대표자의 역할을 하는 교사에게 가장 큰 책임이 주어진다.

③ 고도의 협력과 상호작용을 필요로 한다.

④ 전문가 간의 의사소통과 계획을 위해서 많은 시간을 소모해야 한다.

(5) 원형진단

① 다양한 영역의 전문가들이 동시에 대상 유아를 진단하는 방법이다.

② 원형진단을 적용하게 되면 전문가들이 각각 일하며 대상 유아를 동시에 진단함으로써 동일한 정보를 교환할 수 있다.

③ 촉진자가 유아 및 부모와 상호작용하면서 구조화된 샘플들을 관찰할 수 있도록 행동을 유도할 때, 나머지 구성원들이 함께 행동을 관찰하면서 자신의 전문영역과 관련된 평가를 하게 된다. 이때 팀의 다른 구성원들은 관찰을 통한 진단만 할 수도 있고, 필요한 경우에는 자신의 전문영역과 관련하여 유아를 직접 진단할 수도 있다.

(6) 초학문적 접근에서의 역할 전이

단계	전문가들의 역할
역할 확대	자신의 전문영역에 대한 전문성과 기술을 향상시키기 위한 활동에 참여함
역할 확장	다른 영역들에 대해 배우기 시작하며, 특히 다른 전문영역에서 사용하는 용어나 기본적인 절차 등에 대한 지식을 서로 교환함
역할 교환	정해진 전문가의 직접적인 감독하에 다른 영역의 중재를 실시함 예 특수교사가 작업치료사의 감독하에 운동기술 증진을 위한 중재를 실시
역할 방출	• 팀의 모든 구성원들은 새롭게 배운 다른 영역의 기술들을 전문가의 지속적인 감독 없이 독립적으로 연습함 • 여기서 역할 방출은 '역할 대치'로 해석되어야만 하며, 각 구성원들의 전문성은 그 가치와 필요성이 인정되어야 함
역할 지원	특정 중재가 매우 전문적인 기술을 요구하므로, 주 서비스 제공자가 실시하기 어려운 경우에는 팀 구성원 중 그 영역의 전문가가 서비스 제공자와 가족들에게 직접적인 지원을 제공함

(7) 통합된 치료

① 정의: 가정, 학교, 지역사회 환경에서 아동의 참여를 촉진하고, 자연스러운 맥락 내에서 아동의 목표에 어떻게 작용하는지 다른 사람에게 보여주기 위하여 치료사가 아동에게 서비스를 제공할 때 아동과 많은 시간을 보내는 사람들과 상담·협력하는 접근법이다.

② 기본가정

  ㉠ 학생의 능력에 대한 진단은 자연적인 환경에서 가장 잘 이루어질 수 있다.

  ㉡ 학생은 일상생활과 관련 있고 자연적 상황에서 일어나는 기능적 활동을 통해 가장 잘 배운다.

  ㉢ 학생에 대한 지원은 자연적 학습기회가 발생하고 학생이 기능하는 실생활 상황과 환경에서 이루어져야 한다.

  ㉣ 학습성과는 자연적 환경에서 확인되어야 한다.

    ➡ 이러한 실생활 상황에서 치료서비스를 제공함으로써 맥락과 관련된 일반화 기술은 우연적이기보다는 계획에 의해 생기며, 치료서비스는 학급활동과 경쟁하는 게 아니라 오히려 학급활동을 지원해야 한다.

③ 장점

  ㉠ 학생은 자신이 서비스 받는 어디에서나 학습활동에서 빠지지 않게 된다. 치료서비스를 위하여 가끔 학생을 데리고 나오는 것은 학생뿐만 아니라 다른 학생들과 교사도 분리시키는 것이 된다.

  ㉡ 전형적인 환경의 의사소통 요구는 그것이 자연스럽게 발생될 때 표현된다. 그러므로 학습한 기술을 변화된 환경에 일반화시키는 문제는 쉽게 해결된다. 이때 언어병리사는 다른 사람들의 의사소통 기회와 기대를 관찰하여 그에 따른 권고사항을 작성할 수 있다.

  ㉢ 학급의 다른 사람들은 이 전문가가 기술을 최대한 잘 반복할 수 있도록 장애학생을 지원하는 방법을 보는 것만으로도 도움을 얻을 수 있다.

  ㉣ 언어병리사는 학습주제가 무엇이든 필요할 때마다 다른 학생들을 도와주는 것으로, 학급 교사에게 부가적인 지원을 제공할 수 있으며 이러한 배치는 제한된 자원을 효율적으로 사용하도록 한다.

---

02 2020학년도 유아 A 7번 일부

(나)는 2차 교직원협의회 내용이다. 물음에 답하시오.

(나) 2차 교직원협의회 내용

> 민 교사: 유치원 차원의 긍정적 행동지원 2차 협의회를 시작하겠습니다.
>   …중략…
> 양 원장: 유치원 차원의 긍정적 행동지원을 실시하려면 특수교육 대상 유아를 고려한 계획이 필요하지 않나요? 유아별 개별화교육지원팀이 있잖아요. 그 팀 간의 협력도 필요할 것 같고…… 팀 협력도 여러 가지 방법이 있지 않나요?
> 신 교사: 보라의 ㉡ 개별화교육 지원팀의 구성원들은 진단과 중재를 각각 하지만 팀 협의회 때 만나서 필요한 정보들을 공유해요. 보라가 다니는 복지관의 언어재활사는 팀 협의회 때 보라의 진단결과와 중재방법을 알려줄 수 있어요. 유치원 차원의 긍정적 행동지원과 관련해서는 언어재활사에게 차례 지키기 연습을 할 기회가 있으면 복지관에서도 할 수 있도록 협조를 부탁드리면 좋겠어요.
> 이 원감: 건하의 ㉢ 개별화 교육지원팀은 함께 교육진단을 하고, 그 진단을 바탕으로 유아 특수교사와 통합학급 교사가 교육을 계획한 후 실행하고 평가하는 전 과정에서 함께 협력해요. 두 선생님은 물리치료사에게 알맞은 자세잡기를 배워서 건하에게 적용할 수 있어요.
>   …하략…

2) (나)의 ㉡과 ㉢에 해당하는 팀 접근의 유형을 각각 쓰고, ㉡과 비교하여 ㉢이 갖는 장점을 1가지 쓰시오. [3점]

• ㉡: ＿＿＿＿＿＿＿＿＿＿＿＿＿＿＿＿＿＿＿＿＿ ㉢: ＿＿＿＿＿＿＿＿＿＿＿＿＿＿＿＿＿＿＿

• 장점: ＿＿＿

김 교사는 특수교육 지원센터의 순회교사이고, 박 교사는 통합 유치원의 유아 특수교사이다. (가)는 김 교사와 박 교사의 대화내용이다. 물음에 답하시오.

(가) 대화

> 김 교사: 박 선생님, 개별화교육 계획 다 작성하셨어요? 어떻게 하셨어요?
>
> 박 교사: ㉠ 저는 통합학급 교사로부터 각 유아에 대한 발달과 학습에 대한 정보를 받고, 유아가 다니는 치료실의 치료사나 심리학자, 의사 등으로부터 진단결과나 중재목표를 받아서 부모의 요구와 우선순위를 파악하여 작성했어요.
>
> 김 교사: 아, 그러셨군요. 저는 영아를 담당하고 있는데, ㉡ 각 영아의 교육적 요구에 따라 여러 관련서비스 영역의 전문가들과 심리학자, 사회복지사, 부모, 그리고 제가 한 팀이 되어 교육진단을 계획했어요. 교육진단 시에는 팀 구성원들이 동시에 관찰하며 평가했는데, 그때 제가 촉진자의 역할을 했어요. 그리고 나서 팀이 합의한 평가결과에 따라 다 같이 개별화교육 계획을 수립했어요.
>
> 박 교사: 네, 그런데 그렇게 하면 시간도 많이 걸리고 힘드셨겠어요. 그럼 그 다음에 중재는 어떻게 하세요?
>
> 김 교사: 각 영아에 따라 팀원 중 한 사람이 영아의 가정을 방문해서 개별화교육 계획의 목표 성취를 도울 수 있도록 부모를 지원해요. 주로 부모가 자녀와 상호작용하는 방법을 알려드려요.
>
> 박 교사: 가정 방문도 하시는군요.
>
> 김 교사: ㉢ 우리 특수교육 지원센터에서는 영유아를 위한 순회교육, 특수교육 관련서비스 지원 등을 하고 있어요. ㉣ 특수교육지원 센터에서는 순회교육 이외에도 센터 내의 교실에서 장애영아를 가르칠 수 있어요.
>
> 박 교사: 저도 영아를 담당해 보고 싶은데, 그러려면 ㉤ 제가 특수학교 유치원교사 자격증을 가지고 있으니까 3년의 유치원 과정 담당 경력을 쌓아야겠네요. 장애영아의 수업일수는 어떻게 되나요?
>
> 김 교사: ㉥ 장애영아의 수업일수는 매 학년도 180일을 기준으로 해서 필요에 따라 30일의 범위에서 줄일 수 있어요.

1) ㉠에 해당하는 팀 협력 모델명을 쓰시오. [1점]

• _____

2) ㉡의 팀에서 주로 사용하는 진단방법을 쓰시오. [1점]

• _____

다음은 ○○특수학교에 다니는 5세 중복장애 유아들을 위한 지원방안이다. 물음에 답하시오.

유아	특성	지도방법	전문가 협력
수지	• 시각 · 지적장애 • 중복장애 • 촉지각능력이 뛰어남	⊙ <u>네모와 같은 단순한 그림을 촉각 그래픽자료로 지도함</u>	…생략…
인호	• 농 · 맹 중복장애 • 4세 중도 실명 • 수화를 모국어로 습득함 • 촉독(촉각) 수화를 사용함	ⓒ <u>수지와 의사소통할 때 촉독 수화 를 사용하게 함</u> ⓒ <u>다양한 사물을 손으로 느껴 체험 하도록 지도함</u>	• 유아 특수교사, 청각사 등 다양한 영역의 전문가들이 참여함 • 전문가별로 중재 계획을 개발하고 정보를 서로 공유함 • 인호의 부모가 팀원임 • 때때로 팀원들 간에 인호의 문제를 논의함
은영	• 청각 · 지적장애 중복장애 • 보완 · 대체 의사소통체계(AAC)를 활용하여 주변사람과 의사소통함	② <u>AAC의 일환으로 단순화된 수화 를 지도함</u> ⓜ <u>구어 중심의 중재를 함</u>	…생략…

2) 인호를 위한 전문가 팀의 ① 협력모델명을 쓰고, 진단 측면에서 이 협력모델의 ② 장점과 ③ 단점을 쓰시오. [3점]

• ①: _____

• ②: _____

• ③: _____

다음은 유아 특수교사인 김 교사가 만 5세 발달지체 유아 태호를 위해 전문가와 협력한 활동이다. 물음에 답하시오.

(가)
> 김 교사는 언어치료사, 작업치료사, 사회복지사 등 전문가들과 교육진단을 실시하였다. 교육진단은 인사하기와 분위기 조성하기, 과제중심 진단, 휴식시간, 이야기시간과 교수시간, 자유놀이, 회의 단계로 구성되었다. 촉진자로 선정된 전문가는 태호와 어머니와의 상호작용을 유도하였고, 다른 전문가들은 태호와 어머니와의 상호작용을 관찰하였다. ⊙ 태호 어머니는 결혼 이민자로 우리말을 잘하지 못하기 때문에 회의시간에는 통역사가 참여하였다.

(나)
> 김 교사는 간식시간에 작업치료사로부터 턱 주변의 근긴장도 낮은 태호의 턱을 지지해주는 손동작을 배우고 있다. 김 교사는 작업치료사의 지원을 받으며 태호의 앞과 옆에서 턱을 보조하는 방법에 대해 배우는 중에, 한쪽이 낮게 잘린 컵에 담긴 물을 먹이고 있다. 이때 ⓛ 컵의 낮게 잘린 쪽이 코의 반대방향을 향하고 있다.

1) 김 교사가 다른 전문가와 협력하여 실시한 교육진단이 무엇인지 쓰시오. [1점]

• _____

3) 다음 문자의 괄호 안에 들어갈 알맞은 말을 쓰시오. [2점]

> (가)와 (나)에서 김 교사가 전문가와 협력한 방법은 (ⓒ) 접근법이다. 이 접근법은 자신의 전문영역에 대한 진단은 각자 진행하지만 정기적 모임을 통해 다른 분야 전문가와 의견을 교환하는 (ⓔ) 접근법의 제한점을 보완한 것이다.

• ⓒ: _____ • ⓔ: _____

다음은 통합교육 상황에서 교사 간 협력적 접근방법을 적용한 예이다. 초학문적 접근의 근간이 되는 개념으로서 밑줄 친 부분이 의미하는 것을 가장 적절하게 표현한 것은? [2점]

> 경도 지적장애 중학생 A는 친구들과 대화하거나 학습할 때 급우의 신체를 부적절하게 접촉한다. 특수교사는 통합학급에서 A의 부적절한 사회적 관계 유형을 분석하고, 바람직한 대인관계 형성을 위한 교수계획을 수립하였다. 특수교사는 교과 담당 교사들로 구성된 협력적 팀원들에게 A의 교수계획을 설명하고, 수업활동 시 지도할 수 있도록 구체적인 교수전략을 안내하였다. 특히 특수교사는 A를 지도할 수 있도록 자신이 알고 있는 전문적 지식, 정보 및 전략을 각 팀원들에게 자문하였다.

① 비계 설정(scaffolding)   ② 역할 양도(role release)   ③ 책무성(accountability)
④ 역량 강화(empowerment)   ⑤ 사회적 지원망(social support networks)

다음은 지적장애 학생 A의 언어 지원을 위한 협력적 접근 사례이다. 사례에서 나타나는 협력적 접근모델 및 방법만을 〈보기〉에서 있는 대로 고른 것은? [2점]

특수교사, 언어재활사(치료사), 부모는 학생 A의 의사표현이 가장 활발히 나타나는 사회시간에 함께 모여 학생 A의 활동을 관찰하면서 언어평가를 실시하였다. 평가 후에 특수교사, 언어재활사, 부모는 평가결과를 바탕으로 장·단기 목표 및 지원 방법에 대해 함께 논의하였다. 언어중재는 한 학기 동안 특수교사가 혼자 맡아서 교실에서 실시하기로 하였다. 정기적인 모임을 통해 언어재활사는 특수교사가 지도할 때에 필요한 구체적인 언어중재 전략에 관한 정보를 제공하기로 하였고, 부모는 가정에서의 언어능력 향상 정도를 특수교사에게 알려주기로 하였다.

─〈보기〉─

㉠ 팀 교수(team teaching) ㉡ 역할 양도(role release)
㉢ 원형평가(arena assessment) ㉣ 간학문적 접근(inter-disciplinary approach)
㉤ 초학문적 접근(trans-disciplinary approach)

① ㉡, ㉤ ② ㉢, ㉣ ③ ㉠, ㉡, ㉤ ④ ㉠, ㉢, ㉣ ⑤ ㉡, ㉢, ㉤

다음은 뇌성마비 학생 E의 특성과 지원 계획이다. 〈작성 방법〉에 따라 서술하시오. [4점]

학생	구분			내용
E	특성			• 경직형 뇌성마비 학생임 • 워커를 사용하여 이동하기 시작함
	지원 계획	㉠	㉡	• 교사, 부모, 물리치료사, 작업치료사 등 다양한 전문가들이 팀을 이루고 함께 모여 동시에 학생 E를 진단함 • 교사는 촉진자로서 학생 E의 움직임과 행동을 유도해내고, 팀원들은 학생의 행동을 관찰하면서 각자의 전문영역과 관련한 평가를 함 • 평가결과에 기초하여 팀원들은 '워커를 사용하여 목표지점까지 이동할 수 있다.'는 목표를 설정하고 공유한 후, 개별화교육 계획에 반영함

				• 교사와 부모는 물리치료사와 작업치료사에게 다음의 내용을 배워 학생을 지도함
				   – 바른 정렬을 유지하며 워커로 걷는 방법
				   – 적절한 근긴장도를 유지하며 걷는 방법
				   – 방향전환 방법
				• 교사는 학생 E가 학교 일과 중 자연스러운 환경에서 '워커를 사용하여 이동하기'를 연습할 수 있도록 계획하고 지도함

─〈작성 방법〉─

• ㉠에 해당하는 팀 협력모델 명칭을 쓰고, 이 모델에서 사용하는 ㉡에 해당하는 진단방법을 제시할 것

다음의 (가)는 지체장애 특수학교에 재학 중인 학생 A의 특성이고, (나)는 특수교사와 물리치료사가 미술시간에 학생 A를 관찰한 내용이며, (다)는 학생 A를 위해 (가)와 (나)를 반영하여 수립한 지원계획이다. ⓒ과 ②에 해당하는 서비스 유형을 비교할 때, ⓒ에 해당하는 서비스 유형이 지닌 학생 측면에서의 장점을 1가지만 쓰시오. [3점]

(가) 학생 A의 특성

- 뇌성마비(경직형 사지마비)로 긴장성 미로 반사를 보임
- 이너 시트(inner seat)가 장착된 휠체어를 사용함

(나) 학생 A에 대한 관찰내용

- 친구들과 바닥에 전지를 펴 놓고 '우리 마을 지도'를 그리고 있음
- 바닥에 앉아 있는 자세를 취하는 데 어려움을 보임

(다) 학생 A를 위한 지원계획

- ㉠ 엎드려서 그리기를 잘 할 수 있는 자세를 취하도록 지원한다.
- ㉡ 그림을 그리다 피로감을 호소하면 옆으로 누운 자세를 취하도록 지원한다.
- ㉢ 특수교사가 미술수업을 하는 동안 물리치료사는 학생 A가 '우리 마을 지도'를 잘 그릴 수 있도록 바른 자세를 잡아준다.
- ㉣ 물리치료사는 학교 내 치료공간에서 학생 A에게 치료 지원을 제공한다.

•_____

1. 정의

① 특수교사가 통합학급 교사와 함께 교실상황에 참여하여 학생에게 교육적 서비스를 제공하는 교수방법이다.
② 물리적으로 한 공간에서 두 명 이상의 교사가 다양한 능력을 지닌 학생들에게 실질적인 교수를 하는 것이다.

2. 효과

대상	내용
장애학생	• 사회성 기술 향상 및 교실 내 문제행동 감소 • 과제에 대한 집중시간의 증가
일반학생	• 장애에 대한 인식 개선으로 장애학생을 급우로 받아들임 • 특수교육 대상 아동은 아니지만, 교사로부터 개별적인 도움이 필요한 경우 두 교사로부터 지속적인 지원을 받을 수 있음
교사	• **통합학급 교사**: 장애학생의 문제행동 지도와 교수수정 전략에 대한 많은 지식을 얻을 수 있고, 정기적으로 함께 수업을 하면서 교사로서 더 많은 수업준비와 수업 시 다양한 활동을 할 수 있음 • **특수교사**: 일반 교육과정의 흐름과 전체 교수기술을 배울 수 있으며, 학생들이 특수교사를 통합학급 교사와 같은 교사로 인식하게 됨으로써 교사로서의 자존감을 증진시킬 수 있음

3. 협력교수의 형태

(1) 교수-지원 모형

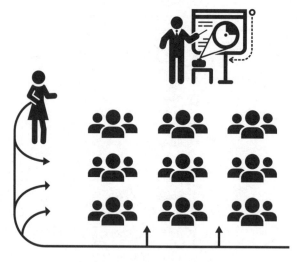

[그림 1-1] 교수-지원 모형

① 두 교사의 역할이 '전체 수업'과 '개별 지원'으로 구분되는 협력으로, 한 교사가 전체 학습지도에 우선적인 책임을 지고, 다른 교사는 학생들 사이를 순회하면서 개별적으로 지원이 필요한 학생을 지도한다.
② 장점
   ⊙ 각 교사의 역할이 수업내용에 따라 수시로 바뀔 수 있는 융통성을 지닌다.
   ⓛ 도움이 필요한 학생을 개별적으로 지원할 수 있다.
③ 단점
   ⊙ 각 교사의 역할이 수시로 바뀔 때 수업의 흐름이 부자연스러울 수 있다.
   ⓛ 지원하는 교사가 보조원처럼 보이거나 학생의 주의를 산만하게 할 수 있다.
   ⓒ 학생이 지원교사에게 의존적이게 될 수 있다.

(2) 팀 교수

[그림 1-2] 팀 교수

① 두 교사가 모든 학생을 대상으로 동등한 책임과 역할을 가지고 함께 수업을 하는 동안 번갈아가며 다양한 역할(예 개념교수, 시범, 역할놀이, 모니터링)을 함으로써 반 전체 학생을 위한 교수역할을 공유한다.
② 장점
    ㉠ 체계적 관찰과 자료수집이 가능하며, 역할과 교수내용의 공유를 돕는다.
    ㉡ 개별 도움을 주기 쉽고, 학업과 사회성에 있어서 적절한 도움을 구하는 행동의 모델을 보여줄 수 있다.
    ㉢ 질문하기를 가르치고, 개념, 어휘, 규칙 등을 보다 명확하게 할 수 있다.
③ 단점
    ㉠ 학습을 풍부하게 하는 것이 아니라 교사의 업무를 분담하는 것에 머무를 수 있다.
    ㉡ 많은 계획과 모델링·역할놀이 기술을 필요로 한다.

(3) 병행교수

[그림 1-3] 병행교수

① 두 교사가 함께 수업을 계획하고 학급을 여러 수준의 학생이 섞인 두 집단으로 나눈 후, 같은 내용을 동시에 각 집단에 교수한다.
② 장점
    ㉠ 효과적인 복습이 가능하며, 학생의 반응을 독려할 수 있다.
    ㉡ 집단학습과 복습을 위한 교사-학생 간의 비율을 감소시킨다.
③ 단점
    ㉠ 동일한 수준의 내용을 성취하거나 조율하기가 어려울 수 있고, 상대방 교사의 속도를 점검해야 한다.
    ㉡ 교실이 시끄러워지거나 모둠 간 경쟁이 될 수 있다.

(4) **대안교수**

[그림 1-4] 대안교수

① 한 교사가 대집단을 상대로 전체적인 수업지도에 책임을 지고 학습을 지도하는 동안, 나머지 한 교사는 도움이 필요한 소집단의 학생에게 추가적인 심화학습, 보충학습을 하는 등의 부가적인 지원을 제공한다.
② 장점
　　㉠ 심화학습의 기회를 제공하고, 결석한 학생의 보충학습 기회를 제공한다.
　　㉡ 개인과 전체 학습의 속도를 맞출 수 있고, 못하는 부분을 개발해 주는 시간을 만들 수 있다.
③ 단점
　　㉠ 도움이 필요한 학생만 계속 선택하기 쉽다.
　　㉡ 분리된 학습환경을 조성하며, 조율하기가 어려워 학생을 고립시킬 수 있다.

(5) **스테이션 교수**

[그림 1-5] 스테이션 교수

① 교사는 수업내용에 대한 세 개 이상의 교사 주도 또는 독립적 학습을 할 수 있는 학습 스테이션을 준비하고, 학생은 수업내용에 따라 집단이나 모둠을 만들어 자연스럽게 이동하면서 모든 영역의 내용을 학습한다.
② 장점
　　㉠ 능동적인 학습환경을 제시하고, 소그룹으로 주의집중을 증가시킨다.
　　㉡ 협동과 독립성, 학생의 반응을 증진하고, 전략적으로 집단을 구성할 수 있다.
③ 단점
　　㉠ 많은 계획과 준비가 필요하며, 교실이 시끄러워지거나 감독하기가 어렵다.
　　㉡ 집단으로 활동하는 기술과 독립적인 학습기술이 필요하다.

10 2012학년도 초등 5번

다음은 특수학급 유 교사와 일반학급 최 교사가 협력하여 장애이해 교육을 실시하기 위해 나눈 대화이다. 두 교사가 계획하는 협력교수(co-teaching)의 형태를 바르게 짝지은 것은? [1.4점]

(가)	유 교사: 이번 장애이해 교육의 주제는 '장애인에 대한 에티켓'이에요. 먼저 제가 청각장애인에 대해 설명하면 선생님께서 시범을 보이시고, 선생님께서 지체장애인에 대해 설명하시면 제가 시범을 보일게요. 시각장애인과 지적장애인의 경우도 마찬가지 방법으로 번갈아 가면서 하고요.
(나)	최 교사: 그러지요. 그런 다음 두 집단으로 모둠을 나누어 선생님과 제가 각각 한 모둠씩 맡아서 같은 내용으로 학생들이 역할놀이를 통해 장애인에 대한 에티켓을 연습해 볼 수 있도록 지도하지요.
(다)	유 교사: 좋은 생각이네요. 모둠별 학습이 끝나면 선생님께서 마무리 평가를 진행해 주세요. 저는 그 동안 지적장애 학생인 경수도 평가에 참여할 수 있도록 경수 옆에서 개별적으로 도울게요.

	<u>(가)</u>	<u>(나)</u>	<u>(다)</u>
①	팀 교수	평행교수	대안교수
②	팀 교수	스테이션 교수	대안교수
③	팀 교수	평행교수	교수-지원
④	평행교수	스테이션 교수	대안교수
⑤	평행교수	팀 교수	교수-지원

11 2021학년도 유아 A 7번 일부

다음은 5세 발달지체 윤아의 통합학급 민 교사와 유아특수교사 송 교사가 나눈 대화이다. 물음에 답하시오.

민 교사: 선생님, 내일 우리 반 유아들과 함께 독감과 코로나-19 예방을 위해 '마스크 쓰기'와 '비누로 손 깨끗하게 씻기'를 알아보려고 해요. 그런데 윤아는 마스크 쓰기를 싫어해서 벗고 있을 때가 많고, 비누를 사용하지 않으려고 해요. 윤아도 질병을 예방하는 방법을 알고 꼭 실천하게 해주고 싶어요. [A]

송 교사: 윤아는 얼굴에 물건이 닿는 것을 싫어해서 마스크를 쓰지 않으려고 해요. 그리고 ㉠ <u>비누의 거품은 좋아하지만 꽃향기를 싫어하고, 소근육 발달이 늦어서 손으로 비누 잡는 것을 어려워해요. 그래서 꽃향기가 나는 비누 사용을 힘들어하는 것 같아요.</u>

민 교사: 선생님, 그러면 협력교수를 통해 함께 지도하면 어떨까요?

송 교사: 내일 ㉡ <u>민 선생님께서 전체 유아를 대상으로 '비누로 손 깨끗하게 씻기'를 지도하시면, 저는 윤아뿐만 아니라 특별히 도움이 필요한 다른 유아들도 활동에 효과적으로 참여할 수 있도록 도울게요.</u> 만약 ㉢ <u>윤아와 몇몇 유아들이 마스크 쓰기와 손 씻기를 계속 많이 어려워하는 경우, 이들을 별도로 소집단을 구성해서 특별한 방법으로 집중 지도를 해 보도록 할게요.</u>

3) 민 교사와 송 교사가 적용하려는 ㉡과 ㉢의 협력교수 유형을 쓰시오. [2점]

• ㉡: _____   • ㉢: _____

다음의 대화 내용을 읽고 두 교사가 선택한 협력교수 유형의 특징을 〈보기〉에서 모두 고른 것은? [2.5점]

> 일반교사: 이번 국사시간은 '우리나라 유적지' 단원을 배울 차례인데, 수업을 어떻게 할까요?
> 특수교사: 지난 시간에는 소집단으로 모둠별 수업을 했으니까 이번 시간에는 프로젝트 중심 수업이 좋을 것 같은데요.
> 일반교사: 좋아요. 그럼 주제별로 하고 학습영역은 몇 개로 나눌까요?
> 특수교사: 학습영역은 3개로 나누는 게 좋을 것 같아요. 첫 번째 영역은 선생님이 맡고 두 번째는 제가 맡을게요. 세 번째 영역은 학생들끼리 신문기사를 읽고 독립운동가 후손들의 삶에 대해 토론하도록 해요.
> 일반교사: 그래요. 선생님은 우리나라 시대별 유적지에 대한 내용을 맡고, 제가 시대별 사상들에 대한 내용을 가르칠게요.
> 특수교사: 각 영역별로 학생들이 15분씩 돌아가면서 학습을 하면 되겠네요.

〈보기〉

> ㉠ 심화학습 기회를 제공한다.
> ㉡ 전략적으로 집단을 구성한다.
> ㉢ 학생들의 반응을 증가시킨다.
> ㉣ 능동적인 학습형태를 제시한다.
> ㉤ 모델링과 역할놀이 기술을 필요로 한다.
> ㉥ 결석한 학생에게 보충학습 기회를 제공한다.
> ㉦ 집단으로 활동하는 기술과 독립적인 학습기술이 필요하다.

① ㉠, ㉡, ㉤
② ㉠, ㉣, ㉤
③ ㉡, ㉢, ㉣, ㉤
④ ㉡, ㉢, ㉣, ㉦
⑤ ㉢, ㉣, ㉤, ㉥, ㉦

(가)는 통합학급 김 교사의 반성적 저널의 일부이다. 물음에 답하시오.

(가) 김 교사의 반성적 저널

> 일자: 2018년 ○○월 ○○일
>
> 　박 선생님과 함께 '코끼리의 발걸음' 음악을 듣고 다양한 방법으로 표현하기를 했다. 우리 반은 발달지체 유아 태우를 포함하여 25명으로 구성되어 음악과 관련된 활동을 할 때마다 늘 부담이 되었다. 이런 고민을 박 선생님께 말씀드렸더니 (㉠)을/를 제안해 주었다.
> 　유아들은 세 가지 활동에 모둠으로 나누어 참여했다. 나는 음악에 맞추어 리듬 막대로 연주하기를 지도하고, 박 선생님은 음악을 들으며 코끼리처럼 움직이기를 지도해 주었다. 다른 모둠은 원감 선생님께서 유아들끼리 자유롭게 코끼리 그림을 그릴 수 있도록 해 주었다. 그리고 한 활동이 끝나면 유아들끼리 모둠별로 다음 활동으로 이동하여 세 가지 활동에 모두 참여할 수 있도록 해 주었다. 　[A]

1) ① (가)의 [A]에 근거해 ㉠에 해당하는 협력교수의 유형을 쓰고, ② ㉠과 같은 유형으로 수업을 할 때의 장점을 1가지 쓰시오. [2점]

　• ①: _____　　　• ②: _____

다음은 중학교 통합학급에서 특수교사와 일반교사가 협력하여 체육수업을 실시하기 위해 작성한 협의안의 일부이다. (가)~(다)에 대한 설명으로 옳은 것을 〈보기〉에서 고른 것은? [2.5점]

학습 단계	학습 과정	교수 · 학습활동	활동 시 유의점	협력교수 모형

전개	자연을 신체로 표현하기	• 교사의 시범에 따라 신체를 이용하여 자연물(나무, 꽃 등)표현하기
		  – 교사 A는 시범을 보이고, 교사 B는 교사 A의 교수활동을 명료화한다.
		• 교사의 시범에 따라 신체를 이용하여 자연현상(소나기, 천둥 등) 표현하기
		  – 교사 B는 시범을 보이고, 교사 A는 교사 B의 교수활동을 명료화한다.
			–	(가)

	신체표현 작품 만들기	• 모둠별로 창작한 동작을 연결하여 작품 만들기 – 교사는 각자 맡은 모둠에서 교수하고 학생활동을 지원한다.	학생은 두 모둠으로 구성	(나)

	신체표현 작품 발표하기	• 모둠별로 작품 발표와 감상 소감 발표하기
		  – 교사 A는 전체 학급활동을 진행한다.
		  – 교사 B는 학생들을 개별적으로 지원한다.
			한 모둠이 발표하는 동안 다른 모둠은 감상	(다)

─〈보기〉─

ㄱ. (가)는 교사들이 역할을 분담하므로 교수내용 및 자료를 공유하기가 어렵다.

ㄴ. (가)에서 교사 간 상호작용은 학생들에게 학습활동이나 사회적 상황에서 수행할 행동의 중요한 본보기가 된다.

ㄷ. (나)는 전체 학급활동에 비해 학생들의 반응을 이끌어 내는 데 효과적이다.

ㄹ. (나)에서 교사는 학생들의 학습수준을 고려하여 모둠을 동질적으로 구성한다.

ㅁ. (다)에서는 교과 및 수업내용에 관한 전문성을 고려하여 교사의 역할을 정할 수 있다.

ㅂ. (다)는 학생들의 학습수행에 대한 자료를 수집하거나 적절한 도움을 주는 데 어려움이 있다.

① ㄱ, ㄷ, ㅁ   ② ㄱ, ㄹ, ㅂ   ③ ㄴ, ㄷ, ㅁ   ④ ㄴ, ㄷ, ㅂ   ⑤ ㄴ, ㄹ, ㅂ

다음은 중학교 1학년 통합학급에서 일반교사와 특수교사가 협력교수를 실시하기 위해 작성한 사회과 교수 · 학습 지도안의 일부이다. 협력교수의 장점과 차이점, 특수교사의 지원내용을 〈작성 방법〉에 따라 논하시오. [10점]

〈사회과 교수 · 학습 지도안〉

단원명	일상 생활과 법	대상	중 1-3, 30명 (장애학생 2명 포함)	교사	일반교사 김○○ 특수교사 박○○
주제 (소단원)	개인의 권리 보호와 법			차시	6/9
학습목표	• 권리와 의무의 관계를 설명할 수 있다. • 자신의 권리를 정당한 절차와 방법을 통해 주장할 수 있다.				
수정된 학습목표	• 일상생활에서 자신의 권리와 의무를 말할 수 있다. • 권리 구제에 도움을 주는 기관을 말할 수 있다.				

학습 단계	교수 · 학습활동	교수 · 학습방법	자료 및 유의점
도입	− 전시학습 확인 − 학습목표 제시		
전개	활동1: 개인의 권리와 의무 − 일상생활에서 자신의 권리를 행사한 경험을 발표하기 − 권리와 의무의 관계 알기	㉠ 평행교수	− 자기점검표
전개	활동2: 권리 침해를 구제받는 방법 − 개인의 권리 보호가 어떻게 이루어지는지 알기 − 침해된 권리를 찾는 방법 알기 − 정부기관과 시민단체를 통한 권리 구제 방법을 담은 안내 노트 작성하기	㉡ 스테이션 교수	− 안내 노트 − 스테이션을 3개로 구성함
	활동3: 권리 구제에 도움을 주는 기관 조사 − 권리 구제에 도움을 주는 기관과 해당 기관의 역할을 모둠 별로 조사하기 − 모둠별로 조사한 내용을 전체 학생을 대상으로 발표하기	㉢ 협동학습	− 권리 구제 관련 기관의 목록

─────〈작성 방법〉─────

• ㉠과 ㉡의 장점을 학습자 입장에서 각각 2가지 제시할 것
• 사회과 교수 · 학습 지도안에 제시된 '대상', '교수 · 학습활동', '자료 및 유의점' 등을 참고하여 ㉠과 ㉡의 차이점을 교수 집단의 구성과 교수 · 학습활동의 내용 측면에서 각각 1가지 설명할 것
• ㉢에서 장애학생이 집단 구성원으로서 긍정적인 역할을 할 수 있도록 사회적 환경을 조성하기 위해 특수교사가 지원해야 할 내용 2가지를 설명할 것
• 서론, 본론, 결론의 형식을 갖출 것

다음은 5세 유치원 통합학급에서 유아 특수교사와 유아교사가 쿡과 프렌드(L.Cook & M.Friend)의 협력교수 유형을 적용하여 작성한 활동계획안의 일부이다. 물음에 답하시오.

○대집단 – 일반유아 21명

●소집단 – 발달지체 유아(나리)/일반 유아(서영, 우재, 민기)

소주제	우리 동네 사람들이 하는 일	활동명	일하는 모습을 따라해 봐요.
활동목표	• 다양한 직업에 대해 관심을 갖는다. • 직업의 특징을 몸으로 표현한다.		
활동자료	다양한 직업(버스기사, 교통경찰, 미용사, 요리사, 화가, 발레리나, 의사, 사진기자, 택배기사, 축구선수)을 가진 사람들의 모습이 담긴 사진 10장		
㉠ 나리의 IEP 목표 (의사소통)	• 교사의 질문에 사물을 손가락으로 가리킬 수 있다. • 자신의 느낌과 생각을 손짓이나 몸짓으로 표현할 수 있다.		

교수 · 학습활동 내용	
○대집단–유아교사	●소집단–유아 특수교사
○다양한 직업의 모습이 담긴 사진을 보면서 이야기 나누기 – 다양한 직업의 특징을 말하기 ○직업을 신체로 표현하는 방법에 대해서 이야기 나누기 – 이 사람은 무엇을 하고 있니? – 이 사람은 일을 할 때 어떻게 움직이고 있니? ○직업을 다양하게 몸으로 표현하고 알아맞히기 – 사진 속 직업을 몸으로 표현해보자. ○직업을 가진 사람들의 움직임을 창의적인 방법으로 표현해 보기 – 또 다른 방법으로 표현해 볼 수 있을까?	●유아가 자주 접하는 직업의 모습(동작)이 담긴 5장의 사진을 보면서 이야기 나누기 – ㉡ 사진(의사, 버스기사, 요리사 사진)을 보여주면서 "맛있는 음식을 만드는 사람은 누구니?" – ㉢ 사진(축구선수, 미용사 사진)을 보여주면서 "축구공은 어디 있니?" – "요리사는 음식을 만들 때 어떻게 움직이고 있니?" ●유아가 자주 접하는 직업의 모습(동작)이 담긴 사진을 보며 손짓이나 몸짓으로 표현하기 – (교통경찰 사진을 보며) "손을 어떻게 움직이고 있니?"

활동평가		평가방법
○	• 다양한 직업에 대해 관심을 갖고 있는가? • 직업의 특징을 다양하게 몸으로 표현할 수 있는가?	• 관찰 • (㉣)
● (나리)	• 직업의 특징을 손짓이나 몸짓으로 표현할 수 있는가?	

2) ① 위의 활동계획안에서 적용하고 있는 협력교수의 유형을 쓰고, ② 이 협력교수를 실행할 때 나타나는 문제점 1가지를 쓰시오. [2점]

• ①: _____

• ②: _____

다음은 유아 특수교사인 김 교사가 작성한 반성적 저널의 일부이다. 물음에 답하시오.

일자: 2017년 9월 ○○일 (화)

  오늘 유치원에서 공개수업이 있었다. 나는 발달지체 유아인 나은이가 속해 있는 5세반 박 교사와 협력교수로 '송편 만들기' 수업을 실시하였다. 유아들의 참여도를 높이기 위해 반 전체를 10명씩 두 모둠으로 나누어 '송편 만들기' 수업을 동시에 진행하였다.

  유아들이 재료의 변화를 직접 탐색하고 조작해볼 수 있도록 유아별로 송편 재료를 나누어 주었고, 여러 가지 재료와 활동 순서에 대해서는 사진자료를 제시하였다. 나은이는 ㉠ 쌀가루의 냄새를 맡고, 손가락으로 반죽을 눌러 보았다. 찜통 속의 송편을 꺼낼 때 나은이는 ㉡ "뜨거울 거 같아요.", "커졌을 거 같아요."하며 관심을 보였다.

  ㉢ 동료 교사들의 수업 참관록을 읽어 보니 내가 맡은 모둠보다 박 교사가 맡은 모둠에서 재료 탐색에 대한 과정이 더 적극적으로 이루어진 것으로 평가되었다. 그러나 나은이가 다른 수업 때보다 수업 참여도가 높았고, 친구들과 상호작용도 활발하게 해서 기뻤다.

---

3) ① 박 교사와 김 교사가 적용한 협력교수의 유형을 쓰고, ② 이 협력교수 유형의 단점을 밑줄 친 ㉢에 나타난 내용에 근거하여 쓰시오. [1점]

- ①: _____

- ②: _____

(가)는 통합학급 학생의 현재 학습 수준이고, (나)는 (가)를 고려하여 특수교사와 일반교사가 수립한 컴퓨터 보조 수업(CAI) 기반 협력교수 계획의 일부이다. 물음에 답하시오.

(가) 통합학급 학생의 현재 학습 수준

학생	현재 학습 수준
일반학생	두 자리 수×한 자리 수 문제를 풀 수 있음
지혜, 진우 (학습부진)	한 자리 수×한 자리 수 문제를 풀 수 있음
세희 (지적장애)	곱셈구구표를 보고 한 자리 수 곱셈 문제를 풀 수 있음

(나) 협력교수 계획

협력교수의 유형 / 교사의 역할	(㉠)
일반교사	• 수업의 시작과 정리 단계에서 학급 전체를 대상으로 진행함 • 전개 단계 중에 지혜, 진우, 세희로 구성된 소집단을 제외한 나머지 학생을 지도함 • 소프트웨어를 활용하여 연습하도록 지도함
특수교사	• 수업의 전개 단계에서 ㉡ 지혜, 진우, 세희를 소집단으로 구성하여 지도함 • 소프트웨어를 통해 현재 학습 수준에 적합하게 연습하도록 지도함

1) ① (나)의 ㉠에 들어갈 협력교수 유형을 쓰고, ② (나)의 밑줄 친 ㉡을 반복할 경우 발생할 수 있는 문제를 예방하기 위한 방법 1가지를 교사 역할의 측면에서 쓰시오. [2점]

- ①: _____

- ②: _____

(가)는 OO중학교에서 통합교육을 받고 있는 학생 D와 E에 대해 담임교사와 특수교사가 나눈 대화의 일부이고, (나)는 특수교사가 작성한 수업지원 계획의 일부이다. 〈작성 방법〉에 따라 서술하시오. [4점]

(가) 대화

특수교사: 학생 D와 E의 특성에 대해 이야기해 보고, 수업에서 지원할 수 있는 방법을 의논해 볼까요?
담임교사: 네, 먼저 학생 D는 ⓐ <u>수업 주제를 도형이나 개념도와 같은 그림으로 표현하는 것을 좋아한다고 합니다. 자신이 지각한 것을 머릿속에서 시각화하고, 이것을 창의적으로 표현하는 능력이 뛰어난 학생입니다.</u> 그리고 학생 E는 체육활동에 적극적으로 참여하고, 수행 수준도 우수하다고 해요. 하지만 제 수업인 국어시간에는 흥미가 없어서인지 활동에 잘 참여하지 않아서 걱정입니다.
특수교사: 두 학생의 장점이나 흥미를 교수·학습활동에 반영하고, 선생님과 제가 수업을 함께 해보면 어떨까요?
담임교사: 네, 좋은 생각입니다. 제 수업시간에는 ⓑ <u>제가 반 전체를 맡고, 선생님께서는 학생 D와 E를 포함하여 4~5명의 학생을 지도해 주시면 좋겠어요.</u>
…중략…
특수교사: 네, 그리고 ㉠ <u>수업의 정리 단계에서는 학생 D에게는 시간을 더 주고, 글보다 도식과 같은 그림으로 표현하게 하여 그 결과를 확인하는 것이 좋겠습니다.</u>

(나) 수업지원 계획

수업지원 교과		국어	
수업주제		상대의 감정을 파악하여 대화하기	
학생	다중지능 유형	학생 특성을 반영한 활동계획	협력교수 모형
D	(㉡)	상대의 감정을 시각화하여 창의적으로 표현하기	(㉢)
E	신체운동지능	상대의 감정을 신체로 표현하기	

〈작성 방법〉

- (가)의 밑줄 친 ⓑ를 참고하여 (나)의 괄호 안의 ㉢에 해당하는 용어를 쓰고, ㉢과 '교수-지원(one-teach, one-assist) 모형'의 차이점을 학습집단 구성 측면에서 1가지 서술할 것

01 교수적합화의 정의 및 기제

1. 정의

① **교수적합화**: 다양한 교육적 요구를 지닌 학생들의 수행 향상과 수업참여의 범위와 양을 확장시키기 위하여 교수 환경, 교수집단, 교수내용, 교수방법, 평가방법을 포함한 교육의 전반적인 환경을 조절·수정하는 과정이다.

② 개인의 수행을 향상시키고 적어도 활동에 부분적으로 참여할 수 있도록 환경이나 교수·학습자료를 조정·수정 하는 것이다.

2. 교수적합화의 기제

(1) 수정(modification)

① 동일한 교과영역을 학습하고 수행하면서 보여주는 기대수준을 변화시키는 것을 의미한다.

② 수정은 학생이 표준 학년목표에 도달할 수 없을 것이라는 믿음에 근거한다.

(2) 조절(accommodation)

① 정보의 방법·지식·기술을 보여줄 수 있는 동등한 기회를 학생들에게 제공하기 위해 교수 또는 평가절차에 가하는 변화를 의미한다.

② 교육과정의 내용이나 개념적 난이도 수준에는 큰 변화를 주지 않고 교수 전달, 학생의 수행방법, 사정방법을 적합화하는 것이다.

③ 조절은 흔히 학생이 교육과정 목표에 도달할 수 있도록 도와주는 대안적 전략을 포함한다. 즉, 목표나 기준점에 도달하도록 방법상의 변화를 가하는 것이다.

02 교수적합화를 위한 수정 영역 및 전략

수정 영역	전략	구체적인 방법
교사의 기대	학생의 교수목표에 대한 교사의 기대를 수정함	• **과제의 난이도**: 같은 내용이지만 덜 복잡한 내용 • **과제의 양**: 학생에게 요구되는 과제의 양을 변화시킴 　예 읽거나 써야 하는 페이지 수, 제출해야 하는 과제의 수 • **시간**: 활동에 주어지는 시간을 조절함 • **참여 정도**: 활동에 참여하는 정도를 다양하게 함 　예 소설을 읽고 연극을 만들어서 한다면, 대상 학생은 요약된 줄거리 만 읽거나 대본 만들기에 참여하지 않고 연극만 할 수 있음 • 수행기준이나 평가기준을 조정함

수정 영역	전략	구체적인 방법
교수자료 및 교수형태	교수자료를 수정함	• 같은 내용이지만 크기, 수, 형태에서 변화를 줌 • 능력이나 흥미에 맞는 추가자료 제공 • 입력 또는 산출 방법이 다른 형태의 자료 제공 • 정보의 추상성을 감소시킨 자료 제공
	교수형태를 수정함	소그룹, 협동학습, 또래짝꿍, 각자의 수준에 맞는 개인 과제
정보 수용 및 과제수행	정보를 수용하는 방법을 수정함	• 교실 내 자리배치 예 시각장애가 있다면 맨 앞줄로 배치함 • 수어, 점자, 녹음기, 말하는 컴퓨터나 계산기 등
	학생의 과제수행 방법을 수정함	• **보완·대체 의사소통**: 타이핑, 워드프로세서, 의사소통 판, 보조공학 • 수어 사용
또래 및 기타 학습 내 지원	또래를 지원함	• 과제의 이해 및 완성을 돕기 위한 짝꿍 • **협동학습 그룹**: 서로 다른 능력 수준
	정보와 자료를 지원함	• 사전에 과제를 공지해 줌 • 책을 집에 별도로 비치함
	학급 내에서 지원함	특수교사, 치료교사 등이 학급 내에서 일대일 지원을 제공함
평가방법	학습결과 제시 방법을 수정함	• **시험**: 서술식, 객관식, 단답식 등을 사용함 • 잘한 결과물들의 포트폴리오를 사용함
	성적처리 방법을 수정함	• 연극, 포스터, 예능 작품 등을 사용함 • IEP에 명시된 기준에 따라 노력·향상·성취 정도를 점수화함

03 교수적합화의 절차

단계	구분	예시
1단계	장애학생의 IEP 장·단기 교수목표 검토	• ○○○학생의 IEP 장기목표 중 본 교과와 관련된 목표 – 손 씻기와 이 닦기의 올바른 방법을 순서대로 나열하며 간단한 단어로 말할 수 있다. – 손 씻기와 이 닦기에 관심을 갖고 점심시간이나 운동장에 다녀온 후에 실천할 수 있다.
2단계	일반학급 수업참여를 위한 특정 일반교과의 선택	• 1학년 1학기 바른생활 교과의 단원이 ○○이의 IEP 목표와 관련성이 가장 많으므로 '바른생활'을 선택한다. • 손 씻기와 이 닦기의 올바른 방법을 순서대로 간단하게 말하는 것을 강조하고자 할 때에는 말하기·듣기 교과의 '바르게 전해요.'를 선택하여 또래에게 알려주는 활동을 선택할 수 있다.
3단계	일반학급 환경에 대한 정보 수집	• ○○학생의 원적 학급 바른생활과 수업은 주로 교사의 설명과 시범 후에 아동 중심으로 놀이활동을 한다. • ○○학생은 교사와 가까운 자리에 배치되어 있어 아동과의 상호작용 기회가 적은 편이다. • 모둠활동이 주가 되는 1학년이기 때문에 소그룹으로 자리가 배치되어 있다. • 통합학급의 교사는 학습자의 흥미를 고려하여 다양한 컴퓨터 프로그램(예 PPT, 플래시)을 자주 사용하는 편이다.
4단계	일반교과 수업에서 장애학생의 학업수행과 행동의 평가	• 통합학급 참여 시 국어, 수학, 치료활동 시간을 제외한 모든 활동에 참여한다. • 사용하는 언어가 제한적이며 발음이 부정확하다. • 집중시간이 짧아 교사의 설명이 길어지는 경우 주의가 산만해진다. 통합학급 또래들도 ○○학생의 산만함을 어떻게 도와줘야 할지 잘 모르며, 몇몇의 아동은 같이 산만해지는 모습을 보인다.

단계	구분	예시	
5단계	선택된 일반교과의 한 학기 단원들의 학습목표 검토 후, 장애학생의 한 학기 개별화된 단원별 학습목표들의 윤곽 결정	○○학생의 1학년 1학기 바른생활과의 단원별 학습목표 윤곽	
		단원 1 알아서 척척	• 준비물 목록(사진)을 보고 스스로 가방을 챙길 수 있다. • 학교 수업시간 전에 자리에 바로 앉을 수 있다.
		단원 2 가슴을 펴요	• 여러 가지 자세 중에서 바른 자세(앉기, 서기, 걷기)에 표시할 수 있다. • 수업시간에 바른 자세로 10분 이상 앉아 있을 수 있다.
		단원 3 현장학습 가는 날	• 현장학습날 해서는 안 되는 행동에 표시할 수 있다. • 현장학습날 지켜야 할 일의 카드를 5개 이상 선택할 수 있다.
		단원 4 잘 씻어요	• 깨끗한 손과 더러운 손, 깨끗한 치아와 더러운 치아를 구분할 수 있다. • 손 씻기와 이 닦기의 올바른 방법(사진카드)을 순서대로 나열하며 간단한 단어로 말할 수 있다. • 손 씻기와 이 닦기에 관심을 갖고 점심시간이나 운동장에 다녀온 후에 실천할 수 있다.
		단원 5 안녕하세요	• 등교 후 교실에 들어올 때 선생님께 인사할 수 있다. • 등교 후 교실의 친구 5명 이상에게 인사할 수 있다.
6단계	장애학생의 수업참여를 위한 교수적 수정 유형의 결정 및 실제 고안	1학년 1학기 바른생활 단원 중 '4. 잘 씻어요' 수업에 ○○학생의 참여를 위한 교수적 수정 유형의 결정 및 실제 고안	
		교수환경의 수정	현재 ○○학생은 모둠학습을 위한 자리배치에서 교사와 너무 가까운 거리에 있다. 모둠은 그대로 유지하되, 교사로부터 조금 떨어지게 자리를 배치하여 또래와 더 가까이 있을 수 있게 한다.
		교수적 집단화의 수정	• 현재 모둠 구성원은 ○○학생을 잘 이해하는 아동으로 구성되어 있다. 모둠은 그대로 유지하며 또래 파트너를 활용하여 ○○학생이 모둠활동에 적극적으로 참여할 수 있도록 돕는다. • 역할극을 할 때 또래 파트너가 충분히 ○○학생을 일대일 교수를 할 수 있도록 시간을 제공한다.
		교수방법의 수정	• 더러운 손, 더러운 치아를 가진 아동의 경우 병원에 가는 그림카드를 제공한다. • 올바른 방법 말하기를 사진 순서대로 나열하며 간단한 단어(물, 비누, 수건 등)로 말한다. • 또래 파트너 도움을 받아 점심시간 전에 손 씻기를 하고 수행평가표에 기록한다. • 또래 파트너가 대본을 귓가에서 읽어주고 ○○학생은 듣는 대로 따라 말한다.

		교수평가의 수정	• IEP 목표에 대한 합격·불합격 체계
			  − 손 씻기와 이 닦기의 사진을 순서대로 나열한 것을 사진으로 촬영하여 포트폴리오로 평가한다.
			  − 역할극 동영상·사진을 촬영하여 포트폴리오로 평가한다.

7단계	교수적 수정의 적용과 교수적 수정이 적용된 수업참여의 양과 질 평가	• 6단계에서 고안한 개별화된 구체적 교수적 수정들을 적용하여 수업을 실시한다. • 교수적 수정이 없는 4단계 수업참여와 교수적 수정이 적용된 7단계 수업참여를 비교할 수 있다. • 교수적 수정이 적용된 수업의 참여와 질을 수정된 평가방법으로 평가한다. • 관찰법을 실시하여 본 수업에서의 아동의 달성도와 흥미도, 참여도를 관찰하고, 수정된 평가방법인 합격·불합격 체계와 포트폴리오를 사용한다.	

04 교수적합화의 유형(박승희)

1. 교수적합화의 유형

유형	구체적인 방안
교수환경의 수정	• **물리적 환경**: 조명, 소음, 교수자료의 위치, 접근성 • **사회적 환경**: 사회적 분위기, 소속감, 평등감, 존중감, 장애이해 교육
교수집단의 수정	학생들의 교수적 집단 배열의 수정: 대집단, 소집단, 협동학습, 또래교수, 일대일 교수, 자습
교수내용의 수정	• **교육과정 내용의 보충 또는 단순화 · 변화시키는 방법** – 동일한 활동과 교수목표, 동일한 자료 – 동일한 활동의 쉬운 단계, 수정된 교수목표, 동일한 교수자료 – 동일한 활동, 수정된 교수목표와 자료 – 동일한 주제, 다른 과제와 수정된 교수목표 – 수정된 주제와 활동
교수방법의 수정	• **교수활동의 수정**: 난이도, 양 • **교수전략의 수정**: 수업형태, 교육공학, 행동강화 전략, 정보 제시 및 반응양식 등 • **교수자료의 수정**: 대안적 교수자료
평가방법의 수정	• 시험시간의 융통성 • 시험방법의 수정 • **대안적 평가**: 교수 공동평가, IEP 수행평가

2. 교수환경의 수정

① 장애학생의 일반학급에서의 학습목표 달성을 촉진하고자 일반학급의 물리 · 사회적 환경을 수정하는 것이다.
② 물리적 환경과 사회적 환경

구분	내용
물리적 환경	• 조명 • 소음 정도 • 시각적 및 청각적 정보 입력의 정도와 강도 • 교실의 물리적인 정돈 상태 또는 가구의 배열 • 교수자료의 위치 또는 접근성
사회적 환경	• 협동심 • 상호 의존감 • 소속감

3. 교수방법의 수정

① 교수활동·교수전략·교수자료는 상호 연결되어 있어 실제로 한 장애학생을 위해 교수방법의 수정을 한다고 가정하였을 때, 세 가지의 경계가 분명히 나눠지지 않을 수 있다.

② 교수활동·교수전략·교수자료

구분	내용
교수활동	• 교수할 주요 과제를 작은 단계로 나누는 것 • 과제의 양을 줄이는 것 • 과제를 쉽게 또는 구체적으로 수정하는 것 • 과제를 활동 중심적으로 수정하는 것
교수전략	• **수업형태**: 강의, 시범, 게임, 모의실시, 역할놀이, 발표, 활동중심적 수업 • **교육공학 및 보조공학**: 워드프로세싱, 컴퓨터 보조학습용 소프트웨어 및 장애학생의 기능적인 능력을 향상시키는 보조공학 • **행동강화 전략**: 수업내용의 효과적인 교수를 위한 행동계약, 모델링, 토큰경제, 부모와의 빈번한 의사소통, 즉각적인 개별적 피드백, 칭찬 • **정보 제시 및 반응양식**: 전체 제시방법, 부분 제시방법, 시각적·청각적 및 촉각적 학습양식에 따른 정보 제시방법
교수자료	• **교수자료 수정**: 확대 인쇄자료, 헤드 스위치 사용이 가능한 컴퓨터, 녹음된 교과서, 녹음기로 읽기 과제하기, 시험 준비 문제 제공, 계산기로 수학문제 학습지하기, 언어의 단순화, 반응 선택 수 감소, 색깔로 표시되는 교재, 짧은 지시사항 • **공학기술 영역**: 연필잡기, 키보드 손가락 가이드, 자동 페이지 넘기기, 자세 및 이동성에 관련된 기구, 전기적 의사소통 기구, 교수를 위한 컴퓨터 사용, 컴퓨터 의사소통 기구와 같은 도구에의 접근에 관련된 것, 듣기 및 보기에 관련된 것, 여가 및 오락에 관련된 것, 자조기술에 관련된 것

윤 교사는 초등학교 1학년 일반학급에 통합된 지적장애 학생 주호에게 수학과 측정 영역에서 '시각 읽기' 지도를 위해 교수적합화(교수적 수정)를 적용하려고 한다. 다음 (가)와 (다)에 들어갈 요소를 〈보기〉에서 고른 것은?

[1.4점]

(가) _____
(나) 일반학급 환경에 대한 정보 수집
(다) _____
(라) 주호에게 적합한 학습목표 설정
(마) 주호의 수업참여를 위한 교수적합화 유형의 결정 및 실제 고안
(바) 교수적합화의 적용과 교수적합화가 적용된 수업참여의 양과 질의 평가

─〈보기〉─
㉠ 주호에 대한 가족지원 필요성 검토　　㉡ 주호의 개별화교육계획 교수목표 검토
㉢ 일반학급에서 주호의 학업수행 관련 특성 분석　　㉣ 일반학급 학생들에 대한 수학 성취도검사 실시

① ㉠, ㉡　　　② ㉠, ㉣　　　③ ㉡, ㉢　　　④ ㉡, ㉣　　　⑤ ㉢, ㉣

다음은 일반 중학교의 일반학급에 배치된 학습장애 학생 A의 특성이다. 학생 A의 효과적인 통합교육을 위해 교수적 수정(교수적합화)을 할 때 고려할 사항으로 적절하지 <u>않은</u> 것은? [1.5점]

• 수업 중 자주 주의가 흐트러진다.
• 그림을 보고 그리는 데 어려움을 보인다.
• 또래 일반학생들에 비해 필기 속도가 느리다.

① 과제를 나누어 제시하는 과제제시 수정방법을 고려한다.
② 교사가 판서한 내용을 유인물로 제작하여 학생에게 제공한다.
③ 교육과정 내용을 먼저 수정한 후, 교수방법의 수정을 고려한다.
④ 지필고사 시 시험시간을 연장하는 평가조정 방법을 고려한다.
⑤ 학습자료를 제시할 때 주요 내용에 밑줄을 그어주는 등 시각적 단서를 제공한다.

다음은 특수학급 교사가 통합학급 교사와 세희의 통합교육을 위해 협의한 후 작성한 협의록의 일부이다. 물음에 답하시오.

[협의록]

- 일시: 2015년 ○월 ○일
- 장소: 학습도움실

〈협의내용 1. 학급 적응〉
- 통합학급 교사
  - 세희가 수업 중 주변 자극에 쉽게 주의가 산만해지기 때문에 ㉠ 세희의 자리를 교탁 옆에 별도로 배치함
- 특수학급 교사
  - 세희를 교탁 옆에 앉히기보다는 수업 중에 주의집중을 유도하는 다양한 방법을 활용할 것을 권함
  - 세희의 학급 적응을 위해 가족의 역할도 중요함. 세희의 경우 가족이 화목하고 함께 보내는 시간이 많다는 강점이 있으니, 이와 같은 ㉡ 가족의 강점을 활용하도록 안내하기로 함
  - 향후 세희네 가족에게 필요한 ㉢ 지역사회 내 공식적 자원을 안내하기로 함

〈협의내용 2. 현장학습〉
- 통합학급 교사
  - 세희의 돌발행동(차도로 뛰어들거나 집단으로부터의 이탈)으로 인해 사고의 위험이 있으므로 현장학습에 참여시키는 것이 부적절하다고 생각함
  - 세희의 경우 현장학습 대신 가정학습을 고려하고 있음
- 특수학급 교사
  - 세희를 ㉣ 현장학습에 참여시키지 않는 것은 법적으로 문제가 될 수 있으므로 특수교육 보조인력의 도움을 받아 현장학습에 참여시키도록 안내함

〈협의내용 3. ㉤ 통합교육 관련 교원 연수 계획〉
…하략…

---

1) ㉠이 적절하지 <u>않은</u> 이유를 사회적 통합 측면에서 1가지 쓰시오. [1점]

- _____

(나)는 교육계획 중 2주차 학습제재를 지도하기 위해 작성한 교수 · 학습계획이다. 물음에 답하시오.

(나) 교수 · 학습계획

학생 특성	수지: 경도 정신지체를 수반한 지체장애 학생으로 휠체어를 사용함 동우: 척수 손상으로 ⓒ 욕창을 보일 위험이 있음	
학습목표	일상생활 속에서 수증기와 관련되어 일어나는 자연현상에 대해 알 수 있다.	
단계	교수 · 학습활동	지도 시 유의점
탐색 및 문제파악	• 젖은 옷을 창 가까이에 널어 시간 흐름에 따른 변화 관찰하기	수지가 창가로 이동하기 쉽도록 ⓒ 교실환경을 조정함
자료 제시 및 관찰 탐색	• 시간이 지나면서 젖은 옷이 어떻게 되었는지 이야기하고, 그 이유에 대하여 토론하기	–
자료 추가 제시 및 관찰 탐색	• 가스레인지에 물을 끓이고 난 후, 그릇에 담긴 물의 양 관찰하기	가스레인지 사용 시 특히 안전에 유의함
(②)	• '증발'이라는 용어를 도입하고, 증발의 특징 및 증발에 영향을 주는 요인에 대하여 논의하기	–
적용 및 응용	• 학생들에게 물수건을 하나씩 나누어 주고, 누가 10분 동안에 잘 마르는지 게임하기	–

3) (나)의 ⓒ의 구체적인 방법 1가지를 쓰시오. [1점]

• _____

다음은 4세반 통합학급 서 교사와 유아특수교사 박 교사가 나눈 대화이다. 물음에 답하시오.

서 교사: 선생님, 몸으로 표현하는 활동으로 어떤 활동을 계획하세요?

박 교사: 저는 지금까지 해왔던 '곰 사냥을 떠나자' 활동을 하려고 해요.

서 교사: 곰 사냥 가는 길의 풀밭, 강물, 진흙, 숲, 동굴 상황을 ㉠ '흔들기'나 '들어올리기' 같은 동작으로 표현하는 거예요?

박 교사: 네, 그 동작도 좋지만, 이번에는 ㉡ 테이프로 바닥에 곰 사냥 가는 길을 만들고, 그 테이프 선을 따라 '달리기', '껑충 뛰기', '밀기', '당기기', '회전하기', '구부리기'와 같은 활동을 해보려고요.

서 교사: 그 방법도 참 좋겠네요. '선 따라가기 활동'에서 '밀기', '당기기'와 같은 동작을 하면 ㉢ 무게나 힘 등의 저항에 대해 한 번에 최대한 힘을 낼 수 있는 능력을 기를 수 있어요.

박 교사: 그런데 뇌성마비 유아 아람이가 잘 참여할 수 있을지 걱정이 되네요.

서 교사: 그러네요. 아람이는 대근육운동기능분류체계(GMFCS, 4~5세) 2수준이라고 하셨으니까 또래 유아들과 같은 동작을 하는 데 어려움이 있을 수 있겠네요.

박 교사: 네, 그래서 ㉣ 달리기를 힘들어하는 아람이도 참여할 수 있는 방법을 고민하고 있어요.

3) ㉡ 활동을 할 때 ㉣을 위한 교수적 수정을 ① 활동과 ② 교육자료 측면에서 각각 쓰시오. [2점]

• ①: _____

• ②: _____

(가)는 지적장애 학생 윤후의 특성이고, (나)는 경험학습 수업모형을 적용하여 계획한 2011 개정 특수교육 교육 과정 중 기본 교육과정 과학과 3~4학년 '식물이 사는 곳' 교수 · 학습 과정안이다. 물음에 답하시오.

(가) 윤후의 특성

- 윤후
  - 그림을 변별할 수 있음
  - 구어로 의사소통하는 데 어려움이 있음
  - 손으로 구체물을 조작하는 것을 좋아함

(나) 교수 · 학습 과정안

단원	7. 식물의 생활		소단원	2) 식물이 사는 곳
제재	땅과 물에 사는 식물		차시	6~8/14
장소	학교 주변에 있는 산, 들, 강가			
교수 · 학습자료	사진기, 필기도구, 돋보기, 수첩, 식물도감, 채점기준표(루브릭)			
학습목표	◦식물의 모습을 여러 가지 방법으로 살펴볼 수 있다. ◦식물의 모습을 비교하여 공통점과 차이점을 찾을 수 있다. ◦식물을 사는 곳에 따라 분류할 수 있다.			
단계		교수 · 학습활동 (◦: 교사활동, •: 학생활동)		자료(㉜) 및 유의점(㉠)
도입		◦학습목표와 학습활동 안내하기 ◦ⓛ 채점기준표(루브릭) 안내하기		㉠ (ⓒ)
전개	자유탐색	◦자유롭게 탐색하게 하기 •식물에 대해 자유롭게 이야기 나누기 •식물의 모습을 여러 가지 방법으로 살펴보기		㉜ 사진기, 필기도구, 돋보기, 수첩
	탐색결과 발표	◦탐색 경험 발표하게 하기 •숲·들·강가에 사는 식물을 살펴본 내용 발표하기 •친구들의 발표 내용 듣기		㉠ ⓔ 식물 그림카드를 제공한다.
	㉠ 교사 인도에 따른 탐색	◦교사의 인도에 따라 탐색하게 하기 •여러 가지 식물의 모습을 자세히 살펴보고 공통점과 차이점 찾기 •여러 가지 식물을 사는 곳에 따라 분류하기		㉜ 식물도감, 돋보기
정리 및 평가		◦학습결과 정리하게 하기 •친구들과 학습결과를 공유하고 발표하기		㉜ 채점기준표(루브릭)

4) 교사가 (가)를 고려하여 (나)의 ⓔ에 적용한 교수적 수정의 유형을 쓰시오. [1점]

  • _____

다음은 특수학교 유치원 과정 5세반 유아의 수업 관찰내용이다. 물음에 답하시오.

유아	수업 관찰내용
승호	승호가 미술활동 중에 물감을 바닥에 뿌리면 교사는 "승호야."라고 부르며 다가와 흘린 물감을 닦아 주었다. 그러자 승호는 물감을 계속해서 바닥에 뿌렸다. 이러한 행동이 교사의 관심을 받기 위한 것이라고 판단한 교사는 승호가 물감 뿌리는 행동을 해도 더 이상 닦아주지 않았다. 그러자 ㉠ 승호는 물감을 이전보다 더 많이 바닥에 뿌렸다.
다혜	다혜는 협동그림을 완성하기 위해 자신이 맡은 부분을 색칠하려고 하였다. 그러나 저시력으로 인해 도화지 위에 연필로 그린 밑그림의 경계선이 잘 보이지 않아서 밑그림과 다르게 색칠하였다. 교사는 다혜의 수업참여를 증가시키기 위하여 ㉡ 도안의 경계선을 도드라지게 해 주었고, ㉢ 조명이 밝은 곳으로 자리를 옮겨 주었다.
철희	철희는 손 힘이 약해서 그리기 활동에 많은 어려움을 겪었다. 그 결과 자신은 그리기 활동을 잘할 수 없다고 생각하여 색칠하기를 거부하였다. 교사는 여러 가지 방법으로 지원하면서 "철희야, 너도 잘할 수 있을 거야."라고 하였다. 그러나 철희는 여전히 "난 잘할 수 없어요."라고 말하며 그리기를 주저하였다.

2) 교사가 ㉡과 ㉢에서 사용한 교수적 수정방법은 무엇인지 쓰시오. [2점]

- ㉡: _____   - ㉢: _____

준이는 통합유치원에 다니는 만 5세 자폐성장애 유아이다. 물음에 답하시오.

(가) 준이의 행동 특성

- 단체 활동에서 차례를 기다리는 것을 어려워한다.
- 친구가 인사를 하면 눈을 피하면서 ㉠ 반향어 형태의 말만 하고 지나간다.
- 친구가 제안하는 경우 놀이에 참여하나 자발적으로 친구에게 놀이를 제안하거나 시작행동을 보이지는 않는다.

(나) 활동계획안

활동명	친구와 나의 그림자
활동목표	• 그림자를 보면서 나와 친구의 모습을 인식한다. • 빛과 그림자를 탐색한다.
활동자료	• 빔 프로젝터, 동물 관련 동요 CD • ㉡ 재생과 정지 버튼에 스티커를 붙인 녹음기
활동방법	1. 빔 프로젝터를 통해 비치는 자신의 그림자를 탐색해 본다. 　• 유아의 순서를 네 번째 정도로 배치해 차례 기다리기를 지도한다. 2. 신체를 움직여 보면서 달라지는 그림자를 관찰한다. 3. 다양한 동작을 이용하여 그림자를 만들어 본다. 　• 유아들이 그림자 모양을 만들 때, ㉢ 친구와 손잡고 돌기, 친구 껴안기, 친구와 하트 만들기, 간지럼 태우기 등 유아 간의 신체적 접촉이 일어나도록 그림자활동을 구조화하여 지도한다. 　• 동요를 들으며 유아가 선호하는 동물모양을 친구와 함께 다양한 동작으로 표현하도록 지도한다.

3) ㉡에 해당하는 교육과정 수정 전략을 쓰시오. [1점]

- _____

다음은 5세 발달지체 유아의 통합학급 민 교사와 유아특수교사 송 교사가 나눈 대화이다. 물음에 답하시오.

민 교사: 선생님, 내일 우리 반 유아들과 함께 독감과 코로나-19 예방을 위해 '마스크 쓰기'와 '비누로 손 깨끗하게 ┐
　　　　씻기'를 알아보려고 해요. 그런데 윤아는 마스크 쓰기를 싫어해서 벗고 있을 때가 많고, 비누를 사용하지 [A]
　　　　않으려고 해요. 윤아도 질병을 예방하는 방법을 알고 꼭 실천하게 해주고 싶어요. ┘
송 교사: 윤아는 얼굴에 물건이 닿는 것을 싫어해서 마스크를 쓰지 않으려고 해요. 그리고 ㉠ <u>비누의 거품은 좋아하지만</u>
　　　　<u>꽃향기를 싫어하고, 소근육 발달이 늦어 손으로 비누 잡는 것을 어려워해요. 그래서 꽃향기가 나는 비누 사용을</u>
　　　　<u>힘들어하는 것 같아요.</u>
민 교사: 선생님, 그러면 협력교수를 통해 함께 지도하면 어떨까요?
송 교사: 내일 ㉡ <u>민 선생님께서 전체 유아를 대상으로 '비누로 손 깨끗하게 씻기'를 지도하시면, 저는 윤아뿐만 아니라</u>
　　　　<u>특별히 도움이 필요한 다른 유아들도 활동에 효과적으로 참여할 수 있도록 도울게요.</u> 만약 ㉢ <u>윤아와 몇몇 유아들</u>
　　　　<u>이 마스크 쓰기와 손 씻기를 계속 많이 어려워하는 경우, 이들을 별도로 소집단을 구성해서 특별한 방법으로 집중</u>
　　　　<u>지도를 해 보도록 할게요.</u>

2) 송 교사가 ㉡의 상황에서 윤아의 ㉠ 문제를 해결하기 위해 적용할 수 있는 ① 교수적 수정 유형 1가지와 ② 이에 해당하는
　 예를 1가지 쓰시오. [2점]

　• ①: _____

　• ②: _____

4. 교수집단의 수정

(1) 의미

교사가 교육내용을 가장 적절하게 교수하기 위해 사용하는 학생들의 교수적 집단 배열의 수정을 의미한다.

(2) 또래교수

① 한 학생이 또래교사(tutor)가 되어 다른 또래학습자(tutee)에게 특정 기술을 가르치거나 돕는 것을 말한다. 또래교수 동안 또래교사는 교사가 개발한 구조화된 수업에 따라서 교수를 제공하고, 연습하고 피드백을 주는 기회를 제공함으로써 또래가 필요한 기술을 습득하도록 돕는다.

② 또래교수를 통해 일반학생은 장애학생에 대한 경험과 정보를 얻을 수 있으며, 장애학생은 학업적 성취뿐만 아니라 적절한 행동을 모방(관찰학습)할 수 있다.

③ 종류

구분		내용
연령	같은 연령 또래교수	-
	다른 연령 또래교수	교수자와 학습자의 연령을 1~2년 정도 차이를 둠
장소	학급 전체 또래교수	학급 내 모든 학생이 또래교수에 참여
	분리된 또래교수	학급 일부나 학급 이외의 장소에서 일부 학생들만 참여
능력	역할반전 또래교수	능력이 낮은 학생이 또래교수자의 역할
	전문가 또래교수	높은 능력을 가진 학생이 낮은 능력을 가진 학생을 가르치는 것

④ 상보적 또래교수

ㄱ. 전 학급 또래교수(CWPT)

ⓐ 매주 학급 내 학생은 무작위로 두 팀에 배정된다. 교사는 팀 안에 튜터와 튜티를 번갈아 하는 짝들을 배정한다. 학생은 두 역할의 절차에 대해 훈련받는다. 교사는 또래교수 수업에 도움이 되는 형식으로 매일, 매주 단위의 내용을 조직한다. 또래교수 수업은 일반적으로 하루에 20~45분, 일주일에 4~5일 동안 이루어진다.

ⓑ 튜터는 튜티에게 문제를 제시한다. 튜티는 답을 말하거나 쓴다. 답이 맞으면 튜터는 2점을 주고, 답이 틀리면 튜터는 구조화된 오류수정 절차를 따른다. 튜터는 정답을 제공하고, 튜티에게 정답을 세 번 쓰도록 하며, 오류가 수정되면 튜티에게 1점을 준다.

ⓒ 정해진 시간(5~10분)이 지나면 튜터와 튜티가 역할을 바꾼다. 교사는 짝들을 순회하며, 튜터가 올바르게 자료를 제시하고 점수를 부여하고, 오류수정 절차를 사용하며, 지원적인 코멘트와 도움을 제공하였는지를 근거로 점수를 부여한다. 수업시간 동안 팀이 완성한 항목 수에 따라 점수가 부여된다.

ⓓ 주 2~4회 또래교수 수업에 참여한 후, 학생은 정답마다 5점을 얻는 방식으로 개별 평가되고, 그 주의 마지막 날 팀별로 점수를 합산하고 교실 앞에 게시한다.

ㄴ. 전 학급 학생 또래교수팀(CSTT)

ⓐ 전 학급 학생 또래교수팀 프로그램은 CWPT 프로그램과 유사하다. 학생은 먼저 이질적인 학습집단에 배치되며, 이는 4~6주 동안 유지된다. 각 팀 구성원은 숫자가 부여된 일련의 카드와 함께 10~30개의 질문과 답이 적힌 학습가이드를 받는다. 한 학생이 카드를 뽑고 그에 해당하는 질문을 하고, 튜터를 제외한 구성원은 답을 쓴다. 튜터는 학습가이드의 정답지로 각각의 답을 점검하고, 정답을 쓴 팀원에게는 5점을 주고 틀린 팀원에게는 정답을 알려준다. 답이 틀린 튜티는 한두 번 정답을 쓴다. 만약 그들이 올바르게 하면 2점을 준다.

ⓑ 튜터의 역할은 집단 내에서 교대로 돌아가며 하고, 이러한 절차는 역할이 바뀔 때마다 반복된다. CWPT에서와 마찬가지로, 보너스 점수가 부여되고 합산점수가 게시된다. 학생은 개별적으로 평가되고 그들의 점수는 해당 팀의 총 누계점수에 더해진다.

ⓒ 또래지원 학습전략(PALS)
  ⓐ 특징
    • 또래지원 학습전략 프로그램은 특히 읽기와 수학에서 학생의 기술을 개발하기 위해 설계된 또래 중재 학습 프로그램이다.
    • 또래들이 자주 상호작용에 참여하게 하고, 서로 즉각적인 교정적 피드백을 제공하며, 도우미와 배움이의 역할을 교대로 담당하는 구조화된 활동들을 이용한다.
      예 교사가 학습내용과 교정적 피드백을 제공하는 방법에 대해 설명을 한 후, 읽기를 잘하는 학생 한 명과 읽기를 잘 못하는 학생 한 명을 짝지어 앉도록 자리를 배치한다. 두 명이 한 조가 된 학생들은 함께 읽기, 문단 요약하기, 줄거리 예측하기 등 세 가지의 구조화된 활동을 함께 한다.
  ⓑ 과정
    • 다시 말하기(짝지어 함께 읽기): 성취수준이 높은 학생이 5분간 교과서를 읽고, 성취수준이 낮은 학생이 동일한 부분을 다시 읽는다. 그 다음 성취수준이 낮은 학생은 성취수준이 높은 학생의 피드백을 받으며 읽은 내용을 다시 이야기해 본다.
    • 문단 요약하기: 학생들이 한 문단씩 크게 소리 내어 읽는다. 각 문단을 읽은 후 중심내용을 찾고 또래들로부터 피드백을 제공받는다.
    • 줄거리 예측하기(예측 릴레이): 학생들이 다음의 반 페이지에서 읽을 내용이 무엇인지를 예측해 본다. 학생은 반 페이지를 읽고 중심내용을 요약한다. 두 학생은 추측한 내용이 맞는지 아니면 교정해야 할지 결정하고, 다음 학생이 읽기를 한다.
    • 2인 1조의 팀이 활동을 해나감에 따라 정확하게 읽은 단어, 확인된 중심내용, 예측 등에 대해 점수를 받게 된다. 2인 1조의 팀들은 더 큰 규모의 학습팀에 포함되어 가능한 많은 점수를 받을 수 있도록 격려 받는다.
  ⓒ PALS 활동

구분	예시
다시 말하기	1. 처음에 무엇을 학습했는가? 2. 그 다음에 무엇을 학습했는가?
문단 요약하기	1. 누구 또는 무엇이었는지를 말하기 2. 누구 또는 무엇에 관하여 가장 중요한 것을 말하기 3. 중심내용을 10개 단어 이하로 요약하기
줄거리 예측하기	예상 _____ 다음에 무슨 일이 일어날 것이라고 예상하는가? 읽기 _____ 반 페이지 읽기 점검 _____ 예상한 일이 일어났는가?

  ⓓ PALS의 단점
    • 교사의 지원이 없으면 효과가 떨어진다.
    • 장애가 심할 경우 또래 중재 전에 특수교사의 강도있는 개별화교육이 필요하다.
⑤ 장점
  ㉠ 또래교사는 가르치면서 내용을 보다 확실하게 파악하게 되고, 또래학습자는 성인보다 사고과정이 비슷한 또래로부터 더욱 효과적으로 배울 수 있다.
  ㉡ 또래교사는 또래학습자에게 적절한 학업행동이나 비학업행동의 모델이 될 수 있으며, 또래교수는 학급 내 학생들 사이에서의 사회적 관계를 수립하는 기회를 제공한다.

(3) 협동학습

① 학습자가 공동의 목표를 바탕으로 소집단을 이루어 함께 활동함으로써 학급 내 다른 구성원과 상호 의존성을 가지고 상호작용하며 자신뿐만 아니라 다른 구성원의 학습효과까지 극대화할 수 있는 학습자 중심의 교수방법이다.

② 교사의 역할
   ㉠ 수업목표를 구체화해준다.
   ㉡ 수업 전에 학습진단의 크기, 학생들을 집단에 배정하는 방법, 수업에 활용할 자료 등을 결정한다.
   ㉢ 학습과제 및 긍정적 상호 의존성을 설명한다.
   ㉣ 학습자의 과제수행을 지원하고 학습자 간 대인관계와 집단 기능이 향상되도록, 필요한 경우 집단에 직접 참여하기도 한다.
   ㉤ 집단구성원의 학습과정을 관찰하고 적절한 피드백을 제공한다.
   ㉥ 학생들의 학습을 평가하고, 집단이 잘 기능하도록 도와준다.

③ 협동학습의 원리
   ㉠ 긍정적 상호 의존
      ⓐ "네가 잘되어야, 나도 잘된다."
      ⓑ 이것은 "나의 성공이 너의 성공인가?"라는 질문을 통해 확인해 볼 수 있다. 만약 그렇다고 대답한다면, 다음 두 가지 효과를 기대할 수 있다.
         • 학생들은 서로 잘 돕고 가르칠 수 있게 된다(내가 누군가를 돕는다면 결국 나는 동시에 나를 돕는 것이다). 학생들은 서로를 격려하며 그들의 평균적인 성취기준을 향상시키게 된다.
         • "나의 도움이 필요한가?"라는 질문과 관련하여, 협동이 필수적이어서 최소한의 시간 동안만이라도 서로 협력하지 않고서는 그들의 목표를 달성할 수 없다면 강한 긍정적 상호 의존이 존재한다고 볼 수 있다.
   ㉡ 개인적 책임
      ⓐ "내가 맡은 일은 내가 잘 할게."
      ⓑ "각자가 해야 할 공적인 임무가 있는가?"라는 질문에 대해 학생들이 다른 누군가(동료, 학생, 팀원, 반, 교사)와 자신의 성과를 나눠야 한다고 대답할 수 있다면, 그들은 각자 자신의 배운 것에 대해 책임이 있다고 볼 수 있다.
      ⓒ 이러한 개인적 책임은 퀴즈, 학생 서로 간의 확인질문, 청중 앞에서 어떤 종류든 개인적 완성도를 보여주는 것 등을 통해 조성될 수 있으며, 개인적 책임이 존재할 때 학생은 배우려는 동기를 가지게 된다.
   ㉢ 동등한 참여
      ⓐ "참여의 기회가 똑같다."
      ⓑ 전통적인 학급 구조에서는 거의 대부분 공부를 잘하거나 활발한 학생에 의해 활동이 주도된다. 그러나 늘 호명되는 학생은 사실 그럴 필요가 별로 없는 학생이고, 오히려 손을 들지 못하는 학생들이야말로 꼭 참여해야 할 필요가 있는 학생들이라는 것을 교사면 누구나 공감할 것이다. 직접 자신이 학습 활동에 참여한 학생들은 학습이나 그 과정을 더 좋아하게 된다.
      ⓒ 이렇게 동등한 참여를 이끌기 위해서는 시간 정해주기, 발표 순서 정하기, 역할 돌아가기 등의 구조화가 이루어져야 한다. 이 원리를 확인하는 질문은 "얼마나 동등하게 모두 참여했는가?"이다.

ⓔ 동시다발적 상호작용

    ⓐ "같은 시간에 여기저기서"

    ⓑ 동등한 참여를 위해 순차적으로 모두 참여시킨다면 시간이 굉장히 많이 걸리는데, 이를 해결하는 것이 동시다발적 상호작용이다. "어떤 한 순간에 얼마나 많은 학생이 능동적으로 참여하는가?"라는 질문을 해보자. 어느 한 순간의 능동적 참여자 수가 많을수록 배움의 양은 많아진다. 협동학습 교실에서는 동시적 원리가 극적으로 변형된다. 학생들에게 자신의 아이디어를 1분 동안 능동적으로 이야기하게 할 경우 한 번에 한 학생씩 하면 적어도 30분이 넘게 소요될 것이다. 그러나 4명 1조 모둠에서는 4분, 짝과만 이야기를 한다면 단지 2분이 소요된다. 이렇게 동시다발적 참여는 시간을 절약하게 해준다.

    ⓒ 전통적 학급에서는 보통 한 번에 한 사람씩 말하는데, 수업의 대부분을 교사가 말하는 상황이 많다. 이런 구조 가운데에서 40분의 수업 중 10분을 학생들이 말한다면 한 학생에게 주어지는 시간은 불과 15초(한 반을 40명으로 가정할 때)밖에 안 된다. 다시 말해 40분 수업 중 39분 45초 동안 학생은 그저 가만히 앉아 교사나 다른 학생이 하는 말을 듣고 있어야 한다. 이런 상태에서 학생이 수업을 지루해하는 것은 당연한 일이다.

④ 협동학습 유형

  ㉠ 학생 팀 학습(STL)

    ⓐ 집단 내에서는 협동하도록 하지만, 집단 간에는 경쟁 체제를 적용한다.

    ⓑ 학생 팀 학습의 유형

구분	내용
능력별 팀 학습 (STAD)	• 교사가 교재를 제시하면 학생은 주어진 교재를 팀 구성원끼리 상호작용하면서 학습한다. • 개인별 평가점수는 성취 분야에 따라 팀 점수로 환산된다. 즉, 각 팀이 지난 성적이 1위인 아동들의 형성평가 점수를 비교하여 높은 점수대로 1, 2, 3등에게 8, 6, 4점을 팀 점수로 주고, 나머지 학생들에게는 2점을 팀 점수로 환산하여 준다. • 이후 각 팀별로 지난 성적이 2위인 학생, 3위인 학생을 같은 식으로 비교하여 개인별 형성평가 점수를 팀 점수로 환산한다. 개인별 향상점수가 팀 점수로 추가된다. • 향상점수와 팀 점수를 학급 게시판에 게시하고, 최고 성적 팀에게 집단보상을 한다.
토너먼트식 학습 (TGT)	• 거의 모든 절차가 STAD와 비슷하나, 개인별 형성평가 대신에 각 팀에게 능력이 서로 비슷한 학생들이 토너먼트 테이블에 모여 능력을 겨룬다는 차이가 있다. • 즉, 팀별로 학습이 끝나면 각 팀에서 이전 수행에서 가장 우수했던 세 명이 테이블 1에, 다음으로 우수한 세 명이 테이블 2에 배정되며 같은 방식으로 계속된다. • 테이블에서 학생들은 수업에서 다루었던 학습내용에 대한 게임을 한다. 게임은 한 벌의 숫자카드와 한 세트의 문항으로 되어 있는데, 학생들은 돌아가면서 차례로 수 카드를 뽑아 해당되는 문항에 답한다. 여기서 얻는 각자의 점수는 자기 팀의 점수로 합산된다. • 토너먼트가 끝나면 학급 게시판에 최고 팀을 알리고 보상한다.
팀 보조 개별학습 (TAI)	• 학생들은 프로그램의 어느 수준에 위치하고 있는지를 알기 위해 사전 검사를 받는다. • 이후 4~5명의 이질적인 팀에 배정이 되고 팀 내에서 개인별 단원으로 공부한다. 각각 단원에는 단계적 습득을 위한 지시와 설명문, 여러 장의 기능 문제지, 확인 검사지, 최종 검사지와 정답지가 있다. • 학생들은 4문제를 계산한 후 팀 동료와 교환하여 정답을 채점한다. 4문제가 다 정답이면 다음 기능 문제지로 건너뛸 수 있으며, 오답이 있으면 다른 4문제를 계산한다. • 기능 문제지를 다 풀면 확인검사를 받으며, 8개 이상 정답이면 최종검사를 받는다. • 학생들이 팀에서 개별로 학습하는 동안 교사는 매주 6~7명의 학생과 약 15~20분간 개별 지도한다. • 팀은 매주 1회씩 학습한 단원에 대해 점수를 받으며, 사전에 정해진 준거를 달성한 팀은 최고 팀의 자격을 받는다.

구분	내용
과제분담학습 II (직소 II)	• 슬라빈(Slavin)이 직소 I을 개작한 것으로, 직소 I보다 과제의 상호 의존성을 낮추고 보상의 상호 의존성을 높였으며 교재의 완전습득을 목적으로 한다. 이 방법은 팀의 학생들이 교재를 분할하여 한 부분씩 깊이 있게 공부하고 동료들에게 가르쳐 주는 것으로서, 과제의 상호 의존성에 기초한다. • 직소 팀은 보통 5~6명의 이질적인 학생들로 구성된다. 분절된 교재가 각 팀에서 주어지며 학생들은 각 주제를 하나씩 맡는다. • 이후 팀에서 나와 소주제별로 다른 팀 구성원과 합류하여 전문가집단에서 그 주제에 대한 학습을 한다. • 학습이 끝나면 자기 팀으로 돌아와 팀원들에게 전문가집단에서 학습한 내용을 가르친다. • 학생들은 개인별 형성평가를 받게 되며, 향상점수와 팀 점수가 계산되고 보상을 받는다.

ⓒ 협동적 프로젝트(CP)
   ⓐ 집단 내 협동뿐만 아니라 집단 간 협동도 하도록 한다.
   ⓑ 협동적 프로젝트의 유형

구분	내용
과제분담학습 I (직소 I)	• 전체 학생을 5~6개의 이질적인 집단으로 나누고 학습할 단원을 집단 구성원의 수에 맞도록 쪼개어 각 구성원에게 한 부분씩을 할당한다. • 각 집단에서 같은 부분을 담당한 학생들이 따로 모여 전문가집단을 형성하고 분담된 내용을 토의하고 학습한다. • 이후 다시 원래의 집단으로 돌아와 학습한 내용을 팀원에게 설명한다. • 단원 학습이 끝난 후 학생들은 시험을 보고 개인점수를 받는다. 이 시험 점수는 개인 등급에 기여하고 집단점수에는 기여하지 못한다. • 이러한 의미에서 직소 I 모형은 과제해결의 개인 상호 의존성은 높으나 보상 의존성은 낮으며, 집단으로 보상받지 않기 때문에 형식적인 집단목표가 없다.
자율적 협동학습 (Co-op Co-op)	• 학생 스스로 과제를 선택하고 자신과 동료의 평가에 참여하도록 허용하는 유형이다. • 교사-학생 간 토의를 통해 학습과제를 정하고, 교사가 이질적인 학생 팀을 구성한다. 각 팀은 주제를 정하고 구성원들의 흥미에 따라 하위 부분을 분담을 한 후, 정보를 수집한다. • 각자가 학습한 소주제들을 팀 구성원들에게 제시한 후 종합하여 팀의 보고서를 만들고 이것을 다시 전체 학급에 제시한다. • 마지막 평가 단계에서는 세 가지 수준의 평가가 이루어진다. 팀 동료에 의한 팀 기여도 평가, 교사에 의한 소주제의 학습 기여도 평가, 전체 학습동료들에 의한 팀 보고서 평가가 이루어진다.
집단조사 (GI)	• 고차원 인지학습에 유용하고 보다 정교한 집단 프로젝트로서 고안되었다. • 학생 2~6명이 팀을 이룬다. 팀은 전체 학습에서의 학습단원에서 하위 주제를 선정하고, 그 하위 주제를 개인별 과제로 더 나눈다. 이후 집단은 학급 앞에서 학습한 내용을 제시하고 발표를 한다. • 협동적 보상은 구체적으로 잘 드러나지 않으며, 학생들은 단순히 집단목표를 달성하기 위하여 함께 공부하도록 요구받는다.
함께하는 학습 (LT)	• 5~6명의 이질적 구성원으로 팀이 구성되며, 주어진 과제를 협동적으로 수행한다. 과제 부여, 보상, 평가는 집단별로 이루어진다. • 시험은 개별적으로 시행하나 성적은 소속된 집단의 평균 점수를 받게 되므로 자신의 집단 내 다른 학생들의 성취 정도가 개인의 성적에 영향을 준다. • 교사는 학생들의 상호작용을 관찰하여 상호작용이 이루어지도록 노력한다. • 이 모형은 집단구성원이 관련 자료를 같이 보고 이야기하며 생각을 교환할 수 있다. • 그러나 집단보고서에 집단보상을 함으로써 무임승객 효과, 봉 효과와 같은 사회적 빈둥거림이 나타나 상대적으로 다른 협동학습 모형보다 효과적이지 못할 수 있다.

다음은 통합학급 4세반 교수 · 학습 과정안의 일부이다. 물음에 답하시오.

생활 주제	유치원과 친구		활동명	세어 보아요.
활동목표	일곱 개의 구체물을 셀 수 있다.			
동호의 활동목표	세 개의 구체물을 셀 수 있다.			
누리과정 관련 요소	자연탐구: 수학적 탐구하기 – ( )			
활동자료	모형 쿠키, 모형 과일			

교수 · 학습활동	동호의 수정활동
㉠ 유아들이 교사와 함께 다섯을 세면서 자리에 앉게 한다.	• 수 세기를 잘하는 민정이와 짝을 지어 앉게 한다.
• 유아들에게 1인당 모형 쿠키를 7개씩 나누어 준다.	–
㉡ 모형 쿠키를 하나씩 가리키며 수를 세어 보게 한다.	㉣ 민정이가 동호에게 모형 쿠키 세는 것을 가르쳐 주게 한다.
㉢ 모형 쿠키 여섯 개에 하나를 더하면 쿠키는 몇 개인지 질문한다.	–
㉣ 유아들에게 모형 과일을 7개씩 나누어 주고 세어 보도록 한다.	㉤ (일렬로 배열된 세 개의 모형 과일을 하나씩 손가락으로 짚으며) '하나, 둘, 셋' 소리 내어 세어 보도록 한다.
…하략…	

2) ㉤에서 사용된 교수 전략을 쓰시오. [1점]

• _____

30 2013학년도 중등 25번

경도 정신지체 학생이 통합된 학급에서 교사가 또래교수(peer tutoring)를 실시하고자 한다. 또래교수의 특성과 유형에 대한 설명으로 옳은 것을 〈보기〉에서 고른 것은? [2점]

─────〈보기〉─────

㉠ 또래교수는 장애학생의 학업과 사회적 수용을 향상시키기 위하여 학급교사의 역할과 책임을 또래교사를 하는 학생에게 위임하는 것이다.

㉡ 또래교수 실시를 위해 교사는 또래교사 역할을 할 학생을 훈련시키고, 역할을 수시로 변경할 경우 누가 먼저 또래교사가 되고 학습자가 될 것인지 결정한다.

㉢ 또래교수에서 또래지도를 받던 장애학생이 특정 영역에서 뛰어난 능력을 보이는 경우, 역할을 바꾸어 또래교사가 되어 일반학생을 돕도록 하는 것은 상보적 또래교수 방법의 예이다.

㉣ 또래지원 학습전략(PALS)은 비상보적 또래교수 전략 중의 하나로 학급에서 자연스럽게 또래교수의 형성이 이루어지지 않을 때, 고학년 일반학생이 저학년 장애학생의 짝이 되도록 지도하는 것이다.

㉤ 전 학급 또래교수(CWPT)는 교사가 학생들에게 개별적인 지도를 하기 어려운 학급에서 모든 학생들이 일대일 방식의 지원을 받을 수 있도록 하는 방법으로, 학생들이 짝을 지어 역할을 바꾸어 가면서 서로를 가르친다.

① ㉠, ㉡, ㉢   ② ㉠, ㉢, ㉣   ③ ㉠, ㉣, ㉤   ④ ㉡, ㉢, ㉤   ⑤ ㉡, ㉣, ㉤

31 2017학년도 중등 A 9번

(가)는 학생 P의 특성이고, (나)는 중학교 1학년 기술·가정과 '건강한 식생활과 식사 구성'을 지도하기 위하여 통합학급 교사와 특수교사가 협의한 내용이다. ㉠에 해당하는 교수법의 명칭을 쓰고, 모둠별 활동을 하는 동안 통합학급 교사의 역할 1가지를 ㉡에 제시하시오. [4점]

(가) 학생 P의 특성

- 상지의 소근육 운동기능에 어려움이 있는 지체장애 학생으로 경도 지적장애를 동반함
- 특별한 문제행동은 없으며 학급 친구들과 원만한 관계를 유지하고 있음

(나) 통합학급 교사와 특수교사의 협의내용

관련 영역	수업계획	특수교사의 제안사항
학습목표	• 탄수화물이 우리 몸에서 하는 일을 설명할 수 있다.	• 본시와 관련된 핵심 단어는 특수학급에서 사전에 학습한다.

교수·학습방법	• 우리 몸에 필요한 영양소의 종류 및 기능
	  − ㉠ 모둠활동을 할 때 튜터와 튜티의 역할을 번갈아 가면서 한다.
	  − (㉡)
		• P에게 튜터의 역할과 절차를 특수교사가 사전에 교육한다.

평가계획	• 퀴즈(지필평가) 실시	• ㉢ UDL의 원리를 적용하여 P의 지필평가 참여 방법을 조정한다.

• ㉠: _____

• ㉡: _____

특수학급 박 교사는 읽기에 어려움을 보이는 지수와 읽기를 잘하는 환희를 짝지어 아래와 같은 전략으로 읽기지도를 하였다. 박 교사가 적용한 전략에 대한 설명으로 적절하지 <u>않은</u> 것은? [1.4점]

1. 파트너 읽기
- 박 교사 : 학생의 수준에 맞게 선정한 읽기 자료를 제시하고 학습 활동을 자세히 안내한다.
- 환희, 지수 : 환희가 자료를 먼저 읽고 지수가 뒤이어 읽는다.
- 환희 : (지수가 읽기에서 오류를 보일 때) "잠깐, 잘못 읽었네. 무슨 단어인지 알아?"라고 묻는다.
- 환희 : (지수가 대답을 못하면, 몇 초 후) "___라고 읽는 거야."라고 말한다.
- 환희, 지수 : 함께 읽은 후 지수는 읽은 내용을 간략히 다시 말한다.

2. 단락 요약
- 환희 : 지수에게 읽은 내용을 짧게 요약하도록 요구한다.
- 환희, 지수 : 계속해서 소리 내어 본문을 읽는다.
- 지수 : 문단이 끝나는 부분에서 멈추고 내용을 요약한다.
- 환희 : 지수의 요약에 대해서 오류가 있을 경우 이를 수정해 준다.

3. 예상릴레이
- 환희 : 다음 페이지에 나올 내용에 대해서 예측하고, 그 내용을 소리 내어 말한다.
- 지수 : 예측한 내용이 맞는지 확인하고, 내용을 요약한다.
- 환희, 지수 : 역할을 교대로 돌아가며 수행한다.

① 개념과 원리를 발견하는 데 초점을 둔다.
② 정해진 단계와 절차에 따라서 이루어진다.
③ 학습자의 수행결과에 대해 동료의 교정적 피드백이 제공된다.
④ 학습자가 문제를 해결하도록 참여자 간 비계활동이 이루어진다.
⑤ 학습내용과 수준을 다양화할 수 있는 차별화교수(differential instruction) 접근이라 할 수 있다.

(나)는 읽기 학습장애 학생을 위한 사회과 '민주주의를 실현하는 기관' 단원 수업계획 일부이다. 또래지원 학습전략 (PALS; Peer-Assisted Learning Strategies)을 활용할 때, ㉢에 들어갈 단계명과 활동 3가지를 제시 하시오. [5점]

(나) 12차시 수업계획

차시	12차시/심화학습
주제	국회, 정부, 법원의 삼권분립 이유 알기

교수 · 학습 활동	• 교사는 2명의 학생을 한 조로 편성하여 튜터와 튜티의 역할을 수행하도록 한다.
	• 국회, 정부, 법원의 권력분립을 설명하는 읽기자료를 제공한다.
	• 학생들이 읽기활동을 할 때 PALS를 활용한다.
	
	단계 및 활동의 예
	
	1. 파트너 읽기(partner reading)
	  – 튜터가 먼저 읽고 튜티가 다시 읽기
	  – 튜티가 읽을 때 튜터는 오류를 교정해 주기
	  – 튜티가 읽은 내용을 다시 말하기
	
	2. (㉢)
	
	3. 예측 릴레이(prediction relay)
	  – 튜터와 튜티는 다음에 읽을 내용이 무엇인지 예측하기
	  – 튜터와 튜티는 예측한 내용이 옳은지 확인하기

• ㉢: _____

• 활동: _____

다음은 특수학급 박 교사와 통합학급 임 교사의 대화내용이다. 물음에 답하시오. [4점]

박 교사: 선생님도 잘 아시다시피 민우는 글을 유창하게 읽지 못하고 읽기이해 능력도 매우 떨어져요. 그래서 국어시험을 보면 낮은 점수를 받지요.

임 교사: 제가 국어시간에 읽기활동을 할 때 협동학습의 한 유형인 ㉠ <u>모둠성취 분담모형(Student Teams-Achievement Division, STAD)</u>을 적용하려고 해요. 그런데 민우는 모둠활동에서 초반에는 관심을 보이지만, 이내 싫증을 내곤 해요. 그래서 끝까지 참여하는 데 어려움이 있어서 조금 걱정이 돼요.

박 교사: 그렇다면 민우에게 모둠성취 분담모형(STAD)과 함께 또래교수의 한 유형인 (㉡)을/를 적용해보면 어떨까요? (㉡)은/는 ㉢ <u>파트너 읽기</u>, 단락(문단) 줄이기, 예측 릴레이 단계로 진행되는데, 민우의 읽기능력 향상에 도움이 될 거예요.

---

1) 임 교사가 ㉠을 적용하고자 하는 이유를 민우의 특성과 연결하여 1가지 쓰시오. [1점]

- _____

2) ㉡의 ① <u>명칭</u>을 쓰고, ㉡의 주요 활동 단계마다 또래교수자가 ② <u>공통으로 수행하는 활동</u>을 1가지 쓰시오. [2점]

- ①: _____

- ②: _____

3) 민우가 ㉢단계에서 읽기 이해능력 향상을 위해 수행해야 하는 세부활동을 1가지 쓰시오. [1점]

- _____

(나)는 2015 개정 사회과 교육과정 5~6학년 정치·문화사 영역 교수·학습 과정안의 일부이다. 물음에 답하시오.

(나) 교수·학습 과정안

단계	교수·학습활동	유의사항

도입	◦조선시대 국난을 극복한 인물 알아보기
	  – 임진왜란, 병자호란 등 역사적 사건 살펴보기
	  – 임진왜란과 병자호란에서 활약한 인물 중 내가 알고 있는 인물 발표하기
		◦㉠ <u>또래교수</u>를 활용함
		◦표적행동을 관찰·기록함

전개	〈학습 활동 1〉
	◦이순신 장군의 업적 살펴보기
	  – 이순신 장군의 일화 살펴보기
	  – 이순신 장군과 관계 있는 장소 살펴보기
	
	〈학습활동 2〉
	◦모둠별 학습계획 수립하기
	  – 모둠별 학습주제 정하기
	  – 모둠별 학습방법 정하기
	  – 모둠별 역할 정하기
	
	〈학습활동 3〉
	◦모둠별 학습 활동하기
	  – 이순신 장군 되어보기
	    1모둠: 난중일기 다시 쓰기 [A]
	    2모둠: 적장에게 편지 쓰기
	    3모둠: 거북선 다시 설계하기	

정리 및 평가	◦활동 소감 발표하기 ◦차시 예고하기	

3) 다음은 (나)의 ㉠에 대한 설명이다. ⓐ와 ⓑ에 들어갈 말을 각각 쓰시오. [2점]

유형	개념
(ⓐ)	◦학급 구성원을 2~3개의 모둠으로 나누어 또래교수에 참여하도록 함 ◦학생의 과제 참여시간, 연습 및 피드백 기회가 증가됨 ◦모든 학생의 학업적 행동에 관심을 갖게 되며 수업시간 중에 상호작용이 증가됨

일대일
또래교수
	◦특별한 지원이 필요한 학생에게 효과적인 전략임
	  – 역할 반전 또래교수: 일반적으로 학습자 역할을 하는 학생이 특정 영역에서는 교수자 역할을 함
	  – (ⓑ): 학습수준이 높은 학생이 낮은 학생을 가르치는 교수자 역할을 함

- ⓐ: _____   - ⓑ: _____

다음은 지적장애 학생이 통합되어 있는 중학교 1학년 학급에서 사회과 '다양한 기후 지역과 주민 생활' 단원을 지도하기 위해 직소(Jigsaw) II 모형을 적용한 수업의 예이다. 바르게 적용한 내용만을 있는 대로 고른 것은?

[2점]

(가) 장애학생을 포함한 모든 학생들을 기후에 대한 사전지식과 학업 수준을 고려하여 5명씩 4개 조의 동질집단으로 구성하였다.
(나) 각 조의 구성원들은 다섯 가지 기후(열대, 온대, 냉대, 한대, 건조) 중 서로 다른 한 가지 기후를 선택하였다.
(다) 다섯 가지 기후 중 동일한 기후를 선택한 학생끼리 전문가 그룹이라는 이름으로 헤쳐모여 그 기후에 대해 학습하였다.
(라) 각각의 학생 전문가는 자신의 소속 조로 돌아가 같은 조의 구성원들에게 자신이 학습한 기후에 대해 가르쳤다.
(마) 원래의 조별로 학습 성과를 평가하기 위하여, 같은 조의 구성원들이 서로 협력해서 공동답안을 만들게 한 후 조별 점수를 산출하였다.

① (가), (마) 　② (나), (다) 　③ (가), (라), (마)
④ (나), (다), (라) 　⑤ (나), (다), (라), (마)

다음은 김 교사가 초등학교 4학년 수학시간에 실시한 협동학습과 관련된 내용이다. 이 수업에 통합되어 있는 경아는 특수교육 대상 학생으로 수학에 어려움을 보이고 있다. 물음에 답하시오. [5점]

집단구성 및 학습자료	• 학급 학생을 대상으로 개별진단 및 배치검사를 실시함 • 4~5명씩 이질적인 학습집단(A, B, C, D)으로 구성함 • 각 학생의 학습속도 및 수준에 적합한 학습자료를 제공함
학습진단	• 학생은 각자 자기집단에서 개별 학습과제를 수행함 • 문제풀이에 어려움이 있으면 자기 집단의 친구에게 도움을 청함 • 학습과정이 끝난 후, 학생은 자신의 학습 정도를 평가하기 위해 준비된 문제지를 풀음 • 집단구성원들은 답지를 교환하고 답을 점검한 후, 서로 도와 틀린 답을 고침
교수집단	• 교사가 각 집단에서 같은 수준의 학생을 불러내어 5~15분간 직접 가르침
평가	• ㉠ 각 학생의 수행결과는 학생이 속해 있는 집단과 학생 개인의 평가에 반영함

1) 위에서 실시한 협동학습 유형이 무엇인지 쓰시오. [1점]

　• _____

2) 위의 협동학습 유형이 수학에 어려움을 보이는 경아와 같은 학생들에게 적절한 이유 2가지를 쓰시오. [2점]

　• _____　• _____

3) 위의 ㉠에 나타난 협동학습 요소(원리)를 쓰시오. 그리고 이 요소(원리) 때문에 방지될 수 있는 '협동학습 상황에서의 문제점'은 무엇인지 쓰시오. [2점]

　• _____

다음은 읽기 학습장애 학생 J가 있는 통합학급에서 교사가 활용할 교수 · 학습활동의 예시이다. 〈작성 방법〉에 따라 서술하시오. [4점]

내용 요소		글의 주요 내용 파악하기
주제		설명하는 글을 일고 구조화하여 글의 내용 이해하기
학습모형		학생집단 성취모형(Student Teams Achievement Division: STAD)
모둠 구성		• 이전 시간에 성취한 점수 확인하기 • (㉠)
모둠 읽기활동	읽기 전	• 브레인스토밍: 읽을 글에 대해 알고 있는 내용을 생성하고, 조직화한 후, 정교화하기 • ㉡ 글의 제목, 소제목, 그림 등을 훑어보고 글의 내용 짐작하기
	읽기 중	• 모둠원의 개별 수준에 맞는 글 읽기 • 단서 단어 및 중요한 단어 학습하기 〈수준별 읽기자료 예시〉 **미래 직업** 변화하는 미래에 기대되는 직업은 환경의 중요성이 커짐에 따라 생기는 직업, 로봇을 이용한 작업이 많아짐에 따라 생기는 직업 등으로 나눌 수 있다. 그중 환경의 중요성이 커짐에 따라 생기는 직업에는 기후변화 전문가, 에코제품 디자이너 등이 있다. 그리고 로봇을 이용한 작업이 많아짐에 따라 생기는 직업에는 로봇 디자이너, 로봇 공연 기획자 등이 있다. …하략… • 글의 구조를 고려하여 주요 단어를 기록하기
	읽기 후	• 글 이해에 대한 개별 평가 후 채점하기 • ㉣ 모둠 성취 평가하기
유의할 점		• 교사는 모둠원들이 서로 도우며 주어진 읽기자료를 이해하도록 지도한다.

─〈작성 방법〉─

• 괄호 안의 ㉠에 들어갈 모둠 구성방법을 서술할 것
• 밑줄 친 ㉣을 수행하기 위한 방법을 서술할 것

(가)는 정서·행동장애 학생 성우의 사회과 수업 참여 방안에 대해 특수교사와 일반교사가 나눈 대화의 일부이다. 물음에 답하시오.

(가) 대화

일반교사: 성우는 교실에서 자주 화를 내고 주변 친구를 귀찮게 합니다. 제가 잘못된 행동을 지적해도 자꾸 남의 탓으 ┐
　　　　　로 돌려요. 그리고 교사가 어떤 일을 시켰을 때 무시하거나 거부하기도 합니다. 이 모든 문제행동이 7개월　[A]
　　　　　넘게 지속되고 있어요. 성우가 품행장애인지 궁금합니다. ┘
특수교사: 제 생각에는 ㉠ 품행장애가 아닙니다. 관찰된 행동만으로 판단하는 것은 어렵지만, '아동·청소년 행동 평가 척도
　　　　　(CBCL 6-18)' 검사 결과를 참고하면 좋겠어요.
　　　　　　　　　　　　　　　　　　…중략…
일반교사: 성우는 성적도 낮은 편이라 모둠활동을 할 때 환영받지 못하는 경우가 많아서 사회과 수업에 협동학습을 적용하려
　　　　　고 해요. 그런데 협동학습에서도 ㉡ 능력이 뛰어난 학생이 모둠활동에 지나치게 개입하여 주도하려는 현상이
　　　　　나타날 수 있어요.
특수교사: 맞습니다. 교사는 그러한 현상을 방지하기 위해서 ㉢ 과제부여 방법이나 ㉣ 보상제공 방법을 면밀하게 고려해
　　　　　보아야 하지요.
일반교사: 그렇군요. 집단활동에서 성우의 학습수행을 평가할 수 있는 방법은 무엇인가요?
특수교사: 관찰이나 면접을 활용하여 성우의 ㉤ 공감능력, 친사회적 행동 실천능력의 변화를 평가하면 좋을 것 같습니다.
　　　　　　　　　　　　　　　　　　…하략…

2) (가)의 ㉡을 방지하기 위해 교사가 할 수 있는 ㉢과 ㉣의 구체적인 내용을 각각 쓰시오. [2점]

• ㉢: _____

• ㉣: _____

(나)는 최 교사가 작성한 2009 개정 교육과정 실과 교수 · 학습 과정안의 일부이다. 물음에 답하시오.

(나) 교수 · 학습 과정안

학습 목표	• 여러 가지 직업을 조사하여 특성에 따라 분류할 수 있다. • 여러 가지 직업이 있음을 설명할 수 있다.	
단계	ⓒ 교수 · 학습활동	보편적 학습설계(UDL) 지침 적용
도입	…생략…	
전개	〈활동 1〉 전체학급 토의 및 소주제별 모둠 구성 • 전체학급 토의를 통해 다양한 직업분류기준 목록 생성 • 직업분류기준별 모둠을 생성하고 각자 자신의 모둠을 선택하여 참여	• 직업의 종류와 특성을 토의할 때 필수적으로 알아야 할 어휘를 쉽게 설명한 자료를 제공함 • ⓔ 흥미와 선호도에 따라 소주제를 스스로 선택하게 함
	〈활동 2〉 모둠 내 더 작은 소주제 생성과 자료수집 분담 및 공유 • 분류기준에 따라 조사하고 싶은 직업들을 모둠토의를 통해 선정 • 1인당 1개의 직업을 맡아서 관련된 자료수집 • 각자 수집한 자료를 모둠에서 발표하고 공유	• 「인터넷 검색 절차 지침서」를 컴퓨터 옆에 비치하여 자료 수집에 활용하게 함 • ⓜ 발표를 위해 글로 된 자료뿐만 아니라 사진과 그림, 동영상 자료 등 다양한 매체를 이용하게 함
	〈활동 3〉 모둠별 보고서 작성과 전체학급 대상 발표 및 정보 공유 • 모둠별 직업분류기준에 따른 직업 유형 및 특성에 대한 보고서 작성 • 전체학급을 대상으로 모둠별 발표와 공유	• 모둠별 발표 시 모둠에서 한 명도 빠짐없이 각자가 할 수 있는 역할을 갖고 협력하여 참여하게 함

3) (나)의 ⓒ에서 적용한 협동학습의 명칭을 쓰시오. [1점]

• _____

(가)는 학습장애 학생 준수의 특성이고, (나)는 2009 개정 사회과 교육과정(교육과학기술부 고시 제2012-14 호) 3~4학년 '나는 미래에 어떤 일을 하면 좋을지 생각해 봅시다.'를 지도하기 위해 특수교사와 일반교사가 협의하여 작성한 교수 · 학습 과정안이다. 물음에 답하시오.

(가) 준수의 특성

- 준수
  - 단어와 정의를 연결할 수 있음
  - 수업내용을 요약하는 데 어려움이 있음
  - 어휘의 의미를 깊이 이해하는 데 어려움이 있음
  - 글자를 쓰는 데 많은 노력이 필요함

(나) 교수 · 학습 과정안

단원	경제생활과 바람직한 선택	차시	11~12/20
제재	나는 미래에 어떤 일을 하면 좋을지 생각해 봅시다.		
학습목표	미래에 자신이 하고 싶은 일을 결정하고 행동계획을 세울 수 있다.		

㉠ 단계	학생활동	자료(㉯) 및 유의점(㉳)
A	• 각 직업의 장 · 단점 분석하기 • 갖고 싶은 직업을 평가하여 점수를 매기고 순서를 결정하기	㉯ 평가기준표
B	• 직업 선택 시 고려할 조건을 찾아 평가기준 만들기 • 사실적 기준과 가치 기준을 골고루 포함하기	㉳ 중요하다고 생각하는 기준에 가중치를 부여하게 한다. ㉳ ㉡ <u>과제분담 협동학습(Jigsaw Ⅱ)</u>을 실시한다.
C	• 주변에서 볼 수 있는 직업에 대해 자유롭게 이야기 하기 • 장래 직업을 고민하는 학생의 영상 시청하기	㉯ ㉢ <u>안내노트</u>, 그래픽 조직자, 동영상 자료 ㉳ ㉣ <u>의미지도 전략</u>을 활용하여 미래 직업에 대해 알아본다.
D	• 갖고 싶은 직업과 이유 발표하기 • 대안에 대한 브레인스토밍 후 후보 결정하기	㉯ 직업분류표
E	• 갖고 싶은 직업 결정하기 • 행동계획 수립하기	㉳ 의사결정의 목적은 행동을 실천하는 데 있음을 알게 한다.

2) 다음은 (나)의 ㉡을 할 때 수행한 절차이다. ⓐ~ⓓ 중 (나)의 ㉡의 원리에 부합하지 <u>않는</u> 기호와 그 이유를 쓰시오. [1점]

ⓐ 학습 절차와 보상 설명하기
ⓑ 이질적인 학생들로 집단 구성하기
ⓒ 각 집단의 구성원들은 서로 다른 한 가지 조건 선택하기
…중략…
ⓓ 각 구성원이 획득한 점수의 평균으로 집단별 점수 산출하기

- _____

다음은 A중학교에서 학기 초 교직원 연수를 위해 준비한 통합교육 안내자료 중 일부이다. 〈작성 방법〉에 따라 서술하시오. [4점]

2017학년도 A중학교 1학년 통합교육 계획안

1. 특수교육 대상학생 현황

반	이름	장애유형	행동 특성
2	B	지적장애	• 교사의 지시를 잘 따르고 적극적임 • 주변 사람들과 친하게 잘 지냄
4	C	자폐성장애	• 수업에 별다른 관심이 없어 보임 • 하나의 활동이나 장소에서 다른 활동이나 장소로 옮겨 가는 데 문제를 보임 • 모둠 활동 시 또래도우미의 도움에 의존함

2. 교수적합화 계획

학생 B	과목: 수학	방법: 교수집단 적합화

팀 보조 개별학습(TAI)

① 모둠 구성: 개별학생의 수준을 파악한 후, 4~6명의 이질적인 학생들로 모둠을 구성함
② 학습지 준비:(㉠)
③ 학습활동 : 모둠 내에서 학습지 풀이를 하는 동안 필요 시 교사와 또래가 도움을 제공함
④ 개별평가:(㉡)
⑤ 모둠평가 및 보상: 모둠점수를 산출하고 기준에 따라 모둠에 보상을 제공함

학생 C	과목: 과학	방법: 교수자료 및 방법 적합화

㉢ 모둠활동 시간에 또래도우미는 학생 C에 대한 언어촉진을 점진적으로 증가시킴
㉣ 전체 일과와 세부 활동에 대하여 시각적 단서를 제공함
㉤ 수업 시작 전이나 수업이 끝난 후 수업내용을 칠판에 적어 놓거나 관련 자료를 제공함
㉥ 모둠 활동 시 학생의 자리는 수시로 바꾸어 가며 진행함
…하략…

〈작성 방법〉

• ㉠에 들어갈 학습지의 특성을 1가지 제시할 것
• ㉡에 들어갈 개별 평가방법을 1가지 서술할 것
• 학생 C의 특성에 근거하여 ㉢~㉥ 중 적절하지 <u>않은</u> 것 2가지의 기호를 적고, 그 이유를 각각 1가지 서술할 것

5. 교수내용의 수정

(1) 교수내용의 수정

구분	내용
1등급	• 같은 활동 · 교수목적 · 교수자료 • 대상 학생의 IEP 목표와 목적이 일반 교육과정의 수업에서 다루어질 수 있으며, 어떠한 수정도 요구되지 않음 • 만약 대상 학생이 감각장애가 있다면 점자, 보청기, 수어 등이 사용될 수 있음
2등급	• 같은 활동의 약간 쉬운 단계(수정된 교수목적), 같은 교수자료 • 대상 학생은 또래동료 수준과 비교하여 선수 단계의 교육과정에 참여하며, 같은 활동이 사용되지만 대상 학생의 교수목적은 다르고 대상 학생의 반응 양식이 수정될 수 있음 ⟮예⟯ 읽는 것 대신 듣는 것, 쓰는 것 대신 말하는 것 등 • 1등급과 비교하면 2등급에서의 교수는 더욱 개별화됨
3등급	• 같은 활동, 다른 교수목적 · 교수자료 • 이 수준에서 활동은 대상 학생의 동료와 같은 것으로 진행되지만, 대상 학생의 동등한 참여가 가능하도록 교수목적과 교수자료가 변화됨 • 개별화 정도는 더욱 강해지지만, 대상 학생은 학습을 위해 또래동료들과 같은 책상이나 테이블에 물리적으로 함께 위치함
4등급	• 같은 주제, 다른 과제 · 교수목적 • 대상 학생은 그의 또래들이 학습하고 있는 것과 주제 면에서 연관이 있는 일반 교육과정에서 도출된 활동들에 참여하며, 장애학생을 위한 초점은 일반교실의 교육과정 내용 안에 삽입될 수 있는 IEP 핵심 목표와 목적(⟮예⟯ 사회성, 의사소통, 운동성, 인지)을 개발하는 것임 • 교수는 고도로 개별화되는데, 대상 학생은 교수를 받기 위해 그의 또래동료와 함께 같은 테이블에 앉아 있을 수도 있고 그렇지 않을 수도 있지만, 같은 교실 내에 있음
5등급	• 다른 주제 · 활동 • 이 수준의 교육과정 내용의 수정은 기능성과 장애학생의 일상적 생활에의 적용에 초점을 둠 • 대상 학생의 IEP 목표와 목적은 일반 교육과정에 직접적인 연관이 되지 않으며, 일반학급의 다른 학생의 활동과는 독립적으로 다루어짐 • 교수는 고도로 개별화되고, 대상 학생은 교실 안이나 교실 이외의 장소에서 자주 학습을 함

(2) 교육과정의 수정

① 장애학생과 일반학생이 같은 학급에서 같은 시간에 같은 내용이나 유사한 또는 다른 내용을 학생들의 요구에 맞게 수정하여 제공함으로써, 학생들이 의미 있게 수업에 참여할 수 있도록 하는 것이다.

② 운영 방식

운영 방식	내용
일반 교육과정	일반학급의 활동과 동일한 활동을 하면서 동일한 교육목표를 추구하는 것
중다수준 교육과정	장애아동이 다른 아동과 함께 동일한 교과영역을 학습하되, 다른 수준으로 학습하는 것 ⟮예⟯ 학습의 다른 아동들은 직육면체의 부피를 구하고 있을 때, 지적장애 아동은 한 자릿수의 덧셈과 뺄셈을 학습할 수 있음
중복 교육과정	학급의 모든 아동이 동일한 학습활동을 하면서 서로 다른 교과의 교수목표를 추구하게 됨 ⟮예⟯ 개구리를 해부하는 실험에서 지적장애 아동은 과학목표가 아닌 의사소통 및 사회성 영역의 개별화된 목표인 '지시 따르기'나 '다른 사람의 의견 수용하기'와 같은 목표를 추구할 수 있음
대체 교육과정	• 학급 내 대다수 학생의 교육과정과 완전히 독립된 교육과정을 가지는 형태 ⟮예⟯ 지적장애 학생의 경우 지역사회 중심 교육과정으로 일상생활과 지역사회 이용 등에 필요한 기술을 가르치는 것 • 교과내용과 관련지어 가정생활, 여가, 교통 이용, 지역사회 이용, 개인위생 및 자조, 사회성, 자기결정 등 기능적 학업기술을 지도함

일반학교에서 장애학생을 과학 수업에 통합시키고자 할 때, 학습자의 장애특성에 따라 중다수준 교수(multi-level instruction)를 적용한 것으로 가장 적절한 것은? [1.4점]

구분	학습자	통합학급 교육활동	학습자를 위한 적용
①	건강장애 학생	햇빛에 비친 그림자 길이 재기	휠체어 사용을 고려하여 앉아서 햇빛에 비친 그림자 길이를 재도록 함
②	자폐성장애 학생	고무찰흙을 사용하여 배설기관의 구조 만들기	화장실에 가고 싶다는 의사표현 방법을 지도함
③	뇌성마비 학생	젓는 속도에 따라 설탕이 틀에 녹는 속도를 비교하는 실험하기	실험 중에 손잡이가 있는 비커를 제공하여 젓기 활동을 하게 함
④	지적장애 학생	같은 극과 다른 극의 자기력 모양을 비교하는 활동하기	자석에 붙는 것과 붙지 않는 것을 구별하는 활동을 하게 함
⑤	쓰기장애 학생	실험보고서 작성하기	실험보고서 내용을 말로 녹음하여 제출하게 함

다음은 중도·중복장애 학생 민호와 영미를 통합학급 수업에 참여시키기 위해 송 교사와 박 교사가 나눈 대화이다. 밑줄 친 (가)~(다)에 해당하는 내용과 〈보기〉의 내용이 바르게 짝지어진 것은? [1.4점]

> 송 교사: 내일 인터넷 자료를 가지고 '여러 동물의 한살이'를 지도하려고 해요. (가) 다른 친구들이 모둠별로 모여 동물의 한살이에 관한 조사활동을 할 때 민호는 친구들의 이름을 알기 위해 다양한 활동을 할 거예요. 다음 주에는 동물원에 가기 전에 민호가 학교 사육장에 있는 동물들을 직접 관찰하게 하려고 해요.
>
> 박 교사: 저는 '여러 곳의 기온 재기'를 지도하려고 해요. 먼저 우리 반 친구들이 각자 자기의 모형 온도계를 만들 때 (나) 영미의 것은 제가 만들고 색칠하기는 영미에게 시키려고요. 그리고 (다) 우리 반 친구들이 실제 온도계로 교실 안 여러 곳의 온도를 재는 동안 영미는 모형 온도계 눈금을 읽게 할 거예요.

〈보기〉

ㄱ 부분참여　　　ㄴ 삽입교수　　　ㄷ 중다수준 교육과정　　　ㄹ 교육과정 중복(중첩)

	(가)	(나)	(다)
①	ㄷ	ㄱ	ㄴ
②	ㄷ	ㄱ	ㄹ
③	ㄷ	ㄴ	ㄹ
④	ㄹ	ㄱ	ㄷ
⑤	ㄹ	ㄴ	ㄷ

다음은 중학교 통합학급에서 참관실습을 하고 있는 A 대학교 특수교육과 2학년 학생의 참관 후기와 김 교사의 피드백 일부이다. 물음에 답하시오.

다음 주부터 중간고사다. 은수가 통합학급의 친구들과 똑같이 시험을 볼 수 있을지 걱정이다. 초등학생이라면 간단한 작문시험이나 받아쓰기 시험시간에 특수교육 보조원이 옆에서 대신 써줄 수 있을 것 같은데, 은수와 같은 장애학생들에게는 다른 시험방법을 적용해 주면 좋을 것 같다.

➡ 김 교사의 피드백: 또래와 동일한 지필시험을 보기 어려운 장애학생들을 위해서 시험 보는 방법을 조정해 줄 수 있어요. 예를 들면, ⓛ <u>구두로 답하거나 컴퓨터를 사용하여 답하기, 대필자를 통해 답을 쓰게 할 수 있어요.</u> 다만 ⓒ <u>받아쓰기 시험시간에 대필을 해 주는 것</u>은 적절하지 않습니다.

통합학급 국어시간의 학습목표와 내용이 은수에게 너무 어려웠다. 어떻게 하면 통합학급에서 친구들과 함께 공부하도록 하면서 은수에게 필요한 것을 지도할 수 있을지 궁금하다. 내가 특수교사가 되면 이것을 위해 일반교사와 어떻게 협력해야 할지 생각해 봐야겠다.

➡ 김 교사의 피드백: 국어시간에 일반교사와 특수교사가 중다수준 교육과정/교수를 적용하여 은수에게 학습자료를 제공한다면 통합학급에서도 은수의 개별적 요구에 맞는 지도를 할 수 있어요. 이때, 두 교사가 적용할 수 있는 협력교수 형태로 교수-지원, ② <u>대안적 교수</u>, 팀 티칭 등을 고려할 수 있습니다.

---

3) ⓒ이 적절하지 <u>않은</u> 이유를 쓰시오. [1점]

• _____

4) 은수에게 적용된 중다수준 교육과정/교수의 특성을 고려하여 ②이 적절할 수 있는 이유를 쓰시오. [2점]

• _____

(가)는 지적장애 학생 은지의 통합학급 담임인 윤 교사가 특수교사인 최 교사와 실과 수업에 대하여 나눈 대화이다. 물음에 답하시오.

(가) 대화

> 윤 교사: 다음 ㉠ 실과 수업시간에는 '생활 속의 동물 돌보기' 수업을 하려고 합니다. 이때 은지에게는 국어과 목표인 '여러 가지 동물의 이름 말하기'를 지도하려고 해요. 은지가 애완동물이나 반려동물뿐만 아니라, ㉡ 소·돼지·닭과 같이 식품과 생활용품의 재료 등을 얻기 위해 기르는 동물의 이름에 대해서도 알았으면 좋겠습니다.
> 최 교사: 그렇지 않아도 특수학급에서 은지에게 '여러 가지 동물의 이름 말하기'를 지도하고 있어요. 지난 시간에는 ㉢ 햄스터가 그려진 카드를 은지에게 보여주면서 이름을 물어보며 '햄'이라고 언어적으로 즉시 촉진해 주었더니 '햄스터'라고 곧잘 말하더라고요.
> ...중략...
> 윤 교사: 선생님, 은지가 수업 중에 보이는 문제행동을 어떻게 해야 할지 고민입니다.
> 최 교사: 마침 제가 통합학급 수업시간에 나타나는 은지의 문제행동 기능을 알아보기 위해서 관찰 결과를 요약해 보았습니다.

1) (가)의 ㉠을 중복 교육과정(curriculum overlapping)의 적용 사례로 볼 수 있는 근거를 1가지 쓰시오. [1점]

- _____

(나)는 '2009 개정 교육과정' 과학과 3~4학년군 '식물의 생활' 단원의 교수·학습 과정안 일부이다. 물음에 답하시오.

(나) 교수·학습 과정안

단원	식물의 생활		
제재	특이한 환경에 사는 식물의 특징 알아보기		
학습 목표	일반학생	채은수	
	사막 식물의 특징을 사는 곳과 관련지어 설명할 수 있다.	선인장의 특징을 설명할 수 있다.	
전개	교수·학습활동	교수·학습활동	자료 및 유의점
	...중략... 〈활동〉 사막 식물 관찰하기 • 겉 모양 관찰하기 • 속 모양 관찰하기 ...생략...	...중략... 〈활동〉 선인장 관찰하기 • 겉 모양 관찰하기 • 속 모양 관찰하기 • 수분 관찰하기 • 그래픽 조직자 완성하기 ...생략...	– ㉢ 기록지 – 활동 단계별로 자료를 구분하여 제공 – 그래픽 조직자 형식 제공

3) (나)를 '중다수준 교육과정/교수(multilevel instruction)'가 적용된 교수·학습 과정안이라고 볼 수 있는 ① 근거를 1가지 쓰고, '중다수준 교육과정/교수'와 '중복 교육과정(curriculum overlapping)'의 ② 차이점을 1가지 쓰시오. [2점]

- ①: _____

- ②: _____

6. 평가방법의 수정

(1) 자료에 기초한 평가

① 특정한 교수목표를 성취하기 위하여 학생의 진전도를 계속해서 측정하고 기록하는 것을 의미한다.

② 교육과정 중심 평가와 교육과정 중심 측정

구분	내용
교육과정 중심 평가 (CBA)	• 교육적 결정을 내리기 위한 자료를 획득하는 데 사용되는 방법 • 학생이 학교 교육과정에서 어떠한 수행을 하고 있는지를 직접 관찰하고 기록하는 접근방법
교육과정 중심 측정 (CBM)	• 학생의 교육과정에서 도출한 내용과 기술을 기반으로 표본을 추출하고 반복적으로 학생의 기술을 평가하는 방법 • 장점: 교육과정에서 학생의 수행을 살피고 기록하는 방식으로 이루어지고 수집된 자료를 그래프로 나타내어 진전도를 계속적으로 살펴볼 수 있음

(2) 시험조정

① 교사 제작 시험조정

ㄱ 시험지 평가문항마다 학생이 답을 쓸 수 있는 공간을 충분히 제시한다.

ㄴ 문항 간에 서로 방해가 되지 않도록 별도의 여백을 충분히 제공한다.

ㄷ 시험지는 학생이 보기 좋도록 미리 타이핑하여 작성한다.

ㄹ 시험을 끝낼 수 있도록 시간을 충분하게 제공한다.

ㅁ 학생이 선을 직접 긋도록 하기보다는 평가문항 옆에 빈칸을 따로 두어 답을 쓰도록 한다.

② 표준화된 평가 참여 조정방법

ㄱ 평가 관련

구분		내용
평가환경	평가공간	독립된 방 제공
	평가시간	시간 연장, 회기 연장, 휴식시간 변경
평가도구	평가자료	시험지의 확대, 점역, 녹음
	보조인력	수화통역사, 대필자, 점역사, 속기사 제공
평가방법	제시방법	지시 해석해주기, 소리 내어 읽어주기, 핵심어 강조하기
	응답방법	손으로 답 지적하기, 보기 이용하기, 구술하기, 수어로 답하기, 시험지에 답 쓰기

ㄴ 조정 관련

구분	내용
제시형태 조정	글자 확대와 지시 및 문제 구술
반응형태 조정	컴퓨터나 타자기를 이용하게 함
검사시간 조정	검사시간 연장이나 검사 시 휴식 제공
검사환경 조정	재택 실시나 소수집단 실시

ㄷ 시험 관련

구분	내용
시험 제시 형식	점자 시험지 또는 큰 활자 인쇄 시험지의 제공, 확대경의 사용, 지시문 읽어주기 등
답안의 형식	답을 손으로 가리키거나 구두로 말하면 대신 표시해주기, 컴퓨터를 이용하여 답 쓰기 등
시험 환경	별도의 고사장에서 따로 시험보기, 칸막이 책상에 앉아 시험보기 등
시험 시간	추가 시간 제공하기, 시험시간 중에 추가 휴식시간 제공하기 등

(3) 대안적 평가

접근		예시
1. 전통적인 점수화	수, 우, 미 점수 혹은 퍼센트	학생 전체 점수에서 94퍼센트 이상이면 A를 받는 것
2. 합격/불합격 체계	합격 혹은 불합격을 결정하는 광범위한 범주 기준	모든 과제를 완수하고 모든 시험에 통과한 학생이 한 과목의 합격점수를 받는 것
3. IEP점수화	학생의 IEP에 근거한 수행수준이 학교 구획의 수행 기준으로 변환됨	만약 한 학생의 IEP가 90퍼센트의 정확도를 요구하고 89점~93점이 그 지역 기준으로 B와 같을 때, 그 학생이 목표된 정확도를 취득하면 B를 받는 것
4. 습득 또는 준거수준 점수화	내용이 하위 구성요소로 나누어지고, 학생들은 어떤 기술의 습득이 정해진 수준에 도달하면 학점을 얻음	50개 주의 수도 중 38개의 이름을 명명한 학생들이 사회 교과의 해당 단원에 대해 통과 점수를 받는 것
5. 다면적 점수화	학생은 능력, 노력, 성취와 같은 몇몇 영역에서 평가되고 점수를 받음	학생이 시간 안에 프로젝트를 완성했다면 30점을 받고, 모든 요구된 부분을 포함했다면 35점을, 적어도 4개의 다른 자료를 사용했다면 35점을 받는 것
6. 공동 점수화	두 명 이상의 교사가 한 학생의 점수를 결정함	일반교사가 학생 점수의 60퍼센트를 결정하고, 자료실 교사가 40퍼센트를 결정하는 것
7. 항목 점수 체계	활동들 또는 과제들에 점수가 할당되고 그것들이 학기말 점수로 더해짐	학생의 과학점수가 전체 300점일 때, 100점은 주마다 보는 퀴즈에서, 100점은 학급의 실험에서, 50점은 숙제에서, 50점은 학급참여에서 점수를 주는 것
8. 학생 자가 평가	각 학생이 자신을 스스로 평가함	학생 본인이 과제를 시간 안에 하고 과제에 필요한 영역들이 포함되고 독립적으로 과제를 했다면, 해당 학생이 그 과제에 스스로 합격점수를 주는 것
9. 계약 점수화	학생과 교사는 어떤 점수를 얻기 위해 요구되는 특정 활동들에 동의함	학생이 정기적으로 수업에 올 때, 각 수업에서 적어도 한번은 정보를 자발적으로 말하고 모든 요구되는 과제를 제출하면 C를 받는 것
10. 포트폴리오 평가	각 학생의 작업이 한 누가적 포트폴리오로 보존되며, 유치원에서 고등학교까지 주요 기술 영역들에서의 성취를 나타냄	손으로 쓴 것의 누가적 샘플들은 1학년에서 4학년까지 초보 수준의 손으로 쓴 것에서부터 읽기에 분명할 필기체 양식까지의 진보를 보여줌

다음의 (가)는 통합학급에 입급된 특수교육 대상 학생 A의 특성이고, (나)는 (가)를 바탕으로 학생 A가 정규평가에 참여할 수 있도록 특수교사가 평가를 조정한 예이다. 평가조정(test accommodation) 유형 중 (나)의 ㉠과 ㉡에 해당하는 평가 조정 유형을 각각 쓰시오. [2점]

(가) 학생 A의 특성

- 한꺼번에 많은 정보가 주어졌을 때, 정보에 주의를 기울이는 데 어려움이 있음
- 소근육에 문제가 있어 작은 공간에 답을 표시하는 데 어려움이 있음

(나) 학생 A를 위한 평가 조정의 예

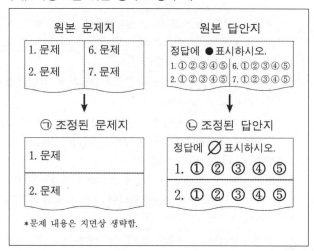

- ㉠: _____

- ㉡: _____

(가)는 지적장애 학생 민기의 특성이고, (나)는 통합학급 교사와 특수학급 교사가 함께 작성한 '2009 개정 국어과 교육과정' 1~2학년군 '즐겁게 대화해요' 단원에 따른 교수 · 학습 계획서의 일부이다. 물음에 답하시오.

(가) 민기의 특성

• 수용 및 표현언어, 사회적 의사소통에 어려움이 있음
• 학습된 무기력이 심하고 저조한 성취경험 및 타인의 낮은 기대로 심리가 위축되어 있음

(나) 교수 · 학습 계획서

단원	즐겁게 대화해요.	차시	3~4차시
단원 성취기준	상대에 적절하게 반응하며 대화를 나눈다.		
차시목표	상대의 말에 맞장구치거나 질문하며 대화하는 방법을 안다.		

㉠ 교수 · 학습활동	민기를 위한 고려사항
• 설명하기: 상대방의 말에 적절히 반응하며 대화하는 방법의 중요성을 설명하고, 적절한 대화 방법 안내하기 • 시범 보이기 　– 교사가 직접 적절한 대화와 부적절한 대화 시범 보이기 　– 다양한 대화 사례가 담긴 동영상 시청을 통해 간접시범 보이기 • 확인 및 연습하기: 적절하게 대화하는 방법을 이해하고 있는지 질문하고, '역할놀이 대본'을 이용하여 다양한 활동으로 적절한 대화를 연습하기 　– ㉡ 안내된 연습하기 　– 독립된 연습하기	• 민기가 좋아하는 캐릭터가 나오는 동영상이나 그림을 활용한다. • ㉢ 맞장구치거나 질문하며 대화하기를 지도할 때, 반언어적 (준언어적) 표현과 비언어적 표현을 함께 가르친다. • 교수 · 학습활동에서 민기를 도울 또래도우미를 선정해준다. • ㉣ 활동 참여에 대한 태도와 노력을 점검표에 기록(점수화)하고 칭찬한다.

4) 민기의 수업참여 촉진을 위해 교사가 (나)의 ㉣에서 교수적 수정(교수적합화)을 한 이유를 (가)와 관련지어 쓰시오. [1점]

　• _____

통합교육 상황에서 학생의 장애 유형(중복장애 제외)을 고려한 학습지원 전략으로 적절한 것은? [1.4점]

① 정서·행동장애 학생의 경우 문제행동에 대해서는 일차적으로 벌을 준다.

② 지적장애 학생의 경우 항상 또래교수를 통해 보충설명과 피드백을 받도록 한다.

③ 시각장애 학생의 안전을 위해 교실 내 물리적 환경을 일관성 있게 구성·배치한다.

④ 유창성장애 학생이 말을 더듬을 때마다 교사가 학생이 하려고 하는 말을 대신해 준다.

⑤ 청각장애 학생을 위해 수화통역자를 활용할 경우, 질문을 통역자에게 하고 학생에게 직접 하지 않는다.

다음은 만 5세 통합학급 풀잎반 미술수업에서 유아 특수교사인 민 교사와 유아교사인 김 교사가 '공룡 표현하기' 활동을 전개한 내용이다. 이 수업에 대한 설명으로 옳은 것을 〈보기〉에서 모두 고른 것은? [1.4점]

단계	교수·학습활동			진행 교사	
				김	민
도입	• 공룡 사진을 보여 주며 설명한다.			○	
	• 교실 벽에 4장의 전지를 붙여 놓고 OHP로 공룡 사진을 투사 확대한다.			○	
	• 일반 유아 1명과 장애 유아 1명이 확대된 공룡을 선 따라 그리게 한다.			○	
	• 공룡의 일부분이 그려진 4장의 전지를 조별로 나누어 준다.				○
전개	빨강 조	노랑 조	파랑 조	보라 조	
	• 여러 가지 종이를 구겨 붙인다.	• 색연필, 크레파스, 물감으로 칠한다.	• 자유롭게 그린다.	• 여러 가지 모양을 오려 붙인다.	두 교사가 두 조씩 맡아서 조별 활동 지도
	• 신문지 구기기를 좋아하는 발달지체 유아 민수에게 신문지를 구기도록 한다.	• 지체장애 유아 민이에게 스펀지가 달린 막대로 물감을 칠하도록 한다.	• 자폐성장애 유아 효주에게 자신이 좋아하는 세밀화를 그리도록 한다.	• 가위질이 서툰 일반 유아 선미에게 보조 손잡이가 달린 가위로 교사와 함께 오리도록 한다.	
정리 평가	• 조별활동에 대해 자신의 생각이나 느낌을 말하도록 한다.				○
	• 완성된 공룡 작품을 보고 생각나는 것을 이야기하도록 한다.				○

─〈보기〉─

ㄱ. 전개 단계에서 교육과정 수정 전략을 사용하였다.

ㄴ. 빨강 조 민수에게 부분 참여 전략을 사용하였다.

ㄷ. 도입 단계에서는 대안적 교수방법을, 전개 단계에서는 평행 교수방법을 사용하였다.

ㄹ. 다양한 학습표현 방법을 동등하게 인정해 주는 실제적 다수준 포함 교수법(authentic multilevel instruction)을 사용하였다.

① ㄱ, ㄴ　　　　② ㄱ, ㄷ　　　　③ ㄷ, ㄹ　　　　④ ㄱ, ㄴ, ㄹ　　　　⑤ ㄴ, ㄷ, ㄹ

다음은 학습장애 학생 은지를 통합학급 사회시간에 참여시키기 위하여 특수학급 교사와 통합학급 교사가 협력하여 작성한 통합교육 계획표와 교수·학습 과정안의 일부이다. ㉠~㉤에 대한 바른 설명은? [1.4점]

〈통합교육 계획표〉		
좌석배치	• ㉠ 은지의 좌석을 앞에 배치하여 특수교사가 효율적으로 지도할 수 있도록 한다.	
	또래	은지
학습참여	• 은지에게 지시사항을 알려준다. • 은지의 과제수행을 도와준다.	• ㉡ 참여 전략 　− 교사와 행동계약서를 작성한다. 　− 교사가 제시한 과제를 완성한다. 　− 계약에 따라 과제를 완성하면 강화를 받는다.
평가계획	• ㉢ 교육과정 분석 → 측정할 기술 확인 → 목표 설정 → 문항 제작 → 은지의 수행기준 결정 → 검사 실시 및 자료 해석	

〈교수·학습 과정안〉				
단원	여러 지역의 생활			
제재	도시와 촌락의 생활모습			
일반수업		은지를 위한 교수적합화(교수적 수정)		
목표	학습활동	목표	학습활동	교수·학습자료
도시와 촌락 생활모습의 특징을 비교하여 설명할 수 있다.	도시와 촌락 생활모습의 특징을 조사하여 발표하기	㉣ 도시와 촌락의 생활모습을 구별할 수 있다.	• 도시와 촌락 생활모습 사진 구별하기 • ㉤ 짝의 도움을 받아 과제 수행하기	도시와 촌락의 사진이나 그림

① ㉠은 스테이션 교수를 위한 좌석 배치이다.
② ㉡에서 은지에게 적용한 전략은 자기교수이다.
③ ㉢의 평가유형은 준거참조−교육과정 중심 사정(CR-CBA)이다.
④ ㉣은 기능적 기술습득을 위한 교수목표 적합화이다.
⑤ ㉤은 프로젝트 수업을 위한 협력교수이다.

다음은 특수학급 최 교사가 정서 · 행동장애 학생 민재의 통합학급 김 교사와 협의하여 작성한 사회과 현장학습 계획서이다. 현장학습 계획서의 ㉠~㉤에 대한 설명 중 가장 적절한 것은? [1.4점]

장소	해양수산 박물관
대상	5학년 36명(정서 · 행동장애 학생 1명 포함)
인솔교사	특수학급 교사, 통합학급 교사

사전활동	• 박물관에 가본 경험 이야기하기
	• 박물관 이용 시 지켜야 할 규칙에 대해 자유롭게 발표하기
	• 해양수산 박물관 관련 자료를 찾아 사전조사 학습지 완성하기
	  ※ ㉠ 민재는 통합학급 교사의 도움을 받아 인터넷에서 해양수산 박물관 관련 자료를 찾아 사전조사 학습지를 완성한다.
	• 해양수산 박물관 견학 시 주의사항 지도하기
	  ※ ㉡ 특수학급 교사는 민재가 해양수산 박물관을 견학할 때 다음과 같은 내용을 혼자 할 수 있도록 지도하고 점검하게 한다.
	  − 해양수산 박물관 전시물 알아보기
	  − 해양수산 박물관에서 지켜야 할 규칙 알기

㉢ 견학활동	• ㉣ 학급을 두 집단으로 나누어 민재가 속한 집단은 특수학급 교사가 인솔하여 지도한다. • 주의사항을 주의시키면서 질서 있게 관람할 수 있도록 지도한다.
평가	• ㉤ 박물관에 무엇이 전시되어 있는지 아는가? • 박물관에서 지켜야 할 규칙을 아는가?

① ㉠은 직소Ⅰ(Jigsaw Ⅰ)을 활용한 협력학습이다.
② ㉡은 비연속 시행훈련을 활용한 지도이다.
③ ㉢은 지역사회참조 교수법을 활용한 수업이다.
④ ㉣은 평행교수법을 적용한 협력교수이다.
⑤ ㉤의 평가방법은 학습목표 달성을 확인하기 위한 생태학적 목록검사이다.

통합교육을 위한 교수적 수정의 유형별 방법과 내용이 바르게 연결된 것을 고른 것은? [1.5점]

구분	유형	방법	내용
(가)	교수환경 수정	사회적 환경 조성	장애학생 개개인의 소속감, 평등감, 존중감, 협동심, 상호 의존감 등을 고려한다.
(나)	교수집단 수정	성취-과제분담 (STAD)	학업수준이 비슷한 학생 4~6명의 구성원이 과제를 완성하는 데 필요한 일을 분배하고 자료를 구한 후, 과제가 완성되면 집단에게 보고하고 피드백을 받는 협동학습 방법을 사용한다.
(다)	교수방법 수정	평행교수	두 교사가 동등한 책임과 역할을 분담하여 같은 학습집단을 맡아서 가르치는 것으로, 수업내용을 공동으로 구안하고 지도하는 협력교수 방법을 사용한다.
(라)	교수내용 수정	중첩 교육과정	장애학생을 일반학생과 같은 활동에 참여하게 하되, 각각 다른 교육과정 영역에서 다른 교수목표를 선정하여 지도한다.
(마)	평가방법 수정	다면적 점수화	학생의 능력, 노력, 성취 등의 영역을 평가한다.

① (가), (나), (라)　　② (가), (나), (마)　　③ (가), (라), (마)　　④ (나), (다), (마)　　⑤ (다), (라), (마)

다음은 중학교에서 통합교육을 받고 있는 중도·중복장애 학생 A~E를 위해 교사들이 실행한 수업 사례이다. 각각의 사례에 대한 설명으로 옳은 것만을 〈보기〉에서 있는 대로 고른 것은? [2.5점]

박 교사: 과학시간에 심장의 구조와 생리를 지도하면서 학생 A에게는 의사소통의 기술을 지도하였다.

이 교사: '지역의 문화재 알기' 주제로 모둠별 협동학습을 실시하였는데, 학생 B가 속한 모둠은 '문화재 지도 만들기'를 하였다.

김 교사: 사회과 수업목표를 지역사회 공공기관에서 일하는 사람들의 역할 익히기에 두고, 학생 C는 지역사회 공공기관 이름 익히기에 두었다.

정 교사: 체육시간에 농구공 넣기를 평가하기 위해 학생 D의 능력, 노력, 성취 측면을 고려하여 골대의 높이를 낮춰 수행 빈도를 측정하였다.

신 교사: 글을 읽지 못하는 학생 E를 위해 교과서를 텍스트 파일로 변환하고, 화면읽기 프로그램을 실행하여 교과서의 내용을 듣게 하였다.

〈보기〉

㉠ 학생 A에게 설정된 교육목표는 과학교과 안에서의 교육목표 위계개념에 기초하여 작성하였다.

㉡ 과제를 하는 동안 학생 B와 모둠구성원 간에 상호 의존성이 작용한다.

㉢ 학생 C에게는 '중첩 교육과정'을 적용한 것이다.

㉣ 수업을 계획하는 과정에서 학생 D에게 적절한 성취 준거를 설정하여 규준참조평가를 실시한다.

㉤ 학생 E에게 적용한 보편적 학습설계 원리는 '다양한 정보제시 수단의 제공'에 해당한다.

---

① ㉠, ㉣
② ㉡, ㉤
③ ㉢, ㉣
④ ㉠, ㉡, ㉤
⑤ ㉡, ㉢, ㉤

(가)는 ○○중학교에 재학 중인 장애학생에 관한 특성과 배치 형태이고, (나)는 교수적 수정을 적용하고자 하는 국어과 교수·학습 지도안의 일부이다. (다)는 이에 대한 국어교사와 특수교사의 대화내용이다. 통합교육 상황에서 '교수적 수정'의 필요성, 적용 사례 및 시사점을 〈작성 방법〉에 따라 논술하시오. [10점]

(가) 학생의 특성 및 배치 형태

학생 (원적 학급)	특성	배치 형태
학생 A (2학년 1반)	• 시각장애(저시력) • 18point 확대자료를 요구함 • 시각적 수행능력의 변화가 심하여 주의가 필요함	일반학급
학생 B (2학년 4반)	• 청각장애(인공와우 착용) • 대화는 큰 어려움이 없음 • 듣기나 동영상 자료를 접근할 때 어려움이 있음	일반학급
학생 C (2학년 6반)	• 경도 자폐성장애 • 어휘력이 높으며, 텍스트에 그림이 들어갈 때 이해를 더 잘함 • 많은 사람과 같이 있거나, 한꺼번에 너무 많은 자극이 있는 상황을 어려워함	특수학급

(나) 국어과 교수·학습 지도안

단원명	논리적인 말과 글		
제재	'이 문제는 이렇게'	차시	4/5
학습 목표	생활주변의 요구사항을 담은 건의문을 다양한 방식으로 작성한다.		

교수·학습활동	자료 및 유의점
…생략… 〈활동 1〉 - 교사가 준비한 건의문 예시 자료를 함께 읽는다. 〈활동 2〉 - 각 모둠에서 만든 우리 동네의 문제점(잘못된 점자 표기, 주차난, 음식물 쓰레기)이 담긴 동영상 자료를 함께 살펴보고, 지역사회에 건의할 문제에 대해 모둠별로 토론한 후, 아이디어를 발표한다.	- 신문에 나타나는 3가지 형식의 건의문 준비하기 - 학생들이 준비한 동영상 자료를 미리 점검하기

(다) 대화

국어교사: 다양한 학생들을 하나의 내용과 방법으로 지도하고 있어서 늘 신경 쓰였어요.

특수교사: 이 고민은 '교수적 수정'을 통해 풀어보면 좋을 것 같아요. 많은 시간 통합학급에서 학습하는 학생 A, B, C를 위해 교수적 수정을 하여 통합교육을 지원해 볼 수 있어요.

…중략…

국어교사: 지금까지 교육환경, ㉠ 교수 집단화, 교육 방법, 교육 내용 측면에서의 '교수적 수정'과 평가방법 차원의 수정방법을 설명해 주셨는데요, ㉡ 평가 수정 방법에서 시간을 연장하는 것 외에 구체적인 수정방법으로 무엇이 있을까요?

…중략…

특수교사: 잘 들어 주셔서 감사합니다. 하지만 통합교육 상황에서 '교수적 수정'으로 접근할 때에도 한계가 있어 '보편적 학습설계'의 원리 적용이 필요하다는 견해가 있습니다.

〈작성 방법〉

• 서론, 본론, 결론의 형식으로 작성할 것
• 서론에는 통합교육 장면에서 '교수적 수정'의 필요성을 서술할 것
• 본론에는 아래 내용을 포함하여 작성할 것
  - 밑줄 친 ㉠의 적용 사례를 (나)의 수업상황과 연관지어 각 1가지씩 작성할 것(단, 학생 A, B, C의 특성을 고려하여 작성하되 한 사례에 1명의 학생을 반영하여 제시할 것)
  - 밑줄 친 ㉡의 예를 3가지 제시하되, 학생 A에게는 '반응 형태의 수정', 학생 B에게는 '제시 형태의 수정' 그리고 학생 C에게는 '시간 조정(단, 시간연장 방법은 제외)'에 대해 제시할 것
• 결론에는 통합교육에서 '교수적 수정'이 지닌 한계를 쓰고 '보편적 학습설계'가 주는 시사점을 서술할 것

시각장애 기출경향 및 학습TIP

가장 먼저 '맹'과 '저시력'에 대한 구분과 그에 따른 각각의 접근을 먼저 기억한 후 '시각장애' 영역에 접근하는 것이 좋습니다. 그 다음으로 '원인별 교육적 조치'도 중요합니다. 원인별 교육적 조치는 시각장애에 대한 가장 필수적인 요소입니다. '교육적 조치'와 '점자'의 경우, 거의 매년 출제된다고 봐도 되는 부분입니다. 또한 점자는 단순한 자음, 모음부터 약자, 약어 규정, 영어, 숫자, 기호까지 다방면에서 전부 출제되었기 때문에 한국 점자 규정을 기준으로 상반기부터 꾸준하게 외워두면 좋습니다. 다른 영역보다 '공학'에 대한 출제 비율이 높은 영역이므로, 여러 공학기기의 특성과 사용법을 필수적으로 공부해야 하며, 가능하다면 공통 교육과정의 시각장애 부분을 발췌하여 함께 공부하는 것도 좋은 방법입니다.

제2장

시각장애

제1절 원인별 교육적 조치

제2절 시각장애 진단 및 평가

제3절 시각장애 교육방법

제4절 시각장애 교과교육

제5절 보행

제6절 점자

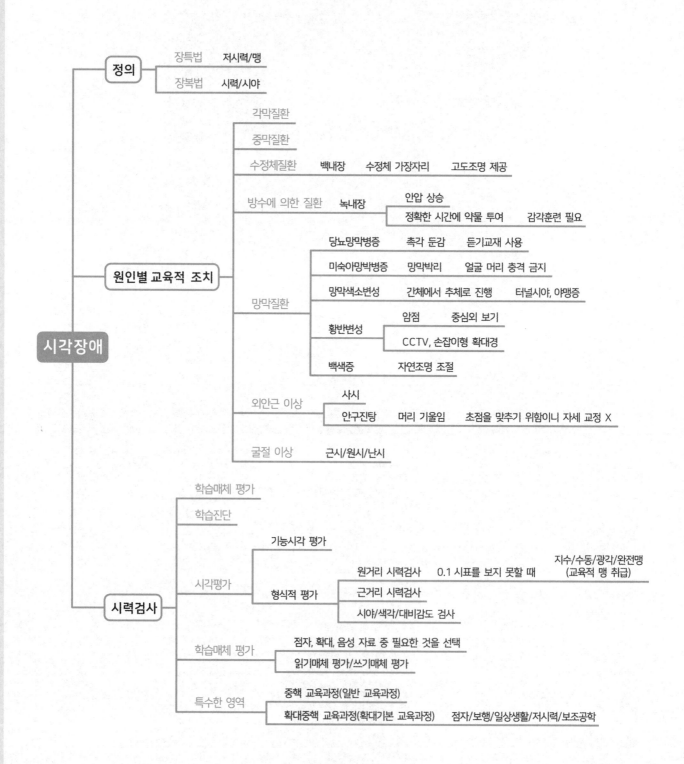

인지지도

공간갱신

구성요소   지표, 단서, 정보점, 나침반 방위, 측정, 번호체계

방향정위

친숙화 과정   환경탐색법

둘레파악법

격자탐색법

실내 단독이동

트레일링/자기보호법

신체정렬   수직/수평정렬

사용법   쥐는법/팔의 위치/팔목/호/보조/리듬

지팡이

선택

지팡이가 사물을 잘 탐지할 수 있도록

길이/무게/접촉 탐지능력/내구성/팁/손잡이

콘스턴트 콘택

지팡이보행

응용

터치 앤 드래그

터치 앤 슬라이드

3점 촉타법

2점촉타법

상황

계단 오르내리기

문 통과하기

사물 확인하기

대각선법

익숙한 실내/계단 내려올 때

보호법의 역할

시각장애 — 확대기본 교육과정 — 보행 — 이동

장점   방향정위 기술 발달 가능

단점   안내인에게 의존   방향정위에 주의집중 X

안내법

표준방법

상황

좁은 복도 통과하기

계단 오르내리기

문 열고 닫기

안내견보행

방향정위는 시각장애인/안전은 안내견

상체 보호 가능

점자   한글점자규정

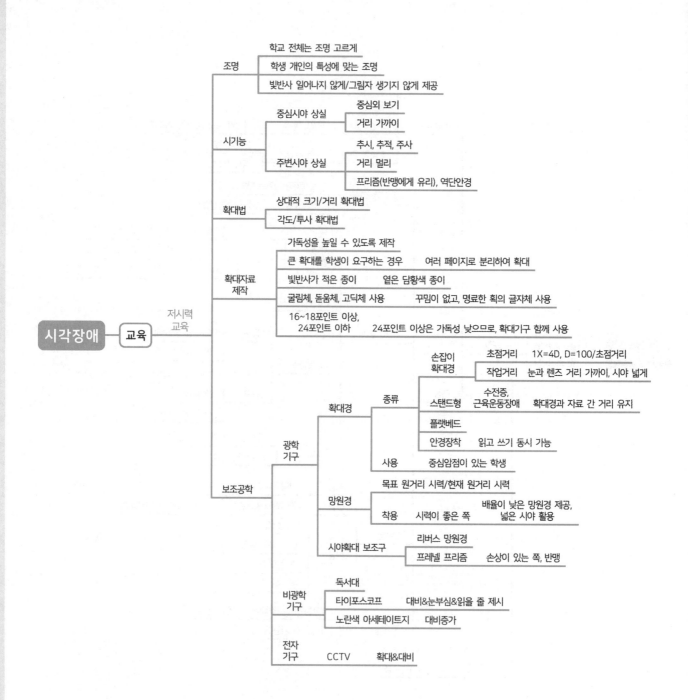

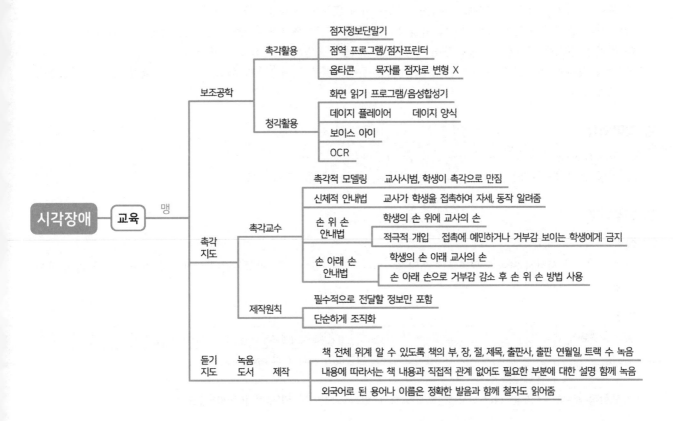

시각장애 — 교육 — 맹

보조공학
- 촉각활용
  - 점자정보단말기
  - 점역 프로그램/점자프린터
  - 옵타콘　묵자를 점자로 변형 X
- 청각활용
  - 화면 읽기 프로그램/음성합성기
  - 데이지 플레이어　데이지 양식
  - 보이스 아이
  - OCR

촉각지도
- 촉각교수
  - 촉각적 모델링　교사시범, 학생이 촉각으로 만짐
  - 신체적 안내법　교사가 학생을 접촉하여 자세, 동작 알려줌
  - 손 위 손 안내법
    - 학생의 손 위에 교사의 손
    - 적극적 개입　접촉에 예민하거나 거부감 보이는 학생에게 금지
  - 손 아래 손 안내법
    - 학생의 손 아래 교사의 손
    - 손 아래 손으로 거부감 감소 후 손 위 손 방법 사용
- 제작원칙
  - 필수적으로 전달할 정보만 포함
  - 단순하게 조직화

듣기지도 — 녹음도서 — 제작
- 책 전체 위계 알 수 있도록 책의 부, 장, 절, 제목, 출판사, 출판 연월일, 트랙 수 녹음
- 내용에 따라서는 책 내용과 직접적 관계 없어도 필요한 부분에 대한 설명 함께 녹음
- 외국어로 된 용어나 이름은 정확한 발음과 함께 철자도 읽어줌

01 각막 질환

1. 각막염

(1) 정의

세균이나 바이러스, 진균 등이 침입하여 발생하는 감염성 염증이다.

(2) 교육적 조치

① 자료를 가까이 대고 볼 때에는 지면이 어두워지지 않도록 광원배치를 고려한다.

② 글자와 종이가 충분히 대비되도록 학습자료를 제공하거나 확대독서기를 사용하는 것도 효과적이다.

③ 칠판의 판서를 볼 때에는 단안경을 사용하며, 칠판의 조명도 적절히 조절한다.

④ 수명 방지와 외모를 위해 혼탁된 부분은 착색 콘택트렌즈를 사용하게 하고, 실외를 보행할 때에는 색안경을 쓰게 한다.

2. 각막외상

① 학령기 아동의 주요한 시각장애 원인 중 하나이다.

② 가장 흔한 눈의 외상은 상해, 타박상, 이물질, 화상 등으로 인해 발생한다.

3. 원추각막

(1) 정의

각막 중심부가 서서히 얇아져 원뿔 모양으로 돌출되는 질환으로, 주로 열성유전에 의해 사춘기 여성에게 많이 발생한다.

(2) 특징

구분	내용
신체적 특징	• 각막이 얇아지면서 원뿔 모양으로 돌출되어 시각이 감소됨 • 대부분 선천적임
의학적 처치	대부분 심한 시각장애를 경험하지 않으나, 5명 중 1명은 각막이식이 필요함
영향	• 시각이 뿌옇거나 왜곡됨 • 원추각막은 대개 양쪽 눈 모두에 영향을 줌
시각 보조기구	• 초기에는 안경으로 시력을 교정할 수 있으나, 증상이 심해지면 특별 제작한 콘택트렌즈가 필요함 • 뚜렷한 대비와 글자 확대를 요구할 수 있음

02 중막 질환

1. 무홍채증

(1) 정의

선천적인 유전성 질환으로 홍채의 일부만 있거나 홍채가 자라지 않는 경우를 말한다.

(2) 교육적 조치

① 근거리 작업을 하는 동안 눈의 피로, 두통, 불쾌감이 나타나므로 약 40~50분 동안 작업을 한 후 10분 정도 쉬도록 한다.

② 글자와 종이의 대비가 잘 되도록 학습자료를 제작한다.

③ 무홍채증 학생에게 맞는 저시력 기구(핀홀, 콘택트렌즈, 색안경 등)를 사용하도록 지도한다.

④ 안구진탕이 있으면 의사에게 진료를 받도록 한다.

⑤ 차양이 있는 모자와 색안경을 착용하도록 한다.

⑥ 창문을 통해 들어오는 빛을 등지고 앉게 한다.

⑦ 밝은 조명보다는 약간 어두운 조명이 좋다.

⑧ 유전성 질환이므로 유전상담이 필요하다.

2. 베세트병

① 실명률이 높은 안질환으로, 눈뿐만 아니라 전신의 여러 장기조직을 침범하는 만성질환이다.

② 20~30대에 주로 발병하며, 여성보다 남성에게 많이 나타난다.

③ 베세트병 아동은 부분적으로 보지 못하는 증상을 보인다.

03 수정체 질환

1. 백내장

(1) 정의

수정체가 혼탁해지는 질환으로, 이로 인해 시력저하가 일어난다.

(2) 교육적 조치

① 직사광선이나 광택이 있는 표면으로부터 눈부심을 피하게 한다.

② 글자와 종이의 색깔이 적절한 대비를 이룬 학습자료를 사용한다.

③ 각 아동에게 알맞은 글자의 크기나 대비를 파악하기 위하여 학습매체 평가를 실시한다.

④ 근거리 · 원거리 활동에 저시력 기구를 제공하고 적절한 훈련을 실시한다.

⑤ 책을 읽을 때 독서대를 사용하도록 한다.

⑥ 시력은 백내장의 위치 · 크기 · 정도에 따라 다르므로 백내장이 수정체 가장자리에 있는 아동에게는 고도 조명을, 중심부에 혼탁이 있는 아동에게는 낮은 조명을 사용하도록 한다.

⑦ 안경을 착용하면 일반적으로 중심시력이 향상되지만 주변시력은 감소되어 보행에 영향을 주므로 보행교육을 실시한다.

⑧ 선천성 백내장의 약 1/3은 유전성이므로 유전상담이 필요하다.

04 방수에 의한 질환

1. 녹내장

(1) 정의

방수의 유출장애로 안압이 높아져 생기는 질병이다.

(2) 분류

구분	내용
원발성 녹내장	• **개방각 녹내장**: 전방각의 넓이는 정상이지만 섬유주의 장애로 방수 유출이 잘 이루어지지 않아 안압이 상승하여 발생함 • **폐쇄각 녹내장**: 홍채근부가 각막과 접촉되고 전방각이 폐쇄되어 방수의 유출이 잘 되지 않아 발생함
속발성 녹내장	홍채염, 모양체염, 수정체 이상, 안저 출혈, 안종양 등이 원인이 되어 2차적으로 발생함
선천성 녹내장	• 전방각 조직 형성의 이상으로 방수가 유출되지 않아 안압이 상승됨 • 안구가 늘어나고 확장되어 8~9mm여야 할 각막의 직경이 12mm 이상으로 커지게 되는데, 이를 '거대각막'이라고 함

(3) 교육적 조치

① 정상 안압을 유지하기 위하여 안약을 사용하게 한다. 그러나 동공이 팽창되어 심한 수명을 느낄 수도 있으므로 세심한 관찰이 필요하다.
② 정확한 시간에 안약을 넣어야 하므로 교사는 수업 중에도 약을 넣도록 지도한다.
③ 약물을 복용하는 아동은 감각이 둔해질 수 있으므로 감각훈련을 실시한다.
④ 녹내장이 진행되어 시야가 좁아진 아동은 독서할 때 읽는 줄을 자주 잃으므로 타이포스코프를 사용하게 한다.
⑤ 특히 밝은 빛에서 눈부심을 호소하므로 책을 읽을 때 아동에게 맞게 빛의 양을 조절한다.
⑥ 시야가 좁은 경우 보행에 어려움이 있으므로 보행지도를 실시한다.
⑦ 피로와 스트레스로 안압이 상승할 수 있으므로 스트레스를 받지 않도록 주의시킨다.

05 망막 질환

1. 당뇨 망막병증

(1) 특징

① 인슐린의 보급으로 당뇨병 치료법이 향상되어 환자의 수명이 연장되면서 당뇨 망막병증의 환자 수가 증가하고 있다.
② 질병 초기에는 소출혈이 망막 중심부에 나타나고, 점차 망막 전체에 널리 나타나면서 대출혈이 생긴다.
③ 대출혈이 유리체 내부로 들어가면 시력저하는 물론 합병증으로 녹내장이 될 수 있다.

(2) 교육적 조치

① 인슐린 의존형인 경우 매일 인슐린을 맞도록 격려한다.
② 점차 촉각이 둔해지므로 듣기교재를 사용하도록 한다.
③ 화면 읽기 프로그램을 익혀 사용할 수 있도록 지도한다.
④ 의사와 상의하며 신장병과 말초혈관 장애로 합병증이 있는지를 관찰·지도한다.
⑤ 발에 감각이 없을 경우, 신발을 신을 때 이물질(모래 등)이 없는지를 살펴본 후 신도록 지도한다.

2. 미숙아 망막병증

(1) 특징

① 신생아의 망막에서 혈관을 형성하게 될 전구조직이 산소를 매개로 하는 세포의 독성반응으로 손상되어 발생한다.

② 심한 경우 전맹이 되기도 하고 시력이 매우 약해지며 근시, 녹내장, 망막박리, 안구진탕을 수반한다.

(2) 교육적 조치

① 미숙아 망막병증 학생에게는 작은 근육운동과 큰 근육운동, 시지각 기술, 보행기술을 지도한다.

② 미숙아 망막병증은 예후가 매우 좋지 않고, 20대 이후에 망막박리가 일어날 가능성이 높으므로 사전 지도가 필요하다.

③ 시각장애의 정도는 전맹에서 저시력까지 다양하며, 진행성의 경우와 정지성의 경우가 있으므로 세심한 관찰을 해야 한다.

④ 망막박리가 예상되는 아동에게는 얼굴이나 머리에 충격을 주지 않도록 한다.

3. 망막박리

(1) 특징

① 망막이 색소상피층만 남기고 유리체가 있는 안쪽으로 떨어지는 병적 상태를 말한다.

② 떨어진 부위에 해당되는 시야가 결손되면 그 부분만 보이지 않지만, 망막 중심부까지 떨어지면 실명한다.

(2) 교육적 조치

① 학생이 고도 근시일 경우, 충격을 주는 체육활동을 피하고 의사와 상의하여 안정을 취하도록 한다.

② 시야검사를 실시하여 남은 시야로 학습할 수 있도록 지도한다.

③ 학습매체 평가를 실시하여 학생에게 적합한 읽기매체를 선정한다.

4. 망막모세포종(망막에 발생하는 악성 종양)

(1) 특징

① 종양의 크기가 작을 때는 광응고술과 냉동법으로 치료가 가능하나, 이 시기를 놓치면 동공을 통해 백색 또는 황백색으로 반사되는 빛을 볼 수 있게 된다. 이 경우를 '흑암시 고양이 눈'이라고 한다.

② 현재의 치료법으로는 안구적출술을 시행하는 것이 최선이다.

(2) 교육적 조치

① 안구를 적출한 학생은 그에 맞는 의안을 맞추어 사용하도록 하고, 의안을 잘 관리하도록 지도한다.

② 안구를 적출한 학생에게는 점자를 익히게 하고 컴퓨터 점자정보 단말기, 화면 읽기 프로그램 등을 배우도록 지도한다.

5. 망막색소변성

(1) 특징

① 유전성이며 병소는 망막의 시세포 중 간체이나 결국 모든 시세포에 장애를 일으키고, 그 결과로 터널시야와 야맹증이 나타난다.
② 진행성 질환으로 청소년기에 매우 빠르게 진행될 수 있다.
③ 일부 학생은 시력을 사용하여 학습할 수 없을 정도로 나빠지며, 시야협착과 야맹증을 자각하게 된다.
④ 망막 주변에 흑색의 색소가 많이 발생하고, 점차 진행됨에 따라 시야검사에 변동이 생긴다.
⑤ 처음에는 주변시력만 저하되지만 점차 중심시력까지 저하되어 안경으로 교정되지 않는다.

(2) 교육적 조치

① 학생의 시력을 검사하여 시력의 변화를 기록하고, 책을 읽을 때 주사와 추시기술을 가르친다.
② 필기를 할 때에는 굵고 진한 선이 그려진 종이와 검정색 사인펜을 사용하도록 한다.
③ 볼 수 있는 글자 중 가장 작은 글자보다 한 단계 큰 글자를 사용하여 효율적으로 독서할 수 있도록 한다.
④ 책을 잘 읽을 수 있도록 글자 위에 노란색 아세테이트지를 덮어 대비가 잘 되도록 한다.
⑤ 시야를 확장시키기 위하여 CCTV와 저시력 기구를 사용하도록 한다.
⑥ 밝은 곳에서 어두운 곳으로 이동하면 암순응이 잘 이루어지지 않으므로, 학생이 어두운 곳에 갈 때나 밤에는 야맹증이 있다는 것을 이해하고 지도한다.
⑦ 밝은 곳에서 눈부심을 피할 수 있도록 색안경이나 차양이 달린 모자를 착용하게 한다.
⑧ 보행에 어려움을 느끼므로 지팡이를 사용하도록 한다.
⑨ 진행성 질환이므로 점자를 학습시킨다.
⑩ 학생과 가족에게 유전상담을 실시한다.

6. 황반변성

(1) 특징

① 유전성·노인성 질환으로 중심와와 황반부에 나타나고, 근거리 시력과 원거리 시력이 나빠지며, 망막 중심부에 발병하여 암점이 나타난다.
② 초기에는 직선이 흔들려 보이고, 글자를 읽을 때 군데군데 보이지 않거나 그림을 볼 때 특정 부분이 지워진 것처럼 보인다.
③ 진행성 질병으로 심한 시각장애를 초래하여 중앙부가 보이지 않게 되며 색각, 대비, 민감도 등에 영향을 미친다.

(2) 교육적 조치

① 손잡이형 확대경 또는 CCTV를 사용하는 것이 좋다.
② 모든 과제수행 시 적절한 조명이 필요하다.
③ 독서할 때 줄을 잃지 않도록 타이포스코프를 사용하도록 한다.
④ 글자와 종이의 대비가 선명한 자료를 사용하도록 한다.
⑤ 필기할 때 굵고 진한 선이 있는 종이와 검정색 사인펜을 사용하도록 한다.
⑥ 교실환경이 눈부시지 않도록 조절한다.
⑦ 삽화 위에 글씨가 쓰인 교과서나 책을 사용하지 않도록 한다.
⑧ 암점이 발달하고 확대되므로 중심외 보기 방법을 지도한다.

7. 백색증

(1) 특징

① 색소 결핍, 멜라닌 색소의 감소가 나타나는 열성 유전질환으로, 머리 · 피부가 희며 홍채 · 동공 · 안저는 적색이다.
② 시력장애의 정도가 심하고 시력이 0.15 이상 되기가 어렵다.

(2) 교육적 조치

① 저시력 기구 또는 CCTV를 사용하면 도움이 된다.
② 햇빛이 비치는 실외로 나갈 때, 빛을 흡수하여 여과하는 안경을 착용하고 차양이 있는 모자를 쓰도록 한다.
③ 직사광선을 차단하기 위해 커튼이나 블라인드 설치하여 교실의 자연조명도 조절한다.
④ 광택이 있는 표면은 반사되어 눈이 부시므로 교실의 전체 조명보다 낮은 조명을 선택한다.
⑤ 백색증 학생은 원거리 활동을 가까운 거리에서 하는 것을 좋아하므로, 독서대 또는 높이를 조절할 수 있는 책상을 제공하여 저시력 기구를 사용하도록 한다.

8. 추체 이영양증

① 망막의 중심부가 발달하지 못하여 색맹이 되거나 원거리 시력이 감퇴되는 질환이다.
② 추체세포의 기능이 상실되고 간체세포는 밝은 곳에서 기능을 잘하지 못하므로, 이 질환이 있는 아동은 심한 수명과 안구진탕이 일어난다.
③ 이 증상의 교육적 조치는 백색증과 동일하게 진행한다.

06 시신경 질환

1. 시신경염

① 급격한 고도의 시력장애와 시야장애로 중심 암점이 나타난다.
② 안저 변화에 따라 '유두염'과 '구후 시신경염'의 두 종류로 나뉜다.

2. 시신경 위축

(1) 특징

시신경 섬유가 파괴되어 시신경 유두가 창백해지고 시야 결손 및 시력장애를 일으키는 질환이다.

(2) 교육적 조치

① 눈부심을 피하고 스탠드와 같은 부분 조명을 설치한다.
② 조명장치가 있는 손잡이형 확대경, CCTV, 망원렌즈를 사용하도록 한다.

3. 시로장애

(1) 특징

① 반맹과 시력장애가 나타난다.
② 이때 반맹은 한쪽 눈의 시야 절반이나 양쪽 눈의 시야 절반이 각각 시력을 상실한 상태를 말한다.

(2) 교육적 조치

① 각 눈 시야의 반쪽의 결함으로 추시와 주사가 어렵고 독서에 영향을 미치므로 저시력 기구를 사용한다.
② 교실의 좌석 배치가 매우 중요하므로 학생이 가능한 한 시야를 넓게 사용할 수 있는 곳에 자리를 배치한다.
③ 어린 아동에게는 시지각 훈련을 실시한다.

4. 피질 시각장애

(1) 특징

시로 또는 후두부 돌출부의 장애로 인해 일시적·영구적인 시력 상실이 나타난다.

(2) 시각적 행동특성

① 보는 시간이 매우 짧다.
② 매우 작은 것을 볼 수 있고, 보는 기술에 아주 미세한 변화가 있다.
③ 선과 형태를 볼 수 있으나 그것을 인식하지 못한다.
④ 색깔을 구별할 수 있으며, 특히 검정색과 흰색 물체보다 노란색과 빨간색의 물체를 더 쉽게 식별한다.
⑤ 주변시력이 중심시력보다 더 좋아서 대상을 볼 때 머리를 돌린다.
⑥ 태양 빛 또는 다른 빛을 바라본다(매우 위험함).
⑦ 움직이는 대상을 흐릿하게 인식한다.
⑧ 보행에 별 문제가 없다.
⑨ 매우 가까운 거리에 있는 대상을 볼 수 있으며, 정지된 대상만을 볼 수 있다.
⑩ 비정상적인 안구운동(안구진탕은 아님)을 나타낸다.
⑪ 낮은 시기능과 협응능력을 보인다.

---

07 외안근 이상

1. 사시

(1) 특징

① 좌안과 우안의 시축이 동일점을 향하지 않는 상태이다.
② 양안 시기능은 6세 전후에 거의 완성되기 때문에 그 전에 사시를 치료하면 기능을 회복하기 쉬우나 이후에는 치료하기가 어렵다.
③ 특히 12세 이후에는 양안시의 회복이 거의 불가능하다.
④ 사시 아동은 돌아간 쪽의 눈을 사용하지 않아 시력이 나빠지기 때문에 정상적인 눈을 가리면 시력이 좋아진다.
⑤ 아동에게 마비성 사시가 있는 경우, 주시하는 물체의 상이 양안 망막의 대응점에 결상되지 못하고 어긋나게 맺혀 물체가 이중으로 보이는 복시현상이 나타난다.

(2) 교육적 조치

① 일부 아동에게는 눈이 고정되지 않을 때 복시현상이 나타나므로 게임, 화학실험, 식품 다루기, 단안 시력을 사용하는 활동 등을 할 때는 아동을 관찰하면서 지도한다.
② 시력을 잘 사용할 수 있도록 좌석을 배치한다.

2. 안구진탕

(1) 특징

① 안구가 규칙적·반복적·불수의적으로 움직이는 것을 말한다.
② 특히 고시능력에 문제가 많으며, 어떤 자세를 취해도 안구를 고정시키기 어렵다.

(2) 교육적 조치

① 책을 읽을 때 읽는 줄을 표시하면서 읽도록 한다.
② 글씨가 깨끗하고 대비가 선명한 자료를 사용하도록 한다.
③ 한 지점을 주시하는 훈련을 실시한다.
④ 근거리 과제는 눈을 피로하게 하므로 오랜 시간 계속하지 않도록 한다.
⑤ 초점을 맞추기 위하여 머리를 돌리거나 몸을 기울일 때, 꾸중을 하거나 자세를 교정시켜서는 안 된다.

1. 근시

(1) 정의

가까운 곳이 잘 보이고 먼 곳이 잘 보이지 않는 증상을 말한다.

(2) 교육적 조치

① 책을 읽을 때 오목렌즈를 사용하도록 한다.

② 일정 시간 동안 책을 읽은 후에는 5~10분 정도 눈을 쉬게 하는 것이 좋다.

③ 근시 아동은 칠판의 글씨를 잘 보지 못하기 때문에 앞좌석에 앉게 한다.

④ 높이를 조절할 수 있는 책상을 사용하여 읽거나 쓸 때 바른 자세를 유지하도록 한다.

⑤ 학생에게 주는 인쇄물은 글자 크기가 적당하고 선명한 대비가 이루어진 것이어야 하며, 각 아동에게 알맞은 글자의 크기나 대비를 파악하기 위하여 학습매체 평가를 실시한다.

⑥ 고도 근시 아동의 경우 신체적 운동, 즉 권투나 레슬링과 같은 운동에 참가하기 전 안과의사에게 문의한다.

2. 원시

(1) 특징

① 평행광선이 망막 뒤에 결상되는 것을 말한다.

② 망막 뒤에 맺은 초점을 망막 위에 맺게 하고자 볼록렌즈를 사용한다.

③ 단순한 원시는 빛이 중심와에 맺히게 하기 위해서 볼록렌즈를 사용하면 정상 시력으로 교정된다.

④ 원시가 백내장과 함께 나타날 때 문제가 발생하며, 이 경우 안경을 처방해도 시력 감퇴나 사시를 동반한다.

(2) 교육적 조치

① 원시 학생이 오랫동안 책을 읽으면 눈의 피로, 두통 등을 느끼므로 장시간 독서하지 않도록 한다.

② 일부 학생은 확대경, 망원경, CCTV와 같은 저시력 기구를 사용하도록 지도한다.

3. 난시

(1) 정의

모든 방향으로 각막을 통과한 빛의 굴절력이 균일하지 않고 눈의 경선에 따라 차이를 보이는 상태를 의미한다.

(2) 교육적 조치

① 원시와 유사하다.

② 어린 학생들은 글자와 숫자를 혼동할 수 있다.

③ 시각적 활동을 한 이후에 또는 오후에 눈의 피로를 느끼므로 충분히 쉬도록 한다.

1. 결손증

(1) 특징

눈의 구조 중 일부가 결손되어 있는 선천적 · 병리적 · 수술적으로 비정상적인 상태의 망막과 관계될 경우 결손증이 눈의 망막 아래쪽에 나타나기 때문에 시야 상실이 초래된다.

(2) 교육적 조치

① 아동이 가장 잘 볼 수 있는 좌석에 앉게 한다.
② 교실의 직사광선이나 눈부심을 피할 수 있도록 색안경을 착용하게 하거나 블라인드를 설치한다.
③ 미관상 아름답지 않으면 동공이 정상으로 보이는 콘택트렌즈를 착용하도록 하는 것이 좋다.
④ 시야 상실이 학생의 보행기술에 크게 영향을 주지 않는 경우도 학생이 나뭇가지와 같은 장애물을 발견하기 어려우므로 보행지도를 한다.

2. 풍진

(1) 특징

① 태아가 풍진 바이러스에 감염되어 발생하는 질환이다.
② 시각장애로는 백내장, 각막혼탁, 녹내장, 소안구증이 나타날 수 있다.

(2) 교육적 조치

① 부모와 교사는 의사에게 지적장애, 청각장애의 상태를 진찰하도록 의뢰한다.
② 지적장애, 청각장애, 시각장애를 겸하는 경우 맹농아 교육을 할 수 있도록 준비하는 것이 좋다.

3. 다운증후군

(1) 특징

① 21번 염색체의 이상으로 발생하는 질환이다.
② 지적장애의 원인이 되며, 백내장, 안구진탕, 굴절 이상, 사시를 포함한 시각장애를 수반할 가능성이 높다.

(2) 교육적 조치

교사는 기능성을 평가하고 그에 적합한 훈련을 실시하며, 지적장애를 감안하고 협력하여 지도계획을 세워야 한다.

4. 마르판 증후군

(1) 특징

① 상염색체 우성유전으로 인해 발생한다.
② 비정상적으로 길고 가는 골격과 선천성 심장질환이 특징이며, 일반적으로 근육이 발달하지 않는다.
③ 시각장애 증상으로 수정체 탈구가 빈번히 발생하고 굴절 이상, 거대각막, 백내장, 포도막 결손, 속발성 녹내장 등이 나타난다.
④ 특히 원거리 시력과제와 근거리 시력과제에서 초점을 맞추기 어렵다.

(2) 교육적 조치

① 교사는 의사와 면담하여 의학적 자료를 검토하고 내과의사에게 검사를 의뢰한다.
② 수정체가 탈구된 경우, 수정체의 수술 여부를 검토하고 조언한다.
③ 심장 건강에 주의하여 과격한 운동을 하지 않도록 한다.
④ 초점을 맞추기 어렵기 때문에 학습상황을 주의깊게 관찰하여 지도한다.

5. 어셔증후군

(1) 정의

출생 직후부터 발병하는 유전성 질환으로, 망막색소변성에 의한 점진적인 시력 상실과 함께 청각장애를 수반한다.

(2) 특징

① 형태 1: 심각한 청각장애로 태어나 평형감각에 문제가 있고, 사춘기 때 대개 망막색소변성의 징후인 야맹증과 시야협착 증세가 나타난다.

② 형태 2: 태어날 때부터 심한 청각장애로 고통을 겪지만 평형 문제는 없고, 망막색소변성은 사춘기 때 심해진다.

③ 형태 3: 망막색소변성 때문에 청각장애와 시각장애가 점점 심해진다.

(3) 교육적 조치

① 청각장애의 주된 원인이고 망막색소변성을 수반하여 전맹이 될 수 있으므로, 이 질환을 앓는 어린 학생에게는 주의가 필요하고 유전상담을 하는 것이 좋다.

② 교사는 맹농아 교육에 관심을 갖고, 의사에게 의뢰하여 시각과 청각의 이상 여부를 진찰하도록 한다.

---

01 2009학년도 중등 16번

저시력 학생을 위한 적절한 교육환경 및 처치로 가장 거리가 먼 것은? [2점]

① 약시학급의 경우 교실환경을 전체적으로 더 밝게 해 준다.

② 망막색소변성의 경우 대부분 진행성이므로 점자를 배우게 한다.

③ 백내장이 수정체 가장자리에 있는 경우 고도 조명을 제공한다.

④ 독서할 때에 글줄을 자주 잃을 경우, 타이포스코프를 제공한다.

⑤ 황반변성의 경우 글자와 종이의 대비가 선명한 자료를 제공한다.

---

02 2010학년도 중등 30번

녹내장을 가진 시각장애 학생의 특성 및 교육적 조치로서 가장 거리가 먼 것은? [2점]

① 터널시야와 야맹증세가 나타난다.

② 책을 읽을 때 빛의 조도를 높여 준다.

③ 안구가 늘어나고 각막이 커지기 때문에 거대각막이라고 한다.

④ 시야가 좁은 학생은 보행에 어려움이 있으므로 보행지도를 한다.

⑤ 약물을 복용하는 학생은 감각이 둔해질 수 있으므로 감각훈련을 실시한다.

---

03 2010학년도 초등 5번

백색증(albinism)으로 인한 시각장애가 있는 학생의 교육을 위해 교사가 해야 할 조치로 가장 적절한 것은? [2점]

① 백색증은 안압 상승을 초래하므로 학생에게 정기적으로 안약을 넣도록 지도한다.

② 백색증은 망막박리를 초래하므로 학생에게 신체적인 운동을 줄이도록 권장한다.

③ 백색증은 점진적인 시력 저하를 초래하므로 학생에게 점자를 미리 익히도록 지도한다.

④ 백색증은 눈부심을 초래하므로 학생에게 햇빛이 비치는 실외에서 차양이 넓은 모자를 착용하도록 지도한다.

⑤ 백색증은 암순응 곤란을 초래하므로 교실의 전체 조명보다 높은 수준의 조명을 학생에게 개별적으로 제공한다.

(가)는 학생의 특성이고, (나)는 초등학교 3학년 체육과 '물놀이' 단원 교수 · 학습 과정안의 일부이다. 물음에 답하시오.

(가) 학생 특성

이름	시력 정도	원인	이름	시력 정도	원인
민수	저시력	녹내장	미진	저시력	백내장
정배	저시력	미숙아 망막변성	영희	맹	시신경 위축
설희	저시력	망막색소변성	성우	맹	망막모세포종
현옥	저시력	추체 이영양증			

(나) 교수 · 학습 과정안

단원	물놀이		제재	누가 더 잘 뜨나
학습 목표	여러 가지 자세로 물에 뜰 수 있다.			

교수 · 학습활동	자료 및 유의점
…중략…	
• 물에서 중심 잡고 일어서기 – 수영장 가장자리 벽면을 잡고 엎드려 몸 띄우기 – 보조기구를 이용한 몸 띄우기	– ㉠ <u>계단을 이용한 안전한 입수 지도(다이빙 입수 금지)</u>
• 물에서 뜨기 – 4가지 뜨기 자세에 대한 시범과 연습하기	– 촉각을 통한 시범 – ㉡ <u>뜨기 연습 중 머리가 부딪치지 않도록 지도</u>
• 물 속의 카드 찾기 게임하기 – 3명씩 2팀으로 나누고, 장애 특성상 게임에 직접 참여하기 힘든 1명은 ㉢ <u>진행보조</u>를 맡김 – 잠수(잠영)하여 수영장 바닥에 있는 카드를 건진 후, 카드에 적힌 '뜨기 자세'를 따라 한 횟수가 많은 팀이 승리(단, 맹학생을 위해 ㉣ <u>점자카드</u> 제공)	– 진행보조 학생은 팀별로 획득한 카드의 개수를 점수판에 묵자로 기재 – 수영장 가장자리로부터 2m지점의 바닥에서 기포를 발생시켜 학생들이 벽에 부딪치지 않도록 조치
• 실기평가 – 다양한 뜨기 자세를 취할 수 있는가?	– ㉤ <u>충분한 연습기회 제공</u>

2) (가)의 학생 특성과 (나)의 교수 · 학습 활동에 기초하여 ① ㉠과 ㉡의 유의점을 특별히 고려해야 할 학생 이름과 그 이유, 그리고 ② ㉢의 역할을 담당할 학생 이름과 그 이유를 각각 쓰시오. [2점]

- ①: _____

- ②: _____

(가)는 시각장애 특수학교 체육담당 교사가 지도하는 6학년 학생들의 특성이고, (나)는 '간이 시각배구 게임하기'를 제재로 작성한 교수 · 학습 과정안의 일부이다. 물음에 답하시오.

(가) 학생 특성

이름	원인 질환	시력 정도	시야 특성	인지 특성
영수	망막색소변성	양안 교정시력 0.06	양안 주시점에서 10	정상
미현	시신경 위축	전맹	–	정상

(나) 교수 · 학습 과정안

단원	㉠ 배구형 게임		제재	간이 시각배구 게임하기
학습목표	규칙에 맞게 간이 시각배구 게임을 할 수 있다.			
단계	교수 · 학습활동		자료(⒣) 및 유의사항(⒤)	
도입	• 준비 운동하기 • 전시학습 확인하기 • 학습동기 유발하기 – 시각배구 대회 소개하기 – 시각배구 선수 소개하기		⒣ ㉢ 점자 읽기자료, 묵자 읽기자료	
전개	〈활동 2〉 ㉡ 간이 시각배구 게임하기 • 2인제 시각배구 게임하기 – 영수: 교사가 굴려 주는 공을 보면서 공격(수비)하기 – 미현: 교사가 굴려 주는 공소리를 듣고 공격(수비)하기		⒣ 소리 나는 배구공, 네트 ⒤ ㉣ 영수는 야맹증이 있고, 낮은 조도에서 학습활동을 하는 데 어려움이 있기 때문에 적절한 조도환경을 제공한다. ⒤ 여가시간에 시각배구를 활용할 수 있는 다양한 방법을 지도한다.	

3) (가)에 제시된 영수의 특성을 고려할 때, (나)의 ㉣이 필요한 이유를 망막의 시세포(광수용체)와 관련지어 쓰시오. [1점]

• _____

4) (나)의 수업에서 교사는 시각장애라는 특성을 반영한 다음과 같은 교육과정을 고려하여 지도하고자 한다. (   ) 안에 들어갈 말을 쓰시오. [1점]

> (   )은/는 시각장애인이 사회의 구성원으로 독립적으로 살아가기 위해서 필수적으로 습득해야 하는 지식과 기술로 구성된 교육과정을 의미하며, 그 내용으로는 보상기술, 기능적 기술, 여가기술, 방향정위와 이동기술, 사회기술, 시기능 훈련, 일상생활 기술 등이 있다.

• _____

(가)는 시각장애 학생별 시력 특성이고, (나)는 2015 개정 특수교육 교육과정 중 공통 교육과정 체육과 5~6학년군 '응급 상황에서 이렇게 행동해요.' 단원 지도계획의 일부이다. 물음에 답하시오.

(가) 학생별 시력 특성

이름	시력 특성		이름	시력 특성	
한영	– 황반변성	– 큰 암점	세희	– 녹내장	– 시야 15도
영철	– 망막색소변성	– 시야 10도	지유	– 미숙아 망막병증	– 광각(LP)
민수	– 당뇨 망막병증	– 안전수동(HM/50 cm)	연우	– 시신경 위축	– 광각(LP)

(나) 단원 지도계획

단원	응급 상황 이렇게 행동해요.		
차시	주요 학습내용		자료(㉔) 및 유의점(㉕)
3	응급처치	응급처치 이해하기	㉔ 관련 ㉠ 유인물 ㉕ 묵자자료의 대비 수준 고려
4		상해별 처치법 알아보기	㉔ 모둠 활동용 처치 ㉡ 안내판 ㉕ 점자자료의 점역자주 주의
5	(㉢)	상황 알기	㉔ 상황별(심정지, 무호흡 등) 동영상 콘텐츠 ㉕ 화면해설 서비스(DVS) 확인
6		순서 익히기	㉔ 순서카드 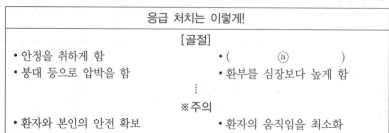 ㉕ 점자자료 제작 시 가로로 내용 제시
7		실습하기	㉔ 실습용 인체모형

2) 묵자자료 읽기가 가능한 (가)의 학생 중에서 ㉠을 제작할 때 정보제시 방법으로 색상 차이를 활용하는 것이 적절하지 <u>않은</u> 학생을 찾아 이름과 이유를 쓰시오. [1점]

• _____

3) 다음은 골절에 대한 ㉡의 내용이다. ① ⓐ에 들어갈 내용을 RICE 기법의 4가지 요소에 근거하여 쓰고, ② ㉡의 내용을 반드시 듣기자료로 제공해 주어야 하는 학생을 (가)에서 찾아 이름과 그 이유를 쓰시오. [2점]

응급 처치는 이렇게!
[골절]
• 안정을 취하게 함　　　　　• (　　　ⓐ　　　)
• 붕대 등으로 압박을 함　　　• 환부를 심장보다 높게 함
⋮
※주의
• 환자와 본인의 안전 확보　　• 환자의 움직임을 최소화

• ①: _____

• ②: _____

제2절 시각장애 진단 및 평가

01 객관적 평가

1. 객관적 평가 기준

① 눈의 외모와 안저 반응
② 양안의 위치 및 안구운동
③ 광선을 눈에 비출 때 동공의 모양 및 크기 변화
④ 안진검사에 대한 반응
⑤ 전기·생리학적 검사에 대한 반응

2. 객관적 평가 방법

종류	설명
망막 전위검사	망막을 광선으로 자극했을 때의 전기적인 변화를 기록하고 망막의 기능을 관찰하여 검사하는 방식
시유발 전위검사	눈을 빛으로 자극하면 망막이 흥분하는데 이 흥분이 시로를 거쳐 후두엽에 도달하여 일으키는 전위 변화를 이용하여 망막에서 대뇌의 시피질 기능을 검사하는 방식

02 주관적 검사

1. 주관적 검사의 특징

① 아동이 검사자의 지시에 따라 반응하기 위하여 청각, 운동근육, 언어 등을 사용하는 형태로 이루어진다.
② 일반적으로 의료 전문가나 시각장애아 교사에 의해 실시된다.

2. 주관적 검사의 종류

(1) 원거리 시력검사

① 법적 맹의 여부, 처방할 저시력 기구의 배율 등을 알 수 있다.
② 안질환의 종류, 시기능, 굴절 이상, 조명과 눈부심의 효과, 지각이나 지적 상태 등에 관한 정보는 얻기 어렵다.
③ 원거리 시력표 종류
　㉠ 한국 원거리 시력표: 한식표준 5m 시시력표, 한식표준 3m 시시력표, 진용한 시력표(4m), 란돌트 고리, 스넬렌 시표(6m) 등이 있다.
　㉡ 저시력인용 원거리 시력표: 저시력인의 원거리 시력을 검사하기 위해 개발한 것으로 숫자로만 구성되어 있다.

> **참고** **진용한 시력표의 측정방법**
>
> • 검사 장소에 조명이 고르게 있어야 하며, 300~500럭스 정도가 적당하다.
> • 시력표를 눈높이와 비슷하게 고정시키고 4m 거리에서 측정한다.
> • 오른쪽 눈부터 측정하고, 다음에 왼쪽 눈을 측정한다.
> • 큰 시표부터 차차 작은 시표를 읽게 하여 읽을 수 있는 최소 시표를 측정한다.

- 0.1의 시표를 읽지 못하는 경우

시력 = 0.1 × 볼 수 있는 곳까지의 거리(m)/4m

- 1m 거리에서도 맨 위의 글자를 읽을 수 없을 경우

지수(FC)	손가락 수를 알아맞히는 거리 (예 FC 50cm)
수동(HM)	눈 앞에서 손을 좌우로 움직일 때 이를 알아볼 수 있는 정도
광각(LP)	암실에서 광선을 인식할 수 있는 시력
맹(NLP)	빛도 느낄 수 없는 시력

(2) 근거리 시력검사

① 35cm 거리에서 시력을 측정한다.

② 란돌트 고리, 스넬렌 문자 숫자 등이 사용된다.

③ 학령기 아동에게 적합한 글자 크기(큰 문자)와 저시력 기구를 처방할 때 매우 중요한 검사이다.

(3) 색각검사

① 가시광선 중 파장의 차이로 따르는 물체의 색채를 구별하여 인식하는 능력을 측정한다.

② 명순응 상태에서만 측정 가능하며, 검사 결과는 잔존시력 활용과 교육과정 수립에 반영한다.

③ 색각 이상의 정도에 따라 '색맹'과 '색약'으로 분류한다.

(4) 시야검사

① 눈을 움직이지 않고 한 점을 주시하고 있을 때 볼 수 있는 외계 범위를 측정한다.

② 정상적인 시야 범위(코에서 귀까지 약 150도, 위에서 아래로 약 120도)를 기준으로 측정한다.

③ 암슬러 격자검사, 대면법, 탄젠트 스크린법, 주변시야계법, 평면시야계법 등이 있다.

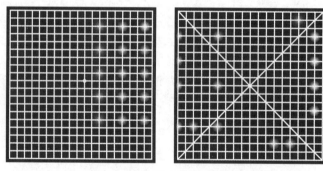

[그림 2-1] 암슬러 격자검사

(5) 대비감도 검사

① 서로 다른 대비를 가진 대상을 구별하는 정도를 파악하는 검사로, 명과 암의 비율로 측정한다.

② 주시선호 검사법, 저대비 검사 등이 있다.

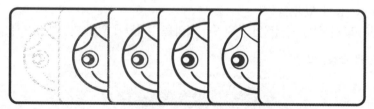

[그림 2-2] 대비감도 검사

03 학습매체 평가

1. 읽기매체 평가

읽기 방식으로 점자, 확대 글자, 음성 중 학생에게 적합한 읽기 주매체와 보조매체를 결정한다.

2. 쓰기매체 평가

쓰기 방식으로 점자, 묵자, 음성 녹음 중 학생에게 적합한 쓰기 주매체와 보조매체를 결정한다.

3. 그림매체 평가

그림자료를 보는 방식으로, 양각그림, 확대그림, 음성 그림해설 중 학생에게 적합한 주매체와 보조매체를 결정한다.

07 2010학년도 초등 30번

통합학급을 담당하는 유 교사는 2007년 개정 초등학교 교육과정 과학과 4학년의 '식물의 한살이'를 지도하려고 한다. 다음과 같은 특성을 보이는 시각장애 학생 정희를 지도하는 방법으로 적절한 것을 〈보기〉에서 모두 고른 것은? [1.4점]

인적사항			
이름	이정희	학교	푸른초등학교
생년월일	1999년 10월 2일	학년	4학년
장애 유형	시각장애	원인	시신경 위축
시력	• 좌안 : 광각(Light Perception, LP) • 우안 : 수동(Hand Movement, HM)	발생 시기	선천성

〈보기〉
- ㉠ 강낭콩을 기르는 과정을 묵자자료로 확대하여 제공한다.
- ㉡ 강낭콩의 성장과정을 입체모형으로 제작하여 만져보게 한다.
- ㉢ 강낭콩 줄기의 길이를 측정하도록 촉각표시가 된 자를 제공한다.
- ㉣ 강낭콩 성장과정을 손으로 확인할 수 있도록 싹이 튼 강낭콩을 흙보다는 물에서 기른다.
- ㉤ 강낭콩 줄기의 길이 변화를 측정하여 얻은 결과수치를 대비가 높은 색을 사용하여 제시한다.

① ㉠, ㉢   ② ㉠, ㉤   ③ ㉡, ㉢   ④ ㉡, ㉢, ㉣   ⑤ ㉢, ㉣, ㉤

D 중학교에 재학 중인 학생 A는 미숙아 망막증으로 양안의 교정시력이 0.04이다. 담당 체육교사가 학생 A를 위한 체육 수업에 대해 조언을 요청하여, 특수교사는 다음과 같은 안내문을 만들었다. ㉠~㉣에서 옳은 내용만을 모두 고른 것은? [2.5점]

체육 선생님께

A의 체육 지도를 위해 힘써 주셔서 감사드립니다. A를 위한 체육수업에 도움이 되고자 몇 가지 적어 보았습니다. 참고가 되셨으면 합니다.

- 교수방법
  - ㉠ 학생 A의 시력은 한천석 시시력표를 읽을 때, 4m 앞에서 시력 기준 0.1에 해당하는 숫자를 읽을 수 있는 수준이므로, 시각적 지표는 확대해 주시면 좋습니다.
  - ㉡ 공간에 대한 이해를 돕기 위해 확대자료 또는 촉지도를 활용하시면 되는데, 제작에 도움을 드리겠습니다.
  - 신체동작에 대한 이해를 돕기 위해 관절의 움직임이 가능한 인형을 사용하시면 좋습니다.

- 시각장애학교 체육과 교사용 지도서 참조
  - 학생 A를 지도할 때, ㉢ 시각장애학교 체육과 교과서 및 지도서를 사용하시면 도움이 되는데, 일반 중학교 체육교과와는 달리 표현활동 영역이 제외되어 있습니다.

- 대표적인 시각장애인 스포츠
  - ㉣ 골볼은 모든 선수가 안대를 하고 공의 소리를 들으면서 경기하는 구기종목이므로 일반학생들과 함께 경기할 수 있지만, 학생 A는 망막박리의 위험이 있을 수 있으니 조심하셔야 합니다.

---

① ㉠, ㉡   ② ㉡, ㉣   ③ ㉠, ㉡, ㉣   ④ ㉠, ㉢, ㉣   ⑤ ㉡, ㉢, ㉣

다음은 시각장애 특수학교의 강 교사가 시각 중복장애 학생 광수를 지도하기 위해 기본교육과정 사회과의 '학교 공동 시설 바르게 이용하기'를 제재로 준비한 수업계획이다. 학생의 특성에 따른 지도 및 지원 전략으로 적절하지 **않은** 것은? [1.4점]

〈수업계획서〉	
학생 특성	미숙아 망막병증, 시력(좌안: 0.05, 우안: 광각), 중등도 지적장애
학습목표	함께 공부하는 주요 교실을 혼자서 찾아갈 수 있다.
교수 · 학습활동	

⊙ 주요 교실 위치도

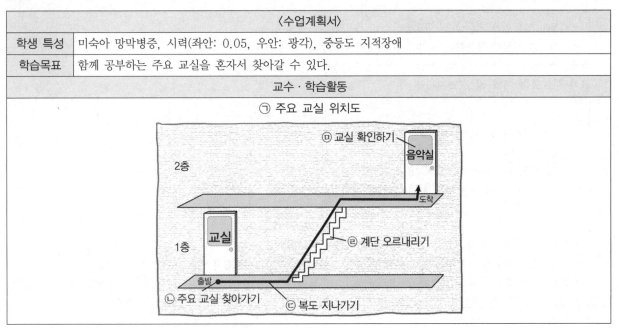

① ⊙을 학생의 특성에 맞게 사진 및 그림자료로 수정 · 확대하여 보여주고, '우리 교실 어디 있지?' 노래를 부르며 교실 위치에 대한 기억을 촉진한다.

② ⓛ 활동을 위해 학생이 식별할 수 있는 물체나 색깔을 보행단서로 정하고, 이동 경로에 대한 과제분석을 하여 단계적으로 반복지도한다.

③ ⓒ 활동에서 학생의 우측 상단에 장애물이 있을 경우, 모델링과 신체적 · 언어적 촉진을 활용하여 학생이 머리나 상체를 보호할 수 있게 왼손을 들어 상부보호법 자세를 바르게 취하도록 지도한다.

④ ⓔ 활동을 위해 계단에서 넘어지지 않도록 복도보다 밝은 고도 조명을 설치하여 조도 차이를 증가시킨다.

⑤ ⓜ 활동을 위해 교실(음악실) 문과 대비되는 색으로 피아노건반 그림을 크게 그린 후 문 가운데 부착한다.

(가)는 학생 B의 특성이고, (나)는 특수교사의 자료요청 계획 및 지도계획의 일부이다. 〈작성 방법〉에 따라 서술하시오. [4점]

(가) 학생 B의 특성

- 교통사고로 인한 뇌손상 및 안구손상으로 시각장애를 갖게 됨
- 현재 확대자료를 활용하나 시력이 점점 나빠질 예후가 있어 점자교육이 요구됨

(나) 자료요청 계획 및 지도계획

〈자료요청 계획〉
- ○○시 시각장애 특성화 특수교육지원센터에 요청할 사항
  - CCTV
  - '점자 익히기' 교과서/지도서 및 점자쓰기 도구
  - ⓐ 읽기(교과서, 지필평가 자료)를 위한 시력검사

〈지도계획〉
- 문자나 그림자료를 활용할 때 보조기기를 활용하여 지도한다.
- 점자교육의 효율성을 위하여 잔존 시력이 있는 상태에서 점자를 지도한다.
- 촉각지도를 통해 학교 건물 내부를 오리엔테이션 하도록 지도한다(보건실 촉각 표시에 점자 라벨을 붙여서 활용함).
- ⓑ 대각선법과 ⓒ 핸드 트레일링법을 함께 활용하여 보건실까지 독립보행할 수 있도록 지도한다.

〈작성 방법〉
- 밑줄 친 ⓐ에 해당하는 검사 유형을 쓸 것

01 저시력

1. 저시력 교육

(1) 환경조성

① 색의 대비

　㉠ 두 가지 색을 대비시킴으로써 글자를 더욱 선명하고 명확하게 하는 방법이다.

　　예 도로에서 검은색 아스팔트에 노란색 선을 그으면 색의 대비가 명확하고 선명해지는 경우

　㉡ 시각장애 아동, 특히 저시력 아동을 위한 수업자료는 색의 대비가 명확하게 이루어진 것이 보다 효과적인 학습환경 지원이 된다.

② 명도와 채도

　㉠ 명도는 색이나 빛의 색이 지니는 밝기의 정도를 말한다.

　㉡ 일반적으로 사람은 눈이 느끼는 밝기에 의존하기 때문에 물체 자체의 명도보다 주변 사물과 비교했을 때의 명도에 의존한다.

　㉢ 따라서 시각장애 아동이 학습에 능동적으로 참여하도록 유도하려면 글과 그림을 잘 인식할 수 있게 명도 차이를 크게 만드는 것이 좋다.

　㉣ 채도는 색의 선명도를 의미하는 것으로, 시각장애 아동에게 제공되는 수업자료는 채도를 높여서 선명하게 인식되도록 구성한다.

　　예 담황색 종이에 촉이 굵은 펜을 사용하여 제작하는 방법 등

③ 조도

　㉠ 어떤 면이 받는 빛의 세기를 그 면적에 비치는 광속으로 나타낸 양으로 '조명도'라고도 한다.

　㉡ 시각장애 아동은 자신의 시신경에서 느낄 수 있는 특성에 따라 효율적인 적정 조도가 있을 수 있으므로, 학급에서 보다 효과적으로 학습하려면 각 아동의 특성에 맞게 적절한 조도를 제공할 수 있어야 한다.

④ 책상

　㉠ 시각장애 아동 개개인이 갖는 특성을 고려하여 조도를 맞추려면 책상이 기울어질 수 있어야 한다.

　㉡ 공학기기를 사용할 수 있도록 넓은 책상이 필요하다.

⑤ 충분한 학습시간 제공

　㉠ 시각장애 아동이 가지는 시각능력의 제한을 보완하기 위해 아동에게 주어진 학습자료와 학습과제를 충분히 살펴볼 수 있는 학습시간이 보장되어야 한다.

　㉡ 그렇지 않으면 주어진 자료를 자세히 볼 수 없으며, 이로 인해 학습에 참여하는 과정에서 불충분한 시지각 정보로 인하여 다양한 오류를 범하게 된다.

⑥ 학습환경의 일관성

　㉠ 시각장애 아동이 학습활동에 보다 효율적으로 참여하려면 학습환경에 대한 적응력이 높아져야 한다.

　㉡ 이를 위해 교사는 교실 사물과 각종 수업자료를 배치하는 데 있어 일관성을 유지해야 하며, 시각장애 아동의 자리배치와 동선을 고려한 적응훈련을 실시해야 한다.

　㉢ 이 과정을 거치면 시각장애 아동은 독립적인 학습자로서 자신의 학습환경에 적극적으로 참여할 수 있다.

(2) **조명활용 지침**

① 방 전체를 위한 조명을 설치하면서 아동에게 조명을 따로 제공하고, 방을 어둡게 한 상태에서 부분 조명을 사용하는 것은 피한다.

② 과제활동을 할 때 조명을 아동 가까이에 두거나 얼굴을 향해 정면으로 비추면 눈부심을 유발할 수 있으므로 아동의 측면에서 빛을 제공한다.

③ 그림자가 지지 않도록 아동의 양쪽에서 조명을 비춰 준다.

④ 쓰기활동을 할 때 그림자가 지지 않도록 사용하는 손의 반대편에서 조명을 제공한다.

⑤ 눈부심을 방지하기 위해 전등에 덮개를 씌우고, 창문으로 들어오는 빛의 양을 줄이기 위해 창문에 블라인드나 얇은 커튼을 사용한다. 햇빛이 들어오는 창문을 향해 책상을 배치하지 않는다.

⑥ 빛 반사로 인한 눈부심을 줄이기 위하여 바닥이나 책상에는 유광 자재를 피한다.

⑦ 복도와 계단에 있는 곳에 조명을 설치하여 벽, 바닥, 계단, 난간 등의 위치를 파악할 수 있도록 한다.

⑧ 건물 내 모든 방은 같은 조도를 유지하여 아동의 장소 이동과 빛 적응에 불편함이 없도록 한다.

2. 저시력 아동교육의 기본개념

(1) **시기능**

① 생활 속에서 학업 과제 또는 일상 활동을 수행하는 데 있어 시각을 어느 정도 사용하는가를 보는 것이다.

② 시기능 수준은 아동의 시력, 과거의 시각적 경험, 시각을 사용하려는 동기, 욕구, 주변인의 기대 등에 의해 좌우된다.

(2) **시효율**

① 특정한 시각과제를 쉽고, 편안하고, 시간을 적게 들여 수행하는 것을 의미한다.

② Corn의 시기능 모형

  ㉠ 저시각을 효율적으로 활용할 수 있는 프로그램을 개발하기 위해 만들어진 모형이다.

  ㉡ 시기능 모형의 요인

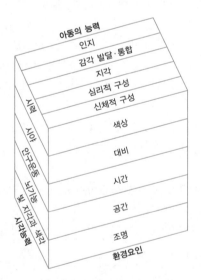

[그림 2-3] 시기능 모형의 요인

요인	내용
시각능력	시력, 시야, 안구운동, 뇌기능, 빛 지각과 색각
아동의 능력	인지, 감각 발달·통합, 지각, 심리적 구성, 신체적 구성
환경요인	색상, 대비, 시간, 공간, 조명

ⓒ 시기능 모형의 구성요소

[그림 2-4] 시각능력 구성요소　　　[그림 2-5] 환경요인 구성요소　　　[그림 2-6] 아동의 능력 구성요소

(3) 아동을 위한 교육적 접근

수준	내용	목표 및 세부내용
1수준	시각자극	• **목표**: 뇌에서 시각자극을 인식하고 시각자극이 시각과정(반응하기, 행하기)의 일부가 되도록 하는 것 • 빛의 의미, 빛 근원지의 방향, 빛 근원, 사물의 형태를 이해하는 것 • 운동, 감각과 기타 움직임과 빛에 대한 반응을 조정하는 것 • 운동, 감각, 사물에 대한 움직임을 인식하는 것
2수준	시효율	• **목표**: 시각 자극을 해석하는 것을 도와 시각적 잠재력을 최대화하는 것 • 이미지에 대한 감각(윤곽, 세부, 색깔, 형태 등)을 익히는 것 • 시각정보에 대해 효율적으로 시간 안에 결정을 내리는 것 • 다른 감각과 움직임으로 시각정보를 조정하는 것 • 시각 이미지에 대해 언어와 의사소통을 조정하는 것 • 시각적 가설을 검증하기 위해 구어 중재 또는 다른 반응을 하는 것 • 특정한 시각적 이미지를 예측하고, 확인하고, 일반화시키는 것
3수준	시각 활용	• **목표**: 다음을 통해 저시각을 향상시키는 데 아동이 적극적으로 참여하도록 돕는 것 • 환경 단서들을 읽는 법을 배우는 것 • 환경적 실마리를 재정리하기 위해 신체 위치를 바꾸는 것 • 처방된 광학보조기구를 적절하게 사용하는 것 • 감각들을 통합시켜야 할 때를 아는 것 • 시각을 사용하지 않아야 할 때를 아는 것 • 시기능을 돕거나 방해하는 것을 아는 것 • 시각적 불편을 초래하는 원인들을 파악하는 것

3. 확대

(1) 확대법

구분	내용
상대적 거리 확대법	• 물체와 눈의 거리를 가깝게 하는 방법 • 물체를 눈에 더 가까이 가져가면 망막의 상은 더 커지므로 상을 크게 확대하려면 물체와 눈 간의 거리를 가깝게 해야 함 예 장난감을 6m 거리에서 3m 앞으로 가까이 가져오면 장난감의 상이 망막에 2배로 확대되는 경우 • 보려는 물건을 눈에 가까이 가져가면 되기 때문에 가장 간단한 확대법임 • 저시력 학생이 독서거리를 가깝게 하여 읽는 것도 상대적 거리 확대법에 해당함
상대적 크기 확대법	• 물체의 실제 크기를 확대하는 방법 • 교과서와 교육자료를 큰 문자로 인쇄하거나 확대 복사함으로써 독서매체를 저시력 학생의 독서에 보다 효과적으로 사용할 수 있음 • 독서매체가 무거워지고, 부피가 커지는 단점이 있으며, 모든 독서매체를 확대 편집하여 인쇄하거나 복사하는 데 어려움이 많음
각도 확대법	여러 종류의 렌즈를 사용하여 물체의 크기를 확대하는 방법 예 광학기구
투사 확대법	필름, 슬라이드 등을 스크린에 투영하여 확대하는 방법 예 텔레비전, 컴퓨터, CCTV 등

(2) 확대 글자본의 제작 방법과 유의점

① 확대 자료의 종이 크기가 크면 휴대하거나 손으로 다루기 어렵고 넓은 시야를 요구하므로 가급적 A4 정도 크기가 적절하다.

② 학생이 요구하는 확대가 큰 경우 너무 큰 종이를 사용하기보다 원본 자료를 편집하여 여러 페이지로 분리하여 확대하는 것이 좋다.

③ 학생의 읽기 효율성을 향상시키기 위해 반사가 적은 종이를 사용하는 것이 좋으며, 흰색 종이에 눈부심을 느끼는 경우 옅은 담황색 종이를 사용할 수 있다.

④ 확대 글자의 크기는 보통 16~18포인트 이상이며 24포인트를 넘지 않는 것이 좋다. 24포인트를 넘어서면 가독성이 떨어지므로 확대 자료와 확대 기구를 함께 사용하도록 한다.

⑤ 글자체는 꾸밈이 없고 명료한 획의 글자가 좋다.
　㉠ 한글: 명조체, 필기체, 장식적인 서체를 피하고 굴림체, 돋움체, 고딕체를 사용한다.
　㉡ 영어: Arial, Verdana 서체가 추천할만하다.

서체	명조체	필기체	굴림체	돋움체	고딕체
예시	특수교육학	특수교육학	특수교육학	특수교육학	특수교육학

⑥ 글자 두께는 표제, 단어, 문장을 강조할 때 효과적으로 사용할 수 있다.
　㉠ 너무 가늘면 보기 어렵고, 너무 두꺼우면 글자의 획 간 간격이 좁아 오독할 수 있다. 예 눌란/늘린
　㉡ 특정 단어나 어구를 강조할 때 글자를 진하게 하거나 글자 두께가 더 두꺼운 글자체를 선택할 수 있다.

⑦ 글자는 가로쓰기로 배열하는 것이 읽기에 도움이 되므로, 원본 자료가 세로쓰기로 되어 있어도 가로쓰기로 수정할 수 있다.

⑧ 일반적으로 본문 줄간격은 180~200% 정도가 적당하며, 다만 제목, 문단, 인용처럼 페이지 내 중요한 부분을 강조하기 위해 줄 간 띄우기, 들여쓰기, 정렬 등을 활용할 수 있다.

⑨ 글자와 기호 간의 자간이 너무 좁으면 읽기 어려우므로 자간 설정을 조정하거나 띄어쓰기를 통해 자간의 간격을 띄울 수 있다.

⑩ 단어, 어구, 문장 등을 강조할 때는 두꺼운 글자체를 사용하거나 글자를 진하게 설정하거나 고대비의 형광펜 기능을 시용하는 것이 밑줄선보다 적절하다.

⑪ 모양을 식별하기 어려운 주석이나 강조 표시 문양은 눈에 잘 띄는 색상과 문양으로 변경할 수 있다.

⑫ 배경과 글자 색 간의 대비가 낮으면 확대해도 읽기 어려우므로 가능하다면 배경과 글자 색을 고대비로 수정하는 것이 좋다.

⑬ 한 페이지를 다단으로 나누어 사용할 때 다단 간에 보다 넓은 여백을 확보해야 하며, 정렬 방법은 좌측 정렬이 가운데 정렬, 우측 정렬보다 다음 줄을 더 쉽게 찾고 읽을 수 있다.

4. 보조공학

(1) 저시력 기구의 종류

① 광학기구

㉠ 볼록렌즈와 오목렌즈

구분	내용
볼록렌즈	광선을 폭주함
오목렌즈	• 광선을 발산함 • 물체를 축소시켜 실물보다 더 작게 보이도록 만들지만, 렌즈를 통하여 더 많은 물체들을 볼 수 있어 시야는 넓어짐

㉡ 확대경

ⓐ 원거리 시력을 사용하는 저시력 학생과 중심 암점이 있는 학생에게 도움이 된다.

ⓑ 주변시야를 상실한 아동이 확대경을 사용하면 아동의 시야보다 더 좁은 시야를 갖게 된다.

ⓒ 중심시력을 상실하지 않은 경우 굳이 확대경을 사용할 필요가 없다.

ⓓ 주변시야를 상실한 아동은 원거리 물체나 축소된 물체를 좋아하기 때문에 시야협착 아동은 머리와 눈의 운동을 통하여 책을 읽도록 한다.

ⓔ 특징

• 연령이 낮거나 확대경을 처음 사용하는 학생은 렌즈의 직경이 크고 사각형인 확대경이 사용하기 쉬울 수 있고, 확대경 사용에 익숙해지면 휴대성이 좋은 작은 확대경을 사용할 수 있다.

• 고배율의 확대경 사용이 필요한 학생은 처음부터 해당 배율을 사용하기보다 저배율부터 고배율로 단계적으로 도입하여 적응하도록 한다.

• 고배율 확대경의 사용으로 안피로, 어지러움, 낮은 대비 자료 보기의 어려움 등을 호소하는 경우는 휴대형이나 데스크형 확대독서기를 사용하게 할 수 있다.

• 렌즈의 초점거리 개념을 알고 맞추기 어려운 유아나 시각·지적장애 학생은 처음에는 학습자료 위에 대고 사용하는 집광 확대경이나 스탠드형 확대경을 사용한 후 익숙해지면 손잡이형 확대경을 도입할 수 있다.

• 뇌성마비를 가진 시각장애 학생이 수지 기능의 문제로 손잡이형 확대경을 손으로 잡거나 초점거리를 유지하기 어려운 경우 스탠드형 확대경을 사용할 수 있다.

• 과학 실험, 미술 활동처럼 양손을 사용해야 한다면 안경부착형이나 안경형 확대경을 사용할 수 있다.

• 주변 시야가 좁은 학생은 상대적으로 낮은 배율을 사용하면 시야 감소 문제를 줄일 수 있고, 반대로 중심 암점이 있는 학생은 상대적으로 높은 배율을 사용하면 암점 영향의 감소 효과를 얻을 수 있다.

• 주변 시야 손상이 심한 학생은 프리즘 부착 안경이 도움이 될 수 있다.

• 밝은 조명을 선호하는 학생은 집광 확대경이나 조명이 부착된 확대경 종류를 사용한다.

ⓕ 종류

종류	기능
집광 확대경	• 빛을 모아주는 성질이 있어 렌즈 안을 밝게 비춤 • 밝은 조명을 선호하는 학생에게 도움이 됨 • 읽기 자료에 대고 사용하므로 초점거리를 맞출 필요 없어 유아가 사용하기 쉬움 • 고배율이 없어 경도 저시력 학생에게만 유용함
막대확대경	• 읽기 자료에 대고 사용함 • 한 줄 단위로 읽을 수 있어 글줄을 놓치는 학생에게 도움이 됨 • 고배율이 없어 경도 저시력 학생 중 시야나 안전 문제로 안정된 읽기가 어려운 학생에게 유용함
스탠드형 확대경	• 읽기 자료에 대고 사용하므로 초점거리를 맞출 필요가 없음 • 어린 학생이나 수지 운동기능에 문제가 있는 학생에게 유용함 • 밝은 조명을 선호하는 학생에게 조명이 부착된 스탠드형 확대경을 지원할 수 있음 • 고배율의 확대경도 있음
손잡이형 확대경	• 렌즈와 자료 간의 초점거리를 맞추어야 선명하게 확대됨 • 지능이나 수지 운동 기능 문제로 초점거리를 맞추고 유지하기 어려운 학생은 사용하기 어려움 • 밝은 조명을 선호하는 학생에게 조명이 부착된 손잡이형 확대경을 지원할 수 있음 • 고배율의 확대경도 있음
안경형/안경 부착형 확대경	• 양손을 사용하는 활동이나 과제를 할 때 유용함 • 렌즈와 자료 간의 초점거리를 맞추어야 선명하게 확대됨 • 양안을 모두 사용할 수 있는 학생은 양안용, 한쪽 눈을 실명하거나 양쪽 눈의 시력 차가 큰 학생은 좋은 눈을 기준으로 단안용을 사용함
아스페릭 안경	• 안경에 볼록렌즈를 삽입하여 물체의 확대된 상을 보여줌 • 렌즈가 상의 왜곡이 적고 상대적으로 시야가 넓음
프리즘 안경	• 반맹 학생에게 유용함 • 시야가 손상된 쪽의 안경 렌즈에 프리즘을 부착하면 손상된 시야 부분에 대한 보상 효과가 있음

ⓖ 배율과 시야: 확대경은 확대자료, 확대독서기보다 휴대가 용이하고 가격도 저렴하지만 확대독서기보다 확대 배율이 낮고, 대비를 조절하는 기능이 없고, 배율이 높아지면 렌즈 속에 보이는 글자 수가 적어져 읽기 가독성이 현저히 떨어지며, 큰 그림은 렌즈 안에 모두 들어오지 않는다.

ⓗ 확대경을 효율적으로 사용하는 방법
- 눈과 렌즈 간의 거리를 가깝게 하면 시야가 넓어지는 효과가 있으므로 고배율의 확대경을 사용할수록 눈과 렌즈 간의 거리를 가까이 하여 렌즈 속에 더 많은 정보가 보이도록 한다.
- 확대경 렌즈의 직경이 클수록 렌즈 속에 보이는 시야가 넓어지므로, 같은 배율이라도 직경이 큰 렌즈를 사용하면 더 많은 글자를 볼 수 있다.
- 확대경이 고배율일수록 렌즈의 곡률 문제로 렌즈 직경이 작아지고 렌즈 가장자리에서 물체 상의 왜곡 현상이 증가하므로 렌즈의 중앙으로 보도록 한다.

ⓘ 사용 자세
- 확대경은 종류에 따라 손잡이에 해당하는 부분을 잡도록 하여 렌즈를 가리지 않도록 한다.
- 읽기 활동을 할 때는 주로 오른손(오른손잡이 기준)으로 잡지만, 읽기와 쓰기 활동을 병행할 때는 왼손으로 확대경을 잡고 오른손으로 필기구를 쥐어야 하는 경우가 있으므로 양손을 번갈아 확대경을 능숙하게 사용할 수 있도록 지도하는 것이 필요하다.
- 확대경을 사용하여 장시간 읽기 활동을 할 때 눈과 신체의 피로를 줄이고 바른 독서 자세를 취하도록 독서대에 읽기 자료를 올려놓고 확대경을 사용하게 한다.

ⓙ 사용 거리: 자료를 크고 선명하게 보려면 '자료 – 확대경 렌즈 – 눈' 간의 거리를 적절히 조절하는 것이 중요하다.
- 확대경 사용 거리는 '학습자료와 확대경 렌즈 간의 거리', '확대경 렌즈와 눈 간의 거리'로 이루어지고, 학습자로부터 눈까지의 거리를 작업거리, 독서거리라고 한다.
- 학생에게 확대경 사용 거리에 대해 다음과 같이 지도하는 것이 필요하다.
  - 학습자료와 확대경 렌즈 간의 거리를 초점거리라고 하며, 초점거리를 맞추고 유지해야 학습자료의 글자를 해당 배율에 맞게 크고 선명하게 볼 수 있다.
  - 초점거리는 [100cm/D(디옵터)] 계산식으로 구할 수 있으며, 확대경 배율이 높을수록 초점거리는 짧아진다.
  - 학생이 10디옵터를 사용한다면 100/10 = 10cm의 초점거리를 유지해야 한다.
- 확대경 렌즈와 눈 간의 거리는 시야와 관련이 있다.
  - 렌즈로부터 눈이 멀리 떨어질수록 렌즈 속에 보이는 글자 수가 적어지고 렌즈 주변의 왜곡 현상을 더 많이 느끼게 되어 읽기 가독성이 떨어질 수 있다.
  - 따라서 확대경의 배율이 높을수록 렌즈에 더 다가가서 사용해야 한다.

ⓚ 확대경 사용법 교육: 학생의 좋아하는 읽기자료 중 편집이 단순하고 줄 간격이 넓은 자료로 시작하는 것이 좋다.
- 초점거리를 맞추는 방법을 지도한 후 간단한 단어나 문장을 읽는 연습 활동으로 구성하는 것이 좋다.
- 확대경의 초점거리를 맞추는 세 가지 방법 중 자신에게 편안한 것을 사용할 수 있다.
  - 방법 1: 확대경 렌즈를 자료에 댄 후 천천히 떨어뜨리면서 가장 크고 선명한 상이 보일 때 멈춘다.
  - 방법 2: 확대경 렌즈를 눈 가까이 댄 후 천천히 자료에 다가가면서 가장 크고 선명한 상이 보일 때 멈춘다.
  - 방법 3: 자료와 눈의 거리를 20~25cm 정도로 유지한 상태에서 자료로부터 확대경의 거리를 증감하면서 가장 크고 선명한 상이 보일 때 멈춘다.

ⓛ 확대경 사용 문제와 해결: 학생이 확대경을 사용할 때 근거리 학습자료가 잘 안보이거나 읽기 어렵다고 말한다면 교사는 문제를 확인하고 적절히 조치한다.
- 렌즈의 중심부로 자료를 보고 있는지 확인하여 교정한다.
- 확대경의 배율에 맞는 초점거리를 유지하고 있는지 확인하여 교정한다.
- 중심부 암점이 있는지 확인하여 확대경을 볼 때 중심외보기 방향으로 보도록 교정한다.
- 조명의 밝기 수준이 부적절하거나 조명이 직접 눈에 비추어 눈부심을 일으키는지 확인하고, 조명의 밝기와 위치를 조정한다.
- 현재 사용 중인 확대경 배율이 해당 자료의 글자 크기를 읽는 데 적합한 배율인지 확인하고, 배율을 증가시킨다.
- 학생의 시력 변동으로 확대경 배율의 증감이 필요한지 확인하고 시력에 적합한 배율의 확대경을 다시 추천한다.
- 현재 보고 있는 자료의 명도 대비나 색상 대비 수준이 낮다면 확대독서기를 사용하도록 한다.

(1) 확대경 꺼내기

필요할 때 즉시 꺼내 사용할 수 있도록 확대경 보관 및 휴대 방법을 지도한다. 모양과 크기에 따라 차이가 있지만 손잡이형 확대경은 대부분 주머니, 지갑, 서류가방 등에 보관할 수 있다. 가정, 사무실에서는 손이 쉽게 닿는 장소에 놓아두는 것이 좋다. 저시력 기구는 깨끗하고 안전한 장소에 보관하고 렌즈가 손상되지 않도록 주의해야 하지만 확대경을 즉각적으로 사용하는 것이 더욱 중요하므로, 보관의 안전성에 너무 신경 쓰는 것보다 쉽게 꺼내 사용할 수 있도록 훈련생을 지도한다. 손잡이형 확대경을 서랍, 가방에 여러 물건과 함께 보관할 경우, 빨리 찾을 수 있게 확대경 손잡이에 투명테이프나 스티커를 붙여놓는 것도 도움이 된다.

(2) 확대경 쥐는 자세

손잡이형 확대경을 어떻게 쥐느냐에 따라 훈련생의 읽기 효율성이 달라질 수 있다. 렌즈와 대상물 간의 거리 즉 초점거리를 유지하기 어려워하는 훈련생, 손 떨림이 있는 훈련생 등은 거리와 안정성의 기초를 확보하기 위해 자료 위에 손으로 받침대를 만들면서 확대경을 잡도록 지도한다.

(3) 렌즈 각도 조절

일부 훈련생의 경우 천장에 있는 전등의 반사로 인해 불편함을 느끼고, 확대경과 책 표면의 수평 자세를 유지하기가 부자연스러울 수 있다. 빛 반사나 기타 산만한 환경으로 인해 글이나 그림을 보기 곤란하거나, 머리와 렌즈의 위치가 불편할 때에는 손잡이 확대경의 각도를 조절하고 싶어 할 것이다. 이를 위해 훈련생은 주변부의 사물이 약간 왜곡되어 보이는 것을 감안해야 한다. 렌즈의 중심부로 읽는 한, 편한 자세를 확보하기 위해 각도를 조금씩 조절할 수 있다.

(4) 초점거리 결정

- 저시력 기구에 표시된 'X'는 이미지가 확대되는 배율을 가리키는 단위이다. 배율은 굴절률과 비례하고 확대경 제조회사에 따라 다를 수 있으나, 일반적으로 '1X = 4D(디옵터)'의 관계이다(예 6X는 24D). 초점거리를 결정할 때 배율보다는 굴절률, 즉 디옵터를 기준으로 하는 것이 편리하다.
- 초점거리란 렌즈의 뒷면에서부터 렌즈를 통과한 광선이 만나는 지점까지의 거리로, 훈련생이 확대경으로 책을 읽을 때 손에 든 확대경에서 책까지의 거리이다. 적절한 초점거리는 100cm을 확대경의 굴절률로 나눈 거리이다.
  예 어느 확대경의 굴절률이 24D라면 초점거리는 100/24, 즉 약 4cm이다.
- 초점거리를 손쉽게 결정하는 방법은 책 표면에 확대경을 편평하게 놓았다가 글자를 분명하면서 최대한 확대될 때까지 확대경을 서서히 위로 올리는 것이다. 글자가 흐리게 보이기 시작하는 순간의 확대경과 책 사이의 거리가 초점거리이다. 근거리 광학 저시력 기구의 초점거리는 고정되어 있으므로 누가 사용하든지 간에 일정하다. 안경 착용은 작업거리(눈과 책 사이의 거리)에는 영향을 주지만 초점거리(렌즈와 책 사이의 거리)에는 영향을 주지 않는다.
- 렌즈의 굴절률이 증가할수록 렌즈의 지름은 점점 짧아지고, 그 결과 시야가 줄어들기 때문에 볼 수 있는 글자, 그림, 사물의 범위가 좁아진다. 굴절률이 낮을수록 시야는 넓어지며 작업거리도 길어진다. 시야가 좁아지고 작업거리도 짧아지더라도 저시력인은 글자가 매우 작은 지도, 주식시장 보고서, 의복의 세탁 지시사항 등 작은 글자로 된 자료를 읽기 위해 높은 굴절률의 확대경을 선택하는 경우도 있다.
- 손잡이형 확대경 초점거리 계산법: 디옵터(D) = 100(cm)/초점거리(cm)
  예 4배율의 손잡이 확대경을 사용하는 학생은 확대경과 그림카드 간의 초점거리를 6cm정도 유지하여 사용하는 경우
  − 배율을 디옵터로 바꾸기(1X = 4D의 공식활용, 4X = 16D) → 디옵터 공식에 대입(16 = 100/초점거리)
  → 수식 계산(초점거리 = 6.25cm)

(5) 작업거리(working distance) 조절

- 작업거리란 눈과 대상물 사이의 거리로, 렌즈−사물 간의 거리 및 렌즈와 눈 간의 거리의 합이다. 렌즈와 자료 사이의 거리인 초점거리가 확대경의 굴절률에 의해 결정된다는 점에서 작업거리를 조절하는 것은 결국 눈과 렌즈 사이의 거리를 조절하는 것이다.
- 작업거리는 몸 자세와 피로도에 영향을 미친다. 머리를 자료로부터 멀리할 경우, 즉 작업거리를 길게 하면 자세를 편안하게 취하고 피로를 그만큼 줄일 수 있지만 시야가 좁아진다. 손잡이형 확대경을 사용하여 자료를 효율적으로 읽기 위해서는 하루 중 시간, 당장에 수행하는 과제 등에 따라 렌즈로부터 눈의 거리를 바꿈으로써 작업거리를 조절한다.

(6) 안정적인 자료 위치 확보

손잡이형 확대경을 사용하여 책을 읽을 경우 머리, 눈, 렌즈, 자료의 네 가지 요소가 관련된다. 어느 요소를 정지시키고, 어느 요소를 움직이느냐에 따라 과제의 시각적 효율성과 신체적인 편리성이 달라진다. 초점거리나 작업거리를 조절함으로써 시각적 효율성을 증가시킬 수 있지만, 높이 조절이 가능한 책상이나 책 받침대를 사용하여 자료의 위치를 안정적으로 유지한 채로 자료거리를 줄여주면 효율성을 높일 수 있다.

ⓒ 망원경
  ⓐ 보통 6m 이상 떨어진 물체를 볼 때 사용되고, 때로는 60cm 이내의 물체를 볼 때에도 사용된다.
  ⓑ 시각장애 학생은 대부분 신호등, 버스번호 등을 볼 때는 손잡이형 망원경을 사용하고, 텔레비전 시청, 스포츠 경기 관람 등을 할 때에는 안경 장착형 망원경을 사용한다.
  ⓒ 종류
  • 일반적으로 칠판 보기, TV 보기, 표지판 읽기 등의 원거리 활동에 유용하며, 일부는 근거리에도 사용이 가능하다.
  • 시각장애 교육 현장에서는 학생의 시력, 신체능력, 과제유형 등에 따라 적합한 망원경을 추천할 수 있게 망원경 세트를 구비하는 것이 좋다.
  • 망원경 사용이 필요한 학생은 어떤 종류의 망원경이 적합한지, 안진, 암점, 편마비 등의 신체 문제로 망원경 사용에 제한이 있진 않은지, 어떤 상황과 활동에서 망원경을 사용할지 등을 검토해야 한다.
  • 양안용과 단안용 망원경, 고정초점식과 가변초점식과 자동초점식 망원경, 안경부착형과 안경형 망원경 등으로 분류되며, 학생에게 적합한 망원경을 추천하려면 망원경의 종류와 특징을 알고 있어야 한다.
    – 단안 망원경은 양안의 시력 차이가 큰 경우 좋은 쪽 눈에 사용한다.
    – 쌍안경은 양안의 시력 차이가 없는 경우 사용한다.
    – 가변 초점식 망원경은 초점의 개념을 이해하고 경통을 돌려 초점을 맞출 수 있는 학생이 사용한다.
    – 너무 어리거나 지적장애, 수지 운동기능 제한 등으로 초점을 맞추기 어려운 학생은 일정한 거리에서 사용할 수 있는 고정 초점식 망원경이나 가격이 비싸지만 거리 변화에 따라 자동으로 초점이 맞추어지는 자동초점식 망원경을 사용할 수 있다.
    – 손잡이형 단안 망원경은 손으로 잡고 보는 망원경으로, 도로 표지판, 버스 노선표, 상점이나 물체 찾기처럼 단시간 사용할 때 가장 보편적으로 사용한다.
    – 안경부착형 망원경은 안경렌즈의 상단 부분에 양안 또는 단안으로 망원경을 부착하는 것으로, 양손을 사용하거나 장시간 망원경을 사용할 때 유용하며, 근거리 보기를 할 때는 망원경 아래의 안경렌즈로 보고, 원거리 보기를 할 때는 안경 상단에 부착한 망원경을 통해 보면 된다.
  ⓓ **구조와 배율**: 학생이 망원경을 바르고 효율적으로 사용하기 위해 망원경의 구조와 특징을 이해하고 있어야 한다.
  • 망원경은 공통적으로 접안렌즈, 대물렌즈, 경통으로 구성되며 배율, 렌즈직경, 시야각은 각각 다르다.
  • 망원경의 몸체에는 사양을 나타내는 숫자 표기가 되어 있다.
    예 '8X21 7.2'는 8배율, 대물렌즈 직경 21mm, 시야각 7.2°를 의미함
  • 접안렌즈는 눈에 대는 렌즈로 보통 고무 재질로 마감되며, 안경에 댈 때는 고무를 뒤집어서 댄다.
  • 대물렌즈는 물체를 향해 있는 렌즈로 딱딱한 재질로 마감된다.
  • 경통은 물체와의 거리에 따라 선명한 상을 얻기 위해 돌려서 초점을 조절하는 부위이다.
  • 배율은 2배율부터 16배율 이상까지 다양하며, 배율이 증가할수록 시야가 좁아지는 문제가 있다.
  • 단안 망원경을 사용하는 학생은 양 눈 중 좋은 눈에 사용하며, 그 이유는 더 낮은 배율을 사용함으로써 더 넓은 시야로 편안하게 볼 수 있기 때문이다.
  • 망원경을 사용할 때 눈과 접안렌즈 간의 거리가 가까울수록 렌즈 속으로 보이는 시야가 넓어지는 효과가 있으므로 가능한 한 접안렌즈를 눈에 붙이는 것이 좋으며, 높은 조도를 선호하는 학생은 대물렌즈 직경이 큰 망원경을 선택하면 렌즈로 들어오는 빛의 양을 증가시켜 좀 더 밝은 상을 얻을 수 있다(D'Andrea & Forrentkopf, 2000).
  • 망원경을 사용할 때 배율이 나안 기준인지 안경 착용 기준인지 혼동하지 않도록 한다.

ⓔ **사용 자세**: 망원경은 바른 자세로 잡아야 안정적으로 초점을 맞추고 유지할 수 있다.
- 망원경은 좋은 눈에 대고 보기 때문에 일반적으로 좋은 눈 쪽의 손으로 잡되, 엄지손가락과 나머지 손가락으로 접안렌즈와 경통 부위를 감싸듯이 잡아야 한다.
- 접안렌즈를 눈에 최대한 붙이는 이유는 빛은 대물렌즈로만 들어오고 접안렌즈와 눈 사이의 공간으로 불필요한 빛이 들어오지 않도록 차단해야 보다 선명하고 넓은 시야로 볼 수 있기 때문이다.
- 시각장애 유아나 망원경을 처음 사용하는 학생은 안정적인 자세로 망원경을 사용하도록 양 팔꿈치를 책상에 지지하거나 망원경을 잡은 팔꿈치를 반대쪽 손바닥으로 받치는 것이 도움이 될 수 있다.
- 학생이 원거리 자료를 볼 때 한 손으로 단안 망원경을 잡고 다른 손으로 필기하기 위해서는 양손을 번갈아 망원경을 사용할 수 있도록 지도해야 한다.

ⓕ **사용 거리**
- 종류와 배율에 따라 초점거리가 다를 수 있으므로 사용할 망원경의 초점거리를 확인하는 것이 필요하다.
- 망원경은 일정 거리를 벗어나면 망원경의 초점을 맞추어도 물체가 선명하게 보이지 않을 수 있는데, 이는 너무 멀리 있거나 너무 작은 물체는 초점을 맞추어도 해당 배율의 망원경으로 확대되는 물체의 상이 작기 때문일 수 있으며, 더 높은 배율의 망원경으로 보거나 물체에 좀 더 가까이 다가가서 보는 것이 도움이 될 수 있다.
- 망원경은 물체의 거리에 따라 접안렌즈와 대물렌즈 간의 거리(경통 거리)를 조절하여 초점을 맞춘다.

㉢ **시야 확대 보조기구**

종류	특징
리버스 망원경	시야가 좁아 볼 수 있는 범위가 좁은 경우, 대상을 축소시킴으로써 자신이 눈으로 볼 수 없는 범위의 사물까지 보도록 도와주는 광학기구 예 아파트 현관문에 부착되는 외부 관찰용 렌즈
프레넬 프리즘	• 투명하고 두꺼운 플라스틱 막으로, 안경알에 부착하여 사용함 • 필요한 정보를 받아들일 수 없을 정도로 시야가 좁은 경우 안전하고 효율적인 이동을 위해 프리즘을 통하여 80~90° 범위 안에 있는 대상을 볼 수 있음 • 반맹의 경우 프리즘 같은 저시각 기구가 효과적인 반면, 역단안경은 효과적이지 못함

㉣ **CCTV**
ⓐ 저시력 학생이 사용할 수 있는 독서 확대기의 대표적인 예이다.
ⓑ 비디오 카메라를 통해 화면의 상을 100배까지 확대할 수 있고, 컬러, 흑백, 역상 모드를 지원한다.
ⓒ 자동 및 수동 초점 조절장치가 있어 사용자가 작동하기 쉬우며, 컴퓨터 모니터나 TV에 연결하여 사용할 수도 있다.
ⓓ 보다 선명한 대비로 많은 과제를 수행해야 하는 경우, 오랫동안 쓰거나 읽어야 하는 경우에는 CCTV를 사용하는 것이 좋다.
ⓔ **장점**: 밝기를 조절할 수 있고 대비를 높일 수 있다.
ⓕ **단점**: 휴대하기가 어렵고 가격이 비싸다.

② 비광학 기구

종류	내용

높낮이 조절
독서대와 책상
	• 시력 저하로 책과 눈 간의 거리가 가까워 고개를 숙이고 보는 학생에게 도움이 됨
	• 학생의 척추가 휘는 것을 막을 수 있고, 고개를 숙일 때 조명을 가려 학습자료가 어두워지거나 그림자
	  지는 것을 막을 수 있음
	• 좀 더 바르고 편안한 자세를 유지할 수 있어 전반적인 읽기 피로도를 낮출 수 있음
	• 독서대는 학생의 눈이 독서대에 올려놓은 책의 중앙 정도에 오도록 높낮이를 조절하고, 적절한 밝기와
	  눈부심을 줄일 수 있는 각도로 조절해야 함
	• 독서대의 책을 놓는 받침대도 조명을 반사하여 눈부시지 않도록 검정색 계열의 무코팅 재질을 사용한
	  것이 좋음

개인용 스탠드	• 개인용 스탠드는 조명선호검사 결과에 따라 밝은 조명을 선호하는 학생에게 제공함
	• 조명등의 밝기와 방향 조절이 가능한 것으로 구입하는 것이 좋음
	• 조명등의 방향이 조절되면 조명등이 눈에 비추지 않고 학습자료만을 향하도록 조정할 수 있다.
	• 개인용 스탠드의 조명등은 학생의 눈에 빛이 바로 들어오지 않고, 책으로부터 반사되는 빛 역시 눈에
	  들어오지 않도록 기구의 위치와 방향을 조절해야 함
	• **눈부심을 감소시키는 전략**
	  – 전체 조명은 집중 조명보다는 방 전체로 빛이 고루 퍼지는 조명을 사용함
	  – 창가를 바라보지 않도록 창가를 등진 앞자리에 배치함
	  – 교구를 보여주거나 시범을 보이는 교사의 위치는 창가나 태양광이 비추는 곳에서 빛을 등지고 서 있
	    지 않도록 함
	  – 개인용 조명기구는 조명등이 학생의 얼굴 앞쪽보다는 뒤쪽에서 자료를 비추도록 함
	  – 교실에서는 형광등이 학생의 앞쪽보다 뒤쪽에 위치하도록 자리를 배치함
	  – 조명등이 바로 눈에 노출되지 않도록 루버, 갓 등을 씌움
	  – 책상이나 테이블로부터 빛이 반사되어 일어나는 눈부심을 줄이는 동시에 대비를 높일 수 있도록 검정
	    계열의 테이블보 또는 학습용 매트를 활용함

타이포스코프
(typoscope)
	• '대조강화경'으로도 불리며, 보통 검정색 하드보드지나 플라스틱판 가운데에 길쭉한 직사각형 구멍을
	  내어 제작함
	• 한 줄 단위로 문장을 제시하여 글줄을 잃어버리지 않도록 하고, 바탕색과 글자색 간 대비를 더 높이며,
	  종이의 흰색보다 타이포스코프의 검정색이 빛 반사가 낮아 눈부심을 줄여줄 수 있음
	• 시야 문제로 인해 문장을 좌에서 우로 똑바로 읽어나가지 못하거나 다음 줄을 잃어버리거나 눈부심에
	  민감한 학생이 사용하면 도움이 됨
	• **라인 가이드(line guide)**: 타이포스코프와 비슷한 기능을 하며, 타이포스코프가 보통 책 한 페이지의
	  절반 정도를 덮을 수 있는 직사각형 크기인 반면 라인 가이드는 20cm 자 정도의 크기임

아세테이트지	• '셀로판지'라고도 부르며, 대비를 높이거나 종이로부터 반사되는 눈부심을 줄여줄 수 있음 • 선글라스로 사용하는 착색 렌즈와 비슷한 기능을 가짐 • 대비감도가 낮거나 눈부심에 민감한 학생에게 도움이 되며, 일반적으로 노란색 계열을 많이 사용하고 안질환에 따라 밝은 갈색 등 다른 색을 사용할 수 있음 • 책 위에 놓고 보며, 낮은 대비의 자료를 볼 때 도움이 됨

③ 시각 활용 보조도구

종류	내용
화면 확대 프로그램	• 컴퓨터 화면의 내용을 보기 어려운 학생을 위해 화면의 내용을 확대해 주는 소프트웨어 • 컴퓨터 운영체제에 내장된 '돋보기 기능'을 사용하거나 줌텍스트(ZoomText) 같은 화면 확대 프로그램을 별도로 설치하여 사용할 수 있음
컴퓨터 환경설정과 주변 기기	• 윈도우 운영 체제에서 저시력인을 위한 지원 기능 – 고대비 모드: 검정색 바탕에 글자색을 흰색이나 노란색으로 조절함 – 마우스 포인터: 포인터의 크기를 크고 대비가 높은 색으로, 포인터의 이동 속도는 느리게 조절함 – 키보드 커서: 커서를 넓게 조절하면 커서 위치를 확인하기 쉬움 • 인터넷 익스플로러 사용 시: 〈Ctrl〉과 마우스 휠을 위·아래쪽으로 돌려 화면내용을 확대·축소함 – 화면 디스플레이: 해상도를 낮추어 화면의 글자나 그림을 크게 조절함
스마트 기기 환경설정	• 스마트폰의 저시력인을 위한 다양한 기능 – 학생의 잔존 시각에 따라 확대 및 축소, 화면 밝기 조절, 색상 변환 등의 기능을 사용할 수 있음 – iOS 기반인 애플은 '손쉬운 사용', 안드로이드 기반인 삼성 갤럭시는 '접근성'에서 이와 같은 기능을 자신에게 맞게 재설정할 수 있음

02 맹

1. 보조공학

(1) 특징

촉각, 청각 등의 보상감각을 활용한 여러 종류의 보조공학기기와 학습기기가 사용된다.

(2) 종류

① 촉각 활용 보조공학기기

종류	내용
점자정보 단말기	• 점자로 읽고 쓸 수 있는 전자기기로, 본체의 여섯 개의 점자입력 버튼으로 점자를 입력하고, 음성합성 장치와 점자 디스플레이를 통해 음성과 점자로 출력할 수 있음 • 노트북과 같이 파일 및 폴더 관리, 문서작성, 독서, 녹음과 재생, 인터넷 등의 다양한 기능이 있으며 컴퓨터, 스마트폰과 연결하여 사용할 수 있음 • 본체의 중앙에 위치한 〈space〉키를 기준으로 좌측으로 1점, 2점, 3점, 우측으로 4점, 5점, 6점의 점자 입력 키들이 배열되어 있음 • 본체 하단에는 플라스틱 재질의 점자가 출력되는 점자 디스플레이가 있으며, 점 칸이 6개 점이 아닌 8개의 점으로 구성되어 있음. 점 칸 제일 아래의 두 점은 컴퓨터의 커서에 해당하는 것으로, 커서를 이동하여 원하는 위치에 점자의 입력이나 수정을 할 수 있음 • **기능**: 워드프로세서, 독서기, 미디어 플레이어, 인터넷 설정, 온라인 데이지, 기타(주소록 관리, 계산기, 일정 관리, 달력, 알람 등)
점자 프린터와 점역 프로그램	• 컴퓨터에서 작성된 문서를 점자 인쇄물로 출력해 주는 기기 • 점자 프린터를 사용하기 위해서는 컴퓨터에 묵자를 점자로 바꾸어주는 점역 프로그램을 설치해야 하며, 점역 프로그램은 본문에 직접 한글을 입력하거나 텍스트(txt), 한글(hwp), MS word(docx) 파일 등을 불러온 후 점자로 변환하여 점자 프린터로 출력할 수 있음

종류	내용
점자 라벨러	• 점자 프린터 없이도 간단한 점자자료를 점자 라벨지에 출력할 수 있는 기기 • 컴퓨터에 연결하여 사용하는 종류(점자 라벨러 BL-1000)와 컴퓨터 없이 독립형으로 사용할 수 있는 종류(식스닷 점자 라벨 메이커 등)가 있음 • 독립형 점자 라벨러는 제품 윗면에 위치한 점자 키보드를 사용하여 점자를 찍거나 일반 키보드를 연결하여 점자를 찍을 수 있으며, 엘리베이터, 사무실 문, 도서, 우편물, 가전제품, 자판기 등에 출력한 점자 라벨을 부착하여 사용할 수 있음
입체복사기	• 시각장애인을 위한 촉지도, 다이어그램, 텍스트 및 그래픽 등의 촉각 이미지를 간단하고 빠르게 제작하는 기기 • 특수한 전용 용지에 원하는 이미지를 직접 그리거나 프린터로 출력한 후 입체복사기를 통과시키면 열에 반응한 검정색 잉크 부분만 부풀어올라 촉각 이미지가 생성됨
옵타콘 (optacon)	• 소형 촉지판에 있는 핀들이 문자 모양대로 도출되어 맹학생이 일반 활자를 읽을 수 있게 하는 장치 • 활자를 점자로 바꾸는 것이 아니라 카메라에 비친 글자 모양을 읽도록 하는 것

② 청각 활용 보조공학기기

종류	내용
화면 읽기 프로그램	• '화면 낭독 프로그램'이나 '스크린 리더'라고도 불리며, 컴퓨터 화면의 내용을 확대하여도 보는 데 어려움이 있는 학생이 컴퓨터에 설치하는 소프트웨어 • 컴퓨터용 화면 읽기 프로그램으로 센스리더(국산 제품), Jaws for window, WindowEyes 등이 있음 • 맹학생이 많은 학습자료를 빠른 속도로 듣기를 통해 학습하거나, 컴퓨터로 문서를 작성하거나, 인터넷에서 필요한 자료를 검색하거나, SNS 등 다양한 컴퓨터 기반의 여가 활동에 활용할 수 있음 • 음성출력 기능은 음성 속도, 고저, 크기를 자신에게 맞게 조절할 수 있으며, 공공 장소에서는 이어폰을 착용하고 사용해야 함
데이지 플레이어	• 최근 증가하는 전자도서 형태의 파일을 읽을 수 있게 하는 대표적인 기기 • 음성 속도, 크기, 고저 등도 자신에게 맞게 설정할 수 있으며, 독서 기능 외에 녹음하고 재생할 수 있는 녹음 기능, WiFi를 통해 웹 라디오나 팟 캐스트를 청취할 수 있는 기능도 있음 • 데이지 도서(DAISY): 시각장애인 등 일반 활자의 이용에 어려움이 있는 사람들을 위한 표준화된 형식의 디지털 도서로, 텍스트, 녹음, 점자 파일 등을 포함하므로 시각장애 정도에 따라 자신에게 적합한 것을 선택할 수 있음
광학문자 인식시스템 (OCR)	• 인쇄자료를 확대해도 읽을 수 없어, 인쇄자료를 점자나 음성으로 다시 변환해야만 읽을 수 있는 맹학생에게 유용함 • 스캐너 또는 카메라로 인쇄물을 스캔하여 저장한 후 문자 인식 프로그램을 통해 이미지를 제외한 문자만 추출하여 텍스트 파일로 변환하게 되고, 맹학생은 이 텍스트 파일을 음성이나 점자로 출력하여 이용함
보이스아이	• 문자정보를 바코드 심벌로 저장하고, 보이스아이 전용 리더기나 보이스아이 앱을 설치한 스마트폰을 이용해 바코드를 음성으로 변환하여 듣거나 확대해서 볼 수 있도록 한 기기 • 바코드는 가로와 세로 1.5cm 정도 크기로, 바코드 한 개에 책 두 페이지 분량 정도가 저장됨
스마트 기기 환경설정	• 스마트폰의 화면을 화면확대 기능을 통해서도 보기 어려운 학생은 음성지원 기능을 활용할 수 있음 • iOS폰은 보이스 오버(VoiceOver), 안드로이드폰은 톡백(TalkBack) 등으로 불리는 시각장애인을 위한 화면 읽기 프로그램을 내장하고 있으며, 두 프로그램 모두 음성 속도, 크기, 고저를 조절할 수 있음

2. 듣기지도

(1) 장점

① 듣기는 말하기·읽기·쓰기보다 더 많은 양을 차지한다.
② 듣기는 말하기·읽기·쓰기의 발달에 도움을 준다.
③ 중복장애 학생과 묵독이나 점독에 어려움이 있는 학생에게는 듣기가 중요한 학습수단이 된다.
④ 속도가 빨라 자료를 구하고 처리하는 데 효과적이다.
⑤ 경우에 따라 듣기가 점자보다 학습에 더 효과적인 수단이 아닐 수 있지만 점자도서를 제작·보급하는 것보다 녹음도서를 제작하는 것이 더욱 쉽고 빠르다.

(2) 단점

① 듣기(청독)는 일부 내용을 전달하기 어렵다.
② 특히 그림, 차트, 그래프, 도형 등은 듣기에 의하여 정확하게 전달될 수 없다.
③ 듣기는 앞의 내용을 다시 듣거나 건너뛰거나, 자세히 분석하거나 원하는 장이나 페이지를 찾기 어렵기 때문에 참조하기가 어렵다.
④ 녹음도서의 인덱싱 방법도 정독, 표제어, 문단, 특수한 체제를 통하여 다시 읽거나 전체를 훑어 읽는 데 시간이 많이 걸린다.
⑤ 자료를 통제하기가 어렵다.
    ㉠ 속도, 억양, 고저, 간격 등은 낭독자가 결정한다.
    ㉡ 전자공학의 발달로 압축어, 속도와 음색의 다양한 조절, 그 밖의 기기를 통하여 다양한 변화와 발전이 이루어지고 있으나 아직도 자료를 통제하는 데 어려움이 있다.
⑥ 듣기는 수동적이다. 녹음도서는 가만히 앉아서 듣기 때문에 수동적이 되기 쉬우므로, 집중력을 높이기 위해서는 능동적인 듣기를 해야 한다.
⑦ 자료를 구하기 어렵다. 정안 학생이 사용하는 청각자료는 시각장애 학생도 사용할 수 있으나, 이러한 자료는 시각적 자료와 함께 사용하는 경우가 많아 시각장애 학생이 사용하기 어렵다.
⑧ 시각장애 학생이 교과서와 참고서의 대체자료로 녹음도서를 구하기 어려워 듣기학습이 제한된다.

■ **핵심 플러스 - 녹음도서 제작의 실제**

• 녹음도서는 음절 단위로 제시되며, 내용에 따라서는 책의 내용과 직접적인 관계가 없어도 필요한 부분에 대한 설명도 함께 녹음한다.
• 외국어로 된 용어나 이름은 정확한 발음과 함께 철자도 읽어주고 한문으로 표기된 단어는 글자의 토를 읽어주거나 낱말의 뜻을 녹음해준다.
   예 사상(事像)을 녹음할 때 사상이라고 읽은 뒤에 '일 사', '형상 상'이라고 녹음한다. 희귀한 낱말, 어려운 낱말, 문맥 속에서 혼동을 줄 수 있는 낱말 등은 반드시 뜻도 함께 읽어주어야 한다.
• 도표, 차트, 그래프, 그림 등은 낭독자가 완전히 이해한 뒤 그 뜻을 풀어서 간결하게 설명해 준다.
• 책 전체의 위계를 알 수 있도록 책의 부, 장, 절, 순서를 나타내는 숫자부터 책의 제목, 출판사, 출판 연월일, 트랙의 수까지 모든 정보를 녹음한다.
• 괄호, 따옴표 등 중요한 부호 역시 녹음하고, 페이지를 바꿀 때는 읽던 문장을 완전히 다 읽은 후 그 다음 페이지를 읽는다.
• 녹음도서를 제작하는 경우 한 명은 녹음실에서 책을 읽고, 모니터는 밖에서 그 책을 정확하게 읽는지 조사한다. 따라서 공용으로 사용되는 녹음도서를 녹음할 경우에는 두 명이 한 조가 되어 낭독하는 것이 원칙이다.

3. 촉각자료

(1) 촉각지도

① 촉각지도는 도드라진 표면과 서로 다른 질감을 통해 지리, 지도 읽기에 관련된 기술을 가르치는 데 사용한다.
② 교사는 털실이나 기타 재료를 이용하여 일반자료를 촉각자료로 수정할 수 있다.

(2) 촉각 그래픽

① 교실에서는 그림, 사진, 지도, 도표, 그래프, 도형 등의 형식으로 그래픽적인 정보를 자주 접하는데 이 정보에 시각장애 학생이 접근 가능하게 하는 가장 흔한 방법은 촉각 그래픽의 사용이다.
② 촉각 그래픽은 시각적 정보를 촉각 형태로 바꾼 것을 말한다.
  예 선으로 된 그림이 있을 때, 시각장애 학생들을 위해 교사가 그림의 중요한 직선 부분을 따라 끈을 붙여 놓는 경우
③ 입체복사기도 촉각 그래픽의 제작에 도움이 될 수 있다.
  예 픽셀마스터(Pixelmaster)는 '점자, 돌출된 묵자, 촉각 그래픽'의 세 가지 출력이 가능한 프린터이다. 그래픽이 인쇄되면 촉각으로 느낄 수 있도록 종이에서 그림이 돌출된다. 이 프린터는 또한 그래픽, 묵자, 점자를 같은 페이지에 동시에 나타낼 수 있어, 그래픽 일부를 점자나 돌출된 묵자로 표시할 수 있다. 예를 들어, 교사가 학교 주위 동네의 지도를 그리고 난 다음, 각 거리 이름을 점자로 표시할 수 있다.

(3) 양각그림 자료를 제작할 때 준수해야 할 지침

① 원본 그림이 본문의 내용이나 개념을 이해하는 데 필요한 자료인지 확인한다. 장식적인 목적의 그림이거나 구어 설명만으로 충분한 이해가 가능하다면 생략할 수 있다.
② 원본 그림을 양각그림으로 만들 때 점자 프린터나 입체복사기로 출력할지, 여러 사물과 재료로 제작할지 결정한다. 단순한 시각자료(예 단순한 모양의 차트)는 점자 프린터나 입체복사기로도 제작할 수 있다.
③ 양각그림 크기는 양손으로 확인할 수 있는 크기(30×30cm 내외)가 적절하다. 너무 크거나 작으면 촉각자료의 전체 모양이나 세부 요소 간의 관계를 파악하기 어렵다. 촉각자료의 세부 요소는 손으로 지각하고 구별할 수 있는 최소 크기가 되어야 한다.
④ 양각그림을 만들 때 원본 그림과 똑같이 만드는 데 주안점을 둘 필요가 없다. 원본 그림에서 필수적이지 않은 요소는 제거하거나 단순화하여 양각그림을 만들면 더 잘 이해할 수 있다.
  예 우리나라의 지도 모양을 이해하는 데 있어 남도의 많은 섬을 배우는 데 목적이 있는 것이 아니라면, 작은 섬들을 생략하거나 보다 단순화하여 제시할 수 있다.
⑤ 양각그림은 원본 그림과 동일한 크기로 제시하는 데 주안점을 둘 필요는 없다. 다만 원본 그림을 정확한 비례로 확대·축소해야 하고, 필요에 따라 그림의 확대·축소 비율을 명시할 수 있다.
⑥ 복잡한 원본 그림의 모든 세부 정보가 필요하다면 원본 그림을 한 장에 제시하기보다 여러 장으로 분리하여 책자형으로 제작할 수 있다. 첫 장에는 원본 그림의 전체 윤곽이나 형태를 나타내는 양각그림을 배치하고, 다음 장부터는 원본 그림을 몇 개로 나누어 만든 세부 양각그림들을 제시한다.
⑦ 양각그림의 주요 특징을 손으로 탐색할 때 그림 이해를 돕기 위한 짧은 설명의 점자 글을 함께 제시할 수 있다.
⑧ 원본 그림의 형태를 단지 양각의 윤곽선만으로 나타내기보다 선의 안쪽을 채운 양각면 형태로 제시하면 대상의 모양이나 형태 등을 더욱 잘 지각할 수 있다.
⑨ 중증의 저시력 학생은 촉각 탐색뿐만 아니라 잔존 시각도 활용할 수 있도록 그림의 양각윤곽선에 대비가 높은 색을 입히면 양각그림 자료를 더 잘 이해할 수 있다.
⑩ 양각그림에 너무 많은 촉각 심벌, 무늬, 질감이 들어가면 오히려 이해하기 어렵고 혼동을 줄 수 있다.
⑪ 양각그림에 여러 개의 양각 선을 사용해야 할 때는 양각선들을 촉각으로 구별할 수 있도록 5mm 정도 간격을 두고, 그림의 양각선과 점자글자 간의 간격도 3mm 이상이 되도록 한다.
⑫ 양각그림에 점자글자를 적기 어려운 경우 안내선(유도선)을 사용하기보다 기호나 주석을 사용한다. 안내선을 사용해야 한다면 안내선으로 사용한 양각선이 양각그림에서 사용하고 있는 양각선과 구별되어야 한다.

⑬ 양각그림을 개발할 때 학생의 연령과 경험을 고려해야 한다. 학생의 연령과 기술 수준이 낮을수록 양각그림에 사용하는 양각면, 양각선, 양각점, 양각기호의 수를 줄여주는 것이 좋다.

⑭ 복잡한 원본 그림을 양각그림으로 제작하는 방법

   ㉠ 전체-부분 방식이나 단계별 방식이 있다. 전체-부분 방식은 전체 그림을 2개 이상의 부분 양각그림으로 나누어 제작하는 것이고, 단계별 방식은 원본 그림의 전체 윤곽과 세부 내용을 나누어 제작하는 것이다.

   ㉡ 복잡한 원본 그림을 여러 부분으로 분리하여 양각그림 자료를 제작할 때 그림의 분리점(또는 분리선)을 더욱 명확하고 도드라지게 표시해야 분리된 양각그림 자료를 탐색한 후 하나로 통합하여 이해하기 쉽다.

   ㉢ 복잡한 원본 그림을 분리할 때는 논리적인 분할이 이루어져야 하고, 각 분리된 부분을 잘 나타내는 제목을 다시 붙여야 한다. 분할은 수평이나 수직으로 절반을 나누거나 1/4로 나눌 수 있으며, 자연의 랜드마크(강, 산맥 등)에 따라서도 나눌 수 있다.

03 시각 중복장애 학생 교육

1. 시각장애 아동의 촉진 전략

(1) 촉진의 종류 및 전략

① 언어 또는 수어 촉진

   ㉠ 학생에게 어떻게 반응해야 하는지 언어나 수어를 사용하여 반응을 촉진할 수 있다.

   ㉡ 학생의 단어/수어 이해 정도에 따라 촉진을 결정한다.

   ㉢ 언어 촉진은 학생이 해야 할 사항을 말로 알려 주는 방식을 그대로 적용하면 된다.

   ㉣ 수어 촉진은 시각장애 학생의 시각기능 정도를 고려하여 결정한다.

      ⓐ 교사가 수어하는 손의 모양을 맹학생이 직접 손으로 만져 보게 한다.

      ⓑ 학생이 손의 모양을 촉각으로 느낄 수 있도록 속도를 조절한다.

      ⓒ 저시각 학생은 손의 모양을 변별할 수 있는 거리에 손을 위치시키고 수어를 하여 확인하도록 한다.

      ⓓ 학생이 확실하게 변별해 낼 수 있도록 수어하는 속도를 조절한다.

② 사물, 그림/촉각 그래픽, 점자/묵자 촉진

   ㉠ 시각장애 학생의 시각장애 정도를 고려하여 촉진 매체를 결정한다.

   ㉡ 맹학생의 경우, 어떻게 반응해야 하는지를 알려 주는 그림과 묵자의 사용이 불가능하다.

      ⓐ 묵자 대신에 점자를 촉진 매체로 사용한다.

      ⓑ 점자를 익히지 못한 학생을 위해서는 사물을 촉진 매체로 사용한다.

      ⓒ 활동을 상징하는 실물을 손으로 만지게 하여 촉진할 수 있다.

         예 체육은 공, 방향정위와 이동훈련은 흰 지팡이, 점자학습은 점필, 식사는 숟가락 등으로 알려주는 방법

      ⓓ 실물과 활동을 연관시켜 이해할 수 있고, 촉지각 능력이 향상되면 촉각 그래픽을 사용할 수 있다.

      ⓔ 촉각 그래픽은 손으로 느껴 감지할 수 있을 정도의 촉각 심벌들을 써서 제작한다.

   ㉢ 저시각 학생의 경우, 그림과 묵자를 사용하여 촉진이 가능하다.

      ⓐ 그림은 제한된 시각으로 변별 가능할 정도로 단순화한다.

      ⓑ 색을 대비시키고, 윤곽을 뚜렷하게 만들어서 사용한다.

      ⓒ 학생이 시각으로 변별할 수 있을 거리에 제시한다.

③ 부분적인 신체적 촉진: 학생의 손이나 팔, 다리, 몸통, 턱 등을 짧게 건드리거나 두드리기, 살짝 누르거나 밀기 등으로 반응을 촉진한다.

④ 전반적인 신체적 촉진

    ㉠ 행동을 통한 전반적인 지도를 하는 것으로, 종종 손을 잡고 도와주거나(예 수저 사용), 몸통이나 다리를 움직이는 일(예 기기, 걷기)에서 촉진이 가능하다.

    ㉡ 맹학생을 대상으로 대운동이나 소운동을 지도할 때, 직접적인 신체적 접촉으로 촉진이 가능하다.

    ㉢ 교사가 학생의 신체 일부를 움직이도록 지도할 수도 있고, 학생이 교사의 신체 일부의 움직임을 감지할 수 있도록 손으로 만져 확인하게 할 수 있다.

    ㉣ 손을 주로 사용하는 소근육 활동에서는 교사가 학생의 손 위에 손을 얹고 지도하는 '손 위 손' 기법과 교사의 손이 학생의 손 아래에 있는 '손 아래 손' 기법을 사용할 수 있다.

⑤ 모델링 촉진

    ㉠ 학생이 모방하기를 바라는 목표행동을 시범 보이는 것이다.

    ㉡ 학생과의 신체적 접촉이 필요 없으며, 저시각 학생이 확인할 수 있는 거리에서 모델링을 하고 동작은 천천히 정확하게 한다.

    ㉢ 모델링은 대개 동작을 포함하지만, 완성된 과제를 보여 주는 것이나 언어적인 것처럼(예 '공 주세요'라고 수어로 해 보세요.) 동작을 포함하지 않을 수도 있다.

⑥ 몸짓 촉진

    ㉠ 학생의 관심을 반응에 관련된 적절한 것으로 돌리기 위한 몸짓을 사용한다.

    ㉡ 저시각 학생이 몸짓을 확인할 수 있는 거리에서 천천히 정확하게 몸짓을 해야 한다.

    예 학생이 보아야 하는 사물 쪽을 손가락으로 가리키기, 사물을 보도록 사물로 두드려 소리 내기, 사물 옆에서 두드려 소리 내기 등

(2) 촉각 교수방법

종류	내용
촉각적 모델링	특정 기술을 수행하는 데 필요한 신체자세나 동작을 지도할 때, 교사가 올바른 신체자세나 동작을 시범 보이면 학생이 손으로 만져 탐색하고 모방하도록 하는 것
신체적 안내법	특정 기술을 수행하는 데 필요한 신체자세나 동작을 지도할 때, 교사가 자신의 손을 사용하여 학생의 신체의 각 부위를 접촉하여 적절한 자세와 동작을 취하도록 돕는 것
손 위 손 안내법	• 학생의 손 위에 교사의 손을 놓고, 교사가 학생 손의 움직임을 조정하여 학습기술을 지도함 • 교사의 적극적 개입이 이루어지는 촉각교수 방법으로 중복장애 학생에게 많이 사용됨 • 다른 사람의 접촉에 예민하거나 거부감을 보이는 학생에게 사용하지 말아야 하며, 교사는 학생의 손을 접촉하여 안내할 때 강압적으로 다루지 않도록 유의해야 함
손 아래 손 안내법	• 학생의 손 아래에 교사의 손을 두고, 교사의 손 움직임을 학생이 인식하여 학습기술을 지도함 • 교사가 학생의 손을 잡아끌지 않아 덜 개입적이므로 촉각적 민감성이 심하거나 친숙하지 않은 물체를 접촉하는 것을 주저하거나 물체를 탐색하는 데 거부감이나 문제행동 보이는 학생에게 효과적임 • 교사는 학생이 손 아래 손 안내법으로 물체에 대한 거부감이나 저항이 감소하면 손 위 손 안내법으로 바꾸어 지도할 수 있음

다음의 (가)와 (나)에 들어갈 명칭으로 옳은 것은? [1.5점]

일반적으로 전경과 배경과의 대비가 높을수록 시감도는 증가된다. 따라서 저시력 학생에게 굵은 선을 그은 종이를 제공하면 대비가 증가되어 읽고 쓰기가 쉬워진다. 특히, 책 지면 위에 ⬚(가)⬚를 올려놓으면 대비가 증가되어 컬러 인쇄물이나 묵자(墨子)가 더 잘 보이는 효과가 있다. ⬚(나)⬚는 반사로 인한 눈부심을 막아 주고 읽을 글줄을 제시해 주기 때문에 저시력 학생의 읽기에 도움을 준다.

	<u>(가)</u>	<u>(나)</u>
①	노란색 아세테이트지	타이포스코프
②	타이포스코프	노란색 아세테이트지
③	노란색 아세테이트지	마이크로스코프
④	마이크로스코프	초록색 아세테이트지
⑤	초록색 아세테이트지	타이포스코프

학생 A는 최근에 나타난 망막색소변성으로 시각장애 2급 판정을 받았다. 특수교사는 학생 A가 통합학급에서 효율적으로 교육받을 수 있도록 다음에 제시한 콘(Corn)의 모델을 활용하여 시기능을 평가·훈련하고자 한다. 교사의 평가 및 훈련계획으로 적절하지 <u>않은</u> 것은? [2점]

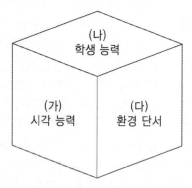

① 시지각은 학생의 경험 및 지식과 관련이 있으므로, 시기능 훈련 시 인지적 요인을 고려한다.

② (가)에는 시력, 시야, 안구운동, 뇌기능, 빛지각과 색각이 포함되므로, 이러한 능력을 고려하여 시기능 훈련을 계획한다.

③ (나)에는 감각 발달·통합 능력이 포함되므로, 다양한 감각정보를 조직화하고 해석하는 능력을 시기능 훈련에 포함시킨다.

④ (다)를 참고하여 학생 A가 광학 및 비광학 기구를 활용할 때, 색상·대비·시간·공간·조명의 효과성을 다양한 환경에서 평가한다.

⑤ 학생 A는 지속적인 시기능 저하가 나타날 수 있으므로 심리적 안정을 고려하며, 중심외 보기를 통해 주변 시야를 활용하는 시기능 훈련을 한다.

(가)는 특수교사와 자원봉사자의 대화이고, (나)는 교실 모습의 일부이다. 물음에 답하시오.

(가) 특수교사와 자원봉사자의 대화

특 수 교 사: 지우가 지금은 22포인트 정도의 글자를 읽을 수 있지만, 시력이 급격하게 낮아지고 있어 점자교육이 필요한
　　　　　　 상황이에요.
자원봉사자: 아, 그렇군요.
특 수 교 사: 마침 '확대문자－점자 병기판'을 만드는 데 도움을 주시겠다고 하셔서 감사해요.
자원봉사자: 아직은 배우는 중이지만 지난번에 교육받은 대로 점자 스티커를 붙여서 만들어 볼게요.
특 수 교 사: 확대문자는 50포인트 볼드타입으로 만들어 주시는데요, 확대 이외에 ㉠ <u>가독성</u>을 높일 수 있는 다른 방법도
　　　　　　 고려하시고 지우가 ㉡ <u>눈부심이 심하다는 점</u>도 감안해서 만들어 주세요.
자원봉사자: 네, 알겠습니다.
특 수 교 사: 그리고 쉬는 시간에 지우가 화장실을 잘 찾는지 살펴봐 주세요.

(나) 교실 속 '확대문자－점자 병기판' 모습

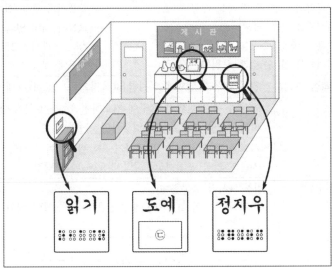

1) (나)의 '확대문자－점자 병기판'을 보고, ① ㉠을 고려한 개선방안과 ② ㉡을 고려한 개선방안을 쓰시오. [2점]

　• ①: ＿＿＿

　• ②: ＿＿＿

(가)는 일반학교에 재학 중인 저시력 학생들의 정보이고, (나)는 그에 따른 교육계획이다. 〈작성 방법〉에 따라 순서대로 서술하시오. [4점]

(가) 학생정보

학생	안질환	유형
이영수	시신경 위축	단순 시각장애
박근화	망막색소변성	단순 시각장애
정동기	당뇨망막병증	단순 시각장애
김영철	추체 이영양증	단순 시각장애
김창운	미숙아망막병증	시각 중복장애(경도 지적장애)
김영진	선천성 녹내장	단순 시각장애

(나) 교육계획

교육적 조치		– 교실바닥과 다른 색의 책상 제공 – 휴식시간을 자주 제공 – 보행훈련 제공 – 판서내용을 볼 수 있게 망원경 제공	– 학생에게 굵은 선이 그어진 공책 제공 – 교실의 제일 앞줄에 자리 제공 – 일반 교과서의 150% 크기인 확대교과서 제공 – 독서대 제공
국어과 지도계획	교육과정 수정	– 읽기와 쓰기 영역에 묵자를 효율적으로 사용하는 데 필요한 학습내용을 추가함	
	교수·학습운영	– 학생의 시력 변화와 요구에 기초하여 한 가지 문자 매체만을 강조하기보다는 필요에 따라 ⊙ 묵자와 점자를 병행하여 사용하게 함	
	평가방법	– 자료를 확대하거나 (비)광학기구를 활용하여 실시함 – 지문의 양을 조절하고, 시력 정도에 따라 적정 평가시간을 제공함	
		*김창운(시각 중복장애) – 단편적인 지식보다 활동에 초점을 두고 영역별 성취 정도를 종합적으로 평가함 – (⊙)	

──〈작성 방법〉──
- (나)의 '교육적 조치'에서 4가지 확대법 중 사용되지 않은 방법 1가지의 명칭과 이것을 수업에 활용할 때의 예를 쓸 것
- 밑줄 친 ⊙을 활용하여 지도하기에 적합하지 않은 학생을 (가)에서 찾아 이름을 쓰고 그 이유를 기술할 것

다음의 (가)는 시각장애 특수학교 체육담당 교사가 지도하는 학급학생 현황이고, (나)는 '안전하게 달리기'를 제재로 작성한 교수·학습계획의 일부이다. 물음에 답하시오.

(가) 학급학생 현황

학생	안질환	시각장애 정도	학생	안질환	시각장애 정도
준수	선천성 녹내장	전맹	경호	선천성 백내장	저시력
현미	무홍채증	저시력	수진	망막색소변성	저시력

(나) 교수·학습계획

학습목표		시각장애 정도에 따라 올바른 방법으로 달리기를 할 수 있다.	
단계		교수·학습활동	자료 및 유의점
도입		• 시각장애인 육상 올림픽 경기 동영상 시청하기	
전개	활동1	• 트랙 등 육상활동 장소에 친숙해지도록 보행지도 하기	
	활동2	• 시각장애 정도에 따른 달리기방법 지도하기 – 저시력 학생: 출발 위치 확인하기, 자기 레인 유지하며 달리기 등을 위해 ㉠ 추시하기와 주사하기 기술 활용하기 – 전맹학생: ㉡ 안내인(가이드 러너)과 함께 달리기	• 자기 기록을 점자 스티커에 적어 '나의 기록판'에 붙이기 예 : ㉢

1) ① (가)에서 (나)의 ㉠의 기술을 지도 받을 필요가 있는 학생의 이름을 쓰고, ② 이 학생을 선정한 이유를 쓰시오. [2점]

• ①: _____ • ②: _____

2) (나)의 ㉡을 하기 위해 사용할 수 있는 바람직한 방법 2가지를 쓰시오. [2점]

• _____
• _____

다음의 (가)는 저시력 학생 A의 시각 특성이고, (나)는 시각장애 특수학교 교사가 미술수업을 하고 있는 장면이다. 특수교사가 학생 A에게 가르치고 있는 시각활용 기술에 해당하는 용어를 쓰시오. [2점]

(가) 학생 A의 시각 특성

- 교정시력: 좌안 광각, 우안 0.08
- 시야: 우안 중심(부) 암점

(나) 미술수업 장면

교사: 자, 책에 있는 그림을 보세요.
학생: 선생님, 그림을 똑바로 보면 그림 전체가 오히려 더 잘 안 보여요.
교사: 그러면 그림의 약간 위쪽, 오른쪽, 아래쪽, 왼쪽을 한 번씩 보세요. 그림의 어느 쪽을 볼 때 가장 잘 보이나요?
학생: 그림의 약간 오른쪽을 볼 때가 가장 잘 보이는 것 같아요.
교사: 그러면 책에 있는 다른 그림들을 볼 때도 그림의 약간 오른쪽을 보도록 하세요.

● _____

저시력 학생을 위한 확대법과 확대경에 대한 두 교사의 대화이다. ㉠~㉣ 중 옳은 것만을 있는 대로 고른 것은?

[2점]

박 교사: 선생님, 저시력 학생을 위해 자료를 확대하는 방법 중 상대적 거리 확대법에 대하여 설명해 주세요.
이 교사: 예. ㉠ 교과서나 교육자료를 큰 문자로 인쇄하거나 확대 복사하는 것이 상대적 거리 확대법의 예입니다.
박 교사: 각도 확대법은 무엇인가요?
이 교사: 각도 확대법은 광학기구를 이용하여 확대하는 방법입니다. 확대경을 이용하는 것이 좋은 예입니다. ㉡ 주변시야를 상실한 저시력 학생이 확대경을 사용하면 학생의 시야보다 넓은 시야를 가지게 됩니다.
박 교사: 스탠드 확대경도 각도 확대법에 이용되는 광학 기구인가요?
이 교사: 예. ㉢ 스탠드 확대경을 이용하면 확대경과 자료의 거리가 일정하게 유지되는 장점이 있습니다.
박 교사: 안경 장착형 확대경은 어떤 장점이 있나요?
이 교사: 저시력 학생이 ㉣ 안경 장착형 확대경을 이용하면 읽기와 쓰기를 동시에 할 수 있습니다.

① ㉠, ㉣   ② ㉡, ㉢   ③ ㉢, ㉣   ④ ㉠, ㉡, ㉢   ⑤ ㉠, ㉡, ㉣

다음은 저시력 학생의 보조공학기기에 대한 설명이다. 괄호 안의 ㉠, ㉡에 들어갈 말을 순서대로 쓰시오. [2점]

> 저시력 학생의 보조공학기기는 크게 나누어 광학기구와 비광학기구, 전자보조기구 등이 있다. 광학기구에는 확대경과 망원경, 안경 등이 있으며, 각각에 사용되는 렌즈는 굴절력을 갖고 있다. 렌즈의 도수는 디옵터(Diopter: D)로 표시한다. 오목렌즈를 사용하는 학생이 초점거리가 5cm인 렌즈를 사용한다면 이 학생의 렌즈 도수는 (㉠)D가 된다. 확대경은 중심시야에 (㉡)이/가 있는 학생에게 도움이 되며, 중심시력을 상실하지 않았을 경우에는 크게 도움이 되지 않는다.

- ㉠: _____

- ㉡: _____

다음은 통합학급 박 교사와 김 교사가 특수학급 윤 교사와 협의회에서 나눈 대화의 일부이다. 물음에 답하시오.

> …중략…
>
> 윤 교사: 김 선생님은 어떠세요?
>
> 김 교사: 저는 그림책을 보거나 사물을 관찰하는 활동을 할 때, 경호에게 확대경을 제공하고 있어요. 그런데 확대경이 모든 저시력 유아에게 도움이 되는 것은 아니라고 하던데 맞나요?
>
> 윤 교사: 맞아요. 확대경 사용이 대부분의 저시력 유아들에게는 도움이 되지만, ㉪ 어떤 유아들은 사용하면 안 되는 경우가 있어요.
>
> 김 교사: 그래요? 저는 모두 도움이 되는 것으로 알고 있는데 아니었군요. 그런데 경호가 손잡이형 확대경을 사용할 때 손이 흔들려서 많이 힘들어 해요.
>
> 윤 교사: 그렇군요. 그러면 (㉫)을/를 사용하게 해 보세요.

3) ① ㉪에 해당하는 시각장애의 발생 원인을 1가지 쓰고, ② 이 유아들이 확대경을 사용하면 <u>안 되는</u> 이유를 쓰시오. [2점]

- ①: _____

- ②: _____

4) ㉫에 들어갈 확대경의 종류를 쓰시오. [1점]

- _____

다음은 시각장애 특수학교의 초임교사가 저시력 학생의 시기능 향상을 위한 저시력 기구 사용과 지도방법에 대해 경력교사와 나눈 대화이다. 경력교사의 설명 중 옳지 <u>않은</u> 것은? [1.4점]

① ㉠   ② ㉡   ③ ㉢   ④ ㉣   ⑤ ㉤

(가)는 통합학급 신 교사가 위치표현을 가르치기 위해 작성한 초등영어 지도계획이고, (나)는 특수학급 최 교사가 4학년 시각장애 학생 현아에 대해 작성한 내용이다. 최 교사가 통합학급에 배치된 현아의 영어수업을 위해 신 교사에게 조언한 교수적합화(교수적 수정)의 내용 중 가장 적절한 것은? [1.4점]

(가) 초등영어 지도 계획

Objective : student will be able to ask and answer questions about the position of objects.
Place : ⓐ regular classroom

Steps	Procedures	Teaching-Learning Activities	
		Teacher	Students
Introduction		…생략…	
Development	Look and Listen	• ⓑ puts a set of picture cards on the blackboard and describes the position of each object in English.	look at the picture cards and listen to what the teacher says.
	Listen and Do	• ⓒ demonstrates what he/she says (for example, putting a pencil on the desk). • asks students to act as he/she says (for example, putting your pencil case on the chair).	listen to the teacher and act out what he/she asks them to do.
	Let's Practice	• ⓓ distributes a set of picture cards to students. • directs them to choose their partner and practice asking and answering about the position of the objects in the picture cards.	ⓔ ask and answer the questions with the picture cards the partner shows.
Consolidation		…생략…	

(나) 시각장애 학생 현아에 대한 내용

- 시각장애 3급임
- 4배율(1X=4D) 손잡이형 확대경을 사용함
- 수정체 중심부위가 뿌옇게 흐려짐
- 시각장애를 제외한 다른 장애는 없음

① ⓐ: 조명은 700룩스 이상으로 높인다.
② ⓑ: this, that, it 등 대명사를 자주 사용한다.
③ ⓒ: 교실 유리창 근처에서 시범을 보인다.
④ ⓓ: 현아에게 광택이 많이 나는 그림카드를 별도로 제공한다.
⑤ ⓔ: 확대경과 그림카드 간의 초점거리를 6cm 정도 유지하여 사용하게 한다.

다음은 시각장애 학생 A에 대한 정보이다. 이 정보를 통해 교사가 파악한 사항 중 적절한 것을 〈보기〉에서 고른 것은? [2.5점]

- 장애 정도: 시각장애 3급 ①호
- 손잡이형 단안 망원경: 보행 시 활용함
- 손잡이형 확대경: 3X(안경 착용하지 않음)
- 의료적 사항: 망막 간상체의 문제가 있음

〈보기〉

㉠ 야맹증의 가능성이 있을 것이다.
㉡ 좋은 눈의 시력이 0.04 정도일 것이다.
㉢ 두 눈의 시야가 각각 주시점에서 10도 이하로 남았을 것이다.
㉣ 확대경의 배율을 고려하여 물체와 확대경 간의 초점거리를 8cm 정도 유지할 것이다.
㉤ 근거리 시력검사의 결과를 바탕으로 처방받은 단안 망원경을 사용하고 있을 것이다.

---

① ㉠, ㉡   ② ㉠, ㉣   ③ ㉡, ㉢   ④ ㉢, ㉤   ⑤ ㉣, ㉤

(가)는 학생 S의 특성이고, (나)는 사회과 '도시의 위치와 특징' 단원의 전개 계획이다. ㉠을 이용하여 가장 큰 배율과 넓은 시야로 지도 보는 방법을 서술하시오. [5점]

(가) 학생 S의 특성

- 황반변성증으로 교정시력이 0.1이며, 눈부심이 있음
- 묵자와 점자를 병행하여 학습하고, 컴퓨터 사용을 많이 함
- 주의집중력이 좋으나, 지체·중복장애로 인해 상지의 기능적 사용에 어려움이 있고, 빛에 매우 민감하게 반응함
- 키보드를 통한 자료입력 시 손이 계속 눌려 특정 음운이 연속해서 입력되는 경우가 자주 있음(예 ㄴㄴㄴ나)

(나) '도시의 위치와 특징' 단원 전개 계획

차시	주요 학습내용	학생 S를 위한 고려사항
1	세계의 여러 도시 위치 확인하기	• ㉠ 손잡이형 확대경(+20D)을 활용하여 지도를 보게 함
2~4	인터넷을 통해 유명하거나 매력적인 도시 찾아보기	• 컴퓨터 환경설정 수정(윈도우용) – ㉡ 고대비 설정을 통해 눈부심을 줄이고 대비 수준을 높임 – ㉢ 토글키 설정을 통해 키보드를 한 번 눌렀을 때 누르는 시간에 관계 없이 한 번만 입력되게 함
5~6	도시별 특징을 찾고 보고서 작성하기	• ㉣ 키보드를 누를 때 해당키 값의 소리가 나게 '음성인식' 기능을 설정함
7	관련 웹 콘텐츠를 통해 단원 평가하기	• ㉤ 색에 관계 없이 인식될 수 있는 콘텐츠를 활용함 • ㉥ 깜빡이거나 번쩍이는 콘텐츠가 없는 사이트를 활용함

〈작성 방법〉

- ㉠의 사용방법을 작성할 때 렌즈와 사물과의 거리, 렌즈와 눈과의 거리를 포함하여 서술할 것

다음은 특수학교 최 교사가 보조공학 전문가와 함께 다양한 안질환 유형을 지닌 시각장애 학생들을 상담 및 관찰한 후, 이를 바탕으로 작성한 보조공학기기 중재계획이다. ㄱ~ㅁ 중 상담 및 관찰평가 결과에 적합하지 <u>않은</u> 중재계획 2가지를 찾아 기호를 쓰고, 각각의 중재계획을 바르게 수정하시오. [4점]

안질환	학생상담 및 관찰평가 결과	보조공학기기 중재
선천성 녹내장	손잡이형 확대경을 올바르게 사용하지 못하여 독서할 때 글자가 흐릿하게 보이고 렌즈를 통해 보이는 글자 수가 적다고 호소함	ㄱ 눈과 확대경 간의 거리를 멀게 하고, 확대경과 읽기 자료 간의 거리도 멀게 하여 보도록 지도함
선천성 백내장	낮은 대비감도로 인해 저대비 자료를 보거나 교구를 사용하는 데 어려움을 보임	ㄴ 저대비 자료를 볼 때는 확대경 대신 전자 독서확대기를 사용하게 하고, 교구의 색은 배경색과 대비가 높은 것을 활용함
망막색소변성	점자교과서 외에 다양한 참고서의 점자 인쇄자료와 전자파일을 구하는 데 어려움을 호소함	ㄷ 광학문자인식 시스템을 사용하여 묵자 인쇄자료를 텍스트 파일로 변환시키는 방법을 지도함
시신경 위축	컴퓨터 화면에서 커서의 위치를 찾거나 마우스 포인터의 움직임을 따라가는 데 어려움을 보임	ㄹ 제어판에서 커서의 너비를 '넓게'로 조정하고, 마우스 포인터의 움직임 속도를 '느림'으로 조정함
미숙아 망막증	원거리의 물체나 표지판을 확인하는 데 어려움을 가지고 있어 단안망원경 사용법을 배우기를 희망함	ㅁ 양안 중 시력이 더 나쁜 쪽 눈으로 망원경을 보게 하고, 훈련 초기에는 목표물의 위치를 찾기 쉽도록 처방된 배율보다 높은 배율의 망원경을 사용하여 지도함

- _____

- _____

(가)는 교육 실습생이 담당하는 학급의 학생 특성이고, (나)는 지도 교사가 교육 실습생에게 제공한 연수 자료의 일부이다. 〈작성 방법〉에 따라 서술하시오. [4점]

(가) 학생 특성

학생	원인	특성
A	망막색소변성	• 시력: 우안(0.2) / 좌안(0.1) • 터널 시야
B	황반변성	• 시력: 우안(0.1) / 좌안(0.1) • 중심외보기 전략 사용 • 읽기 활동 시 ㉠ 손잡이형 확대경(+10D)을 사용
C	백색증	• 시력: 우안(0.1) / 좌안(0.1) • 안구진탕 • 대비감도 감소
D	당뇨망막변증	• 시력: 양안 광각(Light Perception)
E	선천성 백내장	• 시력: 우안(0.05) / 좌안(0.05) • 시각중복장애(지적장애) • 수정체 중심부 혼탁

(나) 연수 자료

···상략···

• 고려사항
 - 수업 시간에 광학 기구 사용 방법을 함께 지도해야 함
 - ㉡ 읽기 활동을 위해 학생이 필요로 하는 최소 글자 크기나 최소 확대 배율을 선택해야 함
···하략···

〈작성 방법〉

• (가)의 밑줄 친 ㉠의 사용 방법을 지도할 때, 읽기 자료와 렌즈 사이의 거리를 쓰고, 읽기 자료와 렌즈 사이의 거리를 일정하게 유지해야 하는 이유를 1가지 서술할 것
• (나)의 밑줄 친 ㉡을 고려하여 읽기 지도를 해야 하는 학생을 (가)의 A~E에서 찾아 쓰고, 그 이유를 학생 특성과 관련지어 서술할 것

(가)는 시각장애 학생 H와 I의 특성이고, (나)는 특수교사가 작성한 보조공학 지원계획의 일부이다. 〈작성 방법〉에 따라 서술하시오. [4점]

(가) 학생 H와 I의 특성

• 학생 H

시야	정상	
대비감도	정상	
원거리 시력 (나안 시력)	좌안(왼쪽 눈)	우안(오른쪽 눈)
	0.02	0.06

• 학생 I

시야	정상
대비감도	낮은 대비의 자료를 볼 때 어려움이 있음
근거리 시력	근거리 자료를 읽기 위해서 고배율 확대가 필요함

(나) 보조공학 지원계획

학생	보조공학 지원내용
H	◦ 원거리에 있는 도로 표지판을 보기 위해 적합한 배율의 단안 망원경 추천이 필요함 • 단안 망원경을 어느 쪽 눈에 사용할지 결정: (㉠) • 적합한 단안 망원경 배율: (㉡)
I	◦ ㉢ 책을 읽기 위해 투사 확대법을 적용한 보조공학기기 지원이 필요함

〈작성 방법〉
• (가) 학생 H의 특성에 근거하여 (나)의 괄호 안의 ㉠에 들어갈 내용을 쓰고, 그 이유를 1가지 서술할 것(단, 배율과 시야를 고려할 것)
• (가)의 학생 H의 특성에 근거하여 (나)의 괄호 안의 ㉡에 해당하는 배율을 쓸 것 [단, 목표(필요한) 원거리 시력은 0.3임]
• (가)의 학생 I의 특성에 근거하여 (나)의 밑줄 친 ㉢에 적합한 보조공학기기를 1가지 쓸 것

(가)는 시각장애 중학생 C를 위한 단원 지도계획이다. 〈작성 방법〉에 따라 ⑦~② 중에서 바르지 <u>않은</u> 것 2가지를 찾아 그 이유를 쓰고, ⑩을 언제부터 가르치고 평가해야 하는지 서술하시오. [4점]

(가) 단원 지도계획

학생 특성	시력	• 수업시간에 머리를 돌리거나 몸을 기울임 • 고시능력에 문제가 있음 • 피로하거나 과도한 스트레스를 받으면 안질환의 증상이 심해짐	
	학업	• 묵자와 점자를 병행하여 학습함 • 인지 및 운동기능에는 어려움이 없음	
영어과 지도계획	목표	• 영어단어가 포함된 문장 읽고 쓰기	
	묵자 활용	교수 · 학습자료	• 수업자료 제작 시 명암 대비를 고려함
		교수 · 학습방법	• ⑦ 교실 앞쪽에 창을 등지고 앉도록 자리를 배치함 • ⑥ 머리를 돌리거나 몸을 기울이지 않도록 자세를 교정함
		평가방법	• ⑥ 시험지를 확대하여 제공함
	점자 활용	교수 · 학습자료	• 실물, 모형, 입체 복사자료 등의 대체자료를 제공함
		교수 · 학습방법	• 점자 타자기로 쓰기지도를 함 • ② 옵타콘을 활용하여 점자 읽기를 지도함
		평가방법	• ⑩ 영어 약자 점자의 사용 규칙을 포함한 점자 활용 수준, 읽기 속도, 쓰기 정확도를 고려함

─────────────〈작성 방법〉─────────────
• ⑦~② 중에서 바르지 <u>않은</u> 것 2가지의 기호를 쓰고, 그 이유를 각각 제시할 것
• ⑩의 내용을 작성할 때 「2015 개정 교육과정에 따른 특수교육 교육과정(교육부 고시 제2015-81호)」 영어과 교수 · 학습 및 평가의 방향에 근거하여 쓸 것

다음은 컴퓨터 정보화교육 프로그램에 참여한 학생들의 특성과 교육내용이다. 〈작성 방법〉에 따라 서술하시오.

[4점]

(가) 학생 D

- 특성: 시각장애(광각), 인지적 제한이 없음
- 교육내용
  - 특성에 적합한 소프트웨어 및 시스템을 활용하여 지도함: 화면 읽기 프로그램, ㉠ 광학문자인식 시스템(OCR)
  - 점자정보 단말기를 활용하여 다음의 기능을 익힘

주요 기능	부가 기능
• 문서작성 및 편집 • 점자 출력 • (㉡)	• 인터넷 • 날짜, 시간 • 스톱워치, 계산

〈작성 방법〉

- 밑줄 친 ㉠의 특징 1가지를 서술하고, 괄호 안의 ㉡에 들어갈 점자정보 단말기의 주요 기능 1가지를 쓸 것

(가)는 시각장애 특수학교에 다니는 학생들의 특성이고, (나)는 2011 개정 특수교육 교육과정(교육과학기술부 고시 제2012-32호) 중 공통 교육과정 국어과 5~6학년 '견문과 감상을 나타내어요.' 단원 지도계획이다. 물음에 답하시오.

(가) 시각장애 학생들의 특성

혜미(단순 시각장애)	수지(단순 시각장애)	민수(단순 시각장애)
• 원인: 망막박리 • 현재 시각 정도: 맹 • 점자를 읽기수단으로 사용함	• 원인: 안구진탕(안진) • 현재 시각 정도: 저시력 • 묵자 읽기속도가 느리고, 시기능(시효율)이 낮음	• 원인: 망막색소변성 • 현재 시각 정도: 양안의 중심시력 0.2, 시야는 주시점에서 10도(터널시야) • 묵자 읽기속도가 느림

(나) 단원 지도계획

차시	주요 학습내용 및 활동	유의사항
1~2	• 단원 도입 • 견문과 감상이 드러나는 글의 특성 알기	• ㉠ 점역된 읽기자료를 제공한다. • ㉡ 독서 보조판(typoscope)을 제공한다. • 안전한 현장체험학습을 위하여 개별 학생의 특성을 고려한 ㉢ 보행교육을 실시한다. • ㉣ 시각장애로 인하여 습득하기 어려운 어휘(예: 바다, 산, 구름, 푸르다, 검다, 붉다 등) 학습에 유의하여 지도한다.
3~4	• 견문과 감상이 드러나는 글 읽기 • 견문과 감상이 드러나는 글 쓰는 방법 알기	
5~7	• 견문과 감상이 드러나는 글 쓰기 • 문장성분의 호응 관계에 주의하며 고쳐 쓰기	
8~9	• 현장체험학습을 통해 우리 지역의 자랑거리 조사하기 • 우리 지역의 자랑거리가 잘 드러나게 여행 안내서 만들기	

2) (가)의 수지의 특성을 고려할 때 (나)의 ㉡이 수지의 읽기속도 및 시기능을 향상시킬 수 있는 이유 1가지를 쓰시오. [1점]

• _____

3) (가)의 민수의 특성을 고려하여 (나)의 ㉢을 실시하고자 할 때, 민수의 시야를 개선하기 위해 사용할 수 있는 광학기구의 예 1가지를 쓰시오. [1점]

• _____

4) (나)의 ㉣을 지도할 때 고려하여야 할 사항을 2011 개정 특수교육 교육과정(교육과학기술부 고시 제2012-32호) 중 공통 교육과정 국어과 '교수 · 학습운용'에 근거하여 2가지 쓰시오. [1점]

• ①: _____

• ②: _____

시각장애 학생을 위한 듣기지도와 녹음도서 제작에 대한 두 교수의 대화이다. ㉠~㉣ 중 옳은 것만을 있는 대로 고른 것은? [2점]

> 이 교사: 김 선생님, 시각장애 학생에게 듣기지도를 하려고 해요. 듣기를 이용해서 교육을 하면 어떤 장점이 있나요?
>
> 김 교사: ㉠ 듣기는 묵자나 점자를 읽는 데 어려움이 있는 학생에게 중요한 학습 수단입니다. 그리고 ㉡ 시각장애 학생은 듣기를 이용하여 학습자료를 자세히 분석하거나 원하는 페이지를 쉽게 찾아갈 수 있습니다.
>
> 이 교사: 듣기지도를 위해 녹음도서를 제작하려고 합니다. 그런데 교과서에 있는 영어로 된 용어나 이름은 어떻게 녹음해야 하는지 궁금해요.
>
> 김 교사: ㉢ 영어로 된 용어나 이름은 발음과 철자를 함께 녹음해야 합니다.
>
> 이 교사: 이 밖에 주의해야 할 내용은 무엇이 있나요?
>
> 김 교사: ㉣ 녹음도서를 제작할 때에는 책 전체의 위계를 알 수 있도록 책의 장, 절, 순서를 나타내는 숫자 등의 내용을 함께 녹음하는 것도 필요합니다.

① ㉠   ② ㉠, ㉡   ③ ㉡, ㉢   ④ ㉠, ㉢, ㉣   ⑤ ㉡, ㉢, ㉣

다음은 시각장애 특수학교 김 교사와 미술관 담당자가 주고받은 휴대전화 문자대화의 일부이다. 물음에 답하시오.

> 김 교사: 우리 학생들이 조각품을 직접 만져볼 수 있게 해 주신다니 감사합니다.
>
> 담 당 자: 별말씀을요. 우리 미술관은 오래 전부터 시각장애인을 위한 프로그램을 운영하고 있습니다. 학생들이 조각품을 직접 손으로 만져야 하니 미술관에서 ㉠ 면 소재의 흰 장갑을 준비해 놓겠습니다. 그리고 작품 설명을 들을 수 있도록 ㉡ 녹음자료도 제작해 놓겠습니다.
>
> 김 교사: 세심하게 배려해 주셔서 감사합니다.
>
> 담 당 자: 혹시 우리 미술관에서 더 준비해야 할 것이 있나요?
>
> 김 교사: 네, 감상할 작품의 설명자료를 미리 보내주시면 제가 ㉢ 점자 자료로 변환하여 준비하겠습니다.
>
> 담 당 자: 알겠습니다. 아무쪼록 이번 견학이 시각장애 학생들에게 유익한 시간이 되길 바랍니다.
>
> 김 교사: 저도 이번 조각품 감상을 통해 학생들에게 ㉣ 자신의 느낌과 생각을 이해하고 표현하며 미적 경험에 반응하면서 미적 가치를 느끼고 내면화할 수 있는 능력을 길러 주고 싶습니다.

2) 다음은 ㉡을 제작할 때 유의점에 대한 설명이다. 적절하지 **않은** 내용 2가지를 찾아 ①과 ②에 각각 기호를 쓰고 바르게 고쳐 쓰시오. [2점]

> ⓐ 조용한 실내에서 녹음한다.
> ⓑ 읽는 속도를 늦추어 녹음한다.
> ⓒ 외국어 단어나 문장은 정확한 발음으로 읽은 후 철자를 읽어 준다.
> ⓓ 설명자료의 표지, 목차, 저자 소개 등은 특별한 경우가 아니면 생략하여 녹음한다.
> ⓔ 쉼표와 마침표 같은 구두점은 특별한 경우가 아니면 내용 이해도를 높이기 위해 생략한다.

• ①: _____

• ②: _____

다음은 시각장애학교 김 교사가 보조공학 연수에서 작성한 연수일지이다. ㉠에 들어갈 서비스의 명칭과 ㉡에 들어갈 전자도서의 형식을 순서대로 쓰시오. [2점]

〈시각장애 학생의 정보 접근 향상 방안 연수〉

2017. 9. 15.

O 서비스 명칭: (㉠)
- 정의: TV 프로그램 등에서 대사나 음향을 방해하지 않고 시각적 요소를 해설해 주는 서비스
- 기원: 극장에서 직접 배우들의 의상, 얼굴 표정, 신체어, 색깔, 행동 등 시각적 요소를 전문가가 설명
- 현황: 공영방송의 일부 드라마나 영화에서 해당 서비스를 실시함
- 활용: 학습용 동영상 콘텐츠 제작 시 해당 서비스를 반영하여 학생들의 정보 접근성을 높임

O 전자도서 형식: (㉡)
- 정의: 시각장애인이나 독서장애인을 위한 전자도서의 국제 표준 형식
- 방식: 녹음 혹은 CD도서와 달리 이미지, 동영상, 텍스트, 점자파일을 하나의 포맷으로 저장하는 제작 방식
- 현황: 국립장애인도서관에서는 해당 형식의 도서를 제작하여 지역 점자도서관과 연계해 필요한 장애인에게 무료로 제공하고 있음. 또한 홈페이지를 통해 해당 형식의 전자도서 제작을 직접 신청받기도 함
- 활용: 여러 장르의 도서를 다양한 형식의 콘텐츠로 제작해 줌으로써 학습교재의 접근성을 높일 수 있음

- ㉠: _____

- ㉡: _____

(가)는 특수교육 관련 사이트의 질의·응답 게시판에 올라온 글의 일부이고, (나)는 시각장애인용 축구장을 설명하기 위해 시각장애학교 교사가 학생에게 제공한 입체복사 자료이다. 물음에 답하시오.

(가) 사이트 게시글

Q: 안녕하세요? 저는 초등학교 교사입니다. 우리 반에는 ㉠ <u>광각의 시력을 가진</u> 단순 시각장애 학생이 1명 있습니다. 다음 주부터 체육과 실기수업으로 ㉡ <u>축구형 게임</u> 단원의 '공을 차 목표물 맞히기'를 진행하려고 하는데, 시각장애 학생의 실기수업을 어떻게 진행해야 할지 막막합니다. 조언 부탁합니다.

A: 안녕하세요? 저는 시각장애학교 교사입니다. 일반적으로 단순 시각장애 학생이라면 일반학생과 비슷한 환경 속에서 성과를 낼 수 있습니다. 다만, 학생의 시각적인 요구에 맞게 약간의 조정이 필요합니다. 우선 방울이 들어있는 특수공을 사용하거나 이것이 여의치 않을 경우에는 축구 연습용 주머니에 공을 넣어 사용하시고, 소음을 최소화할 수 있는 실내에서 수업을 진행하는 것이 좋겠습니다. 그리고 ㉢ <u>가이드</u>를 목표물 뒤에 배치하는 것도 필요합니다.
…하략…

(나) 입체복사 자료

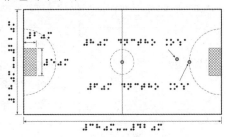

※ 검은 점·선·면은 볼록하게 튀어나온 것임

3) ① (나)와 같은 입체복사 자료의 장점을 점자그림 자료와 비교하여 1가지 쓰고, ② 복잡한 시각자료를 입체복사 자료로 제작할 때 유의해야 할 점을 1가지 쓰시오. [2점]

• ①: _____

• ②: _____

(가)는 특수교육 지원센터의 공학기기 선정을 위한 협의회 자료의 일부이고, (나)는 협의회 회의록 내용의 일부이다. 물음에 답하시오.

(가) 협의회 자료

	성명	정운	민아
학생 정보	특성	• 불수의 운동형 뇌성마비 • 상지의 불수의 운동이 있어 소근육 운동이 어려움 • 독서활동을 좋아함	• 저시력 • 경직형 뇌성마비 • 상지의 소근육 운동이 다소 어려움 • 확대독서기 이용 시 쉽게 피로하여 소리를 통한 독서를 선호함
특수교육 관련 서비스	상담지원	…생략…	
	학습보조기기 지원	• 자동책장 넘김장치	• ㉠ 전자도서 단말기
	보조공학기기 지원	• (㉡)	• (㉢)
	(㉣) 지원	• 동영상 콘텐츠 활용지원	• 대체 텍스트 제공 • 동영상 콘텐츠 활용지원

(나) 협의회 회의록

일시	2019년 3월 13일 15:00	장소	회의실

…중략…

[A] 자동책장 넘김장치

ㅇ일정 시간 동안 좌·우 지시 등이 번갈아 깜빡일 때 기기하단의 버튼을 눌러 선택하면 페이지가 자동으로 넘겨짐(예: 좌측 지시등이 깜박이는 5초 동안 버튼을 누르면 자동으로 이전 페이지로 넘어감)

…생략…

1) ① 정운이가 (나)의 [A]를 적절하게 사용하도록 하기 위해 스위치가 함께 제공되어야 하는 이유를 [A] 사용 측면에서 1가지 쓰고, ② 민아가 (가)의 ㉠을 사용할 때 쓸 수 있는 파일 (형식)을 쓰시오. (단, 아래의 기능을 가지고 있을 것) [2점]

• 문서 내 이동, 검색, 찾아가기, 북마크 기능 등으로 일반학생과 유사한 독서환경을 제공함
• 테이프, CD도서 등의 오디오북과는 달리 텍스트, 이미지, 동영상, 점자 파일, MP3등이 포함됨
• 전자도서의 국제표준이며, 전세계적으로 자료 교환이 가능함

• ①: _____

• ②: _____

다음은 시각장애 특수학교 김 교사와 미술관 담당자가 주고받은 휴대전화 문자 대화의 일부이다. 물음에 답하시오.

> 김 교사: 우리 학생들이 조각품을 직접 만져볼 수 있게 해 주신다니 감사합니다.
>
> 담 당 자: 별말씀을요. 우리 미술관은 오래 전부터 시각장애인을 위한 프로그램을 운영하고 있습니다. 학생들이 조각품을 직접 손으로 만져야 하니 미술관에서 ㉠ 면 소재의 흰 장갑을 준비해 놓겠습니다. 그리고 작품 설명을 들을 수 있도록 ㉡ 녹음자료도 제작해 놓겠습니다.
>
> 김 교사: 세심하게 배려해 주셔서 감사합니다.
>
> 담 당 자: 혹시 우리 미술관에서 더 준비해야 할 것이 있나요?
>
> 김 교사: 네, 감상할 작품의 설명자료를 미리 보내주시면 제가 ㉢ 점자자료로 변환하여 준비하겠습니다.
>
> 담 당 자: 알겠습니다. 아무쪼록 이번 견학이 시각장애 학생들에게 유익한 시간이 되길 바랍니다.
>
> 김 교사: 저도 이번 조각품 감상을 통해 학생들에게 ㉣ 자신의 느낌과 생각을 이해하고 표현하며 미적 경험에 반응하면서 미적 가치를 느끼고 내면화할 수 있는 능력을 길러 주고 싶습니다.

5) 김 교사는 새로운 자극에 거부감이 있는 시각중복장애 학생이 조각품을 감상할 수 있도록 다음과 같이 안내하였다. 김 교사가 사용한 촉각 안내법의 명칭을 쓰시오. [1점]

> • 교사가 먼저 조각품의 표면을 탐색한다.
> • 학생 스스로 교사의 손 위에 자신의 손을 올려놓게 한다.
> • 학생의 손이 조각품에 닿을 때까지 교사의 손을 조금씩 뒤로 뺀다.

• _____

01 과목별 시각장애 교과교육

1. 국어

① 저시력 학생의 요구를 반영하여 한 가지 문자매체만 강조하기보다 필요에 따라 점자와 묵자를 병행하여 사용하도록 한다.
② 문자사용 학생을 위한 경필쓰기 지도 시, 확대된 글자본을 지시하여 주되 학습자의 시력과 시기능 등에 알맞게 글자크기와 모양을 조절하도록 한다.
③ 점자사용 학생은 시각자료를 촉각 · 청각자료로 수정 · 보완하여 활용하도록 한다.
④ 그림을 통하여 과제가 제시된 경우에 그림에 대한 상황이나 장면을 설명하여 주되, 문제의 요지나 맥락에서 벗어나지 않도록 한다.
⑤ 시각장애로 인하여 습득하기 어려운 색채나 공간 등의 어휘는 구체적으로 설명하여 주되, 실물이나 모형 등의 대체적인 경험을 제공하거나 학생의 경험을 통합하여 형성하도록 한다.
⑥ 컴퓨터를 비롯한 다양한 교육공학적 매체를 읽기, 쓰기, 정보수집 등의 학습활동에 적합하게 활용한다.

2. 수학

하위 개념	교수 · 학습방법
수 이전	언어를 매개로 한 대리경험보다는 촉각자료, 조작자료, 청각자료 등을 사용하여 직접경험을 많이 하게 함
수 개념	• 특정한 위치와 관련지어 학습하지 않도록 함 • 자석판, 칸막이가 있는 상자, 실에 꿰는 구슬(수 배열, 크기, 모양, 색, 질감을 고려)과 같은 조작자료도 사용함
분류	유사점과 차이점, 대소, 상하, 좌우, 전후 비교, 기능 등에 따라 분류함
모양	• 토막, 평판, 철사 등을 이용해 제작하여 지도할 수 있음 • 2차원 도형을 양각 선화로 나타낸 플라스틱 판이나 3차원 도형의 제작은 상품화되어 있는 것을 이용할 수도 있음
수 세기	• 단순한 언어적 반복보다는 구체물을 가지고 세도록 지도함 • 구체적인 것에서 추상적인 것으로, 친근한 것에서 생소한 것으로, 자신과 관련된 것에서 자신과 무관한 것 등의 차례로 지도함 • 수 세기가 숙달되면 '지산 · 주산 · 암산 → 주사위식 계산판 → 수 세기 주머니, 테일러 계산판 → 사칙연산'의 숙달 후에 계산기 사용의 순서를 고려함
양의 측정 개념	• 점자나 확대 또는 양각문자로 표시되어 있거나 음성으로 출력되는 자, 각도기, 온도계, 시계, 타이머, 저울 등을 사용함 • 측정의 기본기능을 지도하는 것이 주 목적일 경우에는 기본원리를 잘 알 수 있는 도구를 사용함
분수	• 종이를 접어가면서 지도하거나 세트상품을 사용함 • 소수는 분수와 관련하여 지도함
그래프	양각 또는 굵은 선으로 된 그래프 용지, 수학 그래프 도구, 변환 그래프, 맹인용 작도기나 양각 필기구를 사용하여 그래프를 읽고 그리는 방법을 지도함

3. 사회

① 유적, 유물 등의 실물자료가 없을 경우에는 모형을 확보하여 활용한다.

② 지구의, 양각도형, 통계, 방송 등을 적절하게 활용하여 학습의 효과를 높인다.

③ 양각지도의 읽기와 각종 자료의 양각지도화에 숙달되도록 한다.

④ 가능한 한 야외 및 현지 조사, 견학 등을 실시하여 지리학습의 경험을 다양화한다.

⑤ 방향정위 및 가동성 지도와 함께 지도가 묘사하는 것이 무엇인지 이해하는 데 필요한 지리 개념을 획득할 수 있도록 특정한 훈련을 한다.

   ➡ 일반학생은 강을 보고 그 개념을 쉽게 획득하지만, 맹학생은 그것이 쉽지 않기 때문이다.

⑥ 지도와 그래프를 체계적으로 남김없이 읽게 하고, 여러 쪽에 걸쳐 있는 길이가 긴 표를 놓치지 않고 읽게 한다.

⑦ 양각지도가 복잡한 것일 경우에는 이를 분해하여 지도한 후 다시 종합하여 지도한다.

⑧ 촉각자료만으로 충분한 정보를 제공할 수 없는 경우에는 구두로 잘 설명해 주어야 한다.

⑨ 저시력 학생들에게는 그들의 필요에 따라서 지도나 그래프 등을 확대하거나 축소하여 준다.

   ㉠ 이때 중요하지 않은 사소한 것들을 깨끗이 제거하고, 배경과 좋은 대비를 이루도록 색깔을 사용하거나 굵은 선으로 나타낸다.

   ㉡ 시야가 좁아서 그래프 전체를 한 번에 보지 못하고 일부만 보는 학생은 전체적인 조망을 하도록 한다.

4. 과학

① 작업 영역·재료·기구 등에 대해 잘 안내해 주고 그것들을 잘 조정된 작업 공간에 배치한다.

② 작업상황을 효과적으로 모니터링할 수 있는 곳에 시각장애 학생을 배치한다.

③ 시각장애 학생의 욕구를 충족시킬 수 있도록 작업상황을 의미 있게 개작하거나, 다감각적 경험을 할 수 있는 학습활동을 개발한다.

④ 탐색하고 조작할 수 있는 자료를 제공하여 관찰·실험·탐구기능을 신장시킨다.

⑤ 생물, 물질 등은 실물, 모형, 양각도형 등을 사용하여 지도한다.

⑥ 맹학생이 직접 관찰·조사할 수 없는 것은 다른 사람에게 물어서 조사하게 한다.

⑦ 손으로 만져서 알기 어려운 것, 기구가 없어 알 수 없는 것은 개념상의 오류를 범하지 않도록 충분히 설명한다.

⑧ 만져보기에 적당한 것을 사용한다.

   예 완두콩, 달팽이 등

⑨ 박제, 표본, 모형을 사용할 때는 살아있는 생물이나 실물에 대하여 보충설명을 한다.

   예 동물의 체온, 소리, 동작, 실물 크기 등

⑩ 그림이나 다이어그램 등은 대비가 잘 되도록 인쇄해 주거나 점역해 주되 말로도 잘 설명해 준다.

⑪ 시험 또는 시각적 관찰의 결과 등을 말로 묘사해 준다.

   예 시험지의 색깔 변화 등

⑫ 식물의 생장과정을 지도할 때는 흙에 심지 말고 물에서 자라게 하여 관찰하기 쉽게 한다.

⑬ 재료나 도구를 효과적으로 사용할 수 있도록 개작한다.

   예 개작한 자, 저울, 주사기, 온도계, 세포모형 등

⑭ 안전하고 깨지지 않는 재료와 기구를 사용한다.

⑮ 재료나 도구의 명칭을 점자나 확대문자로 표기한다.

⑯ 기구나 재료와 작업면 사이의 대비가 잘 이루어지도록 한다.

⑰ 복잡한 자료는 분해하여 지도한 다음 이를 다시 종합하여 지도한다.

⑱ 과학 점자기호를 바르게 읽고 쓰도록 한다.

⑲ 과학에 관한 다양한 점역서와 녹음도서를 확보하여 읽기자료로 제공함으로 과학의 학습과 포괄적인 이해에 도움이 되도록 한다.

5. 체육

① 활동을 선택할 때 학생의 잔존 시력 정도를 고려한다.
② 익숙하지 않은 경기구역의 크기, 형태, 경계 등을 사전에 잘 알게 한다.
③ 경기구역은 넓은 운동장 같은 개방된 공간보다 테니스 코트, 체육관 같은 일정한 크기의 공간으로 제한한다.
④ 거리가 너무 멀어 사물들을 정확하게 재인하지 못하는 경우에는 거리를 짧게 한다.
⑤ 교사가 지시하는 것을 학생이 올라가서 만져보게 하고 학생이 본 것을 묘사 · 설명하게 하며, 필요한 경우 보충설명을 하거나 해석해 준다.
⑥ 물체 지각이나 전경–배경 변별에 도움이 될 수 있고, 찾고 있는 것에 주의집중을 쉽게 할 수 있는 색을 사용하되, 학생들이 잘 보이는 색깔을 선택하게 한다.
⑦ 시각적인 자극을 볼 수 없을 때 청각적인 자극을 시각적인 자극과 짝을 지어 단서로 활용하게 한다.
⑧ 시각장애 학생들이 그들의 신체를 중심으로 상하, 전후, 좌우를 구별하게 한다.
⑨ 여기 또는 저기와 같은 말 대신에, 특정한 방향을 가리키는 언어들을 사용한다.
   예 왼쪽, 오른쪽, 앞, 뒤 등
⑩ 운동 감각적인 접근방법을 사용하여 시범 보이는 것을 알게 한다.
⑪ 눈의 손상을 더 야기할 수도 있는 위험한 상황은 피하게 한다.
⑫ 경기의 진행에 대해 경기자에게 계속해서 말로 설명하여 준다.
⑬ 경기장을 가로질러서 달리는 경우에는 경기자들이 방향을 알 수 있도록 학생의 앞에서 호루라기를 분다.
⑭ 경기장의 선들을 선명한 색깔로 그린다.
⑮ 표적 부분을 확대한다.
⑯ 최적한 조명을 제공하되 특히 섬광에 유의하고, 밝은 곳에서 어두운 곳으로 갑자기 들어갈 때 주의한다.
⑰ 청각적으로 감지할 수 있는 표시기를 설치하거나 달리기를 위한 안내줄 등을 이용한다.

6. 미술

① 회화
   ㉠ 손가락에 직접 물감을 묻혀 그리거나 손그림 기법을 사용한다.
   ㉡ 양각그림 기법, 모자이크 기법, 꼴라주 기법 등 평면적인 회화활동보다는 손가락 감촉으로 직접 느낄 수 있는 3차원적인 회화활동 기법을 연구한다.
② 만들기와 꾸미기: 교과서에 나와 있는 내용 외에 청각, 후각, 촉각 등 잔존 감각을 모두 이용할 수 있는 방법을 연구한다.
③ 감상: 창작활동에 있어 우리가 생활하고 있는 주위의 많은 것들을 경험해야 상상력, 창의력, 표현력 등이 풍부해지므로 학생의 환경을 학생 나름대로의 독특한 방법으로 발견할 수 있게끔 도와준다.

다음은 초등학교 3학년 미술과 '여러 가지 색' 단원 수업계획의 일부이다. 전맹(全盲) 학생인 영희에게 이 단원을 가르치려고 할 때 필요한 교수적합화(교수적 수정)를 〈보기〉에서 고른 것은? [1.4점]

- 학습목표: 여러 가지 색 알기
- 학습활동: 기본 5색(빨강, 노랑, 초록, 파랑, 보라) 알기
- 학습자료: 기본 5색 물감

〈보기〉
㉠ 개인용 조명기구를 설치한다.
㉡ 아세테이트지로 덮어 색의 대비를 높인다.
㉢ 언어를 통하여 색에 대한 연상이 이루어지도록 한다.
㉣ 질감이 다른 물질을 물감에 혼합하여 색의 차이를 표현한다.

① ㉠, ㉢   ② ㉠, ㉣   ③ ㉡, ㉢   ④ ㉡, ㉣   ⑤ ㉢, ㉣

다음은 시각장애 특수학교 교사가 전맹 학생을 대상으로 사회과 '우리 지역의 생활모습' 단원을 지도하려고 동료 교사와 나눈 대화이다. 대화의 내용 중 적절한 것을 모두 고르면? [1.4점]

황 교사: 다음 주에 '우리 지역에서 발달한 산업 조사하기'를 주제로 수업을 하려고 해요. ㉠ 지도와 그래프를 보고 분석하는 능력이 사회과의 중요한 기능목표이므로, 사회과부도의 산업지도를 보고 촉각지도를 만들려고 해요. 어떻게 만들면 좋을까요?

박 교사: 먼저 ㉡ 전체 산업지도에서 우리 지역에 해당되는 부분을 분리하여 촉각지도로 제작하세요. 이때 ㉢ 우리 지역의 지형을 정확히 알도록 하는 데 주안점을 두고, 일반지도처럼 지역 경계선을 자세하게 묘사해야 해요.

황 교사: 산업지도 안에는 여러 가지 기호나 글자들도 표시되어 있는데 어떻게 하죠?

박 교사: ㉣ 기호나 글자들은 양각의 화살표나 안내선(lead line)을 주로 사용하여 혼돈이 없도록 해야 해요.

황 교사: 통계청의 산업통계 그래프도 촉각그래프로 만들어 함께 사용하려고 해요. 그런데 우리 단원과 관련 없는 정보는 어떻게 하면 좋을까요?

박 교사: ㉤ 단원의 학습 주안점을 주의 깊게 읽어보고 관련성이 적은 요소는 생략할 수 있어요.

① ㉠, ㉢   ② ㉡, ㉤   ③ ㉢, ㉣   ④ ㉠, ㉡, ㉤   ⑤ ㉡, ㉣, ㉤

제5절 보행

01 방향정위

1. 방향정위의 정의
잔존 감각을 활용하여 주어진 환경에서 자신의 위치를 설정하는 능력을 말한다.

2. 방향정위 요소

(1) 공간도에 관한 지식(인지지도)
① 물건과 관계되는 지식으로서, 물건이나 장소의 위치를 아는 것을 의미한다.
② 환경의 공간구조나 사물의 위치와 공간관계에 대한 정신적 이미지이다.
③ 인지지도는 사물 중심 기준위치에 따라 랜드마크, 보행경로, 사물들 간의 거리와 방향을 표상화한 것이다.
④ 시각장애인이 환경 내에서 독립적으로 보행한다면 그 환경에 대한 인지지도를 형성하고 있다는 것을 의미한다.

(2) 공간적 최신화(공간 갱신)
① 자신이 물건과의 관계를 형성하고 보행하는 동안 그 관계를 기억하는 과정이다.
② 즉, 개인이 공간 속에서 어느 위치에 있는가를 아는 것을 말한다.
③ 보행자가 보행 경로를 따라 이동하면서 자신과 사물 간의 거리와 방향 변화를 지속적으로 파악하는 과정이다.
  예 책상 하나가 보행자 몸 바로 앞에 놓여 있는 상황에서, 몸을 오른쪽으로 90도 회전하면 책상은 앞이 아닌 자신의 왼쪽에 놓이게 됨
④ 이와 같이 자신과 사물의 관계가 보행자 자신이 이동하면 달라진다는 것을 이해하는 것이 공간 갱신이다.
⑤ 공간 갱신의 단계

단계	내용
지각	잔존 시력, 후각, 청각, 촉각과 근육감각을 사용하여 환경정보를 수집함
분석	• 수집된 지각정보들을 분석하여 정보들이 일관적으로 나타나는지, 믿을 만한지, 자신에게 익숙한 것인지에 따라 분류함 • 또는 지각정보를 제공하는 출처, 정보를 얻어내는 감각의 유형과 강도(세기)에 따라 분류함
선별	출발점에서 목표까지 방향정위하는 데 가장 적합하다고 여겨지는 정보만을 선별해냄
계획	출발점에서 목표까지의 행로에서 관련이 깊다고 선별된 정보들을 기초로 하여 이동계획을 수립함
실행	이동계획을 실행에 옮김

(3) 공간개념과 개념체계에 관한 지식

구분	내용
지표	• 친숙한 사물, 소리, 냄새, 온도, 촉각단서 등으로, 재확인하기 쉽고 항상 활용 가능해야 함 　예 문, 계단, 자동판매기, 우체통 등 • 지표(landmarks)는 고정되어 있어 항상 활용이 가능함
단서	• 청각 · 후각 · 촉각(온도 포함) · 근육감각이나 시각(색, 밝기와 대조) 자극물로 자신의 위치를 파악하거나 이동방향을 결정하는 데 쉽게 활용될 수 있음 　예 사람 발자국 소리, 말소리, 음식점에서 나는 음식 냄새, 창문으로 들어오는 빛 등 • 단서도 위치 파악에 있어 중요하지만 지표와 달리 변화가 심하여 항상 활용할 수는 없음 　예 음식점에서 요리를 할 때는 음식 냄새를 활용할 수 있으나 영업이 끝나면 더 이상 음식 냄새가 나지 않음

구분	내용
번호체계	• 번호체계(numbering system, 건물 내부와 외부환경)는 환경이 어떤 순서로 구성되어 있는지 알게 함 • 건물 안의 방들은 특정한 숫자체계에 의해 배열되어 있으며, 건물 밖 거리나 건물들도 특정 숫자체계에 따라 구성되어 있음을 알고 이동 시에 활용할 수 있음 예 건물은 1층부터 순서대로 2층, 3층, 4층, 5층으로 이루어져 있고, 각 층마다 방은 번호 순서대로 한 편에서 다른 편으로 배정되어 있는 것, 아파트 한 단지 안에 아파트 건물이 번호 순서에 맞춰 동 이름이 401동에서 412동까지 붙어 있는 것 등
측정	• 단위를 사용하여 사물이나 공간의 치수를 정확히 또는 대략적으로 파악할 수 있음 • 표준화된 단위로 미터, 센티미터, 피트, 인치를 활용할 수 있으며 비교 측정으로 '~보다 길다, ~보다 넓다, ~보다 좁다' 등을 사용할 수 있음 • 비표준화된 측정으로 걸음 수, 무릎 높이, 팔 길이, 손뼘을 사용하여 길이를 재는 방법도 사용할 수 있음
나침반 방위	• 이동하는 데 있어 방위의 사용은 아주 중요함 • 특히 나침반 방향(compass directions)인 '동서남북'이 주로 사용되며 북서, 북동, 남서, 남동을 포함시켜 팔방을 사용할 수도 있음 • 더 자세한 방향을 나타내기 위해 시계방향(1~12시 방향)을 사용할 수도 있음

(4) 친숙화 과정

① 친숙화 과정의 방법

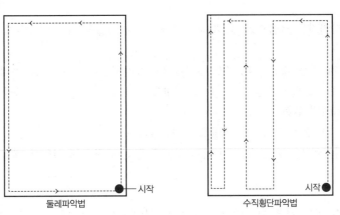

[그림 2-7] 둘레파악법, 수직횡단파악법

② 친숙화 과정 전략

전략	내용
주변탐색	보행자가 특정 환경의 전체적인 윤곽을 이해하기 위해 특정 공간의 주위 경계를 각각 탐색하고 각 경계면의 특징을 반영한 이름을 붙여 기억하는 것 예 어느 복지관 1층에 있는 강당의 구조를 파악하기 위해 강당 전체를 탐색하면서 출입구가 있는 왼쪽 벽면, 정수기가 배치된 뒤쪽 벽면, 내빈을 위한 안락의자가 배열된 오른쪽 벽면, 무대 단상이 있는 앞면 등을 기억하면서 탐색하는 것 등이 모두 주변탐색을 활용하여 자기익숙화를 하는 것
격자탐색	• 특정 환경을 바둑판과 같이 구획을 설정하여 전후 또는 좌우 방향으로 체계적으로 이동하면서 사물의 위치를 파악하는 것 예 강당을 상세히 탐색하고자 할 경우, 단상 왼쪽 앞에서 정수기가 놓인 뒤쪽으로 이동한 후 오른쪽으로 몇 발자국 옮겨 다시 단상 앞으로 오면서 보행경로마다 어떤 사물이 있는지를 파악하는 것 • 이와 같은 패턴으로 강당 앞뒤를 반복적으로 탐색하는 것이 격자탐색 전략을 활용하는 자기익숙화의 예임
기준점	환경 전체를 탐색하기 위해 어느 지점이 있든지 간에 쉽게 되돌아와 활용할 수 있는 기준 예 강당을 익히고자 하는 시각장애인이 출입구를 기준점으로 삼아 강당 내 어느 지점에 있든지 간에 사물들 간의 배열을 파악하기 위해 필요할 때마다 기준점을 재확인하면서 방향정위하는 것

02 이동

1. 이동의 정의

잔존 감각을 이용하여 습득한 환경정보를 활용하면서 한 지점에서 다른 지점으로 안전하고 독립적이며 아름답고 효율적이게 이동하는 능력을 의미한다.

2. 이동기술

(1) 실내 단독 이동기술

① 자기보호법

구분	내용
상체보호법	• 한 팔을 어깨 높이로 올려 120도 각도로 구부려 손바닥이 전면을 향하도록 뻗음 • 어깨 쪽으로 손끝을 약 2.5cm 정도 더 내밀어 몸 전면을 보호하도록 함 • 사물의 높이에 따라 상체를 보호하는 손을 머리 높이로 올릴 수도 있음
하체보호법	• 한 손을 몸 중심부 쪽으로 뻗어 하반신을 보호하는 기법 • 손등이 전면을 향하도록 하고 손에 힘을 빼 충돌 시 충격이 크지 않도록 함

② 트레일링

ㄱ 벽 등의 사물을 따라가는 기법으로, 특히 시각장애 아동이 사물을 따라 이동하여 자신의 목표물을 찾는 방법을 말한다.

ㄴ 자신이 따라가고자 하는 대상과 15~20cm 간격을 두고 나란히 서서 사물 쪽의 팔을 45도 각도로 올리고 계란을 쥔 듯한 손 모양을 만든 다음, 손을 사물에 살짝 가져다 대면서 이동하는 기법이다.

③ 자기보호법과 트레일링의 결합

ㄱ 자기보호법과 트레일링을 결합시켜 사용할 수도 있다.

ㄴ 특히 시각장애 아동이 따라가던 벽에서 벽이 끊어진 열린 공간으로 이동할 때 두 방법을 함께 사용할 것을 권장한다.

④ 신체정렬법

ㄱ 시각을 사용할 수 없는 경우 자신의 현재 위치를 알아내거나 움직일 방향을 결정하는 게 쉽지 않다.

ㄴ 이 점을 감안하여 시각장애 아동을 위해서는 사물을 사용한 신체정렬을 통해 현재 위치를 파악하고 이동 방향을 결정하도록 지도해야 한다.

ㄷ 이동 방향은 신체를 바르게 정렬한 뒤에 시계방향(1~12시)을 사용하여 결정한다.

ㄹ 신체정렬법의 종류

구분	내용
수직정렬	벽 등의 사물과 90도가 되도록 몸의 한쪽을 정렬하는 방법
수평정렬	사물에 등을 대어 평행이 되도록 하는 방법

(2) 안내법

① 의미: 안내인의 도움을 받아 이동하는 방법이다.

② 장점: 보행이 안전하고 효율적이며, 안내자가 환경에 대한 정보를 대신 처리한다. 운동 감각적 인식, 방향정위, 개념과 같은 기술을 발전시킬 수 있다.

③ 단점: 안내자가 안내법을 정확히 모를 경우 시각장애인이 불편할 수 있다. 의존성을 기를 수 있고 시각장애인이 환경적 정보와 방향정위에 대하여 주목하지 않게 된다.

④ 상황에 따른 안내법

구분	내용
기초 안내법	• 맹인은 안내자의 팔꿈치 조금 위를 잡음 • 엄지손가락은 바깥쪽으로 가고 나머지 손가락은 안쪽을 잡음 • 맹인은 안내자의 팔을 너무 꽉 잡거나 느슨하게 잡아서는 안됨 • 맹인의 상박부는 안내자의 팔과 수직, 전완부는 약 90도 각을 이루어 옆구리에 댐 • 맹인의 어깨는 안내자의 팔 바로 뒤에 위치하게 하고 약 반 보 뒤에서 걸음 • 시각장애인이 키가 작을 경우에는 안내자의 손목을 잡아도 좋음
좁은 통로 통과하기	• 기본적인 안내법으로 좁은 통로를 지나갈 때, 안내자는 안내하던 팔을 뒤로 보냄 • 맹인은 안내자의 비언어적 신호에 따라 팔을 펴며 안내자의 등 뒤로 통로를 지남 • 안내자는 뒤로 돌렸던 팔을 정상적인 위치로 정립 후에 맹인이 원래 위치로 돌아옴
계단 오르내리기	• 안내자가 계단의 숫자에 대해 설명하지 않고도 안전하고 효율적인 안내가 가능함 • 안내자는 계단의 가를 향하여 직각으로 접근하여 첫 계단 앞에서 잠깐 멈춤 • 맹인은 안내자의 옆에 나란히 선 후, 안내자는 첫 발을 내딛고 맹인은 안내자를 따라 걸음 • 마지막 계단에서 안내자는 약간 멈추고, 맹인에게 한 계단이 남아있다고 말함
의자에 앉기	• 안내자는 의자 앞에 가서 멈춘 후 맹인의 손을 의자 등받이나 의자로 안내함 • 맹인은 의자를 조사한 후 앉음
출입문 통과하기	• 안내자는 문의 손잡이를 잡고 문을 열어 줌 • 열린 문의 손잡이를 안내하고 있는 손으로 바꿔 쥔 후, 손잡이를 맹인 손에 쥐어줌 • 맹인은 다른 손으로 갈아 쥐고 문을 지난 다음 문을 닫음 • 이때 맹인이 문을 완전히 닫을 때까지 안내자는 기다림

(3) 지팡이 보행법

① 장 · 단점

　ⓐ 장점: 물체와 보행 표면에 대한 정보를 제공하고, 기동성이 있으며, 가격이 싸고 관리하기 편리하다.

　ⓑ 단점: 나뭇가지나 입간판 등으로부터 상체를 보호하지 못하며, 세찬 바람이 불 때는 사용하기 어렵다.

② 종류

구분	내용
촉타법	• 보행 중에 떨어지는 곳과 보행할 때 장해물을 탐지함 • 익숙한 환경이나 익숙하지 않은 환경에서 사용함 • 지팡이는 보행자 전면 중앙에서 잡고 땅 표면으로부터 낮게 호를 이루며 좌우를 탐지함 • 지팡이의 끝은 신체의 가장 넓은 부위보다 5cm 밖의 지점을 접촉 • 지팡이의 끝이 보행 표면을 때릴 때 보행자는 지팡이의 방향과 반대쪽 발을 내딛음
대각선법	• 몸 전면 하부에 있는 장해물을 미리 알려주며 보호법과 같은 역할을 함 • 주로 익숙한 건물 내에서 사용함 • 지팡이는 자신의 전면에 비스듬히 듦(이때 지팡이는 완충기의 역할) • 지팡이는 몸과 떨어져 비스듬한 각도를 이루고 지팡이 끝은 지면으로부터 약 5cm 유지함 • 지팡이의 아래쪽 끝과 위쪽 끝은 몸의 가장 넓은 부분보다 밖으로 2~4cm 나가도록 잡아야 함

③ 지팡이 사용법
   ㉠ 쥐는 법: 검지를 펴서 손잡이 부분에 붙인다. 나머지 손가락은 악수를 할 때처럼 손잡이 부분을 감아쥔다.
   ㉡ 팔의 위치: 팔꿈치를 펴고 팔을 앞쪽 아래로 뻗어 손이 몸의 정중선에 오도록 한다. 측면에서 볼 때 팔과 지팡이가 일직선이 되도록 잡는다.
   ㉢ 팔목 동작: 지팡이가 좌우로 움직일 때 팔이 고정되며 팔목만 좌우로 운동을 하게 된다. 마치 시계추가 고정되어 왕복하는 모습과 같다.
   ㉣ 호
      ⓐ 지팡이가 움직일 때 지팡이의 끝이 그리는 포물선이다.
      ⓑ 호의 폭은 양쪽 어깨 또는 몸의 가장 넓은 부분보다 약간 더 넓게 유지한다. 호의 높이는 지면에서 5cm 이하로 유지한다.
   ㉤ 보조: 걸음을 자연스럽게 걸으며 지팡이와 발은 서로 반대쪽으로 이동한다. 오른발이 나가면 지팡이는 왼쪽으로 간다.
   ㉥ 리듬: 보행 시에는 지팡이 끝의 마찰 소리와 발이 닿는 소리가 동시에 들려야 한다.
④ 지팡이 선택

조건	내용
길이	• 적합한 지팡이의 길이는 사용자의 체격, 보폭, 보행속도에 따라 다름 • 일반적으로는 사용자의 겨드랑이 높이 정도 되는 것이 좋음 • 최대로 긴 것이라도 자기의 어깨 높이보다 더 길지 않아야 하며, 짧은 경우도 자기의 팔꿈치 높이보다 짧으면 좋지 않음
무게	• 지나치게 무겁거나 가벼운 지팡이는 사용하기 적합하지 않음 • 보편적으로 170~200g 정도의 무게가 성인용으로 적합함
접촉 탐지능력	장해물을 탐지하고 지면의 상태를 알아내는 것이므로, 지팡이에 소리나 진동이 잘 전달되어야 함
내구성	• 튼튼하고 오래 사용할 수 있어야 함 • 충격이나 압력에도 견딜 수 있어야 하고, 오래 사용하여도 변질되거나 약화되지 않는 것이어야 함
팁	지팡이의 팁은 예민하여 사물을 잘 탐지할 수 있어야 하고, 잘 닳지 않고, 울퉁불퉁한 지면에서도 유연하게 잘 미끄러져야 함
손잡이	• 잡기 편하고, 오래 사용해도 피로를 느끼지 않게 하며, 기후 변화에도 이상이 없는 것이어야 함 • 따라서 우리나라에서 제작되는 지팡이의 손잡이 재질은 폴리우레탄을 사용하고 있음

⑤ 2점 촉타법의 응용기법

방법	설명
콘스턴트 콘택트 (constant-contact)	• '지팡이를 지면과 계속 접촉하기'는 교육생이 먼저 정지된 자세에서 2점 촉타법을 배울 때와, 교육 생이 지팡이 끝을 바닥이나 지면에 계속해서 유지하고 싶을 때 사용함 • 지팡이를 지면과 계속 접촉함으로써 내려가는 계단, 연석 등을 가장 빠르게 탐지하도록 함 • 지면의 정보를 가장 많이 입수할 수 있으며 지팡이로 바닥이나 지면을 두드리는 소리로 인하여 교육생이 다른 사람의 주의를 끄는 일이 없도록 하는 장점이 있음
터치 앤 슬라이드 (touch and slide)	• 지팡이 끝이 지면을 접촉할 때마다 지면을 따라 전방으로 약 10cm 정도 이동방향으로 미끄러지 도록 함 • 교육생이 가능한 한 지면과 지팡이가 많이 접촉할 필요가 있을 때 사용됨 • 연석이나 내림 계단 등을 발견하고, 인도, 흙길, 자갈길과 같은 지면의 변화를 판단하기 위하여 사용될 수도 있음 • 젖은 낙엽 또는 눈이나 얼음이 인도 위에 덮여 있을 때, 교육생은 자신이 인도에서 벗어나는 것을 막기 위하여, 인도를 덮고 있는 이물질 층 아래를 지팡이 끝으로 '찔러서' 위치를 확인할 수 있음 • 일부 교육생은 자신의 보행경로에서 마른 땅과 진흙 웅덩이 등을 구별하기 위하여 이 기술을 사용할 수도 있음
터치 앤 드래그 (touch and drag)	• 교육생은 기준선을 활용하되, 지팡이 끝으로 기준선 반대쪽 측면의 지면을 우선 터치한 후, 지팡 이 끝을 바닥에 유지한 채 바닥에 끌어 기준선에 닿게 함 • 기준선을 따라 걸어가는 동안 계단의 난간이나 점자블록과 같은 실외의 기준선을 따라가기에 적합한 방법 예 시각장애인이 계단에 있는 난간의 위치를 알고 싶어 할 때, 계단 시작부분 앞에 선 다음 몸을 오른쪽 또는 왼쪽을 향해 서서(계단 가장자리와 평행하게 위치하고), 이 방법을 이용하여 계단 의 난간을 찾는 것
3단 터치법	지면보다 위쪽에 있는 벽이나 연석 등을 찾을 때 활용하는 방법으로, 두 지점을 두드린 후 연석이나 벽 등을 한 번 더 두드리는 방식

⑥ 상황에 따른 지팡이 사용법

구분	내용
계단 오르기와 내려가기	• 계단을 오를 때 　－ 지팡이의 손잡이 바로 아랫부분을 연필 쥐듯이 잡고, 올라가야 할 계단 바로 위에 있는 계단의 　　윗부분을 가볍게 치면서 올라간다. 　－ 지팡이 끝으로 계단의 턱이 확인되지 않으면 계단을 모두 올라왔음을 확인할 수 있다. • 계단을 내려갈 때 　－ 조심스럽게 계단이 시작되는 부분을 확인해야 한다. 　－ 지팡이를 지면에 대고 슬라이딩시켜 지면이 낮아지는 계단의 턱을 확인하면, 발을 지면에 대고 　　미끄러뜨려 계단의 끝부분을 발바닥으로 확인하고 선다. 　－ 이렇게 몸을 움직이는 동안, 지팡이를 계단의 끝부분에 대고 있어야 낙상을 방지할 수 있다. 　－ 대각선법을 사용하여 지팡이를 잡고, 지팡이 끝은 내려가야 할 계단의 다음 단 모서리 부분에서 　　약간 위로 올려서 공중에 띄운다. 　－ 지팡이 끝이 지면에 미끄러지는 느낌을 받으면 계단이 끝남을 알 수 있다.
문 통과하기	• 지팡이 끝이 문에 닿으면 지팡이를 세워 문에 가져다 댄다. • 지팡이를 문에 댄 채 좌우로 문지르면 문 손잡이가 걸린다. • 지팡이를 잡지 않은 손으로 문 손잡이를 잡고 문을 열고 나간다.
사물 확인하기	지팡이를 사물에 수직으로 갖다 붙이고, 지팡이를 따라 내려가 손으로 사물을 접촉하는 방법을 사용한다.

---

38 2012학년도 중등 28번

다음은 대학 입학을 앞둔 19세 중도실명 학생 A가 보행훈련에 관해 특수교사, 복지관의 사회복지사와 나눈 대화이다. ㉠~㉤ 중에서 적절한 것만을 있는 대로 고른 것은? [2점]

> 특수교사: ㉠ 보행훈련의 목적은 잔존 감각과 인지기능을 최대한 활용하여 자신의 목적지까지 안전성, 효율성, 품위를 갖추어 독립적으로 이동할 수 있도록 하는 것이라서 대학생활에서 무척 중요해. 그런데 아직 방향정위가 안되니까 ㉡ 안내견을 사용하면 방향정위에 신경 쓰지 않아도 되니 좋을 것 같아.
> 학　생 A: 저는 ㉢ 만 20세가 안 되어서 안내견을 사용할 수 없다고 생각했어요.
> 　　　　　　　　　　　　　　　…중략…
> 사회복지사: 지팡이를 활용하여 캠퍼스 보행을 지도해 주실 수도 있어. 방향정위를 포함하여, ㉣ 실내에서 사용하는 트레일링, 대각선법 그리고 실내 · 외에서 사용 가능한 2점 촉타법 등을 보행지도사가 지도해 주실 거야. 그리고 대학 복도에서 ㉤ 지팡이 끝을 바닥에서 떼지 않고 양쪽으로 이동시키는 '터치 앤 슬라이드' 방법도 가르쳐 주실 거야.

① ㉠, ㉣　　　　　　② ㉠, ㉤　　　　　　③ ㉠, ㉡, ㉣　　　　　　④ ㉡, ㉢, ㉣　　　　　　⑤ ㉢, ㉣, ㉤

다음은 통합학급 김 교사와 특수학급 박 교사 간의 대화이다. 물음에 답하시오.

> 김 교사: 선생님, 지난 주에 백색증을 가진 저시력 유아 진수가 입학했는데 여러 가지 어려움이 있네요.
>
> 박 교사: 대개 저시력 유아들이 환경이 바뀌면 어려움이 있을 수 있어요. 그래서 진수를 지도할 때 여러 가지를 고려해야
> 해요. 진수에게 잔존 시력이 있긴 하지만 필요에 따라서는 ㉠ <u>보행훈련</u>을 해야 할 수도 있어요. 그래서 실내 활동과
> ㉡ <u>실외 활동</u>을 할 때 잘 살펴보세요.
>
> …중략…
>
> 김 교사: 선생님, 또 한 가지 걱정이 있어요. 진수는 어머니가 데리러 와도 별 반응이 없어요. 어머니가 부르는 데도 진수는
> 별로 반가워하는 것 같지가 않아요. 아침에 헤어질 때 울지도 않고 어머니에 대한 반응이 별로 없어요. 어머니와
> 진수의 애착관계가 괜찮은 걸까요?
>
> 박 교사: 글쎄요. 진수의 애착행동은 (㉢) 유형의 유아들이 나타내는 특성이긴 한데……. 안정 애착 유형의 유아들은
> 어머니가 돌아오면 반기며 좋아해요. 그리고 어머니를 (㉣)(으)로 생각하기 때문에 낯선 상황에서도 적극적
> 으로 환경을 탐색하거든요. 앞으로 진수를 더 많이 관찰해야 할 것 같아요.

1) ㉠에 포함되는 요소 2가지를 쓰시오. [2점]

   • _____   • _____

2) ㉡을 할 때 진수의 시효율성을 높이기 위해서 교사가 취해야 할 적절한 조치 1가지를 쓰시오. [1점]

   • _____

다음은 일반학급에서 통합교육을 받고 있는 경호의 특성과 학교생활 모습을 나타낸 글이다. 물음에 답하시오.

시각장애 학생 경호는 점자를 주된 학습 매체로 사용하며, 익숙한 공간에서는 단독 보행이 가능하다. 평상시에는 화장실이나 다른 교실로 이동할 때 지팡이를 몸의 앞쪽에서 가로질러 잡고 지팡이 끝(tip)을 지면에서 약간 들면서 보행하는 (㉠)을(를) 사용한다. 하지만 오늘은 자기보호법과 트레일링(trailimg) 기법을 사용하여 미술실로 향했다. 경호는 미술실로 가기 위해서 ㉡ 친구들이 지나다니는 발자국 소리와 계단 앞의 점자블록을 이용해 ㉢ 계단 난간을 찾았다. 계단을 지나 ㉣ :: ::: (이)라고 적힌 곳에서 정안인 친구 희수가 와서 함께 가자고 했다. ㉤ 희수는 경호의 팔꿈치 조금 위를 잡고 반보 뒤에서 걸었다. ㉥ 희수는 2층으로 올라가는 계단 앞에서 잠깐 멈추었다가 올라갔다. 미술실 앞에서 ㉦ 여닫이로 된 출입문을 열고 들어간 후, 경호가 문을 닫았다. ㉧ 희수는 경호의 손을 의자 등받이에 얹어 준 후 자기 자리로 가서 앉았다.

1) ① ㉠에 들어갈 지팡이 사용기법의 용어를 쓰고, ② 이 기법에 해당되는 지팡이의 주된 기능을 1가지만 쓰시오. [2점]

• ①: _____ • ②: _____

2) ㉡과 ㉢에 해당되는 방향정위(orientation)의 기본 요소를 쓰고, 두 요소 간의 가장 큰 차이점을 쓰시오. [3점]

• ㉡: _____ • ㉢: _____

• 차이점: _____

4) ㉤~㉧의 상황에서 적절하지 <u>않은</u> 것을 1가지 찾아 그 기호를 쓰고, 바르게 고쳐 쓰시오. [1점]

• _____

A는 중도에 실명한 K고등학교 3학년 학생이다. 대학 입학 후 안내견을 사용하고자 하여 순회교사를 통해 특수교육 관련서비스로 보행 훈련을 받고 있다. 다음은 순회교사가 학생 A를 위해 작성한 지도계획서의 일부이다. ㉠~㉤에서 옳은 것만을 모두 고른 것은? [2점]

(10)월 (학생 A)의 지도계획서

◉ 지도내용
■ 이동성의 지도 요소
 ㉠ 이동성 지도 요소에는 지표와 단서, 번호 체계, 친숙화 과정이 포함된다.
■ 지팡이 보행방법
• 이점촉타법
 – ㉡ 지팡이 호의 넓이: 어깨 너비보다 5~6cm 정도 넓게 유지한다.
 – 계단 오르기: ㉢ 지팡이 손잡이 아래 부분을 연필 쥐듯이 잡고 팔을 앞으로 뻗어 한두 계단 위쪽 끝 부분을 지팡이 끝으로 스치듯 치면서 올라간다.
■ 안내견 보행의 장점
 ㉣ 주로 시각장애인의 방향정위를 지원한다.
 ㉤ 허리 위쪽의 장애물을 피하도록 도움을 준다.

① ㉠, ㉡ ② ㉡, ㉤ ③ ㉠, ㉢, ㉣ ④ ㉡, ㉢, ㉤ ⑤ ㉢, ㉣, ㉤

(가)는 3월에 전학 온 시각장애 학생 근우의 특성이고, (나)는 통합학급 교사가 2009 개정 교육과정 사회과 3~4학년군 '위치의 개념 알기'라는 제재로 근우의 방향정위를 고려하여 작성한 교수 · 학습 과정안의 일부이다. 물음에 답하시오. [5점]

(가) 근우의 특성

- 양안 교정시력이 0.03임
- 교실에서 자신과 사물의 위치를 파악하고 이동하는 데 어려움을 보임
- 학습에는 큰 문제가 없고 또래 관계도 원만하여 일반학급에 완전 통합되어 있음

(나) 교수 · 학습 과정안

단원	우리가 살아가는 곳		제재	위치의 개념 알기
학습목표	무엇이 어디에 있는지 찾아보는 활동을 통해 위치가 무엇인지 말할 수 있다.			
단계	교수 · 학습활동			
도입	…생략…			
전개	〈활동 1〉 한별이네 교실에서 친구나 물건이 어디에 있는지 말하기 …중략… ㉠ 〈활동 2〉 우리 교실에서 친구나 물건이 어디에 있는지 말하기 • 특정한 친구를 기준으로 위치 말하기 • 교실 내에서 자리를 이동한 후 자신의 위치 말하기 • 근우가 교실 내에서 이동하며 교실환경 익히기 　－ ㉡과 같이 사방 벽면을 따라 이동하며 사물의 위치 익히기 　－ ㉢과 같이 친구들의 좌석 사이를 이동하며 친구들의 위치 익히기 〈활동 3〉 학교 안내도를 보고 여러 교실의 위치 말하기			 교실 배치도

1) (나)의 ㉠과 관련하여 다음 괄호 안에 들어갈 용어를 쓰시오. [1점]

> 새로운 교실 환경에서 방향정위를 습득한 근우는 친구들과 사물들의 위치, 사물들 간의 거리를 인지적으로 형상화하게 됨으로써 교실에서 독립적이고 안전하게 이동할 수 있게 된다. 이때 근우는 교실 환경에 대한 (　　　　)을/를 형성한 것으로 볼 수 있다.

・_____

2) 근우가 새로운 교실환경을 탐색할 때, (나)의 교실 배치도에서 참고점으로 활용하기에 ⓐ <u>적절한 지표(landmarks)</u>를 1가지 찾아 쓰고, 그 ⓑ <u>이유</u>를 2가지 쓰시오. [2점]

・ⓐ: _____

・ⓑ: _____

3) (나)의 ㉡과 ㉢에 해당하는 환경탐색 기법의 명칭을 각각 쓰시오. [2점]

・㉡: _____　　・㉢: _____

다음은 시각장애 학생의 보행훈련에서 사용하는 기법들이다. (가)와 (나)의 기법으로 옳은 것은? [2점]

> (가) 기준선(벽 등)과 가까운 팔을 진행 방향과 평행되게 하고, 그 팔을 약 45도 아래쪽 정면으로 뻗쳐서 손을 허리 높이 정도로 들고, 새끼손가락 둘째 마디 바깥 부분을 기준선에 가볍게 대면서 이동한다.
>
> (나) 흰 지팡이를 자신의 몸 전면에 가로질러 뻗치게 하고 첨단은 지면에서 약 5cm 떨어지며, 흰 지팡이의 아래쪽 끝과 위쪽 끝은 몸의 가장 넓은 부위보다 밖으로 약 2~4cm 벗어나게 해서 이동한다.

	<u>(가)</u>	<u>(나)</u>
①	따라가기(trailing)	자기보호법
②	하부보호법	대각선법(diagonal technique)
③	따라가기(trailing)	촉타법(touch technique)
④	따라가기(trailing)	대각선법(diagonal technique)
⑤	대각선법(diagonal technique)	촉타법(touch technique)

(가)는 특수교사와 자원봉사자의 대화이고, (다)는 지우의 보행 모습이다. 물음에 답하시오.

(가) 특수교사와 자원봉사자의 대화

> 특 수 교 사: 지우가 지금은 22포인트 정도의 글자를 읽을 수 있지만, 시력이 급격하게 낮아지고 있어 점자교육이 필요한 상황이에요.
> 자원봉사자: 아, 그렇군요.
> 특 수 교 사: 마침 '확대문자–점자 병기판'을 만드는 데 도움을 주시겠다고 하셔서 감사해요.
> 자원봉사자: 아직은 배우는 중이지만 지난번에 교육받은 대로 점자 스티커를 붙여서 만들어 볼게요.
> 특 수 교 사: 확대문자는 50포인트 볼드타입으로 만들어 주시는데요, 확대 이외에 ㉠ 가독성을 높일 수 있는 다른 방법도 고려하시고 지우가 ㉡ 눈부심이 심하다는 점도 감안해서 만들어 주세요.
> 자원봉사자: 네, 알겠습니다.
> 특 수 교 사: 그리고 쉬는 시간에 지우가 화장실을 잘 찾는지 살펴봐 주세요.

(다) 지우의 보행 모습

3) (다)의 지우가 대각선법과 함께 사용한 오른손 활용 방법의 명칭을 쓰고, 교사가 지우에게 이점 촉타법보다 대각선법을 활용하게 한 이유를 1가지 쓰시오. [2점]

　• ① 명칭: _____　• ② 이유: _____

(가)는 학생 B의 특성이고, (나)는 특수교사의 자료요청 및 지도계획의 일부이다. 〈작성 방법〉에 따라 서술하시오.

[4점]

(가) 학생 B의 특성

- 교통사고로 인한 뇌손상 및 안구 손상으로 시각장애를 갖게 됨
- 현재 확대자료를 활용하나 시력이 점점 나빠질 예후가 있어 점자교육이 요구됨

(나) 자료요청 및 지도계획

〈지도계획〉
- 문자나 그림자료를 활용할 때 보조기기를 활용하여 지도한다.
- 점자교육의 효율성을 위하여 잔존 시력이 있는 상태에서 점자를 지도한다.
- 촉각지도를 통해 학교 건물 내부를 오리엔테이션 하도록 지도한다(보건실 촉각 표시에 점자 라벨을 붙여서 활용함).
- ⓒ 대각선법과 ⓒ 핸드 트레일링법을 함께 활용하여 보건실까지 독립보행할 수 있도록 지도한다.

〈촉각지도〉

🔲 엘리베이터	▦ 점자블록	📖 현관
⬤ 교무실	△ 교장실	⬜ 보건실	☆ 정수기
◎ 여자화장실	◮ 남자화장실	▤ 계단	⬯ 컴퓨터실

〈작성 방법〉
- 밑줄 친 ⓒ과 ⓒ에서 학생이 취해야 할 자세를 순서대로 서술할 것(단, 우측 보행상황에서 양팔 및 손의 위치와 모양, 지팡이의 위치를 포함하여 서술할 것)

(가)는 중도에 실명한 시각장애 학생의 보행훈련 계획이고, (나)는 보행훈련을 위한 점자 노선도이다. 〈작성 방법〉에 따라 서술하시오. [4점]

(가) 보행훈련 계획

학생 특성	시력	• 초기: 직선이 휘어져 보였다고 함 • 현재: 망막 중심부(황반부)에 커다란 암점이 생겼고, 추체의 기능을 상실한 상태임
	읽기	• 묵자와 점자를 병행하여 활용함
보행 훈련	목표	• 방향정위와 다양한 이동기법 이해하기
	방향정위	• 선별된 감각적 자료를 기초로 노선도를 설계함 　– ㉠ 랜드마크와 번호체계 등을 활용함 　– ㉡ 다양한 색상의 시각단서와 여러 가지 촉각단서를 활용함
	이동	안내법	• 계단을 이용할 때에 안내자가 '잠깐 멈춤'을 통해 계단의 시작과 끝을 알게 함 • ㉢ 문을 통과할 때 안내자가 문을 열고 닫게 함
		보호법	• ㉣ 상부보호법, 하부보호법을 이용하여 실내 보행훈련을 실시함
		지팡이보행	• ㉤ 2점 촉타법에서 지팡이 끝이 왼쪽 지점을 칠 때 오른발이 지면에 닿게 함
		안내견보행	• ㉥ 위험한 상황에서 안내견이 '지적 불복종' 한다는 것을 인식하게 함
	유의점	• 안내법 보행 시 안내자가 시각장애인에게 환경적 정보를 제공해야 함 • ㉦ 지팡이는 너무 단단하거나 약해서는 안 됨 • 주인 이외의 사람이 안내견을 만지거나 먹을 것을 주는 행동을 절대 하지 않도록 해야 함

(나) 점자 노선도

• 3학년 3반 교실 ◎ 뒷문에서 출발 → (트레일링을 통해) 4개의 교실 문을 지나감 → 바닥에 카펫이 밟히면 우회전 후 15보 직진 → 멀티미디어실 앞문으로 입장

〈작성 방법〉

• 밑줄 친 ㉠~㉥ 중에서 적절하지 <u>않은</u> 것 2가지의 기호를 적고, 그 이유를 각각 서술할 것
• 지팡이의 역할을 고려하여 밑줄 친 ㉦의 이유를 1가지 서술할 것

A는 시각이 급격히 저하되어 지팡이를 사용하여야 독립보행이 가능한 중학교 1학년 학생이다. 김 교사는 재량 활동 시간을 활용하여 A에게 기본적인 지팡이 기법을 지도하려고 한다. 김 교사가 가르치고자 하는 지팡이 기법 의 내용 중 적절한 것을 〈보기〉에서 모두 고른 것은? [2점]

─〈보기〉─
㉠ 계단을 오를 때에는 대각선법으로 지팡이를 잡는다.
㉡ 지팡이를 움직여서 그리는 호의 넓이는 신체 부위에서 가장 넓은 어깨넓이를 유지한다.
㉢ 지팡이를 잡은 손은 몸 앞 중앙에 오도록 유지하고, 손목을 좌우로 움직여 호를 그린다.
㉣ 지팡이로 신체 왼쪽 바닥면을 두드리는 동시에 왼쪽 발을 리듬에 맞추어 앞으로 내딛는다.
㉤ 2점 촉타법 응용기법으로는 터치 앤 슬라이드(touch & slide), 터치 앤 드래그(touch & drag) 방법 등이 있다.
㉥ 2점 촉타법은 주로 실외 보행을 위해 사용하도록 지도하고, 익숙한 학교 복도에서는 주로 대각선법을 사용하도록 지도 한다.

① ㉠, ㉢, ㉤   ② ㉠, ㉣, ㉥   ③ ㉢, ㉤, ㉥
④ ㉠, ㉣, ㉤, ㉥   ⑤ ㉡, ㉢, ㉣, ㉤

01 점자의 표기

1. 점자의 규칙

※ 읽기는 좌측에서 우측 방향으로 읽으며, 쓰기는 우측에서 좌측 방향으로 표기함

[그림 2-8] 점자의 구조

① 글자나 부호를 이중으로 적지 않도록 한국 점자규정에서 정한 점자를 표준 점자로 지정하고 있다.
② 한 칸을 구성하는 점 6개(세로 3개, 가로 2개)를 조합한 63개의 점형으로 표기한다.
③ 왼쪽 위에서 아래로 1점, 2점, 3점, 오른쪽 위에서 아래로는 4점, 5점, 6점으로 본다.
④ 한글 이외의 점자표기는 세계 공통으로 사용하는 점자와 일치하게 함을 원칙으로 한다.
⑤ 한국 점자는 풀어쓰기 방식으로 기재한다.
⑥ 한국 점자는 책의 부피를 줄이고, 정확하고 빠르며, 간편하게 사용한다는 장점을 지닌다.

2. 한국 점자의 특성

① 초성자음과 종성자음이 다르게 제자(製字)되어 있다.
② 초성 'ㅇ'은 생략한다.
③ 초성 'ㄲ', 'ㄸ', 'ㅃ', 'ㅆ', 'ㅉ'을 쓸 때, 앞의 'ㄱ', 'ㄷ', 'ㅂ', 'ㅅ', 'ㅈ' 대신 된소리표(6점)를 적는다.
④ 부피를 줄이고 읽기와 쓰기 속도를 증가시키기 위하여 27개 약자와 7개 약어를 사용한다.
⑤ 약자 '영'은 그 앞에 'ㅅ', 'ㅆ', 'ㅈ', 'ㅉ', 'ㅊ'이 올 때는 '엉'이 된다.
⑥ 모음 겹글자 '얘'는 '야+이'가 아니라 '야+애'로, '위'는 '우+이'가 아니라 '우+애'로 쓴다.
⑦ 모음 겹글자 '왜'는 '오+애'가 아니라 '와+애'로, '웨'는 '우+에'가 아니라 '워+애'로 쓴다.
⑧ 점자는 모아쓰지 않고 풀어쓴다.

3. 점자의 장단점

구분	장점	단점
내용	• 맹인의 중요한 의사소통 수단 • 맹인이 쉽게 쓸 수 있음 • 맹인을 위한 실질적인 의사소통 수단 • 정독과 재독을 할 수 있음 • 철자를 익히는 데 도움이 됨	• 읽기속도가 목독(目讀)이나 청독보다 현저하게 느림 • 점자도서나 간행물을 구하기 어려움 • 점자도서의 제작비가 비쌈 • 점자는 공간을 많이 차지하므로 휴대하거나 보관이 어려움 • 부호의 중복 사용으로 혼동과 난이도가 발생함 • 약자를 사용함으로써 철자법에 특별한 주의가 필요함 • 어구, 문장, 도서체계, 그림 등 책의 전체적인 형태를 파악하기가 어려워 상당한 기억력과 종합력이 필요함 • 일부의 중복장애 아동은 점자를 학습하는 것이 어려움 　　예 중도 지적장애가 있는 경우 점자습득이 어려우며, 뇌졸중이나 당뇨병이 있는 경우에도 촉각의 상실로 점자 읽기가 곤란함

4. 점자기호

(1) 자음 기호(읽기점 ①④ ②⑤ ③⑥ 기준)

자음	초성	ㄱ	ㄴ	ㄷ	ㄹ	ㅁ	ㅂ	ㅅ	ㅇ	ㅈ	ㅊ	ㅋ	ㅌ	ㅍ	ㅎ
		4	14	24	5	15	45	6	1245	46	56	124	125	145	245
	종성	ㄱ	ㄴ	ㄷ	ㄹ	ㅁ	ㅂ	ㅅ	ㅇ	ㅈ	ㅊ	ㅋ	ㅌ	ㅍ	ㅎ
		1	25	35	2	26	12	3	2356	13	23	235	236	256	356
	된소리	ㄲ		ㄸ		ㅃ		ㅆ		ㅉ					
		6	4	6	24	6	45	6	6	6	46				

※ ●은 볼록하게 찍힌 점임

(2) 모음 기호(읽기점 ①④ ②⑤ ③⑥ 기준)

모음	ㅏ	ㅐ	ㅑ	ㅒ	ㅓ	ㅔ	ㅕ	ㅖ	ㅗ	ㅘ	ㅙ	ㅚ
	126	1235	345	345	1235	234	1345	156	34	136	1236	1236	1235	13456

모음	ㅛ	ㅜ	ㅝ	ㅞ	ㅟ	ㅠ	ㅡ	ㅢ	ㅣ
	346	134	1234	1234	1235	134	1235	146	246	2456	135

※ ●은 볼록하게 찍힌 점임

(3) 약자와 약어

① 약자(읽기점 ①④ ②⑤ ③⑥ 기준)

약자	1종	가	나	다	마	바	사	자	카	타	파	하	것	받침ㅆ
		1246	14	24	15	45	123	46	124	125	145	245	456	234	34
		억	옹	울	옥	연	운	온	언	얼	열	인	영	을	은
		1456	123456	12346	1346	16	1245	12356	23456	2345	1256	12345	12456	2346	1356

※ ●은 볼록하게 찍힌 점임

② 약어(읽기점 ①④ ②⑤ ③⑥ 기준)

약어	그래서		그러나		그러면		그러므로		그런데		그리고		그리하여	
	1	234	1	14	1	25	1	26	1	1345	1	136	1	156

※ ●은 볼록하게 찍힌 점임

(4) 문장부호 및 기타 기호(읽기점 ①④ ②⑤ ③⑥ 기준)

	.	,	!	/	?	–	~		·		......		
	온점	반점	느낌표	빗금	물음표	붙임표	물결표		가운뎃점		말줄임표		
	256	5	235	456	34	236	36	36	5	23	6	6	6

	;		:		★		수표	“ ” 큰따옴표		‘ ’ 작은따옴표			
	쌍반점		쌍점		별표			열기	닫기	열기		닫기	
	56	23	5	2	35	35	3456	236	356	6	236	356	3

	:		영문표		( ) 소괄호			{ } 중괄호			[ ] 대괄호		
	긴소리표		시작	종결	열기		닫기	열기		닫기	열기		닫기
	6	3	356	256	236	3	6	356	236	2	5	356	236	23	56	356

※ ●은 볼록하게 찍힌 점임

(5) 숫자와 알파벳 (읽기점 ①④ ②⑤ ③⑥ 기준)

숫자	1	2	3	4	5	6	7	8	9	0	125		
	1	12	14	145	15	124	1245	125	24	245	3456	1	12	15

알파벳	a	b	c	d	e	f	g	h	i	j	a에서 j까지는 숫자 1에서 0까지와 동일		
	1	12	14	145	15	124	1245	125	24	245			
	k	l	m	n	o	p	q	r	s	t	a에서 j까지의 점기호에 3점 추가		
	13	123	134	1345	135	1234	12345	1235	234	2345			
	u	v	x	y	z			w			a에서 e까지의 점기호에 36점 추가 (w는 제외)		
	136	1236	1346	13456	1356			2456					

※ ●은 볼록하게 찍힌 점임

한글 점자로 읽을 때 '아버지'를 바르게 표기한 것은? [2점]

① (점자 5칸)

② (점자 5칸)

③ (점자 5칸)

④ (점자 5칸)

⑤ (점자 5칸)

〈보기〉에서 한글 점자에 관한 바른 설명을 모두 고른 것은? [1.4점]

─────────────〈보기〉─────────────
- ㉠ 모음 앞에 오는 이응(ㅇ)을 항상 생략한다.
- ㉡ 점자를 읽을 때 점칸 내 왼쪽 위의 점은 1점이다.
- ㉢ 모든 첫소리 자음 다음에 오는 모음 'ㅏ'를 생략한다.
- ㉣ 첫소리에 오는 된소리를 쓸 때 자음 앞에 된소리 기호 5점을 표기한다.

① ㉠, ㉡   ② ㉡, ㉢   ③ ㉢, ㉣   ④ ㉠, ㉡, ㉢   ⑤ ㉡, ㉢, ㉣

건물에 설치된 승강기에 한글점자로 '개폐'가 표기되어 있다. 다음 중 '폐'에 해당하는 것은? [2점]

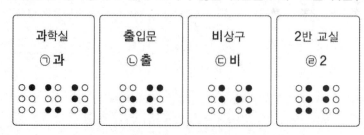

특수학급 최 교사는 시각장애 학생 A가 이용할 시설 입구에 편의상 시설 명칭의 앞 글자를 점자 라벨로 만들어 붙여 확인할 수 있도록 하였다. ㉠~㉣에서 점자 표기가 옳은 것만을 모두 고른 것은? [1.5점]

과학실	출입문	비상구	2반 교실
㉠ 과	㉡ 출	㉢ 비	㉣ 2

① ㉡, ㉣   ② ㉠, ㉡, ㉢   ③ ㉠, ㉢, ㉣   ④ ㉡, ㉢, ㉣   ⑤ ㉠, ㉡, ㉢, ㉣

김 교사는 점자 익히기 교과서의 '〈자음자 + ㅏ〉에서 〈ㅏ〉를 생략한 약자' 단원을 지도한 후, 다음과 같이 평가하고자 한다. 각 문장의 밑줄 친 낱말 중 〈ㅏ〉 생략 약자를 써야 하는 것은? [1.4점]

──〈평가 계획〉──
- 평가대상: 점자를 주된 문해매체로 사용하는 시각장애 학생 3명
- 평가시점: 정리 단계
- 평가방법: 받아쓰기 수행평가
- 자료: 점(자)판, 점자(용)지, 점필
- 유의사항: 각 문장을 점자(판) 줄의 첫 번째 칸부터 쓰게 할 것

① 기차 여행이 재미있어요.
② 라디오는 책상 위에 있어요.
③ 마을 입구에 과수원이 있어요.
④ 사과와 배와 귤은 모두 과일이지요.
⑤ 자전거 노래를 부르면서 첫 박자에 손뼉을 쳐요.

시각장애 학생에게 점역하여 준 현장체험학습 안내문 중 일부이다. 밑줄 친 ㉠~㉣의 점자 표기로 옳은 것만을 〈보기〉에서 있는 대로 고른 것은? [2.5점]

──〈현장체험학습 안내〉──
1) 날짜: 10월 ㉠ 18일
2) 장소: ㉡ 청소년 ㉢ 문화회관
3) 유의사항: 가을에는 아침저녁으로 날씨가 ㉣ 쌀쌀하니, 여벌의 긴 옷을 준비해 주세요.

──〈보기〉──

(※ 제시된 점자는 읽기 기준, ○는 찍히지 않은 점임)

㉠
㉡
㉢
㉣

① ㉠, ㉣
② ㉡, ㉢
③ ㉢, ㉣
④ ㉠, ㉡, ㉢
⑤ ㉠, ㉡, ㉣

다음은 4학년 유미를 위한 점자지도에 대해 두 교사가 나눈 대화내용이다. 물음에 답하시오. [5점]

김 교사: 하나의 점형이 여러 가지로 읽히는 경우가 많아서 유미가 조금 힘들어하고 있어요. 좋은 지도방법이 없을까요?

이 교사: 여러 가지 방법이 있어요. 그 중 ㉠ 점자 카드를 이용하는 것이 있는데, 동일 점형이 포함된 여러 장의 낱말카드를 반복해서 읽어 보게 하세요.

김 교사: 또한 유미는 읽을 때와는 달리 점자판으로 점자를 쓸 때, 점형의 좌우를 바꾸어 쓰는 것에 오류를 범해요. 어떻게 하면 이 문제를 해결할 수 있을까요?

이 교사: 방향 및 위치 개념의 형성에 대한 지도가 조금 더 필요할 것 같아요. 이와 더불어 (㉡)와(과) ㉢ 점자정보 단말기를 한번 이용해 보세요. 점자정보 단말기는 읽고 쓸 때의 점형이 같아서 학생들이 사용할 때 혼란을 덜 느낄 수 있어요. 그리고 대부분의 (㉡)은(는) 종이 위에 점자를 쓰면서 바로 읽을 수 있고, 빠르게 쓸 수 있어서 점자지도에 매우 유용합니다. …(중략)… 그리고 체계적인 점자지도를 위해서는 ㉣ 2011 특수교육 교육 과정에 제시된 교수·학습내용을 참고하세요.

1) (가)는 ㉠의 일부이고, (나)는 카드 번호 ①의 기준 점형에 따라 카드 A를 만든 이유이다. (나)의 ⓐ에 들어갈 말을 쓰고, 카드 번호 ②의 카드 A와 카드 B를 묵자로 쓰시오. [2점]

	카드번호	기준점형	카드 A	카드 B	비고
(가)	①	(점형)	(점형)	(점형)	검은 점이 볼록하게 찍힌 점임
	②	(점형)	(점형)	(점형)	
(나)	(점형)	은 / ㅅ / ㅆ / ㅈ / ㅉ / ㅊ / 다음에 (ⓐ)(으)로 읽힌다.			

• ⓐ: _____ • 카드 A: _____ • 카드 B: _____

2) ㉡에 들어갈 알맞은 말을 쓰시오. [1점]

• _____

3) ㉢에 대한 다음의 설명 중 ⓘ에 공통으로 들어갈 알맞은 말을 쓰시오. [1점]

점자정보단말기는 여섯 개의 키와 스페이스 바로 구성된 점자 컴퓨터 기기로, 휴대할 수 있으며 음성이나 (ⓘ)을(를) 지원한다. (ⓘ)은(는) 종이를 사용하지 않고, 점자 알 크기의 핀이 표면으로 올라오는 점자이다. 이 핀을 읽은 후 스페이스 바를 누르면 지금까지의 점자는 사라지고, 다음 줄에 해당하는 점자가 나타난다.

• _____

4) ㉣에 대한 다음의 설명 ①~④에서 알맞지 않은 것 1가지를 찾아 번호를 쓰고, 이를 바르게 수정하시오. [1점]

2011 특수교육 교육과정 점자지도와 관련한 사항은 공통 교육과정 국어교과에 포함되어 있다. ① 국어교과는 국어 활동 (듣기, 말하기, 읽기, 쓰기), 국어(문법), 문학에 대한 기본적인 지식을 갖추고 비판적이고 창의적인 국어능력을 기르며, 국어 생활을 능동적으로 수행하는 태도를 기르는 데 중점을 둔다. 시각장애 학생을 위한 국어교과의 내용에는 일반 교육과 정의 영역에 '묵자'와 '점자'의 학습내용이 추가 된다. ② 묵자사용 학습자를 위하여 묵자를 효율적으로 사용 하는 데 필요한 학습내용이 읽기와 쓰기 영역에 추가되었고, ③ 점자사용 학습자를 위하여 점자학습의 내용이 듣기, 읽기, 쓰기 영역에 추가되었다. ④ 이를 위해 별도의 점자 익히기 교과서와 교사용 지도서를 제작하여 현장에 보급하고 있다.

• 번호와 수정내용: _____

(가)는 시각장애학교 교육 실습생이 국어과 수업을 위해 작성한 수업계획의 일부이고, (나)는 교육 실습생이 수업을 위해 준비한 학습자료의 일부이다. 〈작성 방법〉에 따라 서술하시오. [4점]

(가) 수업계획

○ 학습주제: '내가 그린 히말라야시다 그림(지은이–성석제)'을 읽고 이야기하기
○ 성취기준
  [9국 05-01] 문학은 심미적 체험을 바탕으로 한 다양한 소통 활동임을 알고 문학 활동을 한다.
○ 단원: 세상을 보는 눈
○ 학습목표
  1. 소설 속에 등장하는 서술자의 특성을 파악하여 표로 만들 수 있다.
  2. 등장인물의 심리 변화를 파악하여 설명할 수 있다.
○ 학습활동
  • 활동 1: 두 서술자의 상황을 표로 정리하기(모둠 활동)
    – 유의점: 중도 실명한 ㉠ 점자 사용 학습자에게 점자 교육하기
  • 활동 2: 등장인물의 심리 변화를 정리하기
    – 유의점: 공간과 색채 관련 어휘를 구체적으로 설명하기
○ 평가: 지필평가
  유의점: ㉡ 지필평가 시 지문의 양 조절, 녹음 자료의 제공 및 시력 정도별 적정 시간 제공 등을 종합적으로 고려하여 평가하기

(나) 학습자료

묵자	3학년 9반
점자	

* 제시된 점자는 읽기 기준이고, ●은 볼록 나온 점임

〈작성 방법〉

• (가)의 ㉠을 위하여 점자 학습 내용이 추가된 국어과 내용 영역 3가지를 쓰고, (가)의 밑줄 친 ㉡처럼 하는 이유를 서술할 것 [단, 2015 개정 특수교육 교육과정(교육부 고시 제 2020-226호) 중 공통교육과정 국어과 '교수·학습 및 평가의 방향'에 근거할 것]
• (나)의 묵자를 점자로 번역한 부분 중에서 틀린 곳 2가지를 찾아 쓰고, 각각의 이유를 서술할 것

다음은 중도에 실명한 학생 A의 한글점자 받아쓰기 결과이다. 학생 A가 <u>잘못</u> 받아쓴 단어 3개를 찾아 쓰고, 잘못 받아쓴 각각의 단어에 대해 교사가 지도해야 할 점자 문법 요소를 쓰시오. [3점]

문항	학생 A의 점자 답안지
1. 우수	
2. 떡	
3. 차로	
4. 나사	
5. 구애	

* 제시된 점자는 읽기 기준이고, ●은 볼록 나온 점임

- _____
- _____
- _____

(가)는 특수교사와 자원봉사자의 대화이고, (나)는 교실 모습의 일부이다. 물음에 답하시오.

(가) 특수교사와 자원봉사자의 대화

특 수 교 사: 지우가 지금은 22포인트 정도의 글자를 읽을 수 있지만, 시력이 급격하게 낮아지고 있어 점자교육이 필요한 상황이에요. 자원봉사자: 아, 그렇군요. 특 수 교 사: 마침 '확대문자－점자 병기판'을 만드는 데 도움을 주시겠다고 하셔서 감사해요. 자원봉사자: 아직은 배우는 중이지만 지난번에 교육받은 대로 점자 스티커를 붙여서 만들어 볼게요. 특 수 교 사: 확대문자는 50포인트 볼드타입으로 만들어 주시는데요, 확대 이외에 ⊙ 가독성을 높일 수 있는 다른 방법도 고려하시고 지우가 ⓒ 눈부심이 심하다는 점도 감안해서 만들어 주세요. 자원봉사자: 네, 알겠습니다. 특 수 교 사: 그리고 쉬는 시간에 지우가 화장실을 잘 찾는지 살펴봐 주세요.

(나) 교실 속 '확대문자－점자 병기판' 모습

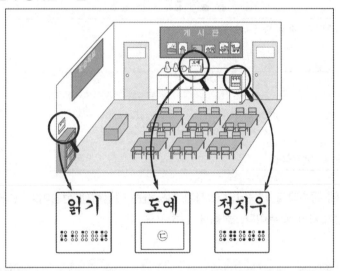

2) (나)의 ⓒ에 해당하는 점자를 쓰시오(단, 아래의 예시와 같이 각 점형의 점번호를 답으로 제시할 것) [1점]

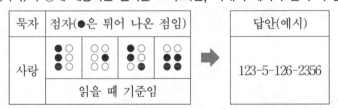

다음은 중도에 실명하여 점자를 익히고 있는 학생의 점자 받아쓰기 결과이다. (가)~(라) 중에서 <u>잘못 받아쓴</u> 단어를 찾아 쓰고, 점자를 쓸 때 적용해야 하는 점자의 문법적 내용 요소 ①~④를 예시와 같이 쓰시오. [5점]

문항	단어	점자	문법적 내용 요소
예시	깍두기	(점자)	'까'는 '가'의 약자 앞에 된소리표를 사용하여 쓴다.
(가)	밥그릇	(점자)	①
(나)	바위	(점자)	②
(다)	그리고는	(점자)	③
(라)	찡그리고	(점자)	④

* 제시된 점자는 읽기 기준이고, ●은 볼록 나온 점임

다음의 (가)는 시각장애 특수학교 체육담당 교사가 지도하는 학급학생 현황이고, (나)는 '안전하게 달리기'를 제재로 작성한 교수·학습계획의 일부이다. 물음에 답하시오.

(가) 학급학생 현황

학생	안질환	시각장애 정도	학생	안질환	시각장애 정도
준수	선천성 녹내장	전맹	경호	선천성 백내장	저시력
현미	무홍채증	저시력	수진	망막색소변성	저시력

(나) 교수·학습계획

학습목표		시각장애 정도에 따라 올바른 방법으로 달리기를 할 수 있다.	
단계		교수·학습활동	자료 및 유의점
도입		• 시각장애인 육상 올림픽 경기 동영상 시청하기	
전개	활동1	• 트랙 등 육상활동 장소에 친숙해지도록 보행지도하기	
	활동2	• 시각장애 정도에 따른 달리기 방법 지도하기 – 저시력 학생: 출발 위치 확인하기, 자기 레인 유지하며 달리기 등을 위해 ㉠ 추시하기와 주사하기 기술 활용하기 – 전맹 학생: ㉡ 안내인(가이드러너)과 함께 달리기	자기 기록을 점자스티커에 적어 '나의기록판'에 붙이기 예: ㉢ (점자)

3) (나)의 ㉢의 점자를 읽고 쓰시오. [1점]

(가)는 시각장애 특수학교에 다니는 학생의 특성이고, (나)는 2011 개정 특수교육 교육과정(교육과학기술부 고시 제2012-32호) 중 공통교육과정 국어과 5~6학년 '견문과 감상을 나타내어요.' 단원 지도계획이다. 물음에 답하시오.

(가) 학생의 특성

- 혜미(단순 시각장애)
  - 원인: 망막박리
  - 현재 시각 정도: 맹
  - 점자를 읽기수단으로 사용함

(나) 단원 지도계획

차시	주요 학습내용 및 활동	유의사항
1~2	• 단원 도입 • 견문과 감상이 드러나는 글의 특성 알기	• ⊙ 점역된 읽기자료를 제공한다. • ⓒ 독서 보조판(typoscope)을 제공한다. • 안전한 현장체험학습을 위해 개별 학생의 특성을 고려한 ⓒ 보행교육을 실시한다. • ② 시각장애로 인하여 습득하기 어려운 어휘(바다, 산, 구름, 푸르다, 검다, 붉다 등) 학습에 유의하여 지도한다.
3~4	• 견문과 감상이 드러나는 글 읽기 • 견문과 감상이 드러나는 글 쓰는 방법 알기	
5~7	• 견문과 감상이 드러나는 글쓰기 • 문장성분의 호응 관계에 주의하며 고쳐 쓰기	
8~9	• 현장체험학습을 통해 우리 지역의 자랑거리 조사하기 • 우리 지역의 자랑거리가 잘 드러나게 여행 안내서 만들기	

1) 다음은 (가)의 혜미에게 제공하고자 하는 (나)의 ⊙의 예이다. 점자를 묵자로 쓰시오(단, 검은 점은 볼록하게 튀어 나온 것임). [1점]

- _____

(나)는 시각장애인용 축구장을 설명하기 위해 시각장애 학교 교사가 학생에게 제공한 입체복사 자료이다. 물음에 답하시오.

(나) 교수 · 학습 계획

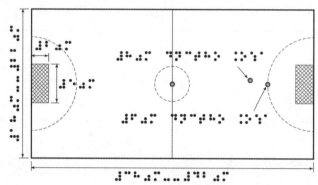

※ 검은 점 · 선 · 면은 볼록하게 튀어나온 것임

4) 다음은 (나)의 입체복사 자료에 표기된 점자의 일부이다. 점자를 묵자로 쓰시오(단, 검은 점은 볼록하게 튀어나온 것임). [1점]

●

다음은 일반학급에서 통합교육을 받고 있는 경호의 특성과 학교생활 모습을 나타낸 글이다. 물음에 답하시오.

시각장애 학생 경호는 점자를 주된 학습매체로 사용하며, 익숙한 공간에서는 단독 보행이 가능하다. 평상시에는 화장실이나 다른 교실로 이동할 때, 지팡이를 몸의 앞쪽에서 가로 질러 잡고 지팡이 끝(tip)을 지면에서 약간 들면서 보행하는 (㉠)을 (를) 사용한다. 하지만 오늘은 자기보호법과 트레일링(trailing) 기법을 사용하여 미술실로 향했다. 경호는 미술실로 가기 위해서 ㉡ 친구들이 지나다니는 발자국 소리와 계단 앞의 점자블록을 이용해 ㉢ 계단 난간을 찾았다. 계단을 지나 ㉣ ⠍⠕⠎⠕⠎⠕⠕ (이)라고 적힌 곳에서 정안인 친구 희수가 와서 함께 가자고 했다. ㉤ 희수는 경호의 팔꿈치 조금 위를 잡고 반보 뒤에서 걸었다. ㉥ 희수는 2층으로 올라가는 계단 앞에서 잠깐 멈추었다가 올라갔다. 미술실 앞에서 ㉦ 여닫이로 된 출입문을 열고 들어간 후, 경호가 문을 닫았다. ㉧ 희수는 경호의 손을 의자 등받이에 얹어 준 후 자기 자리로 가서 앉았다.

3) ㉣의 점자를 읽고 쓰시오. [1점]

●

63 2018학년도 중등 B 4번 일부

(나)는 보행훈련을 위한 점자 노선도이다. 〈작성 방법〉에 따라 서술하시오. [4점]

(나) 점자 노선도

> • 3학년 3반 교실 ◎ 뒷문에서 출발 → (트레일링을 통해) 4개의 교실 문을 지나감 → 바닥에 카펫이 밟히면 우회전 후 15보 직진 → 멀티미디어실 앞문으로 입장

─────────〈작성 방법〉─────────

• 밑줄 친 ◎을 점자로 읽을 때 각 점형의 점번호를 순서대로 쓸 것[아래의 예시 참조(점형의 구분은 '─'로 표시할 것)]

묵자	점자(●은 튀어 나온 것임)				답안(예시)
모기					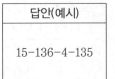
	(읽을 때 기준임)				⇨ 15-136-4-135

64 2016학년도 중등 B 2번

(가)는 맹학생 영수가 필기한 내용이고, (나)는 필기내용에 대해 김 교사와 영수가 나눈 대화이다. 밑줄 친 ㉠에 해당하는 내용 2가지를 쓰고, ㉡에 들어갈 약자를 묵자로 적으시오. 그리고 밑줄 친 ㉢에 해당하는 내용 2가지를 점자의 특성에 기초하여 쓰시오. [4점]

(가) 영수의 필기내용

필기내용	땅 1평은 3.3m²이고, 땅 1,000평은 약 3,300m²이다.
밑줄 친 부분에 해당하는 점자	⠀ ⠀ ⠀ ⠀ ⠀ ⠀ ⠀ ⠀

* 제시된 점형은 읽기 기준이며, ●은 볼록 튀어 나온 점임

(나) 대화

> 김교사: 영수야, 네가 찍은 점자를 보니 약자까지 다 익힌 것 같구나. 그런데 문법에는 좀 더 신경을 쓰면 좋을 것 같아. ㉠ '땅 1,000'을 점자를 찍은 것에 문법적인 오류가 있어.
> 영 수: 숫자는 매번 헷갈려요. 그런데 정말 이해가 안 되는 것은 '1,000평'처럼 묵자에서 숫자 다음에 한글이 이어 나올 때에요. 점자에서는 어떤 경우에 한 칸을 띄는지 궁금해요.
> 김교사: 그건 숫자 다음에 바로 초성 'ㄴ, ㄷ, ㅁ, ㅋ, ㅌ, ㅍ, ㅎ'과 약자 (㉡)이/가 오는 경우란다.
> 영 수: 감사합니다. 한 가지 더 궁금한 것이 있어요. 약자를 다 외우긴 했는데 ㉢ 약자를 사용하는 이유를 잘 모르겠어요.

• ㉠: _____

• ㉡: _____

• ㉢: _____

(가)는 시각장애 중학생 C를 위한 단원 지도계획이고, (나)는 점자 읽기 및 쓰기 평가자료이다. 〈작성 방법〉에 따라 ⑩을 언제부터 가르치고 평가해야 하는지 서술하시오. 그리고 ⑭의 'A에게'를 점자로 읽을 때 각 점형의 점번호를 순서대로 제시하시오. [4점]

(가) 단원 지도계획

학생 특성	시력	• 수업시간에 머리를 돌리거나 몸을 기울임 • 고시 능력에 문제가 있음 • 피로하거나 과도한 스트레스를 받으면 안질환의 증상이 심해짐
	학업	• 묵자와 점자를 병행하여 학습함 • 인지 및 운동 기능에는 어려움이 없음
영어과 지도계획	목표	• 영어 단어가 포함된 문장 읽고 쓰기
	묵자 활용	교수 · 학습자료: • 수업자료 제작 시 명암 대비를 고려함
		교수 · 학습방법: • ㉠ 교실 앞쪽에 창을 등지고 앉도록 자리를 배치함 • ㉡ 머리를 돌리거나 몸을 기울이지 않도록 자세를 교정함
		평가방법: • ㉢ 시험지를 확대하여 제공함
	점자 활용	교수 · 학습자료: • 실물, 모형, 입체 복사 자료 등의 대체자료를 제공함
		교수 · 학습방법: • 점자 타자기로 쓰기 지도를 함 • ㉣ 옵타콘을 활용하여 점자 읽기를 지도함
		평가방법: • ⑩ 영어 약자 점자의 사용 규칙을 포함한 점자활용 수준, 읽기 속도, 쓰기 정확도를 고려함

(나) 점자 읽기 및 쓰기 평가자료

> 길음역(Gireum Station)에서 친구 ⑭ A에게 전화했다.

──────〈작성 방법〉──────

• ⑭은 아래의 예와 같이 각 점형의 점번호를 답으로 제시할 것(점형의 구분은 '―'로 표시할 것)

묵자	점자(●은 튀어 나온 점임)	답안(예시)
소리	○○ ●○ ○○ ●○ ○○ ○○ ○● ○○ ○● ●● ○○ ●○ (읽을 때 기준임)	⇨ 6-136-5-135

다음은 시각장애 특수학교 김 교사와 미술관 담당자가 주고받은 휴대전화 문자 대화의 일부이다. 물음에 답하시오.

김 교사: 우리 학생들이 조각품을 직접 만져볼 수 있게 해 주신다니 감사합니다.
담 당 자: 별말씀을요. 우리 미술관은 오래 전부터 시각장애인을 위한 프로그램을 운영하고 있습니다. 학생들이 조각품을 직접 손으로 만져야 하니 미술관에서 ㉠ <u>면 소재의 흰 장갑</u>을 준비해 놓겠습니다. 그리고 작품 설명을 들을 수 있도록 ㉡ <u>녹음자료</u>도 제작해 놓겠습니다.
김 교사: 세심하게 배려해 주셔서 감사합니다.
담 당 자: 혹시 우리 미술관에서 더 준비해야 할 것이 있나요?
김 교사: 네, 감상할 작품의 설명 자료를 미리 보내주시면 제가 ㉢ <u>점자자료</u>로 변환하여 준비하겠습니다.
담 당 자: 알겠습니다. 아무쪼록 이번 견학이 시각장애 학생들에게 유익한 시간이 되길 바랍니다.
김 교사: 저도 이번 조각품 감상을 통해 학생들에게 ㉣ <u>자신의 느낌과 생각을 이해하고 표현하며 미적 경험에 반응하면서 미적 가치를 느끼고 내면화할 수 있는 능력</u>을 길러주고 싶습니다.

3) 다음은 ㉢의 일부이다. 점자를 묵자로 쓰시오(단, 검은 점은 볼록하게 튀어나온 것임). [1점]

(가)는 학생 B의 특성이고, (나)는 특수교사의 자료 요청계획 및 지도계획의 일부이다. 〈작성 방법〉에 따라 서술하시오. [4점]

(가) 학생 B의 특성
• 교통사고로 인한 뇌 손상 및 안구 손상으로 시각장애를 갖게 됨
• 현재 확대자료를 활용하나 시력이 점점 나빠질 예후가 있어 점자 교육이 요구됨

(나) 자료요청 계획 및 지도계획
[촉각지도]

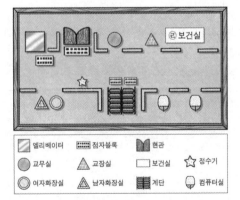

〈작성 방법〉
• ㉣을 점자로 표기할 때 각 점형의 점번호를 순서대로 쓸 것 [아래의 예시 참조(점형의 구분은 '-'로 표시할 것)]

[1246 - 45 - 2356]

(가)는 중도 실명한 학생 F가 국어 시간에 필기한 내용이고, (나)는 교육실습생이 수업을 마친 후 지도교사와 나눈 대화의 일부이다. 〈작성 방법〉에 따라 서술하시오. [4점]

(가) 필기내용

필기내용	영희야, 배가 <u>많이 아팠지?</u>
밑줄 친 부분에 해당하는 점자	●○ ○○ ○○ ●○ ○○ ●○ ●● ○○ ○○ ●○ ○○ ○● ●● ○○ ○○ ○○ ●○ ○○ ○○ ○○ ○● ●● ○○ ○○ ●● ●○ ○○ ○● ○○ ●○ ○● ●○ ○○

* 제시된 점형은 읽기 기준이며, ●은 볼록 튀어 나온 점임

(나) 대화

> 교육실습생: 선생님, 학생 F가 국어시간에 필기한 내용이에요. 점자를 잘 찍은 것 같아요.
> 지도교사: 어디 봅시다. 그런데 학생 F가 ㉠점자를 잘못 찍은 부분이 있군요.
> 교육실습생: 그런가요? 제가 한글 점자 규정에 대한 공부가 부족했던 것 같아요.
> 지도교사: 교사는 한글 점자 규정을 잘 알고 있어야 해요. 그래야만 학생이 점자를 잘못 찍으면 바로 교정해 줄 수 있어요.
> …(중략)…
> 교육실습생: 한글 점자 규정을 공부하면서 잘 모르는 것이 있었는데, 질문해도 될까요?
> 지도교사: 네, 어떤 것이 궁금한가요?
> 교육실습생: '힘껏'의 '껏'은 어떻게 찍어야 하나요?
> 지도교사: '껏'을 찍을 때에는 '것'의 약자 표기 앞에 (㉡)을/를 덧붙여서 찍어요.
> 교육실습생: 아, 그렇군요. 선생님, 한글 점자 규정의 '약어' 관련 부분도 어려웠어요. 지금도 잘 모르겠어요. ㉢ 그러면서는 점자로 어떻게 찍나요?

---〈작성 방법〉---

• (나)의 밑줄 친 ㉠에 해당하는 것을 (가)에서 2가지 찾아 쓰고, 각각의 이유를 서술할 것
• (나)의 괄호 안의 ㉡에 들어갈 용어를 쓸 것
• (나)의 밑줄 친 ㉢을 점자로 표기할 때, 각 점형의 점번호를 순서대로 쓸 것
  [아래의 예시 참조(점형의 구분은 '–'로 표시할 것)]

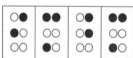

[24 – 134 – 45 – 134]

(가)는 시각장애 학생별 시력 특성이고, (나)는 2015 개정 특수교육 교육과정 중 공통 교육과정 체육과 5~6학년군 '응급상황에서 이렇게 행동해요.' 단원 지도계획의 일부이다. 물음에 답하시오.

(가) 학생별 시력 특성

이름	시력 특성	이름	시력 특성
한영	– 황반변성 – 큰 암점	세희	– 녹내장 – 시야 15도
영철	– 망막색소변성 – 시야 10도	지유	– 미숙아망막병증 – 광각(LP)
민수	– 당뇨망막병증 – 안전수동(HM/50 cm)	연우	– 시신경 위축 – 광각(LP)

(나) 단원 지도계획

단원	응급 상황 이렇게 행동해요	
차시	주요 학습내용	자료(자) 및 유의점(유)
3	응급처치 이해하기	자 관련 ㉠ 유인물 유 묵자자료의 대비 수준 고려
4	상해별 처치법 알아보기	자 모둠활동용 처치 ㉡ 안내판 유 점자자료의 점역자주 주의
5	상황알기	자 상황별(심정지, 무호흡 등) 동영상 콘텐츠 유 화면해설 서비스(DVS) 확인
6	(㉢) 순서 익히기	자 순서카드 1단계 반응 확인 / 2단계 도움 요청과 119 신고 / 3단계 가슴 압박 / 4단계 ㉣ 인공호흡 / 5단계 가슴 압박과 인공호흡의 반복 유 점자자료 제작 시 가로로 내용 제시
7	실습하기	자 실습용 인체모형

4) ① (나)의 ㉢에 들어갈 말을 쓰고, ② ㉣의 '인공'을 점자로 쓰시오. (단, 아래의 예시와 같이 각 점형의 점번호를 답으로 제시할 것) [2점]

묵자	점자(●은 튀어 나온 점임)			답안(예시)
나이				14-126-135
	(읽을 때 기준임)			

- ① : _____
- ② : _____

청각장애 기출경향 및 학습TIP

가장 기본적으로는 '전음성 청각장애', '감음신경성 청각장애'의 특성부터 접근하는 것이 좋습니다. 두 가지 유형을 구별하는 과정에서 여러 '주관적 검사'를 필수적으로 공부해야 하며, 보청기, 인공와우와 같은 '보조공학기기'도 각각의 청각장애의 특성과 연결하여 함께 학습하는 것이 좋습니다. 임용시험이 객관식에서 서답형 시험으로 변경되면서, 주관적 청력검사 중 '순음청력검사', '어음청력검사'의 구체적인 내용들과 '6개음 검사'까지의 출제빈도가 매우 높아졌습니다. 수어법이 제정되면서 '수어'와 관련된 문제의 출제확률이 높아지고 있으므로 수어의 단순한 특징을 넘어서 기본적인 수어를 익혀두는 것도 좋은 방법의 하나입니다. 청각장애는 주관적 청력검사를 이해하는 데 필요한 음성학적 기초 부분이 꽤 많이 출제되어 예상보다 난이도가 높은 영역 중 하나이기도 합니다.

제3장

청각장애

제1절 청각장애 유형

제2절 청각장애 진단평가

제3절 청각장애 특성

제4절 청각장애아 교육

제5절 청능훈련 및 독화

제6절 보조공학

제7절 수어지도

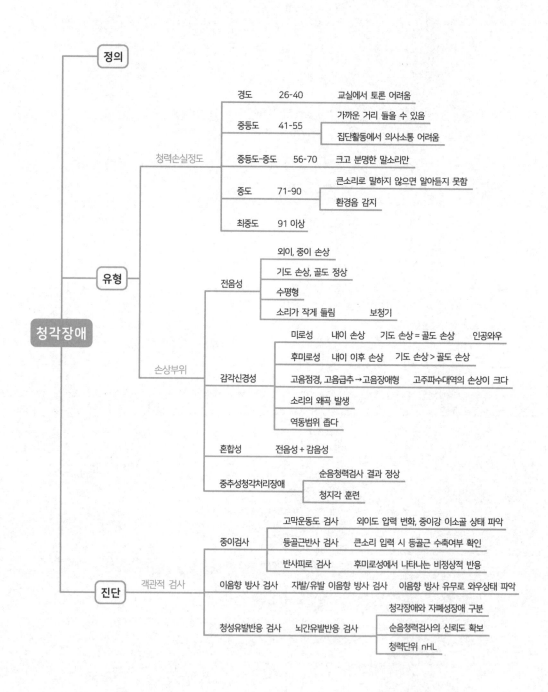

청각장애

- 정의
- 유형
  - 청력손실정도
    - 경도　26-40　교실에서 토론 어려움
    - 중등도　41-55　가까운 거리 들을 수 있음 / 집단활동에서 의사소통 어려움
    - 중등도-중도　56-70　크고 분명한 말소리만
    - 중도　71-90　큰소리로 말하지 않으면 알아듣지 못함 / 환경음 감지
    - 최중도　91 이상
  - 손상부위
    - 전음성
      - 외이, 중이 손상
      - 기도 손상, 골도 정상
      - 수평형
      - 소리가 작게 들림　보청기
    - 감각신경성
      - 미로성　내이 손상　기도 손상 = 골도 손상　인공와우
      - 후미로성　내이 이후 손상　기도 손상 > 골도 손상
      - 고음점경, 고음급추 → 고음장애형　고주파수대역의 손상이 크다
      - 소리의 왜곡 발생
      - 역동범위 좁다
    - 혼합성　전음성 + 감음성
    - 중추성청각처리장애
      - 순음청력검사 결과 정상
      - 청지각 훈련
- 진단
  - 객관적 검사
    - 중이검사
      - 고막운동도 검사　외이도 압력 변화, 중이강 이소골 상태 파악
      - 등골근반사 검사　큰소리 입력 시 등골근 수축여부 확인
      - 반사피로 검사　후미로성에서 나타나는 비정상적 반응
    - 이음향 방사 검사　자발/유발 이음향 방사 검사　이음향 방사 유무로 와우상태 파악
    - 청성유발반응 검사　뇌간유발반응 검사
      - 청각장애와 자폐성장애 구분
      - 순음청력검사의 신뢰도 확보
      - 청력단위 nHL

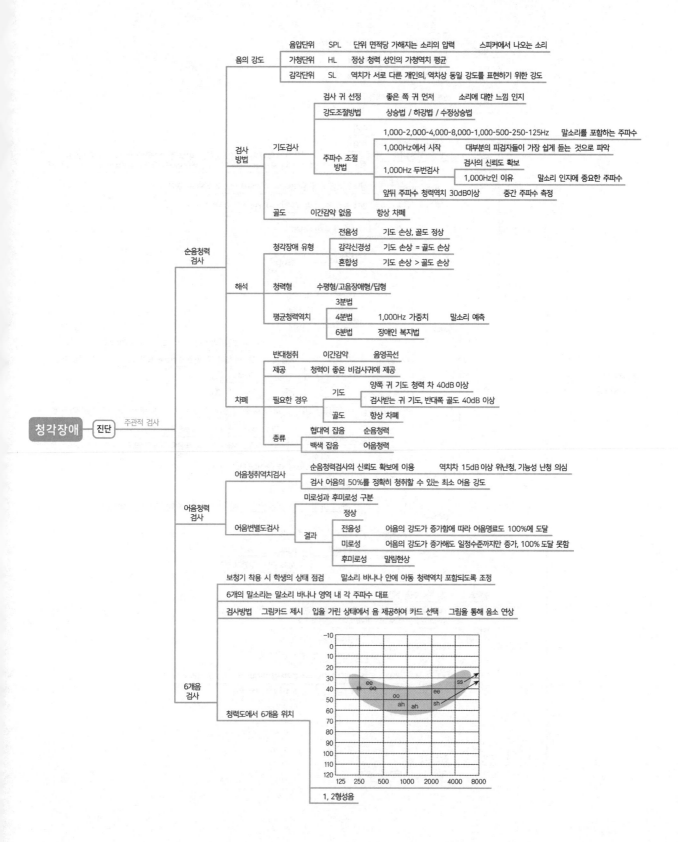

음의 강도
음압단위 SPL 단위 면적당 가해지는 소리의 압력 스피커에서 나오는 소리
가청단위 HL 정상 청력 성인의 가청역치 평균
감각단위 SL 역치가 서로 다른 개인의, 역치상 동일 강도를 표현하기 위한 강도

검사방법
기도검사
검사 귀 선정 좋은 쪽 귀 먼저 소리에 대한 느낌 인지
강도조절방법 상승법 / 하강법 / 수정상승법
주파수 조절방법
1,000-2,000-4,000-8,000-1,000-500-250-125Hz 말소리를 포함하는 주파수
1,000Hz에서 시작 대부분의 피검자들이 가장 쉽게 듣는 것으로 파악
1,000Hz 두번검사 검사의 신뢰도 확보
1,000Hz인 이유 말소리 인지에 중요한 주파수
앞뒤 주파수 청력역치 30dB이상 중간 주파수 측정
골도 이간감약 없음 항상 차폐

순음청력검사

해석
청각장애 유형
전음성 기도 손상, 골도 정상
감각신경성 기도 손상 = 골도 손상
혼합성 기도 손상 > 골도 손상
청력형 수평형/고음장애형/딥형
평균청력역치
3분법
4분법 1,000Hz 가중치 말소리 예측
6분법 장애인 복지법

차폐
반대청취 이간감약 음영곡선
제공 청력이 좋은 비검사귀에 제공
필요한 경우
기도
양쪽 귀 기도 청력 차 40dB 이상
검사받는 귀 기도, 반대쪽 골도 40dB 이상
골도 항상 차폐
종류 협대역 잡음 순음청력
백색 잡음 어음청력

청각장애 — 진단 — 주관적 검사

어음청력검사
어음청취역치검사
순음청력검사의 신뢰도 확보에 이용 역치차 15dB 이상 위난청, 기능성 난청 의심
검사 어음의 50%를 정확히 청취할 수 있는 최소 어음 강도
어음변별도검사
미로성과 후미로성 구분
결과
정상
전음성 어음의 강도가 증가함에 따라 어음명료도 100%에 도달
미로성 어음의 강도가 증가해도 일정수준까지만 증가, 100% 도달 못함
후미로성 말림현상

6개음검사
보청기 착용 시 학생의 상태 점검 말소리 바나나 안에 아동 청력역치 포함되도록 조정
6개의 말소리는 말소리 바나나 영역 내 각 주파수 대표
검사방법 그림카드 제시 입을 가린 상태에서 음 제공하여 카드 선택 그림을 통해 음소 연상
청력도에서 6개음 위치
1, 2형성음

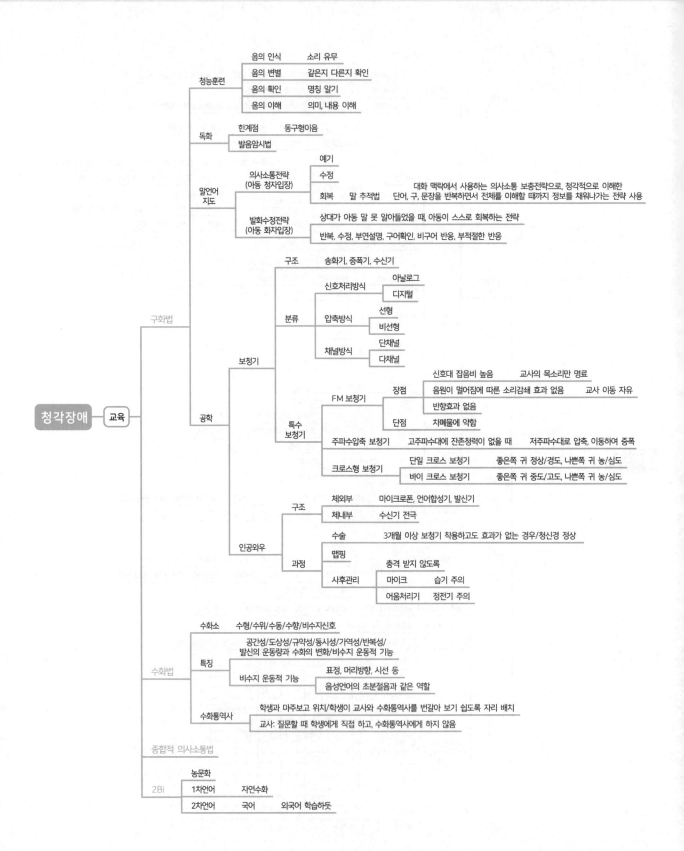

01 청력 손실 부위

1. 청각장애 청력 손실 유형

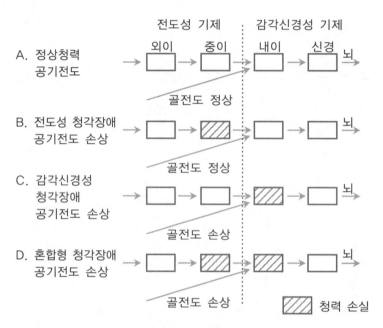

[그림 3-1] 청각장애 청력 손실 유형

(1) 손실 유형

유형	손상 부위	문제점
전음성	• 외이 또는 중이 • 이개 • 외이도 • 고막 • 이소골	• 외이나 중이가 소리를 전달하는 역할을 제대로 수행하지 못하는 청력 손실을 의미함 • 단순히 전음성 청각장애일 경우 내이는 정상이나 귓바퀴, 외이도, 중이의 선천성 기형, 외이도를 메운 귀지, 외이나 중이의 감염, 고막이나 이소골의 손상, 이소골의 석회화 등으로 인해 소리 전달을 방해받을 수 있음 • 그러나 대부분의 전음성 청각장애는 의료적 처치로 정상이나 거의 정상에 가까운 수준의 청력으로 회복될 수 있음
감음 신경성	• 신경 유모세포 • 청신경	• 달팽이관과 관련 있는 '감각적 청력 손실'이라는 용어와, 청신경과 관련된 '신경적 청력 손실'이라는 용어를 합친 것 • 달팽이관이나 청신경에 기능 부전이 존재한다면 감음신경성 청력 손실을 초래하지만, 외이와 중이의 기능은 정상임 • 감음신경성 청력 손실은 편측 또는 양측 손실을 보일 수 있고, 청력 손실 정도는 경도부터 전농에 이르며, 말소리 인지 또한 경미한 것에서부터 높은 강도에 이르기까지 방해받을 수 있음 • 청력 손실을 정상적으로 회복하기 위한 의료적 처치나 수술은 효과적이지 못함

혼합성	전음성 + 감음신경성	• 전음성 청력 손실과 감음신경성 청력 손실이 함께 나타남 • 중이와 내이 모두 손상을 입히는 여러 가지 외상, 내이까지 진행되는 중이염, 중이와 달팽이관 구조에까지 진전되는 이경화증 등에 의해 발생할 수 있음
청각처리 장애	• 대뇌 이상 • 신경계 문제	• 후미로성 청각문제로, 말초 청각장애에 기인하는 청력 손실을 넘어 특히 말소리에서 비정상적인 반응을 보임 • 청각처리 장애를 가진 경우 순음청력검사 결과에서는 정상적인 청력역치를 보이면서 청각적 정보를 사용하는 데 어려움을 보임 • 종종 말초 청각기능을 평가하는 선별검사를 통과하고 정상 청력도를 보임 • 조용한 상황에서는 소리를 잘 들을 수 있으나, 소음이 많은 환경에서는 청각장애처럼 행동함

(2) 전음성 청각장애와 감음신경성 청각장애 비교

구분	전음성 청각장애	감음신경성 청각장애
손상 부위	외이, 중이	내이, 청신경
진단	기도 손상, 골도 정상	기도 손상 = 골도 손상
현상	소리가 작게 들림	소리의 왜곡
보청기	보청기의 효과가 있음	보청기의 효과가 적음
역동 범위	넓음	좁음
음의 명료도	소리의 강도가 커지면 명료도가 100%에 도달함	• 미로성: 소리의 강도가 커져도 명료도가 100%에 도달하지 못함 • 후미로성: 일정강도까지 증가하다 말림현상이 나타남
자·모음	수평형으로 전체적으로 음을 작게 들음	고주파수로 갈수록 잘 듣지 못하여(고음장애형) 자음을 구별하기 더 힘든 반면, 비음은 잘 들음

2. 청력 손실 정도

청력 손실 정도	분류	언어와 말에 미치는 영향
25dB	정상	15~20dB 정도 손실이 있는 경우 소음이 있는 환경에서 희미한 말소리를 이해하기 어려움
26~40dB	경도	• 언어발달의 지체 • 조용한 환경에서조차 희미하거나 원거리에서 들려오는 말소리는 듣기 어려움 • 교실에서 진행되는 토론을 따라가기 위해서는 노력이 필요함
41~55dB	중도	• 일상대화 말소리는 듣기 어려우나, 아주 가까운 거리에서는 들을 수 있음 • 교실에서의 집단활동은 상당한 노력이 요구됨
56~70dB	중·고도	• 크고 명백한 말소리도 가끔 듣기 어려우며, 집단상황에서는 상당한 어려움이 있음 • 말소리 명료도는 알아들을 수 있는 정도이지만 두드러지게 손상됨
71~90dB	고도	• 큰 말소리도 들리지 않으며, 많은 단어가 인지되지 않음 • 환경음을 감지할 수 있으나, 무슨 소리인지 정확하게 알 수 없음 • 말소리 명료도는 알아들을 수 없을 정도임
91dB 이상	최고도/농	• 대화 말소리를 들을 수 없음 • 일부 큰 환경음은 들을 수도 있음 • 말소리 명료도는 이해하기 어려울 정도이나, 전혀 발달되지 않음

청각장애 학교에 재학하고 있는 A 학생은 감음신경성 청각장애로 진단받았다. 〈보기〉에서 A 학생에게 해당될 수 있는 설명을 고른 것은? [2점]

〈보기〉

ㄱ 침골과 등골에 손상이 있다.
ㄴ 코르티기에 손상이 있다.
ㄷ 기도와 골도검사 결과 모두에 청력 손실이 있고, 그 정도가 유사하다.
ㄹ 기도검사 결과에는 청력 손실이 있고, 골도검사 결과는 정상 범위에 있다.
ㅁ 보청기 착용 효과가 없는 경우에는, 인공와우 이식을 고려한다.
ㅂ 보청기 착용 효과가 충분히 예상되므로, 보청기 적합 절차를 거쳐 착용한다.

① ㄱ, ㄷ, ㅁ   ② ㄱ, ㄷ, ㅂ   ③ ㄱ, ㄹ, ㅁ   ④ ㄴ, ㄷ, ㅁ   ⑤ ㄴ, ㄹ, ㅂ

다음은 청각장애 학교에 교육실습을 나온 교생 A와 B가 나눈 대화이다. ㉠~㉯ 중에서 옳은 내용만을 있는 대로 고른 것은? [2.5점]

교생 A: 우리 반 준희는 내이에 손상을 입은 감음신경성 청각장애에요.
교생 B: 아, ㉠ 감음신경성 청각장애는 외이나 중이에는 손상이 없으니까 헤드폰을 통해 순음을 들려주어 검사하는 기도 검사 결과가 정상이겠군요.
교생 A: 준희는 ㉡ 내이에 손상이 있으니까 골도검사에서 청력손실이 나타나지요.
교생 B: 참, ㉢ 기저막에 손상을 입으면 전음성 청각장애지요. 그 외 청각기관의 손상 부위에 따른 청각장애의 종류는 무엇이 있나요?
교생 A: ㉣ 유모세포의 손상으로 음파가 전기에너지로 제대로 전환되지 않아 대뇌피질까지 소리가 전달되지 않는 중추성 청각장애가 있어요.
교생 B: 그런데, 정미는 ㉤ 고막과 이소골 두 곳에 손상이 있다고 하니 혼합성 청각장애이겠군요. 이런 학생들의 순음청력 검사 결과는 어떤가요?
교생 A: ㉯ 혼합성 청각장애는 기도와 골도검사 모두에서 청력손실이 나타나는데, 기도검사의 청력손실이 골도검사의 청력 손실보다 더 크게 나타나지요.

① ㉠, ㉡   ② ㉡, ㉯   ③ ㉠, ㉢, ㉯   ④ ㉡, ㉣, ㉤   ⑤ ㉢, ㉣, ㉤, ㉯

(가)는 청각장애 학생 영희의 청력검사 결과와 특성이다. 물음에 답하시오.

(가) 청력검사 결과와 특성

청력검사 결과			
검사명		좌	우
순음청력역치 검사	기도검사	19dB HL	73dB HL
	골도검사	19dB HL	73dB HL
어음청취역치 검사(SRT)		25dB HL	80dB HL
어음명료도 검사		40dB에서 100%	70dB에서 60%
			말림현상은 관찰되지 않음
(청성)뇌간유발반응 검사(ABR)		25nHL	70nHL
특성			
• 인지능력과 정서 및 사회성 발달에 특이사항 없음 • 신체 발달상으로 이상 없으나 ㉠ 평형성이 떨어짐 • 발음이 부정확하나 의사소통을 하는 데에는 큰 어려움이 없음 • 현재 우측 귀에 보청기를 착용하고 있음			

2) (가)의 청력검사 결과를 근거로 ㉠의 이유를 1가지 쓰시오. [1점]

• _____

01 객관적 평가

1. 중이검사

(1) 정의

음향 에너지의 흐름과 압력의 변화 등을 통해 중이의 상태와 기능을 간접적으로 평가하는 객관적 검사이다.

(2) 고막운동도 검사

① 외이도의 압력 변화에 따른 소리 에너지의 반사 정도를 측정하여 중이강, 이소골의 상태를 간접적으로 파악한다.

② 측정 유형

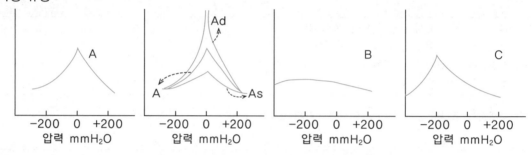

[그림 3-2] 고막운동도 측정 유형

유형	내용
A	• 외이도의 압력이 0일 때 고막 탄력이 최대가 되는 산 모양 • 중이기능 정상(정상인이나 감각신경성 청력손실 난청에서 나타남) • **수용 값의 최대치 범위**: −100 ~ +50mmH₂O
As	• A형과 비슷하나 A형에 비해 훨씬 얕은 형태를 보임 • 고막의 움직임이 감소됨 • 이소골 유착, 고실경화증, 이경화증, 삼출성 중이염 등에서 나타남
Ad	• A형과 같은 형태를 보이나, 곡선의 변화가 비정상으로 높음 • 고막의 기능 유실, 이소골 연결의 단절 시에 나타남
B	• 고막의 운동성이 떨어져 평평한 형태 • 중이강이 액체로 채워져 있는 경우에 나타남(삼출성 중이염) • 외이의 압력 변화를 통해 고막 뒤쪽 액체 압력을 대등하게 조절할 수 없으므로 수용최대치가 없고 평평함
C	• 외이의 압력이 부적(negative)일 때 수용최대치가 나타남 • 중이의 압력이 비정상적으로 부적인 양상을 보이는 유형 • 이관폐쇄 등으로 중이강의 압력이 대기압보다 낮을 때 나타남 • 유스타키오관 기능 저하 또는 삼출성 중이염 초기에 나타남

(3) 등골근 반사검사

① 큰소리를 들려주었을 때 등골근 수축 여부를 측정하는 검사이다.

② 정상 청력인 경우 등골근 반사 역치는 약 70~100dB HL에서 나타나며, 등골근 반사의 유무를 통해 중이의 질병, 청신경이나 안면신경의 손상, 내이의 손상 등을 진단한다.

⑷ **반사피로 검사**

① 후미로성 청각장애인 경우 나타나는 비정상적인 반응으로, 등골근 반사를 지속하는 데 피로를 느껴 자극음이 있는데도 적응이 빨리 나타나는 현상이다.

② 등골근 반사 역치보다 10dB 더 큰 소리를 10초간 지속적으로 들려주면서 500~1,000Hz에서 10초 내에 반사량의 감퇴 정도를 측정한다.

③ 반사가 변하지 않거나 서서히 변하면 정상으로 평가하고, 10초 이내에 50% 이상 급격하게 반사가 변하면 후미로성 청각장애로 평가할 수 있다.

2. 이음향방사 검사

① 와우에서 발생하는 소리 에너지로, 자발적 또는 소리자극에 의해서 발생한다.

② 이음향방사의 유무를 바탕으로 와우의 상태를 평가하는 데 사용된다.

③ 소음성 청각장애, 유모세포의 손상 등 내이의 손상을 조기에 발견하는 데 유용하다.

④ 유형

유형	내용
자발 이음향방사	음 자극이 없는 상태에서 측정되는 에너지
유발 이음향방사	• 특정한 소리자극에 의해 발생되는 이음향방사 • 정상 청력을 가진 신생아에게서는 대부분 나타나고, 청력손실이 20~25dB 이상일 경우 방사음이 나타나지 않기 때문에 신생아 청각선별검사에서 유용하게 사용됨

3. 전기생리학적 검사

① 와우나 중추청각계의 생리적인 변화를 측정하는 검사이다.

② 소리자극에 의해 와우 유모세포에서 발생된 전기신경 자극은 청신경 경로의 신경체마다 생물학적으로 전달된다. 두피에 전극을 부착하여 신경체의 전기신경 자극을 기록하면 청력 손실의 유무·정도·손상 부위를 진단할 수 있다.

③ 대표적 청성 유발전위

단계	시간	청성 유발전위(AEP)
초기	10~15ms	와우전기도 반응, 뇌간유발 반응
중기	10~80ms	청성 중기반응, 40Hz 반응
말기	80~750ms	청성 후기반응, P300 반응, MMN

④ 유형

유형	내용
와우전기도 반응	• 외이도나 중이에 주요한 전극을 부착한 후 와우와 와우에 가장 근접한 말초청신경의 기능을 측정함 • 메니에르병의 진단에 사용되며, 뇌간유발 반응의 진단에 보조적인 정보로 활용되기도 함 • 청각역치를 측정하기 어려운 피검자의 역치 추정도 가능
뇌간유발반응 검사	• 소리 자극 후 1~10ms 이내에 청신경과 뇌간부에서 나타나는 유발전위 • 신생아 청력선별검사 등 유소아의 청력 측정에 널리 사용됨

1. 정의

① 피검 아동이 음향적 소리를 듣고 자신이 들은 음의 크기를 다양한 주파수 속에서 측정하는 검사이다.
② 순음청력검사와 어음청력검사가 보편적이며 반사 청력검사, 유희 청력검사, 조작적 조건 청력검사, 행동관찰 청력검사는 어린 아동을 대상으로 실시할 수 있는 방법이다.

2. 순음청력검사

(1) 정의

순음청력검사기를 사용하여 피검자에게 주파수별로 순음을 들려주면서 각 주파수대의 청력치(HTL; Hearing Threshold Level)를 측정하는 주관적 방법의 검사이다.

> **참고** 순음청력검사기의 구성
>
> • 주파수 선택 다이얼: 125~8,000Hz까지의 음을 1옥타브 또는 1/2옥타브 차로 측정한다.
> • 강도 선택 다이얼: 0~110dB까지의 음의 강도를 선택한다.
> • 산출 선택 스위치
> • 차폐 스위치

(2) 검사 조건

① 검사 환경: 외부 소음을 차단하여 내부 소음이 40dB SPL 이하가 되도록 유지한다.
② 검사기 점검: 검사기기가 정상적으로 작동되는지 점검한다.
③ 검사 준비: 친밀한 관계형성, 헤드폰 착용연습, 반응방법 훈련 등을 실시한다.

(3) 기도청력검사

① 방음실에서 기계의 조작이 보이지 않는 위치에서 피검자를 앉게 하고, 이어폰을 통해 음을 들려주어 각 주파수에 따른 최소 가청역치를 측정한다.
② 보통 청력이 좋은 쪽부터 실시하며, 양쪽이 비슷한 경우라면 오른쪽 귀부터 측정한다.
③ 청력 손실이 심한 쪽을 검사할 때는 자극음이 반대쪽 귀로 교차하여 들릴 수 있으므로, 양측의 청력 차이가 30~35dB 이상이면 청력이 좋은 귀(검사하지 않는 귀)에 차폐를 해야 한다.
④ 검사를 실시할 때에는 주파수(Hz)와 강도(dB)를 조절한다.
　㉠ 주파수(Hz)
　　ⓐ 주파수는 가청 주파수 범위(20~20,000Hz) 중 언어의 인지와 이해를 고려하여 250~8,000Hz까지 검사한다.
　　ⓑ '1,000Hz－2,000Hz－(3,000Hz)－4,000Hz－(6,000Hz)－8,000Hz－1,000Hz－500Hz－250Hz －(125Hz)' 순으로 측정하는 것이 원칙이고, 3,000Hz와 6,000Hz는 앞뒤 주파수의 청력역치가 30dB 이상 차이가 나는 경우 검사한다.
　　ⓒ 1,000Hz는 두 번 측정하여 역치 차이가 10dB 이상인 경우 모든 주파수에 대해 재검사해야 하며, 10dB 이내인 경우 좋은 쪽을 역치로 결정한다(첫 번째와 두 번째 측정치를 비교함으로써 신뢰성을 확인할 수 있음).

ⓛ 음의 강도(dB)

ⓐ 강도는 10~110dB HL까지의 가청 범위를 고려하여 측정한다.

ⓑ 측정 방법

방법	내용
하강법	• 분명하게 들리는 높은 강도의 음부터 강도를 낮추어가며 최소로 들을 수 있는 음을 찾는 방법 • 충분히 들을 수 있는 음의 강도에서부터 5dB씩 낮추어 역치를 찾아냄
상승법	• 들리지 않는 낮은 강도의 음부터 점차 높은 강도의 음을 들려주면서 듣기 시작하는 수준을 찾는 방법 • 검사음의 강도는 5dB씩 상승하며, 검사음 제시시간은 각 단계별로 1~2초가 적당함
수정 상승법	• 30dB에서 시작하여 피검자가 들을 수 있을 때까지 20dB씩 상승하여 일단 검사음에 대해 피검자가 친숙하도록 한 다음, 검사할 수준을 정하고 못 들을 때까지 보통 10dB씩 강도를 줄여 나감 • 피검자가 못 들을 경우 5dB씩 강도를 올리면서 역치를 찾을 때까지 반복함

(4) 골도청력검사

① 골도진동기를 유양돌기 부분에 고정시켜 250Hz, 500Hz, 1,000Hz, 2,000Hz, 4,000Hz에서 청력역치를 측정한다(125Hz와 8,000Hz는 검사하지 않음).

② 최대 65~70dB HL 정도의 강도까지 음 자극을 줄 수 있다.

③ 골도청력검사의 방법은 기도청력검사와 같은 방법으로 진행한다.

④ 검사 시작 귀

㉠ 인간의 두개골은 진동체에 의해 오른쪽·왼쪽이 분리 진동되지 않으므로, 진동체의 부착 위치가 두개골의 어느 부위든지 자극 위치에 상관없이 양측 달팽이관에 동시에 반응한다.

㉡ 즉, 양측 달팽이관의 청력역치에 차이가 있을 경우, 진동체를 청력 손실이 큰 쪽의 귀 뒤 유양돌기에 부착시켜도 양측 달팽이관이 동시에 반응하여 좋은 쪽 귀의 유양돌기의 역치가 기록될 수 있으므로 검사자의 숙련된 경험이 필요하다.

(5) 청력도

① 작성법

㉠ 횡축은 주파수(Hz), 종축은 청력수준(dB)을 표시한다.

㉡ 주파수: 기도검사 결과(125~8,000Hz), 골도검사 결과(250~4,000Hz)를 표시한다.

㉢ 청력수준: 기도검사 결과(-10~110dB), 골도검사 결과(0~70dB)를 표시한다.

㉣ 순음청력검사를 실시한 결과는 청력도로 표기한다.

㉤ 청력도를 통해 어느 정도로 청력이 손실되어 있는지, 어떤 유형의 청각장애인지를 파악할 수 있다.

㉥ 표시 기호

종류	오른쪽	왼쪽
표시 색	빨강	파랑
기도	○	×
기도차폐	△	□
골도	〈	〉
골도차폐	[	]
무반응	↙	↘

② 청력도 해석
　㉠ 청력 손실 정도(평균 청력역치 구하는 법)

구분	계산식	활용
3분법	a + b + c/3	–
4분법	a + 2b + c/4	청력 손실 평가
6분법	a + 2b + 2c + d/6	장애등급 판정, 직업성 난청 진단

　＊a = 500Hz, b = 1,000Hz, c = 2,000Hz, d = 4,000Hz

　㉡ 청각장애 유형

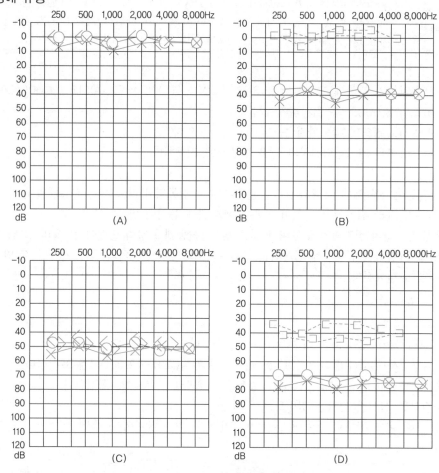

[그림 3-3] 기도역치, 골도역치에 따른 청각장애 유형

　ⓐ 기도역치와 골도역치의 수준 및 기도역치와 골도역치의 차이를 기준으로 판단한다.
　ⓑ 유형

그래프	유형	내용
(A)	정상	기도·골도역치가 15dB HL 이하이면서 동시에 역치 차이가 나타나지 않는 경우
(B)	전음성	• 외이나 중이에 문제가 있을 때 • 전음성 청각장애의 기도역치는 비정상인 반면, 골도역치는 정상 범위
(C)	감음성	• 내이나 신경의 손상 • 기도·골도역치 모두 비정상으로 나타나면서 동시에 역치 차이는 없음
(D)	혼합성	• 소리의 전달기관인 외이 및 중이의 문제와 감각신경 기관에도 문제 • 기도·골도역치가 비정상으로 나타나면서 동시에 역치 차이가 10dB 이상

ⓒ 청력형

구분	청력도	특성	원인
수평형	고주파수 →	• 청력손실치가 주파수마다 비슷함 • 높고 낮음의 차이가 약 20dB 이내	• 이경화증 • 유전성 난청, 풍진
저음장애형 (상승형)	고주파수 →	• 고주파수대에서 청력 손실이 적음 • 저주파수대의 청력 손실이 큼	• 이경화증 • 외상성 고막천공 • 메니에르병
고음점경형	고주파수 →	고주파수대로 갈수록 청력 손실 증가	• 원인 불명의 감음난청 • 가족성 내이난청 • 노인성 난청
고음급추형	고주파수 →	• 저주파수대의 청력 손실은 수평 형태 • 2,000Hz부터 청력손실치 급격히 증가 • 감음신경성 난청에서 대부분 관찰됨	• 스트랩토마이신 중독 • 원인 불명의 감음난청 • 노인성 난청 초기
딥형	고주파수 →	• 극히 국한된 주파수대에서 관찰 • 4,000Hz, 2,000Hz 영역에서 청력 손실 • 다른 주파수대는 수평형	직업성 난청 초기
곡형	고주파수 →	• 중음역의 청력 손실을 보임 • 저음역, 고음역의 청력 손실은 양호	–
산형	고주파수 →	• 저음역, 고음역의 청력 손실이 큼 • 중음역의 청력 손실이 적음	–
전농형	고주파수 →	• 저음역의 일부 주파수만 청력 측정 • 다른 주파수대는 청력 측정이 불가	• 저음장애 + 고음장애 • 메니에르에 의한 발작

청각장애 제3장 해커스임용 설지민 특수교육학 영역별 이론 + 기출문제 1

(6) 차폐

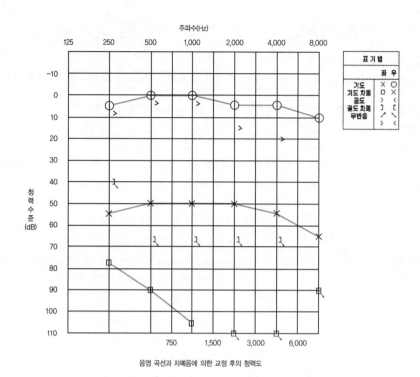

[그림 3-4] 차폐음

구분	내용
반대 청취	• 양쪽 귀 사이의 청력 차이가 심하게 나는 경우, 나쁜 쪽 귀에 들려준 검사음을 골도를 통하여 보다 좋은 쪽 귀에서 듣게 되는 것 • 반대 청취가 일어나는 경우 <table><tr><td>기도</td><td>• 양쪽 귀의 기도청력 차이가 40dB 이상인 경우 • 검사 받는 귀의 기도청력치와 반대쪽 골도청력치의 차이가 40dB 이상인 경우</td></tr><tr><td>골도</td><td>검사 받는 귀의 기도청력치와 골도청력치 차이가 10dB 이상인 경우</td></tr></table>
양이 간 감쇠	한쪽 귀에 입력된 소리를 반대쪽 귀에서 들었을 때 발생하는 강도의 손실
차폐음	• 청력검사 과정에서 반대 청취가 일어나면 부정확한 검사 결과를 얻게 되는데, 즉 검사 받는 귀의 반대쪽 청력을 검사 받는 귀의 청력으로 오인하게 됨 • 이러한 현상을 교정하기 위해 차폐음을 사용함 • 차폐음은 나쁜 쪽 귀를 검사할 때 반대쪽(좋은 쪽 귀)에 들려줌 • **차폐음 강도**: 양쪽 청력 차의 반 • **차폐음의 종류** <table><tr><td>협대역 잡음</td><td>• 순음청력검사 시 사용됨 • 검사음의 주파수를 중심으로 위아래의 좁은 범위 주파수만을 밴드 형태로 포함하는 잡음으로, 특정 주파수에서만 에너지가 높음 • **장점**: 검사 상황에서 다양한 주파수별로 소리를 제공할 수 있음</td></tr><tr><td>백색 잡음</td><td>• TV 방송 시작 전 또는 종료 시 영상과 음성이 사라지고 '치~' 하는 잡음과 함께 만들어지는 잡음 • 10~1,000Hz의 전 주파수에 걸쳐 거의 동일한 강도의 에너지를 가진 신호음 • 어음청력검사에서는 차폐음으로 넓은 주파수 대역을 갖는 백색잡음이 많이 사용됨</td></tr></table>

3. 어음청력검사

(1) 정의

① 언어 청취 및 이해능력을 측정하기 위해 말소리 자체를 음 자극으로 사용하여 청력을 측정하는 방법이다.

② 순음청력검사는 말소리에 대한 청취능력을 추정할 수는 있으나, 언어에 대한 직접적인 측정방법이 아니므로 부정확할 수 있어서 어음청력검사를 실시한다.

③ 순음청력검사를 보충하거나 실제적인 청취능력을 측정하는 데 유효하며, 보장구의 적응과 조절, 청능재활에 필요한 실질적인 정보를 제공하거나 예후, 효과를 예측하는 데에도 유효하게 활용될 수 있다.

(2) 목적

① 보청기의 적응·조절, 청능재활, 의사소통, 언어지도 등을 가이드하는 데 중요한 정보를 제공하기 위해 실시한다.

② 어음청취역치의 산출뿐만 아니라 최적 청취수준, 말소리에 대한 불쾌역치, 말소리의 조음, 말소리의 변별력 등을 알아보는 데 사용한다.

(3) 검사 유형

① 어음청취역치 검사(SRT; Speech Reception Threshold)

㉠ 말소리를 탐지하고 이해할 수 있는 어음청취역치를 측정하는 검사이다.

㉡ 검사 방법

ⓐ 평균 순음청력역치의 10dB 전후에서 시작하며 2음절어를 들려준다.

　　예 평균 순음청력역치가 60dB이면 시작음은 70dB로 2음절어의 4개 단어를 들려주고, 정반응의 결과에 따라 강도를 조절하여 어음청취역치를 찾는다.

ⓑ 검사어음은 전통적으로 강도가 같은 2음절어로 양음절 모두에 강도가 있는 강강격 단어(spondee)를 사용한다.

ⓒ 차폐가 필요한 경우 어음잡음이나 백색잡음을 사용한다.

㉢ 결과 해석

ⓐ 평균 순음청력보다 20~30dB 정도 높은 어음강도에서 시작한다.

ⓑ 검사어음에 대해 50%를 맞게 응답하는 최소 어음강도를 측정하여 어음청취역치를 산출한다.

ⓒ 어음청취역치와 순음평균역치는 거의 일치하며 대개 10dB 이내의 차이를 보인다(어음청취역치의 목적 중 하나는 순음청력의 신뢰도를 검증하는 것으로, 검사 결과가 순음청력검사의 3분법 평균 청력역치와 ±10dB 범위에서 나타나야 함).

ⓓ 두 역치 간의 차이가 15dB 이상일 경우 검사 자체의 신뢰도가 없거나 기능성 난청을 의심할 수 있다.

ⓔ 순음청력도가 급격하게 경사진 유형일 때는 순음평균역치와 어음청취역치가 다르게 나타나며, 이 경우 어음청취역치를 사용하는 것이 타당하다.

참고 | **어음청취역치(SRT)를 구하는 절차**

자극강도 (dB HL)	2음절어 정답(+)·오답(−)				해석	결과
70	학교(+)	장갑(+)	그림(+)	풍선(+)	제시된 4단어 모두 정반응으로 100% 수행	5dB 하강
65	전화(+)	병원(+)	과일(+)	땅콩(+)	제시된 4단어 모두 정반응으로 100% 수행	5dB 하강
60	나무(+)	참새(−)	달걀(+)	우산(+)	4단어 중 3단어 정반응으로 75% 수행	5dB 하강
55	전화(−)	병원(−)	과일(+)	땅콩(+)	4단어 중 2단어 정반응으로 50% 수행	5dB 하강
50	나무(−)	참새(−)	달걀(−)	우산(+)	4단어 중 1단어 정반응으로 25% 수행	50% 수행하지 못해 어음청취역치는 55dB이 됨

② 어음탐지역치 검사(SDT; Speech Detection Threshold)
  ㉠ 정의
    ⓐ 피검 아동이 어음을 감지하여 말이라고 확인할 수 있는 최저 수준의 어음강도를 말한다.
    ⓑ 순음청력검사가 순음을 들려줄 때 피검 아동이 들을 수 있는 최소 가청역치라고 한다면, 어음탐지역치는 어음을 들려줄 때 피검 아동이 들을 수 있는 최소 가청역치라고 할 수 있다.
    ⓒ SRT 측정이 불가능한 경우 SRT 대신 시행하여 어음의 유무를 탐지할 수 있는 최소 강도레벨을 측정한다.
  ㉡ 검사 방법: 피검자 아동에게 어음을 들려주고 의미 있는 말로는 표현되지 않아도 소리로 들리면 반응하게 하는 검사로, 말소리의 유무를 탐지하는 역치를 찾는 것이다.
  ㉢ 결과 해석: SDT 검사 시 들은 단어를 따라 말할 필요 없이 어음의 유무만 표현하면 되므로, SRT 역치에 비해 SDT 역치가 약 8~10dB 정도 더 좋다.
③ 어음명료도 검사(SDT; Speech Discrimination Test)
  ㉠ 정의
    ⓐ 말소리의 변별도를 측정하기 위한 어음청력검사이다.
    ⓑ 듣기 편안한 강도, 즉 쾌적역치에서 제시된 단어나 문장을 인지할 수 있는 비율이다.
    ⓒ 감각신경성 청각장애에서 병변이 와우인지 후미로인지 알아볼 때 유용하다.
  ㉡ 검사 방법
    ⓐ 말소리 청취역치보다 40dB 정도 높은 강도에서 단음절어로 구성된 PB단어 목록을 들려준다.
    ⓑ 보통 쾌적역치나 어음청취역치보다 10~40dB 큰 소리를 들려주고, 따라 말하기나 받아쓰기의 반응을 통해 다양한 강도에서 명료도를 구한다.
    ⓒ PB단어는 음성학적으로 균형을 이루어야 하고, 일상회화에서 사용되는 어음 빈도와 동일해야 하며, 친숙한 어음이어야 한다.
    ⓓ PB단어를 제시한 후에는 바르게 변별한 검사어음의 백분율, 부정확한 반응을 보인 검사어음의 백분율, 어음강도와 상관없이 가장 높은 명료도를 산출한다.
  ㉢ 결과 해석
    ⓐ 정상/전음성 청각장애일 경우 어음청취역치보다 약 40dB 어음강도에서 최대 명료도를 구할 수 있다.
    ⓑ 미로성이라면 일반적으로 어음명료도가 70~80% 이하로 나타난다.
    ⓒ 후미로성이라면 순음청력검사 결과는 정상이지만, 어음명료도가 낮게 나타난다(최대 명료도 이후 어음강도가 더 커질 경우 오히려 명료도가 더 떨어짐).

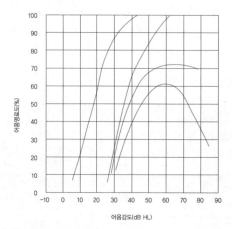

[그림 3-5] 정상 및 청력장애의 유형에 따른 어음명료도 곡선

4. 링의 6개음검사

(1) 개관

① 링의 6개음검사는 청능평가 도구로서 독립적으로 사용된다.

② 말소리로 검사하고 피험자의 구어 반응을 요구한다는 점에서 주관적 어음청력검사의 하나로 분류된다.

③ 특히 보청기나 인공와우를 착용한 아동이 어음을 잘 듣고 있는지를 간편하게 알 수 있으며, 교육현장에서 교사가 직접 아동의 청능수준에 대한 정보를 얻을 수 있다.

(2) 바나나 스피치(banana speech)

① 개요

㉠ 링의 6개음검사를 이해하려면 먼저 바나나 스피치의 성격을 알아야 한다.

㉡ 말소리는 250~8,000Hz의 범위 안에 놓이며, 말소리에 들어 있는 각각의 음소를 오디오그램에 표시하면 바나나 모양이 되기 때문에 바나나 스피치라고 불린다.

㉢ 순음청력검사에서도 250~8,000Hz를 검사하는 이유는 말소리가 분포된 주파수 대역이기 때문이다.

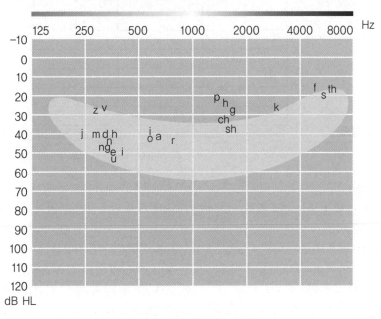

[그림 3-6] 바나나 스피치

② 바나나 스피치는 각 말소리가 가진 크기와 주파수 범위를 보여주는 하나의 분포도로, 다음의 정보를 알 수 있다.

㉠ 모든 말소리는 250~8,000Hz에 놓여 있다.

㉡ 250Hz에는 초분절적 요소(강세, 억양, 속도, 어조)와 /ㅁ/, /ㄴ/과 같은 비음 등이 분포되어 있다.

㉢ 대부분의 모음은 1,000Hz 이하 주파수 대역에 위치하며, 강도에 있어 자음보다 비교적 큰 특성을 가진다.

㉣ 대부분의 자음은 1,000Hz 이상의 고주파수 대역에 분포되어 있다.

③ 바나나 스피치는 청각장애 아동의 청능수준과 어음능력을 예측하는 단서가 될 수 있으며, 바나나 스피치에 위치한 주파수 대역에서 청력손실이 큰 경우 해당하는 어음을 식별하는 데 어려움을 보인다.

예 평균청력역치는 정상에 가까우나 4,000Hz와 8,000Hz에서 40dB 이상의 청력손실을 가지고 있는 경우, /s/와 같은 마찰음을 잘 들을 수 없어 "서울에 사는 심 서방은 너무 심술궂어."라는 문장을 들려주면 "뭐가 너무 어쩐다고 하긴 하는데 무슨 말인지 잘 모르겠다."라고 반응한다.

④ 일반적으로 모음의 식별이 자음보다 쉬운데, 저주파수 대역은 에너지가 높아 소리가 잘 전달되기 때문이다.
  ㉠ 청력형이 수평형이고 40dB HL이면, 모음을 듣는 데 문제가 없고 일부 자음의 소리만 잘 듣지 못한다.
  ㉡ 특히 음소 /ㅅ/는 고주파수 대역에 분포하며 가장 낮은 강도에 위치하고 있어 경도의 청력손실을 가진 사람
     도 식별이 어렵다.
  ㉢ 이는 청각장애 아동에게 가장 오류가 많은 음소가 /ㅅ/ 계열 음소라는 것과 무관하지 않다.

(3) 링의 6개음검사

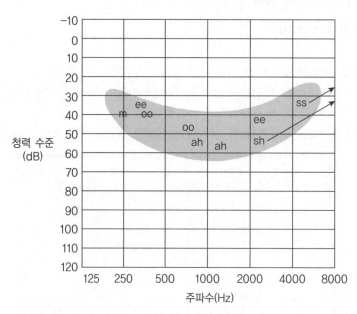

[그림 3-7] 링의 6개음검사

① 바나나 스피치에 근거하여 모든 말소리를 검사하는 대신 6개의 말소리만을 가지고 주파수 대역의 청취능력을
   알 수 있는 검사이다.
② 5개음에서 사용되는 음은 /ee/, /oo/, /ah/, /sh/, /ss/이며, 6개음검사를 할 경우 /m/이 추가된다.
③ 많은 어음 가운데 6개의 음이 검사 어음인 이유는 250~8,000Hz에 있는 대표적인 말소리로 분류되기 때문이다.
④ 약 1.8m의 거리에서 대화할 때 나타나는 대략적인 강도에 따른 주파수 대역을 청력도에 표기한 것으로,
   30~60dB의 영역을 CLEAR(Conversational Level Elements in the Acoustic Range)라고 한다.
⑤ 링의 6개음검사는 저수파수, 중주파수, 고주파수 범위에 대한 정보를 제공하며, 자극음의 제시 거리와 강도
   수준을 달리하여 아동의 탐지와 확인 반응을 평가할 수 있다.
  ㉠ 말소리를 들려주고 말소리에 해당하는 그림을 찾거나 따라 말하게 함으로써 어음지각 능력을 알 수 있다.
  ㉡ 해당 말소리가 들린 경우 박수를 치는 등의 반응은 탐지 여부를 알 수 있는 방법이다.
⑥ 검사방법
  ㉠ 6개음이 들어 있는 그림카드를 보여준다.
  ㉡ 입을 가린 상태에서 특정음을 들려주고 해당 카드를 고르도록 한다.
  ㉢ 이때 아동은 그림을 통해 음소를 연상한다.

다음은 청각장애의 진단에서 사용하는 검사들이다. (가)~(다)에 해당하는 검사 명칭을 바르게 제시한 것은?

[1.5점]

> (가) 피검자의 고막을 향해 소리를 들려준 후 반사되어 나오는 소리의 양을 미세마이크로 잡아 전기적 반응을 측정한다.
> (나) 피검자가 헤드폰을 통해 청취한 검사음을 듣고 즉시 반복해서 따라 말하거나 받아쓰게 한다.
> (다) 피검자의 머리에 전극을 부착시켜 청신경계의 미세한 전기적 반응을 측정한다.

	(가)	(나)	(다)
①	임피던스 청력검사	어음청력검사	뇌간유발반응 검사
②	임피던스 청력검사	어음청력검사	골도청력검사
③	골도청력검사	임피던스 청력검사	뇌간유발반응 검사
④	골도청력검사	임피던스 청력검사	어음청력검사
⑤	뇌간유발반응 검사	어음청력검사	임피던스 청력검사

다음에서 설명하는 청력검사 방법으로 옳은 것은? [2점]

> • 검사 결과를 dB로 기록한다.
> • 강강격 이음절어가 검사음이다.
> • 검사할 때 하강법과 상승법을 사용한다.
> • 6개의 검사음 중 3개를 정확히 들을 수 있는 최저 수준을 기록한다.
> • 피검자는 헤드폰을 통해 청취한 검사음을 듣고 곧바로 반복해서 따라 말하거나 받아쓴다.

① 유희 청력검사   ② 이음향방사 검사

③ 어음탐지역치 검사   ④ 어음 변별검사(어음명료도 검사)

⑤ 어음청취역치 검사(어음수용역치 검사)

청각장애를 진단하기 위한 청력검사에 대한 설명으로 옳은 것만을 〈보기〉에서 있는 대로 고른 것은? [2점]

─────────────〈보기〉─────────────

㉠ 뇌간유발반응 검사(ABR)는 청성 초기반응을 측정하는 객관적 검사이다.

㉡ 링(D.Ling)이 제시한 5개음 검사는 청취력을 간단하게 진단하는 데 유용한 검사로, 검사음은 [i], [u], [a], [ʃ], [s] 이며, [m]를 더하여 6개음 검사를 하기도 한다.

㉢ 순음청력검사는 주파수별로 순음을 들려주어 청력 수준을 측정하는 주관적 검사로, 기도와 골도검사 결과를 통해 청력 손실 정도와 청각장애의 유형을 알 수 있다.

㉣ 어음청취역치 검사는 검사음 50%를 정확히 대답하는 최대 어음강도인 어음청취역치를 알아보는 검사로, 어음청취역치는 일반적으로 순음평균청력치와 20dB 정도 차이가 난다.

㉤ 어음명료도 검사는 검사어음을 얼마나 정확히 이해하는지를 측정하는 검사로 최대 명료도값(PBmax)과 명료도 곡선을 구할 수 있는데, 약 60dB에서 100%의 어음명료도를 보이면 감각신경성 청각장애로 추정한다.

① ㉠, ㉣   ② ㉢, ㉤   ③ ㉠, ㉡, ㉢   ④ ㉠, ㉡, ㉢, ㉣   ⑤ ㉡, ㉢, ㉣, ㉤

다음은 특수교사 교육연구회에서 제공한 청각장애 연수자료 중 일부이다. (가)에서 잘못된 것의 기호를 2가지 쓰고, 내용을 바르게 고치시오. 그리고 (나)에서 적절하지 못한 것의 기호를 2가지 쓰고, 그 이유를 쓰시오. [4점]

(가) 청력검사에 대한 이해

㉠ 최근에는 신생아 청력선별검사를 통해 청각장애가 조기에 발견되는 경우가 많으며, 검사 방법은 주로 순음청력검사이다.

㉡ 청력검사의 청력도를 통해 청각장애의 유형과 청력 손실 정도를 알 수 있다.

㉢ 청각장애 등급을 판정할 때는 4분법으로 평균 청력역치를 산출한다.

㉣ 청각장애와 지적장애 또는 자폐성장애가 중복되어 주관적 청력검사가 어려울 경우, 객관적 검사인 청성뇌간반응 검사 (ABR)를 실시할 수 있다.

…하략…

(나) 청각장애 학생의 통합학급 지원사항

㉢ 청각장애 학생의 자리 배치는 독화하기 좋은 자리로 하되, 학생과 상의하여 결정한다.

㉣ 수화통역사를 활용하는 경우, 학생이 교사와 통역사를 동시에 볼 수 있는 자리에 배치한다.

㉤ 수화통역사를 활용하는 경우, 학생이 수업내용을 이해했는지 교사가 통역사에게 물어보고 확인한다.

㉥ 일반학급 교사와 급우들에게 보청기 혹은 인공와우 착용 사실을 알리지 않는다.

…하략…

• (가): _____

• (나): _____

다음은 기도순음청력 검사를 통해 산출된 청각장애 학생 A의 오른쪽 귀 평균 청력손실치에 대한 설명이다. 괄호 안의 ⊙과 ⊙에 해당하는 말을 각각 쓰시오. [2점]

> 학생 A의 오른쪽 귀 평균 청력손실치 75dB은 대부분의 (⊙)이/가 분포되어 있는 주파수인 1,000Hz, 500Hz, (⊙)Hz의 각각의 청력손실치로 계산하여 구한 값이다. 즉, 1,000Hz의 청력손실치 75dB의 2배 값에 500Hz의 청력손실치 70dB과 (⊙)Hz의 청력손실치 80dB을 더한 값을 4로 나눈 값이다.

• ⊙: _____

• ⊙: _____

(가)는 청각장애 학생 영희의 특성이다. 물음에 답하시오.

(가) 영희의 특성

> • 어렸을 때 고열로 인하여 달팽이관이 손상되었으며, 만성 중이염으로 중이에도 손상을 입었음
> • 현재 기도청력 손실 정도는 양쪽 귀 모두 85dB이며, 기도청력 손실 정도가 골도청력 손실 정도보다 높게 나타남

1) (가) 영희의 특성을 고려할 때, 청력 손실 부위에 따른 청각장애 유형을 쓰시오. [1점]

• _____

2) 영희에게 청력검사를 실시할 때, 검사 주파수를 1,000Hz – 2,000Hz – 4,000Hz – 8,000Hz – 1,000Hz – 500Hz – 250Hz – 125Hz 순으로 하였다. 실시 과정에서 1,000Hz를 두 번 검사하는 이유를 쓰시오. [1점]

• _____

다음의 청력도는 학생의 순음청력검사 결과이다. 이 학생의 오른쪽 귀의 청각 특성에 대해 옳은 것을 〈보기〉에서 모두 고른 것은? [2.5점]

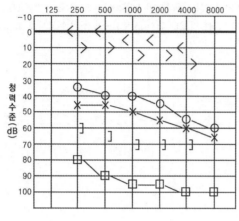

주파수(Hz)

청력수준(dB)

┌─────〈보기〉─────┐
ㄱ 전음성 난청이다.
ㄴ 인공와우 이식을 하게 되면 듣기능력이 향상된다.
ㄷ 남자 목소리를 여자 목소리보다 더 잘 들을 수 있다.
ㄹ 조용한 장소에서 1.8m 떨어져 대화할 때 마찰음 말소리를 들을 수 있다.
ㅁ 조용한 장소에서 1.8m 떨어져 대화할 때 대부분의 모음을 들을 수 없다.
ㅂ 조용한 장소에서 두 사람이 속삭이는 소리를 1.2m 거리에서 듣는 데 어려움을 겪는다.

① ㄱ, ㄴ, ㄹ   ② ㄱ, ㄷ, ㅂ   ③ ㄱ, ㄷ, ㅁ, ㅂ
④ ㄴ, ㄷ, ㄹ, ㅁ   ⑤ ㄴ, ㄷ, ㄹ, ㅁ, ㅂ

다음은 선천성 청각장애 학생의 순음청력검사 결과이다. 이 학생의 청력도에 근거하여 알 수 있는 내용으로 옳은 것만을 〈보기〉에서 모두 고른 것은? [2.5점]

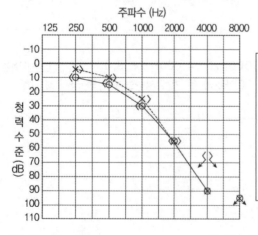

주파수 (Hz)

청력수준(dB)

┌─────〈보기〉─────┐
ㄱ 5개음 검사 결과, '아' 음을 들을 수 있다.
ㄴ 청각장애의 원인은 중이에 의한 청력 손실이다.
ㄷ 발성 시 자음 산출에 어려움이 있고, 과대비성이 나타난다.
ㄹ 3분법으로 계산한 왼쪽 귀의 평균 청력수준은 35dB(HL)이다.
ㅁ 청력형은 고음장애형이며, 역동범위는 건청학생에 비하여 넓다.
ㅂ 청능훈련을 할 때 큰 북과 캐스터네츠 소리를 각각 들려준 후, 어떤 소리에 반응하는지를 살펴본다.

① ㄱ, ㄴ, ㄹ   ② ㄱ, ㄷ, ㅂ   ③ ㄱ, ㄷ, ㅁ, ㅂ
④ ㄴ, ㄷ, ㄹ, ㅁ   ⑤ ㄴ, ㄷ, ㄹ, ㅁ, ㅂ

다음은 청각장애 자녀를 둔 어머니들이 나눈 대화이다. 밑줄 친 내용 중 옳은 것을 모두 고르면? [1.4점]

> 영미 엄마: 어제 민수네랑 이비인후과에 가서 청력검사를 했어요. 우리 영미는 ㉠ 혼합성 청각장애로 기도와 골도검사 모두
> 에서 청력 손실이 나타났는데, 기도검사의 청력 손실이 골도검사의 청력 손실보다 더 크게 나타났어요. 그리고
> 민수는 ㉡ 감음신경성 청각장애로 기도와 골도검사에서 청력 손실이 비슷하게 나타났어요.
>
> 정아 엄마: 우리도 보청기를 다시 해야 되는데 인공와우 수술을 해야 할지 고민이에요. 정아네 반에 있는 예지도 작년에
> ㉢ 와우에 문제가 있는 전음성 청각장애라서 인공와우 수술을 했어요.
>
> 영미 엄마: 정말 인공와우 수술을 한 학생들이 점점 많아져요. 그런데 어제 인공와우를 착용한 병호가 ㉣ 달팽이관 속에
> 이식한 어음 처리기에 문제가 생겨 병원에 갔다고 하더군요. 인공와우가 작동하지 않으면 수업을 하기 어렵죠.
> 그래서 영미 담임선생님은 아침마다 보청기와 인공와우를 한 아이들의 청취력을 검사하세요.
>
> 정아 엄마: 아 그래야겠군요. 근데 무슨 검사를 하신대요?
>
> 영미 엄마: 대부분의 말소리가 위치하는 말소리 바나나(Speech banana) 영역의 소리를 들을 수 있는지 보려고 ㉤ Ling이
> 라는 학자가 제시한 '5개음 검사'를 하는데, 이 검사에서 일반적으로 사용하는 5개음은 [i], [ɔ], [a], [k], [s]이
> 에요.

① ㉠, ㉡ 　　　　　② ㉠, ㉣ 　　　　　③ ㉡, ㉤

④ ㉠, ㉢, ㉤ 　　　　　⑤ ㉡, ㉢, ㉣

(가)는 청각장애 학생들의 청력 특성이고, (나)는 통합학교 박 교사의 수업방법이다. 물음에 답하시오. [6점]

(가) 청각장애 학생들의 청력 특성

이름	㉠ 평균 청력역치(㉡ dB HL)
병철	기도 좌측 50, 우측 50 골도 좌측 50, 우측 50
수미	기도 좌측 35, 우측 0 골도 좌측 5, ㉢ 우측 −5
지우	기도 좌측 70, 우측 65 골도 좌측 35, 우측 35

(나) 박 교사의 수업방법

> ① 청각을 주된 의사소통 채널로 사용하는 병철이는 FM 시스템(보청기)의 수신기를 착용하고 수업에 참여한다. 교사는 FM 시스템의 마이크를 착용한 채, 교실 안을 자유롭게 움직이며 설명한다.
> ② 수미에게는 완전한 문장보다는 한두 단어로 말해 준다.
> ③ 독화(말읽기)와 잔존 청력을 활용하는 지우를 위해 집단토론 상황에서는 서로 둘러앉게 하고, 말하는 학생 앞에 컵이나 작은 공(스피치 볼)을 놓고 말하도록 한다.
> ④ 지우가 독화(말읽기)하기 가장 좋은 자리를 교사가 임의로 지정해 준다.

1) (가)의 청각장애 학생들 중 외이나 중이에 손상이 있는 학생의 이름을 모두 쓰시오. [1점]

* _____

2) ㉠을 3분법이 아니라 4분법으로 구할 때의 장점을 1가지 쓰시오. [1점]

* _____

3) ㉡과 같이 청력역치를 표시할 때, 'dB IL'이나 'dB SPL'이 아니라 'dB HL'단위를 사용하는 이유를 1가지 쓰시오. [1점]

* _____

4) ㉢의 의미를 0dB HL의 의미에 비추어 쓰시오. [1점]

* _____

5) (나)의 ①~④ 중 적절하지 않은 수업방법 2가지를 찾아 기호를 쓰고, 그 이유를 각각 쓰시오. [2점]

* _____

* _____

다음의 (가)는 지수의 청능훈련 활동이고, (나)는 지수의 청력도이다. 물음에 답하시오.

(가) 지수의 청능훈련 활동

지수는 인지적 문제를 동반하지 않은 만 4세 청각장애 유아이다. 현재 지수는 양쪽 귀에 보청기를 착용하고 있다. 교사는 ㉠ 링(D.Ling)의 6개음 검사를 실시한 후 다음과 같이 청능훈련을 하였다.

교사: 지수야, 선생님이 하는 말을 잘 들어 보세요.
　　　(입을 가리고) '엄마 어디 있어?'
지수: ㉡ (엄마를 가리키며) '엄마'
교사: (입을 가리고) '우산'
지수: ㉢ '우…잔'…… '우잔'

(나) 지수의 청력도

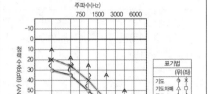
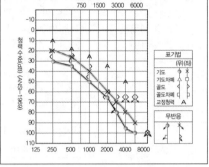

1) ㉠에서 /m/를 제외한 나머지 5개음의 음소를 쓰시오. [1점]

　• _____

3) ㉢과 같이 지수가 /ㅅ/를 /ㅈ/로 듣고 반응하는 이유를 /ㅅ/의 음향음성학적 특징과 지수의 청력도를 근거로 쓰시오. [1점]

　• _____

4) (나)의 청력도를 근거로 지수가 감음신경성 청각장애인 것으로 판단할 수 있는 이유를 1가지 쓰시오. [1점]

　• _____

5) (나)의 청력도를 보면 500Hz, 1,000Hz, 2,000Hz의 기도검사에서 차폐(masking)가 요구되지 않는다. 그 이유를 1가지 쓰시오. [1점]

　• _____

다음은 순음청력검사에 대한 설명이다. 괄호 안의 ㉠에 들어갈 현상을 쓰고, 밑줄 친 ㉡의 이유를 쓰시오. [2점]

기도청력검사의 경우는 양귀의 기도청력역치가 40dB 이상 차이가 있거나 검사 귀의 기도청력역치와 비검사 귀의 골도청력 역치가 40dB 이상 차이가 있을 때 차폐(masking)를 해야 한다. 이는 주파수에 따라 차이가 있으나, 검사 귀에 제시한 음이 두개골을 지나면서 최소한 40dB 이상의 (㉠)이/가 일어나기 때문이다. 그리고 ㉡ 골도청력검사의 경우는 항상 차폐를 해야 한다.

　• ㉠: _____

　• ㉡: _____

(가)는 ○○청각장애학교 초등학교 3학년 영어과 교수·학습 과정안의 일부이고, (나)는 특수교육지원센터의 순회교사인 김 교사가 △△초등학교 박 교사를 자문한 사례이다. 물음에 답하시오.

(가) 교수·학습 과정안

단원	Hello, I'm Sora.	
차시목표	만날 때 하는 인사말과 자신을 소개하는 말을 듣고 말할 수 있다.	
단계	교수·학습활동	유의사항
전개	〈활동 1〉 Listen and Say • 교사가 들려주는 대화문을 듣고 따라 말하기 대화문 Sora: Hello, I'm Sora. Boram: Hello, I'm Boram. 알파벳 지문자 Sora: 🤟🤚✋🤙 Boram: ㉠✋🤙🤚🤟	• 대화문을 들려줄 때 이름을 말하면서 알파벳 지문자도 함께 사용한다. • 듣기평가를 할 때 청각장애 학생의 특성을 고려하여 ㉡대안적인 영어 듣기평가를 실시한다.

(나) 자문 사례

〈자문 대화 내용〉

박 교사: 김 선생님, 우리 반에 현우가 전학을 왔는데 난청이 있다고 해요. 이것이 현우의 순음청력검사 결과라고 하는데 한번 봐 주시겠어요?

김 교사: (청력도를 보고) 네. 현우의 청력도를 보면 ㉢전음성 청각장애 유형에 해당하고, 보청기를 착용하는 것이 좋을 것 같네요.

박 교사: 그렇군요. 제가 다른 검사 결과표도 받았는데, 이것도 이해가 잘 되지 않아요.

김 교사: (결과표를 보고) 여기 있는 어음청력검사들은 일상생활에서 실제 사용하는 말소리를 듣고 이해하는 능력을 평가한 것이에요. 그런데 선생님이 주신 ㉣순음청력검사 결과와 어음청력검사 결과가 조금 이상하네요.

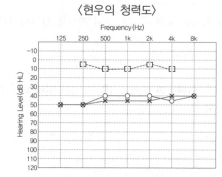

〈현우의 청력도〉

〈현우의 청력검사 결과표〉

검사 구분	기도청력 검사(dB)	어음청취역치 검사(dB)	㉤어음명료도 검사(%)
오른쪽	40	80	93
왼쪽	45	50	93

※ 기도청력 산출 방법 : 4분법

2) (가)의 ㉡의 방법을 '2011 개정 특수교육 교육과정' 중 공통교육과정 영어과 '듣기평가상의 유의점'에 근거하여 1가지 쓰시오. [1점]

• _____

3) 김 교사가 현우의 청각장애 유형이 ㉢이라고 판단한 이유를 (나)에 제시된 현우의 청력도에 근거하여 쓰시오. [1점]

• _____

4) (나)에서 김 교사가 ① ㉣과 같이 말한 이유를 현우의 청력검사 결과표를 근거로 하여 쓰고, ② ㉤을 실시하는 목적을 1가지 쓰시오. [2점]

• ①: _____ • ②: _____

다음은 특수교사와 학생 E의 어머니가 나눈 대화내용이다. ㉠과 같은 방법으로 순음을 측정하는 이유를 제시하고, ㉡에 들어갈 내용을 1가지 쓰시오. 그리고 전음성 청각장애와 감음신경성 청각장애는 ㉢에서 어떠한 차이를 보이는지 쓰시오. [4점]

어 머 니:	E가 순음청력검사와 어음청력검사를 받아야 한다고 하네요. 이 검사들은 어떤 검사인가요?
특수교사:	순음청력검사는 소리 자극을 들려주고, 들을 수 있는 가장 작은 소리의 강도를 다양한 주파수에서 알아보는 검사입니다. 구체적으로는 ㉠ 125~8,000Hz 정도의 주파수 대역에서 순음을 측정하고, 기도청력검사와 골도청력검사로 구성됩니다.

…중략…

어 머 니:	순음청력검사를 통해 알 수 있는 것들은 무엇인가요?
특수교사:	순음청력검사를 실시한 이후 그 결과를 바탕으로 (㉡)을/를 알 수 있어요.
어 머 니:	그럼, 어음청력검사는 어떤 검사인가요?
특수교사:	어음청력검사는 순음청력검사 결과를 기초로 말소리 청취와 이해 수준을 알아보는 검사로, 대표적인 것으로는 어음명료도 검사가 있습니다.
어 머 니:	어음명료도 검사를 설명해 주시겠어요?
특수교사:	어음명료도 검사는 최적의 듣기 강도에서 말소리 이해 정도를 나타내는 ㉢ 어음명료도(speech discrimination score)를 알아보고, 이후 청능훈련을 하거나 보청기를 착용하고자 할 때 활용될 수 있는 검사입니다.

• ㉠: _____

• ㉡: _____

• ㉢: _____

(나)는 일반 초등학교 3학년에 재학 중인 청각장애 학생 동호의 특성이고, (다)는 일반교사와 특수교사가 동호의 특성에 적합한 교육을 하기 위해 협의한 내용의 일부이다. 물음에 답하시오.

(나) 동호의 특성

- 동호
  - 7세 때 양쪽 귀에 인공와우 수술을 받았고, 인공와우 착용 시 좌우 청력은 각각 30dB임
  - 청인과는 구어로, 농인과는 수어로 의사소통하는 이중언어 사용자임

(다) 교육 협의내용

일반교사: 선생님, 수업시간에 동호가 제 말소리를 잘 들을 수 있는지 궁금합니다. 지난 협의회 때 수업시간에 동호가 어느 정도 들을 수 있는지 확인하는 방법이 있다고 하셨지요?

특수교사: 네, '링(D.Ling)의 6개음 검사'를 해보면 동호가 말소리를 듣는 정도를 간편하게 확인할 수 있습니다. 이 검사에서 사용하는 6개음은 ㉠ /a/, /u/, /i/, /s/, /ʃ/, /m/이에요.

…중략…

특수교사: 동호의 청취 환경은 어떻게 개선하셨나요?

일반교사: 네, 선생님 말씀대로 ㉡ 반향시간을 늘리려고 동호를 제 가까이에 앉혔습니다. 그리고 ㉢ 신호대잡음비(SNR)를 낮추기 위해서 FM 시스템을 사용하고 있어요. 자리배치도 중요할 것 같아서 ㉣ 소그룹 토론식 수업을 할 때는 책상을 'U'자 모양으로 배열하고, 동호를 제일 오른쪽이나 왼쪽에 앉혀 전체 학생을 볼 수 있도록 했습니다. 그런데 동호가 조용한 환경에서도 말소리를 잘 이해하지 못할 때가 있는 것 같아요. ㉤ 인공와우 수술을 늦게 받은 것이 그 이유 중 하나인 것 같습니다.

3) 링(D.Ling)의 6개음 검사를 할 때 (다)의 ㉠을 사용하는 이유를 쓰시오. [1점]

- _____

(가)는 5세 청각장애 유아 영수의 특성이고, (나)는 영수의 청력도의 일부이다. 물음에 답하시오.

(가) 영수의 특성

- 혼합성 청력 손실
- ㉠ 평균순음역치(PTA): 오른쪽 귀 72dB HL, 왼쪽 귀 76dB HL
- 보청기 착용
- 농인 부모 가정에서 ㉡ 한국수어(자연수화)를 제1언어로 습득하고, 한국수어와 한국어를 공용어로 사용함

(나) 영수의 청력도

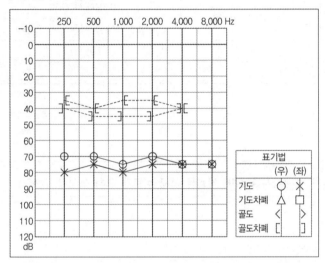

1) ① (가)의 ㉠을 6분법으로 구할 때의 장점을 1가지 쓰고, ② (가)의 ㉠과 (나)의 기도청력검사 결과로 영수의 링 6개음 검사 결과를 예측하기 어려운 이유를 1가지 쓰시오. [2점]

- ①: _____

- ②: _____

2) (나)에서 골도청력역치를 검사할 때 들려주는 차폐음을 1가지 쓰시오. [1점]

- _____

(가)는 청각장애 학생 영희의 청력검사 결과와 특성이다. 물음에 답하시오.

(가) 청력검사 결과와 특성

청력검사 결과		좌	우
순음청력역치 검사	기도검사	19dB HL	73dB HL
	골도검사	19dB HL	73dB HL
어음청취역치 검사(SRT)		25dB HL	80dB HL
어음명료도 검사		40dB에서 100%	70dB에서 60%
			말림현상은 관찰되지 않음
(청성)뇌간유발반응 검사(ABR)		25nHL	70nHL
특성			

• 인지능력과 정서 및 사회성 발달에 특이사항 없음
• 신체발달상으로 이상 없으나 ㉠ 평형성이 떨어짐
• 발음이 부정확하나 의사소통을 하는 데는 큰 어려움이 없음
• 현재 우측 귀에 보청기를 착용하고 있음

1) (가)의 청력검사 결과에 대한 해석으로 적절하지 <u>않은</u> 것 2가지를 찾아 기호를 쓰고 바르게 고쳐 쓰시오. [2점]

ⓐ 우측 귀는 후미로성 난청에 해당한다.
ⓑ 청력검사 간의 결과는 모두 일반적인 오차 범위 내에 있다.
ⓒ 좌측 귀의 어음 청취능력은 정상 청력 수준에 해당한다.
ⓓ 편측성 난청으로 소리의 음원을 찾는 데에 어려움이 예측된다.
ⓔ 기도검사에서는 양쪽 귀의 청력 차이가 40dB 이상이면 차폐검사를 실시하며, 이 경우에는 우측 귀에 차폐음을 들려주고 좌측 귀를 재검사한 것이다.

• _____

• _____

(가)는 청각장애 학생 P의 순음청력검사 결과이고, (나)는 어음청취검사 결과이다. (다)는 어음명료도검사 결과와 그 실시 방법이다. 〈작성 방법〉에 따라 서술하시오. [4점]

(가) ㉠ 순음청력검사 청력도

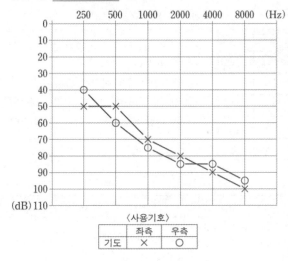

	좌측	우측
기도	×	○

〈사용기호〉

(나) ㉡ 어음청취역치검사 결과

좌측 귀검사	양양격 단어 맞춤(O), 틀림(X)					정반응률 (%)
80dB	농촌	필요	의견	싸움	육군	100
	O	O	O	O	O	
75dB	행복	물건	글씨	지금	약국	80
	O	O	×	O	O	
70dB	둘째	건설	느낌	동생	자연	60
	O	×	×	O	O	
65dB	사람	산문	종류	오빠	송곳	40
	×	×	×	O	O	
60dB	약속	안녕	물건	통일	뚜껑	20
	×	×	O	×	×	

(다) 어음명료도검사 결과

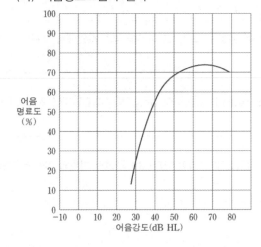

〈어음명료도검사의 실시 방법〉
① 피검자에게 어음을 들려주면서 이를 소리내어 말하거나 받아쓰게 한다.
② 피검자가 검사방법을 이해했는지 확인한다.
③ 청력이 좋은 쪽 귀부터 시작한다.
④ 어음청취역치보다 30~40dB 더 큰 강도 또는 (㉢)(으)로 자극음을 제시한다.
⑤ 정확히 들은 검사 어음의 수를 백분율로 산출한다.

〈작성 방법〉
• (가)의 청력도를 보고 학생 P의 좌측 귀 기도청력 평균역치를 쓸 것(단, 6분법으로 계산하고, 소수점 이하가 나올 때는 버릴 것)
• (가)의 ㉠과 (나)의 ㉡의 실시 목적을 비교하여 서술할 것
• (다)의 괄호 안의 ㉢에 해당하는 용어를 쓸 것

(가)는 청각장애 학생 윤서가 보청기를 착용하지 않은 상태에서 받은 순음청력검사 결과이고, (나)는 윤서의 특성이며, (다)는 윤서를 위해 작성한 2015 개정 특수교육 교육과정 중 기본 교육과정 국어과 5~6학년군 '듣기 말하기' 영역 교수 · 학습활동 개요의 일부이다. 물음에 답하시오. [5점]

(가) 순음청력검사 결과

구분		주파수(Hz)						
		125	250	500	1,000	2,000	4,000	8,000
좌	⊙ 골도역치 (dB HL)		50	65	65	75	75	
	기도역치 (dB HL)	50	55	65	65	75	80	85
우	골도역치 (dB HL)		40	50	60	70	75	
	기도역치 (dB HL)	40	45	50	65	70	75	85

(나) 윤서의 특성

• 선천적으로 코르티 기관에 손상이 있음
• 청신경에 이상이 없음
• 중추청각처리에 이상이 없음
• 보청기를 착용한 상태에서 자음 중 마찰음과 파찰음을 정확히 듣는 데 어려움이 있음

(다) 교수 · 학습활동 개요

단계	활동내용	자료 및 유의점
(ⓛ)	• /사/, /자/, /차/ 중에서 2개(예: /사/—/사/, /사/—/자/)를 듣고, 서로 같은 소리로 들리면 'O'카드, 다른 소리로 들리면 'x'카드 들기	• O · x카드: Ｏ, Ｘ • 글자카드: 사, 자, 차 • 양쪽 귀에 보청기를 착용하도록 함 • 소리자극은 청각적 자극으로만 제시함
확인	• /사/, /자/, /차/ 중 1개를 듣고, (ⓒ) • /사/, /자/, /차/ 중 1개를 듣고, 들리는 소리를 글자로 쓰기 • /기사/, /기자/, /기차/ 중 1개를 듣고, 들리는 대로 따라 말하기	

1) (가)에 근거하여 청각기관의 손실 부위에 따른 분류상 윤서의 청각장애 유형을 쓰고, 그 이유를 역치 측면에서 쓰시오. [1점]

• _____

2) (가)의 ⊙을 측정할 때 항상 차폐를 하는 이유를 이간감쇄(이간감약, interaural attenuation)의 특성과 관련지어 쓰시오. [1점]

• _____

3) 다음은 어음명료도 곡선이다. (가)와 (나)에 근거하여 윤서와 같은 청각장애 유형이 나타내는 곡선의 기호와 어음명료도의 변화 양상을 쓰시오. [1점]

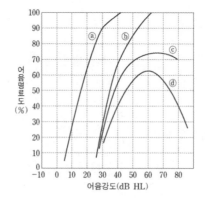

• _____

4) 듣기기술(청각기능) 단계에 근거하여, ① (다)의 ⓛ이 어느 단계에 해당하는지 쓰고, ② (다)의 ⓒ에 들어갈 내용을 '자료 및 유의점'에 제시된 '글자카드'를 활용하여 1가지 쓰시오. [2점]

• ①: _____ • ②: _____

(가)는 통합학급 김 교사와 유아특수교사 윤 교사가 4세 청각장애 유아 민기를 지도하기 위해 나눈 대화의 일부이고, (나)는 민기의 청력검사 결과의 일부이다. 물음에 답하시오.

(가) 김 교사와 윤 교사의 대화

> 김 교사: 새로 전학 온 민기가 청각장애가 있는데 민기를 위해 어떤 지원을 해야 할지 고민이에요. 저의 가장 큰 고민은 민기가 보청기를 끼고는 있는데 보청기가 잘 작동되고 있는지 확인하는 것과 청력검사 결과를 해석하는 것이에요.
>
> 윤 교사: 민기는 아직 어리기 때문에 보청기를 낀 상태에서 소리가 어떻게 들리는지 스스로 표현하는 것을 어려워해요. 그래서 교사가 수시로 보청기 상태를 확인하고 링(D. Ling)의 6개음 검사를 정확하게 하는 것이 좋아요. ㉠ 링(D. Ling)의 6개음 검사를 할 때는 교사의 입을 가리고 해야 해요.
>
> 김 교사: 그런데 민기는 주변 소음이 많거나 거리가 멀어지면 말소리를 훨씬 이해하지 못하더라고요.
>
> 윤 교사: ㉡ 그런 경우에는 FM 보청기를 사용하면 도움이 됩니다. 그리고 ㉢ FM 보청기를 사용할 때는 유의해야 할 것이 있어요.
>
> 김 교사: 그리고 여기에 민기 청력검사 결과가 있는데 한 번 봐주시겠어요?
>
> 윤 교사: 오른쪽 귀 순음청력검사와 어음청력검사 결과네요. 그런데 ㉣ 검사 결과에 오류가 있네요.
>
> ···(하략)···

(나) 민기의 청력검사 결과

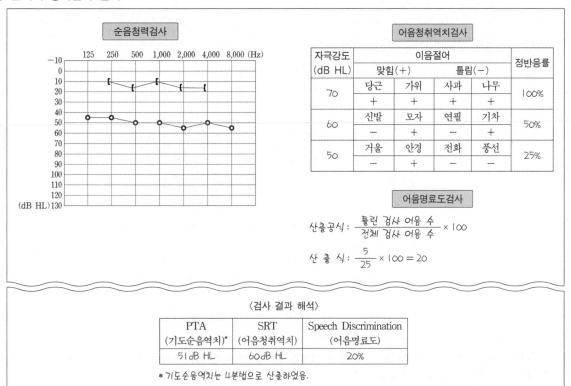

1) ㉠의 이유를 쓰시오. [1점]

  •_____

3) 윤 교사가 말한 ㉣의 근거를 (나)에서 찾아 ① 오류가 있는 청력검사 유형을 쓰고, ② 그것이 오류인 이유를 쓰시오. [2점]

  • ①:_____

  • ②:_____

(가)는 청각장애 학생 성호의 특성이고, (나)는 신임 교사와 선배 교사의 대화이며, (다)는 링의 5개음에 대한 바나나 스피치(banana speech) 영역 그래프이다. 물음에 답하시오.

(가) 성호의 특성

- 순음청력검사의 기도검사: 3분법으로 두 귀가 동일하게 평균 80dB HL
- 청력도: 고음점경형(경사형)
- 중추청각처리 장애는 없음

(나) 신임 교사와 선배 교사의 대화

선배 교사: 성호의 어음청력검사의 청취역치는 어떤가요?
신임 교사: ㉠ 어음청력검사의 청취역치를 기도검사와 동일한 3분법으로 산출했는데 85dB HL입니다.
　　　　　　　　　　　　　　…(중략)…
선배 교사: 성호가 최근 보청기를 교체했던데, 보셨어요?
신임 교사: 네, 디지털 보청기로 바꾸었는데, 디지털 보청기와 아날로그 보청기는 어떤 차이가 있나요?
선배 교사: ㉡ 디지털 보청기의 채널 방식, 신호처리 방식, 압축 방식은 아날로그 보청기와 다릅니다.
신임 교사: 바나나 스피치 영역 그래프를 보니 자음과는 달리 모음에 해당하는 /ee/, /ah/, /oo/는 ㉢ 두 곳에 표시되어
　　　　　　있더라고요. 왜 그런가요?

(다) 링의 5개음에 대한 바나나 스피치 영역 그래프

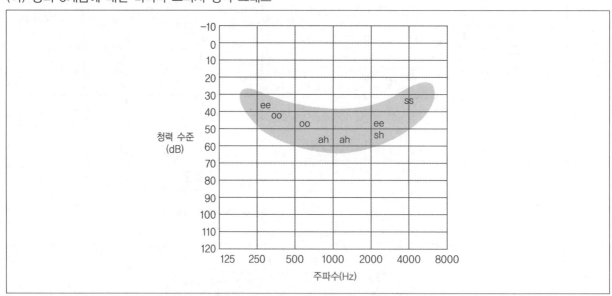

1) ① (가)를 참고하여 성호의 골도검사 결과가 제시되면 예상할 수 있는 '청각기관의 청력손실 부위에 따른 분류'의 명칭을 2가지 쓰고, ② ㉠이 잘못된 이유를 쓰시오. [2점]

- ①: _____

- ②: _____

2) ① ㉡의 특성을 쓰고, ② (다)를 참고하여 ㉢의 이유를 쓰시오. [2점]

- ①: _____

- ②: _____

제**3**절 청각장애 특성

01 언어적 특성

1. 특징

청각장애는 언어의 이해와 구어사용 능력에 가장 심각한 영향을 미치며, 청각장애 학생의 청력손실도가 높을수록 말소리의 명료도는 낮게 나타난다. 문자해독, 읽기, 쓰기도 건청학생에 비해 낮은 수행능력을 보인다.

2. 언어발달

(1) 음운론적 발달

① 일반적으로 생후 6개월 전후의 옹알이 단계에서 점차적으로 나타나는 음소확장과 음소축소 현상이 뚜렷하게 나타나지 않는다.

② 청인학생은 옹알이 단계에서 자·모음을 결합하여 여러 소리를 만들어 반복하는 반면, 청각장애학생은 똑같은 소리를 반복하는 경향을 보인다.

③ 청각장애학생은 분절적 요소뿐만 아니라 초분절적 요소에서도 오류를 보인다.

　㉠ 분절적 요소: 자음, 모음과 같은 음소를 말한다.

　㉡ 초분절적 요소: 말의 억양, 장단, 속도, 쉼, 강세 등을 말한다.

④ 일반 조음 음운장애학생은 대부분 자음에서만 오류를, 청각장애학생은 모음과 자음 모두에서 오류를 보인다.

⑤ 모음의 중성화 현상이 나타난다. 이는 일종의 모음 변형으로, 예를 들면 전설 모음 /i/를 발음할 때 중성음인 [a]를 섞어서 발음하는 것을 말한다.

⑥ 모음보다 자음에서 오류가 많은데, 특히 마찰음과 파찰음에서 오류를 보인다.

⑦ 혀를 지나치게 후반부 인두 쪽에 당겨 위치하여 발음하는 경향이 있어, 코 막힘 소리가 나는 맹관공명 현상이 나타나고 모음의 정확도가 낮다.

(2) 형태론적 발달

① 어휘에 대한 부족한 지식으로 인해 명사나 동사와 같은 내용어는 과다하게 사용하는 반면, 문법적 기능어의 사용은 부족하다.

② 문법 형태소 사용의 결함은 들리는 음소를 일관성이 없거나 왜곡된 음소로 받아들이기 때문이라고 여겨진다.

③ 청인학생에 비해 문법 형태소의 습득이 지체되며 문법 형태소 사용에도 오류가 많다.

④ 청력이 좋을수록 청각적인 피드백으로 인한 음소 변별력과 발음의 명료도가 높아져 형태론적 발달에 긍정적 영향을 미친다.

(3) 구문론적 발달

① 복문 산출 시 적절한 연결어미를 찾는 데 어려움을 보인다.

② 특정 단어만이 반복되어 나타나는 짧은 문장 형식을 사용한다.

③ 시제 사용에 많은 어려움을 보인다.

④ 부족한 어휘 지식으로 명사, 동사와 같은 내용어는 과다하게 사용하고, 문법적 기능어의 사용은 부족하다.

⑤ 문법 구조에 대한 지식의 부족으로 인해 정형화된 문법 구조를 과다하게 사용하는 경향이 있다.

⑥ 연결 어미 중 '~고(나열)', '~여서(인과)'가 주로 사용된다.

⑦ 조사 대치 등 문법 형태소의 오류가 많이 나타난다.

　예 "나는 친구와 채팅한다."를 "나는 친구를 채팅한다."라고 말하는 것

⑧ 문맥에 맞지 않은 잘못된 조사의 사용과 생략이 많다.

(4) **의미론적 발달**

① 명사보다 동사의 습득이 어렵고, 일상생활과 관련이 적은 어휘는 습득이 힘들다.

② 문맥에 적절하지 않은 어휘를 사용하며, 다의어에 대한 이해가 어렵다.

③ 구체적인 단어보다 추상적인 어휘를 습득하는 데 어려움을 보인다.

④ 명사를 중심으로 어휘가 발달하며 동사, 형용사, 문법 형태가 순차적으로 출현하는 등의 어휘발달 양상은 청인학생과 동일하다.

(5) **화용론적 발달**

① **순서 교대**: 한 명이 대화를 시작하면 기다렸다가 자기 순서가 오면 말을 한다.

② **주제 유지**: 일관성 있게 주제를 끌어가는 규칙으로, 청자에게 반드시 대답을 요구하지 않는 문장이더라도 청자는 화자가 말한 맥락을 벗어나지 않는 범위에서 대화를 이어갈 수 있다.

③ **피드백**: 화자의 눈을 맞추거나 고개를 끄덕이거나 적절한 추임새 등을 통해 상대방의 말을 경청하고 있다는 것을 보여준다.

④ 자기주장 맥락에서 벗어나는 음운상의 오류나 어휘 또는 높임법 등이 잘못 사용된 경우 자신의 말을 적절하게 조절하는 기술이 필요하다.

02 인지 · 학업적 특성

1. 인지적 특성

① 지적 능력은 대체로 일반학생보다 평균적으로 약간 낮기는 하지만, 동작성 검사에서는 건청학생과 별 차이가 없고 언어성 검사에서 현저한 차이가 나타난다.

② 하지만 지능검사 도구에서 언어성 요인이 적절히 통제된다면, 청각장애학생들의 점수는 정상적인 분포를 이룬다는 것이 오늘날의 관점이다.

2. 단기기억

① 청각장애 학생은 단기기억 능력이 건청학생에 비해 낮다.

② 약호화할 수 있는 의미자극 과제에서 청각장애학생이 열등하다는 것은 청각장애학생의 표상된 지식이 의미자극을 약호화하는 데 불충분하다는 것을 의미한다. 즉, 언어를 포함한 지식의 부족이 의미자극 과제에서 청각장애학생이 열등하게 수행하도록 하는 원인으로 볼 수 있다.

③ 의미자극을 약호화할 때 사용하는 부호의 차이가 단기기억에서의 수행능력의 차이를 초래한다. 일부 청각장애 학생은 정보를 표상할 때 시각, 수어, 지문자 등의 부호를 사용하는데, 이 부호는 모두 시각적 정보로 단기기억에 4개까지 저장할 수 있다. 이에 비해 일반인은 정보를 표상할 때 대부분 음운부호를 사용하여 단기기억에 음운부호 7개까지 저장할 수 있다. 이러한 부호화의 차이가 단기기억의 저장능력에서의 차이를 초래한 것이다.

3. 학업적 특성

① 언어 관련 교과에서는 학업성취 점수가 현저히 낮지만, 수학 등 언어성이 요구되지 않은 교과는 건청학생과 차이가 없거나 더 뛰어난 수준을 보이기도 한다.

② 청각장애학생의 학업성취도가 일반학생에 비해 전반적으로 낮은 이유는 청각적인 정보처리의 어려움도 있겠지만, 주된 의사소통 수단이 수어인 청각장애학생의 경우 구화를 위주로 하는 교육환경에서 학습정보를 충분히 받아들이지 못하기 때문인 것으로 유추할 수 있다.

장애학생의 언어 특성을 설명한 내용 중에서 적절하지 <u>않은</u> 것은? [2점]

① 뇌성마비 학생은 마비성 말장애(dysarthria)를 보인다.

② 지적장애 학생이 흔히 보이는 조음 오류는 종성자음 생략이다.

③ 자폐 학생의 조음능력은 다른 언어영역에 비해 우수한 편이다.

④ 청각장애 학생의 문법적 기능어와 내용어 표현능력은 유사하게 발달한다.

⑤ 중도(重度) 지적장애 학생은 표현 언어발달이 지체되거나 무발화 단계에 머물기도 한다.

농 학생의 전형적인 읽기·쓰기 특성에 관한 설명으로 적절하지 <u>않은</u> 것은? [2점]

① 내적 언어 결손으로 읽기 발달이 지체된다.

② 읽기·쓰기에서 비유적 표현의 어려움을 보인다.

③ 통사구조 이해력이 단일 문장에서보다 문단에서 낮다.

④ 음성언어의 통사구조가 아닌 그들만의 독특한 구조를 표현하기도 한다.

⑤ 학업성취도 평가의 하위 검사에서 철자법보다는 단어의미 이해력이 낮다.

제4절 청각장애아 교육

01 청각구어법

1. 교육방법
① 말과 언어를 습득하는 주된 수단으로 듣기를 사용한다.
② 대부분의 청각장애 아동은 약간의 잔존 청력을 가지고 있기 때문에 이 방법이 가능하다.
③ 보청기나 인공와우와 같은 보조기구에 큰 비중을 둔다.
④ 청각은 언어발달의 일차통로라고 생각하고 아동들에게 가능한 한 조기에 보조기구를 제공한다.
⑤ 청능학습 집중 시행을 강조하며, 보조기구와 청능학습으로 아동이 명료하게 말하는 법을 배울 수 있다고 주장한다.

02 구화법

1. 교육방법
① 구어습득을 위해 보조기구와 잔존 청력을 활용하는 것을 우선으로 하지만, 독화(말읽기)와 같은 시각적 단서를 사용한다는 점에서 청각구어법과 다르다.
② 독화는 다른 사람이 자신에게 말하는 것을 이해하기 위해 청각장애 아동이 시각적 정보를 사용할 수 있도록 가르치는 것도 포함된다.
③ 독화는 입술의 움직임, 얼굴 표정과 몸짓을 주시하여 다른 사람의 말을 이해하도록 하는 것이다.

03 수어법

1. 교육방법
① 농 아동이 의사소통할 수 있도록 사인(sign)의 사용을 가르치는 데 중점을 둔다.
② 사인은 구어를 발달시키지 못하는 아동이 결과적으로 의사소통할 수 있는 다른 수단을 가질 수밖에 없음을 전제로 한다.

2. 사인의 종류

종류	내용
수어	• 모든 단어를 전달하고 개별 철자보다는 생각을 완전하게 나타내는 손 움직임의 체계적이고 복잡한 결합체로 '자연수화'와 '문법수화' 두 가지가 있음 • **자연수화**: 농 사회의 역사를 따라 자연발생하며 전통적으로 전해져 온 것으로 국어 체계와는 다른 독자적인 문법을 가짐 • **문법수화**: 가청인과 원활한 의사소통을 위해 국어의 의미와 문법체계에 맞추어 만들어진 수화
지화	• 손모양을 사용하여 시각적으로 구어의 철자와 동일한 형태로 만든 것 • 지문자는 주로 수화를 보충하는 용도로 사용되며, 수화에 없는 단어는 지문자를 사용하여 표현함

04 종합적 의사소통법(TC; Total Communication)

1. 교육방법

① 청각장애 아동의 의사소통 유형에 제한을 두지 않고 말, 독화, 청취, 수화단어, 지화, 인쇄물 등 활용 가능한 의사소통 체계를 모두 활용하도록 하는 교육철학적인 접근방법이다.

② 기본적으로 구화를 1차 언어 또는 수업언어로 지지한다.

③ TC를 사용하는 수업상황에서 교사는 구어와 수화언어를 동시에 사용하기 때문에 TC는 '동시적 의사소통법'이라고도 부른다.

05 이중문화 – 이중언어 접근법(2Bi)

1. 교육방법

① 두 개의 언어(수화언어와 구어)와 두 개의 문화(농문화와 청인문화)를 활용한 청각장애 교육방법이다.

② 수화언어를 1차 언어이자 수업언어로 지지하며, 구어는 외국어 학습법에 따라 2차 언어로 학습하도록 한다.

③ 농 아동이 그들의 1차 언어에 접근하게 해 주는 전략으로서 자연수화를 지도하는 것이 필요하다.

06 농·맹 중복장애인의 의사소통 방법

방법	내용
촉수화	• 청각장애가 먼저 발생하고 그 이후에 시각장애가 발생하여 아동이 수어언어를 모국어로 습득 또는 학습한 경우에 수어언어로 의사소통이 가능함 • 이때 잔존 시력이 없는 경우에는 수어언어 표현을 맹농이 손으로 접촉하여 수어언어로 의사소통하는 방법
지문자	• 농·맹 장애인이 수어언어를 습득하지 못한 경우에는 수어언어 대신 지문자를 사용할 수도 있음 • 잔존 시력이 있는 경우에는 수어자가 보이도록 거리를 조정하여 제시하고, 농·맹 장애인이 수어언어를 이해하기 위해서는 우선 수어자의 위치를 파악해야 하므로 수어자는 맹농이 수어자 위치를 파악했는지 먼저 점검해야 함
손가락점자	• 점자를 주된 의사소통 수단으로 학습한 맹농은 점자 타자기에 점자를 입력하는 것과 같은 방법으로 점자를 직접 양손의 손가락 위를 접촉하여 의사소통하는 방법 • 보통 왼손가락과 오른손가락을 각각 3점씩 사용하며, 맹농이 사용하는 촉각언어 중 배우고 사용하기 쉬움
손문자	손바닥에 문자를 적어 의사소통하는 방법
필담	점자 또는 묵자를 이용하여 기록하여 의사소통하는 방법
구어	보청기나 인공와우를 활용하여 의사소통하는 방법

다음은 청각장애 학생 혜주의 특성에 대한 기록이다. 이 기록을 기초로 하여 혜주에게 언어를 지도하려고 할 때, 〈보기〉에서 적절한 방법을 모두 고른 것은? [1.4점]

- 성명: 김혜주(여)
- 특성: 선천성 청각장애
  - 동작성 지능지수(IQ): 94(K-WISC-Ⅲ 검사)
  - 사회성숙지수(SQ): 85(사회성숙도 검사)
  - 가정환경: 건청인 부모 밑에서 외동으로 성장하고 있으며 아파트에 거주함. 부모 모두 직장생활을 하고 있음
  - 또래관계: 또래들과 어울리려고 노력하나 주로 혼자 보내는 시간이 많음

〈좌·우 청력도〉

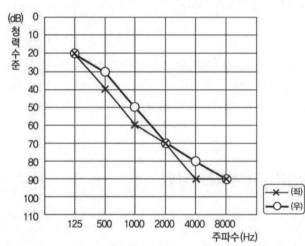

〈보기〉

㉠ 말의 정보를 반복적으로 제공하여 혜주가 의사소통 단서를 파악하도록 유도한다.
㉡ 관용적으로 사용되는 표현은 혜주가 이해하기 어려울 수 있으므로 별도로 지도한다.
㉢ 읽기지도에서 동시는 완성된 문장보다 쉽게 받아들이므로 동시를 활용하여 문장에 대한 이해를 높인다.
㉣ 혜주는 중이 손상에 의해 초래된 전음성 난청이므로 교과활동 시 교사는 음의 강도를 높여 지도해야 한다.
㉤ 교사는 혜주에게 정확한 입모양을 보여주기 위해 문장을 읽어줄 때, 음절마다 분리하여 천천히 말을 한다.

① ㉠, ㉡   ② ㉡, ㉢   ③ ㉠, ㉡, ㉣   ④ ㉢, ㉣, ㉤   ⑤ ㉠, ㉢, ㉣, ㉤

다음은 특수학급 초임교사가 일반학급 교사를 대상으로 장애학생 이해교육을 위해 준비한 교육자료 초안의 일부이다. 청각장애 학생 이해 관련 내용으로 옳지 <u>않은</u> 것을 고르면? [1.4점]

⟨장애이해 교육자료⟩

| 청각장애 학생 이해 |

㉠ 청각장애의 가족력이 있는 경우, 청력 손실이 점진적으로 진행될 수 있으니 소리에 대한 반응을 유심히 관찰해야 합니다.
㉡ 청력 손실의 정도에 따라 전음성·감음신경성·혼합성·중추성 청각장애로 나눌 수 있습니다.
㉢ 학생의 청력도를 통해 청력 손실의 정도·유형·시기를 알 수 있습니다.
㉣ 보청기 및 인공와우를 착용하는 학생의 상태를 점검하기 위해, 교사는 5개음 검사를 실시할 수 있습니다.
㉤ 인공와우 시술을 받은 학생의 경우에도 학생의 효율적인 청취를 위해 적절한 학급환경을 조성해야 합니다.
㉥ 인공와우는 체내에 수신기가 있기 때문에 학생이 머리에 충격을 받지 않도록 유의하고, 부딪쳤을 때는 유양돌기 주변이 부어 있는지 확인하고 조치해야 합니다.

---

① ㉠, ㉡   ② ㉡, ㉢   ③ ㉢, ㉣   ④ ㉣, ㉤   ⑤ ㉤, ㉥

일반학급에 통합된 청각장애 학생들의 효과적인 수업을 위해 교사가 고려해야 할 사항으로 (가)~(바) 중에서 옳은 것만을 있는 대로 고른 것은? [2점]

구분	고려해야 할 사항
보청기를 착용한 경우	(가) 수업시간에 친구가 필기한 노트를 청각장애 학생이 빌릴 수 있도록 한다. (나) 청각장애 학생에게 말할 때는 입모양을 크게 하여 한 음절씩 또박또박 말한다. (다) 교사의 말을 잘 청취하도록 하기 위해서 FM 시스템(FM 보청기)을 활용할 수 있다.
교실에 수화통역사가 배치된 경우	(라) 수업시간에 수화통역사가 청각장애 학생의 옆자리에 앉아서 통역을 하게 한다. (마) 수업 전에 수화통역사가 통역을 준비할 수 있도록 수업내용이나 교재를 제공한다. (바) 청각장애 학생에게 질문을 할 때는 수화통역사를 보고 말하여 그 질문을 전달하도록 한다.

① (나), (라)   ② (가), (나), (마)   ③ (가), (다), (마)
④ (가), (다), (마), (바)   ⑤ (나), (다), (라), (바)

다음은 청각장애학교가 채택한 의사소통 방법에 따른 교육적 접근법에 대한 기술이다. 각각의 교육적 접근법에 대한 설명으로 옳은 것은? [2점]

- A 학교: 농문화를 존중하며 자연수화를 사용하여 수업을 한다.
- B 학교: 말과 함께 수화와 지문자 등을 사용하여 수업을 한다.
- C 학교: 청능훈련을 통해 잔존 청력을 최대한 활용하여 음성언어 발달을 강조하며, 음성언어를 사용하여 수업을 한다.

① A 학교 교육적 접근법의 구체적인 실천 방법은 로체스터법이다.
② A 학교의 교육적 접근법에서는 2차 언어로 자연수화를 가르치므로 국어 교육과정에 수화 관련 내용을 추가한다.
③ B 학교 교육적 접근법의 구체적인 실천 방법은 동시적 의사소통법이다.
④ B 학교의 교육적 접근법에서는 음성언어보다 문자언어의 사용을 더 강조한다.
⑤ C 학교의 교육적 접근법에서는 말소리의 이해를 돕기 위해 수화를 함께 사용한다.

다음은 농·맹 중복장애 학생이 사용하는 의사소통 방법에 대한 설명이다. 괄호 안의 ㉠, ㉡에 해당하는 방법이 무엇인지 쓰시오. [2점]

점자를 주된 의사소통 수단으로 사용하는 농·맹 중복장애 학생이 왼손 손가락과 오른손 손가락을 3개씩 사용하여 상대방의 양손 손가락 위를 접촉하여 점자로 의사소통하는 방법을 (㉠)(이)라고 한다. 그리고 수화(수어, sign language)를 사용하는 농·맹 중복장애 학생(잔존 시력 없음)이 상대방의 손 위에 자신의 손을 얹어 상대방의 수화를 이해하고 의사소통하는 방법을 (㉡)(이)라고 한다.

- ㉠: _____
- ㉡: _____

다음은 ○○특수학교에 다니는 5세 중복장애 유아들을 위한 지원방안이다. 물음에 답하시오.

유아	특성	지도방법	전문가 협력
수지	• 시각 · 지적장애 중복장애 • 촉지각능력이 뛰어남	⓰ 네모와 같은 단순한 그림을 촉각 그래픽 자료로 지도함	…생략…
인호	• 농 · 맹 중복장애 • 4세 중도 실명 • 수화를 모국어로 습득함 • 촉독(촉각) 수화를 사용함	⓱ 수지와 의사소통할 때 촉독 수화 를 사용하게 함 ⓒ 다양한 사물을 손으로 느껴 체험 하도록 지도함	• 유아 특수교사, 청각사 등 다양한 영역의 전문가들이 참여함 • 전문가별로 중재계획을 개발하고 정보를 서로 공유함 • 인호의 부모가 팀원임 • 때때로 팀원 간에 인호의 문제를 논의함
은영	• 청각 · 지적장애 중복장애 • 보완 · 대체 의사소통체계(AAC)를 활용하여 주변사람과 의사소통함	ⓔ AAC의 일환으로 단순화된 수화 를 지도함 ⓜ 구어 중심의 중재를 함	…생략…

1) ⓰~ⓜ 중 유아의 강점을 고려한 지도방법으로 적절하지 <u>않은</u> 것 2가지를 찾아 그 기호와 이유를 각각 쓰시오. [2점]

•
_____

•
_____

다음은 청각장애 유아의 특성과 담임교사의 수업 행동을 관찰한 결과이다. 물음에 답하시오. [5점]

유아	특성	교사의 수업 행동
영희	• 혼합성 청각장애 • 부모 모두 건청인 • '사자-가자'를 말읽기하여 변별하지만, ㉠ '발-팔', '날아-달아'를 말읽기만으로는 변별하지 못함 • 말읽기(독화)를 통해 들은 내용을 보충함	• ㉡ 말읽기를 지도할 때, 자연스러운 입모양으로 말하고, 영희가 항상 동일한 위치와 방향에서 화자를 보게 함
승규	• 전음성 청각장애 • 부모 모두 건청인	• ㉢ 승규가 지시를 이해했는지 여부를 구체적으로 질문하거나 지시 내용을 승규에게 말해보게 함
진수	• 감음신경성 청각장애 • 부모 모두 농인 • 한국 수어와 한국어를 모국어로 습득함	• ㉣ 수화통역사를 진수 옆자리에 배치함
민지	• 중추청각처리 장애 • 부모 모두 건청인 • 소음 속에서 대화할 때 어려움을 경험함	• ㉤ 민지가 알아듣지 못했을 때, 반복하거나 말을 바꾸어서 다시 말해줌

1) 골도청력검사 결과가 정상 범주에 속하는 유아의 이름을 모두 쓰시오. [1점]

  • _____

2) 교사는 진수의 특성을 고려하여 진수의 교육에는 이중언어 · 이중문화 접근이 적절하다고 판단했다. 다음 (   ) 안에 공통으로 들어갈 말을 쓰시오. [1점]

> (   )은/는 농인들이 농 사회의 구성원으로서 습득한 지식, 가치관, 도덕, 삶의 방식, 신념 등의 총체를 말한다. 이중언어 · 이중문화 접근은 농아동이 (   )을/를 받아들여 자아정체감을 형성하게 할 수 있다.

3) ㉠과 같은 현상이 나타나는 이유를 쓰시오. [1점]

  • _____

4) ㉡~㉤ 중 적절하지 <u>않은</u> 행동 2가지를 찾아 기호를 쓰고, 각각 바르게 수정하여 쓰시오. [2점]

  • _____

  • _____

(나)는 일반 초등학교 3학년에 재학 중인 청각장애 학생 동호의 특성이고, (다)는 일반교사와 특수교사가 동호의 특성에 적합한 교육을 하기 위해 협의한 내용의 일부이다. 물음에 답하시오.

(나) 동호의 특성

• 동호
 − 7세 때 양쪽 귀에 인공와우 수술을 받았고, 인공와우 착용 시 좌우 청력은 각각 30dB임
 − 청인과는 구어로, 농인과는 수어로 의사소통하는 이중언어 사용자임

(다) 교육 협의내용

일반교사: 선생님, 수업시간에 동호가 제 말소리를 잘 들을 수 있는지 궁금합니다. 지난 협의회 때 수업시간에 동호가 어느 정도 들을 수 있는지 확인하는 방법이 있다고 하셨지요?

특수교사: 네, '링(D.Ling)의 6개음 검사'를 해보면 동호가 말소리를 듣는 정도를 간편하게 확인할 수 있습니다. 이 검사에서 사용하는 6개음은 ㉠ /a/, /u/, /i/, /s/, /ʃ/, /m/이에요.

…중략…

특수교사: 동호의 청취 환경은 어떻게 개선하셨나요?

일반교사: 네, 선생님 말씀대로 ㉡ 반향시간을 늘리려고 동호를 제 가까이에 앉혔습니다. 그리고 ㉢ 신호대잡음비(SNR)를 낮추기 위해서 FM 시스템을 사용하고 있어요. 자리배치도 중요할 것 같아서 ㉣ 소그룹 토론식 수업을 할 때는 책상을 'U'자 모양으로 배열하고, 동호를 제일 오른쪽이나 왼쪽에 앉혀 전체 학생을 볼 수 있도록 했습니다. 그런데 동호가 조용한 환경에서도 말소리를 잘 이해하지 못할 때가 있는 것 같아요. ㉤ 인공와우 수술을 늦게 받은 것이 그 이유 중 하나인 것 같습니다.

---

4) (나)를 고려할 때 (다)의 ㉡~㉤에서 틀린 것 2가지를 찾아 기호를 쓰고, 각각 바르게 고쳐쓰시오. [2점]

• _____

• _____

01 구화법

1. 청능훈련

(1) 의미

청력 손실로 인해 자연스럽게 습득하기 어려운 듣기기술을 학습하기 위한 체계적인 과정이다.

(2) 단계와 과제

단계	내용	활동의 예
청각적 감지	소리의 유무를 알고, 소리의 ON/OFF에 바르게 반응하는 것을 학습하는 단계	• 놀이를 통한 조건 형성 • 무의식적인 민첩한 반응하기
청각적 변별	특정한 소리와 같은지 다른지를 알고, 서로 다르게 반응하는 것을 학습하는 단계	같다/다르다
청각적 확인	새로운 청각정보를 이미 알고 있는 범주에 비추어 인식하고 알아맞히는 반응을 학습하는 단계	• 제시 자극에 맞는 그림 지적하기 • 제시 자극 따라 하기
청각적 이해	변별이나 확인을 바탕으로 청각정보가 지닌 의미 및 내용을 이해하여 바르게 반응하는 것을 학습하는 단계	• 제시 자극에 맞게 행동하기 • 대답하기

2. 독화

(1) 의미

시각을 통하여 말을 이해하는 의사소통 양식으로, '말읽기'라고도 한다.

(2) 독화의 특성

① 독화는 청각장애 아동의 듣기를 돕는 수단으로, 청력 손실이 큰 아동은 음성언어를 수용하는 주요 의사소통 양식으로 활용할 수 있다.

② 한국어의 기본 단위가 음소인 것처럼 독화의 기본 단위는 독화소이다.

③ **독화소**: 시각적으로 유사한 음소들을 하나로 묶어 동일한 시각적 변별 자질로 보는 음성의 가장 작은 시각적 단위이다(자음 6개, 모음 9개).

(3) 독화의 한계점

한계점	내용
말소리의 낮은 가시도	독화는 자·모음의 조음적 특징을 익히는 것이지만 치조음(ㄷ, ㄸ, ㅌ 등), 경구개음(ㅈ, ㅉ, ㅊ 등), 연구개음(ㄱ, ㄲ, ㅋ 등) 등의 조음운동은 시각적으로 확인이 어려움
동구형이음	/바, 파, 마/와 같이 소리와 철자는 다르지만 입모양이 비슷하게 보이므로 독화만으로는 의미 파악이 어려움
빠른 구어속도	정상적인 회화어의 속도는 빠르므로 독화자가 자기에게 필요한 정보를 빠짐없이 눈으로 받아들이는 것은 어려운 일이므로, 독화자와 대화할 때에는 정상적인 구형으로 보통 말하기 속도보다 약간 느린 속도로 말하는 것이 좋음
음운환경에 따른 전이효과	한국어는 선·후행하는 음소에 따라 자음과 모음은 바르게 발음됨 예 '굳이'로 쓰고 /구지/로 발음하는 것
조음운동의 개인차	동일한 음소를 말하더라도 사람마다 입을 더 크게 벌리기도 하고 적게 벌리기도 하며 혀의 위치도 차이가 있을 수 있음
환경적 제약	독화자가 화자의 얼굴이나 입을 계속 주시하는 것도 어렵고, 화자나 독화자가 등을 돌리거나, 조명상태가 좋지 않거나, 물체 등에 의해 시야가 방해 받으면 독화자는 정보를 부분적으로 놓치게 됨

(4) 독화 관련 변인

변인	내용
독화자	독화자의 언어수준, 인지능력, 시각기능, 행동양식, 독화학습 경험, 잔존 청력, 정서적 특성 등이 포함
독화과제	독화단서의 특성, 과제의 제시방법, 과제의 제시상황 등이 독화 과제와 어떻게 관련되는가에 따라서 영향을 받음
환경	거리, 제시 속도, 조명 조건, 물리적 방해 조건 환경, 화자의 수가 이에 포함됨
화자	화자의 조음운동에 의해 나타나는 시각단서, 발화 속도, 안면표정, 몸짓, 손짓, 성량, 피드백 특성과 청력 손실 정도에 따라 음성단서도 유용한 정보가 될 수 있음

(5) 독화 지도방법

① 전통적 방법

    ㉠ **분석법**: 음운 단위부터 시작하여 음절, 단어, 문장 순으로 지도하는 방법이다. 기본 단위 각각을 독립적으로 습득해야 한다는 입장으로, 자료주도적 또는 상향식 처리방식을 강조한다.

    ㉡ **종합법**: 단어부터 시작하여 문장, 문단 순으로 지도하는 방법으로, 개념주도적 또는 하향식 처리방식을 강조한다.

    ㉢ 감각단서 중 시각만을 활용한다.

② 오늘날 방법
  ㉠ **총체적 접근법**: 실생활에서 체계적인 과제를 통해 독화기술을 지도하고 특히 청각장애 아동의 동기유발을 강조한 접근법이다.
  ㉡ 시각적 단서뿐만 아니라 청각적 단서와 통합하여 지도한다.
  ㉢ **말 추적법**
    ⓐ 대화의 맥락에서 사용하는 의사소통 담화에 대한 인지도를 측정하고 훈련하기 위해 독창적으로 사용한 기술이다.
    ⓑ **기본적인 절차**: 전달인인 화자가 미리 준비된 내용을 짤막짤막하게 읽어주고 수신자인 독화자는 전달자가 말한 내용 그대로를 되풀이해서 말한다.
    ⓒ 말 따라 하기 방법으로, 독화자인 학생에게 의미 있고 동기를 부여할 수 있는 흥미로운 주제를 제시하여 대화 유지가 지속되도록 하는 것이다.
    ⓓ **말 추적법의 예시**

    > 교사: 내일 현장학습 가는 장소는 대구 수목원입니다.
    > 학생: 내일 현장? 선생님 잘 못 들었습니다.
    > 교사: 내일 현장학습 가는 장소는 대구 수목원입니다.
    > 학생: 내일 현장학습 가는 장소는 대구 수…… 대구 수 다음에 다시 말해 주세요.
    > 교사: 수목원.
    > 학생: 수목원! 아~
    > 교사: 맞아요! 수목원.
    > 학생: 내일 현장학습 가는 장소는 대구 수목원이다.
    > 교사: ○○아, 다시 들어봐! 대구 수목원입니다.
    > 학생: 아~ 내일 현장학습 가는 장소는 대구 수목원입니다.
    > 교사: ○○아. 맞아요! (맞다는 손동작 제스처도 함께) 잘 따라 말했어요!

    ⓔ 학생은 대화 내용을 모두 이해할 때까지 문장 전체 또는 일부분을 다시 반복하여 말해달라고 요청하는 다양한 전략을 사용할 수 있어야 한다.

(6) 독화지도 시 고려할 점
  ① 가능한 한 독화단서를 모두 활용하도록 한다.
  ② 말은 과장하지 않고 자연스럽게 하며, 차폐물이 없는 밝은 곳에서 한다.
  ③ 소음이 통제된 곳에서 약 2~3m 이내의 거리를 유지하되, 거리를 너무 좁히지 않는다.
  ④ 항상 동일한 위치와 방향에서 독화하지 않도록 한다.
  ⑤ 적극적으로 독화하려는 태도를 갖게 한다.
  ⑥ 화자는 말할 때 가만히 서서 하되 가능하면 아동과 비슷한 높이를 유지한다.
  ⑦ 독화 상황에서의 주의점
    ㉠ **독화 상황에서의 화자의 융통성**: 화자는 독화자의 독화 이해 정도를 염두에 두고 수시로 말의 속도, 반복, 강조 등을 조절하여 독화자가 독화를 용이하게 할 수 있도록 해야 한다.
    ㉡ **독화자가 확인하기 쉬운 조음**: 독화 시 입술의 움직임이 과장될 때보다 정상적일 때 가시도가 더 높다.
    ㉢ **과장되지 않은 화자의 분명한 발음**: 독화 시 화자가 부주의하거나 청각적으로 분명하지 않게 발음하면 독화를 어렵게 할 수 있으므로, 독화자는 분명하고 과장되지 않게 말해야 한다.
    ㉣ **적절한 안면표정**: 화자의 안면표정은 항상 가시적이며 정보를 제공하기 때문에 의사소통 상황에서 매우 중요하게 작용하고 감정과 정서의 표현과도 크게 관련된다. 특히 안면표정이 독화과제와 유관한 경우 그 효과가 더 크게 나타날 수 있으나, 독화과제와 무관한 경우 오히려 방해 자극으로 작용할 수 있다.
    ㉤ **적절한 속도**: 말의 속도는 독화자의 말 발달수준을 고려하여 조절해야 한다.

(7) 발음암시법(= 큐드 스피치)

① 정의: 뺨 근처에서 자·모음의 말소리를 나타내는 수신호를 추가하는 것이다.

② 특성

   ⊙ 독화의 보조 단서로 활용하거나 초기 언어 학습지도 시 시각적으로 식별이 어려운 음의 발성 형태를 지도하기 위해 고안하였다. 따라서 발음암시법은 순구화법의 단점을 보완하기 위한 방법으로 음소와 입의 모양에 기초한 것이지 언어 또는 언어적 개념은 아니다.

   ⓛ 언어 학습 및 발성·발어훈련 시 발성 요령과 소리값을 함께 인지하므로 자연스럽게 음성언어를 습득하게 된다. 독화로 구별하기 어려운 음소들을 인식할 수 있게 함으로써 구어의 시각적 단서를 제공하는 수신호로, 수화도 지문자도 아니며 혼자서는 쓰임새가 없다.

   ⓒ 한국어 발음암시법

     ⓐ 모음

아	어	오	우	이	으	애	에	외

     ⓑ 자음

ㄱ, ㄲ	ㄴ	ㄷ, ㄸ	ㄹ	ㅁ	ㅂ, ㅃ	ㅅ, ㅆ	ㅇ

ㅈ, ㅉ	ㅊ	ㅋ	ㅌ	ㅍ	ㅎ	ㅅ, ㅆ, ㄷ, ㅌ, ㅈ, ㅊ

3. 의사소통 전략

(1) 개념

① 화자와 청자가 의사소통을 하는 데 있어 그 과정을 쉽게 하거나 강화 또는 회복하는 것이다.

② 의사소통 전략은 사용 가능한 의사소통 사건을 예측하여 의사소통을 미리 준비할 수 있게 돕는다.

③ 의사소통 하는 동안 발화의 내용이나 형태를 수정하여 의사소통을 자연스럽게 유지하도록 돕고, 의사소통이 중단되었을 때 의사소통 과정을 재확립할 수 있도록 한다.

(2) 의사소통 전략의 유형

① 예기 전략

　㉠ 의사소통의 내용 및 상호작용을 사전에 준비한다.

　㉡ 사용 가능한 어휘, 질문, 의사소통에서 예측되는 어려움을 미리 검토한다.

② 수정 전략

　㉠ 아동이 의사소통하는 데 화자의 부적당한 행동이나 환경에 어려움이 있는 경우 수정하도록 요구한다.

　㉡ 화자의 말이 지나치게 빠르거나 입을 가리는 행동을 할 때, 주변 소음이 너무 크거나 조명이 너무 어두워 화자의 얼굴을 제대로 볼 수 없을 때 등과 같은 곤란을 주는 문제를 확인하여 수정하도록 요구한다.

③ 회복 전략

　㉠ 메시지의 내용과 구조 또는 화자의 의사소통 행동 모두를 수정한다.

　　예 더 천천히, 더 분명하게 해 달라고 요구하기

　㉡ 부분적으로 반복하기, 바꾸어 말하기, 핵심단어 말하기, 철자 말하기, 허공 또는 손바닥에 쓰기 등과 같은 부가설명을 요구한다.

　㉢ 회복 전략의 유형

유형	예시
반복	화자: 주말에 연습 열심히 하고 오세요. 청자: 다시 한번 이야기해 주시겠어요? 화자: 주말에 연습 열심히 하고 오세요.
바꾸어 말하기	화자: 내가 생각했던 것과는 너무 상이한 결과였어. 청자: 다른 단어로 말해 주시겠어요? 화자: 내가 생각했던 것과 결과가 많이 달랐어.
간략화	화자: 차라리 그 인간이 황홀한 지경이 되도록 칭찬을 해 주는 거야. 청자: 쉬운 말로 해 줄래? 화자: 그 인간에게 칭찬을 많이 해 주라고.

(3) 발화수정 전략

① 의사소통 전략 중 '발화수정 전략'은 청각장애 아동의 말을 상대방이 잘 알아듣지 못한 경우 청각장애 아동이 스스로 회복할 수 있는 발화수정 전략이다. 즉, 여기서는 청각장애 아동이 화자 입장이 된다.
② 서로 의사소통이 단절되었을 때 메시지를 수정·변경해서 의사소통을 유지하기 위한 목적을 갖는다.
③ 발화수정 전략의 유형

유형	정의	예시
반복	이전 발화의 내용을 똑같이 반복함	A: 칭찬받았어요. B: 뭐라고? A: 칭찬받았어요.
수정	발화를 새로운 단어나 구문으로 반복함	A: 오늘 영화는 다 매진이래. B: 뭐라고? A: 오늘 영화는 자리가 없대.
부연 설명	이전 발화를 자세히 설명함	A: 홍준이 봤어? B: 뭐라고? A: 아까 모임에서 홍준이 봤냐고.
구어 확인	청자가 요청한 정보만을 구어로 제시함	A: 그 집은 짜장면 값 얼마야? B: 짜장면? A: 응. 짜장면.
비구어 반응	몸짓으로 청자의 질문에 대답함	A: 그 중국집 최고야. B: 양이 많아서? A: (고개 끄덕임)
부적절한 반응	반응하지 않거나 이전 발화와 관련없는 단어나 구문으로 반응함	A: 칭찬받았어요. B: 뭐라고? A: -

(가)는 청각장애 학생 A의 특성이고, (나)는 특수학급 교사의 국어과 지도계획이다. ① 청능훈련 4단계를 순서대로 제시하고, ㉠이 그 중 어느 단계에 해당하는지 쓰시오. 그리고 ② 밑줄 친 ㉡의 의미를 설명하시오. [2점]

(가) 학생 A의 특성

- 오른쪽 귀에는 보청기를 착용하고, 왼쪽 귀에는 초등학교 5학년 때부터 인공와우를 착용하고 있음
- ○○중학교 일반학급에 통합되어 있으며, 구어로 의사소통하고 있음
- 학급에서 교사와 또래친구의 말을 알아듣는 데 약간 어려움이 있고, 말의 명료도가 낮은 편임

(나) 듣기 · 말하기 지도계획

내용 영역		지도내용
듣기	청능훈련	㉠ 학급의 소음 속에서 교사의 질문을 듣고 대답할 수 있는 훈련을 한다.
	말읽기 지도	가시도가 낮은 자음을 반복하여 학습하게 하고, 문맥을 통하여 다양한 소재에 친숙해지도록 한다.
말하기	말 · 언어 지도	말의 명료도에 영향을 주는 ㉡ 초분절적(suprasegmental) 요소를 지도한다.

- ①: _____

- ②: _____

다음의 (가)는 지수의 청능훈련 활동이다. 물음에 답하시오.

(가) 지수의 청능훈련 활동

지수는 인지적 문제를 동반하지 않은 만 4세 청각장애 유아이다. 현재 지수는 양쪽 귀에 보청기를 착용하고 있다. 교사는 ㉠ 링(D. Ling)의 6개음 검사를 실시한 후 다음과 같이 청능훈련을 하였다.

교사: 지수야, 선생님이 하는 말을 잘 들어 보세요. (입을 가리고) '엄마 어디 있어?'
지수: ㉡ (엄마를 가리키며) '엄마'
교사: (입을 가리고) '우산'
지수: ㉢ '우 … 잔' …… '우잔'

2) ㉡은 청능훈련 계획 시 고려할 청능기술(auditory skill)의 4단계 중 어디에 해당하는지 쓰시오. [1점]

- _____

다음은 5세 발달지체 유아의 부모들이 부모참여 수업 후 나눈 대화내용의 일부이다. 물음에 답하시오.

우리 세호는 발음이 정확하지 않아요. ㉠사탕을 [타탕], 참새를 [참때], 풍선을 [풍턴]이라고 발음한다니까요.

우리 민지는 ㉡말이 너무 빨라서 발음이 뒤섞이고 심지어 말소리의 위치를 바꾸는 실수를 자주 해서 무슨 말을 하는지 못 알아듣겠어요.

민규는 발음은 괜찮은데 작년부터 말을 더듬기 시작하더니 요즘에는 ㉢말을 할 때 얼굴을 찌푸리기도 하고 아랫입술을 심하게 움직이기도 해서 걱정이에요. 말을 더듬고 있을 때 천천히 부드럽게 말하도록 하는 방법이 있다고 하던데 선생님께 여쭈어 봐야겠어요.

우리 딸 둘은 모두 인공와우 이식 수술을 하고 꾸준히 청능 훈련을 받았어요. 그랬더니 선희는 ㉣요즘 심부름도 곧잘 하고 대답도 잘 해요. 며칠 전에는 선희가 언니의 어음처리기가 궁금한지 언니 것을 달아 보더라고요. 그러더니 ㉤너무 시끄럽고 무슨 말인지 안 들린다고 했어요. 머리도 어지럽다고 하면서 어음처리기를 떼어 버렸어요.

4) ① ㉣에 해당하는 청각기술(auditory skill)의 단계와, ② 어음처리기 사용 시 주의해야 할 사항을 고려하여 ㉤과 같은 행동이 나타나는 이유를 쓰시오. [2점]

• ①: _____ • ②: _____

다음은 청력손실도가 높은 청각장애 학생 A에 대해 일반학급 김 교사와 특수학급 최 교사가 나눈 대화내용이다. ① 밑줄 친 ㉠이 무엇인지 〈조건〉에 맞게 2가지만 쓰고, ② ㉠을 보완하기 위해 사용할 수 있는 방법인 큐드 스피치(cued speech)에 대해 설명하시오. [3점]

김 교사: 선생님께서 알려 주신 대로 학생 A가 제 입 모양을 잘 볼 수 있도록 가까이 앉히고, 다른 물리적 환경도 수정했어요. 그리고 수업을 할 때 말을 천천히 했는데도 학생 A가 여전히 제 말을 잘 이해하지 못할 때가 있는 것 같아요. 왜 그럴까요?

최 교사: 학생 A가 말 읽기(독화)를 통해 선생님의 말을 좀 더 많이 이해할 수 있겠지만, ㉠ 말이 지닌 시각적 단서의 한계 때문에 때에 따라서는 선생님의 말을 제대로 이해하기가 어려울 거예요.

─────────〈조건〉─────────

• 음소를 구체적으로 제시하지 말 것

• ①: _____

• ②: _____

(가)는 통합학급 박 교사가 2학년 청각장애 학생 소망이의 국어수업 계획을 위해 특수학급 김 교사에게 자문을 구하는 대화이고, (나)는 '2009 개정 교육과정' 국어과(듣기 · 말하기) 교수 · 학습 과정안의 일부이다. 물음에 답하시오.

(가) 대화 내용

박 교사: 다음 주에 있을 국어과 수업 중에 '낱말 알아맞히기' 활동이 있어요. 소망이는 ㉠ 자신이 궁금한 점을 질문하거나 질문에 대답도 잘 하고, 지시 따르기를 잘 할 수도 있으니까 활동에 참여하는 데 별 어려움이 없겠지요? 김 교사: 소망이는 의사소통 수단으로 구어를 주로 사용하지만, 독화에 의존하는 경향이 있으니 ㉡ '말추적법(speech tracking)'이라는 의사소통 보충 전략을 미리 가르쳐 주시면, 소망이가 수업에 참여하는 데 도움이 될 것 같아요. 저도 소망이가 알아듣기 어려워하는 말소리를 중심으로 ㉢ 청지각 훈련을 해주도록 할게요. 박 교사: 네, 알겠어요. 그런데 국어수업에 대한 형성평가를 할 때 소망이는 어떻게 해야 할까요? 김 교사: 소망이가 청각 중복장애 학생이 아니라서 특별히 유의할 사항은 없어요. 소망이가 의사소통 전략을 활용하는 정도에 따라서 형성평가 방법을 계획하시면 될 것 같아요.

(나) 교수 · 학습 과정안

단원	알고 싶어요.		제재	낱말 알아맞히기
학습목표	설명하는 말을 듣고 낱말을 알아맞힐 수 있다.			
학습단계	교수 · 학습활동			유의사항
도입	…생략…			
전개	〈활동 1〉 설명하는 말을 들을 때 주의할 점 알아보기 …중략… 〈활동 2〉 '사람 찾기 놀이' • 짝을 지어 '사람 찾기 놀이'하기 　- 그림에서 설명하고 싶은 사람의 특징을 친구에게 설명하기 　- 친구가 설명하는 사람이 누구인지 말하기 　- 설명하는 사람과 듣는 사람의 역할을 바꾸기 〈활동 3〉 '낱말 알아맞히기'			- 소망이를 고려하여 ㉣ 판서 시 유의해야 함 - 소망이가 짝 활동을 할 때 의사소통 전략을 활용할 수 있도록 함

1) (가)의 ㉠을 고려할 때, 소망이는 청능기술(청각기술, auditory skill)의 4단계 중 어디에 해당하는지 쓰시오. [1점]

　• _____

2) (가)의 ㉡을 (나)의 〈활동 2〉에서 활용했을 때, 다음 밑줄 친 곳에 들어갈 수 있는 소망이의 말을 쓰시오. [1점]

친　구: 이 사람은 채소 가게에서 상추를 삽니다. 소망이: (친구의 말을 듣고 머뭇거리다가) 이 사람은… 채… 가게…? 선생님: 소망아, 친구의 말을 잘 못 들었을 때 어떻게 해야 한다고 했지? 소망이: _____

　• _____

3) 다음은 소망이가 듣기 어려워하는 말소리를 중심으로 (가)의 ⓒ을 적용한 활동의 일부이다. 아래의 빈 칸에 들어갈 내용을 쓰시오. [1점]

청지각 훈련	소망이를 위한 활동의 예
자음과 모음카드를 가지고 글자를 구성한다.	/ㅅ/과 /ㅏ/가 만나면 무슨 소리가 될까요?
같은 음절로 시작되는 단어를 찾는다.	'사자', '사과', '아빠' 중에서 시작하는 말이 같은 것은 무엇일까요?
첫소리가 같은 단어를 찾는다.	'상자', '송편', '책상' 중에서 시작하는 말소리가 같은 것은 무엇일까요?
	'살'에서 /ㅅ/ 대신에 /ㅆ/을 넣으면 무슨 소리가 될까요?

• _____

4) 독화에 의존하는 소망이를 고려할 때, (나)의 ⓔ에서 유의해야 할 사항을 1가지 쓰시오. [1점]

• _____

(가)는 청각장애 학생 G, H의 특성이고, (나)는 학생 G의 통합학급 수업 지원을 위한 대화이다. (다)는 학생 H의 특수학급 수업 계획과 관련한 대화의 일부이다. 〈작성 방법〉에 따라 서술하시오. [4점]

(가) 학생 특성

학생	특성
G	• 중추청각처리장애 없음 • 5세경 오른쪽 귀 인공와우 수술, 왼쪽 귀 보청기 착용 (착용 후 좌: 40dB HL, 우: 45dB HL) • 기본적인 구어 의사소통은 가능하나 성취 수준이 낮음 • 수업 시간에 독화와 잔존청력에 의존함
H	• 중추청각처리장애 없음 • 6세부터 보청기 착용(착용 후 좌: 50dB HL, 우: 65dB HL) • 지적장애가 있음 • 기본적인 구어 의사소통에 어려움이 있음

(나) 학생 G의 수업 지원 관련 대화

특 수 교 사: 말 읽기에 좋은 환경을 어떻게 구성해야 할지 선생님의 생각을 말씀해 보세요.

교육 실습생: ㉠ 학생을 선생님의 얼굴이 잘 보이는 자리에 앉게 합니다. 학생이 말 읽기를 잘 할 수 있도록 ㉡ 교사는 칠판 앞에서 학생의 눈을 마주치고 움직임을 최소화하여 수업하는 것이 좋다고 생각합니다.

특 수 교 사: 그 외에 어떤 점을 고려해야 할까요?

교육 실습생: ㉢ 판서를 할 때 교사가 말하면서 그 내용을 칠판에 적어 주는 것이 좋습니다. 그리고 ㉣ 교실에 커튼이나 카펫 등을 활용하여 반향음을 줄여주는 것이 좋습니다.

특 수 교 사: 자료 활용 측면에서 어떤 것을 고려해야 할까요?

교육 실습생: ㉤ 말 읽기에 집중하도록 시각적 보조 자료의 사용을 제한하는 것이 도움이 될 것 같아요.

(다) 학생 H의 수업 계획 관련 대화

이 교사: 학생 H에게 /마/-/바/가 같은지 다른지를 구별하는 활동을 했는데 아주 잘 하더라구요.

최 교사: 그렇다면 다음 단계의 활동으로 들어가는 게 좋겠습니다.

이 교사: 다음 단계의 활동을 계획할 때 어떤 점을 고려하면 좋을까요?

최 교사: 우선 아동의 듣기 능력이 파악되면 자극수준과 과제 난이도를 고려하여 활동을 계획해야 합니다.

단계	내용	활동의 예
(㉥)	청취한 자극음이 무엇인지 알기	(㉦)
이해	음성언어 자극을 의미 있게 이해	"마주 보아요."를 듣고 마주 본다.

──────〈작성 방법〉──────

• (가)의 학생 G의 특성을 참고하여 (나)의 밑줄 친 ㉠~㉤ 중 틀린 곳 2가지를 찾아 바르게 고쳐 쓸 것

• (가)의 학생 H의 특성을 참고하여 (다)의 괄호 안의 ㉥에 들어갈 단계의 명칭을 쓰고, 괄호 안의 ㉦에 해당하는 활동의 예를 학생이 이미 구별할 수 있는 음소를 포함하여 1가지 서술할 것

(가)는 일반 학급에 통합된 학생 K의 청력도이고, (나)는 특수교사와 일반학급 교사가 나눈 대화이다. 〈작성 방법〉에 따라 서술하시오. [5점]

(가) 학생 K의 청력도

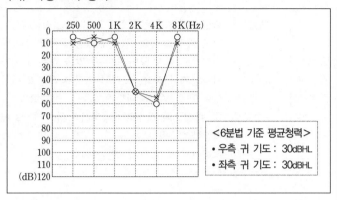

<6분법 기준 평균청력>
• 우측 귀 기도 : 30dBHL
• 좌측 귀 기도 : 30dBHL

(나) 대화

일반교사: 선생님, 학생 K가 청력은 괜찮다고 하는데 수업시간에 가끔 제가 하는 말을 잘 듣지 못하는 것 같아요. 왜 그런가요?

특수교사: 예, 학생 K의 ㉠ 청력도를 해석하면 그 이유를 알 수 있습니다.

…중략…

일반교사: 학생 K가 의사소통을 잘 할 수 있는 방법이 있을까요?

특수교사: 예, 여러 방법이 있지만 그 중 ㉡ 회복 전략을 참조하면 좋겠네요.

〈작성 방법〉

• 밑줄 친 ㉠을 하는 이유를 1가지 서술할 것
• (가)에 근거하여 학생 K가 듣기 곤란한 한국어 음소를 1가지 쓸 것
• 밑줄 친 ㉡ 중에서 학생 K가 사용할 수 있는 방법을 2가지 서술할 것

(가)는 청각장애 학생 G의 특성이고, (나)는 학생 G의 의사소통 증진을 위해 일반교사와 특수교사가 나눈 대화의 일부이다. (다)는 학생 G의 발화수정 전략이다. 〈작성 방법〉에 따라 서술하시오. [4점]

(가) 학생 G의 특성

- 초등학교 1학년 때부터 보청기를 착용함
- 음성언어(구어)로 주로 의사소통함
- ⓐ 독화로 음성언어를 수용하나, 독화의 시각적 한계로 인한 어려움을 보임
  - ㉠ /ㅁ, ㅂ, ㅍ/를 구분하지 못함
- 말 명료도가 낮음
  - '결석'을 [겨서]로 발음함
  - ㉡ [i] 발음 시 [a]에 가깝게 발음함

(나) 대화

일반교사: 학생 G가 발음은 정확하지 않지만, 적극적으로 말을 하려고 해요. 그런데 가끔씩 학생 G의 발음이 분명하지 않아서 무슨 말을 하는지 제가 알아듣지 못해요. 그래서 대화가 끊어질 때가 있어요. 그럴 땐 어떻게 하면 좋을까요?

특수교사: 네, 학생 G가 스스로 수정해서 말하도록 대화에 적절한 반응을 보여주세요. 그러면 학생 G가 계속해서 말하려고 시도할 겁니다.

(다) 발화수정 전략

유형	내용	예시	목표발화
반복	이전 발화 내용을 똑같이 반복함	학생: 다당면 먹어서요. 교사: 뭐라고? 학생: 다당면 먹어서요.	짜장면 먹었어요.
수정	(㉢)	학생: 비수가 겨서해서요. 교사: 뭐라고? 학생: 비수가 아와서요.	지수가 결석했어요.
부연 설명	이전 발화를 자세히 설명함	학생: 저바 저워서요. 교사: 뭐라고? 학생: 제가 아가 저바 저워서요.	칠판 지웠어요.

〈작성 방법〉

- (가)의 밑줄 친 ⓐ와 같은 특징을 고려하여, 독화에서 ㉠에 해당하는 용어를 쓰고, 그 의미를 서술할 것
- (가)의 밑줄 친 ㉡과 같은 발음의 현상을 의미하는 용어를 쓸 것
- (나)의 대화를 참고하여 (다)의 ㉢에 해당하는 수정내용을 서술할 것

제6절 보조공학

01 보청기

1. 정의

증폭기로서 외부에서 입력되는 소리를 증폭시켜 주는 전기적 장치이다.

2. 구성

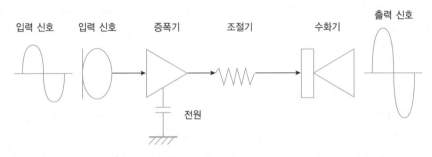

[그림 3-8] 보청기의 구성

① 보청기의 구성 요소

구분	내용
송화기	마이크라고 부르는 것으로 입력된 음향 에너지를 전기적 신호로 변환시켜주는 변환기의 역할
증폭기	변환된 전기적 신호를 증폭시켜주는 역할
수화기	증폭된 전기적 신호를 다시 음향 에너지로 변환하여 외이도로 입력시켜주는 역할

② 여기에 증폭기의 동력원을 공급하는 전원, 즉 배터리와 전기적 신호를 조절하는 조절기 등이 추가된다.

3. 종류

(1) 착용 위치 및 형태에 따른 분류

보청기를 착용하는 위치나 외관상 특징에 따라 상자형, 귀걸이형, 귓속형 등으로 구분할 수 있다.

(2) 음전도 방식에 따른 분류

① 외부의 소리가 내이로 전달되는 통로는 '기도'와 '골도' 두 가지가 있다.

② 기도: 외부의 소리가 외이, 중이를 거쳐 내이로 입력되는 경로를 말한다.

③ 골도: 외부의 소리가 두개골을 진동시켜 진동이 직접 내이로 전달되는 경로를 말한다.

④ 기도 보청기와 골도 보청기

구분	내용
기도 보청기	일반적으로 사용되는 보청기로, 기도 전도를 통해 증폭된 신호를 전달함
골도 보청기	• 골도 전도를 통해 증폭된 소리를 전달하며, 진동체는 주로 두개골의 유양돌기에 부착하여 안경이나 머리띠 형태로 사용됨 • 특히 골도 보청기는 기도 보청기의 사용이 어려운 외이도 폐쇄 및 협착, 만성 중이염, 이어몰드 알레르기 등이 있는 사람에게 적용됨

(3) 신호처리 방식에 따른 분류

구분	내용
아날로그 보청기	입력된 전기 신호의 변환 과정 없이 증폭하여 수화기로 전달하는 가장 일반적인 방식의 보청기
디지털 보청기	• 변환된 전기 신호를 디지털 신호처리, 즉 증폭, 여과, 분석 등의 과정을 통해 원하는 신호로 처리하는 과정을 거치는 보청기 • 장점으로 보청기의 크기를 줄일 수 있으며, 내부의 잡음이 적고, 건전지의 소모가 작으면서도 안정된 소리를 출력할 수 있음

(4) 증폭 방식에 따른 분류

구분	내용
선형 보청기	보청기로 입력되는 소리와 출력되는 소리의 크기가 동일하게 증가하는 방식의 보청기
비선형 보청기	• 입력음의 증가율보다 출력음의 증가율이 적은 비선형(방식) 증폭기를 사용하는 보청기 • 압축 역치와 압축 비율을 조절하여 역동 범위가 좁은 감각신경성 청각장애의 청력을 보상해 주는 데 효과적임

(5) 특수보청기

① 주파수압축 보청기(= 주파수전위 보청기)
　㉠ 고주파수 대역의 에너지를 저주파수 대역으로 변환 또는 압축시켜 증폭시키는 보청기를 말한다.
　㉡ 고주파수 대역의 청력이 거의 없으면서 저주파수 대역에 일부 잔존 청력이 남아 있는 고도·최고도 청각장애 아동에게 사용되거나 인공와우 이식을 결정하기 전 단계에서 보청기의 효과를 검증하는 데에도 활용된다.

② 크로스 보청기
　㉠ 주로 편측 난청 또는 비대칭형 청력 손실이 있는 경우에 사용하며, 청력이 나쁜 쪽 귀로 들어오는 신호를 청력이 좋은 쪽 귀에서 청취할 수 있도록 해 주는 보청기다.
　㉡ 소리가 발생한 방향에 관계없이 좋은 귀로 소리를 들을 수 있으며, 나쁜 쪽에서 입력되는 소리에 대해 두영 효과(head shadow effect)의 영향을 크게 받지 않는다는 장점이 있다.
　㉢ 귀걸이형 크로스 보청기는 양쪽 귀에 수화기와 보청기를 동시에 착용해야 하므로, 미용 효과가 떨어지고 번거로울 수 있다는 단점이 있다.
　㉣ 크로스 보청기의 종류

구분	내용
단일 크로스 보청기	• 한쪽 청력은 정상 또는 경도이고, 다른 한쪽은 심도나 농 상태의 감각신경성 난청이어서 일반 보청기로 도움을 받을 수 없는 편측성 또는 비대칭적 난청일 때 고려할 수 있는 보청기 • 소리가 발생한 방향에 관계없이 청력이 좋은 쪽 귀에서 들을 수 있고, 머리의 회절 영향 때문에 청력이 나쁜 쪽 귀로 말소리가 들어와도, 소음 속에서 이해력을 높일 수 있음
바이 크로스 보청기	• 좋은 쪽 귀는 중도에서 고도로 일반 보청기의 도움을 받을 수 있지만, 청력이 나쁜 쪽 귀는 심도나 농 상태의 난청이어서 일반 보청기의 도움을 받을 수 없는 비대칭적 난청인 경우 적용 가능함 • 소리 전달 방식은 단일 크로스 보청기와 비슷하나, 중·고도의 난청, 즉 청력이 더 좋은 귀에 일반 보청기를 착용하는 점이 다름

③ FM 보청기
　㉠ 화자가 착용한 마이크, 즉 송신기를 통해 입력된 신호음을 청각장애 아동이 착용한 수신기에 FM 신호를 사용해서 직접 전달하는 보청기 장치를 말한다.

ⓛ 구조

FM 송신기	FM 수신기
송화기　증폭기　주파수변조기　안테나	안테나　주파수복조기　증폭기　수화기
[그림 3-9] FM 송신기의 구조	[그림 3-10] FM 수신기의 구조

ⓒ 특성
　ⓐ FM 보청기는 고도 이상의 수평형 감각신경성 난청으로 회의석상이나 교육환경 또는 청자의 집중이 필요할 때 고려할 수 있다. 특히, 아동의 경우 교육현장에서 선생님의 소리를 선별적으로 듣고 싶거나 청력 손실로 인해 집중력이 떨어질 때 효과적이다.
　ⓑ FM 보청기의 소리 전달 방식: 일반 보청기에 FM 수신기를 첨부하여 난청인의 귀에 착용하고, 이동용 송화기를 화자, 즉 보호자나 선생님의 입 주변에 설치한다. 청자와 화자의 거리에 상관없이 증폭량이 일정하고 화자가 송신하는 특정 주파수의 신호에만 반응하도록 하여, 듣고자 하는 화자의 말소리만 선별적으로 증폭하고 주변 소음의 증폭을 억제한다.
　ⓒ 이러한 방법은 FM 보청기의 특성인 '신호대잡음비'를 증강하는 효과를 극대화할 수 있다. 비장애인의 언어 이해도는 약 +15dB의 SNR, 즉 주변 소음보다 말소리가 15dB 클 때 최고치에 이를 수 있지만, 난청인은 +20~30dB의 SNR에서 청각을 최대로 활성화할 수 있다. 따라서 FM 보청기는 증폭량보다 더 효율적인 언어 이해도를 얻을 수 있다.

ⓔ 장점

구분	장점
소음	• 소음이 조금만 존재해도 보청기의 수신기로 전달되는 저주파수의 음을 인지하는 데에는 상당한 방해를 받으므로, 소음이 없어야 합리적인 음의 인지가 이루어짐 • 보통 교실은 55dB 정도의 상당한 소음에 둘러싸여 있어, 보청기를 통해 청각장애 학생의 귀로 전달되는 소리의 명료도에 큰 방해가 되므로 발화자와 청취자 간의 거리를 일정하게 유지해야 했음 • 이때, FM 보청기는 발화자와 청취자가 심하게 움직이고 있다고 하더라도 항상 최적의 거리를 유지하는 효과를 가짐으로써 일정한 음압을 유지하게 하므로 소음의 문제를 최소화시킬 수 있음
거리	• FM 보청기는 음을 전달하는 데 있어 거리와는 관계없이 최상의 상태를 유지시키는 역할을 함 • 즉, 교사와 학생과의 거리가 항상 일정하게 유지되기 어려울 뿐만 아니라 아동에게 전달되는 음압도 다른 보청기에 비해 뛰어나므로 FM 보청기는 거리에 관계없이 음을 전달하는 데 효율적임
반향효과	• 보청기로 전달되는 또 다른 원치 않는 소리는 반향효과, 즉 음의 반사에 의한 것으로, 반향효과는 울림이 없도록 설계한 방음실을 제외하고는 모든 교실이나 방에서 일어남. 즉, 교실이나 방의 벽, 바닥, 천장, 가구 등을 통하여 소리가 반사됨 • 반향효과가 일어나는 시간이 길수록 건청학생이나 청각장애 학생의 단어인지 점수는 낮아지는데, 이는 곧 반향효과가 청각장애 학생이 음을 인지하는 데 있어 부정적인 작용을 하고 있었음을 의미함 • 일반적으로 개인용 보청기는 소음이 심한 곳에서의 언어 인지가 거의 불가능한데, 이는 소음 그 자체 외에도 소음이나 소리가 반사되는 반향효과와도 깊은 관련이 있다고 할 수 있음 • 이에 반해 FM 보청기는 소음에서나 방음에서 다른 보청기에 비해 탁월하게 음성언어를 인지할 수 있음

ⓜ 문제점
　ⓐ 주파수의 혼선, 즉 다른 전파의 방해로 인해 소음이 생길 수도 있다는 것이 가장 큰 단점이며, 이는 FM 라디오를 청취하는 과정에 다른 주파수와의 혼선으로 인해 잡음이 생기는 경우와 유사하다.
　ⓑ FM 신호체계는 차폐물에 매우 약하므로, 발화자와 청취자 사이에 신호를 가로막는 물건이나 환경이 존재하는 경우 FM 보청기의 성능에 많은 제약을 받는다.

02 인공와우

1. 정의

와우에 병변을 가진 고도·심도 감각신경성 청각장애인의 와우 내에 전극을 삽입하여 소리를 감지할 수 있도록 하는 보조장치이다.

2. 구조

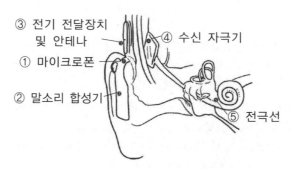

③ 전기 전달장치
및 안테나

④ 수신 자극기

① 마이크로폰

② 말소리 합성기

⑤ 전극선

[그림 3-11] 인공와우의 구조

(1) 체외부

요소	역할
① 마이크로폰	외부의 음을 감지하여 내부 장치로 전기에너지를 전달하는 역할
② 말소리 합성기	소리를 전기 자극의 신호로 처리함
③ 전기 전달장치 및 안테나	전기자극 신호를 내부 장치로 전달함

(2) 체내부

요소	역할
④ 수신 자극기	수신 안테나를 가짐
⑤ 전극	외부에서 받아들인 전기에너지를 이용하여 청신경을 직접 자극함

3. 인공와우 대상자

연령	내용
2세 미만	• 양측 귀가 90dB 이상의 난청일 때 • 최소 3개월 이상의 보청기 착용에도 청능 발달의 진전이 없는 경우 • 뇌막염의 합병증 등 당장 수술을 시행하지 않으면 수술시기를 놓치게 될 경우, 예외적으로 시행 가능
2세 이상~15세 미만	• 양측 귀가 70dB 이상의 난청 • 최소 3개월 이상의 보청기 착용과 집중교육에도 어음분별력과 언어능력에 진전이 없는 경우 • 시술 후 의사소통 수단으로 인공와우를 사용하지 못할 것으로 예상되는 경우는 제외
15세 이상	• 양측 귀가 70dB 이상의 난청 • 문장언어 평가가 50% 이하인 경우 • 시술 후 의사소통 수단으로 인공와우를 사용하지 못할 것으로 예상되는 경우는 제외

4. 인공와우 이식 후 주의사항

① 이식한 부위에 어떤 충격이나 강한 자극이 가해지지 않도록 주의해야 한다.

　　예 수술 직후 머리 손질 시 이식한 부위에 자극을 주어 피부가 상할 수 있으므로 주의해야 함

② 언어합성기를 떨어뜨리거나 어떤 사물에 부딪히지 않도록 주의: 언어합성기에 강한 충격이 가해지는 경우 사용하고 있는 프로그램에 문제가 생기거나 기계가 고장 날 수 있다.

③ 반드시 자신의 언어합성기를 사용: 인공와우의 프로그램은 개개인에 따라 모두 다르게 프로그래밍되며 언어합성기에 저장시켜 사용하므로, 다른 아동의 것을 착용하면 소리 크기에 대한 거부 반응이나 불균형으로 인해 인지가 불가능하고 두통을 호소할 수 있다. 간혹 어떤 부모들은 아동의 언어합성기를 성인인 인공와우 이식자에게 착용시켜 들어보게 하는데, 이는 매우 위험한 행동이며 이식한 성인은 잠깐이라도 다른 언어합성기를 통해 들으면 고통스럽고 어지러울 수 있다.

④ 인공와우 기기는 기종과 상관없이 습기를 조심: 마이크로폰에 습기가 들어갈 경우 기기에 내장된 부속품이 부식되거나 마이크로폰이 막힐 수 있으며, 적절한 소리 피드백을 받을 수 없게 된다.

⑤ 정전기를 조심해야 함: 언어합성기에 있는 프로그램을 손상시킬 수 있으므로 매우 주의해야 할 문제이다. 정전기는 인공와우를 이식한 아동 누구에게나 생길 수 있고 특히 겨울철, 건조한 날씨에 더 많이 생길 수 있으므로, 정전기가 생기지 않게 하는 것이 중요하다. 일반적인 정전기가 생길 가능성이 있는 장난감이나 상황이 생기면 다른 도체로 전달시켜 주는 것이 좋다. 예를 들면, 자동차를 타거나 내릴 때 정전기가 많이 발생하는데, 이 경우 차에서 손을 먼저 떼지 말고 계속해서 접촉하면서 인공와우를 이식한 아동을 도와주어야 한다.

⑥ 인공와우에 간접적으로 전기적인 자극이 전달되는 경우: 예를 들면 고전압이 흐르는 지역이나 라디오 주파수 탑이 있는 지역, 리모컨, 휴대전화 등이 전기적인 간섭을 일으킬 수 있다. 인공와우를 착용하고 전기가 흐르는 전기요 위에 올라가지 않아야 하며, 장시간 동안 전기적인 전류에 노출되지 않아야 한다.

⑦ 거친 접촉을 요하는 운동을 하는 경우: 물기나 땀, 심한 몸싸움이 가해지지 않도록 주의하며, 외장기기를 착용하지 않더라도 이식한 부위를 보호하는 것이 중요하다.

5. 교실에서 교사가 인공와우 아동의 수업참여와 의사소통, 또래 상호작용을 촉진하기 위해 할 수 있는 지원내용

① 아침에 등교하여 인공와우를 점검한다.
- ㉠ 매일 아침수업이 시작하기 전에 인공와우를 바르게 착용했는지, 잘 들리는지 볼륨과 민감도를 점검한다.
- ㉡ 아동과 1m 정도의 거리에서 청각수행력을 확인한다.
- ㉢ 이때 교사가 확인하고 조절할 수 있는 부분은 배터리 교체, 전원 및 프로그램 선택, 볼륨 조절, 민감도 조절 등이다.

② 습기와 외부의 충격을 조심해야 한다.
- ㉠ 어음처리기와 마이크, 헤드셋에 물이 들어가지 않도록 주의하고, 격렬한 체육활동을 할 때에는 몸에서 빼는 것이 좋다.
- ㉡ 외부의 충격과 정전기는 내부 수신기에 손상을 줄 수 있으므로 유의하며, 귀 뒷부분이 부은 경우 부모와 연락하여 병원에서 검사를 받도록 한다.

③ 교실수업을 지원하기 위해서는 청취환경을 조성해 주어야 한다.
- ㉠ 교실소음을 줄이고, 소음으로부터 멀고 교육활동으로부터는 가까운 곳에 자리를 배치해 주어야 한다.
- ㉡ FM 보청기를 사용할 경우 교사의 송신기 전원과 주파수가 일치되어 있는지를 확인한다.

④ 수업활동을 잘 이해할 수 있도록 청각적 지원을 해 준다.
- ㉠ 수업시간에 잘 이해할 수 있도록 구문을 반복하고 강조해서 말해 준다.
- ㉡ 문장은 완전한 형태로 반복해서 말해 주며, 학생이 이해하고 있는지를 확인한다.

⑤ 수업활동을 잘 이해할 수 있도록 시각적 지원을 해 준다.
- ㉠ 활동 전에 교사의 시범을 먼저 보여 주며, 영상자료는 자막이 있는 것을 선택한다.
- ㉡ 중요한 전달사항이나 숙제 등은 칠판에 적어 주며, 뒤돌아서서 말하지 않는다.

⑥ 아동의 참여를 촉진하는 의사소통 환경을 조성해 준다.
- ㉠ 수업 중 아동의 의사소통 능력에 맞는 질문과 발표기회를 제공한다.
- ㉡ 다른 학생들이 발표할 때는 그 학생의 얼굴이 보이도록 한다.

⑦ 학급 동료들과 효과적으로 상호작용할 수 있도록 한다.
- ㉠ 인공와우에 관한 영상물이나 만화 등을 이용하여 학급동료들이 서로 이야기할 수 있는 시간을 가진다.
- ㉡ 조음이 정확하지 않아 의사소통에 어려움이 있으므로 동료들이 집중하고 이해하려는 태도를 보임으로써 자신감을 길러준다.

보청기와 인공와우에 관한 설명으로 옳은 것만을 〈보기〉에서 모두 고른 것은? [2점]

―――――――――〈보기〉―――――――――
- ㉠ 보청기는 서늘하고 습기가 없는 곳에 보관한다.
- ㉡ 보청기의 기본 구조는 마이크로폰, 증폭기, 이어폰으로 이루어져 있다.
- ㉢ 인공와우는 소리를 전기에너지로 변환하여 청신경을 직접 자극하는 전자 보조장치이다.
- ㉣ 인공와우 이식은 양쪽 귀 모두 중등도(moderate) 감각신경성 청각장애인을 대상으로 한다.
- ㉤ 인공와우의 체내부 기기는 전극과 마이크로폰이며, 인공와우 수술 후 기계의 점검, 맵핑, 청능훈련 등의 재활 프로그램이 필요하다.

① ㉠, ㉡   ② ㉠, ㉢   ③ ㉢, ㉣   ④ ㉠, ㉡, ㉢   ⑤ ㉡, ㉢, ㉣

다음은 청각장애 학생 A를 담당하고 있는 일반교사와 특수교사의 대화이다. ㉠~㉤ 중에서 옳은 내용만을 있는 대로 고른 것은? [2.5점]

일반교사: 우리 반의 청각장애 학생 A는 최근에 인공와우 수술을 받았다고 해요. 제가 어떻게 도와야 할까요?

특수교사: 그 학생은 ㉠ 귀 속에 송신기와 전극을 삽입했기 때문에 머리를 심하게 부딪히지 않도록 조심해야 해요. 그리고 머리에 착용하는 기기는 습기에 약해요. 특히 ㉡ 정전기는 어음처리기(speech processor)에 있는 프로그램을 손상시킬 수 있으므로 조심해야 해요.

일반교사: 특별히 제가 신경 써야 할 게 있나요?

특수교사: 매일 인공와우를 꼭 착용하도록 하고 제대로 작동하는지 확인해 주세요. ㉢ 인공와우 수술을 했기 때문에 매일 기기를 착용만 한다면 정상적인 청력을 가진 사람과 똑같이 말을 알아들을 수 있어요. 다만 교실의 소음과 반향에는 신경 써 주셔야 해요.

일반교사: 수업시간에는 어떻게 하는 것이 좋을까요?

특수교사: ㉣ 학생 A에게는 단어로 말하기 보다는 완전한 문장으로 말해주세요. 수업시간에는 시각적 자료를 많이 제시하는 게 좋은데, ㉤ 시각적 자료를 활용할 때는 시각적 자료를 보여준 후에 그 자료에 대해서 설명해 주세요.

① ㉠, ㉢   ② ㉡, ㉢   ③ ㉠, ㉣, ㉤   ④ ㉡, ㉣, ㉤   ⑤ ㉠, ㉡, ㉣, ㉤

다음의 (가)는 영호의 특성이고, (나)는 영호를 지도하기 위해 통합학급 최 교사와 특수학급 문 교사가 나눈 대화 내용이다. 물음에 답하시오. [5점]

(가) 영호의 특성

- 생활연령 : 6세
- 선천성 청각장애를 가지고 있음
- 수술 전 평균 청력역치가 우측 90dB, 좌측 90dB임
- 2세 때 우측 귀에 인공와우 이식 수술을 받았음
- ㉠ ┌ 현재 좌측 귀에는 보청기를 착용하고 있지 않음
      └ 현재 교정 순음청력손실 평균(교정 청력)은 35dB임
- K-WISC-Ⅲ 검사 결과: 동작성 지능지수 90
- 사회성숙도 검사 결과: 사회성 지수 85

(나) 대화

최 교사: 영호가 말소리를 잘 알아듣지 못하는 것 같습니다. 영호를 위해 스피커 볼륨을 높여 주면 듣는 데 도움이 될까요?

문 교사: 반드시 그렇지는 않습니다. 영호처럼 인공와우나 보청기를 착용한 아이들은 소리가 너무 크면 오히려 귀가 아프다고 할 수 있어요. 왜냐하면 청각장애 아이들도 (㉡)이(가) 일반 아이들과 비슷하기 때문이에요.

최 교사: 그러면 제가 교실에서 영호를 위해 어떤 지원을 할 수 있을까요?

문 교사: 교실에서는 인공와우와 연결할 수 있는 ㉢FM 보청기를 사용하는 것도 좋은 방법이 될 수 있습니다.

최 교사: 네. 그러면 다음 주에는 ㉣운동장에서 체육활동을 하려고 하는데 인공와우를 착용한 영호를 위해 특별히 주의해야 할 점이 있을까요?

1) (가)의 ㉠으로 인하여 생겨날 수 있는 문제점 1가지를 쓰시오. [1점]

- _____

2) (나)의 ㉡에 들어갈 말을 쓰시오. [1점]

- _____

3) (나)의 ㉢이 효과적인 이유 1가지를 쓰시오. [1점]

- _____

4) (나)의 ㉣에서 문 교사가 최 교사에게 제안할 수 있는 주의 사항 2가지를 인공와우 세부 명칭과 연결지어 쓰시오. [2점]

- _____
- _____

준서는 통합유치원에 다니는 5세 청각장애 유아이며, 박 교사는 유아 특수교사이다. (가)는 준서의 특성이며, (나)는 활동 계획안의 일부이다. 물음에 답하시오.

(가) 준서의 특성

- 1년 전 인공와우 수술을 하였으며, 현재 청력은 45~50dB 정도임
- 구어를 주로 사용하나 상대방의 입모양이나 시각적 단서도 활용함
- 노래 부르는 것을 좋아하지만 음정이나 박자가 정확하지 않음

(나) 활동계획안

활동명	내 친구	활동형태	대·소집단 활동	영역	음률
활동목표	• 친구에 대해 소중한 마음을 갖는다. • 리듬에 맞춰 노래를 적절히 부른다. • 멜로디에 맞게 친구 이름을 넣어 부른다.				
활동자료	반 친구들의 사진(삼각대로 제작), 노랫말 판, '내 친구' 음원, 사진기 등				
활동방법	• 자유롭게 친구를 소개하면서 친구에 대한 다양한 생각을 이야기한다. • 친구와 함께 손을 마주잡고 '내 친구' 노래를 감상한다. • 친구 이름을 넣어 가사를 읽는다. • '내 친구' 가사에 친구 이름을 넣어 노래를 부른다. • 노래를 부른 후 생각과 느낌을 이야기한다.				
확장활동	• 정리정돈을 알리는 신호로 '내 친구' 음악을 활용한다. • 이야기 나누기 시간에 '내 친구' 노래로 인사한다.				

3) ① 준서가 집단 음률활동에 참여하기 위해 필요한 청각 보조장치 1가지를 쓰고, ② 음률 영역의 환경 구성 시 고려해야 할 점 1가지를 쓰시오. [2점]

- ①: _____

- ②: _____

다음은 4세 청각장애 유아 찬우를 지도하기 위하여 통합학급 김 교사와 특수학급 박 교사가 나눈 대화이다. 물음에 답하시오. [5점]

김 교사: 새로 전학 온 찬우는 청각장애가 있어요. 찬우가 보청기를 착용하는데 수업시간에 보청기에서 가끔 '삐~' 소리가 나요.

박 교사: 음향 피드백(음향 되울림)이 발생하면 ㉠ <u>찬우의 보청기 이어몰드나 건전지 상태를 확인해야 해요.</u> 그리고 찬우가 소리를 최대한 잘 듣도록 ㉡ <u>신호대잡음비(Signal to Noise Ratio: SNR)</u>를 개선할 필요가 있어요.

김 교사: 찬우의 자리는 어디로 할까요?

박 교사: 수업 형태에 따라 자리 배치를 하는 것이 좋아요. ㉢ <u>유아들이 언어적 상호작용을 많이 하는 수업시간</u>에는 자리 배치를 반드시 고려해야 해요.

김 교사: ㉣ <u>조명이나 채광</u>도 고려해야 하지요? 그럼 찬우 자리는 어디가 좋을까요?

박 교사: 아래 [그림]과 같은 위치가 가장 좋아요.

[그림]

…하략…

---

1) ㉠과 같이 말한 이유를 1가지 쓰시오. [1점]

• _____

2) ① ㉡의 의미를 쓰고, ② 교실 수업상황에서 ㉡을 향상시키는 방법을 1가지 쓰시오. [2점]

• ①: _____

• ②: _____

3) 찬우가 [그림]의 위치에 앉으면 좋은 이유를 ㉢과 ㉣을 고려하여 각각 쓰시오. [2점]

• ㉢: _____

• ㉣: _____

(가)는 통합학급 김 교사와 유아특수교사 윤 교사가 4세 청각장애 유아 민기를 지도하기 위해 나눈 대화의 일부이다. 물음에 답하시오.

(가) 김 교사와 윤 교사의 대화

김 교사: 새로 전학 온 민기가 청각장애가 있는데 민기를 위해 어떤 지원을 해야 할지 고민이에요. 저의 가장 큰 고민은 민기가 보청기를 끼고는 있는데 보청기가 잘 작동되고 있는지 확인하는 것과 청력검사 결과를 해석하는 것이에요.
윤 교사: 민기는 아직 어리기 때문에 보청기를 낀 상태에서 소리가 어떻게 들리는지 스스로 표현하는 것을 어려워해요. 그래서 교사가 수시로 보청기 상태를 확인하고 링(D. Ling)의 6개음 검사를 정확하게 하는 것이 좋아요. ㉠ 링(D. Ling)의 6개음 검사를 할 때는 교사의 입을 가리고 해야 해요.
김 교사: 그런데 민기는 주변 소음이 많거나 거리가 멀어지면 말소리를 훨씬 이해하지 못하더라고요.
윤 교사: ㉡ 그런 경우에는 FM 보청기를 사용하면 도움이 됩니다. 그리고 ㉢ FM 보청기를 사용할 때는 유의해야 할 것이 있어요.
김 교사: 그리고 여기에 민기 청력검사 결과가 있는데 한 번 봐주시겠어요?
윤 교사: 오른쪽 귀 순음청력검사와 어음청력검사 결과네요. 그런데 ㉣ 검사 결과에 오류가 있네요.
…(하략)…

2) ① ㉡의 이유를 FM 보청기 작동 특성에 기초하여 쓰고, ② 교사 입장에서 ㉢을 1가지 쓰시오. [2점]

• ①: _____

• ②: _____

다음은 통합학급 박 교사와 김 교사가 특수학급 윤 교사와 협의회에서 나눈 대화의 일부이다. 물음에 답하시오.

윤 교사: 유아들 지도하느라 많이 힘드시죠?

박 교사: 윤수가 최근에 인공와우 수술을 받은 거 아시죠?

윤 교사: 알죠. ㉠ 인공와우는 인간의 말소리를 잘 들을 수 있게 하는 데 초점이 맞춰져 있어요. 그리고 무엇보다도 매핑(mapping)이 중요하죠.

박 교사: 매핑이 뭔가요?

윤 교사: ㉡ 매핑은 어음처리기를 프로그래밍(programming) 하는 것을 말하죠.

김 교사: 저의 조카도 인공와우 수술을 받았어요. 보청기와는 달리 ㉢ 별다른 청능훈련이 필요하지 않다고 하던데요.

박 교사: 수술을 해도 ㉣ 모두 정상적인 청력을 갖게 되지는 않는다고 알고 있어요. 그리고 윤수는 ㉤ 유아들 간 상호작용이 활발한 활동을 할 때면 소음으로 인해 지시를 잘 이해하지 못하던데, 제가 어떻게 해야할지 모르겠어요. 다른 유아들도 있는데 윤수만 고려해서 조용한 활동을 할 수도 없잖아요.

…중략…

윤 교사: 김 선생님은 어떠세요?

김 교사: 저는 그림책을 보거나 사물을 관찰하는 활동을 할 때, 경호에게 확대경을 제공하고 있어요. 그런데 확대경이 모든 저시력 유아에게 도움이 되는 것은 아니라고 하던데 맞나요?

윤 교사: 맞아요. 확대경 사용이 대부분의 저시력 유아들에게는 도움이 되지만, ㉥ 어떤 유아들은 사용하면 안 되는 경우가 있어요.

김 교사: 그래요? 저는 모두 도움이 되는 것으로 알고 있는데 아니었군요. 그런데 경호가 손잡이형 확대경을 사용할 때 손이 흔들려서 많이 힘들어 해요.

윤 교사: 그렇군요. 그러면 (㉦)을/를 사용하게 해 보세요.

1) ㉠~㉣ 중 적절하지 **않은** 내용을 찾아 바르게 고쳐 쓰시오. [1점]

• _____

2) ㉤의 상황에서 박 교사가 윤수를 위해 제공할 수 있는 대안적 지원을 쓰시오. [1점]

• _____

제7절 수어지도

01 수어

1. 정의

청각 및 언어장애인이 구화를 대신해 몸짓이나 손짓으로 표현하는 의사전달 방법으로, 비음성 전달방법의 대표적 유형이며, 농문화의 기반이 된 시각적 언어 운동체계이다.

2. 특징

특성	내용
공간적 배열	• 음성언어가 순차적으로 음소를 배열하는 데 반해, 수화는 공간적으로 수화소를 배열함 • 수화의 공간적 배열은 단어를 구성하는 측면과 문장을 구성하는 측면의 두 가지로 생각할 수 있음
사상성과 규약성	• 언어기호는 의미와 형태를 맺는 자의적인 기호로 정의됨 • 구체적 사물은 사상성이 높은 반면, 추상적 어휘는 규약성이 높음 • 수화가 발전함에 따라 사상성이 감소하고 규약성이 증가함 • 수화 의미와 기호 표현은 사상 관계가 강함 　예 '소'의 수화는 소의 뿔을 사상하며 '개'의 수화는 수형이 개의 귀를 사상한다. • 수화는 규약성을 포함함 　예 '형'과 '동생'은 양손 2지(검지)를 나란히 세운 후 형은 올리고 동생은 아래로 내린다.
동시성	• 수화는 양손을 주요 운동기관으로 하고 공간과 몸을 운동하는 장소로 하는 시각적 기호임 • 수형, 수위, 수동이 동시적으로 짝을 맞추어서 수화단어를 형성함
가역성	• 음성언어에는 존재하지 않는 수화만의 특성 • 반의어에서 관찰됨 　예 '낮' 또는 '밝다'와, '밤' 또는 '어둡다'는 수화에서 수형은 같고 수향이 반대가 된다. • 음성언어에서는 가역성에 의한 반의어는 성립될 수 없음
반복성	• 음성언어에서도 볼 수 있는 공통적인 특성 • 의성어 · 의태어 및 그 외에 강조할 때 나타남 • 수형이 같을 때 동사로부터 명사를 분리하는 기능적 준거로 사용됨 • 동사와 명사의 수형이 동일할 경우 명사에서 반복됨
발신의 운동량과 수화의 변화	• 수화는 발신의 운동량이 음성언어의 조음에 필요한 운동량보다 더 큼 • 수화는 손으로 표현하는 시각 운동체계로, 발신시간이 길어지면 운동량은 증가함 • 경제성의 원리에 따라 수화 표현을 간단하게 하는 방향으로 변하기도 함 • 수화는 뇌의 정보처리 용량에 맞추기 위해 정보량이 적은 말은 생략하고, 운동량을 적게 하며 기능어 등의 생략이 나타남
비수지 운동적 기능	표정, 머리의 방향, 시선, 몸의 방향 등에 해당됨

3. 유형

(1) 자연 수화

농인들이 문화와 관습 속에서 자연발생적으로 만들어 낸 수화이다. 이 맥락에서 자연 수화는 '농식 수화' 또는 '한국 수화(KSL)'라고도 불린다. 자연 수화는 문법이 국어와 다르고 자체의 문법과 규칙을 가지고 있다. 관용적 표현이 많은 것이 특징이다.

(2) 문법 수화

각국의 언어 문법에 맞게 인위적으로 만들어 낸 수화를 말한다. 자연 수화가 관용적 표현 중심인 반면, 문법 수화는 문장 형식의 수화가 중심이 되기 때문에 '문장식 수화' 또는 국어 문법에 맞게 개발되었다 하여 '국어대응식 수화'라고도 불리고 있다.

(3) 자연 수화와 문법 수화 비교

자연 수화	문법 수화
• 축약하여 표현함	• 말이나 문장을 그대로 표현함
• 구조와 어순 등이 음성언어와 매우 다름	• 구조와 어순이 음성언어와 유사함
• 지화를 거의 활용하지 않음	• 지화를 적극 활용함
• 국어에 대한 이해가 필요 없음	• 국어 문법지식을 필요로 함
• 문법형태소를 생략함	• 문법형태소를 지문자나 수화어휘로 표현함

4. 수화소

(1) 특징

① 음성언어는 자음·모음과 같은 분절음을 사용하여 단어를 만드는 반면, 수화는 수화소를 사용하여 어휘를 구성한다.
② 수화소는 음성언어에서 소리의 차이를 가져오는 가장 작은 단위인 음소에 해당한다.

(2) 구성요소

요소	내용
수형	수화를 할 때 손의 모양
수위	수화를 하는 손의 위치
수동	수형의 움직임에 따라 분류함
수향	손바닥과 손가락의 방향이 어디를 향하는지에 따라 분류함
비수지 신호	• 수지신호의 반대 개념으로, 얼굴표정이나 입 모양, 머리와 상체의 움직임 등과 같이 손동작 외의 몸짓이 주는 신호 • 음성언어에서 초분절음과 같은 역할을 함 • 초분절음은 강세, 고저 또는 장단에 의해 만들어지는 소리로, 뜻이 구별되는 기능을 하고 문장을 이해하는 데 중요한 역할을 하며, 문법적 기능을 담당함

> **참고** 음소, 수화소, 독화소 비교

구분	내용
음소	• 국어 음운론상의 최소 단위 • 자음 19개, 모음 21개
수화소	• 수화의 시각적 최소 단위 • 수형 29개소, 수동 36개소, 체동 20개소, 수위 23개소, 수향 20개소 (책마다 다름)
독화소	• 말읽기의 시각적 최소 단위 • 자음 6개, 모음 및 이중모음 9개

02 지화

1. 정의

① 문어의 철자와 숫자 등을 나타내는 수단으로, 문어를 종이에 철자하는 것처럼 손가락으로 음성언어를 표현하는 시각운동 언어이다.

② 이러한 지화를 통해 읽기를 이해하고, 쓰기를 표현하는 수단으로 활용하기도 한다.

2. 한글지화

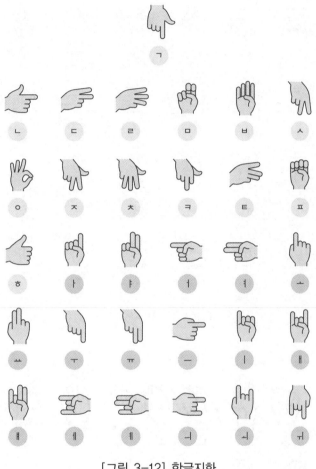

[그림 3-12] 한글지화

3. 지숫자

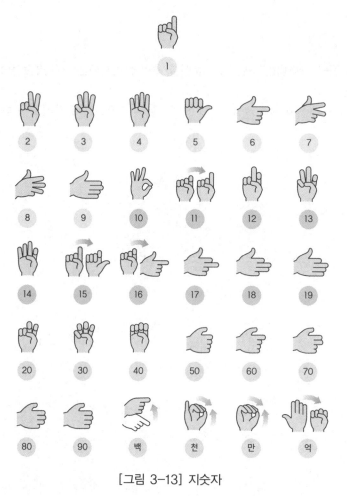

[그림 3-13] 지숫자

4. 영어지화

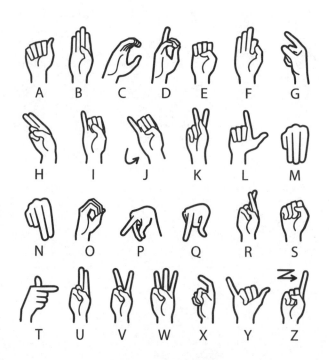

[그림 3-14] 영어지화

청각장애 학생을 위한 의사소통 지도 요소에 관한 설명으로 옳지 <u>않은</u> 것은? [2점]

① 국어 음운론상의 최소 단위를 음소라 한다.
② 수화의 시각적 최소 단위를 수화소라 한다.
③ 말읽기의 시각적 최소 단위를 독화소라 한다.
④ 한국 수화소의 수는 국어 음소의 수보다 많다.
⑤ 국어 독화소의 수는 한국 수화소의 수보다 많다.

한글 지문자의 수형(手形)과 수향(手向)에 대한 바른 설명은? [1.4점]

① 'ㄱ'과 'ㅋ'은 수형이 같으나 수향은 다르다.
② 'ㅂ'과 'ㅈ'은 수향이 같으나 수형은 다르다.
③ 'ㅏ'와 'ㅡ'는 수형이 같으나 수향은 다르다.
④ 'ㅣ'와 'ㅢ'는 수형이 같으나 수향은 다르다.
⑤ 'ㅐ'와 'ㅟ'는 수향이 같으나 수형은 다르다.

다음은 청각장애 학생이 지문자와 지숫자를 사용하여 수화로 자기소개를 한 것이다. ㉠과 ㉡의 수형과 수향에 대한 설명을 보고, ㉠에 들어갈 한글 자음과 ㉡에 들어갈 숫자를 바르게 묶은 것은? [2점]

"내 이름은 김 ㉠ ㅐ현입니다."	"내 생일은 ㉡ 월 6일입니다."

• ㉠의 수형은 지숫자 7과 같으며, 수향은 지문자 ㄱ과 같다.
• ㉡의 수형은 지문자 ㅊ과 같으며, 수향은 지숫자 9와 같다.

	㉠	㉡
①	ㄷ	2
②	ㄷ	4
③	ㅌ	8
④	ㅈ	4
⑤	ㅈ	8

수화(자연수화)에 대한 설명으로 옳은 것만을 〈보기〉에서 있는 대로 고른 것은? [2점]

〈보기〉

- ㉠ 수화를 구성하는 요소인 수화소는 음성언어의 형태소에 해당한다.
- ㉡ 음운론, 형태론, 통사론 등 규칙과 문법 체계를 가지고 있는 언어이다.
- ㉢ 수화 단어의 형태와 의미 사이에는 도상성(사상성)이 강하지만, 자의성(규약성)이 있는 단어도 많다.
- ㉣ 공간성과 동시성이라는 특성은 단어 구성 시에 나타나는 것으로 문장 수준에서는 나타나지 않는다.
- ㉤ 건청아동이 말을 습득하는 것과 마찬가지로 농아동도 수화환경에 노출되면 자연스럽게 수화를 습득한다.

① ㉡, ㉣   ② ㉠, ㉢, ㉣   ③ ㉡, ㉢, ㉤

④ ㉠, ㉡, ㉢, ㉤   ⑤ ㉠, ㉡, ㉣, ㉤

(가)는 청각장애 학생 영희의 특성이고, (나)는 국어(언어)과 '여러 가지 방법으로 말해요.' 단원의 지도내용이다.
물음에 답하시오.

(가) 영희의 특성

- 어렸을 때 고열로 인하여 달팽이관이 손상되었으며, 만성 중이염으로 중이에도 손상을 입었음
- 현재 기도청력 손실 정도는 양쪽 귀 모두 85dB이며, 기도청력 손실 정도가 골도청력 손실 정도보다 높게 나타남

(나) 지도내용

차시	지도내용
1	• 모음 지문자를 따라 하며 익히기(ㅏ, ㅑ, ㅓ, ……)
2	• 자음 지문자를 따라 하며 익히기(ㄱ, ㄴ, ㄷ, ……)
3	• 사물의 이름을 말하고, 지문자로 쓰기(학교, 연필, ㉠ 기차 등)
4	• 지숫자 따라 하며 익히기 (1, 2, 3, ……)
지도 시 유의점	• 개별 학생의 수준을 고려하여 말하기(말·수화하기), 듣기(수화 읽기·말 읽기), 읽기, 쓰기를 유기적으로 지도하고 평가한다.

3) ㉠ '기차'를 한국 수화 지문자로 표현할 때, 이 지문자에 사용된 수형으로 표현할 수 있는 숫자(1~9)를 3가지 쓰시오.

[1점]

- _____, _____, _____

(가)는 5세 청각장애 유아 영수의 특성이다. 물음에 답하시오.

(가) 영수의 특성

- 혼합성 청력 손실
- ㉠ 평균순음역치(PTA): 오른쪽 귀 72dB HL, 왼쪽 귀 76dB HL
- 보청기 착용
- 농인 부모 가정에서 ㉡ 한국수어(자연 수화)를 제1언어로 습득하고, 한국수어와 한국어를 공용어로 사용함

3) (가)의 ㉡과 문법 수화(국어대응식 수화)와의 차이점을 ① 발생의 기원과 ② 문법 측면에서 각각 1가지 쓰시오. [2점]

- ①: _____

- ②: _____

다음은 청각장애 학생과 교사가 대화한 내용이다. ㉠을 한국어로 해석하고, 수화(수어, Korean sign language)의 도상성과 자의성을 전체 대화에서 사용된 단어 1가지씩을 선택하여 각각 설명하시오. [5점]

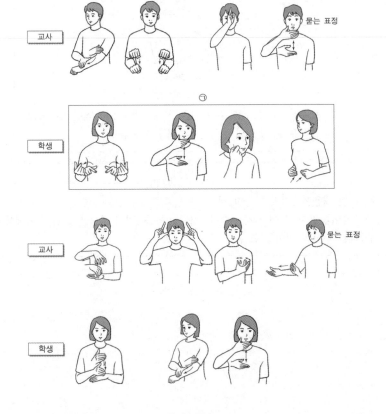

- ㉠: _____

- _____

(가)는 OO중학교에 재학 중인 청각장애 학생 G의 정보이고, (나)는 일반교사와 특수교사의 대화 내용 일부이다. 〈작성 방법〉에 따라 서술하시오. [4점]

(가) 학생 G의 정보

- 부모 모두 농인이며, 수어를 1차 언어로 사용함
- 수어통역사를 배치하여 수업을 진행함

(나) 대화 내용

일반교사: 학생 G는 수어통역 지원으로 수업을 잘 받고 있어요. 선생님께서 지난번에 읽기와 쓰기 지도도 중요하다고 하셨지요?

특수교사: 네, 수어를 1차 언어로 하고, 읽거나 쓰기를 위한 한국어를 2차 언어로 가르치는 이중언어접근법으로 지도하고 있어요. 학교에서 이중언어접근법을 강조하는 이유는 학생 G의 (㉠)을/를 목표로 하기 때문이지요.

…(중략)…

일반교사: 수어에서도 음성언어의 고저나 장단 같은 초분절음의 역할을 하는 특성이 있나요?

특수교사: (㉡)이/가 음성언어의 초분절음과 같은 역할을 합니다.

일반교사: 수업 시간에 활용할 수 있는 수어 하나 알려주시겠어요?

특수교사: 이 수어를 알고 있으면 좋을 것 같아요.

(㉢)

※ 수형 설명: 오른 주먹의 1·2지를 펴서 2지 옆면으로 모로 세운 왼 주먹의 손목을 두 번 두드린다.

〈작성 방법〉

- 괄호 안의 ㉠에 해당하는 내용을 1가지 서술할 것
- 괄호 안 ㉡에 해당하는 용어를 쓰고, ㉡이 가지는 수어에서의 기능을 1가지 서술할 것(단, (나)에서 제시한 내용은 제외할 것)
- 괄호 안의 ㉢에 해당하는 수어의 의미를 쓸 것

(가)는 2015 개정 국어과 교육과정에 따라 청각장애 학생 연지가 포함된 통합학급 수업을 위해 일반교사가 작성한 교수·학습 과정안의 일부이고, (나)는 일반교사와 특수교사가 협의한 내용의 일부이다. 물음에 답하시오.

(가) 교수·학습 과정안

단원	재미있게 ㄱㄴㄷ	학년반	1-3
학습목표	• 자음자 소리를 말하고 읽을 수 있다. • 자음 음소를 대치하여 말하고 읽을 수 있다. • 자음 변화에 따라 의미가 변하는 낱말을 구별할 수 있다. • 수어의 최소대립쌍을 이용하여 수어소를 대치할 수 있다.(연지의 추가 학습목표)		

단계	교수·학습활동	
	모든 학생	연지
전개	〈활동 1〉 • 자음자 소리의 차이 알아보기 • 자음자를 소리 내어 읽기	
	〈활동 2〉 • ㉠ 자음 음소에 대치에 따라 낱말의 의미 구별하기 – 낱말 카드의 예 사과	〈추가 활동〉 • 수어소 변화에 따른 수어의 의미 구별하기 – ㉡ 수어 그림자료의 예
정리	• 연지를 위해 듣기, 말하기, 말읽기를 활용하여 평가하기	• 연지를 위해 (㉢)와/과 (㉣)을/를 활용하여 평가하기

(나) 협의내용

일반교사: 선생님, 요즘 우리 학급에서는 자음 음소 대치 수업을 하고 있는데 연지는 음소 대치를 어려워해요.

특수교사: 연지는 (㉤) 난청이 있어서 ㉥ 크로스 보청기를 착용하고 있지만 부모님이 농인이어서 수어에 익숙하고, 음성언어를 접한 지 오래되지 않아서 소리 구조를 이해하는 것이 쉽지는 않을 거예요.

일반교사: 그래도 지난번에 선생님이 주신 ㉦ 최소대립쌍을 이루는 수어 단어가 많은 도움이 되었어요.

특수교사: 그러셨어요? 수어도 음성언어처럼 수어소 대치가 가능하니 수어소에 따른 의미 변화를 연습하도록 수어 최소대립쌍을 활용할 수 있어요.

일반교사: 아, 궁금한 게 하나 더 있어요. 연지가 창피하다고 자꾸 보청기를 빼려고 해요. 자신이 농·난청인인지 청인인지에 대한 정체성 갈등을 겪고 있는 것 같아요.

특수교사: 그럴 수 있어요. ㉧ 연지가 바람직한 이중문화 정체성을 갖도록 도움을 주어야 해요.
…하략…

2) (가)의 밑줄 친 ㉡은 '괜찮다'와 '웃다'의 의미를 가진 수어이다. ㉡이 (나)의 밑줄 친 ㉦에 해당하는 이유를 쓰시오. [1점]

•

4) ① (나)의 ㉤에 들어갈 내용을 쓰고, ② 밑줄 친 ㉥의 작동 원리를 쓰시오. [2점]

• ①: _____ • ②: _____

5) 다음은 (나)의 밑줄 친 ㉧에 해당하는 지원 방안이다. 적절하지 않은 방안을 찾아 기호로 쓰고, 바르게 고쳐 쓰시오. [1점]

> ⓐ 정기적으로 수어 단어를 학급 친구들에게 가르쳐 줄 기회를 준다.
> ⓑ 하나의 언어를 집중적으로 교육하여 단일 언어 사용자가 되도록 지도한다.
> ⓒ 본받고 싶은 청인과 농인 사례를 골고루 접할 수 있는 기회를 갖게 해준다.
> ⓓ 학교 친구들뿐만 아니라 다른 학교에 있는 농인 친구와도 만날 수 있는 기회를 갖게 해준다.

•

다음은 문법 수화를 배운 특수 교사가 수어통역사와 함께 있는 농학생을 만나 수어로 나눈 대화 내용의 일부이다. 〈작성 방법〉에 따라 서술하시오. [4점]

(특수 교사는 구어와 수어를 동시에 하며, 수어통역사는 수어로만 대화한다.)

특수 교사: 여기는 왜 왔습니까?

농학생: … (수어통역사를 바라본다.)

수어통역사:

농학생:

〈작성 방법〉
• 수어에서 의문문을 표현하기 위해 사용하는 비수지 기호를 2가지 쓸 것
• 위 대화에서 수어통역사가 사용하는 자연 수어와 특수 교사가 사용하는 문법 수화의 차이점 2가지 서술할 것

(다)는 특수교사와 학생 K의 대화이다. 〈작성 방법〉에 따라 서술하시오. [5점]

(다) 특수교사와 학생 K의 대화

> 학 생 K: 선생님, 저 손모양 그림은 지문자이지요?
> 특수교사: 그래, 잘 알고 있구나. 그럼, 우리 차례대로 손 모양과 함께 소리 내어 읽어볼까?
>
> ㉢

─────〈작성 방법〉─────
• ㉢의 지문자를 한글 자모로 쓸 것

(가)는 ○○청각장애학교 초등학교 3학년 영어과 교수·학습 과정안의 일부이다. 물음에 답하시오.

(가) 교수·학습 과정안

단원	Hello, I'm Sora.	
차시목표	만날 때 하는 인사말과 자신을 소개하는 말을 듣고 말할 수 있다.	
단계	교수·학습활동	유의사항
전개	〈활동 1〉 Listen and Say • 교사가 들려주는 대화문을 듣고 따라 말하기 대화문 Sora: Hello, I'm Sora. Boram: Hello, I'm Boram. 알파벳 지문자 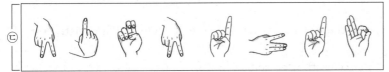 Sora: Boram: ㉠	• 대화문을 들려줄 때 이름을 말하면서 알파벳 지문자도 함께 사용한다. • 듣기평가를 할 때 청각장애 학생의 특성을 고려하여 ㉡ 대안적인 영어 듣기평가를 실시한다.

1) (가)의 ㉠에서 'B' 지문자와 수형(handshape)이 동일한 한국 수화언어의 지문자를 한글 자모로 쓰시오. [1점]

• _____

(가)는 2009 개정 영어과 교육과정 3~4학년 '듣기' 영역에 해당하는 수업 장면의 일부이다. (나)는 일반 초등학교 3학년에 재학 중인 청각장애 학생 동호의 특성이다. 물음에 답하시오.

(가) 수업 장면

> 교사: Listen carefully. The letter 'f' makes /f/ sound.
> 학생: (교사에게 집중한다.)
> 교사: Raise your hand when you hear the word starting with the /f/ sound. Park, fish, star.
> 학생: (해당하는 낱말에 손을 든다.)
> 교사: Listen carefully. The letter 'g' makes the /g/ sound.
> 학생: (교사에게 집중한다.)
> 교사: Raise your hand when you hear the world starting with the /g/ sound. Tape, rain, goat.
> 학생: (해당하는 낱말에 손을 든다.)
> 교사: Listen carefully. The letter 'h' makes the /h/ sound.
> 학생: (교사에게 집중한다.)
> 교사: Raise your hand when you hear the world starting with the /h/ sound. Head, bike, lake.
> 학생: (해당하는 낱말에 손을 든다.)

(나) 동호의 특성

> • 동호
> – 7세 때 양쪽 귀에 인공와우 수술을 받았고, 인공와우 착용 시 좌우 청력은 각각 30dB임
> – 청인과는 구어로, 농인과는 수어로 의사소통하는 이중언어 사용자임

2) 다음은 (가)에서 동호가 교사의 말소리를 잘 듣지 못하여 교사가 동호에게 보여준 알파벳 지문자이다. 알파벳 지문자에 해당하는 영어 알파벳을 순서대로 쓰시오. [1점]

•

(가)는 청각장애 학생 성호의 특성이고, (나)는 신임 교사와 선배 교사의 대화이며, (다)는 링의 5개음에 대한 바나나 스피치(banana speech) 영역 그래프이다. 물음에 답하시오.

(가) 성호의 특성

- 순음청력검사의 기도검사: 3분법으로 두 귀가 동일하게 평균 80dB HL
- 청력도: 고음점경형(경사형)
- 중추청각처리 장애는 없음

(나) 신임 교사와 선배 교사의 대화

선배 교사: 성호의 어음청력검사의 청취역치는 어떤가요?
신임 교사: ㉠ 어음청력검사의 청취역치를 기도검사와 동일한 3분법으로 산출했는데 85dB HL입니다.
…(중략)…
선배 교사: 성호가 최근 보청기를 교체했던데, 보셨어요?
신임 교사: 네, 디지털 보청기로 바꾸었는데, 디지털 보청기와 아날로그 보청기는 어떤 차이가 있나요?
선배 교사: ㉡ 디지털 보청기의 채널 방식, 신호처리 방식, 압축 방식은 아날로그 보청기와 다릅니다.
신임 교사: 바나나 스피치 영역 그래프를 보니 자음과는 달리 모음에 해당하는 /ee/, /ah/, /oo/는 ㉢ 두 곳에 표시되어 있더라고요. 왜 그런가요?

(다) 링의 5개음에 대한 바나나 스피치 영역 그래프

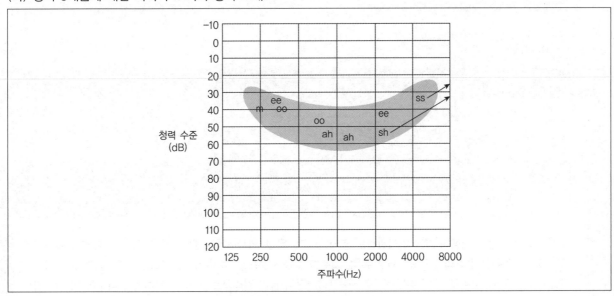

3) 다음 지숫자가 나타내는 의미를 아라비아 숫자로 쓰시오. [1점]

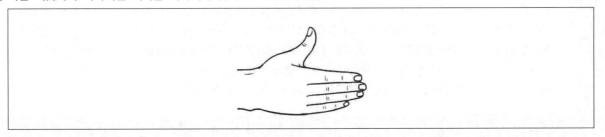

·

의사소통장애 기출경향 및 학습TIP

전통적으로 많은 수험생이 가장 어려워하는 영역입니다. 우선 '의사소통장애'의 다양한 '하위유형'을 정확하게 구분하고, '하위유형의 법적 정의, 세부 유형, 교수방법'을 기준으로 정리하여 공부하는 것이 좋습니다. 특히 '조음음운장애'와 '자발화 검사' 부분은 공부하는 데 시간이 많이 걸리므로, 미리 공부계획을 나누어 짜두는 것도 도움이 될 수 있습니다. 이 중에서도 자발화 검사는 시험 직전 마지막까지 어려워해서 전체적으로 포기하는 경우도 있습니다. '자발화 표본 수집과 기록' 부분은 읽으면 충분히 알 수 있는 부분이니 포기하지 말고 공부해두면 좋습니다. 의미론, 구문론 분석의 경우도 실제 기출에는 우리 교재에 나오는 것보다 쉬운 내용이 출제되었으니, 기출 수준 정도만이라도 공부를 하는 것이 좋습니다. 의사소통장애는 매년 고정적인 영역에서 출제되다가 최근 화용론적인 부분의 내용이 추가로 깊이 있게 출제되어 언어발달까지 함께 봐야 합니다. 이러한 관점에서 기출 출제범위가 조금 확장된 영역이라고 볼 수 있습니다.

해커스임용 설지민 특수교육학
영역별 이론 + 기출문제 1

제4장

의사소통장애

제1절 의사소통

제2절 언어발달

제3절 평가

제4절 조음장애 오류와 중재

제5절 유창성 장애

제6절 음성장애

제7절 언어장애

제8절 자발화 분석

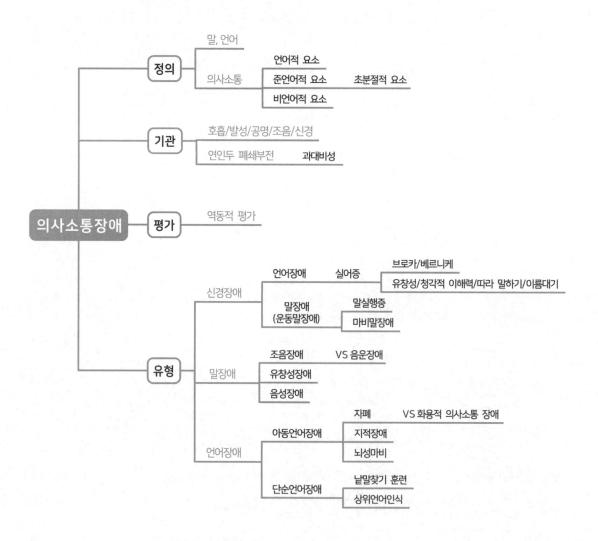

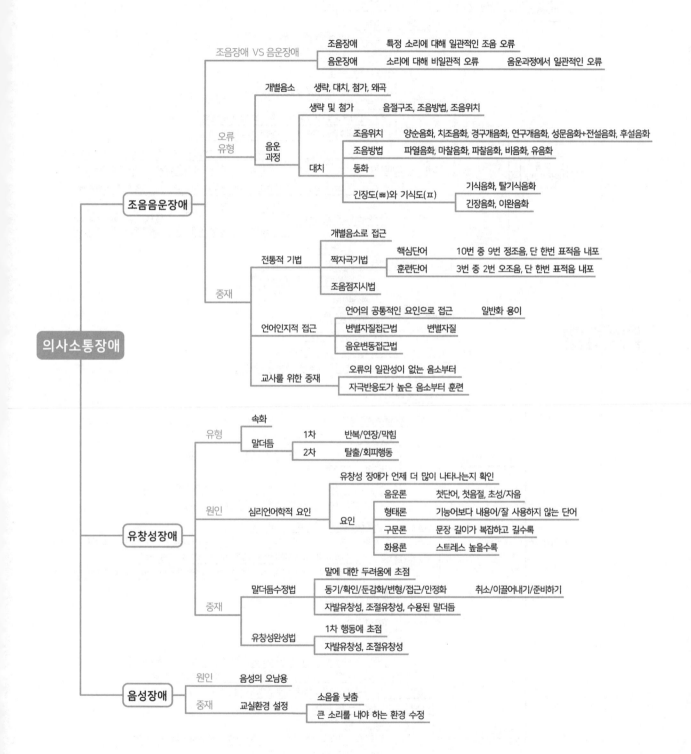

조음장애 VS 음운장애
　조음장애　　特정 소리에 대해 일관적인 조음 오류
　음운장애　　소리에 대해 비일관적 오류　　음운과정에서 일관적인 오류

오류
유형
　개별음소　생략, 대치, 첨가, 왜곡
　음운
　과정
　　생략 및 첨가　　음절구조, 조음방법, 조음위치
　　대치
　　　조음위치　　양순음화, 치조음화, 경구개음화, 연구개음화, 성문음화+전설음화, 후설음화
　　　조음방법　　파열음화, 마찰음화, 파찰음화, 비음화, 유음화
　　　동화
　　　긴장도(ㅃ)와 기식도(ㅍ)　　기식음화, 탈기식음화
　　　　　　긴장음화, 이완음화

중재
　전통적 기법
　　개별음소로 접근
　　짝자극기법
　　　핵심단어　　10번 중 9번 정조음, 단 한번 표적음 내포
　　　훈련단어　　3번 중 2번 오조음, 단 한번 표적음 내포
　　조음점지시법
　언어인지적 접근
　　언어의 공통적인 요인으로 접근　　일반화 용이
　　변별자질접근법　　변별자질
　　음운변동접근법
　교사를 위한 중재
　　오류의 일관성이 없는 음소부터
　　자극반응도가 높은 음소부터 훈련

조음음운장애

의사소통장애

유창성장애

유형
　속화
　말더듬
　　1차　　반복/연장/막힘
　　2차　　탈출/회피행동

원인
　심리언어학적 요인
　　유창성 장애가 언제 더 많이 나타나는지 확인
　　요인
　　　음운론　　첫단어, 첫음절, 초성/자음
　　　형태론　　기능어보다 내용어/잘 사용하지 않는 단어
　　　구문론　　문장 길이가 복잡하고 길수록
　　　화용론　　스트레스 높을수록

중재
　말더듬수정법
　　말에 대한 두려움에 초점
　　동기/확인/둔감화/변형/접근/안정화　　취소/이끌어내기/준비하기
　　자발유창성, 조절유창성, 수용된 말더듬
　유창성완성법
　　1차 행동에 초점
　　자발유창성, 조절유창성

음성장애
　원인　음성의 오남용
　중재　교실환경 설정
　　소음을 낮춤
　　큰 소리를 내야 하는 환경 수정

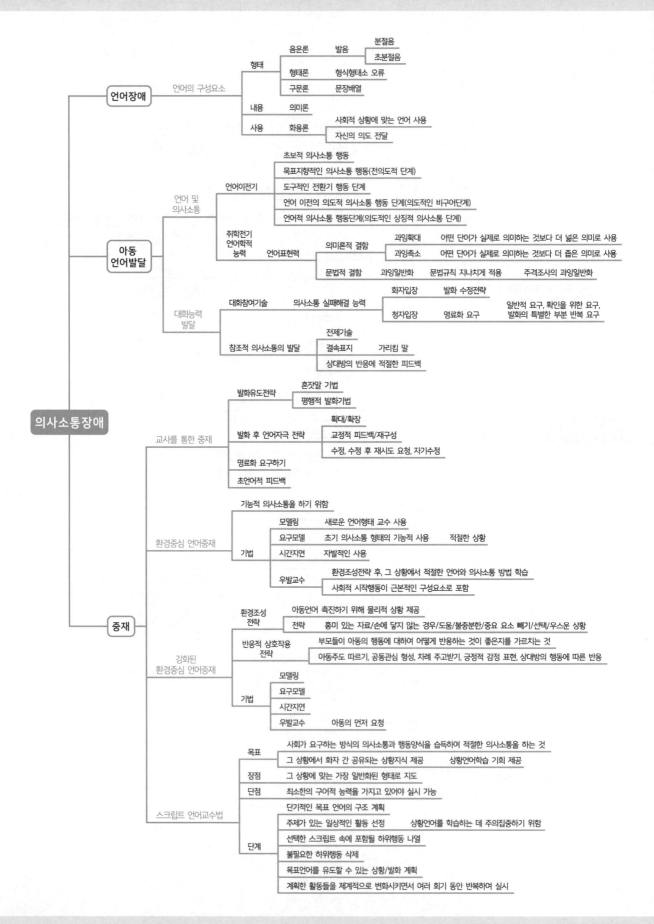

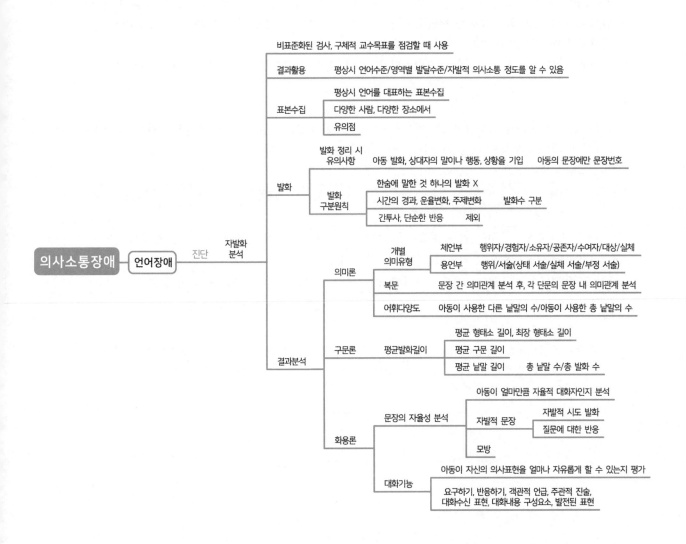

의사소통장애 — 언어장애 — 진단 — 자발화 분석

결과활용
- 비표준화된 검사, 구체적 교수목표를 점검할 때 사용
- 평상시 언어수준/영역별 발달수준/자발적 의사소통 정도를 알 수 있음

표본수집
- 평상시 언어를 대표하는 표본수집
- 다양한 사람, 다양한 장소에서
- 유의점

발화
- 발화 정리 시 유의사항
  - 아동 발화, 상대자의 말이나 행동, 상황을 기입
  - 아동의 문장에만 문장번호
- 발화 구분원칙
  - 한숨에 말한 것 하나의 발화 X
  - 시간의 경과, 운율변화, 주제변화 — 발화수 구분
  - 간투사, 단순한 반응 — 제외

결과분석

의미론
- 개별 의미유형
  - 체언부 — 행위자/경험자/소유자/공존자/수여자/대상/실체
  - 용언부 — 행위/서술(상태 서술/실체 서술/부정 서술)
- 복문 — 문장 간 의미관계 분석 후, 각 단문의 문장 내 의미관계 분석
- 어휘다양도 — 아동이 사용한 다른 낱말의 수/아동이 사용한 총 낱말의 수

구문론
- 평균발화길이
  - 평균 형태소 길이, 최장 형태소 길이
  - 평균 구문 길이
  - 평균 낱말 길이 — 총 낱말 수/총 발화 수

화용론
- 문장의 자율성 분석
  - 아동이 얼마만큼 자율적 대화자인지 분석
  - 자발적 문장
    - 자발적 시도 발화
    - 질문에 대한 반응
  - 모방
- 대화기능
  - 아동이 자신의 의사표현을 얼마나 자유롭게 할 수 있는지 평가
  - 요구하기, 반응하기, 객관적 언급, 주관적 진술, 대화수신 표현, 대화내용 구성요소, 발전된 표현

제 1 절 의사소통

01 의사소통의 정의와 요소

1. 정의

① 의사소통: 두 사람 또는 더 많은 사람들 사이에서 이루어지는 정보교환으로, 사회적 행동의 한 형태이다.

② '의사소통'의 개념에는 화자가 전달하고자 하는 '의도', 화자가 전달하고자 하는 '파트너(수용자)', 전달하는 '메시지의 형태'가 포함된다.

③ 즉, 말과 언어는 혼자서 할 수 있으나, 의사소통은 최소 2인 이상이 상호관계를 맺어야만 가능하다.

2. 요소

① 성공적인 의사소통을 이루려면 말, 언어와 같은 언어적 요소, 준언어적·비구어적(비언어적) 요소, 초언어적 요소를 이해하고 사용할 수 있는 의사소통 능력을 갖추어야 한다.

② 의사소통의 세부 요소

분류	내용
언어적 요소	말, 언어
준언어적 요소	억양, 강세, 속도, 일시적인 침묵 등과 같이 말에 첨가하여 메시지를 전달하는 것
비언어적 요소	몸짓, 자세, 표정 등과 같이 말이나 언어에 의존하지 않고 메시지를 전달하는 것
초언어적 요소	언어 자체를 사고의 대상으로 하여 언어의 구조나 특질을 인식하는 능력

> ■ 핵심 플러스 - 초분절적 요소
>
> 분절음을 쪼개어 단위가 되는 음으로 '자음, 모음, 반모음'이 있다. 초분절음(운율적 요소)은 분절음의 단위를 뛰어넘는 것으로, 분절음들이 연결되어 이루는 음절, 단어, 구절 등의 초분절적 단위에 나타나는 강세(stress), 성조(tone), 억양(intonation), 음장(length) 등이 있다.

02 말 산출기관

1. 구성요소

(1) 호흡

폐에서 숨을 쉬고 내뱉는 과정으로, 말 생성의 원동력이 된다.

(2) 발성

성대가 수축될 때 공기가 진동하는 과정에서 소리를 만들어 낸다.

(3) 공명

공기가 목, 입, 비강을 통과하면서 소리의 성질을 만들어 낸다.

(4) 조음

혀, 입술, 치아와 같은 조음기관들에 의해 구어음이 특정음으로 만들어진다.

(5) 신경

① 구어 산출과 관련된 복잡한 행동은 호흡계, 발성계, 조음/공명계에 의해 이루어진다.
② 이러한 각 구조가 정상적인 기능을 하기 위해서는 신경 자극이 필요하다.
③ 발화와 관련된 근육 및 기관의 활동은 신경계로부터 시작ㆍ조정된다고 볼 수 있다.

03 연인두 폐쇄기능

1. 연인두 폐쇄기능의 원리

① 후설이 연구개에 접촉하면 '가'의 /ㄱ/ 소리, '방'의 /ㅇ/ 소리가 나온다.
② 숨을 쉬는 동안에 일반적으로 연구개의 위치가 후인두 벽으로부터 떨어져 있어, 공기가 비강과 인두 사이를 이동하도록 한다.
③ 그러나 연구개의 위치가 상승하면 후인두를 폐쇄시켜 구강과 인두강 사이를 막게 된다.
④ 이는 비음인 /m/, /n/, /ŋ/ 음을 제외한 소리를 산출할 때 기류가 비강으로 새어나가는 것을 막아주며, 이를 '연인두 폐쇄'라고 한다.
⑤ 비음을 산출할 경우에는 연구개가 다시 낮아지면서 비강으로도 공기가 방출된다.
⑥ 구개파열로 인해 연인두 폐쇄 기능이 정상적으로 이루어지지 않으면 과대비음이 발생한다.

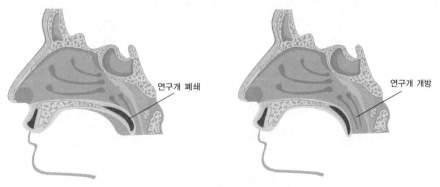

연구개 폐쇄   연구개 개방

[그림 4-1] 연인두 폐쇄기능

(가)는 정신지체 학생 민기의 특성이고, (나)는 통합학급 교사와 특수학급 교사가 함께 작성한 2009 개정 국어과 교육과정 1~2학년군 '즐겁게 대화해요.' 단원에 따른 교수 · 학습 계획서의 일부이다. 물음에 답하시오.

(가) 민기의 특성

- 수용 및 표현 언어, 사회적 의사소통에 어려움이 있음
- 학습된 무기력이 심하고 저조한 성취 경험 및 타인의 낮은 기대로 심리가 위축되어 있음

(나) 교수 · 학습 계획서

단원	즐겁게 대화해요.		차시	3~4차시
단원 성취기준	상대에 적절하게 반응하며 대화를 나눈다.			
차시목표	상대의 말에 맞장구치거나 질문하며 대화하는 방법을 안다.			

㉠ 교수 · 학습활동	민기를 위한 고려사항
• 설명하기: 상대의 말에 적절히 반응하며 대화하는 방법의 중요성을 설명하고, 적절한 대화 방법 안내하기 • 시범 보이기 　– 교사가 직접 적절한 대화와 부적절한 대화 시범 보이기 　– 다양한 대화 사례가 담긴 동영상 시청을 통하여 간접 시범 보이기 • 확인 및 연습하기: 적절하게 대화하는 방법을 이해하고 있는지 질문하고, '역할놀이 대본'을 이용하여 다양한 활동으로 적절한 대화를 연습하기 　– ㉡ 안내된 연습하기 　– 독립된 연습하기	• 민기가 좋아하는 캐릭터가 나오는 동영상이나 그림을 활용한다. • ㉢ 맞장구치거나 질문하며 대화하기를 지도할 때, 반언어적 (준언어적) 표현과 비언어적 표현을 함께 가르친다. • 교수 · 학습활동에서 민기를 도와줄 또래도우미를 선정해준다. • ㉣ 활동 참여에 대한 태도와 노력을 점검표에 기록 (점수화)하고 칭찬한다.

3) 다음은 통합학급 교사가 수업에서 (나)의 ㉢과 같이 지도할 때 민기를 고려하여 구성한 역할놀이 대본이다. 교사가 언어적 표현을 지도하는 것 외에 ① 반언어적, 비언어적 요소를 함께 지도하고자 하는 이유를 쓰고, ② 대본의 ⓐ~ⓔ 중 반언어적 요소에 해당되는 것을 모두 찾아 기호를 쓰시오. [2점]

- 민기: (ⓐ <u>눈으로 웃으며</u>) 현아야, 자전거 타고 놀지 않을래?
- 현아: (ⓑ <u>힘없는 음성으로 손을 저으며</u>) 미안해. 내가 지금 배가 아파서 자전거를 못 타겠어.
- 민기: (ⓒ <u>눈을 크게 뜨며</u>) 갑자기 왜 배가 아픈거야?
- 현아: (ⓓ <u>낮은 어조로 배를 만지며</u>) 점심을 너무 급하게 먹었나 봐.
- 민기: (ⓔ <u>걱정스럽게 어깨를 토닥이며</u>) 그렇구나, 어서 집에 가서 쉬어야겠네!

- ①: _____

- ②: _____

다음은 그림의 각 기관들이 말소리 산출에 작용하는 일부 과정을 기술한 것이다. 글을 읽고, 이 과정에 관한 〈보기〉의 내용 중 바른 것을 고른 것은? [1.4점]

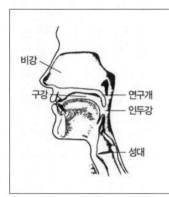

성대의 진동을 지난 공기가 인두강의 윗부분에 도달하면 구강으로 나가는 길과 비강으로 들어가는 두 갈래 길이 있다. 연구개 근육이 위로 올라가 인두벽에 닿으면 비강문이 닫히고 공기는 입으로 나가게 된다. 반면, 공기가 입으로 나가는 길을 막고 연구개를 아래로 내려 비강문을 열면 공기는 비강으로 나가게 된다.

〈보기〉

ㄱ 구강음과 비강음의 형성과정
ㄴ 성문 아래 공기 압력의 형성과정
ㄷ 성대를 지나면서 조절된 소리의 공명과정
ㄹ 횡격막의 하강으로 인한 에너지원의 공급과정

① ㄱ, ㄴ   ② ㄱ, ㄷ   ③ ㄴ, ㄷ   ④ ㄴ, ㄹ   ⑤ ㄷ, ㄹ

의사소통장애

제4장 해커스임용 설지민 특수교육학 영역별 이론 + 기출문제 1

(가)는 경직형 뇌성마비 학생 주희는 언어 관련 특성이고, (나)는 특수교사와 언어재활사가 협의한 내용이다. 물음에 답하시오.

(가) 주희의 언어 관련 특성

- 호흡이 빠르고 얕으며, 들숨 후에 길게 충분히 내쉬는 것이 어려움
- 입술, 혀, 턱의 움직임이 조절되지 않고 성대의 과도한 긴장으로 쥐어짜는 듯 말함
- ㉠ 말소리에 비음이 비정상적으로 많이 섞여 있음
- 전반적으로 조음이 어려우며, 특히 /ㅅ/, /ㅈ/, /ㄹ/ 음의 산출에 어려움을 보임

(나) 협의록

- 날짜: 2013년 3월 13일
- 장소: 특수학급 교실
- 협의주제: 주희의 언어능력 향상을 위한 지도방안
- 협의내용
  ① 호흡과 발성의 지속 시간을 점진적으로 늘릴 수 있도록 지도하기로 함
  ② 비눗방울 불기, 바람개비 불기 등의 놀이 활동을 통해 지도하기로 함
  ③ /ㅅ/, /ㅈ/, /ㄹ/ 발음의 정확성을 높이기 위하여 반복연습할 기회를 제공하기로 함
  ④ 자연스럽고 편안한 발성을 위하여 바른 자세 지도를 함께 하기로 함
  ⑤ 추후에 주희의 의사소통 문제는 ㉡ 언어의 3가지 주요 요소(미국언어 · 청각협회: ASHA)로 나누어 종합적으로 재평가하여, 필요하다면 주희에게 적합한 ㉢ 보완 · 대체 의사소통(AAC) 체계 적용을 검토하기로 함

1) 주희의 말소리 산출 과정에서 ㉠과 같은 현상이 나타나는 이유를 쓰시오. [1점]

- _____

2) 주희의 언어 관련 특성에 근거하여 (나)의 협의내용 ①~④ 중 **틀린** 내용을 찾아 번호를 쓰고, 그 이유를 쓰시오. [1점]

- _____

제2절 언어발달

01 과잉확대, 과잉축소, 과잉일반화 현상

1. 현상별 특징

(1) 과잉확대 현상

① 유아가 아는 어휘의 양이 아직 부족하고 정확한 지식이 형성되지 않아 생기는 현상이다.

　　예 성인 남자를 모두 '아빠'라고 지칭하는 것, 네 발 달린 동물을 모두 '개'라고 말하는 것 등

② 유아기에 일시적으로 나타나는 현상으로, 어휘력과 지식이 증가하면서 점차 사라진다.

(2) 과잉축소 현상

① 단어를 그 단어가 가진 본래의 뜻보다 좁은 의미로 사용하는 현상을 의미한다.

② 단어의 의미를 자신이 가지고 있는 경험 속 의미로만 제한하는 것이다.

　　예 유아가 '의자'라는 단어가 '앉는 것'에 사용되는 개념이라는 점을 아직 모르기 때문에, 자신이 아는 특정한 대상만을 '의자'라고 생각하는 경우

③ 이 현상은 어휘력과 지식이 증가하면서 점차 사라진다.

(3) 과잉일반화 현상

① 유아가 언어를 배우는 과정에서 사용규칙을 일반화시키는 현상을 의미한다.

② 과잉일반화 현상은 특히 문법습득 과정에서 많이 나타난다.

③ 문법습득 과정에서 생기는 가장 대표적인 과잉일반화는 '주격 조사의 과잉일반화'이다. 한국어는 문법상 주격 명사에 받침이 있는 경우 조사 '-이'를, 받침이 없는 경우 조사 '-가'를 붙이는데, 문법을 습득하는 초기 단계 아이들이 모든 단어 뒤에 '-가'를 붙이는 경향이 있다.

　　예 '삼춘이가…', '선생님이가…' 등

2. 과잉확대 현상과 과잉일반화 현상의 차이점

① 두 현상은 '과하다(over)'는 의미를 포함한다는 면에서 공통점을 가지지만, 국내 언어치료학 사전의 의미에 따라 구분된다.

② 의미에 따른 비교

구분	내용
과잉확대 현상	• 초기 어휘발달 과정에서 모든 단어의 1/4을 실제 의미보다 더 큰 의미범주의 단어로 사용하는 현상 • 즉, 어떤 단어를 그 단어가 원래 의미하는 것보다 더 광범위하게 사용하는 것
과잉일반화 현상	• 문법습득 과정에서 나타나는 시스템적 오류 현상 • 아동이 과거시제, 단수 또는 복수 등과 같은 구문 기능을 사용할 때 나타남

1. 대화 참여 기술의 발달

(1) 대화 참여 기술의 정의

① 대화 참여 기술은 ㉠ 대화를 적절하게 시작하고, ㉡ 상대방의 선행발화에 적절하게 반응하며, ㉢ 주제를 유지하면서 순서적으로 말차례를 주고받고, ㉣ 듣는 이의 피드백에 따라 반응을 수정하는 것을 포함하는 포괄적인 능력을 말한다.

② 아동의 대화 참여 및 담화조정 능력을 파악하기 위해서는 대화를 시작하고 반응하며 말차례를 이어가는 능력, 대화 주제를 유지하거나 이끌어가는 능력, 의사소통이 실패했을 때 상대방에게 말을 명료하게 해 달라고 요구하거나 자신의 말을 수정하는 능력을 살펴보는 것이 중요하다.

(2) 확인해야 할 능력

① 말차례 주고받기 능력

㉠ 말차례 주고받기를 구성하는 말차례는 상대방이 말을 시작하기 전까지 화자가 주제에 대해 말하는 발화로 정의된다.

㉡ 말차례에서 나타날 수 있는 오류

구분	내용
중첩(overlapping)	상대방의 말이 끝나기 전에 끼어드는 오류
발화방향 (utterance focus)의 오류	지나친 자기중심의 발화 오류
반응률 오류	상대방의 말에 시간 내에 반응하지 못하는 오류
의미연결 오류	상대방의 말에 의미적으로 관계없는 말을 하는 등의 오류

② 대화 주제관리 능력: 대화 주제를 시작하는 능력, 대화 주제를 유지하다가 잘 바꾸는 능력, 대화를 자연스럽게 잘 마무리하는 능력이 포함된다.

③ 의사소통 실패 해결 능력: 두 사람 이상이 서로 대화를 할 때 의사소통의 실패가 나타날 수 있으며, 이러한 상황을 해결하는 능력을 습득하는 것도 대화 기술에서 중요하다.

㉠ 발화 수정 전략: 말하는 사람 입장에서 자신이 무엇을 잘못했는지 분석하여 수정하는 전략을 말한다.

세부 전략	정의
반복	이전 발화 전체 혹은 부분을 반복하는 것
개정	이전 발화의 문장 형태를 구조적으로 변화시키는 것
첨가	이전 발화에 특정 정보를 더하는 것
단서추가	이전 발화의 용어를 정의, 배경정보에 대한 설명, 발화 수정 자체에 대해 말하는 것

ⓛ **명료화 요구 전략**: 듣는 사람의 입장에서 자신이 이해할 수 없었던 부분을 수정하여 다시 말해줄 것을 요구하는 전략이다.

유형	정의 및 예시
일반적 요구	원래 발화의 의미를 다시 묻는 경우 끝을 올리는 억양으로 이전의 발화의 어떤 부분에 대해 반복해줄 것을 요구함 예 A: "나 어제 할머니 집에 갔어요." B: "응?" 또는 "뭐라고?", "못 알아듣겠다."
확인을 위한 요구	• 화자의 발화의 일부 혹은 전체를 반복함으로써 원래 발화의 의미를 확인하는 것 • 주로 끝을 올리는 억양이므로 '예/아니요' 질문과 비슷함 예 A: "나 어제 할머니 집에 갔어요." B: "어제?" 또는 "할머니 집?"
발화의 특별한 부분 반복 요구	원래 발화의 구성요소 일부를 의문사로 바꾸어 질문하여 특별한 부분을 반복해줄 것을 요구하는 경우 예 A: "나 어제 할머니 집에 갔어요." B: "어제 어디에 갔어?"

2. 참조적 의사소통의 발달

(1) 참조적 의사소통의 정의

① 자연스러운 대화를 나누기 위해서는 말하는 사람(화자)이나 듣는 사람(청자)이 상대방의 입장을 고려하여 표현하거나 이해할 수 있어야 하며, 그러기 위해서는 참조적인 의사소통 기술이 요구된다.

② 참조적 의사소통을 성공적으로 수행하려면 화자와 청자 모두 정보와 그 정보가 언급하는 참조물의 관계를 이해할 수 있어야 하며, 이러한 능력은 학령기 동안 지속적으로 발달한다.

③ 참조적 의사소통에서 청자의 역할은 화자의 정보를 이해하고 화자가 제시한 정보의 적절성에 대한 피드백을 제공하는 것이다.

④ 즉, 참조적 의사소통은 대화 상대방의 입장을 고려하여 특정한 정보를 제공하고 이해하는 능력이다.

(2) 참조적 의사소통 수행 기초 능력

① **화자의 청자에 대한 분석 기술**: 청자의 관점을 분석하여 청자의 관점에서 메시지를 구성할 수 있는 능력이다.

② **화자의 과제분석 기술**: 특정한 의사소통 과제에 대한 정보처리 요구에 대처하는 능력으로, 참조적 의사소통을 성공적으로 수행하기 위해 화자는 자신이 말하려는 정보가 참조물과 비참조물을 구별해 줄 수 있어야 한다는 점을 이해해야 한다.

③ **청자의 정보분석 기술**: 화자가 산출한 정보를 들은 후에 그 정보를 분석하는 능력을 말한다.

(3) 화자의 참조적 의사소통 능력

① 말하는 사람이 듣는 상대방으로 하여금 특정 대상을 정확하게 파악할 수 있게 언어적으로 표현하는 능력이다.

② 전제(presupposition)는 문맥이나 상대방의 사전지식에 대해 말하는 사람이 어떻게 가정하고 있는지를 말하며, 이 가정에 의해 말하는 방식이나 내용이 수정되는 것이다.

  예 도둑질이 나쁘다는 것을 아는 아동에게는 "그걸 가져가면 도둑질이 되니까 안 되겠지?"라고 할 수 있지만, 그렇지 못한 아동에게는 "그걸 가져가면 주인이 슬퍼하니까 안 되겠지?"라고 하는 것이 더 효과적으로 전달될 것이다.

③ 결속표지는 가리킴말을 써서 문장 속에 포함된 낱말을 이해하기 쉽게 만들기도 하고, 접속사나 연결어미를 써서 문장과 문장 사이의 관계를 명확하게 해 주기도 하며, 때로는 중복되는 부분을 생략하여 불필요한 부분까지 다 듣지 않아도 되도록 한다.

    ㉠ 가리킴말: 다양한 품사에서 쓰일 수 있어 대명사(나/너/우리/너희), 지시형용사(이/그/저), 시간부사(지금/아까/나중에), 장소부사(여기/저기), 동사(오다/가다)에도 사용된다.

    ㉡ 문장과 문장 사이에 접속사나 연결어미를 사용하면 각각의 문장을 듣고 그 관계를 유추하는 것보다 훨씬 효과적이다. 이러한 접속사나 연결어미를 사용하면 추가(그리고, -고)나 반전(그러나 -지만), 원인(-니까)이나 이유(-려고) 등의 다양한 문장 간 관계를 좀 더 정확하게 전달할 수 있다.

    ㉢ 중복되는 부분의 생략도 말의 의미를 전달하는 중요한 기술이다.

       예 수업시간에 "선생님, 화장실 가고 싶은데 (화장실) 갔다 와도 돼요?"라고 낱말을 생략하는 것이 도리어 자연스러운 경우, 아침에 부은 얼굴을 쳐다보며 "너 어제 저녁에 라면 먹고 잤지? 내가 (너 어제 저녁에 라면 먹고 잔 거) 다 알아."에서처럼 중복되는 문장을 생략하는 것이 다 말하는 것보다 더 효율적으로 전달되는 경우

④ 참조적 기술에서는 상대방의 반응에 적절한 피드백을 제공하는 것도 중요하다. 상대방의 지식에 대한 전제를 바탕으로 말을 했는데 상대방의 대답이나 반응이 적절치 못하다면 말하는 사람은 자신의 전제를 바꾸어 다시 표현할 수 있어야 한다.

    예 앞선 도둑질의 예시에서 "그걸 가져가면 도둑질이 되니까 안 되겠지?"에 대한 반응이 "그럼 도둑질하지 않고 가져갈 거야."라면 우리는 아동의 '도둑질' 개념에 대한 전제를 바꾸어 다시 말해야 한다.

03 이야기 능력 발달

1. 이야기 표현의 발달

(1) 정의

① 이야기는 자기 스스로 시작하고, 조정하고, 탈문맥화하는 담화의 일종이다.

② 이야기는 대화와 달리 ㉠ 문맥이 확장된 단위이며, ㉡ 문장들 간에 시간적·인과적 결합력이 있고, ㉢ 말하는 내내 사회적 독백을 하는 형태를 띤다.

(2) 이야기 표현 기술의 발달 지표

① 이야기 문법: 이야기의 전개가 얼마나 짜임새 있게 표현되는가를 분석한다.

이야기 문법 요소	설명	예시
배경 진술	등장인물(들)이나 그(들)의 행동 특성 또는 주인공이 등장하는 상황, 배경을 설명하는 부분	어느 봄날, 민우는 냇가에 놀러갔다가
발단(개시사건)	등장인물이 처음으로 대면하는 사건이 묘사되는 부분	개구리는 병 속에서 몰래 빠져나와 창문 밖으로 도망쳐 버렸어요.
내적 반응	개시 사건에 대한 등장인물의 감정적 반응이나 생각, 의지를 묘사하는 부분	민우는 개구리가 없어진 것을 보고 깜짝 놀랐어요.
내적 계획	등장인물이 자신의 목표를 이루기 위해 세우는 계획이나 전략을 묘사하는 부분	그래서 민우는 개구리를 찾기로 했어요.
시도	등장인물이 목표를 이루기 위해 시도하는 행동을 묘사하는 부분	민우는 창문을 열고 "개구리야, 어디 있니?" 하고 소리쳤지만
직접 결과	성공하거나 실패하는 시도의 결과를 묘사하는 부분	개구리는 아무 데도 없었어요.
결말	결과에 대한 등장인물의 감정적 대응이나 생각, 행동을 묘사하는 부분	그래서 민우는 강아지를 데리고 집으로 돌아갔어요.

② **주제응집도(중앙응집도):** 이야기의 단위들이 전체 주제에 맞춰 얼마나 응집력 있게 표현되었는가를 분석한다.

　⊙ 이야기의 중점이 되는 사건(gist)들이 인과성 있게 연결될 때, 그 이야기는 응집성이 있다고 한다.

　ⓒ 응집성 있는 이야기를 산출하기 위해서는 ⓐ 이야기를 전반적인 수준에서 파악하고 주제가 되는 사건을 찾아내는 것과 ⓑ 주제가 되는 사건들을 인과적으로 연결하는 것이 중요하다.

③ **결속표지:** 이야기의 문장과 문장들이 의미적으로 얼마나 잘 연결되어 있는가를 분석한다.

유형	설명
지시	선행 또는 후행 문장에서 언급되는 사물, 사람, 사건 등의 실체를 지시하는 것 예 이거, 그거, 이것들, 그것들, 여기, 거기, 지금, 다음
대치	청자와 화자가 공유하고 있다고 여겨, 정보는 지시하되 공유 정보의 자리에 다른 낱말을 대신 사용하는 것 예 ~거, 같은 거, ~해, 그거, 그렇게, ~ 말구
접속	문장 간의 내용을 논리적으로 연결하는 의미체로서, 문장 간의 관계를 밝히는 것 예 • 참가관계: ~하고, 그리고 　• 반전관계: ~지만, 그러나 　• 시간관계: ~한 후에, ~한 다음에, ~하기 전에, ~ 하고 나서, ~하면서, 첫째, 둘째, ~시간 후에 　• 인과관계: ~ 때문에, ~의 결과로, ~한 경우에, ~하기 위해, 그래서
어휘적 결속	사람, 생물, 사물, 무생물, 추상적 의미체, 행동, 장소, 사실을 의미하는 명사를 사용하여 전후 문장과의 관계를 분명히 하는 것

2. 이야기 이해의 발달

(1) 이야기 이해 능력

이야기를 듣고 나서, 그 이야기의 전체구조와 세부내용을 이해하는 능력을 의미한다.

(2) 추론 능력 – 이야기 이해과정의 핵심적인 요소 중 하나

① **사실적 정보 이해 과제:** 표면적으로 드러난 사실적 정보에 대한 이해를 요구하는 과제이다.

② **텍스트 연결 추론 이해 과제:** 이야기에 표면적으로 드러나 있지는 않으나 이야기 결속표지(예 지시어, 생략, 대용어)와 같은 문법적인 연결장치로써 의미를 텍스트의 연결 관계에 따라 추론해야 하는 과제이다.

③ **빠진 정보추론 이해 과제:** 이야기 중에 구체적으로 표현되지 않은 내용으로, 이야기의 의미를 청자의 지식과 통합하여 추론해야 하는 과제이다.

(가)는 최 교사가 실시한 2학년 국어과 교수·학습활동이고, (나)는 의사소통장애 학생 영희를 관찰한 내용이다. 물음에 답하시오.

영희의 특성	• K-WISE-Ⅲ 검사 결과: 지능지수 59
	• PRES 검사 결과
	  – 수용언어 발달연령 5세
	  – 표현언어 발달연령 4세 6개월
	• 우리말 조음·음운검사 결과: 1%ile 미만
	• 청력 및 신경학적 손상 없음
	• 심각한 상호작용 문제 없음

학습목표	• 그림을 보고 동물의 움직임을 나타내는 낱말을 말한다. • 동물의 움직임을 나타내는 낱말을 따라 읽는다. • 동물의 움직임을 나타내는 낱말을 따라 쓴다.

(가) 교수·학습활동	(나) 관찰내용

• 동물원에서 찍은 동영상 함께 보기
• 학생들이 동물원에서 경험한 것을 이야기하도록 동기 부여하기
  – 동물의 움직임을 나타내는 낱말을 말하도록 격려한다.
  – 동물의 움직임을 나타내는 낱말을 동작으로 표현하도록 한다.
• 학생들이 이야기한 내용을 받아 적기
  – 교사는 움직임을 나타내는 낱말을 추가한다.
• 받아 적은 글로 읽기 활동하기
  – 받아 적은 글에서 움직임을 나타내는 낱말을 따라 읽도록 한다.
• 받아 적은 글로 쓰기 활동하기
  – 받아 적은 글에서 움직임을 나타내는 낱말을 따라 쓰도록 한다.
	• ㉠ 모음은 정확하게 발음하는 편이나, 자음은 발음 오류를 자주 보임 (㉡ 예: '호랑이'를 /호앙이/, '원숭이'를 /원충이/, '꼬리'를 /꼬디/, '동물원'을 /동물런/으로 발음)
	• 움직임을 나타내는 낱말의 의미는 이해하지만 자발적 표현은 어려움
	• ㉢ '표범', '치타', '호랑이'를 모두 '호랑이'라고 함
	• 소리와 표기가 다른 낱말을 읽는 데 어려움이 있음 (예: 같이, 걸어가)
	• 낱말을 따라 쓸 수 있으나 낱자의 획순대로 쓰지 못함
	• 평소 국어시간에 비해 흥미를 보이고 주의집중을 잘 함

4) 일반적인 어휘발달 과정에서 흔히 나타나는 (나)의 ㉢과 같은 현상이 무엇인지 쓰시오. [1점]

  • _____

(가)는 3-5세 혼합연령반에서 산책 활동 후 실시한 언어교육 활동의 한 장면이다. 물음에 답하시오.

(가) 언어교육 활동

교사: 오늘 산책 가서 본 꽃에 대해 이야기해 보자. 자, 누가 말해볼까?

교사: 오늘 산책 가서 본 꽃에 대해 이야기해 보자. 자, 누가 말해볼까?

미연(5세): 개나리꽃 봤어요. 엄청 많았어요.

윤정(4세): 진달래가 많았어요. 근데, 예뻤어요.

교사: 그렇구나. 또 무슨 꽃을 보았니?

호연(3세): 민들레가 있어요. ㉠ 벚꽃이가 있어요.

교사: 아, 민들레와 벚꽃이 있었구나. 그래, 너희들 정말 아름다운 꽃을 많이도 보았구나. 그럼, 이제 너희들이 이야기했던
    것을 가지고 동시를 지어볼까? 선생님이 칠판에 적을게. 처음에 무슨 말을 적을까?
                                        …중략…

교사: 자 이제, 우리가 지은 동시를 선생님을 따라 소리 내어 읽어볼까?
    (유아들은 교사가 읽어주는 대로 따라 읽는다.)

교사: 참 재미있는 동시가 되었구나. 그럼, 지금부터는 산책 가서 우리가 보았던 꽃 이름에 있는 글자와 ㉡ 똑같은 글자를
    교실에서 찾아 정확하게 또박또박 읽어보자. 호연이가 해 볼까?
                                        …중략…

교사: 그런데 우리가 오늘 산책 갔던 길이 아주 아름다웠어. 우리 이 산책길을 한번 그려볼까? 자, 각자 종이 위에 그려보자.

미연(5세): 선욱아, 난 이렇게 그렸다. 어때?

선욱(5세): 우와! 잘 그렸다!

윤정(4세): ㉢ (혼자 중얼거리며) 음……이쪽으로 길이 주~욱 있어. 이쪽이야. (사인펜으로 몇 개의 선을 그리더니 계속
    중얼거린다.) 근데……진달래가 어디에 많았지? 개울 옆에, 개울……(종이 위에 또 다른 선을 하나 그린다.)

1) ㉠은 유아기에 자주 보이는 초기 문법 발달의 특징을 보여준다. 이를 설명하는 용어 1가지를 쓰시오. [1점]

- _____

다음은 4세 반 통합학급 김 교사가 작성한 반성적 저널의 일부이다. 물음에 답하시오.

일자: 2018년 ○○월 ○○일

우리 반에는 발달지체 유아 영희와 인규가 있다. 영희는 인규보다 언어 발달이 더 지연되어 있다.
오늘 자유선택활동 시간에 영희가 ㉠ 교실 어항의 공기 펌프에서 나오는 공기 방울을 가리키며 "콜라."라고 말했다. 영희 어머니와 통화를 하다가 그 이유를 알게 되었다. 며칠 전 집에서 컵에 따라놓은 콜라의 기포를 본 후로 공기 방울만 보면 "콜라."라고 한다는 것이었다.
인규는 말이 많이 늘었다. 요즘은 좋아하는 것, 싫어하는 것도 표현한다. 완벽한 문장은 아니지만 필요한 건 요구도 한다. ㉡ 놀이터에 가고 싶을 때는 "선생님 놀이터 가.", 과자를 좋아한다는 표현에 대해 "나 과자 좋아."라고 말한다.
인규의 언어 습득에 도움을 주고자 ㉢ 이야기나 동화 등과 같이 의미 있는 맥락에서 문자를 경험하게 하면서 직접적으로 읽기 하위 기술에 대한 지도를 병행하는 방법을 적용해 보기로 했다.
                           …중략…
종호가 몇 달 전부터 가끔씩 말을 더듬기 시작했다. ㉣ 오늘 종호 짝꿍 수빈이가 종호에게 갑자기 양말을 어디서 샀냐고 물으니 종호가 말을 더듬으며 "마마마마트."라고 대답했다. 그런데 다른 친구들과 함께 놀이를 하면서 이야기할 때는 더듬지 않았다. 그리고 이야기 나누기 시간에 내가 종호에게 먼저 질문하면 말을 더듬으며 대답했는데, 다른 친구들에게 질문한 후 종호에게 질문하면 더듬지 않고 대답했다.
                           …하략…

1) ㉠과 ㉡은 언어발달 과정에서 나타나는 특징 중 무엇에 해당하는지 각각 쓰시오. [2점]

- ㉠: _____   • ㉡: _____

(가)는 ○○중학교 특수학급에 재학 중인 학생 C의 특성이고, (나)는 학생 C와 특수 교사가 나눈 대화의 일부이다. 〈작성 방법〉에 따라 서술하시오. [4점]

(가) 학생 C의 특성

- 일반 특성
  - 경도 지적장애
  - 친구나 교사의 말 중 어려운 단어가 나오면 대답을 회피하려고 함
- 언어 및 의사소통 특성
  - 어휘력은 부족하나 이야기하기를 좋아함
  - 문장 안에서 형태소를 생략하는 경우가 많음
  - 상대방과 함께 알고 있는 지식을 바탕으로 대화할 수 있음
  - 이야기를 구성할 때 ㉠ 결속 표지를 사용할 수 있음
  - 상대방이 특정 대상을 파악할 수 있도록 특정한 정보를 언어적으로 표현할 수 있음

(나) 학생 C와 특수 교사의 대화

···상략···

특수 교사: 그럼, 지난 주말에는 어디 갔었는지 이야기해 주겠니?

학 생 C: 어저께는요, 엄마랑 아빠랑요, 동물원에 갔어요. 거기서 코끼리 봤는데요. 저번에 선생님이랑 봤던 코끼리요. 코끼리가 자고 일어났어요. 귀가 정말 커요. 코가 되게 길어요. 코끼리는 코가 손이에요. 코끼리 '가자' ┐ ㉡ 줬어요. ┘

특수 교사: 그래. ㉢ 코끼리에게 '과자'를 주었다는 거지?

학 생 C: 네. 과자 줬어요.

특수 교사: 그랬구나. 코끼리는 '우리' 안에 다른 동물들과 함께 있었니?

학 생 C: ······

특수 교사: 코끼리 '우리'에 다른 동물도 있었니?

학 생 C: ······

특수 교사: 코끼리 '우리'에 누가 있었니?

학 생 C: ㉣ '우리'요?

특수 교사: 그래. 코끼리 집 말이야.

···하략···

〈작성 방법〉

- (가)의 밑줄 친 ㉠의 기능을 서술하고, ㉠에 해당하는 표현을 (나)의 ㉡에서 찾아 1가지를 쓸 것
- (가)에 제시된 학생 C의 언어 및 의사소통 특성에 근거할 때, ㉡에서 볼 수 있는 '언어의 화용적 능력'에 해당하는 용어를 1가지 쓸 것
- (나)의 밑줄 친 ㉢, ㉣에 공통적으로 나타난 대화 참여자들의 의사소통 전략을 1가지 쓸 것

01 역동적 평가

1. 정의

① 교사가 학생과의 대화나 상호작용을 통해 학습자의 잠재적 발달 수준에 관한 정보를 수집하고, 교육활동 속에서 학생의 학습능력을 평가하는 방법을 의미한다.

② 역동적 평가를 통해 교사는 학생의 사고나 학습상황에 대한 반응 등을 파악할 수 있다.

2. 특징

① 역동적 평가는 발달 중인 과정을 강조하여 학습결과보다는 학습과정에 초점을 맞춘다.

② 활동 시 문제에 대한 피드백이나 힌트를 제공하여, 장애학생이 주어진 문제를 해결하는 데 있어 어떤 피드백을 얼마나 활용하는지를 확인함으로써 학생의 학습능력을 평가한다.

③ 이 평가는 평가자가 장애학생을 도움으로써 평가자와 학습자 간의 역동적인 상호작용을 강조한다.

---

08 2019학년도 중등 A (기입형) 3번

다음은 학생 A를 위한 평가 계획에 대하여 김 교사와 박 교사가 나눈 대화의 일부이다. 괄호 안의 ㉠, ㉡에 해당하는 내용을 순서대로 쓰시오. [2점]

> ⋯생략⋯
>
> 김 교사: K-WISC-Ⅳ와 같은 규준참조검사 이외의 다른 평가방법도 있나요?
>
> 박 교사: 예, (㉠)이/가 있어요. (㉠)은/는 정적 평가(static assessment)와는 달리 학생에게 자극이나 촉진이 주어졌을 때 학생의 반응을 통해 향상 정도를 알아보는 대안 평가방법입니다.
>
> 김 교사: 이 평가방법은 어떤 특징이 있나요?
>
> 박 교사: (㉠)은/는 학생의 근접발달영역(zone of proximal development)을 알아보는 평가방법으로, 학생의 가능성과 강점을 확인해 볼 수 있어요. 또한 학습과제를 하는 동안 학생에게 적절한 피드백을 주면서 문제를 어떻게 해결하는지 확인하기 때문에 학습의 결과보다는 (㉡)을/를 강조하는 특징이 있습니다.
>
> 김 교사: 학생 A의 개별화교육에 활용할 수도 있겠군요.

• ㉠: _____

• ㉡: _____

제4절 조음장애 오류와 중재

01 조음장애와 음운장애

1. 정의

(1) 조음장애

① 입술, 혀, 치아, 입천장 등 조음기관의 구조적·기능적 문제로 인하여 말소리를 정확하게 조음하지 못하는 장애를 말한다.

② 말소리를 산출하는 데 어려움이 있는 장애로, 일반적으로 첨가, 생략, 왜곡, 대치 등과 같은 단어 산출상의 실수를 의미한다.

(2) 음운장애

① 국립특수교육원(2009)에 따르면, 음운장애란 '말 기관의 뚜렷한 기관적·기능적 이상 없이 음운을 생략·대치·첨가·왜곡하는 음운변동을 사용하는 것'이다.

② 또래에 비해 자음 정확도가 낮거나 음운변동을 너무 자주 또는 다르게 사용하는 경우가 이에 해당된다.

2. 조음장애와 음운장애의 비교

(1) 특징

구분	조음장애	음운장애
특징	• 조음기관을 통하여 말소리가 만들어지는 과정에서의 결함을 나타내는 것 • 정확하게 소리를 내지 못하는 장애	• 특정 말소리를 산출할 수는 있지만 상황에 따라 말소리를 식별하고 만들어서 정확하게 발음하지는 못하는 것 • 주로 9세 이전의 아동에서 나타나며, 말소리 산출을 위한 규칙을 이해하지 못함으로 인하여 발생함 • 소리에 대한 내적 표상이 빈약하여 나타나는 장애

(2) 차이점

구분	조음장애	음운장애
차이점	• 몇 개의 소리에서만 어려움을 보임 • 특정 소리에 대해 일관적인 조음오류를 보임 • 소리를 내는 데 실수하는 것은 운동근육적인 문제 • 의사소통장애가 공존할 수도 있지만, 음운장애와는 같이 나타나지 않음	• 복합적인 조음오류를 보임 • 소리를 비일관적으로 오조음함 • 운동근육적으로 소리를 낼 수 있지만, 적절한 위치에서 소리를 내지 못함 　예 '공', '주' 한 음절씩은 정확하게 내지만, '공주'를 단어로 발음할 때는 '곤주'로 오조음이 남 • 음운과정에서 일관적인 오류를 나타냄 　예 '시소'에서 '시' 발음은 정확한데 '소' 발음에 오류를 보임 • 언어의 다른 부분도 지체되어 있음

02 조음장애의 형태

1. 오류 형태

(1) 조음분석에 따른 오류 형태

형태	특성	예시
생략	음소를 빠뜨리고 발음하지 않는 오류	• 가방 → 가바 • 색종이 → 새쪼니
대치	목표음소 대신 다른 음소로 발음하는 오류	• 풍선 → 풍턴 • 색종이 → 택똥이
왜곡	목표음소를 변이음의 형태로 바꾸어 발음하는 오류	• 3~4세 아동의 애기소리 • 색종이 → 해뚜리
첨가	목표음소 외의 음소를 첨가하는 오류	• 사랑 → 살랑 • 색종이 → 색종기

(2) 음운분석에 따른 오류 형태

형태	특징
생략 및 첨가 음운변동	• 음절구조에 따른 변동: 음절 생략, 초성 생략, 종성 생략, 첨가 • 조음방법에 따른 변동: 마찰/파찰음 생략, 파열음 생략, 비음 생략, 유음 생략 • 조음위치에 따른 변동: 양순음 생략, 치조음 생략, 경구개음 생략, 연구개음 생략, 후두음 생략
대치 음운변동	• 조음위치에 따른 변동: 전설음화, 후설음화, 양순음화, 치조음화, 경구개음화, 연구개음화, 후두음화 • 조음방법에 따른 분류: 파열음화, 마찰음화, 파찰음화, 유음화, 비음화 • 동화에 따른 변동: 순행동화, 역행동화, 연속동화, 불연속동화, 조음위치에 따른 동화, 조음방법에 따른 동화 • 긴장도와 기식도에 따른 변동: 이완음화, 긴장음화, 기식음화, 탈기식음화

1. 자음분류표

분류	특징	양순음	치조음	경구개음	연구개음	성문음
파열음	예사소리(평음)	ㅂ	ㄷ		ㄱ	
	된소리(경음)	ㅃ	ㄸ		ㄲ	
	거센소리(기식음)	ㅍ	ㅌ		ㅋ	
마찰음	예사소리(평음)		ㅅ			ㅎ
	된소리(경음)		ㅆ			
파찰음	예사소리(평음)			ㅈ		
	된소리(경음)			ㅉ		
	거센소리(기식음)			ㅊ		
비음	–	ㅁ	ㄴ		ㅇ	
유음	–		ㄹ			

2. 조음 · 음운 오류의 진단

(1) 생략 및 첨가 음운변동

형태	내용	예
음절구조에 따른 변동	음절 생략	장난깜 → 난깜
	초성 생략	사탕 → 아탕
	종성 생략	풍선 → 푸선
	첨가	오뚝이 → 코뚝이
조음방법에 따른 변동	마찰/파찰음 생략	썰매 → 얼매
	파열음 생략	김밥 → 임밥
	비음 생략	단추 → 다추
	유음 생략	말 → 마
조음위치에 따른 변동	두입술소리 생략	김밥 → 김바
	잇몸소리 생략	장난깜 → 장나깜
	굳은입천장소리 생략	깡총 → 깡옹
	여린입천장소리 생략	깡총 → 깡초
	목구멍소리 생략	호랑이 → 오랑이

(2) 대치 음운변동

형태	현상	내용	예
조음위치에 따른 변동	전설음화	목표음의 조음점보다 혀를 앞쪽으로 움직여 조음이 이루어지는 현상	짝자꿍 → 딱따꿍
	후설음화	목표음의 조음점보다 혀를 뒤쪽으로 움직여 조음이 이루어지는 현상	자동차 → 자종차
	양순음화	다른 음소가 두입술소리로 대치되는 경우	장난깜 → 방난깜
	치조음화	다른 음소가 잇몸소리로 대치되는 경우	호랑이 → 호란이
	경구개음화	다른 음소가 굳은입천장소리로 대치되는 경우	토끼 → 초끼
	연구개음화	다른 음소가 여린입천장소리로 대치되는 경우	김밥 → 김방
	성문음화	다른 음소가 성문음으로 대치되는 경우	모자 → 모하
조음방법에 따른 변동	파열음화	파열음이 아닌 음소가 파열음으로 대치되는 경우	모자 → 모다
	마찰음화	마찰음이 아닌 음소가 마찰음으로 대치되는 경우	책상 → 색상
	파찰음화	파찰음이 아닌 음소가 파찰음으로 대치되는 경우	눈썹 → 눈첩
	유음화	유음이 아닌 음소가 유음으로 대치되는 경우	오뚜기 → 오뚜리
	비음화	비음이 아닌 음소가 비음으로 대치되는 경우	로봇 → 로못
동화에 따른 변동	순행동화	앞에 있는 음소의 영향으로 뒤의 음소가 변화하는 것	가방 → 가강
	역행동화	뒤에 있는 음소의 영향으로 앞의 음소가 변화되는 것	가방 → 바방
	연속동화	연접한 음절의 음소에 의한 동화	장난깜 → 장낭깜
	불연속동화	연접하지 않은 음절의 음소에 의한 동화	장난깜 → 깜나깜
	조음위치에 따른 동화	• 양순음 동화 • 치조음 동화 • 경구개음 동화 • 연구개음 동화 • 성문음 동화	연필 → 염필 자동차 → 자돈차 자동차 → 자종차 풍선 → 풍껀 호랑이 → 호랑히
	조음방법에 따른 동화	• 파열음 동화 • 마찰음 동화 • 파찰음 동화 • 비음 동화 • 거친소리 동화 • 된소리 동화	짝짜꿍 → 따따꿍 책상 → 색상 자동차 → 자종차 못 → 몬 깡총 → 캉총 장난깜 → 짬난깜
긴장도와 기식도에 따른 변동	이완음화	긴장음들의 긴장성이 상실될 때	땅콩 → 강콩
	긴장음화	긴장음이 아닌 음소에 긴장도를 첨가하였을 때	김밥 → 김빠
	기식음화	기식음이 아닌 음소에 기식성을 첨가하였을 때	나무 → 파무
	탈기식음화	기식음들의 기식성이 상실될 때	책상 → 잭상

04 조음장애의 중재법

1. 중재법

(1) 전통적 방법

① 정의

ㄱ 음성적 접근은 '전통적 접근' 또는 '말운동 접근법'이라고도 한다.

ㄴ 특정 말소리를 정상적으로 산출할 수 있는 범위에 조음자들의 위치를 잡아주는 방법으로, 오류 하나하나를 차례대로 치료해 간다.

ㄷ 전통적인 조음훈련 프로그램들은 목표음소를 독립음이나 음절 또는 낱말에서 집중적으로 훈련한 다음 구, 문장으로 일반화시킨다.

② 유형

ㄱ 반 리퍼의 전통적 치료기법

단계	구분	내용
1단계	확인	• 무엇이 오조음이고 무엇이 목표음(정조음)인지를 확인 • 아동은 아직 오조음과 목표음의 차이를 인식하지 못하기 때문에 이 단계에서는 말소리에 대한 청지각과 주의를 기울이는 법을 배움
2단계	비교	• 자신의 발음을 스스로 듣고 자신의 오조음을 인식함 • 치료사는 청각적 피드백을 정확하게 할 수 있도록 도와주어야 함
3단계	변화	• 목표음이 형성될 때까지 조음방법을 변화시킴 • 치료사는 조음점을 지시해 주고, 아동은 자신의 감각을 활용하여 정확한 발음 산출을 위한 조음운동 훈련이 필요함
4단계	수정	• 새로 학습한 조음방법을 확립하는 데 초점을 둠 • 아직은 상황에 따라 오조음이 나올 수도 있기 때문에 반복해서 훈련해야 함 • 처음에는 독립된 음소를 훈련하고 아동이 음소에 대한 감각·청각적 특성에 집중할 수 있도록 하고, 점차적으로 음절-단어-문장 순으로 훈련함
5단계	안정	• 단어에서 사용되는 음소들을 다양한 입술과 혀의 위치에서 산출하도록 함 예 /슐레/에서 조음점을 변화시키면서 /쥴레/, /질레/, /솔레/ 등으로 바꾸어 가면서 감각적인 피드백을 가볍게 변화시킬 수 있다. • 시간적 압박과 스트레스 상황에서도 목표음을 산출할 수 있을 때, 비로소 안정적이 되었다고 봄

ㄴ 짝자극 기법

ⓐ 핵심단어와 훈련단어의 짝을 활용하여 조음치료를 하는 방법이다.

ⓑ 핵심단어는 10번 가운데 9번을 정조음하는 단어, 훈련단어는 3번 가운데 2번 이상 오조음하는 단어로 구성된다.

ㄷ 조음 조절 프로그램: /ㅂ/, /ㄴ/, /ㄷ/, /ㅅ/, /ㄹ/, /ㅈ/, /ㄱ/, /ㅎ/ 등 총 8개의 음소를 무의미 음절부터 단어수준, 구수준, 문장수준, 이야기수준, 읽기, 대화 단계로 나누어지는 단계별 학습으로 이루어진다.

ㄹ 조음점 지시법

ⓐ 치료사가 지시하는 대로 조음위치와 방법을 지각하는 훈련을 말한다.

ⓑ 치료사는 설압자, 면봉 등으로 조음점을 지적한다.

(2) **언어인지적 접근법**
① **정의**
ⓐ 기존의 전통적인 치료방법들이 단일 음소에서 나타난 오류에 독립적으로 접근하였다면, 언어인지적 접근법에서는 언어의 공통적 요인에 주목한다.
ⓑ 나타나는 오류음의 음소를 음성적 측면에서 교정하는 것이 아니라, 언어적·인지적 요소에 관심을 가지고 오류패턴을 찾아내어 교정하는 것이다.
② **장점**: 언어학적인 공통적 성분요소를 다루기 때문에 유사한 음운과정의 영향을 받는 다른 분절음으로의 전이가 매우 용이하다.
③ **유형**
ⓐ **변별자질 접근법**

구분	내용
정의	• 아동이 보이는 오류 패턴에 어떤 자질적인 특성이 있는가를 분석하는 방법 • 변별자질은 어떤 음성요소가 다른 음성요소로부터 구별되는 데 필요한 음운상의 특징임
적용	• 변별자질 접근법은 훈련목적으로 전체 음소를 훈련하기보다는 그 음소의 자질을 강조하여 치료함 • 변별자질에 의한 치료는 '최소 단어짝(minimal word pair)'을 사용함 • 한 가지 변별자질만 다른 음소의 짝을 이용하여, 아동이 습득하지 못한 새로운 변별자질을 훈련함
단계	• **확인 단계**: 아동이 치료에 사용될 어휘의 개념을 아는지 확인함 • **변별 단계**: 아동이 변별자질을 지각할 수 있는지 알아봄 • **훈련 단계**: 최소 대조를 인식하고 단어를 발음함. 아동에게 그 단어를 말하도록 하고 치료사는 아동이 발음한 단어와 일치하는 그림을 가리킴 • **전이-훈련단계**: 아동이 표적 단어를 발음할 수 있게 되면 길고 복잡한 문장으로 훈련함

ⓑ **음운변동 접근법**

구분	내용
정의	• 자연 음운론(natural phonology)에 근거하며, 아동의 부정적 음운변동을 분석하고 그 결과에 기초하여 치료하는 방법 • 음운변동은 음운발달이 진행되는 과정에서 발음을 편리하게 하기 위해 음운체계를 수정하거나 단순화 시키는 것, 즉 음소가 조합되는 방식의 변이를 말함 • 이에 따르면 조음·음운장애 아동은 국어의 정상적인 음운변동이 아니라, 연령이 지남에 따라 버려야 하는 음운변동 현상을 그대로 가지고 있어 발음에 오류를 보임
치료	• 아동이 단순히 특정 음소를 습득하지 못하였기 때문이 아니라, 아동 나름대로 성인의 음운규칙을 단순화하거나 대치규칙을 사용하기 때문에 조음오류가 생긴다는 시각에서 아동의 잘못된 음운변동 패턴을 소거하는 데 초점을 맞춤 • 치료의 초점을 개개인에게 다른 음을 가르치기보다 아동에게 나타나는 여러 개의 오류음을 동시에 수정함 예 조음평가 결과 ㄷ/ㄱ, ㅈ/ㅋ, ㄸ/ㅊ 등의 대치가 자주 나타났다면 전설음화가 자주 나타난다고 보고, 비정상적인 전설음화 변동을 제거하는 것

2. 교실에서의 조음·음운장애 중재방법

① 아동의 발달단계에서 습득시기가 빠른 음소부터 지도한다.

② 일상생활에서 사용 빈도수가 높은 음소부터 지도한다.

③ 자극반응도가 높은 음소부터 지도한다.

④ 오류의 일관성이 없는, 즉 가끔 올바르게 발음하기도 하는 음소부터 지도한다.

> 예 [ʃ] 음의 경우 처음에는 독립된 소리를 모방하도록 하고, 그 다음에는 의미 없는 음절 [ʃu], [ʃo], [ʃa], [ʃe], [ʃi]를 만든다. 그 다음에는 단어, 문장, 문단으로 학습한다. 음소는 어느 위치에서 어느 음소와 결합되는가에 따라 조음의 난이도가 달라진다. [ʃo]가 [ʃi]보다 쉽게 발음되는 것은 입술을 모으고 있는 것이 옆으로 끌어당기는 것보다 쉽기 때문이다.

⑤ 첫음절에 가장 집중이 되기 때문에 가르치고 싶은 음소가 초성에 놓인 것부터 하는 것이 좋다.

> 예 유음 /ㄹ/의 경우 /라면/이 /신라/보다 더 효과적이다.

⑥ 단음절이 다음절 단어보다 조음하기 쉬우므로 /자동차/보다는 /차/라는 단어를 먼저 사용한다.

⑦ 명사, 단단어, 의미적으로 쉬운 개념을 갖는 단어를 먼저 가르친다.

⑧ 음운 인식에 대한 지식이 형성되지 않거나 결함을 가지고 있는 아동에게는 행위와 함께 전달하는 것도 효과적이다.

> 예 손바닥에 철자를 쓴다거나, 몸 전체를 이용하며 /i/, /a/, /o/ 등의 모음을 모방한다거나, /h/음 같은 경우에는 숨을 뱉을 때 가슴에 손을 얹고 기류를 느끼게 하는 것도 좋다. 무성음과 유성음에서 문제를 보이는 아동은 자신의 손을 후두에 대고 떨림을 인지하도록 하는 것이 도움이 된다.

⑨ 교사는 좀 더 적극적으로 언어치료적 수업을 설계할 수 있다.

> ㉠ 교사가 목표로 하는 음소나 단어 앞에서는 잠깐 휴지를 두어야 한다.

> ㉡ 아동이 집중할 수 있는 시간을 준 다음에 천천히, 약간의 강세를 두고 반복해서 조음을 해 주어야 한다. 그래야만 교사가 주는 수정 모델에 아동이 청각적으로 주의를 기울일 수 있다.

⑩ 선택 질문을 줌으로써 아동이 특정 발음을 하되, 교사의 발음을 한 번 듣고 발음할 수 있는 기회를 준다.

> 예 "이것은 어떤 나무일까요?"라고 질문을 하기보다는 "이것은 사과나무일까요, 이과나무일까요?"라고 물어봄으로써 아동이 음의 차이를 스스로 지각하고 목표음을 산출할 수 있도록 한다.

⑪ 아동이 잘못된 조음을 하였을 때 교사는 즉시 피드백을 해 주어야 한다.

> 예 "아니야, 틀렸어. 다시 말해봐." 식의 피드백은 아동이 자신의 오류에 대해 정확하게 인식하지 못하게 하며, 오히려 회피행동을 유도할 수 있으므로 피해야 한다. 물론 아동이 발음을 잘했을 때는 칭찬해야 하지만, 너무 의도적으로 과장하여 그때그때 칭찬을 하는 것보다는 "오늘은 /ㅅ/ 발음이 참 좋았어." 등의 자연스러운 강화가 바람직하다.

초등학교 2학년 통합학급을 담당하는 김 교사가 (가)와 같은 국어과 수업을 한 후, 경호의 어려움에 대해 특수교사에게 (나)와 같이 조언을 요청하였다. 특수교사가 조언한 내용으로 적절한 것을 〈보기〉에서 모두 고른 것은?

[1.4점]

(가) 김 교사의 국어수업

단원	마음을 담아서
학습목표	칭찬하는 말을 주고받으면 어떤 점이 좋은지 안다.
학습활동	그림을 보고 칭찬하는 말을 들은 경험을 이야기하기
수업자료(그림카드)	

(나) 김 교사가 조언을 요청한 내용

우리 반 경호라는 학생 때문에 고민이 되어서 선생님께 여쭤보려고 해요. 어제 국어시간에 '칭찬하는 말 주고받기' 수업을 하는데, 경호가 '음식'은 /음식/으로, '석현이'는 /억현이/로, 또 '심부름'이나 '인사'는 /임부음/과 /인다/라고 발음하더군요. 경호가 말하는 것을 듣고 깔깔대고 웃는 아이들도 있어서 경호는 울려고 했어요. 그래서 아이들에게 놀리지 말라고 했는데요, 요즘에는 친구들과 거의 말하려고 하지 않아요. 평소에 경호가 저한테도 너무 작고 짧게 응답만 하는 것 같아서 수업시간에 일부러 발표도 많이 시키려고 하거든요. 경호 어머니께서 지난 겨울방학 때 경호가 설소대 수술을 했다고 하셨어요. 경호를 위해서 제가 어떻게 해야 할까요?

〈보기〉

ㄱ. 경호의 좌석은 수업에 적극적이고 상호작용이 활발한 급우들 사이에 배치하라고 권한다.
ㄴ. 경호의 언어적 어려움을 고려해서 '인사', '음식' 등 /ㅅ/이 들어간 낱말을 이용하여 짧은 글짓기 수업을 해 보라고 권한다.
ㄷ. 현재 언어치료 지원 서비스가 진행되고 있는지 알아보게 하고, 발음 오류에 대한 진단 및 처치에 직접 개입하라고 권한다.
ㄹ. 언어치료가 진행되고 있다면 훈련된 낱말 중심으로 다양한 상황에서 일반화가 일어날 수 있도록 국어시간에 적극 활용하라고 권한다.
ㅁ. 경호의 어휘력이 풍부해지고, 발음 능력이 향상되도록 첫 낱말이 /ㅅ/로 시작되는 '끝말잇기' 같은 말놀이를 말하기 수업시간에 적용해 보라고 권한다.

① ㄱ, ㄷ   ② ㄴ, ㄹ   ③ ㄹ, ㅁ   ④ ㄱ, ㄹ, ㅁ   ⑤ ㄴ, ㄷ, ㅁ

다음의 (가)는 최 교사가 실시한 2학년 국어과 교수·학습활동이고, (나)는 의사소통장애 학생 영희를 관찰한 내용이다. 물음에 답하시오.

영희의 특성	• K-WISC-Ⅲ 검사 결과: 지능지수 59 • PRES 검사 결과: 수용언어 발달연령 5세, 표현언어 발달연령 4세 6개월 • 우리말 조음·음운검사 결과: 1%ile 미만 • 청력 및 신경학적 손상 없음 • 심각한 상호작용 문제 없음
학습목표	• 그림을 보고 동물의 움직임을 나타내는 낱말을 말한다. • 동물의 움직임을 나타내는 낱말을 따라 읽는다. • 동물의 움직임을 나타내는 낱말을 따라 쓴다.

(가) 교수·학습활동	(나) 관찰내용
• 동물원에서 찍은 동영상 함께 보기 • 학생이 동물원에서 경험한 것을 이야기하도록 동기 부여하기 – 동물의 움직임을 나타내는 낱말을 말하도록 격려한다. – 동물의 움직임을 나타내는 낱말을 동작으로 표현하도록 한다. • 학생들이 이야기한 내용을 받아 적기 – 교사는 움직임을 나타내는 낱말을 추가한다. • 받아 적은 글로 읽기 활동하기 – 받아 적은 글에서 움직임을 나타내는 낱말을 따라 읽도록 한다. • 받아 적은 글로 쓰기 활동하기 – 받아 적은 글에서 움직임을 나타내는 낱말을 따라 쓰도록 한다.	• ㉠ 모음은 정확하게 발음하는 편이나, 자음은 발음오류를 자주 보임(㉡ 예: '호랑이'를 /호앙이/, '원숭이'를 /원충이/, '꼬리'를 /꼬디/, '동물원'을 /동물런/으로 발음) • 움직임을 나타내는 낱말의 의미는 이해하지만 자발적 표현은 어려움 • ㉢ '표범', '치타', '호랑이'를 모두 '호랑이'라고 함 • 소리와 표기가 다른 낱말을 읽는 데 어려움이 있음 (예: 같이, 걸어가) • 낱말을 따라 쓸 수 있으나 낱자의 획순대로 쓰지 못함 • 평소 국어시간에 비해 흥미를 보이고 주의집중을 잘함

3) (나)의 ㉡에서 가장 많이 나타난 자음의 발음오류 형태를 쓰시오. [1점]

• _____

다음은 5세 발달지체 유아의 부모들이 부모참여 수업 후 나눈 대화내용의 일부이다. 물음에 답하시오.

우리 세호는 발음이 정확하지 않아요. ㉠ 사탕을 [타탕], 참새를 [참때], 풍선을 [풍턴]이라고 발음한다니까요.

우리 민지는 ㉡ 말이 너무 빨라서 발음이 뒤섞이고 심지어 말소리의 위치를 바꾸는 실수를 자주 해서 무슨 말을 하는지 못 알아듣겠어요.

민규는 발음은 괜찮은데 작년부터 말을 더듬기 시작하더니 요즘에는 ㉢ 말을 할 때 얼굴을 찌푸리기도 하고 아랫입술을 심하게 움직이기도 해서 걱정이에요. 말을 더듬고 있을 때 천천히 부드럽게 말하도록 하는 방법이 있다고 하던데 선생님께 여쭈어 봐야겠어요.

우리 딸 둘은 모두 인공와우 이식 수술을 하고 꾸준히 청능 훈련을 받았어요. 그랬더니 선희는 ㉣ 요즘 심부름도 곧잘 하고 대답도 잘 해요. 며칠 전에는 선희가 언니의 어음처리기가 궁금한지 언니 것을 달아 보더라고요. 그러더니 ㉤ 너무 시끄럽고 무슨 말인지 안 들린다고 했어요. 머리도 어지럽다고 하면서 어음처리기를 떼어 버렸어요.

1) ㉠의 조음오류 형태를 쓰시오. [1점]

● _____

다음은 말소리 산출에 어려움을 겪고 있는 철수에 대한 두 교사의 대화이다. 물음에 답하시오. [5점]

> 김 교사: 철수는 '사자'를 '다자'라고, '기린'을 '디린'이라고 말해요.
>
> 이 교사: 말소리 이외의 문제는 없나요?
>
> 김 교사: 네. 인지능력과 신체발달은 또래학생과 차이가 없어요. 그런데 왜 이런 문제가 생길까요?
>
> 이 교사: 아, 그것은 ㉠ 한국어 음소 체계의 특징을 분석해 보면 알 수 있답니다.
>
> 김 교사: 네, 그렇군요. 철수에게 도움이 되는 지도 방법을 소개해 주시겠어요?
>
> 이 교사: 예를 든다면 ㉡ 최소대립쌍 훈련이 있습니다.

1) 철수에게 나타난 말소리 산출 오류와 관련하여 (   )에 알맞은 용어를 순서대로 쓰시오. [1점]

> 조음장애는 말소리 산출의 결과에 따라 그 유형을 4가지로 나눌 수 있다. 그 유형으로는 /가위/를 /아위/라고 하는 음의 (①   ), /아기/를 /가기/라고 하는 음의 (②   ), 정상 산출된 음과 일치하지 않는 부정확한 소리를 내는 음의 (③   ), /사과/를 /다과/라고 말하는 음의 (④   )이(가) 있다.

- ①: _____ - ②: _____ - ③: _____ - ④: _____

2) ㉠에 따라 〈예시〉를 참고하여 철수에게 나타나는 조음오류 현상을 ①과 ②에 쓰시오. [2점]

바른 조음 → 틀린 조음	
〈예시〉 /바람/ → /마람/	파열음 /ㅂ/ → 비음 /ㅁ/
〈예시〉 /사자/ → /다자/	(①)
〈예시〉 /기린/ → /디린/	(②)

- ①: _____ → _____   - ②: _____ → _____

3) ㉡에 대한 설명으로 적절하지 <u>않은</u> 것 2가지를 찾아 번호를 쓰고, 바르게 수정하시오. [2점]

> ① 훈련 목적은 철수의 말소리 오류 패턴을 찾아 음운론적 규칙을 확립시키는 것이다.
>
> ② 철수의 조음 오류 /다자/는 현재 지속성(+)를 보이는 조음을 지속성(−)로 수정해 주어야 한다.
>
> ③ 철수의 조음 오류 /디린/은 현재 전방성(+)를 보이는 조음을 전방성(−)로 수정해 주어야 한다.
>
> ④ 철수에게 적용하는 최소대립쌍은 초분절적 요소부터 시작하는 것이 효과적이다.

- _____
- _____

다음은 장애학생 A의 조음·음운장애 문제에 대해 두 교사가 나눈 대화내용이다. 밑줄 친 ㉠을 3가지 제시하고, 박 교사가 제시한 ㉡의 4가지 지도방법을 전통적(말 운동) 접근법과 언어인지 접근법으로 구분하여 쓰고, 두 접근법의 차이점을 비교하여 설명하시오. [5점]

김 교사: 학생 A는 발음에 문제가 많은데, 왜 그런지 모르겠어요.

박 교사: 이런 경우를 조음·음운장애라고 해요. 조음·음운장애는 ㉠ 기질적 원인과 기능적 원인이 있습니다. 우선 기질적 원인이 있는지 알아보아야 할 것 같아요.

…중략…

김 교사: 그럼 학생 A의 조음·음운장애 문제를 지도하는 방법에는 어떤 것들이 있나요?

박 교사: 현재 많이 활용되는 지도방법은 ㉡ 짝자극 기법, 변별자질 접근법, 음운변동 접근법, 조음점 자극법(지시법)이 있습니다.

• ㉠: _____

• ㉡: _____

• 차이점: _____

(가)는 단순 언어장애 학생 정우에 대한 검사 결과이고, (나)는 통합학급 최 교사와 특수학급 오 교사가 나눈 대화이다. 물음에 답하시오.

(가) 검사 결과

- 생활연령: 7세 2개월
- K–WISC–Ⅲ 결과: 동작성 지능지수 88, 언어성 지능지수 78
- ㉠ 취학 전 아동의 수용언어 및 표현언어 발달척도(PRES) 결과
  : 수용언어 발달연령 64개월, 표현언어 발달연령 58개월, 통합언어 발달연령 61개월
- 언어문제 해결력 검사 결과: 원점수 17점, ㉡ 백분위 9
- 순음청력검사 결과: 양쪽 귀 모두 10dB
- 사회성숙도 검사 결과: 사회성 지수 90
- 구강조음기제에서 특이사항 관찰되지 않음
- 사회·정서적 문제를 보이지 않음

(나) 대화

최 교사: 선생님, 정우는 틀린 발음을 하고도 본인이 틀렸다는 것을 잘 모르는 것 같아요.

오 교사: 정우가 ㉢ 말소리를 듣고 오조음과 목표음 자체를 다르다고 인식하지 못하는 것일 수도 있습니다.

최 교사: 그렇군요. 그런데 정우는 청력도 정상이고 조음기관에도 이상이 없다고 하는데, 왜 발음에 문제를 보이나요?

오 교사: 정우의 경우는 조음장애보다 ㉣ 음운장애에 더 가깝다고 볼 수 있습니다.

3) (나)의 ㉢을 확인하기 위한 활동을 다음 〈조건〉에 맞게 1가지 쓰시오. [1점]

─────────〈조건〉─────────
- 첫음절이 모두 파찰음인 단어 활용
- 최소대립쌍(최소낱말짝) 활용

- _____

4) 다음 밑줄 친 단어들은 (나)의 ㉣에 해당하는 사례들이다. 공통적인 대치 오류 유형 1가지를 쓰시오. [1점]

오류 현상
• "주전자는 어디에 있어요?"를 "두던자는 어디에 있어요?"라고 말한다.
• "나는 공부 그만 하고 싶어요."를 "나는 동부 그만 하고 싶어요."라고 말한다.

- _____

(가)는 일반교사와 특수교사가 단순언어장애 학생 민규의 검사 결과에 대해 나눈 대화의 일부이다. 물음에 답하시오.

(가) 대화

일반교사: 민규의 발음이 분명하지 않아 말을 알아듣기 힘들어요.
특수교사: 민규의 '우리말 조음·음운평가' 결과를 보면, 자음과 모음의 정확도가 낮은 것을 알 수 있어요.
• 민규의 '우리말 조음·음운평가' 결과 요약

구분	자음정확도	모음정확도
낱말 수준	28/43(65%)	7/10(70%)
문장 수준	22/43(51%)	6/10(60%)

1) **(가)의 우리말 조음·음운평가에서 민규는 다음과 같은 자음 오류를 보이고 있었다. ① 민규가 공통적으로 보이는 자음 오류 형태를 조음위치 측면에서 쓰고, ② 이런 오류가 자주 발생할 때 음운변동 접근법이 효과적인 이유 1가지를 쓰시오.** [2점]

• 민규의 자음 오류: '가방'을 /다방/, '토끼'를 /토띠/, '꼬리'를 /토리/라고 발음함

• ①: _____   • ②: _____

(가)의 대화에서 ㉠에 해당하는 용어를 쓰고, (나)에서 공통적으로 나타난 오조음 유형을 조음방법에 근거하여 쓰시오. [2점]

(가) 대화

교육실습생: 선생님, 학생 B는 발음이 정확하지 않아요.
특 수 교 사: 그런가요?
교육실습생: '자가용', '장난감'처럼 /ㅈ/음소가 포함되는 단어를 잘 발음하지 못하더라고요. 이를 지도하는 방법이 있나요?
특 수 교 사: 네, 이를 지도하는 다양한 접근법이 있는데, 언어인지적 접근법 중 하나인 (㉠) 접근법이 있어요. 이 방법은 말소리 발달 과정에서 남아 있는, 발음을 단순화하는 비정상적인 (㉠) 현상을 제거해 주는 방법이에요.
교육실습생: 이 접근법은 어떤 장점이 있나요?
특 수 교 사: 자음이나 모음의 정확도만으로 찾아내기 어려운 학생의 조음 오류 양상을 찾을 수 있고, 그 오류 양상을 제거하면 여러 개의 오류음을 동시에 수정할 수 있어요.
…하략…

(나) 학생 B의 발음 예시

정조음		오조음
풍선	→	풍턴
책상	→	책강
반바지	→	밥바디
자전거	→	다던더

• ㉠: _____   • (나): _____

다음은 통합학급 최 교사와 특수학급 윤 교사가 협의회에서 나눈 대화이다. 물음에 답하시오.

윤 교사: 선생님, 은지의 언어평가를 위해서 자발화 분석을 했어요. 여기 평균 발화길이 분석 결과를 한번 보세요.

최 교사: 어떻게 나온 결과예요?

윤 교사: 100개의 발화를 수집하여 평균 발화길이를 분석했어요.

평균 발화길이	유아 발화		계산식
㉠	① 아빠-가│주-었-어	(5)	5＋4＋2＋5＋…/100＝4.00
	② 돔-인형│좋-아	(4)	
	③ 아빠│돔	(2)	
	④ 이│돔-인형│은지│돔	(5)	
	⋮		
㉡	① 아빠-가│주었어	(3)	3＋2＋2＋4＋…/100＝2.75
	② 돔인형│좋아	(2)	
	③ 아빠│돔	(2)	
	④ 이│돔인형│은지│돔	(4)	
	⋮		
평균 어절길이	① 아빠가│주었어	(2)	2＋2＋2＋4＋…/100＝2.50
	② 돔인형│좋아	(2)	
	③ 아빠│돔	(2)	
	④ 이│돔인형│은지│돔	(4)	
	⋮		

최 교사: 평균 발화길이 분석은 ㉢ 유아의 수용언어 능력을 평가하고, 교육진단에 목적을 두며, 구문론적 특성을 알아보기 위해서 하는 것이군요.

…중략…

윤 교사: 자발화 분석을 하면 조음오류도 분석할 수 있어요. 예를 들면, ㉣ /곰인형/을 /돔인형/이라고 조음하는 것 등이 되겠지요.

3) ① ㉣에 나타난 조음오류 현상은 무엇인지 쓰고, ② ㉣의 음운변동을 조음위치 측면에서 쓰시오. [2점]

- ①: _____   • ②: _____

(가)는 중학생 H의 의사소통 특성이고, (나)는 특수교사와 일반교사가 나눈 대화내용의 일부이다. ㉠이 설명하는 것의 명칭을 쓰고, ㉡에 해당하는 조음음운 지도방법을 쓰시오. [2점]

(가) 학생 H의 의사소통 특성

• 수용 및 표현 언어능력이 낮음	• 발음이 불명료함

(나) 대화

일반교사: H의 발음을 어떻게 도와줄 수 있나요?
특수교사: 학교에서 자주 사용하는 음소부터 살펴볼게요. 그리고 ㉠ 오류를 보이는 음소에 대하여 청각적 · 시각적 · 촉각적인 단서나 자극을 주었을 때 목표하는 음소와 유사하게 반응하는 능력이 어떤지 알아보겠습니다.
일반교사: 네, H는 /ㅅ/가 들어가는 단어들을 /ㄷ/로 발음하는 경향을 보입니다.
특수교사: H는 조음음운 지도가 필요한 듯합니다. 다양한 접근법 중에서 H에게는 오류를 보이는 음소가 가지고 있는 음운론적 규칙이나 양식을 알게 하는 방법을 적용해 보겠습니다. 이 접근법은 /ㅅ/가 포함된 어휘를 선정하 ┐ 여 낱말짝을 구성하고, 낱말짝을 이루는 두 어휘의 뜻을 H가 이해하는지 확인하는 단계부터 시작합니다. ┘ ㉡
…하략…

• ㉠: _____ • ㉡: _____

(가)는 유치원 통합학급 김 교사의 이야기 나누기 활동 장면의 일부이며, (나)는 중재계획이다. 물음에 답하시오.

(가) 활동 장면

김 교사: 자, 오늘은 이 책을 가지고 말놀이를 할 거예요.
유아 A: ㉠ (책 표지의 글자를 가리키며) 제목이 무엇이에요?
김 교사: (손가락으로 제목을 짚으며) '동물 이야기'라고 쓰여 있어요.
유아 B: 재미있을 것 같아요.
김 교사: 여기에 호랑이가 있어요. 선생님을 따라 해 볼까요? ('호. 랑. 이' 하면서 손뼉을 세 번 친다.)
유아들: (교사를 따라 '호. 랑. 이' 하면서 손뼉을 세 번 친다.)
김 교사: 곰도 있네요. 그럼, ㉡ 곰에서 /ㅁ/를 빼고 말하면 어떻게 될까요?
유아 C: '고'요.
김 교사: 잘했어요. 여기 강아지가 공을 가지고 놀고 있어요. ㉢ '공'에서 /ㄱ/대신 /ㅋ/를 넣으면 어떻게 될까요?
유아 D: ㉣ '콩'이요, '콩'.
…하략…

(나) 중재계획

㉤ 유아가 발음하지 못하는 음소가 무엇인지를 확인한다.
㉥ 핵심단어(열쇠단어)는 유아가 표적음을 10번 중 적어도 9번은 사회적으로 수용되는 방법으로 발음할 수 있는 단어로 한다.
㉦ 훈련단어(목표단어)는 유아가 표적음을 3번 중 적어도 2번은 바르게 발음하지 못하는 단어로 한다.
㉧ 핵심단어(열쇠단어)는 어두와 어말 위치에 각각 표적음을 내포하고 있어야 한다.

3) (나)는 밑줄 친 ㉣과 같은 말소리 오류를 보이는 유아를 위한 중재계획이다. ① (나)에 기술된 중재방법을 쓰고, ② ㉤~㉧ 중 틀린 것을 찾아 기호를 쓰고 바르게 고쳐 쓰시오. [2점]

• ①: _____ • ②: _____

(가)는 2015 개정 국어과 교육과정에 따라 청각장애 학생 연지가 포함된 통합학급 수업을 위해 일반교사가 작성한 교수 · 학습 과정안의 일부이다. 물음에 답하시오.

(가) 교수 · 학습 과정안

단원	재미있게 ㄱㄴㄷ		학년반	1-3
학습목표	• 자음자 소리를 말하고 읽을 수 있다. • 자음 음소를 대치하여 말하고 읽을 수 있다. • 자음 변화에 따라 의미가 변하는 낱말을 구별할 수 있다. • 수어의 최소대립쌍을 이용하여 수어소를 대치할 수 있다.(연지의 추가 학습목표)			
단계	교수 · 학습활동			
	모든 학생		연지	
전개	〈활동 1〉 • 자음자 소리의 차이 알아보기 • 자음자를 소리 내어 읽기			
	〈활동 2〉 • ㉠ <u>자음 음소에 대치에 따라 낱말의 의미 구별하기</u> – 낱말카드의 예 사과		〈추가 활동〉 • 수어소 변화에 따른 수어의 의미 구별하기 – ㉡ <u>수어 그림자료의 예</u> 	
정리	• 연지를 위해 듣기, 말하기, 말읽기를 활용하여 평가하기		• 연지를 위해 (㉢)와/과 (㉣)을/를 활용하여 평가하기	

1) (가)의 밑줄 친 ㉠에서 '사과'를 최소대립쌍으로 지도하고자 하는 교사 발문의 예 1가지를 쓰시오. [1점]

• _____

다음은 특수학교에서 교육 실습 중인 예비 교사가 작성한 의사소통 관찰 결과와 그에 대해 지도 교사가 제공한 피드백의 일부이다. 물음에 답하시오. [5점]

학생	예비 교사 관찰 결과	지도 교사 피드백
철수	언어 이해만 가능함. 표현 언어는 관찰되지 않음. 예를 들면, ㉠ "하지마!"라는 금지어를 듣고 하던 행동을 멈춤 ㉡ "아빠 어딨어?"라는 말을 듣고 아빠를 바라보며 "아바바"라고 함 ㉢ "손뼉을 쳐요", "눈을 감아요."라는 말을 듣고 동작을 수행함 ㉣ 몇 개의 물건들 중에서 지시하는 한 가지의 물건을 고를 수 있음	지적장애가 있고 언어 발달지체가 심하긴 하지만 ㉤ 표현 언어 발달도 함께 이루어지고 있음. 영유아 언어 발달 검사(SELSI)나 언어 발달 점검표로 평가해 볼 필요가 있음
순이	부정확한 발음으로 인해 의사전달이 어려움. 오류의 예: ㉥ '땅콩' → [강공], '장구' → [앙쿠], '똑똑' → [도톡], '나무' → [나푸] 등 자발화 표본을 수집하여 자음 정확도 측정 예정임	㉦ 자음 정확도 분석뿐만 아니라 ㉧ 음운변동 분석도 해볼 필요가 있음. 이때 검사자 간 신뢰도 확보에 주의해야 함
지우	주로 2~3개 단어를 연결하여 말함 기본적인 단어를 배열하는 수준임 대부분 조사가 생략된 문장 형태를 보임	생활연령에 비해 특히 표현 언어 발달이 더 지체되어 있음. ㉨ 지우의 언어발달 수준을 고려한 언어 자극을 주는 것이 중요함

1) 밑줄 친 ㉤의 근거를 밑줄 친 ㉠~㉣에서 찾아 기호로 쓰고, 그렇게 판단할 수 있는 이유를 언어의 형식(기호)과 내용(의미)의 관계를 활용하여 쓰시오. [1점]

•

2) 다음은 밑줄 친 ㉥의 음운변동 분석 결과의 일부이다. ① '땅콩'과 ② '장구'의 첫 음절과 둘째 음절에서 나타난 오류 각각 1가지씩을 [A]에서 찾아 순서대로 쓰시오. [2점]

목표단어	발음 전사	[A]					
		생략	첨가	긴장음화	탈긴장음화*	기식음화	탈기식음화
땅콩	강공	( )	( )	( )	( )	( )	( )
장구	앙쿠	( )	( )	( )	( )	( )	( )

* 이완음화와 동일한 용어임

• ①: _____ • ②: _____

3) 밑줄 친 ㉦과 밑줄 친 ㉧의 실시 목적의 차이점을 쓰시오. [1점]

•

4) 다음은 밑줄 친 ㉨을 위한 방법이다. 적절하지 않은 방법을 찾아 기호를 쓰고, 바르게 고쳐 쓰시오. [1점]

> ⓐ 말을 약간 천천히 하고, 중요한 단어에는 강세를 준다.
> ⓑ 발음을 분명하게 하고, 질문이나 지시문의 경우에는 짧은 문장으로 말한다.
> ⓒ 구체적이고 일상적인 단어를 사용하며, 복잡하고 어려운 단어는 이미 알고 있는 말로 바꾸어 들려준다.
> ⓓ 새로운 단어는 전보식 문장으로 반복하여 말해 주고, 의사소통의 기회를 충분히 주기 위해 폐쇄형 질문을 주로 해 준다.

•

01 유창성 장애 정의 및 특성

1. 정의

① 음, 음절, 단어, 구의 비정상적인 리듬과 반복으로 구어의 흐름에 방해를 받는 것이다.
② 부적절한 속도나 리듬으로 말하는 것으로, 성급하게 말하는 속화, 문장의 잘못된 곳에서 쉬거나 부적절한 형태의 강세 사용, 흐름이 부드럽지 못하여 음절이나 단어를 반복하는 말더듬을 말한다.

2. 유형

(1) 말더듬

말의 전진적 진행이 운동·신경적 문제로 인해 말소리, 음절 또는 낱말의 산출에 방해를 받는 것을 의미한다.

(2) 말빠름증(속화)

① 말의 속도가 너무 빨라서 생기는 유창성 장애로, 종종 언어장애와 사고장애를 동반하기도 한다.
② 이 증상은 말의 리듬이 불규칙하고 발음이 엉키는 듯하며, 강세나 높낮이가 없이 단조로운 어조로 말을 하는 것이 특징이다.

3. 말더듬 원인

(1) 심리사회적 요인

이론	정의
심리역학적 이론	프로이트(Freud)의 정신분석적 관점으로서 정신적 이상심리에서 그 원인을 찾고자 함
진단기인론	• 말더듬은 부모의 귀로부터 시작됨 • 부모가 아동의 정상적인 비유창성을 말더듬으로 진단하고, 그에 대하여 부정적인 반응을 보임으로써 말더듬이 진행된다고 봄

상호작용 가설	• 말을 더듬는 화자와 말을 듣는 청자 간의 상호작용으로 말을 더듬게 된다고 봄
	   – 화자의 말더듬에 대한 청자의 민감성
	   – 화자의 말더듬 정도
	   – 청자의 반응에 대한 화자의 민감성

예기투쟁 가설	말을 더듬을 것이라고 스스로 예견하고, 더듬지 않으려고 노력함으로써 말을 더듬게 됨
학습이론	• 말더듬에 대해 심한 야단을 맞거나 주변으로부터 모멸감을 받은 아동은 그 후 비슷한 상황에서 항상 말을 더듬게 됨 • 즉, 우연히 말을 더듬는 행위가 잘못된 강화를 받아 고착됨

(2) 심리언어학적 요인

구분	내용
음운론적 측면	• 첫단어, 단어의 첫음절, 초성에서 발생함 • 모음인 경우보다 자음에서 더 자주 더듬으며, 특정음에서 특히 말을 자주 더듬음 • 폐쇄음이나 파찰음에서 막힘이 자주 나타나고, 마찰음에서는 연장이 자주 나타남
형태론적 측면	• 기능어(조사나 접속사)보다 내용어(명사, 동사, 형용사, 부사)에서 더 자주 더듬음 • 비교적 긴 단어에서 더 많이 나타남 • 사용 빈도가 높은 단어보다 잘 사용하지 않는 단어에서 더 자주 더듬음
구문론적 측면	• 문장의 길이가 길수록 출현 빈도가 높아짐 • 문장구성이 복잡할수록 출현 빈도가 높아짐
화용론적 측면	• 대화 상대자가 친숙하고 허용적일수록 말을 더듬는 빈도가 낮아짐 • 의사소통 스트레스 정도가 높을수록 빈도가 높아짐

(3) 생리학적 요인

요인	내용
유전적 요인	• 말더듬은 유전적 소인으로 인해 발생함 • 신문자와 이성은(2002)의 조사에 의하면, 229명의 유창성 장애를 가지고 있는 사례의 55.0%가 언어장애 가족력을 가지고 있는 것으로 나타남
근육의 불협응	• 걸음마를 배울 때 대근육운동 조절능력이 요구되듯이, 말더듬은 미세한 근육 조절능력의 결함으로 생겨나기도 함 • 심한 말더듬의 경우에는 비정상적인 호흡 패턴이 나타남 • 말을 더듬을 때는 더욱 호흡이 빨라지고 막히면서 불규칙한 호흡이 생겨나며, 말더듬은 호흡-발성-조음 간의 불협응으로 발생함
뇌기능의 장애	• 언어를 관장하는 좌반구와 우반구 간의 협응이 잘 이루어지지 않아 발생하는 신호전달의 문제 • 왼손잡이를 오른손잡이로 강요할 때 좌반구와 우반구의 불균형으로 말더듬이 유발될 수 있음 • 우반구의 지배를 받는 것으로 알려진 노래를 부를 때는 말더듬 증상이 나타나지 않음

4. 말더듬 특성

(1) 핵심행동(1차 행동)

유형	정의
반복	말더듬 초기에 가장 빈번히 관찰되는 행동으로, 말소리나 음절 또는 낱말을 1회 이상 되풀이하는 것
연장	• 일반적으로 반복보다 늦게 나타나는 말더듬 유형으로, 연장을 보이는 경우는 반복을 보이는 경우보다 좀 더 심화된 말더듬 단계에 도달한 것으로 봄 • 소리나 공기의 흐름은 계속되나 한 소리에 머물러 있는 상태
막힘	가장 늦게 나타나는 핵심행동으로, 말의 흐름이 부적절하게 중단되고 조음기관의 움직임이 고착됨

(2) 부수행동(2차 행동)

유형	정의
탈출행동	• 말을 더듬는 도중에 말더듬에서 벗어나려고 취하는 행동 • 발을 구르거나 고개를 뒤로 젖히면서 말더듬에서 빠져나옴
회피행동	• 말을 더듬을 가능성이 있는 '상황'을 피하는 행동 • 사람과 마주치지 않도록 주의하는 노력, 자주 더듬는 낱말을 피하면서 말하거나 그 낱말 앞에 다른 표현을 붙여 에두르기를 하는 일

02 유창성 장애의 중재

1. 중재법

(1) 반 리퍼(Van Riper)의 말더듬 수정법(MIDVAS)

① 정의 및 방법
  ㉠ 자신의 말이 더듬어지는 순간을 수정하는 것으로, 피하려는 행동이나 말에 관련된 두려움을 줄이고 말을 좀 더 쉽게 더듬도록 하는 데 목표를 둔다.
  ㉡ '보다 유창하게 더듬기'라고도 불리는데, 이는 말을 피하지 말고 계속하는 것을 강조하기 때문이다.
  ㉢ 말에 대한 불안, 회피행동을 줄이고 말더듬을 받아들이는 것에 중점을 둔다.

② 단계

단계	내용
동기	• 치료사에 대한 신뢰를 가짐 • 자신의 말더듬을 직시하고 수용함
확인	• 자신의 말더듬 증상을 스스로 확인함 • 1차적 · 2차적 증상, 느낌, 태도를 스스로 확인함 　- 거울, 비디오 또는 치료사가 보여주는 모방을 통해 자신이 어떻게 말하는지를 보고 들음 　- 말을 더듬을 때 자신에게 나타나는 탈출행동과 회피행동을 확인 　- 이제까지 주변 사람들이 자기 말에 어떻게 반응했는지, 스트레스를 유발한 의사소통 상황은 무엇이었는지, 힘든 단어는 무엇인지 등을 솔직하게 이야기함
둔감	• 두려움과 부정적인 감정을 감소시킴 • 자신이 말을 더듬는다는 사실을 인정하고 청자의 반응에 무감각해지도록 함 　- 말을 더듬는 증상을 보이면 치료사의 신호에 따라 말을 멈춤 　- 두 번째 신호를 주면 음이나 음절을 연장하거나 반복하면서 편하게 말을 더듬음 　- 말을 더듬으면서 갖게 되었던 긴장을 점차 해체시킴 　- 치료사 → 전화통화 → 낯선 사람 등으로 대화상황을 바꾸어 가면서 주변 반응에 둔감해지는 훈련을 함
변형	• 고착된 말더듬의 형태를 변형시킴 　- **낱말공포**: 예상되는 단어를 빼고 읽음 　- 긴장된 연장 대신에 모든 단어를 반복함
접근 (점근)	• 말더듬의 증상을 취소, 이끌어내기, 준비하기 기법을 사용하여 쉽게 더듬는 말더듬 형태로 접근해 나감 　- **취소**: 말을 더듬기 시작하더라도 일단 그 말을 더듬으며 끝낸 후, 잠시 말을 쉬었다가 다시 그 말을 편안하게 시도함 　　예 ㅂㅂㅂ밥을 (쉼) 밥을 주세요. 　- **이끌어내기**: 말더듬이 나타나면 말을 멈추고 천천히 부드럽게 이끌어 냄 　　예 ㅂㅂㅂ밥~을 주세요. 　- **준비하기**: 말을 더듬을 것으로 예상되는 단어에서 의식적으로 조절하면서 말함 　　예 (쉼) 밥을 주세요.
안정	• 치료실 밖에서 효과를 검증함 　- 두려운 상황에 들어가서 일부러 말을 해 봄 　- 거짓 말더듬을 일부러 연출해 봄 　- 스스로 치료사의 역할을 해 봄

(2) **유창성 완성법**

① **특징**

㉠ 유창한 말을 체계적으로 수립하여 차츰 말더듬는 순간을 유창한 말로 바꾸도록 하는 방법이다.

㉡ 행동수정 이론의 조작적 조건화와 프로그램 원리를 기초로 하여 특정한 상황에서 유창한 말을 하도록 확립시킨 후, 차츰 일반 상황에서도 유지할 수 있도록 유도하는 방법이다.

㉢ 유창성 완성법은 말에 대한 공포나 회피를 낮추는 것을 직접적인 목표로 삼지 않는다. 유창성이 증가하면 공포감도 더불어 감소되며 부수적으로 말에 대한 태도도 긍정적으로 바뀐다고 보기 때문이다.

② **치료목표**

㉠ 자발유창성을 얻는 것을 궁극적 목표로 한다.

㉡ 자발유창성이 획득되지 않았거나 불가능할 때에는 조절된 유창성을 사용하는 것을 목표로 한다.

㉢ 말더듬 수정법과 달리 수용된 말더듬을 목표로 하지 않고, 철저히 통제된 상황에서 말을 더듬지 않도록 한다.

③ **심리 및 태도**

㉠ 말더듬에 관련된 심리나 태도를 바꾸기 위하여 직접 노력을 하지 않는다.

㉡ 대신 유창한 말을 할 수 있는 경험이 증가되면 저절로 부정적인 감정은 사라질 것이라고 본다.

(3) **말더듬수정 치료법과 유창성완성 치료법의 비교**

비교항목	말더듬수정 치료법	유창성완성 치료법
치료목표 행동	말을 더듬는 순간	유창성 유도 방법
유창성 목표	자발유창성 또는 조절유창성 또는 수용된 말더듬	자발유창성 또는 조절유창성
느낌(심리) 및 태도	• 느낌(심리) 및 태도를 치료의 주요 대상으로 삼음 • 느낌 등을 치료하지 않고 핵심행동만을 치료할 경우 말더듬이 재발할 가능성이 많다고 생각함	• 느낌(심리) 및 태도에는 거의 관심을 두지 않음 • 핵심행동이 치료되면 느낌 등은 저절로 정상으로 돌아온다고 생각함
유지방법	취소, 빠져나오기, 예비책의 유지, 느낌 등의 변화에 관심을 가지고 살핌	유창성 유도방법의 유지를 점검함
치료방법	• 언어치료사와 대상자의 상담식 상호작용 • 객관적인 자료수집을 중요시하지 않음	• 엄격하게 구조화된 언어치료사와 대상자의 상호작용 • 프로그램화된 치료과정 • 객관적인 자료수집을 매우 중요시함

(4) **유창성 장애의 치료목표**

구분	내용
자발유창성	정상 언어 사용자의 유창성을 말하는 것으로, 긴장, 투쟁행동, 반복, 막힘과 같은 비정상적 말더듬을 보이지 않고 말을 힘들이지 않고 하는 것
조절유창성	자발유창성과 비슷하지만 말하는 사람이 자신의 말을 계속 들으면서 비교적 정상으로 말을 유창하게 유지하기 위하여 말하는 방법을 바꾸는 것
수용된 말더듬	말더듬이 지각되지만 아주 심한 막힘은 아니며, 막히는 순간이 있지만 말을 더듬는 사람 자신은 이에 대해 당황이나 공포를 느끼지 않고 편안하게 더듬는 것

다음은 특수교사가 일반교사에게 학생 A를 지도할 때 사용할 수 있는 지도방법을 제시한 것이다. 밑줄 친 부분에 해당하는 지도방법으로 옳은 것은? [2점]

> 일반교사: 선생님, 우리 반의 학생 A는 말을 빨리 하려고 하다 보니, "서, 서, 서, 서---선생님 지, 지, 지-- 집에 가도 되지요?" 라며 낱말 일부를 반복해요. 말이 빨리 나오지 않으니까 말하려고 안간힘을 쓰다가 갑자기 고개가 뒤로 젖혀지기도 해요. 그래서 보고 있자니 답답하고 애가 타요. 어떻게 지도해야 할까요?
>
> 특수교사: 먼저 A에게 말을 잘 하는 사람도 때때로 말을 더듬을 수 있다고 말해 주고 A가 자신의 비유창성을 수용하고 부정적인 감정과 태도를 갖지 않도록 격려해 주세요.
>
> 일반교사: 그 외에 도움을 줄 수 있는 방법이 있나요?
>
> 특수교사: 네, 선생님께서 지도할 수 있는 방법이 있어요. <u>A에게 말을 더듬을 것으로 예상하는 낱말을 천천히 쉽게 시작하고 조절하도록 지도해 보세요.</u> 특히 쉽게 천천히 말을 시작하면 갑자기 고개가 뒤로 젖혀지는 행동도 줄어들 거라고 말해 주세요. 그러면 선생님도 좀 더 편안한 마음으로 A와 대화할 수 있을 거예요.

① 둔감화   ② 이완치료 접근법   ③ 이끌어내기(pull-out)
④ 취소기법(cancellations)   ⑤ 준비하기(preparation set)

다음은 학생 A가 보이는 말더듬 사례이다. 교사는 A를 위해 말 더듬는 순간을 수정하는 '말더듬 수정법'을 적용하고자 한다. 이 중재법에 대한 설명으로 옳은 것만을 〈보기〉에서 있는 대로 고른 것은? [2점]

> "서서서서언언-생님, 수수수수(갑자기 머리를 뒤로 젖히고 발을 구르며) 수요일에 국어 교과서만 가져오면 되나요? 그리고 사사사사회 수수수우숙제는 어떻게 해요?"

─────〈보기〉─────

ㄱ. 자신의 말과 관련된 두려움을 줄이도록 지도한다.
ㄴ. 말을 더듬을 때의 2차 행동을 다루기보다는 편하게 말하기에 초점을 둔다.
ㄷ. 말할 때 자신의 말더듬 행동과 말에 대한 심리 및 태도를 스스로 확인하는 단계를 거치도록 한다.
ㄹ. 초반에는 짧은 발화 내용을 말하도록 하고 점차 긴 발화내용을 유창하게 말하도록 유도하는 방법이다.
ㅁ. 말을 더듬을 것으로 예상되는 단어를 천천히 쉽게 시작하고 조절하는 준비하기(preparation set)기법으로 지도한다.

① ㄱ, ㄷ   ② ㄴ, ㄹ   ③ ㄷ, ㄹ   ④ ㄱ, ㄷ, ㅁ   ⑤ ㄴ, ㄹ, ㅁ

다음은 말소리 산출에 어려움을 보이는 학생 A에 대해 특수학급 최 교사와 일반학급 김 교사가 나눈 대화내용이다. 밑줄 친 ㉠의 말더듬 핵심행동과 ㉡의 말더듬 부수행동의 명칭을 각각 쓰시오. [2점]

김 교사: 선생님, 우리 반 학생 A는 말을 더듬는 것 같아요.
최 교사: 학생 A가 어떻게 말을 더듬던가요?
김 교사: 예를 들면, 학생 A는 말을 할 때 "ㅂㅂㅂㅂ보여요."라고 하기도 하고, ㉠ "보------여요."라고 하기도 하고, "-------보여요."라고 하기도 해요.
최 교사: 또 다른 행동은 보이지 않나요?
김 교사: 학생 A가 말을 더듬다가 ㉡ 갑자기 고개를 뒤로 젖히기도 해요.

• ㉠: _____   • ㉡: _____

다음은 5세 발달지체 유아의 부모들이 부모참여 수업 후 나눈 대화내용의 일부이다. 물음에 답하시오.

우리 세호는 발음이 정확하지 않아요. ㉠ 사탕을 [타탕], 참새를 [참때], 풍선을 [풍턴]이라고 발음한다니까요.

우리 민지는 ㉡ 말이 너무 빨라서 발음이 뒤섞이고 심지어 말소리의 위치를 바꾸는 실수를 자주 해서 무슨 말을 하는지 못 알아듣겠어요.

민규는 발음은 괜찮은데 작년부터 말을 더듬기 시작하더니 요즘에는 ㉢ 말을 할 때 얼굴을 찌푸리기도 하고 아랫입술을 심하게 움직이기도 해서 걱정이에요. 말을 더듬고 있을 때 천천히 부드럽게 말하도록 하는 방법이 있다고 하던데 선생님께 여쭈어 봐야겠어요.

우리 딸 둘은 모두 인공와우 이식 수술을 하고 꾸준히 청능 훈련을 받았어요. 그랬더니 선희는 ㉣ 요즘 심부름도 곧잘 하고 대답도 잘 해요. 며칠 전에는 선희가 언니의 어음처리기가 궁금한지 언니 것을 달아 보더라고요. 그러더니 ㉤ 너무 시끄럽고 무슨 말인지 안 들린다고 했어요. 머리도 어지럽다고 하면서 어음처리기를 떼어 버렸어요.

2) ㉡에 해당하는 유창성 장애의 유형을 쓰시오. [1점]

• _____

3) 민규가 ㉢의 행동을 하는 이유를 쓰시오. [1점]

• _____

다음은 4세 반 통합학급 김 교사가 작성한 반성적 저널의 일부이다. 물음에 답하시오.

일자: 2018년 ○○월 ○○일

우리 반에는 발달지체 유아 영희와 인규가 있다. 영희는 인규보다 언어발달이 더 지연되어 있다.

오늘 자유선택활동 시간에 영희가 ㉠ 교실 어항의 공기 펌프에서 나오는 공기 방울을 가리키며 "콜라."라고 말했다. 영희 어머니와 통화를 하다가 그 이유를 알게 되었다. 며칠 전 집에서 컵에 따라놓은 콜라의 기포를 본 후로 공기 방울만 보면 "콜라."라고 한다는 것이었다.

인규는 말이 많이 늘었다. 요즘은 좋아하는 것, 싫어하는 것도 표현한다. 완벽한 문장은 아니지만 필요한 건 요구도 한다. ㉡ 놀이터에 가고 싶을 때는 "선생님 놀이터 가.", 과자를 좋아한다는 표현에 대해 "나 과자 좋아."라고 말한다.

인규의 언어습득에 도움을 주고자 ㉢ 이야기나 동화 등과 같이 의미 있는 맥락에서 문자를 경험하게 하면서 직접적으로 읽기 하위 기술에 대한 지도를 병행하는 방법을 적용해 보기로 했다.

···중략···

종호가 몇 달 전부터 가끔씩 말을 더듬기 시작했다. ㉣ 오늘 종호 짝꿍 수빈이가 종호에게 갑자기 양말을 어디서 샀냐고 물으니 종호가 말을 더듬으며 "마마마마트."라고 대답했다. 그런데 다른 친구들과 함께 놀이를 하면서 이야기할 때는 더듬지 않았다. 그리고 이야기 나누기 시간에 내가 종호에게 먼저 질문하면 말을 더듬으며 대답했는데, 다른 친구들에게 질문한 후 종호에게 질문하면 더듬지 않고 대답했다.

···하략···

---

3) ㉣의 내용을 고려할 때, 교사가 종호에게 질문 시 유의해야 할 점을 2가지 쓰시오. [2점]

- _____
- _____

(가)는 ○○고등학교 특수학급에 재학 중인 학생 H의 말더듬 행동에 관한 관찰내용이고, (나)는 국어과와 과학과 수업 장면의 일부이다. 〈작성 방법〉에 따라 서술하시오. [4점]

(가) 학생 H의 말더듬 행동 관찰내용

- 수업시간 중 어려운 단어가 나오면 연장(prolongation)과 막힘(block)이 나타남
- ㉠ 더듬는 단어를 말할 때 동의어로 자주 바꾸어 말함
- 바리스타 직업교육 첫날, ㉡ 커피 종류를 말할 때 눈을 깜빡이거나 아래턱을 떠는 행동이 나타남

(나) 수업 장면

[국어과]
김 교사: 오늘 주제는 '육하원칙에 따른 대화하기'입니다. (그림을 제시하며) 언제 일어난 일인가요?
학생 H: 일요일 오후입니다.
김 교사: 어디에서 일어난 일인가요?
학생 H: ㉢ ㅂㅂㅂ바닷가입니다.

…중략…

김 교사: 육하원칙을 이용하여 말을 하면 어떤 점이 좋습니까?
학생 H: ㅈㅈ제 생각을 잘 전달할 수 있습니다.

[과학과]
김 교사: 다 같이 포유류의 특징을 핵심 단어로 말해봅시다. 척추, 폐호흡
학생 H: ㉣ ㅊㅊ척추
김 교사: 포유류는 폐로 호흡합니다.
학생 H: ㉤ (입모양만 보이고 소리가 나오지 않다가) ㅍㅍㅍ포유류는 폐로 호흡합니다.

─────────〈작성 방법〉─────────
- 밑줄 친 ㉠과 ㉡의 말더듬 행동 유형을 쓰고, 특성을 순서대로 서술할 것
- 밑줄 친 ㉢~㉤에서 나타난 말더듬 행동 특성을 심리언어학적 요인 중 음운론적 측면에서 2가지 서술할 것

제6절 음성장애

01 음성장애의 정의

1. 정의

① 성대 · 호흡기관 · 말소리 통로의 구조적 · 기능적 이상으로 인하여 소리의 높낮이, 크기 또는 음성의 질 변화를 초래하는 말장애 유형을 의미한다.

② 즉, 화자의 음도 · 강도 · 음질 · 공명과 관련된 기본 음성적 특성이 정상인의 목소리와 편차를 보이는 말(구어) 장애의 한 유형이다.

③ 음성장애의 종류

구분	특징
강도장애	음성을 전혀 낼 수 없거나, 음성이 지나치게 크거나 작아서 상대방에서 유쾌하지 않은 느낌을 주거나, 이야기 내용이 충분히 전달되지 않는 경우
음도장애	• 연령과 성에 따라 기대되는 음도보다 지나치게 높거나 낮은 경우 　– **단조로운 음성**: 말할 때 음도의 변화가 거의 없음 　– **음도이탈**: 말하는 동안 음도가 갑자기 위아래로 변함
음질장애	• 음성에서 배음이 좋은 소리란 정배수 주파수가 동시에 나오는 소리로, 기본 주파수가 100Hz라면 정배수 주파수는 200Hz, 300Hz, 400Hz로 만들어짐 • 배음은 공명강, 성대 접촉형태, 성대 점막상태에 따라 달라짐 • **음질장애 중에서 자주 나타나는 증상**: 목쉰 소리, 과대비성, 무비성, 숨찬음성(기식성 음성), 성대프라이 등

2. 원인에 따른 분류

(1) 기질적 음성장애

음성에 영향을 주는 후두의 기질적 질병으로 인해 발생하는 음성장애이다.

(2) 기능적 음성장애

기질이나 신경학적 원인을 가지고 있지 않음에도 발성기관의 남용과 오용으로 인한 음성장애이다.

(3) 심인성 음성장애

심리적인 문제로 발생하는 음성장애이다.

1. 음성장애의 예방

① 학급 안의 소음을 줄인다.
② 학급 밖의 소음이 클 경우에는 음성 사용을 자제하도록 한다.
③ 교사 스스로 좋은 음성을 모델링해 준다.
④ 학급 내에서 귓속말을 하지 않도록 한다.
⑤ 생수를 자주 마실 수 있도록 교실에 비치해 둔다.
⑥ 체육시간에 응원할 때는 음성 대신 손뼉이나 도구(깃발 등)를 사용하도록 한다.
⑦ 음악시간에는 과도하게 음도를 높이거나 힘을 주지 않도록 한다.
⑧ 친구를 부를 때엔 다가가서 말하거나 손을 흔들어서 신호하도록 한다.
⑨ 운동하는 동안 음성 남용이 쉽게 발생할 수 있다는 것을 염두에 두고, 음성보다 손 신호를 사용하게 한다.
⑩ 교실 내에서 음성 오용과 남용을 줄일 수 있는 방법을 개발한다.

2. 음성장애의 원인 및 중재

(1) 원인

아동의 기능적 음성장애는 대부분 음성 남용에서 비롯되므로, 아동의 음성 사용패턴을 관찰해야 한다.

(2) 중재

① 윌슨의 행동주의적 접근
  ㉠ 긍정적인 음성 산출에 강화를 주어 바람직한 음성 산출 발생확률을 증가시키는 것이며, 잘못된 성대 사용을 억제하고 적절한 강도·음도·속도·공명·근육긴장을 목표로 한다.
  ㉡ '청각훈련'을 강조하고, 구체적으로 다른 사람들의 목소리를 듣고 음성적인 특징(크다/작다, 높다/낮다, 거칠다/부드럽다)을 변별하는 훈련을 한 다음, 자신의 음성을 스스로 자각하는 단계를 거친다.

② 놀이활동을 통한 중재

방법	내용
청지각 훈련을 통한 활동	• 청각적인 지각능력의 개선은 아동이 자신의 음성을 의식적으로 지각하도록 하는 데 목적이 있음 • 아동은 성인과 달리 자신의 음성이 거칠고 불쾌한 것에 대해 크게 지각하지 못하는 경향이 있음 • 우선적으로는 타인의 목소리를 듣고 차이점을 변별하는 것에서 시작하고, 이후 자신의 목소리를 의식하여 느끼도록 함
호흡지각 및 호흡연장	• 호흡은 음성장애에서 매우 중요한 부분을 차지하지만 아동의 경우에는 간접적인 접근이 효과적임 • 직접적인 호흡법을 중재하게 되면 경직되고 호흡의 메커니즘이 깨어질 수 있으므로, 즐거운 놀이 형태로 자연스럽게 접근해야 함
자세	• 옳지 않은 자세는 좋은 음성을 만들어 내지 못함 • 아동들은 자신의 자세를 지각하고 문제가 있다면 자세를 교정하는 노력을 해야 함
말소리의 속도	• 음성에 문제를 가지고 있는 아동은 말을 너무 빨리 하고 쉼 없이 급하게 이어 나가는 경향이 있음 • 아동들은 자신의 말소리 속도를 지각하고 변화시켜야 함
부드러운 성대 접촉	• 부드러운 음성을 산출하기 위해서는 성대가 부드럽게 접촉해야 함 • 급작스럽고 강하게 접촉하게 되면 거친 소리가 나오며, 성대가 상하는 결과를 가져옴
음도 유지	호기를 오랫동안 유지하는 훈련은 음도를 지속시키는 기능을 함

다음은 김 교사가 학생 A의 음성 산출 행동을 관찰하여 정리한 것이다. 김 교사가 학생 A를 위하여 교실 내에서 적용할 수 있는 음성 관리방법에 대한 설명으로 가장 적절한 것은? [2점]

- 쉬는시간에 자주 큰 소리로 노래를 부른다.
- 수업시간에 습관적으로 과도한 기침이나 헛기침을 한다.
- 운동경기를 보며 지나치게 큰 소리로 응원하는 경우가 많다.
- 수업시간에 다른 학생들에 비해 지나치게 큰 소리로 말하여 자주 목이 쉰 소리가 난다.

① 책상을 손바닥으로 강하게 밀면서 음을 시작하게 한다.
② 숨을 들이마시면서 목에 긴장을 주며 음을 시작하게 한다.
③ 목청을 가다듬으며 내는 소리를 길게 늘여 음을 시작하게 한다.
④ 말을 적게 하게 하고, 빠르게 숨을 쉬며 힘주어 음을 시작하게 한다.
⑤ 하품이나 한숨을 쉬는 것처럼 부드럽게 속삭이듯이 음을 시작하게 한다.

(나)는 2차시 '도구의 쓰임새 알기' 수업 장면의 일부이다. 물음에 답하시오.

(나) 수업 장면

박 교사: 여러분, 오늘은 여러 가지 도구가 어디에 사용되는지 공부해 볼 거예요. 풀은 어디에 사용되는 걸까요? 선우가 한 번 말해 볼까요?
선 우: (ⓗ 매우 거칠고 쉰 목소리로) 붙여요! 붙여요!
박 교사: (소란스러운 아이들을 조용히 시키며) 선우야! 다시 한번 말해 볼까?
선 우: (더 큰 소리로) 붙여요!
박 교사: 그래요. 풀은 붙이는 데 사용해요.
        (박 교사가 책상 아래에서 풀, 가위, 투명 테이프 등이 들어있는 도구 상자를 꺼내는 사이에 교실은 다시 소란해진다.)
박 교사: 자, 지금부터 풀로 색종이를 붙여 볼 거예요. (도구 상자를 영미에게 보여 주며) 영미야, 선생님에게 무엇을 달라고 해야 하지?
영 미: (대답은 하지 않고 도구 상자만 바라본다.)
박 교사: (영미에게 풀을 건네주며) (ⓐ   )
영 미: (분명하지 않은 발음으로) ⓞ 풀 주세요.

3) 성대를 습관적으로 남용하는 선우는 (나)의 ⓗ과 같은 음성적 특성을 보인다. 박 교사가 선우를 위해 할 수 있는 교실 내의 물리적 환경 개선방안을 1가지 쓰시오. [1점]

- _____

01 언어

1. 언어의 구성요소

(1) 형태

소리를 의미가 있는 기호와 연결시키는 언어적 요소로 '음운론, 형태론, 구문론'의 세 가지를 포함한다.

(2) 내용

언어의 의미를 뜻하며, '의미론'이 이에 속한다.

(3) 사용

사회적 상황에서의 언어의 활용을 규정하는 규칙으로, '화용론'이 이에 속한다.

(4) 구성요소의 하위체계

구성요소	하위체계	정의	사용의 예	
			수용언어	표현언어
형태	음운론	말소리 및 말소리의 조합을 규정하는 규칙	말소리 식별	말소리 만들고 분명하게 발음
	형태론	단어의 구성을 규정하는 규칙	단어의 문법적인 구조 이해	단어 내에서 문법 사용
	구문론	단어의 배열, 문장의 구조, 서로 다른 종류의 문장구성을 규정하는 규칙	문구와 문장 이해	문구와 문장 내에서 문법 사용
내용	의미론	의미(단어 및 단어의 조합)를 규정하는 규칙	단어의 의미와 단어 간 관계 이해	단어의 의미와 단어 간의 관계 사용
사용	화용론	사회적 상황에서의 언어의 사용과 관련된 규칙	사회적 상황 단서 이해	다른 사람에게 영향을 미치기 위해 언어 사용

(가)는 경직형 뇌성마비 학생 주희는 언어 관련 특성이고, (나)는 특수교사와 언어재활사가 협의한 내용이다. 물음에 답하시오.

(가) 주희의 언어 관련 특성

- 호흡이 빠르고 얕으며, 들숨 후에 길게 충분히 내쉬는 것이 어려움
- 입술, 혀, 턱의 움직임이 조절되지 않고 성대의 과도한 긴장으로 쥐어짜는 듯 말함
- ⊙ 말소리에 비음이 비정상적으로 많이 섞여 있음
- 전반적으로 조음이 어려우며, 특히 /ㅅ/, /ㅈ/, /ㄹ/음의 산출에 어려움을 보임

(나) 협의록

- 날짜: 2013년 3월 13일
- 장소: 특수학급 교실
- 협의주제: 주희의 언어능력 향상을 위한 지도 방안
- 협의내용
  ① 호흡과 발성의 지속시간을 점진적으로 늘릴 수 있도록 지도하기로 함
  ② 비눗방울 불기, 바람개비 불기 등의 놀이활동을 통해 지도하기로 함
  ③ /ㅅ/, /ㅈ/, /ㄹ/발음의 정확성을 높이기 위하여 반복연습할 기회를 제공하기로 함
  ④ 자연스럽고 편안한 발성을 위하여 바른 자세 지도를 함께 하기로 함
  ⑤ 추후에 주희의 의사소통 문제는 ⓒ 언어의 3가지 주요 요소(미국언어 · 청각협회: ASHA)로 나누어 종합적으로 재평가하여, 필요하다면 주희에게 적합한 ⓒ 보완 · 대체 의사소통(AAC)체계 적용을 검토하기로 함

3) ⓒ 언어의 3가지 주요 요소 중 ①~④와 관련된 요소를 쓰고, ①~④와 관련 있는 언어학적 영역을 쓰시오. [2점]

- _____

(가)는 활동계획안의 일부이고, (나)는 통합학급 최 교사와 특수학급 박 교사의 대화내용 중 일부이다. 물음에 답하시오.

(가) 활동 계획안

활동명	나의 꿈	누리과정 관련 요소	• 사회관계: 사회에 관심 갖기 – 지역사회에 관심 갖고 이해하기 • 의사소통: 말하기 – ㉠ 느낌, 생각, 경험 말하기
활동목표	나의 꿈을 말할 수 있다.		
활동자료	다양한 직업에 대한 그림자료, ppt자료		

(나) 대화

> 박 교사: 선생님, 요즘 지수가 슬기반에서 잘 지내고 있나요?
>
> 최 교사: 네. 대부분의 수업활동에는 잘 참여하고 있어요. 그러나 자기의 느낌이나 생각을 말하는 시간에는 어려움이 있어요. 작년에는 ㉡ 말이 막히거나 말을 더듬는 현상이 종종 있었는데, 올해는 많이 좋아졌어요. 그런데 아직까지도 지수의 발음이 정확하지 않아서 친구들이 잘 알아듣지 못하는 것 같아요. 친구들하고 이야기할 때 ㉢ 지속적으로 '풍선'을 '푸선'이라 하고 '사탕'을 '아탕'이라고 하거든요.
>
> 박 교사: 그렇군요. 저는 ㉣ 지수가 이야기할 때 상황에 적절치 않게 말을 하는 경우를 많이 보았어요. 얼핏 보면 말을 잘 하는 것 같지만, 실제로는 친구들과 대화를 할 때 어려움이 있어요.

2) ㉡과 ㉢에 나타난 언어장애 유형을 쓰시오. [2점]

- ㉡: _____　• ㉢: _____

3) 언어의 하위 체계에는 5가지(음운론 등)가 있다. ㉣에서 언급된 지수의 언어행동은 언어의 하위 체계 중 무엇과 관련된 문제인지 쓰시오. [1점]

- _____

(가)는 뇌성마비 학생 F의 의사소통 특성이고, (나)는 학생 F의 수업 참여도를 높이기 위해 교사가 작성한 보완·대체 의사소통 기기 활용계획의 일부이다. 〈작성 방법〉에 따라 서술하시오. [4점]

(가) 학생 F의 의사소통 특성

- 한국 웩슬러 아동용 지능검사 4판(K-WISC-Ⅳ) 결과: 언어이해 지표 점수 75
- 조음에 어려움이 있음
- 태블릿 PC 애플리케이션을 이용하여 수업에 참여함

(나) 보완·대체 의사소통 기기 활용계획

- 활용 기기: 태블릿 PC
- 애플리케이션을 활용한 수업내용
  - ㉠ 문장을 어순에 맞게 표현하기
- 어휘 목록
  - 문법 요소, 품사 등 수업 내용에 관련된 어휘 목록 선정
- 어휘 목록의 예
  - 나, 너, 우리, 학교, 집, 밥, 과자
  - 을, 를, 이, 가, 에, 에서, 으로 ┐㉡
  - 가다, 먹다, 오다, 공부하다
- 어휘 선택 기법
  - 화면이나 대체 입력기기를 직접 접촉하거나 누르고 있을 동안에는 선택되지 않음 ┐㉢
  - 선택하고자 하는 해당 항목에 커서가 도달했을 때, 접촉하고 있던 것을 떼게 되면 그 항목이 선택됨

―〈작성 방법〉―
- (나)의 밑줄 친 ㉠과 관련된 용어를 언어의 3가지 하위 체계 구성요소 중에서 1가지 쓸 것

다음은 초임 특수교사가 관찰한 학생들의 특성과 이에 대한 수석교사의 조언 일부이다. 물음에 답하시오.

학생	학생 특성	조언
은지	• 인지 및 언어 발달지체가 심함 • 자신의 요구를 나타내려는 듯이 "어-어-, 어-", "우와, 우와, 우와"와 같은 소리를 내고, 교사가 이해하기 어려운 몸짓을 사용하기도 함	• ㉠ 표정, 몸짓, 그림 가리키기, 컴퓨터 등을 포함한 비구어적 수단을 활용하는 지도 방법을 통해 언어발달을 도와줄 수 있음
소희	• 상황에 맞지 않거나 문법적 오류가 많이 포함된 2~3어절 정도 길이의 말을 함	• ㉡ 언어지도 시 일상생활과 관련하여 잘 계획되고 통제된 맥락의 활용을 고려해 볼 수 있음
	• 대화 시 교사의 말에 대한 반응이 없거나 늦음	• 학생의 의사소통 기회를 증가시키기 위해 교사가 말을 하다가 '잠시 멈추기'를 해 주는 방법을 쓸 수 있음
인호	• ㉢ "김치 매운 먹어요."와 같은 문장을 사용하거나, ㉣ "생각이 자랐어."와 같은 말을 이해하지 못함	• 언어학의 하위 영역별로 지도하면 좋음
	• ㉤ 주어를 빼고 말하는 경우가 자주 있음	• ㉥ W-질문법을 활용하면 좋음

3) ㉢과 ㉣에서 나타난 오류는 언어학의 하위 영역 중 어느 영역에 해당되는지 각각 쓰시오. [2점]

- ㉢: _____   • ㉣: _____

다음은 통합학급 5세반 황 교사와 유아 특수교사 정 교사의 대화이다. 물음에 답하시오. [5점]

황 교사: 선생님, 영주는 ⊙ 말의 흐름이 자연스럽지 않고, 말 리듬이 특이해서 무슨 말을 하는지 이해하기가 힘들어요. 특정 음절을 반복·연장하고, 말이 막히기도 해요. 반면, 선미는 말을 할 때 ⓒ 부자연스러운 고음과 쥐어짜는 듯한 거칠고 거센소리를 내요.

···중략···

황 교사: 지수의 경우는 점심시간에 제가 지수에게 "계란줄까?"라고 물어봤는데, ⓒ 지수가 로봇처럼 단조로운 음으로 바로 "계란줄까, 계란줄까, 계란줄까."라고 했어요. 또 "연필 줄래?"라고 했더니 연필은 주지 않고 "줄래, 줄래, 줄래."라고 말했어요. 또 ② 자신의 말하기 순서를 기다리지 못해서 불쑥 얘기하기도 해요.

정 교사: 그렇군요. 그건 지수와 같은 아이들에게서 자주 나타나는 현상이죠.

황 교사: 그리고 지수는 ⑩ 몸을 앞으로 숙였다 펴고, 손을 들어 손가락을 접었다 펴는 행동을 반복해요. 그러면서 "꺄악꺄악"이라는 의미 없는 소리를 내기도 해요.

···하략···

---

1) ⊙과 ⓒ에 해당하는 말장애(구어장애) 유형을 쓰시오. [2점]

• ⊙: _____   • ⓒ: _____

2) ⓒ과 같이 지수가 보이는 의사소통의 특성을 무엇이라고 하는지 쓰시오. [1점]

• _____

3) ① ②에 해당하는 언어학의 하위 범주를 쓰고, ② ⑩의 행동 특성을 무엇이라고 하는지 쓰시오. [2점]

• ①: _____   • ②: _____

02 언어장애 종류

1. 단순 언어장애

(1) 정의

① 감각적·신경학적·정서적·인지적 장애는 전혀 가지지 않고 언어발달에만 문제를 보이는 경우를 말한다.

② 단순 언어장애를 가정하기 위해 일차적으로 다른 영역에서의 발달장애나 질병요인이 완전히 배제되어야 한다.

③ 단순 언어장애는 일차적으로 수용언어나 표현언어상의 심각한 결함을 보이는 발달적 언어장애이며, 동시에 언어발달상의 지체현상을 가지고 있다.

> ■ 핵심 플러스 - Leonard의 단순 언어장애 진단기준
>
> ① 표준화된 언어검사에서 -1.25 SD 이하   ② 비언어성 지능검사 결과가 85 이상
> ③ 청력검사에서 이상 없음   ④ 최근에 중이염에 걸린 적 없음
> ⑤ 신경학적인 이상이 없음   ⑥ 구강구조 및 구강 운동기능에 이상이 없음
> ⑦ 사회적 상호작용에 어려움이 없어야 함

(2) 언어중재 프로그램

① 청지각과 음운인식

    ㉠ 청지각

        ⓐ 청지각의 결함은 말소리를 정확하게 이해하지 못하고 정확하게 발음하지 못하는 주요 원인이 된다.

        ⓑ 청지각은 귀로 듣고, 정확히 인식하고, 변별하고, 이해하는 과정을 말한다.

        ⓒ 청지각의 하위개념

하위개념	내용
청각적 이해력	소리를 듣고 의미를 알고, 말을 듣고 이해하는 능력
청각적 변별력	같은 소리인지, 같은 음절인지, 같은 음소인지 등을 구별하는 능력
청각적 기억력	들은 말을 그대로 재현하거나, 청각적 정보를 순서대로 기억하는 능력
청각적 종결력	단어 중에서 빠진 소리를 인식하고 찾아내는 능력
청각적 혼성력	각각의 소리를 단어로 연결하고 종합하는 능력

    ㉡ 음운인식

        ⓐ 말소리의 구조를 인식하고 분석하는 것으로, 음절단위의 음운인식 능력을 갖추었다는 것은 단어를 음절 단위로 인지하고, 초성 자음과 각운 등을 인지하며, 음절단위로 말소리를 조작하는 등의 능력을 가지고 있음을 의미한다.

        ⓑ 음운인식 과제 유형

유형	내용
수세기	아동에게 1~3음절의 낱말을 들려주고 각 낱말이 몇 개의 음절로 구성되었는지 말해보게 하는 것
합성	각각의 음절을 듣고 낱말을 구성해보게 하는 것
탈락	다음 절 낱말에서 하나의 음절(첫소리/끝소리)을 제거하고 말해보게 하는 것
변별	3개의 낱말을 들려주고 첫음절 또는 끝음절이 다른 낱말을 찾아보게 하는 것
대치	다름 음절로 바꾸어서 소리를 만들어보게 하는 것

② **청각적 주의집중**: 듣기 과정은 세 단계로 구성된다.
  ㉠ **들리기(hearing)**: 귀로 소리를 인지하는 물리적인 단계로, 내 의지와 상관없이 소리가 들리는 것이다.
  ㉡ **듣기(listening)**: 귀로 들어온 소리에서 의미를 구성해내는 심리적 단계이다.
  ㉢ **청해(auding)**: 청각적으로 들어온 정보를 종합적으로 이해, 해석하는 가장 높은 수준의 듣기 단계이다.
  ㉣ 단순언어장애 아동은 들리기(hearing)에는 문제가 없지만 듣기(listening)와 청해(auding)에 어려움을 보인다.
  ㉤ **청각적 주의집중은 놀이활동 속에서 이루어지는 것이 좋음**: 놀이는 아동이 지루하지 않고 자연스러운 방법으로 집중을 유도할 수 있다는 장점이 있다.
③ **상위언어인식**
  ㉠ 언어 자체를 사고의 대상으로 취급하면서 언어의 구조적 특성을 인식하고 조작하는 능력을 말한다.
  ㉡ 언어의 어느 부분을 사고대상으로 하는지에 따라 음운자각, 단어자각, 구문자각, 화용자각 등으로 분류할 수 있다.

분류	내용
음운자각	• 구어에서 사용되는 단어들 속에 들어 있는 여러 단위를 분리하거나, 이 단위들을 다시 결합하여 재합성할 수 있다는 점을 아는 것 • '돼지'라는 단어를 듣고 2음절로 만들어졌다는 것을 판단해야 하며, '다람쥐'와 '도깨비'는 동일한 음소를 초성에서 가지고 있다는 것을 알 수 있어야 함 • 음운인식에 결함이 있는 경우, 잘못된 발음을 들려주었을 때 인식하는 능력도 낮음
단어자각	• 단어가 가진 물리적 속성과 추상적 속성을 이해하는 능력 • 예를 들어, '돼지'라는 단어 속에는 포유동물 돼지가 갖는 물리적인 속성과 '많이 먹는 사람', '삼겹살', '더러움' 등의 추상적인 속성을 포함하는데, 이러한 개념 형성과 추상적 사고에 대한 인지적 유동성이 바로 단어자각 능력임 • 사물의 이름이 바뀌어도 속성이 바뀌지 않는다는 것을 아는 능력, 예를 들면 '서점 – 책방' 등을 이해하는 것을 말하기도 함 • 의미인식에 결함이 있는 경우, 문장에 잘못된 단어가 사용될 때 틀렸다는 점을 잘 알아차리지 못함
구문자각	• 문법에 맞는 문장을 사용하는지에 대한 자각 • 예를 들면, "밥이 맛있어요.", "선생님이 철수에게 책을 읽었다."와 같은 문장이 문법적으로 맞는지를 판단하는 능력 • 구문인식에 결함이 있는 경우, 비문을 포함한 문법성 판단 과제에서 낮은 수행능력을 보임 • 반면에 문법적으로는 맞지만 의미가 맞지 않는 문장, 예를 들면 "동생이 아빠를 낳았다.", "밥을 마셔요."와 같은 문장의 오류를 판단하는 것은 의미자각에 해당하며 구문자각과 함께 분석할 수 있음
화용자각	• 자신의 발화가 상황에 적절한지, 목적달성에 적합한지 등을 스스로 점검하고 조절하는 것 • 우리는 발화의 오류가 발생했을 때 스스로 오류를 수정함 • 예를 들면 적절치 못한 말이 튀어나온 경우나 대화자의 연령이나 지위에 맞지 않는 단어, 존칭을 썼을 때도 스스로 옳고 그름을 판단함 • 화용인식에 결함이 있는 경우, 대화의 상황적 맥락, 대화 규칙 등의 정/오답에 대한 판단 능력이 낮음

④ 음운처리

　㉠ 구어, 문어를 포함한 언어적 정보처리를 위해 음운에 기초한 정보를 활용하는 것을 말한다.

　㉡ 음운처리 과정은 음운인식, 음운부호화, 음운재부호화의 하위 유형으로 구분할 수 있다.

구성요소	활동명	활동내용
음운부호화	• 순서대로 반응하기 • 거꾸로 반응하기	• 선생님이 말한 것을 잘 기억한 다음에 순서대로 똑같이 따라 말해보세요. /사과/, /토끼/, /트럭/ • 선생님이 말한 것을 잘 듣고 거꾸로 말해보세요. /바/, /고/, /디/
음운재부호화 (음운부호의 인출)	• 단어 말하기 • 끝말잇기	• 지금부터 선생님이 시간을 잴 거예요. '그만' 할 때까지 /바/ 소리로 시작하는 단어를 모두 말해보세요.

⑤ 구문 및 어휘지도

　㉠ 표현언어 지도

방법	설명
반복 재생하기	• 교사가 하나의 문장을 계속 모델링해주다가 어느 순간에 마지막 단어를 말하지 않고 아동을 (기다린다는 눈빛으로) 응시함 • 아동이 반복된 단어를 말하도록 하는 것이 목적이며, 아동이 목표단어를 산출하지 않을 경우 교사가 단어를 말해줌
FA 질문법	• 두 개의 단어 가운데 하나를 선택할 수 있는 질문을 던지는 방법 • 초기 어휘학습 단계에서 단순언어장애 아동은 주로 실제 의사와 무관하게 "응."이라는 답변을 가장 많이 하는데, 이는 아동이 질문을 제대로 이해하지 못했거나 다른 말로 표현할 수 있는 방법을 모르기 때문임 • FA 질문법은 일어문과 이어문 단계에서 주로 사용됨
Wh-질문법 (who, what, where, when, why)	• 아동의 발화를 자극하는 가장 좋은 동기부여는 관심을 가지고 아동으로부터 답을 알고자 하는 것 • 교사는 아동의 어휘발달 수준에 적합한 질문을 해야 하는데, 단순언어장애 아동의 경우는 Wh-질문법이 효과적임 • 무엇보다 답변하는 데 일반아동에 비해 많은 시간이 걸린다는 것을 감안해야 하며, 일반적으로 3~5초 이상의 쉼이 예상됨 <table><tr><th>Wh 질문</th><th>질문내용</th></tr><tr><td>누가</td><td>이 사람은 누구예요?</td></tr><tr><td>어디</td><td>어디로 소풍을 간 거예요?</td></tr><tr><td>무엇을</td><td>소풍 가서 무엇을 하고 놀았어요?</td></tr><tr><td>언제</td><td>소풍을 언제 간 거예요?</td></tr><tr><td>왜</td><td>왜 이 친구는 앉아 있어요?</td></tr></table>

2. 낱말찾기 장애

① 어떤 상황이나 자극하에서 특정한 낱말을 산출하는 데 어려움을 가지는 것이다.

② 특히 지적 능력, 사회적 능력, 말 산출과 관련된 구조적 결함이 없음에도 불구하고 언어발달에 장애를 보이는 단순언어장애 아동에게서 많이 보고되어 왔다.

③ 단계별 유의점

단계	구분	유의점
1단계	훈련목표낱말의 선정	간단한 명사만을 훈련낱말로 사용하고 있으나, 실제로 효과적인 중재를 위해서는 아동의 연령, 아동의 흥미나 주제, 아동이 어려움을 겪는 낱말에 대한 고려가 있어야 함
2단계	언어중재 상황	언어중재는 개별, 소집단, 대집단의 형태로 이루어질 수 있으나, 일반화를 촉진하기 위해서는 다양한 상황 속에서 훈련을 하는 것이 중요함
3단계	활동	• 목표어와 의미적으로 관련된 낱말 • 초성이나 첫음절, 음절 수와 같이 목표어와 음운적으로 관련된 특성 • 목표어의 시청각적인 느낌(예 첫글자) • 목표어의 크기, 질감, 운동성과 같은 감각운동적 특성(예 판토마임) • 목표어가 발생하는 문맥적 특성 등을 이용하는 것 • 낱말찾기의 단서 <table><tr><td>의미적 단서</td><td>• 목표낱말의 동의어나 반의어, 연상어, 동음이의어 등이 있음 • 목표낱말의 상위범주어나 하위범주어 등도 사용할 수 있음 • 그 외에 목표낱말의 기능이나 물리적 특성을 사용하기도 함 • 몸짓으로 그 낱말을 흉내 내는 것도 의미적 단서가 될 수 있음</td></tr><tr><td>구문적 단서</td><td>해당 목표낱말이 자주 사용되는 문맥이나 상용구를 활용하는 것</td></tr><tr><td>음향–음소적 단서</td><td>• 첫음절을 말해 주거나 음절 수를 손으로 두드리거나 또는 손가락으로 알려주는 방법 등 • 첫글자를 써주는 것도 아동에게 음소적 단서를 제공하는 것에 포함됨</td></tr></table>
4단계	치료효과의 측정	• 능력의 증진 정도 측정: 그림 보고 이름대기 과제 • 치료효과 척도: 전체 목표낱말 수에 대한 오류수의 비율과 반응시간을 기준으로 함 • 유지효과를 보기 위해서 치료 종료 후 1개월이 지난 시점에서 다시 검사를 해야만 신뢰성을 확보할 수 있음

3. 신경장애

(1) 신경 말장애(운동 말장애)

① 말실행증

㉠ 후천적인 뇌손상으로 인한 근육의 마비나 약화현상 없이 조음기관의 위치를 프로그래밍하거나, 조음운동을 체계적으로 수행하는 데 어려움을 보이는 말장애이다.

㉡ 전반적으로 변이성이 높으며, 발화 시 입술을 끊임없이 움직이면서 정확한 조음의 위치나 방법을 찾는 듯한 모색현상도 관찰된다.

② 마비 말장애

㉠ 중추 및 말초신경계의 손상으로 인한 말 기제의 근육조정 장애로 나타나는 말장애를 뜻한다.

㉡ 정상적인 말하기는 호흡, 발성, 공명, 조음, 운율 등을 담당하는 여러 발화 하부체계의 구조가 정상적인 상태여야 하며, 이들 기관 간의 기능이 조화롭게 이루어져야 비로소 가능하다.

㉢ 따라서 중추 및 말초신경계의 손상은 일반적으로 이러한 발화 하부체계에 부정적인 영향을 미친다.

㉣ 그 결과 호흡, 발성, 조음, 공명, 운율 등을 포함한 말 기능의 요소인 속도, 강도, 범위, 타이밍, 정확성이 비정상적이 된다.

(2) 신경 언어장애(실어증)

① 실어증의 과제분석력

분류	브로카 실어증	베르니케 실어증	전반 실어증	명칭 실어증	초피질운동 실어증	초피질감각 실어증	전도 실어증	혼합 초피질 실어증
유창성	–	○	–	○	–	○	○	–
청각적 이해력	○	–	–	○	○	–	○	–
따라 말하기	–	–	–	○	○	○	–	○
이름대기	–	–	–	–	–	–	○	–

② 실어증의 종류와 특성

분류	말·언어의 특징
브로카 실어증	• 전두엽 영역의 손상으로 말의 산출에 특히 어려움을 보이며 전보식 문장과 같은 문법능력에 결함을 보이는 실문법증 현상이 많이 나타남 • 발화의 대부분은 짧지만 상대방의 말을 이해하는 능력은 상대적으로 좋은 편임
베르니케 실어증	• 측두골 뒤쪽의 병변으로, 말은 유창하나 그 말에는 의미가 없는 신조어, 착어증, 자곤 등이 나타남 • 이 영역에 손상을 입은 사람은 상대방의 말을 이해하는 데 어려움을 가짐
전반 실어증	• 뇌의 광범위한 손상으로 인해 브로카·베르니케 실어증이 결합된 가장 심한 형태의 실어증 유형 • 일반적으로 구어적·비구어적 의사소통이 거의 이루어지지 않음
명칭 실어증	가장 경미한 형태로, 이름대기에 어려움을 가짐 예 "나 어제 그거 그거 먹었는데… 그게 뭐더라… 맞다! 삼겹살."과 같이 대화상에서 특정 단어가 떠오르지 않는 경우
초피질운동 실어증	브로카 실어증과 비슷하지만 따라 말하기 과제에 어려움이 없는 경우
초피질감각 실어증	베르니케 실어증과 비슷하지만 따라 말하기 과제에 큰 어려움이 없는 경우
전도 실어증	• 브로카와 베르니케 영역 사이를 이어주는 영역에 병변이 있음 • 베르니케 실어증처럼 말소리는 유창하지만 따라 말하기에 심한 어려움을 가짐
혼합 초피질 실어증	브로카·베르니케 실어증의 특성을 모두 가진 심한 상태이지만 따라 말하기는 가능한 경우

③ 실어증의 특성

구분	내용
신조어	환자가 순전히 새롭게 단어를 만들어 내는 말
착어증	목표단어 대신 비슷하게 들리는 단어를 말하거나(음소 착어증), 의미적으로 유사한 단어를 산출하는 말(의미 착어증)
자곤(jargon)	명료하지 못한 태도로 무의미한 말을 웅얼거리는 듯하게 함
언어상동증	비슷한 문구만을 되풀이하여 말함
이름 대기 장애	말하고자 하는 단어가 떠오르지 않아 둘러 말하기를 사용함
실서증	신경쓰기 장애로서 쓰기능력이 상실되는 경우
실독증	신경읽기 장애로서 읽기능력이 상실되는 경우
보속증	바로 앞에서 발음된 말소리나 단어를 반복하여 말함

다음은 소라의 의사소통장애와 관련된 진단평가 결과이다. 소라가 가진 문제와 가장 관련이 깊은 것은? [1.4점]

진단평가 결과 – 유소라 (7세)	
검사	내용
이비인후과적 검사	• 평균 청력손실: 15 dB • 중이염 없음 • 구강구조 정상
신경학적 검사	• MRI 검사(뇌손상): 정상 • 뇌파 검사(간질): 정상
언어심리학적 검사	• K-WISC-Ⅲ: 언어성 지능(IQ) 75, 동작성 지능(IQ) 102 • 언어학습능력 진단검사(ITPA): 5세
기타	• 정서, 사회성 발달에 심각한 문제 없음 • 감각에 심각한 문제 없음

① 구개파열   ② 운동 말장애   ③ 마비 말장애

④ 단순 언어장애   ⑤ 신경 언어장애

(가)는 OO중학교에 재학 중인 학생 J의 진단·평가 결과이고, (나)는 순회 교사가 작성한 지도 계획의 일부이다. 〈작성 방법〉에 따라 서술하시오. [4점]

(가) 학생 J의 진단·평가 결과

> • 언어 능력에 영향을 미칠 수 있는 지능이나 청력, 신경학적인 손상 등이 없음
> • 사회·정서적 영역의 발달에 이상이 없음
> • 표준화된 언어검사 결과 -1.5SD임

(나) 지도 계획

> • 활동 1
> (㉠   )
> – /ㅁ/, /ㅏ/, /ㅊ/, /ㅏ/를 듣고 '마차'라고 답하기
> – /ㅅ/, /ㅏ/, /ㅈ/, /ㅣ/, /ㄴ/을 듣고 '사진'이라고 답하기
> • 활동 2
> 틀린 문장에서 틀린 이유를 말하기
> – "오빠가 아빠를 낳았다."에서 틀린 이유를 말하기 ㉡
> – "짜장면을 마셔요."에서 틀린 이유를 말하기

〈작성 방법〉

• (가)에 근거하여 학생 J의 언어장애 유형을 쓸 것
• (나)의 '활동 1'을 통해 향상시킬 수 있는 상위언어기술의 영역 1가지를 쓰고, ㉠에 들어갈 활동 내용을 1가지 제시할 것
• (나)의 ㉡에서 순회 교사가 지도하고자 하는 언어 영역은 언어학의 하위 영역 중 어느 것에 해당하는지 쓸 것

다음은 언어장애 학생 A가 미술시간에 특수교사와 나눈 대화이다. 특수교사가 학생 A의 언어문제를 해결하기 위하여 제시할 수 있는 언어적 단서와 그에 따른 교수활동이 바르게 연결된 것을 (가)~(라)에서 고른 것은? [2점]

학 생 A: (그림 오려 붙이기 활동 중 색종이를 들고 교사에게 다가와) 선생님!
(손가락으로 가위 모양을 만들어 자르는 흉내를 내며) 이렇게 이렇게 하는 거 있잖아요. 그거 주세요.
(머뭇거리다가) 어-어- 자르는 건데……
특수교사: 무엇이 필요한데요?
학 생 A: 어-어- 동그란 손잡이가 있고 쇠로 만들었고, (손가락으로 가위 모양을 만들어 자르는 흉내를 내며) 자르는 거요.
그거, 음- 그거요.

구분	단서	교수활동
(가)	의미적 단서	"이건 문구의 종류인데요."라고 학생 A에게 말하기
(나)	구문적 단서	학생 A 앞에서 '가위'의 음절 수만큼 손으로 책상 두드리기
(다)	형태적 단서	(손동작으로 '가위, 바위, 보'를 하며) "○○, 바위, 보"라고 말하기
(라)	음소적 단서	학생 A의 손바닥에 'ㄱ'을 적어 주며 "선생님이 쓴 글자로 시작합니다."라고 말하기

① (가), (나)   ② (가), (다)   ③ (가), (라)   ④ (나), (라)   ⑤ (다), (라)

다음 (가)~(라)의 유형에 따른 내용 중 옳은 것을 〈보기〉에서 고른 것은? [2.5점]

(가) 브로카 실어증(Broca's aphasia)　　　　(나) 베르니케 실어증(Wernicke's aphasia)
(다) 마비 말장애(dysarthria)　　　　　　　(라) 말실행증(apraxia of speech)

〈보기〉

㉠ (가)는 유창하지만 청각적 이해력에서 어려움을 보이고, 느린 발화속도와 단조로운 운율 특성 등을 보인다.
㉡ (나)는 청각적 이해력, 유창성, 따라 말하기는 좋은 편이나 이름대기 수행력이 낮고, 착어(paraphasia)가 자주 관찰된다.
㉢ (다)는 체계적인 호흡훈련, 조음 지도 및 운율 지도 등을 통해 말 명료도를 향상시킬 수 있다.
㉣ (다)는 말 산출과 관련된 근육의 약화, 불협응 등에 의한 말장애로 정확한 말소리 산출에 어려움을 보인다.
㉤ (라)는 노래 형식으로 발화 길이를 늘려가는 방식을 통해 표현력을 향상시킬 수 있다.
㉥ (라)는 근육 약화나 협응 곤란은 없지만 말 산출 근육의 프로그래밍 문제로 조음 및 운율 오류를 보이고, 정확한 조음 위치를 찾으려는 모색행동(groping)이 관찰된다.

---

① ㉠, ㉡, ㉤   ② ㉠, ㉢, ㉥   ③ ㉡, ㉢, ㉤   ④ ㉡, ㉣, ㉥   ⑤ ㉢, ㉣, ㉥

4. 언어장애 중재

(1) 교사를 통한 중재

① 발화유도 전략

- ㉠ **혼잣말 기법:** 아동에게 요구하지 않으면서 교사가 자기 행위에 대해 혼자 대화하듯이 말하는 기법이다.

  예 (교사가 그림에 색칠을 하면서) "사과는 빨간색이니깐 빨간색으로 칠해줘야겠다."

- ㉡ **평행적 발화기법:** 아동의 행위에 대해 아동의 입장에서 말한다.

  예 학생: (지수가 들어온다.)

  　　교사: "선생님 안녕하세요?"

- ㉢ **FA(Forced Alternative) 질문법:** 아동에게 대답할 수 있는 2개의 모델을 제시한다.

  예 "오늘은 오렌지를 먹을까? 아니면 포도를 먹을까?"

- ㉣ **대치 요청:** 목표언어가 나올 때까지 아동의 말을 고쳐 나가도록 유도한다.

  예 아동: "이거."

  　　교사: "이거, 뭐?"

② 발화 후 언어자극 전략

기법	기능		예시
확장	문법적으로 오류가 있는 아동의 표현을 문법적으로 완전한 형태로 바꾸어 말해줌		(그림책을 보며) 학생: "호랑이 토끼 먹어." 교사: "호랑이가 토끼를 먹어요."
확대	아동이 발화를 의미적으로 보완해줌		(그림책을 보며) 학생: "아저씨, 아저씨!" 교사: "소방관 아저씨구나."
교정적 피드백	아동의 잘못된 혹은 완전하지 않은 표현을 긍정적인 방법으로 고쳐줌		(친구 가방을 가리키며) 학생: "뻐." 교사: "맞아, 예쁘지?"
재구성	아동의 표현을 다른 문장구조로 바꾸어 말해줌		학생: "때렸어, 준이가, 재인이를." 교사: "재인이가 준이한테 맞았구나."
수정	아동의 잘못된 발화를 직접적으로 고쳐서 말해줌		(고래 그림을 보며) 학생: "악어야." 교사: "악어가 아니라 고래야."
수정 후 재시도 요청	아동의 잘못된 발화를 교정해준 후 다시 한번 말해 보도록 함		(고래 그림을 보며) 학생: "악어야." 교사: "악어가 아니라 고래야." 다시 말해 볼까?"
자기수정	아동이 잘못 말한 부분을 교사가 그대로 따라 함으로써 발화가 적절하지 않음을 알려주고 수정하게 함	자기수정 요청	학생: "안녕히 오세요" 교사: "(뭐라고?) 안녕히 오세요? 맞아?"
		자기수정 모델	학생: "안녕히 오세요" 교사: "(뭐라고?) 안녕히 오세요? 안녕히 가세요."

③ 명료화 요구하기

- ㉠ 아동이 잘못 발화한 부분에 대해 반복하거나 재형성하도록 요구하는 피드백이다.

- ㉡ 직접적으로 "다시 한번 말해 줄래?"라고 요구할 수도 있지만, 교사의 입장에서 아동이 말한 메시지를 좀 더 명료화시키는 방법도 있다.

  - ⓐ **질문하기:** 아동의 말을 끝까지 들은 후 명확하지 않은 부분에 대해서 물어보는 것이다.
  - ⓑ **의역하기:** 아동의 말을 듣고 교사가 이해한 대로 "네가 방금 말한 것은 ~라는 거지?"라고 다시 말해 주는 것이다.

④ 초언어적 피드백
  ⊙ 오류를 올바른 형태로 직접 제시하지 않고, 올바른 형태를 이끌어 내기 위해 언어자극을 준다.
  ⓒ 아동이 "이거 줘."라고 말하면 교사는 "어른에게 이야기할 때는 어떻게 하라고 했지?"라고 질문함으로써 "이거 주세요."라는 발화를 유도하는 전략이다.

5. 환경중심 언어중재

(1) 정의

① 환경중심 언어중재법은 기능적인 의사소통을 자연스럽게 유도할 수 있도록 아동의 환경 속에서 아동의 관심과 흥미에 따라 언어중재를 한다는 다소 포괄적인 중재 접근법이다.

② 의사소통이나 사회작용을 유도하기 위한 목적으로 많이 사용되어 왔으며, 통합교육과 일반화 문제가 대두되면서 언어치료에서도 많이 활용되고 있다.

(2) 공통 요소

① 훈련은 아동의 흥미나 주도에 따른다.
② 언어의 형태를 가르칠 때 일상생활에서 흔히 접할 수 있는 많은 사례를 사용한다.
③ 아동의 반응을 확실하게 촉진해 준다.
④ 아동의 반응에 대한 강화는 특정 언어형태와 연결된 것으로 하고, 훈련문맥 속에서 자연스럽게 한다.
⑤ 훈련은 교사─학생 간의 상호작용 속에서 다양하게 실시한다.
  ⊙ 환경중심 언어중재법 역시 행동주의의 '선행자극(자극)─반응─후속사건(강화)' 체제 속에서 행해진다.
  ⓒ **전통적인 행동주의적 접근법과의 차이점**: 선행사건은 훈련자의 촉진이 아니라 아동의 관심표현이며, 후속사건은 언제나 똑같은 것이 아니라 반응과 기능적으로 연관된다.

(3) 기법

분류	설명
시범	• 언어치료사가 우선 아동의 관심이 어디에 가 있는지 살피다가, 그 물건이나 행동에 같이 참여하면서 그에 적절한 언어를 시범 보이는 방법 • 아동 위주의 언어적 시범을 의미함 • 흔히 시범을 보이기 전에는 강화가 될 수 있는 교재나 활동을 통제하다가, 아동이 바르게 반응하면 언어적 확장과 강화(교재나 활동)를 제공함 • 아동이 바르게 반응하지 못하였을 때에는 다시 시범을 보이고, 그에 따른 강화를 제공함
반응 요구 후 모델	• 일대일 언어훈련으로부터 학급으로의 일반화를 위하여 개발됨 • 시범 방법에서와 같이 아동과 언어치료사가 함께 활동을 하다가, 아동에게 언어적인 반응을 구두로 요구해 본 후에 시범을 보이는 것 • **시범 방법과의 차이점**: 아동에게 반응의 기회를 우선 준 다음 언어적인 시범을 보임
시간지연	• 언어치료사가 아동과 함께 쳐다보거나 활동하다가 아동의 언어적 반응을 가만히 기다려 주는 기법 • 아동이 말해야 하는 상황임을 눈치채고 말을 하면 그에 적절하게 교정 또는 시범 보임 • 만약 아동이 지연에 반응하지 않으면, 언어치료사는 다른 지연을 제시하거나 '반응요구 후 모델' 절차나 '시범' 절차를 사용함
우발교수	• 아동의 생활환경에서 우연히 일어나는 의사소통 기회 또는 언어학습의 기회를 이용하여 언어훈련을 하는 방법 • 전통적인 방법에서는 언어치료사가 아동의 가정이나 학교, 교실 등 아동에게 중요한 환경에 가보고 그 상황 속에서 일어날 수 있는 언어훈련을 계획하여 부모나 교사와 함께 직접 또는 간접적으로 훈련을 실시함 • 그러나 '우연한 학습기회'가 그리 자주 포착되지 않을 수도 있고, 언어치료사를 학교나 가정에 파견하기가 어렵기 때문에 변형된 환경중심 언어중재가 제안됨 • 이 활용방안에서는 언어치료사가 아동의 환경이나 그와 유사한 상황에서 우발적인 학습의 기회를 만들어 주는 것을 허용함

(4) 강화된 환경중심 언어중재

① 등장

　㉠ 환경중심 언어중재가 가진 제한점을 극복하기 위하여 초기 의사소통 중재와 환경중심 언어중재를 혼합한 접근방법이다.

　㉡ 환경중심 의사소통 중재보다 더 효율적으로 환경을 조절하고 반응적으로 상호작용하도록 구성되었다.

　㉢ 강화된 환경중심 언어중재에는 아동의 활동 참여와 대화 상대자와의 의사소통을 촉진하기 위한 환경 조절, 사회적 상호작용, 새로운 언어 형태를 모델링하기 위한 반응적 상호작용 전략, 기능적인 맥락에서 새로운 언어의 사용을 모델링하고 촉진하기 위한 환경중심 언어중재 절차(아동중심 시범, 반응 요구 후 모델, 시간지연, 우발교수) 등이 포함된다.

② 전략

　㉠ 환경조절 전략

구분	내용	예시
흥미 있는 자료	아동이 흥미 있어 하는 자료를 이용함	나이프, 포크, 종이 블록, 긴 줄, 블록 박스, 언어 퍼즐 등 좋아하는 블록, 장난감을 교실의 잘 보이는 곳에 배치함
닿지 않는 위치	유아의 시야 안에 자료를 놓아두되 유아의 손이 닿지 않는 곳에 둠	좋아하는 장난감을 손이 닿지 않는 높이의 벽에 테이프로 붙여 놓거나 유아의 키보다 높은 창틀에 올려놓음
도움	유아가 자료를 조작하기 위해 성인의 도움을 필요로 하는 상황을 만듦	좋아하는 긴 줄이나 넥타이를 풀기 어렵게 여러 번 묶어 놓음
불충분한 자료	유아가 추가적인 자료를 요구하게 하기 위해 적은 수나 양의 자료를 제공함	수족관에 배 띄우기를 좋아하는 유아에게 물이 부족한 수족관과 배를 주어서 놀이를 하도록 유도함

　㉡ 반응적 상호작용 전략

구분	내용	예시
아동 주도에 따르기	유아의 말과 행동과 유사하게 언어적·비언어적 행동을 하고, 유아의 주제를 따르며 관찰하고, 말하도록 기다려 주고, 경청하며 말과 행동을 모방함. 지시나 질문은 피함	소꿉놀이를 하면서 유아: (나이프와 포크로 음식 모형을 써는 행동을 한다.) 교사: (나이프와 포크를 가지고 썰며) 계란 프라이를 썰어요. 유아: (포크로 음식을 찍어 먹는 흉내를 낸다.) 교사: (포크로 음식을 먹는 흉내를 내며) 계란 프라이가 맛있네요.
공동 관심 형성하기	유아와 교사가 같은 활동에 참여하거나 같은 장난감으로 놀이에 참여하며, 유아가 장난감이나 활동을 바꾸면 교사도 유아가 선택한 활동으로 전환함	크기가 다른 종이 블록을 가지고 놀이를 한다. 유아: (크기가 큰 블록을 아래 놓고 작은 블록을 차례 높이 쌓는다.) 교사: 작은 블록은 위로 올려야지. (작은 블록을 집어 유아의 블록 위에 올려놓는다.)
정서 일치시키기	유아의 기분과 태도가 적절할 때 유아의 정서에 맞춰 반응하고, 유아의 정서가 부적절하면 그에 맞추지 않음	유아가 얼굴을 찡그리면 교사도 찡그리고, 작게 대답하면 교사도 작게 유아에게 말을 한다.
상호적 주고받기	유아와 교사 간의 상호작용에서 교대로 대화나 사물을 주고받음	대화 주고받기 교사: (고개를 숙이며) ○○야, 안녕하세요? 유아: (고개를 숙인다.) 교사: 말로도 인사해야지. 안녕하세요? 유아: (웃으며) 안녕하세요?

ⓒ 환경언어 전략

구분	내용	예시
아동중심 시범	유아 위주의 언어적 시범으로, 유아의 관심이 어디 있는지를 관찰하고 그 물건이나 행동에 같이 참여하면서 적절한 언어를 시범 보임	• 유아와 공동관심을 갖는다. • 관심을 보이는 것에 언어적 시범을 보여준다. • 유아가 정반응을 할 때, 즉각적인 칭찬과 함께 언어 확장을 하면서 재료를 준다. 오반응이나 무반응을 하면 다시 모델을 한다. • 유아가 두 번째 시범에 정반응을 하면 즉각적인 칭찬, 언어 확장, 재료를 준다. 오반응을 하면 교정적 피드백과 재료를 준다. 유아: (교사의 손을 끌어 보자기에 놓는다.) 교사: ○○아, 어떻게 해 줄까요, 도와줄까요? 유아: (보자기 위에 발을 올려놓는다.) 교사: 보자기 묶어 줘요? 이때는 '도와주세요.'라고 하는 거야. 유아: 도와주세요. 교사: (안아 주면서) 옳지 잘하네.
반응요구 후 모델	유아와 함께 활동하다가 유아에게 언어적인 반응을 구두로 요구해본 후 시범을 보임	• 유아와 공동관심을 갖고 먼저 반응을 요구한다. • 유아가 정반응을 하면 즉각적인 칭찬과 언어 확장, 재료를 주고, 오반응, 무반응을 하면 두 번째 요구와 시범을 제시한다. • 유아가 두 번째 요구나 시범에서도 오반응을 하면 교정적 피드백을 준다. 교사: (안경을 교사가 가지고 있으면서) 뭐 줄까? 유아: (교사의 손에서 안경을 가져가려고 한다.) 교사: 안경을 가지고 놀고 싶니? 유아: (손을 내민다.) 교사: 이럴 때는 '주세요.'라고 이야기하는 거야. 유아: (손을 내밀며) 주세요. 교사: 안경, 주세요. 유아: 안경, 주세요. 교사: 옳지 말 잘하네. 그래, 그렇게 말하려무나.
시간지연	유아와 함께 활동하다가 언어적 반응을 기다려 주는 전략으로, 유아가 말을 해야 하는 상황임을 눈치채고 말을 하면 그에 적절하게 교정 또는 시범을 보임	• 유아와 공동관심을 갖는다. • 유아가 재료나 보조를 필요로 하기 쉬운 경우를 판별한다. • 5초간 유아의 언어적 반응을 기다린다. • 유아가 정반응을 하면 즉각적인 칭찬, 언어 확장, 강화물을 주고, 오반응을 하면 두 번째 시간지연을 한다. 유아가 두 번째도 오반응을 하면 다른 전략을 사용한다. (소고를 가지고 놀이를 한다. 교사만 소고의 채를 가지고 있고 유아는 채를 주지 않고 북만 준다.) 교사: (소고를 두드리며 놀이를 한다.) 유아: (교사의 손을 쳐다본다.) 교사: (소고를 유아 앞에서 두드리면서 소리를 낸다.) 유아: (교사의 손에서 채를 가져가려고 한다.) 교사: (채를 주지 않고 5초 이상 기다린다.) 유아: 주세요. (손을 내민다.) 교사: 북채 주세요. 유아: 북채 주세요.

구분	내용	예시
우발교수	우연히 일어나는 의사소통 기회 또는 언어학습의 기회를 이용하여 언어훈련을 하는 것	• 유아의 의사대로 우발적인 상황이 된다. • 유아와 공동관심을 갖는다. (유아가 흥미로워 하는 영역에 가서 놀이를 하면 새로운 환경과 반응을 조성해 준다.) • 시범 절차(새롭거나 어려운 형태를 훈련, 명료성 향상을 위해 사용) • 반응 요구 후 모델 절차(복잡하고 대화적인 기술을 훈련하기 위해 사용) • 시간지연 절차(환경 자극에 대해서 의사소통적 행동을 시작하도록 유아를 훈련시킬 때 사용)

6. 스크립트 언어중재

(1) 정의

① **스크립트**: 어떤 특정한 문맥 속에서 진행되는 단계적인 일련의 사건들을 설명하는 구조이다.

② 일상적인 상황문맥은 즉각적인 상황에 대하여 화자 간에 공유하는 상황지식을 제공해주며, 그 결과 아동에게 그 상황에서 늘 쓰이는 상황언어를 배울 학습의 기회를 제공해준다.

③ 익숙하고 일상화된 상황적인 문맥 속에서 아동은 쉽게 성인의 말을 예견할 수 있으며, 성인의 언어와 상황 간의 관계를 인지적으로 연결시킴으로써 상황적인 언어를 학습하게 된다.

(2) 단계

단계	구분	내용
1단계	단기적인 목표언어의 구조를 계획함	• 스크립트 문맥을 통해 계획할 수 있는 언어구조는 수용언어/표현언어, 의미론/구문론/화용론 등으로 다양함 • 문헌에서 보고되었던 목표 언어구조로는 2~3낱말 의미관계의 표현 또는 이해하기, 화용적인 기능 사용하기 등이 있음
2단계	아동에게 익숙하며 주제가 있는 일상적인 활동(스크립트)을 선정함	• 아동의 머릿속에서 그 활동의 순서가 이미 익숙한 활동을 선택함 ⑩ 생일잔치라는 주제 활동이 주어지면, 생일 축하 노래를 부르고 케이크에 꽂힌 촛불을 분 다음, 케이크를 자르는 일련의 행동을 떠올리게 되는 것 • 이렇게 익숙한 활동을 선택하는 것은 아동이 상황이나 문맥을 이해하는 데 신경을 쓰느라 막상 말에는 주의를 집중하지 않는 문제를 없애기 위한 것임
3단계	선택한 스크립트 속에 포함될 하위 행동들을 나열함	• 생일잔치나 목욕하기 등의 익숙한 스크립트라도 아동의 경험에 따라서 그 하위 행동들은 조금씩 다를 수 있으며, 주제에 핵심적인 하위 행동뿐만 아니라 부수적인 하위 행동들도 있음 ⑩ 폭죽 터트리기나 선물 열어보기 등의 하위 행동은 촛불 켜기, 케이크 먹기 등의 하위 행동에 비해 더 부수적인 하위 행동에 속함 • 이때, 하위 행동의 범위를 정하는 것은 해당 하위 행동이 목표언어를 유도해내는 데 필요한가 여부에 따라서 정하는 것이 바람직함
4단계	선택한 하위 행동마다 구체적인 목표언어를 계획함	• 하위 행동 옆에 목표언어를 기재함 • 목표언어는 실제 아동이 배울 말로서, 지시에 따르게 하거나(수용언어 증진이 목표인 경우) 말하게(표현언어 증진이 목표인 경우) 할 내용이어야 함 ⑩ 생일파티 스크립트에서 목표 언어구조가 2낱말 의미관계 '장소-행위'의 표현이라면, "머리에(모자를) 써.", "케이크에(초를) 꽂아.", "접시에(케이크를) 담아.", "냅킨 위에 놔.", "휴지통에 넣어." 등의 목표언어를 설정할 수 있음

단계	구분	내용
5단계	불필요한 하위 행동을 삭제함	• 목표언어를 끼워 넣기에 적절하지 않은 하위 행동들은 스크립트에서 제외시켜야 함 • 이때 설정한 스크립트의 핵심행동이나 아동이 특히 좋아하는 하위 행동은 가능한 한 유지하고, 그 외 목표언어를 유도할 수 없는 하위 행동들은 시간을 절약하기 위하여 제외시키는 것이 좋음
6단계	목표언어를 유도할 수 있는 상황이나 발화를 계획함	• 목표 언어구조나 기능에 따라 하위 행동을 하면서 유도해야 하는 말, 상황이 있을 수 있음 • 이러한 유도상황이나 말은 미리 계획하되, 치료회기 동안 아동의 반응에 따라 그 표현이나 상황을 융통성 있게 활용하는 것이 좋음 例 '부정/거부' 기능을 유도하기 위해서는 아동이 선호하는 컵 대신 다른 컵을 우선 제시하는 것이 적절하고, '주장하기' 기능을 유도하기 위해서는 두 가지 이상의 컵을 제시해서 "이거/그거(주세요)"라고 주장할 수 있는 상황을 만들어 주는 것이 적절함
7단계	계획한 활동들을 체계적으로 변화시키면서 여러 회기 동안 반복 실시함	계획한 목표언어의 사용 수준(종료준거)을 미리 정하여 아동이 그 준거에 도달할 때까지 매 회기 같은 활동을 반복하거나, 아동이 싫증내지 않도록 세 가지 정도의 유사한 스크립트 활동을 매번 바꿔가면서 실시함

(3) 생일잔치 스크립트 예시

스크립트	하위 행동	유도상황/발화	가능한 목표언어	목표 언어구조	
				의미관계	화용적 기능
생일잔치	상자에서 케이크/작은 빵 꺼내기	잘 안 열리는 케이크 상자를 아동에게 준다.	"케이크/빵 꺼내 주세요." "이거 열어 주세요."	대상-행위	물건 요구
	상자 위에 케이크 올려놓기	케이크를 다시 상자 속이나 책상 아래에 놓으려고 한다.	"위에 놓아요."	장소-행위	행동 요구
	초 꽂기	초를 꽂지도 않고 성냥을 켜려고 한다.	"초/이거 꽂아요."	대상-행위	행동 요구
	성냥으로 촛불 붙이기	"이걸로 뭐 할까?"	"성냥 켜요." "촛불 붙여요."	대상-행위	행동 요구
	생일 노래 부르기	"누가 노래 부를까?"	"선생님이 부르세요."	행위자-행위	행동 요구

(4) 유용한 전략

① 스크립트 안에서 주고받는 대화의 기회를 많이 가진다.
② 상황적 언어를 활동 속에서 많이 사용한다.
③ 아동이 일단 스크립트에 익숙해지면 의도적으로 스크립트를 위반하는 사건을 만들어 아동의 자발적인 언어를 유도한다.

다음은 김 교사가 만 3세 발달지체 유아 준호에게 2008년 개정 특수학교 기본교육과정 국어과 내용인 '간단한 낱말로 자기의 생각 말하기'를 지도하기 위해 사용한 교수방법이다. 김 교사가 사용한 교수방법을 바르게 설명한 것을 〈보기〉에서 모두 고른 것은? [1.4점]

ⓐ 김 교사는 준호 옆에서 블록을 만지면서 혼잣말로 "나는 블록을 만져. 블록, 나는 블록을 만져."라고 말하였다.
ⓑ 준호가 장난감 자동차를 가리키며 "자동차."라고 말하면 김 교사는 준호의 의도를 알고 "자동차 줘."라고 말해 주었다.
ⓒ 준호가 장난감 자동차를 갖고 놀면 김 교사는 "자동차 운전하네. 자동차, 준호는 자동차 운전하네."라고 말해 주었다.

〈보기〉
ㄱ. ⓐ은 '혼잣말하기'로, 김 교사는 자신이 무엇을 하고 있는지 말해 주어 준호가 즉시 따라 하게 하였다.
ㄴ. ⓑ은 '확장하기'로, 김 교사는 준호가 의사소통하려는 내용을 이해하여 준호의 현재 수준보다 조금 더 복잡한 언어로 말해 주었다.
ㄷ. ⓒ은 '상황 설명하기(평행말)'로, 김 교사는 준호의 행동을 말로 표현해 줌으로써 준호가 자신의 행동을 나타낸 말을 들을 수 있게 하였다.
ㄹ. 김 교사가 사용한 ⓐ~ⓒ의 교수방법은 자연적 교수방법의 하나인 '반응적 상호작용'으로 이 방법은 유아와 성인 간의 균형 있는 의사소통에 효과적이다.

---

① ㄱ, ㄷ   ② ㄱ, ㄹ   ③ ㄴ, ㄹ   ④ ㄱ, ㄴ, ㄷ   ⑤ ㄴ, ㄷ, ㄹ

다음은 교사가 학생의 효과적인 발화를 유도하기 위해 적용한 언어중재 기법의 예이다. (가)~(마)에서 적용한 기법에 대한 설명으로 옳은 것은? [2점]

(가)	학생 A: (색연필로 그림을 그리고 있다.) 정 교사: 색연필로 그림을 그려요.
(나)	학생 B: (소방차 그림을 보고) 경찰차다. 최 교사: 아니. 이건 소방차예요.
(다)	학생 C: 사과를 먹어요. 김 교사: 맛있는 사과를 먹어요.
(라)	학생 D: 어제 책 읽어요. 박 교사: 어제 책을 읽었어요.
(마)	학생 E: 당근 못 좋아요. 이 교사: 당근을 안 좋아해요.

① (가)에서 정 교사는 A의 행동을 A의 입장에서 말하고 있는데, 이는 '평행적 발화' 기법을 적용한 것이다.
② (나)에서 최 교사는 B가 말한 틀린 단어를 지적하고 바른 단어로 고쳐서 제시하고 있는데, 이는 '재구성' 기법을 적용한 것이다.
③ (다)에서 김 교사는 C의 발화에 의미적 정보를 첨가하고 있는데, 이는 '확장(expansion)' 기법을 적용한 것이다.
④ (라)에서 박 교사는 D의 발화에 문법적 표지를 첨가하고 있는데, 이는 '확대(extension)' 기법을 적용한 것이다.
⑤ (마)에서 이 교사는 E의 발화에서 나타난 오류를 맥락 안에서 다른 형태로 바꾸어 말하고 있는데, 이는 '수정' 기법을 적용한 것이다.

다음은 필통 만들기 활동 중에 교사가 정신지체 학생의 발화를 유도하기 위한 목적으로 언어중재 기법을 사용한 대화의 일부이다. (가)에 사용된 기법의 명칭을 쓰고, (나)에 사용된 기법의 특성을 (가)에 사용된 기법의 특성과 비교하여 쓰시오. [2점]

(가)

| 민호: (색종이를 만지며) 종이 붙여요. |
| 교사: 색종이 붙여요. |

(나)

| 은지: (선생님이 보여주는 재료를 보며) 은지 파랑 좋아. |
| 교사: 은지가 파란색을 좋아해요. |

• (가): _____

• (나): _____

(나)는 2차시 '도구의 쓰임새 알기' 수업 장면의 일부이다. 물음에 답하시오.

(나) 수업 장면

> 박 교사: 여러분, 오늘은 여러 가지 도구가 어디에 사용되는 지 공부해 볼 거예요. 풀은 어디에 사용되는 걸까요? 선우가 한번 말해 볼까요?
> 선 우: (ⓑ 매우 거칠고 쉰 목소리로) 붙여요! 붙여요!
> 박 교사: (소란스러운 아이들을 조용히 시키며) 선우야! 다시 한번 말해 볼까?
> 선 우: (더 큰 소리로) 붙여요!
> 박 교사: 그래요. 풀은 붙이는 데 사용해요.
> (박 교사가 책상 아래에서 풀, 가위, 투명 테이프 등이 들어있는 도구상자를 꺼내는 사이에 교실은 다시 소란해진다.)
> 박 교사: 자, 지금부터 풀로 색종이를 붙여 볼 거예요. (도구상자를 영미에게 보여 주며) 영미야, 선생님에게 무엇을 달라고 해야 하지?
> 영 미: (대답은 하지 않고 도구상자만 바라본다.)
> 박 교사: (영미에게 풀을 건네주며) (ⓐ   )
> 영 미: (분명하지 않은 발음으로) ⓞ 풀 주세요.

4) (나)의 ⓐ에 들어갈 교사의 말을 다음 〈조건〉에 맞추어 쓰시오. [1점]

─────────────〈조건〉─────────────
• 영미가 발화한 ⓞ과 관련지어야 함
• 평행적 발화기법(parallel talk)을 사용해야 함

• _____

(가)는 5세 통합학급 최 교사의 반성적 저널 내용의 일부이다. 물음에 답하시오.

(가) 반성적 저널

일자: 2016년 ○월 ○일

의사소통에 자발적으로 참여하지 않는 연지를 위해 유아 특수교사인 김 선생님에게 조언을 구했다. 김 선생님은 연지에게 자연스러운 상황에서 말할 수 있는 기회를 주는 것이 필요하다고 강조하며, ㉠ 교사가 유아의 입장에서 유아가 하고 있는 행동을 말로 묘사하는 방법을 알려 주었다. 다음 시간에는 연지가 ㉡ 바구니에 공을 넣고 있을 때 이 방법을 사용해서 말을 해 보아야겠다.

…하략…

---

1) (가)의 ① ㉠에 해당하는 교사의 발화유도 전략을 쓰고, ② 이 전략을 사용하여 ㉡의 상황에서 최 교사가 할 수 있는 적절한 발화의 예를 쓰시오. [2점]

• ①: _____ • ②: _____

특수학교 유치부의 지후는 의사소통 기술이 부족한 4세의 발달지체 유아이다. (나)는 의사소통 지도방법 및 내용이다. 물음에 답하시오.

(나) 의사소통 지도방법 및 내용

지도방법	내용	사례
㉠	우발교수를 실시하기 전, 유아의 의사소통 동기를 유도하기 위해 의도적으로 상황을 만드는 것	교사: (지후가 좋아하는 파란색 블록을 눈에는 보이지만 손이 닿지 않는 교구장 위에 올려놓은 후) "지후가 블록놀이를 하는구나." 유아: (파란색 블록을 보고 교사의 팔을 잡아당기며) "아, 아, 줘, 줘."
유아 주도에 따르기	…(생략)…	…(생략)…
단어 사용과 설명하기	유아의 행동이나 발화를 경험과 연결하여 들려줌으로써 주요 단어와 개념을 학습하게 하는 것	…(생략)…
㉡	…(생략)…	유아: (새로 산 신발을 자랑하듯 교사에게 보여주며) "신발, 신발." 교사: "예쁜 신발이네."
㉢	유아의 발화를 문법적으로 바르게 고쳐서 다시 들려주는 것	유아: (교사가 간식을 나눠 주자) "간식, 먹어." 교사: (유아를 보며) "간식을 먹어요."

3) (나)의 지도방법 ㉡과 ㉢을 각각 쓰시오. [2점]

• ㉡: _____ • ㉢: _____

다음은 예비 유아 특수교사가 통합학급 4세반 준혁이의 의사소통 특성을 관찰한 일화 기록의 일부이다. 물음에 답하시오. [5점]

관찰 장소	특수학급
[A]	준혁이의 자발적 의사소통 지도를 위해 교사는 준혁이가 볼 수 있지만 손이 닿지 않는 선반에 준혁이가 좋아하는 모형 자동차를 올려놓는다. 준혁이가 선반 아래에 와서 교사와 자동차를 번갈아 쳐다보며 교사의 팔을 잡아당긴다. 교사는 준혁이가 말하기를 기대에 찬 눈으로 바라본다. 잠시 후 준혁이는 모형 자동차를 가리키며 "자동차"라고 말한다. 교사가 준혁이에게 모형 자동차를 꺼내 주니 자동차를 바닥에 굴리며 논다.
[B]	실외 놀이 후 준혁이는 교실에 들어오자마자 교구장에서 무엇인가를 찾는다. 교사는 준혁이에게 다가가서 모형자동차를 보여주며 "이게 뭐야?"라고 묻는다. 준혁이가 잠시 생각하더니 "자동차."라고 대답한다. 교사는 "우와! 그래, 이건 자동차야."라며 모형 자동차를 준혁이에게 건네준다. 준혁이가 '자동차'라고 말하지 않을 때는 자동차를 주지 않는다. 교사는 일과 활동 중에 시간 간격을 두고 이와 같은 교수전략을 사용한다.

관찰 장소	통합학급
㉠ 통합학급 교실로 준혁이가 들어오며 말없이 고개만 끄덕이자 통합학급 담임 교사가 준혁이에게 "선생님, 안녕하세요?"라고 말한다. 미술 영역에서 유아 특수교사는 준혁이와 '소방차 색칠하기' 활동을 하고 있다. 준혁이의 자발적 발화를 유도하기 위해서 ㉡ 교사는 소방차를 색칠하면서 "소방차는 빨간색이니까 빨간색으로 칠해야겠다."라고 말한다. 준혁이가 색칠하기에 집중하고 있을 때 지섭이가 소방차 사이렌 소리를 요란하게 내면서 교사와 준혁이 옆을 지나간다. ㉢ 준혁이는 갑자기 몸을 웅크리며 두 귀를 양손으로 막는다. 준혁이는 활동 중에 큰 소리가 나거나 여러 유아들이 함께 큰 소리를 내면 귀를 막으며 소리를 지르는 행동을 보인다.

1) 교사가 준혁이의 자발적 발화를 증진하기 위하여 ① [A]에서 사용한 환경중심 의사소통 전략과 ② [B]에서 사용한 교수전략을 쓰시오. [2점]

• ①: _____ • ②: _____

2) ① 밑줄 친 ㉠과 ㉡에 사용된 발화 유도 전략을 기호와 함께 각각 쓰고, ② 두 전략의 차이점을 비교하여 쓰시오. 그리고 ③ 밑줄 친 ㉢에서 준혁이가 보이는 감각 체계 특성을 쓰시오. [3점]

• ①: _____

• ②: _____

• ③: _____

다음은 초임 특수교사가 관찰한 학생들의 특성과 이에 대한 수석교사의 조언 일부이다. 물음에 답하시오.

학생	학생 특성	조언
은지	• 인지 및 언어발달 지체가 심함 • 자신의 요구를 나타내려는 듯이 "어-어-, 어-", "우와, 우와, 우와"와 같은 소리를 내고, 교사가 이해하기 어려운 몸짓을 사용하기도 함	• ㉠ 표정, 몸짓, 그림 가리키기, 컴퓨터 등을 포함한 비구어적 수단을 활용하는 지도방법을 통해 언어발달을 도와줄 수 있음
소희	• 상황에 맞지 않거나 문법적 오류가 많이 포함된 2~3어절 정도 길이의 말을 함 • 대화 시 교사의 말에 대한 반응이 없거나 늦음	• ㉡ 언어지도 시 일상생활과 관련하여 잘 계획되고 통제된 맥락의 활용을 고려해 볼 수 있음 • 학생의 의사소통 기회를 증가시키기 위해 교사가 말을 하다가 '잠시 멈추기'를 해 주는 방법을 쓸 수 있음
인호	• ㉢ "김치 매운 먹어요."와 같은 문장을 사용하거나, ㉣ "생각이 자랐어."와 같은 말을 이해하지 못함 • ㉤ 주어를 빼고 말하는 경우가 자주 있음	• 언어학의 하위 영역별로 지도하면 좋음 • ㉥ W-질문법을 활용하면 좋음

2) ㉡의 예로 적절하지 <u>않은</u> 것을 다음 ⓐ~ⓓ에서 찾아 바르게 고쳐 쓰시오. [1점]

> ⓐ 혼잣말 기법: 교사가 물을 마시며 "물을 마셔요."라고 말한다.
> ⓑ 평행적 발화: 교사가 학생에게 빵을 주면서 "빵 주세요."라고 말한다.
> ⓒ 확장하기: 학생이 "신어."라고 말하면 교사는 "그것이 맞아요."라고 말한다.
> ⓓ 반복 요청하기: 학생이 "공을 던져요."라고 바르게 말했을 때 교사가 "공을 던져요.", "다시 말해 볼래요?"라고 말한다.

• _____

4) ㉤의 개선을 위한 지도를 할 때 다음의 ⓐ에 들어갈 교사의 말을 ㉥을 활용하여 쓰시오. [1점]

> 인호: 먹어요 사과.
> 교사: (ⓐ   )

• _____

47 2009학년도 중등 32번

'자연적 언어중재'에 대하여 설명하고 있는 내용을 〈보기〉에서 모두 고른 것은? [2점]

〈보기〉

- ㉠ 학생이 좋아하는 주제나 활동을 사용한다.
- ㉡ 학생이 자주 만나는 사람들을 중재자로 포함한다.
- ㉢ 사회적 상호작용이 일어나기 쉬운 중재환경을 조성한다.
- ㉣ 학생의 언어행동을 구체적으로 조절하는 중재자 중심의 조작적 모델이다.
- ㉤ 자연적 언어중재의 목적은 일상생활 속에서 사회적 의사소통을 향상시키는 것이다.
- ㉥ 최근에는 컴퓨터 프로그램을 사용하여 특정한 언어기술을 집중적으로 지도하고 스스로 배우도록 한다.

① ㉢, ㉤
② ㉠, ㉡, ㉤
③ ㉠, ㉡, ㉢, ㉤
④ ㉢, ㉣, ㉤, ㉥
⑤ ㉠, ㉡, ㉢, ㉣, ㉥

48 2021학년도 초등 A 5번 일부

(가)는 민지의 특성이고, (나)는 교육실습생과 지도 교사의 대화이다. 물음에 답하시오.

(가) 민지의 특성

- 간단한 문장을 읽고 이해할 수 있다.
- 자신의 의사를 간단하게 표현할 수 있다.
- 학교에서 배운 것을 일상생활에 잘 적용하지 못한다.

(나) 교육실습생과 지도 교사의 대화

교육실습생: 다음 국어시간에는 '바른 말 고운 말 사용하기' 수업을 역할 놀이로 진행한다고 들었어요. 선생님, 지적장애 학생을 교육할 때 어떤 점을 유의해야 할까요?

지 도 교 사: 교사는 ㉠ 결정적인 자료가 없는 한 학생을 수업활동에 배제하지 않고 교육적 지원을 계속해야 하고, 학교에서 배운 것이 학습 결과로 바로 나타난다고 생각하기보다 ㉡ 학생의 생활, 경험, 흥미 등을 중심으로 현재 필요한 것이면서 미래의 가정과 직업, 지역사회, 여가활동 등에 활용될 수 있는 생활 기술들을 지도해야 합니다.

교육실습생: 네, 감사합니다.

…중략…

교육실습생: 민지의 의사소통 능력 증진을 위한 교수 전략을 추천해주실 수 있을까요?

지 도 교 사: 일상의 의사소통 상황을 자연스럽게 구조화하여 지속적인 반응적 상호작용을 통해 의사소통을 촉진하는 대화 중심의 교수법을 추천하고 싶습니다. ⌐ [A] ⌐

…중략…

교육실습생: 이 수업에 자기결정 교수학습 모델을 적용할 수 있을까요?

지 도 교 사: 네, 가능합니다. ㉢ 자기결정 행동의 구성요소 중에서 '학생이 학습 문제를 해결하도록 학생 스스로 말해가면서 실행하는 것'과 같은 요소를 중심으로 지도하면 좋겠네요. 이 때 자기결정 교수학습 모델을 단계별로 적용하면 됩니다.

교육실습생: 네, 감사합니다.

2) [A]에 해당하는 교수법을 쓰시오. [1점]

- _____

(가)는 학생 A에 대한 정보이고, (나)는 국어과 교수 · 학습방법 및 평가계획이다. 〈작성 방법〉에 따라 순서대로 쓰시오. [4점]

(가) 학생 A의 정보

- 중도 정신지체와 경도 난청을 가진 중도 · 중복장애 중학생임
- 기본 교육과정 초등학교 1~2학년군의 학업 수행 수준임
- 음성언어로 의사소통을 하기가 어렵고, 자발적인 발화가 거의 나타나지 않음

(나) 국어과 교수 · 학습방법 및 평가계획

관련영역		적용
교수 · 학습 방법	교수 · 학습 계획	음성언어를 사용하는 데 어려움이 있는 중도 · 중복장애 학생이므로 ㉠ 보완 · 대체의사소통체계를 활용함
	교수 · 학습 운용	일반적인 교과학습과 언어경험 접근법, ㉡ 환경중심 언어중재 등을 상황에 맞게 활용하여 지도함
		㉢
평가 계획		㉣

───────〈작성 방법〉───────

- 밑줄 친 ㉡과 비교하여 '강화된 환경중심 언어중재'가 가지는 차이점을 2가지 쓸 것

다음은 황 교사가 지체장애 학생 은희에게 2008년 개정 특수학교 국민공통 기본교육과정 영어과를 지도하는 과정을 기술한 것이다. (가)와 (나)에서 황 교사가 적용한 환경교수(환경중심 언어중재) 방법으로 가장 적절한 것은? [1.4점]

(가)

황 교사: (연필을 보여주며.) 어제 은희가 배웠는데 이것을 영어로 뭐라고 하지?

은   희: (모른다는 표정을 지으며 대답을 하지 않는다.)

황 교사: pencil이지? pencil이라고 말해봐.

은   희: pencil.

황 교사: 잘 했어요.

(나)

은   희: (연필 옆에 교사가 교수환경을 구조화하기 위해 놓아둔 지우개에 관심을 보이며 지우개를 쳐다본 후 교사의 눈을 응시한다.) 지우개.

황 교사: (지우개를 영어로 뭐라고 하는지 알고 싶다는 은희의 요구를 이해하고 웃으며) 지우개는 영어로 eraser라고 해.

	(가)	(나)
①	반응요구 후 모델링	우발(우연)교수
②	우발(우연)교수	시간지연
③	반응요구 후 모델링	시간지연
④	시간지연	반응요구 후 모델링
⑤	시간지연	우발(우연)교수

'제스처'와 '한 낱말로 말하기'를 주로 사용하는 만 4세의 현아에게 카이저(A. Kaiser)의 강화된 환경교수(enhanced milieu teaching)에 포함되는 반응적 상호작용(responsive interaction) 전략을 적용하여 '두 낱말로 말하기'를 지도하고자 한다. 이 전략을 가장 옳게 적용한 것은? [1.4점]

① 현아가 말없이 손으로 우유를 가리키면 반응을 하지 않고, "우유"라고 말하는 경우에만 반응을 한다.

② 현아가 창가에 앉아 있는 새를 가리키면서 "새"라고 말하면, "책에 새가 몇 마리 있나 보자."라고 말하며 새에 대한 그림책을 가리킨다.

③ 현아가 인형을 만지며 "아기"라고 말하면, "아기? 아기가 뭐하니? 아기가 잔다고 해 봐, 아기가 자니? 아기가 잔다."라고 연속적으로 말한다.

④ 퍼즐 맞추기에 집중하고 있는 현아 옆에 앉아서 퍼즐 조각을 가리키며 "무슨 색이니?"라고 묻고, 현아가 반응이 없더라도 반복하여 묻는다.

⑤ 현아가 빗으로 머리 빗는 시늉을 하며 "머리"라고 말하면, 현아의 행동을 따라하며 "머리 빗어."라고 말한 후 현아가 반응할 수 있게 잠시 기다린다.

영지는 만 3세 발달지체 유아이다. 유아 특수교사인 최 교사는 부모의 지원을 위해 영지와 어머니가 상호작용하는 동영상 자료를 보고 영지 어머니의 의사소통 행동을 분석하였다. 물음에 답하시오. [5점]

(가) 동영상 자료의 일부

> 영   지: (장난감 자동차를 가지고 놀고 있다.)
> 어머니: ㉠ (그림책을 가지고 와서) 영지야, 엄마랑 책 보자.
> 영   지: (어머니를 보지 않고 계속 장난감 자동차를 가지고 논다.)
> 어머니: (그림책을 펴며) 동물원이네. 사자랑 호랑이랑 있네.
> 영   지: (장난감 자동차를 굴리며) 빠~.
> 어머니: ㉡ 빠~, 그래 그건 큰 빵빵이야.
> 어머니: ㉢ 영지야, 빵빵 해볼까? 빵빵

1) ㉠에서 어머니는 의사소통 참여자로서 상호작용에 필요한 (   )을(를) 이루지 못하고 있다. 괄호 안에 알맞은 말을 쓰시오. [1점]

- _____

2) 최 교사는 ㉡의 행동을 긍정적으로 판단하여 어머니를 격려하였다. 최 교사의 판단 근거 2가지를 쓰시오. [2점]

- _____

- _____

3) 최 교사는 ㉢과 관련하여 어머니에게 "영지가 반응을 보일 수 있도록 기다려 주세요."라고 조언하였다. 이는 환경중심 언어 중재의 전략 중 무엇인지 쓰시오. [1점]

- _____

4) 다음은 최 교사가 영지 어머니에게 제안한 내용이다. 괄호 안에 알맞은 말을 쓰시오. [1점]

> 환경중심 언어중재를 실행하기 위해서는 (   )이(가) 중요합니다. 이는 영지의 의사소통 욕구를 촉진하기 위한 전략입니다. 예를 들어, 영지가 원하는 것을 약간 부족하게 주거나 원하는 물건을 눈에 보이지만 손이 닿지 않는 곳에 두는 것입니다.

- _____

특수학교 유치부의 지후는 의사소통 기술이 부족한 4세의 발달지체 유아이다. (가)는 지후의 월 평균 의사소통 (몸짓, 단어, 문장)횟수와 누적된 총 어휘 수이며, (나)는 의사소통 지도방법 및 내용이다. 물음에 답하시오.

(가) 지후의 월 평균 의사소통 횟수와 누적된 총 어휘 수

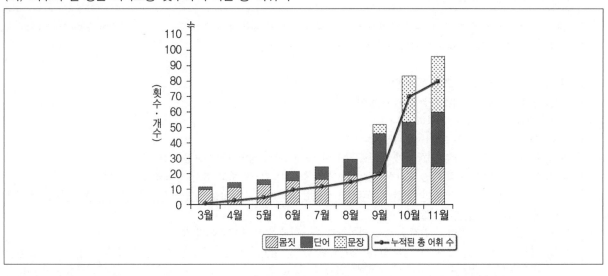

(나) 의사소통 지도방법 및 내용

지도방법	내용	사례
㉠	우발교수를 실시하기 전, 유아의 의사소통 동기를 유도하기 위해 의도적으로 상황을 만드는 것	교사: (지후가 좋아하는 파란색 블록을 눈에는 보이지만 손이 닿지 않는 교구장 위에 올려놓은 후) "지후가 블록놀이를 하는구나." 유아: (파란색 블록을 보고 교사의 팔을 잡아당기며) "아, 아, 줘, 줘."

2) (나)의 지도방법 ㉠을 쓰시오. [1점]

　　• _____

민호는 뇌성마비와 최중도 정신지체 중복장애 학생으로 그림이나 사진을 이해하지 못하며, 구어로 의사소통이 어렵다. (가)는 교사와 민호의 상호작용 기록의 일부이다. 물음에 답하시오.

(가) 교사와 민호의 상호작용

(교사는 민호가 볼 수 있으나 손이 닿지 않는 책상 위에 장난감 자동차가 움직이도록 태엽을 감아 놓아 두고 다음 시간 수업을 준비하고 있다. 장난감 자동차가 소리 내며 움직이다 멈춘다.) 민호: (교사를 바라보며 크게 발성한다.) <u>으으~ 으으~</u> 교사: 민호야, 왜 그러니? 화장실 가고 싶어? 민호: (고개를 푹 떨구고 가만히 있다.) 교사: 화장실 가고 싶은 게 아니구나. 민호: (고개를 들고 장난감 자동차와 교사를 번갈아 바라보며 발성한다.) 으으응~ 으으응~ 교사: 자동차를 다시 움직여 줄게. (장난감 자동차가 움직이도록 해 주고 잠시 민호를 보고 있다.) 　　　㉠ 이번에는 민호가 한번 해 볼까? (교사는 장난감 자동차에 스위치를 연결하여 휠체어 트레이 위에 놓은 뒤 민호의 손을 잡고 함께 스위치를 누른다.) 민호: (오른손으로 천천히 스위치를 눌러 자동차가 움직이자 교사를 바라보며 웃는다.) 교사: 민호 잘하네. ㉡ (강아지와 고양이 장난감이 놓인 책상에서 강아지 장난감을 집어 들고) 민호야, 이것도 한번 움직여 봐. (강아지 장난감을 스위치에 연결해 준다.) 민호: (㉢ 고양이 장난감 쪽을 바라본다.)

2) 민호의 행동 ㉢을 고려한다면, (가)의 교사 행동 ㉡이 어떻게 바뀌어야 하는지 1가지 쓰시오. [1점]

• _____

3) 교사가 환경중심 교수(Milieu Teaching)의 환경조성 전략을 적용한 사례를 (가)에서 찾아 1가지 쓰시오. [1점]

• _____

(가)는 발달지체 유아 다영이와 엄마의 대화를 전사한 자료이고, (다)는 김 교사가 언어를 지도하는 장면이다. 물음에 답하시오.

(가) 발달지체 유아 다영이와 엄마의 대화

> 엄마: 다영아, 찰흙 놀이 그만하고, 소꿉놀이 할까?
> 다영: (고개를 끄덕이며) 응.
> 엄마: 찌개 끓이자.
> 다영: 좋아.
> 엄마: (호박을 가리키며) 이거 호박이야?
> 다영: 응.
> 엄마: 다영아, 근데 (도마를 들고) 이건 뭐야?
> 다영: 도마.
> 엄마: 그렇지. (칼을 보여주며) 그럼 이건 뭐야?
> 다영: 칼.
> 엄마: 그렇지.

(다) 김 교사의 언어 지도 장면

> 김 교사: 다영아, 우리 무슨 놀이할까? (찰흙통과 비눗방울통을 보여 주며) 찰흙? 비눗방울?
> 다　　영: 찰흙.
> 김 교사: (찰흙이 아니라 비눗방울통을 주며) 여기 있어.
> 다　　영: 싫어.
> 김 교사: (찰흙을 아주 조금만 주며) 여기 있어.
> 다　　영: (손을 내밀며) 더.
> 김 교사: (　ⓛ　) 여기 있어.
> 다　　영: (찰흙통을 내밀며) ⓒ 열어.
> 김 교사: (뚜껑을 열어 주며) 여기 있어.

2) (다)에서 다영이가 ⓒ 발화를 산출할 수 있도록 김 교사가 ⓛ에서 계획해야 하는 교수적 상황을 쓰시오. [1점]

- _____

(다)는 지체장애 특수학교에서 제작한 '학생 유형별 교육지원 사례 자료집'에 수록된 Q&A의 일부이다. 물음에 답하시오.

(다) Q&A

Q. 혼합형 뇌성마비 학생 C는 교사가 '요구하기('집' 소리가 녹음된 음성출력도구의 버튼 누르기)' 시범을 보이면 쉽게 따라 할 수 있습니다. 교사의 시범 없이도 학생이 '요구하기'를 할 수 있게 하는 방법을 알고 싶습니다.

A. 강화된 환경중심 언어중재 전략(EMT) 중 '요구-모델' 절차를 적용하여 다음과 같이 지도할 수 있습니다.

> 학생: (하교할 준비를 마치고 닫혀 있는 교실 문을 바라본다.)
> 교사: (ⓜ 학생이 바라보고 있는 교실 문을 바라본다.) 뭘 하고 싶어?
> 학생: ('집' 소리가 녹음된 버튼을 누른다.) 집.
> 교사: 그렇구나! 집에 가고 싶구나! (학생을 통학버스 타는 곳까지 데려다 준다.)
> …하략…

---

4) 교사가 (다)의 ⓜ과 같이 행동한 이유를 쓰시오. [1점]

• _____

다음은 특수교사인 김 교사가 보완·대체 의사소통(AAC) 기기를 사용하는 학생 J의 부모님께 보낸 전자우편이다. 〈작성 방법〉에 따라 서술하시오. [4점]

안녕하세요? Y교육지원청 특수교육지원센터에서 실시하는 'AAC 기기 활용 워크숍'에 대해 안내를 드립니다.

⊙ ┌ 이번 워크숍에서는 학생 J가 사용 중인 AAC 기기를 개발한 전문가와 함께 기기에 새로운 상징을 추가해보고, 유형에
  │ 따라 상징을 분류하는 방법을 실습합니다. 또한 배터리 문제 발생 시 해결할 수 있는 기기 관리방법에 대해서도 안내할
  └ 예정입니다.

저와 학생 J의 담임교사도 이 워크숍에 참여합니다. 부모님께서도 이 워크숍이 AAC 기기 활용과 관리에 많은 도움이 되시기를 바랍니다. 워크숍에 대한 자세한 내용은 첨부한 파일을 참조하십시오. 감사합니다.

p.s. 다음과 같이 패스트푸드점을 이용하는 상황을 구조화한 내용으로 의사소통 중재를 시작할 예정입니다. 학생 J가 잘 참여할 수 있도록 격려해 주십시오.

┌ 점   원: 안녕하세요?
│ 학생 J: [안녕하세요]
│ 점   원: 무엇을 주문하시겠어요?
│ 학생 J: [치즈버거] [주세요]
ⓛ┤ 점   원: 2,500원입니다.
│ 학생 J: (카드를 꺼내며) [카드 여기 있어요]
│ 점   원: 예, 맛있게 드십시오.
└ 학생 J: [감사합니다]
  ※ [   ]는 상징을 눌렀을 때 출력된 음성을 의미함

의사소통판 구성(안)

안녕하세요	주세요	카드 여기 있어요	감사합니다
치즈버거	음료수	감자튀김	아이스크림

─────〈작성 방법〉─────
• ⓛ에 해당하는 의사소통 중재방법의 명칭을 쓰고, 이 중재방법의 장점을 교사 입장에서 1가지 서술할 것

다음의 (가)는 특수교사가 의사소통장애 학생 A에게 스크립트 문맥을 이용하여 언어중재를 실시한 장면이고, (나)는 학생 A가 (가) 스크립트에 익숙해진 후에 다시 언어중재를 실시한 장면이다. ① (가)에서 특수교수가 스크립트 문맥을 이용하여 언어 중재를 실시한 목적을 2가지만 쓰고, ② 특수교사가 (나)에서 ㉠과 같이 행동한 이유를 쓰시오. [3점]

(가) 스크립트 문맥을 이용한 언어중재 장면

> 학생: (다양한 종류의 아이스크림을 훑어보고 카운터로 간다.)
> 교사: 뭐 드릴까요?
> 학생: 바닐라 아이스크림 주세요.
> 교사: 콘, 컵 중 어디에 드려요?
> 학생: 콘에 주세요.
> 교사: 콘 사이즈는 뭐로 하실래요? 싱글콘요, 더블콘요?
> 학생: 싱글콘요.
> 교사: 2,800원입니다. 카드로 계산할 거예요, 현금으로 계산할 거예요?
> 학생: 현금으로요. (돈을 건네며) 여기 있어요.
> 교사: (바닐라 아이스크림을 콘에 담아 학생에게 건넨다.)

(나) 학생 A가 (가) 스크립트에 익숙해진 후의 언어중재 장면

> ···생략···
> 교사: 2,800원입니다. 카드로 계산할 거예요, 현금으로 계산할 거예요?
> 학생: 현금으로요. (돈을 건네며) 여기 있어요.
> 교사: (㉠ 딸기 아이스크림을 콘에 담아 학생에게 건넨다.)
> 학생: (의아한 표정을 지으며) 어……. 바닐라 아이스크림 주세요.
> 교사: (바닐라 아이스크림을 콘에 담아 학생에게 건넨다.)

• ①: _____

• ②: _____

(가)는 중도 지적장애 학생 M의 특성이고, (나)는 학생 M을 위한 스크립트 중재 적용계획의 일부이다. 〈작성 방법〉에 따라 서술하시오. [4점]

(가) 학생 M의 특성

- 15번 염색체 쌍 가운데 어머니로부터 물려받은 염색체가 결손이 있음
- 발달지연이 있으며, 경미한 운동장애를 보임
- 부적절한 웃음, 행복해하는 행동, 손을 흔드는 것 같은 독특한 행동을 종종 보임
- 수용언어 능력이 표현언어 능력보다 비교적 좋음
- 표현언어는 두 단어 연결의 초기 단계임

(나) 스크립트 중재 적용계획

〈중재 전 점검사항〉

1. 상황 선정 시 점검사항
    - ㉠ 학생이 상황 맥락을 이해하는 데 신경 쓰지 않도록, 화자 간에 공유하는 상황지식(shared event knowledge)을 제공하는 상황으로 선정
    - 학생에게 익숙하고 자연스러운 상황으로 선정

2. 상황언어 선정 및 중재 적용 점검사항
    - 일상적이고 익숙한 상황언어를 선택
    - 기능적 언어 사용을 향상시킬 수 있도록 지도
    - 수용 및 표현언어의 습득 효율성을 고려한 지도

    …하략…

〈활용할 스크립트〉

상황	하교 시 학교버스 이용하기			
하위 행동	유도 상황/발화	가능한 목표언어	목표언어 구조	
			의미관계	화용적 기능
교실에서 하교 준비하기	겉옷을 입도록 한다.	"옷 주세요."	대상-행위	행동 요구
교실에서 복도로 이동하기	"누가 교실 문을 열까요?"	"제가 열래요."	(㉡)	주장
…중략…				
자리에 앉기	"어디에 앉을까요?"	"(㉢)"	장소-행위	질문에 대한 반응

㉣ (밑줄: 장소-행위, 질문에 대한 반응)

〈작성 방법〉

- 밑줄 친 ㉠의 이유를 인지부하(cognitive load) 측면에서 1가지 서술할 것(단, 목표언어와 관련지어 서술할 것)
- 괄호 안의 ㉡에 해당하는 의미관계를 쓰고, 괄호 안의 ㉢에 해당하는 '가능한 목표언어'를 밑줄 친 ㉣에 근거하여 쓸 것

제8절 자발화 분석

01 자발화 분석

1. 개요 및 목적

① 자발화 분석 검사는 비표준화된 검사이다.
② 자발화 분석을 통한 언어진단은 선별보다는 진단에 목적을 두는 평가방법이다.
③ 교사는 자발화 검사를 통해 조음평가를 할 수 있다.

2. 자발화 검사의 결과

① 아동의 평상시 언어 수준을 알 수 있다.
② 각 언어 영역별로 발달 수준을 알 수 있다.
③ 자발적 의사소통의 정도를 알 수도 있다.
④ 아직 의미 있는 언어를 사용하기 이전 아동의 언어발달 수준을 알 수 있다.

3. 장단점

구분	내용
장점	• 일상생활에서 아동이 사용하는 말을 평가한다는 점에서는 매우 적합함 • 표준화된 검사도구를 실질적으로 사용할 수 없는 장애아동의 언어 수준을 평가하는 데 매우 유용함 • 구체적인 교수목표(특히 학생의 일간 혹은 주간 진보 정도)를 점검할 때도 사용될 수 있음
단점	• 말 표본을 얻는 것이 항상 쉽지만은 않음 • 시간과 노력이 많이 소요됨 • 아동이 의도적인 특정 단어 혹은 발화 자체를 회피할 수 있다는 문제점이 있음

4. 언어표본의 수집방법에 대한 권고사항

① 가능하면 아동의 표현에 대해 질문을 하거나 모방을 강요하기보다는 아동의 말을 유도하는 간접적인 말이나 아동의 행동을 표현하는 말 또는 독백으로 시작한다.
② 아동의 수준에 맞는 질문이나 놀이를 통해서 아동을 대화 속으로 끌어들인다.
③ 검사자가 대화의 주제를 선택하기보다는 아동이 주도하는 대로 따라가 주는 것이 좋다.
④ 검사자는 가능한 한 질문을 자제한다.
⑤ 검사자는 아동의 발화 수준에 맞춰 자신의 말을 조절해야 한다.
⑥ 발화 사이의 쉼에 대해 너무 민감하게 반응하지 않는 것이 좋다.
⑦ 언어표본을 수집하기 위해서 검사자는 다양한 놀잇감을 준비하는 것이 좋다.
⑧ 아동의 자발적인 발화를 유도하기 위해 검사자가 다소 어리석은 행동이나 말을 하는 것이 도움이 된다.

5. 자발화의 수집방식

① 자발성은 대화상황과 상대자에 따라 다를 수 있으므로 여러 사람과의 대화와 다양한 장소에서 수집한다.
② 검사자와 아동 간의 친밀감 형성이 중요하다.
③ 자발화 수집방식에는 자유놀이, 대화, 이야기 등이 있다.
④ 가장 이상적인 자발화 수집방법은 아동과의 대화를 통해 연속적인 자발화를 수집하는 것이다.
⑤ 대화 상황을 통한 연속적인 자발화 수집이 여의치 않을 때에는 그림을 보고 대화를 유도할 수도 있다.
⑥ 임상에서는 인터뷰 형식의 대화와 그림을 보고 이야기하기 방식이 주로 사용된다.
⑦ 아동의 연령과 언어 수준에 따라 말 표본의 수집방식을 결정한다.
⑧ 연구의 목적에 따라 발화 수와 시간은 차이가 있을 수 있다.
⑨ 말 샘플의 표본 크기는 일반적으로 50~200개 발화가 적당하며, 녹화시간은 30분 정도가 적합하다.

6. 표본수집 절차

① 친숙하게 상호작용할 수 있도록 부분적으로 구조화된 놀이 상황을 만든다.
② 자발화 표본을 얻기 어려운 경우에는 사전에 친숙한 장난감, 사진 등을 사용하여 대상 아동의 다양한 반응을 이끌어낼 수 있도록 한다.
③ 비디오테이프나 녹음기에 언어표본을 기록하고 관찰자가 발화의 맥락을 기록한다.

■ 핵심 플러스 - 대화 발화 시 주의사항

• 과도하게 말을 많이 하거나, "인형 옷 색깔은 뭐야?"와 같은 질문을 하여 아동의 발화를 구조화하는 것은 피한다.
• 아동의 표현에 대해 질문을 하거나 모방을 강요하는 것은 피한다.
• 그림을 보고 이야기하는 방식으로 발화를 수집할 때 아동의 발화가 시작되지 않을 경우에는 "어? 선생님도 동물원에서 이거 봤는데……." 등의 독백으로 시작하는 것이 좋다.
• 검사자는 가능한 한 질문을 자제한다. "네가 한 말을 다른 말로 해볼래?" 또는 "너의 말은 ○○○라는 거지?" 등의 질문보다는 아동의 발화에 대해 "그래서 어떻게 되었는데?"와 같은 반응으로 발화를 유도하는 것이 더 적절하다.
• 검사자의 발화는 아동의 발화를 촉진하기 위한 정도로 맞추어져야 하며 아동의 발화수준에 적합해야 한다. 이때 "아, 그렇구나." 또는 "그래서?"와 같은 구어적인 반응과 고개를 끄덕이거나 미소를 보이는 긍정적인 비구어적 태도를 효과적으로 투입해야 한다.
• 아동이 말을 멈추거나 계속해서 휴지가 이어질 때 검사자는 너무 민감하게 반응하지 않되, 아동의 발화를 유도해야 한다. 이 휴지 상태에서 검사자는 "아, 재미있었겠다. 선생님도 놀이동산 가고 싶은데……."와 같은 혼잣말이나, "아, 그래서 ○○가 화가 났었구나." 등으로 아동의 발화를 반복해 줄 수 있다.
• 가능한 한 빨리 테이프를 전사하며, 개별 발화목록을 작성한다.

---

7. 자발화 표본의 전사

(1) 언어표본을 기록하는 방법

① 즉석에서 받아쓰는 방법: 발화가 많지 않은 경우에만 한정적으로 가능하다.
② 오디오 녹음 후 전사하는 방법: 발화와 함께 동반된 몸짓이나 태도 등을 놓칠 수 있다.
③ 비디오 촬영 후 전사하는 방법: 촬영자가 따로 있거나 아동이 고정된 자리에만 있어야 하며, 말의 명료도가 오디오 녹음보다 떨어진다는 단점이 있다.

(2) 기록 요령

① 연구자들은 아동의 발화를 3분 정도 녹음하고 비디오로 녹화하여 분석하는 방법을 많이 사용한다.
② 오디오나 비디오로 기록한 경우 1주일 이내에 전사하여야 한다.
③ 일반적으로 수집된 발화는 대화를 시작하기 위하여 다소 어색했던 앞부분은 분석에서 제외한다.

(3) 언어표본을 수집한 후 낱개의 발화로 정리할 때의 유의사항

① 아동의 발화뿐만 아니라 아동이 말하기 전에 했던 상대자의 말이나 행동과 그때의 상황 등을 기입해야 하며, 이때 문장번호는 아동의 문장에만 붙인다.

  ⑦ 표본을 수집할 때는 아동의 발화 자체만 기록하기보다는 그 말을 할 때의 상황과 아동의 말을 유도한 대화 상대자의 말(⑩ 질문)도 같이 기록하는 것이 좋다.

  ⑥ 이는 발화를 통하여 의미분석이나 화용분석을 할 때 아동 발화의 언어적·상황적 문맥을 이해하는 것이 중요하기 때문이다.

② 아동과 상대자의 모든 발화는 한글의 철자법에 맞춰 기록하되, 불분명한 발음이나 아동 특유의 발음 등은 국제 음성기호(IPA)를 써서 기록하여 그 옆에 추측되는 낱말을 써넣는다.

  ⑩ 엄마, 나 ki(김) 줘 등

③ 그러나 아동이 낱말을 말하지만 알아들을 수 없을 때에는 그 음절수만큼 'X'를 표시해서 기록하고, 이러한 불명료한 음절이 전체의 50% 이상을 차지할 때는 문장번호를 붙이지 않는다.

(4) 발화의 구분원칙

구분	발화의 구분원칙	예시
내용	• 발화는 문장이나 그보다 작은 언어적 단위로 이루어짐 • 아동이 한 숨에 말한 것을 모두 하나의 발화로 분석하진 않음	"뺏었어. 그래서 울었어." 발화 1: 뺏었어. 발화 2: 그래서 울었어.
	2회 이상 동일한 발화가 단순 반복되었을 때에는 최초 발화만 분석함	"공을 차! 차!" 발화 1: 공을 차.
	자기수정을 하였을 때는 최종 수정된 발화만 분석함	"우리 아빠가. 우리 애들 아빠가." 발화 1: 우리 애들 아빠가.
	시간 경과(3~5초 이상), 두드러진 운율의 변화, 주제 변화가 있을 때는 발화 수를 나눔	"내 거 줘, (5초 경과) 빨리." 발화 1: 내 거 줘. 발화 2: 빨리.
		"엄마 내 거 줘 빨리." 발화 1: 엄마 내 거 줘 빨리.
	같은 말도 다른 상황이나 문맥에서 표현되거나 새로운 의미로 표현되었을 때는 발화 수를 나눔	(엄마 사진을 보면서) "엄마!" (엄마가 오니까) "엄마!" 발화 1: 엄마. 발화 2: 엄마.
	• 습관적으로 사용하는 간투사는 분석에서 제외함 • 간투사를 많이 쓴 아동에 대해서는 표본자료의 10%에 해당하는 발화까지만 간투사를 포함해서 분석하고 나머지는 괄호 처리하여 분석에서 제외함	"(뭐) 집에 가면 (뭐) 그래요." 발화 1: 집에 가면 그래요.
	'아', '오' 등의 감탄하는 소리나 문장을 이어가기 위한 무의미 소리들은 분석에서 제외함	"(아~) 신발 신겨 줘." 발화 1: 신발 신겨 줘.
	노래하기, 숫자세기 등과 같은 자동구어는 발화로 구분하지 않고 분석에서 제외함	(장난감 블록을 쌓으면서) "하나, 둘 셋 넷… 엄마 밥 다 되었어?" 발화 1: 엄마 밥 다 되었어?
	불명료한 발화나 의미파악이 어려운 중얼거림 또는 '음', '예', '아니요'와 같은 단순반응은 제외함	"우짜짜 상상상(중얼거림). 이제 다 끝났다." 발화 1: 이제 다 끝났다.

8. 자발화 분석의 유형

(1) 의미론

① 개별 의미 유형

㉠ 체언: 문장 속의 주체나 객체의 역할을 하는 의미들을 말한다.

의미유형	정의	특징	예시
1. 행위자	행동의 수행자	• 주어의 역할 • 생물 또는 무생물	"아가 잔다." ➡ [행위자 – 행위]
2. 경험자	어떤 경험이나 상태/상황을 겪는 사람이나 의인화된 사물	• 주어의 역할 • 행위보다는 서술의 주체, 의인화되지 않은 사물이 상태서술의 주체일 경우에는 '실체'로 분석	"난 싫어." ➡ [경험자 – 상태서술]
3. 소유자	대상을 소유하거나, 대상이 소속되어 있는 사람이나 사물	주어 또는 목적어의 역할	"내 양말." ➡ [소유자 – 대상]
4. 공존자	행위자와 함께 행위를 수행하는 사람이나 상태를 경험하는 사람	–	"엄마랑 잘래." ➡ [공존자 – 행위]
5. 수여자	행위의 대상이 되는 사람이나 사물	–	"나한테 줘." ➡ [수여자 – 행위]
6. 대상	행위의 대상이 되는 사람 또는 사물	목적어의 역할('목적'이란 용어는 형식에 중점을 둔 용어이므로, 의미상 적합한 '대상'이라고 함)	"사과 먹었대요." ➡ [대상 – 행위]
7. 실체	행위 없이 명명된 사물, 소유물 또는 일부 서술의 대상	• 주어, 보어, 상태서술의 형식적 목적(대상)이 될 수 있음 • 양수사(⑩ ~송이, ~개, ~마리 등)의 경우는 그 앞의 의미에 붙여 하나의 의미 유형으로 분석	"칼 서랍에." ➡ [실체 – 장소] "다섯 개." ➡ [실체]
8. 인용/창조물	어떠한 행동이나 현상에 의해서 만들어진 것	보어의 역할을 하며 이름, 물리적 상태의 변화 등을 나타냄(Rutherford 등은 그리거나 부르기 등의 행동에 의한 창조물(그림, 노래)을 의미하였으나, 본 지침에서는 그림이나 노래 등을 '목적물'로 처리하고, '~로 되다/변하다', '~라고 말하다/부르다' 등의 보어로 쓰인 것을 '창조물'로 봄)	"오빠가 되었지." ➡ [인용/창조물 – 상태서술]

ⓛ **용언**: 문장 속에서 행위나 서술의 역할을 하는 의미들을 말한다.

의미유형		정의	특징	예시
1. 행위		행위자(생물 또는 무생물)에 의한 관찰될 수 있는 움직임이나 활동	• **동사의 역할**: 적극적인 행동을 의미하며, 행동의 주체는 '행위자' 또는 '동반자'('경험자'는 안됨) • 복합동사는 하나의 '행위'로 취급 • 단, '(명사화된 동사) + ~했다'의 경우는 '대상 + 행위'로 처리하고 '~봐'나 '~(야) 돼' 등의 단어는 하나의 '행위'로 취급	"로봇이 보여준대." ➡ [행위자 – 행위] "왔다 갔다 했다." ➡ [행위] "공부를 했다.", "이걸 빼야 돼.", "이거 쥐고 있어봐." ➡ [대상 – 행위]
2. 서술		사물이나 사람이 경험하는 소극적인 상태나 느낌의 서술	• 상태동사 및 형용사의 역할 • 경험자/실체만을 주체로 가짐	–
	상태서술	마음이나 느낌 상태를 나타내는 동사나 형용사의 역할	• 상태서술에는 '상태동사(– 싶다, 안다, 느낀다, 있다, 병들다, 아프다, 되다, 필요하다)', '상태형용사(좋다, 이쁘다, 밉다)', '피동 상태서술(비치다, 부딪히다, 막히다, 써있다)' 등이 나타남 • 상태서술의 주체는 '행위자'가 아닌 '경험자' 또는 '실체'(존재의 경우)로 취급하고, 객체는 '대상'이 아니라 '실체'로 취급	"나 영어 알아." ➡ [경험자 – 실체 – 상태서술] "나는 무서움을 느낀다." ➡ [경험자 – 실체 – 상태서술]
	실체서술	보어 역할을 하여 '~이다'를 붙일 수 있는 의미	–	"이거는 사과야." ➡ [실체 – 실체 서술]
	부정서술	서술어 역할을 하면서 부정이나 부재 등의 뜻을 내포하고 있는 의미	• 서술 낱말 속에 부정적 의미가 내포되어 있는 경우(예 싫다, 없다, 아니다) 그 상태와 부정적 의미를 고려하여 부정서술로 처리 • 단, 용언의 앞이나 뒤에 부정어(예 안, 못)가 붙어 수식을 하는 경우에는 '부정'으로 처리	"아저씨가 없어.", "난 싫어." ➡ [경험자 – 부정서술] "이게 아니야." ➡ [실체 – 부정서술] "못 먹어." ➡ [부정 – 행위]

ⓒ **수식언**: 문장 속에서 체언이나 용언, 또는 수식언을 수식하거나 배경을 나타낸다.

의미유형		정의	특징	예시
1. 체언 수식		사물이나 사람을 지시하거나 그 크기, 모양, 질 등을 내포하는 의미	• 관형사의 역할, 수식의 대상은 실체, 목적, 행위자, 경험자, 소유자 등 • 명사에 해당하는 의미유형이 될 수 있음	"예쁜 신발." ➡ [체언수식─실체]
2. 용언 수식		행위나 서술, 수식(부사)을 수식하는 의미	• **부사의 역할** 　─ **행위 수식**: 시간, 방법, 기간, 방향, 빈도 등으로 행동을 꾸며주는 경우 　─ **서술 수식**: 서술의 시간, 방법, 질, 강도를 나타내는 경우 　─ 부사를 수식하는 경우	"빨리 온대." ➡ [용언 수식─행위] "언니 정말 미워." ➡ [실체─용언 수식─상태서술]
3. 배경	부정	거부, 거절, 부인, 부재, 중단 등의 의미로 행위나 상태서술에 대한 부정을 나타내는 의미	대체로 영어의 'not'에 해당하는 부정어로, '~마, 못, 안, 아니, 그만' 등이 속함	"가지 마." ➡ [행위자─부정] "나 안해." ➡ [행위자─부정─행위]
	때	행위나 서술과 관련된 시기를 나타내는 의미	─	"어제 먹었어." ➡ [때─행위] "비 올 때 우산 써." ➡ [때─대상─행위]
	장소	사물이나 사람이 놓여 있는 곳이나 어떤 행동이 취해지려는 지점	─	"아빠 회사 갔어." ➡ [행위자─장소─행위] "나무 밑에서 잤어요." ➡ [장소─행위]
	도구	행위자나 경험자가 가지고 특정한 행위나 상태를 보이게 하는 물건의 의미	─	"가위로 잘라." ➡ [도구─행위]
	이유	행위나 서술과 관련된 이유, 의도 또는 원인을 의미	─	"왜 안 오니?" ➡ [이유─부정─행위] "자려고 눈을 감았어요." ➡ [이유─대상─행위] "배불러서 그런 거야." ➡ [이유─행위]
	조건	행위나 서술과 관련된 조건을 의미	─	"그럼 죽어." ➡ [조건─상태서술]
	비교	체언의 내용을 비교하는 의미	─	"나보다 밉다." ➡ [비교─형용서술]
	재현	사람, 사물, 사건 등의 반복의 의미	─	"또 먹어." ➡ [재현─행위]
	양보	행위나 상태서술을 양보하거나 허용하는 의미	─	"더러워도 돼." ➡ [양보─상태서술]

ⓔ **기능적 구성요소**: 문장속의 다른 낱말들과는 의미관계를 형성하지 않고, 독립적인 기능을 하는 의미들 (CD; Communication Devices)을 말한다.

의미유형	정의	예시
1. 주의 끌기	주의를 끌기 위하여 이름이나 다른 표현을 사용하는 것	"엄마, 장난감요." ➡ [CD(주의), 실체서술]
2. 되묻기	앞에 말한 것을 되묻는 표현	"응?", "어?" ➡ [CD(되묻기)]
3. 감탄	감탄할 때 나오는 소리	"와!", "아이.", "아이고." ➡ [CD(감탄)]
4. '예/아니오' 대답	'예/아니오' 질문에 대하여 수긍하는 표현	"응, 먹었어." ➡ [CD(대답), 행위]
5. 강조	본 진술을 강조하는 부분	"아냐, 못 해." ➡ [CD(강조), 부정-행위] "맞아, 내 꺼야." ➡ [CD(강조), 소유자-실체 서술]
6. 동반소리	의성·의태어의 기능을 가진 소리로 독립적인 부분	"까꿍, 놀랬어?" ➡ [CD(소리), 상태서술]
7. 인사	자동화된 인사 부분	"안녕, 잘 있었어?" ➡ [CD(인사), 서술수식-상태서술]
8. 접속	단문속의 접속사	"그런데 내가 나빴어." ➡ [CD(접속), 실체-상태서술] "그리고 밥 먹자." ➡ [CD(접속), 대상-행위]
9. 자동구	숫자세기, 철자외우기, 노래 등 독립적인 의미 없이 외워 사용하는 상용구	"일, 이, 삼, 사, 오." ➡ [CD(자동구)]

ⓜ **기타**: ㉠~㉣의 유형으로는 분류되지 않는 의미들을 말한다.

② **어휘다양도(TTR; Type-Token Ratio)**

㉠ 얼마만큼 다양한 낱말을 사용하는가를 측정하는 방법으로, 이를 통해 의미론적 발달을 알 수 있다.

㉡ 아동이 사용한 총 낱말 중에서 다른 낱말의 비율이 얼마나 되는가를 산출해내는 것이다.

㉢ 총 낱말 수 대 다른 낱말 수의 비율은 어휘 산출능력을 측정할 수 있는 기준이 된다.

$$어휘다양도 = \frac{아동이\ 사용한\ 다른\ 낱말\ 수}{아동이\ 사용한\ 총\ 낱말\ 수}$$

(2) 구문론

① 평균 발화길이(MLU; Mean Length of Utterance)는 초기 언어발달 단계에서 표현언어 발달과 문법 능력을 평가하기 위한 척도로 가장 많이 쓰이는 단위이다.

② 평균 방화길이의 종류

　㉠ 평균 형태소길이: 발화의 형태소 수를 총 발화 수로 나누어 평균을 구한다. 이 값이 증가한다는 것은 문장의 길이가 길어지고 구조적으로 복잡해진다는 것을 의미한다.

$$평균\ 형태소길이(MLU\text{-}m) = \frac{각\ 발화\ 형태소\ 수의\ 합}{총\ 발화의\ 수}$$

　㉡ 평균 구문길이: 한 개의 형태소로 이루어진 발화는 제외시키고, 2개 이상의 형태소로 된 발화만을 분석하여 총 형태소의 수를 총 발화의 수로 나누어 평균을 구한다.

　㉢ 평균 낱말길이: 발화의 낱말 수를 총 발화 수로 나누어 평균을 구한 값으로, 이 값이 높다는 것은 한 발화 내에서 사용하는 단어가 많다는 것을 뜻한다.

$$평균\ 낱말길이(MLU\text{-}w) = \frac{각\ 발화\ 낱말\ 수의\ 합}{총\ 발화의\ 수}$$

　㉣ 평균 어절길이: 평균 형태소길이나 평균 낱말길이를 산출하는 것과 마찬가지로, 평균 어절길이도 총 어절 수를 총 발화수로 나누면 된다.

$$평균\ 어절길이(MLU\text{-}c) = \frac{각\ 발화\ 어절\ 수의\ 합}{총\ 발화\ 수}$$

(3) 화용론

① 문장의 자율성

구분		내용
자발적 문장	자발적 발화 시도	아동이 대화를 시작하거나 선행되는 질문이 없어도 서술, 질문 등으로 대화를 이어감
	질문에 대한 반응	선행되는 질문에 대해 자발적으로 대답함
모방	즉각 모방	상대방의 말을 즉시 모방함
	지연 모방	상대방이 한 말을 시간이 경과한 후에 모방함
	부분 모방	상대방의 문장 중 일부분만을 모방함

② 언어기능의 다양한 분석
　㉠ 초기 구어기능 분석

기능	내용
명명	아동이 현재 조작하거나 감지하고 있는 사물의 이름을 댐 예 자동차를 가리키며 "자동차."
반복	상대방 말의 일부 또는 전부를 따라 함 예 어른이 "빨간 모자"라고 했을 때 "모자."라고 하는 것
대답	상대방의 질문에 대답함 예 "몇 살이야?"/"세 살."
행동 요구	상대방이 어떤 행동을 취하도록 함 예 "과자 주세요."
대답 요구	상대방의 대답을 유도함 예 공을 들어 올리며 "공?" 하는 것
부르기	상대방의 주의를 끌기 위한 말이나 음운패턴을 사용함 예 장난감을 가리키며 "엄마."하고 부름으로써 엄마가 다가오게 하는 것
인사	상대방에게 자신의 도착이나 출발을 알림 예 "안녕.", "빠이빠이."
저항	어떤 것을 싫어하거나 불허한다는 것을 나타냄 예 고개를 저으며 "싫어.", "안 돼."
연습	앞의 문장과 연결되지 않는 말을 독백처럼 함 예 어른이 "아이 춥다, 그지?"/"아가, 아가." 하며 중얼거리는 것

　㉡ 대화기능

상위 기능	하위 기능		내용
요구	상대에게 정보, 행위, 사물 또는 허락을 요구하는 기능		
	정보 요구	예/아니오 질문	상대로부터 '예/아니오'의 반응을 요구하는 질문 예 "사탕이야?"/"응."
		의문사 질문	의문사를 이용한 질문 예 "이거 뭐야?"
		명료화 질문	상대의 이전 발화에 대해 명료화를 요구하는 질문 예 "가자."/"뭐라고?"
		확인 질문	아동 자신이 알고 있는 사실을 확인하는 질문 예 "공이지?"
	행위 요구		상대에게 어떤 행위를 하도록 요구하는 행동 예 (자동차를 밀어달라는 의미로) "가."
	사물 요구		상대에게 사물을 달라고 요구하는 행동 예 (달라는 시늉을 하며 풍선 가리키기)
	허락 요구		상대에게 허락을 요구하는 행동 예 (엄마가 물을 틀지 말라고 한 후, 수도꼭지를 돌리려고 하면서 엄마를 쳐다보고) "물?"

상위 기능	하위 기능		내용
반응	상대의 요구에 답하고 대응하는 기능		
	질문에 대한 반응	예/수용	상대의 질문에 긍정적인 대답을 하는 경우, 의미 없는 대답은 제외함 예 "먹을래?"/"응."
		아니요/부정	상대의 질문에 부정적인 대답을 하는 경우, 의미 없는 대답은 제외함 예 "먹을래?"/"아니."
	요구 반응	명료화	상대의 명료화 요구에 이전 발화를 반복하거나 명료하게 하려고 시도함 예 "달기."/"딸기?"/"딸기."
		순응	상대의 요구에 긍정적으로 응하는 행동 예 "뽀뽀"(뽀뽀하는 행동)
		거부/저항	상대의 요구를 거부하거나 저항하는 행동 예 "뽀뽀"/"안 해."
	반복		상대의 선행 의사소통 행동을 전체 또는 부분적으로 새로운 추가 없이 모방하는 행동 예 "뭐 줄까?"/"뭐 줄까?"
	의례적 반응		선행 발화에 부합하지 않는 단순한 의례적 반응 예 "너 그걸로 뭐 만들 건데?"/"응."
객관적 언급	객관적 사실에 대한 언급이나 현재 관찰 가능한 사물 또는 사건에 대한 인지/묘사, 또는 아동이 의도적으로 사물이나 행위에 상대의 주의를 끄는 행동		
	사물에 주의 끌기		단순히 사물에 주의를 집중하도록 하는 수준의 행동 예 (장난감 전화기를 보고 엄마를 쳐다보며 전화기 가리키기)
	이름대기		아동이 타인과 상호작용하는 장소에서 눈으로 볼 수 있는 사물 또는 사건을 명명하는 기능, 단 질문에 대한 대답이 아닌 경우만 포함함 예 (강아지 인형을 보며) "멍멍"
	사건, 상태		행위ㆍ사물의 움직임이나 상태에 상대의 주의를 끄는 행동 예 (블록을 다 담은 후) "됐어."
	고유특성		아동이 타인과 상호작용하는 장소에 있는 대상에 대해, 그 대상이 본질적으로 가진 외형적 특성을 기술하는 기능 예 (공을 보며) "동그라네."
	기능		사물의 기능을 나타내는 행동이나 언급 예 (축구공을 보며) "뻥 차는 거야."
	위치		공간적 관계에 대한 행동이나 언급 예 (장난감을 가리키며) "저기 있다."
	시간		시간적 관계에 대한 행동이나 언급 예 "잠깐만.", "이따 봐."
주관적 진술	직접적으로 관찰이 가능하지 않은 사실, 규칙, 태도, 느낌 또는 믿음에 대한 행동이나 진술을 하는 기능		
	규칙		규칙에 대한 행동이나 진술 예 (~ 하면) "안 돼."
	평가		상대 또는 자신의 행위에 대한 주관적인 평가 예 "잘했어."
	내적 상태		자신의 생각 또는 느낌을 표현 예 "그거 좋아."
	속성		객관적 판단의 기준이 없는 상대적 특성에 대해 자신이 주관적으로 느끼는 사물의 특성을 기술하는 기능 예 "와, 크다."/"뜨겁다."

상위 기능	하위 기능	내용
주관적 진술	주장	자신의 의견 또는 주장을 표현하거나 청유하는 기능 예 "내 거야", "먹자."
	설명	현재의 장소에 없거나, 현재에 존재하지 않는 사물·상황·사건에 대한 설명이나 의견 또는 이유를 설명하는 기능 예 (뭔가를 그리고 나서) "이건 공이야.", "넘어져서 아야 해."
대화내용 수신표현		상대의 말을 들었다는 것을 나타내는 반응으로, 단순히 메시지 수신의 표현을 의미하므로 질문이나 요구하는 반응은 해당되지 않음
	수용	상대의 앞선 의사소통 행동에 대해 단순히 메시지를 받았다는 것을 표현하는 행동 예 (상대의 말을 들으며 경청의 의미로 고개를 끄덕이거나) "어."
	승인/동의	상대의 앞선 의사소통 행동에 대해 새로운 정보의 추가 없이 단순히 승인·동의를 표현하는 행동 예 "물 없어."/"없네, 응."
	부인/반대	상대의 앞선 의사소통 행동에 대해 새로운 정보의 추가 없이 단순히 부정·반대를 표현하는 행동 예 "물 없어."/"물 있어.", "아니야."
대화내용 구성요소		개별적 접촉과 대화 흐름을 조절하는 기능
	의례적 인사	상대방의 반응을 기대하지 않는 의례적인 인사 예 "안녕."
	부르기	다른 의사소통 의도와 연결되지 않은 단순한 부르기 예 "엄마."
	화자 선택	반응할 상대를 선택하는 행동 예 "엄마가 말해."
	동반	행동의 한 부분으로 수반되는 말 예 (물건을 주며) "여기."
	감탄	자신 또는 상대의 행동이나 사물에 대한 감탄 또는 놀람을 표현하는 행동 예 (엄마가 만든 블록모형을 보고) "우와!"
발전된 표현		말 산출만으로도 성취되는 기능
	농담	남을 웃기려고 우스갯소리로 하는 말 예 (아들인지 알면서 장난치려고) "나 아들 아니고 딸이지?"
	경고	문제를 지적하거나 위험을 알리거나 또는 조심하도록 주의를 주는 말 예 "조심해.", "위험해."
	놀림	남의 흉을 보거나 놀리는 말 예 "메롱", "바보"

특수교사가 일반교사에게 설명하고 있는 언어평가 방법으로 적절한 것을 〈보기〉에서 모두 고른 것은? [2.5점]

─────────────〈보기〉─────────────

일반교사: A가 무슨 말을 하는지 잘 모르겠어요. 이 학생을 평가해 주실 수 있나요?

특수교사: 예, 할 수 있어요. 제가 ㉠ '그림어휘력 검사'를 사용하여 낱말표현력을 평가해 보겠습니다. 그리고 ㉡ A의 발음이 명료하지 않지요? 혀, 입술, 턱의 움직임에도 문제가 있는지 관찰해 보겠습니다.

일반교사: 예, 고맙습니다.

특수교사: 그런데 혹시 ㉢ 선생님이 부모님에게 집에서 A의 자발화 표현력이 어떤지 여쭤 봐 주시겠어요?

일반교사: 예, 마침 잘 되었네요! 내일 아침에 학부모 회의가 있어요. 그때 부모님에게 여쭤 볼게요.

특수교사: ㉣ A의 언어 이해력은 어떻습니까? 만약 이해력이 부족하다면, '구문의미이해력검사'를 실시하여 원인 추론 이해력을 측정할 수도 있어요. ㉤ 선생님은 교실에서 학생의 자발화 표현력을 관찰해 주실 수 있겠어요?

일반교사: 예, 그렇게 하죠.

─────────────────────────────

① ㉠, ㉣　　　② ㉢, ㉤　　　③ ㉡, ㉢, ㉤　　　④ ㉡, ㉣, ㉤　　　⑤ ㉠, ㉡, ㉢, ㉣, ㉤

김 교사는 발달지체 유아인 영지의 표현언어 수준을 평가하려고 자발화 표본을 수집하였다. 김 교사가 자발화 표본 수집에 사용한 방법으로 적절한 것을 〈보기〉에서 고른 것은? [1.4점]

─────────────〈보기〉─────────────

ㄱ. 총 발화수를 총 낱말수로 나누어 평균 발화길이를 구하였다.

ㄴ. 발화자료를 사용하여 영지의 의미발달과 구문발달, 화용론에서의 발달을 분석하였다.

ㄷ. 어머니와의 대화, 친구나 형제와의 대화와 같은 다양한 대화 상대자들과의 발화 자료를 수집하였다.

ㄹ. 영지의 발화와 대화 상대자의 말이나 행동, 의사소통 시의 상황 등을 기입한 후, 영지와 상대자의 문장에 순서대로 문장 번호를 붙였다.

─────────────────────────────

① ㄱ, ㄴ　　　② ㄱ, ㄷ　　　③ ㄴ, ㄷ　　　④ ㄴ, ㄹ　　　⑤ ㄷ, ㄹ

다음은 특수교사가 일반교사에게 학생의 표현언어 능력평가 결과를 설명한 것이다. ㉠~㉣에서 옳은 것을 고른 것은? [2점]

> 특수교사: 학생 A의 자발화를 분석한 결과입니다. ㉠ <u>어휘다양도 수준을 고려하면 형태론 발달은 문제가 없다고 봅니다.</u>
> 일반교사: 그럼 화용론 발달 수준은 어떤가요?
> 특수교사: ㉡ <u>평균 발화 길이를 평가한 결과, 화용론 발달에는 별 문제가 없습니다.</u>
> 일반교사: 다른 언어능력의 특성은 어떤가요?
> 특수교사: ㉢ <u>조사나 연결어미의 발달을 확인한 결과 구문론 발달에는 문제가 없는 것 같은데,</u> ㉣ <u>다른 낱말의 수(number of different words; NDW)</u>를 살펴보니 의미론 발달에 문제가 좀 있는 것 같습니다. 그래도 A의 말은 알아듣기 쉽죠?
> 일반교사: 맞아요. 아주 정확하게 말해요.

① ㉠, ㉡   ② ㉠, ㉣   ③ ㉡, ㉢   ④ ㉡, ㉣   ⑤ ㉢, ㉣

다음은 만 6세 된 의사소통장애 아동 지우의 언어적 특성이다. 〈보기〉에서 지우에 대한 판단 또는 지도방법으로 적절한 내용을 고르면? [1.4점]

> • 어휘발달이 느리다.
> • 적절하거나 다양한 낱말을 이해 또는 표현하는 데 제한이 있다.
> • 반향어 형태의 구어를 사용하기도 한다.
> • 첫 낱말 출현시기가 일반 아동들에 비해 늦었다.
> • 일반아동보다 정교함이 떨어지는 문장을 사용한다.
> • 대화에서 주제나 맥락과 관련이 적은 문장을 사용한다.

〈보기〉

> ㄱ. 지우가 보이는 의사소통 문제는 자폐성장애 아동에게서 나타날 수 있다.
> ㄴ. 지우의 장애는 언어발달에만 문제를 보이는 유형이다.
> ㄷ. 지우에게는 발음을 중점적으로 지도해야 한다.
> ㄹ. 지우에게 위치나 동작을 나타내는 낱말의 의미를 가르칠 때에는 직접 시범을 보이며 지도해야 한다.
> ㅁ. 지우에 대한 평가는 음운론, 구문론·의미론·화용론 영역에서 측정 가능한 객관적 검사와 임상적 관찰 등이 병행되어야 한다.

① ㄱ, ㄴ, ㄷ   ② ㄱ, ㄷ, ㄹ   ③ ㄱ, ㄹ, ㅁ   ④ ㄴ, ㄷ, ㅁ   ⑤ ㄷ, ㄹ, ㅁ

다음은 특수학교에 재학 중인 중학생 A와 B가 쉬는 시간에 나눈 대화이다. 대화내용을 분석한 것으로 옳은 것을 〈보기〉에서 고른 것은? [2.5점]

학생 A: 나는 책이 이렇게 많아. 학생 B: ㉠ 엄마가 빨리 온대. 학생 A: 나랑 같이 볼래? 학생 B: ㉡ (책을 쳐다본다.) 학생 A: 나하고 책 같이 보자, 학생 B: (고개를 가로저으며) 나하고 책 같이 보자. 학생 A: 여기서 무슨 책 볼거야? 학생 B: ㉢ 응. 학생 A: 네가 그러면 너랑 안 본다! 학생 B: 응. 같이 본다.	〈보기〉 ㄱ. ㉠의 의미관계는 '행위자-용언 수식-행위'이다. ㄴ. ㉡은 행동에 해당하므로 화용론적 능력을 분석하는 데 포함하지 않는다. ㄷ. ㉢은 화용론적 분석의 대화 기능에서 '반응하기'에 해당한다. ㄹ. 학생 A의 발화 중 최장 형태소길이는 10.0이다. ㅁ. 학생 A의 모든 발화에서 어휘다양도(TTR)는 .50이다.

① ㄱ, ㄴ, ㄷ   ② ㄱ, ㄴ, ㅁ   ③ ㄱ, ㄷ, ㄹ   ④ ㄴ, ㄹ, ㅁ   ⑤ ㄷ, ㄹ, ㅁ

다음은 패스트푸드점 주문대 앞에서 교사와 정신지체 학생이 나눈 대화이다. 화용론적 관점에서 학생의 대화내용을 분석한 결과가 적절한 것을 〈보기〉에서 고른 것은? [2.5점]

교사: 뭐 먹을래? 학생: 햄버거요. 교사: 무슨 햄버거 먹을래? 학생: 햄버거 먹고 싶어요. 교사: 뭐라고? 무슨 햄버거? 학생: 햄버거 먹고 싶어요. 햄버거 맛있어요. 교사: 주스 먹을래? 학생: 네, 주스 좋아요. 집에 엄마 있어요. 엄마 집에서 살아요. 교사: 나도 알아. 학생: 가방 주세요. 집에 갈래요. 교사: 갑자기 어딜 간다고 그래? 햄버거 먹고 학교에 가야지.	〈보기〉 ㄱ. '행위 요구'는 가능하지만, 자기중심적이어서 대화 상황에 부적절하다. ㄴ. '질문에 대한 반응'은 나타나지만, 상황에 부적절한 대답을 하는 경우가 있다. ㄷ. 상대방에게 '명료화 요구하기'는 가능하나, '주관적 진술'은 나타나지 않는다. ㄹ. 단순한 '요구에 대한 반응'은 하지만, 상대방의 '명료화 요구'에는 적절하게 응답하지 못한다. ㅁ. 상황에 적절한 '주제 유지'가 가능하나, '전제 기술(presuppositional skills)'은 나타나지 않는다.

① ㄱ, ㄴ, ㄹ   ② ㄱ, ㄴ, ㅁ   ③ ㄱ, ㄷ, ㄹ   ④ ㄴ, ㄷ, ㅁ   ⑤ ㄷ, ㄹ, ㅁ

다음은 자발화 평가에 대한 내용이다. ㉠~㉣에 대한 설명으로 옳은 것을 〈보기〉에서 고른 것은? [2점]

> ㉠ 자발화 평가는 각 언어 영역별 능력, 즉 의미론적 능력, ㉡ 구문론적 능력, ㉢ 화용론적 능력 등을 측정할 수 있다. 자발화 분석은 많은 시간과 노력이 요구된다는 단점이 있지만, ㉣ 교육적 장점도 포함하고 있다.

〈보기〉
가. ㉠을 통해 언어영역별 능력을 알아보기 위해서는 구조화된 상황에서의 자발화 수집이 요구된다.
나. ㉡을 알아보기 위해서 복문은 문장 간 의미관계를 분석한 후, 각 단문의 문장 내 의미관계를 분석한다.
다. ㉡을 알아보기 위해서 학령기 아동의 문장능력과 문장 성숙도는 T-unit(terminable unit)를 활용하여 분석한다.
라. ㉢을 알아보기 위해서 의사소통의 의도와 대화능력을 분석한다.
마. ㉢을 알아보기 위해서 어휘다양도를 통해 다양한 낱말의 사용 정도에 대하여 살펴본다.
바. ㉣에는 성취 수준 및 교수목표를 파악하는 데 유용하다는 점이 포함된다.

① 가, 나, 라　　② 가, 다, 마　　③ 나, 라, 바　　④ 다, 라, 바　　⑤ 다, 마, 바

유아 특수교사인 김 교사는 만 4세 발달지체 유아 미나의 말하기 지도 방향을 구상하고 있다. 이를 위해 '취학 전 아동의 수용언어 및 표현언어 척도(PRES)'를 사용하여 검사를 실시한 후, 미나가 한 말을 수집하여 분석하였다. 물음에 답하시오. [5점]

(가) 김 교사가 분석한 자료의 일부

김 교사: 미나 거기서 뭐 하니?
미　나: 이거 이거 보고 이떠.
김 교사: 어머, 나비구나.
미　나: 나비 와떠.
미　나: 어 노난 나비.
김 교사: 나비가 진짜 예쁜데?
미　나: 애뻐.
미　나: 나비 음 조아.

(나) 미나의 말하기 지도 방향

① 문장 길이를 늘일 수 있도록 지도한다.
② /ㄹ/을 정확히 발음할 수 있도록 지도한다.
③ 다양한 연결어미를 사용할 수 있도록 지도한다.
④ 어휘습득을 위해 새로운 낱말에 관심을 갖게 한다.

1) 다음 ㉠과 ㉡에 들어갈 말을 쓰시오. [2점]

> 미나가 한 말을 수집하여 분석하는 언어평가 방법을 (㉠)이라 하며, 이를 통해 평균 발화길이를 측정할 수 있다. 평균 발화길이는 어절, 낱말, (㉡) 단위로 측정한다.

• ㉠: ＿＿＿＿＿　• ㉡: ＿＿＿＿＿

2) (가)에서 미나의 평균 발화길이를 낱말 단위(MLU-w)로 산출하시오. [1점]

• ＿＿＿＿＿

3) (가)를 근거로 (나)에서 적절하지 않은 내용 2가지를 찾아 기호를 쓰고, 적절하지 않은 공통된 이유 1가지를 쓰시오. [2점]

• ＿＿＿＿＿　• ＿＿＿＿＿

초임 특수교사 A는 자폐성장애 학생 성우의 자발화를 분석하기로 하였다. (가)는 성우와 어머니의 대화를 전사한 것이고, (나)는 발화를 구분하여 기록한 표이다. 〈작성 방법〉에 따라 순서대로 서술하시오. [5점]

(가) 전사 기록

> (주차장에서 차 문을 열면서)
> 성우: ㉠ 성우 주차장에서 뛰면 안 돼.
> 어머니: 그렇지. 엄마가 주차장에서 뛰면 안 된다고 말했지?
>
> (엘레베이터를 타고 나서)
> 성우: 일 이 삼 사 오 육 칠 (5초 경과) 칠 육 오 사 삼 이 일.
> 어머니: 성우야, 육층 눌러야지.
> 성우: 육층 눌러야지.
>
> (마트 안에서)
> 성우: 성우 아이스크림 먹고 싶어요.
> 어머니: 알았어. 사줄게.
> 성우: 네.
> 어머니: 성우야, 무슨 아이스크림 살까?
> 성우: ㉡ 오늘 비 왔어요.
>
> (식당에서)
> 어머니: 성우야, 뭐 먹을래?
> 성우: ㉢ 물 냄새나요. 물 냄새나요.
> 어머니: 성우야, 김밥 먹을래?
> 성우: ㉣ 김밥 먹을래?

(나) 발화 기록표

> ① 성우 주차장에서 뛰면 안 돼
> ② 일 이 삼 사 오 육 칠
> ③ 칠 육 오 사 삼 이 일
> ④ 육층 눌러야지
> ⑤ 성우 아이스크림 먹고 싶어요
> ⑥ 네
> ⑦ 오늘 비 왔어요
> ⑧ 물 냄새나요
> ⑨ 물 냄새나요
> ⑩ 김밥 먹을래

〈작성 방법〉

- 자폐성장애 학생의 언어적 특성에 근거하여 (가)의 밑줄 친 ㉠과 ㉣의 공통점 1가지를 쓰고, ㉠의 의사소통 기능을 쓸 것
- '화용적 능력'의 의미가 무엇인지 쓰고, 밑줄 친 ㉡과 ㉢에서 나타난 화용적 기술의 문제점을 설명할 것
- (나)의 발화 구분에서 잘못된 점을 2가지 찾고 그 이유를 각각 설명할 것

다음은 ○○특수학교의 담임교사와 교육 실습생이 나눈 대화내용이다. 물음에 답하시오.

실 습 생: 선생님, 그동안 은수의 의사소통 지도를 어떻게 해 오셨는지 궁금해요.
담임교사: 은수처럼 비상징적 언어 단계에 있는 아이들의 경우에는 먼저 부모와 ㉠ 면담을 하거나 ㉡ 의사소통 샘플을 수집
하여 아이가 어떻게 의사소통을 하는지 분석하는 것이 중요하답니다.
실 습 생: 그렇군요.
담임교사: 저는 은수의 의사소통 샘플을 수집하던 중, 은수의 이름을 부르면 은수가 어쩌다 눈맞춤이 된다는 것을 알게
되었어요. 그래서 눈맞춤 빈도를 증가시키기 위한 중재를 실시했지요. 비록 기능적인 관계를 입증할 수는 없지만
㉢ 이 그래프에 나타난 결과를 보면 중재가 효과적이었다는 것을 알 수 있어요.

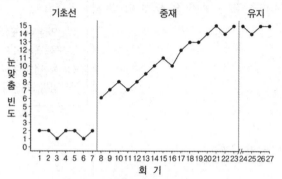

※ 눈맞춤 기회를 매 회기 15번 제공하였음.

실 습 생: 정말 효과가 있었네요.
담임교사: 네, 이제는 ㉣ 은수가 학급 친구들과도 눈맞춤을 한답니다.

2) ㉡의 방법을 사용할 때 주의해야 할 점을 1가지 쓰시오. [1점]

• _____

다음은 통합학급 유아교사인 김 교사와 유아 특수교사인 최 교사의 대화이다. 물음에 답하시오.

> 김 교사: 최 선생님, 오늘 은미가 교실에서 말을 많이 했어요.
>
> 최 교사: 와! 우리 은미 멋지네요.
>
> 김 교사: 실은 오늘뿐 아니라 요즘 계속 말을 많이 해서 얼마나 달라졌는지 알아보고 싶어요. 어떤 방법이 있을까요?
>
> 최 교사: 언어발달 평가에는 여러 가지가 있지만, 자발화 평가를 해도 좋을 것 같아요.
>
> 김 교사: 그러면 ㉠ 은미가 가장 말을 많이 하는 영역인 도서영역 한 곳에서 자발화 수집을 하면 되겠네요. ㉡ 은미는 좋아하
> 는 동화책을 외워 그 내용을 혼자 계속 중얼거리는데, 그것도 자발화 수집에 포함시켜야겠어요. 그런데 은미가
> 하는 말이 계속 같은 낱말을 반복하는 것인지 아니면 여러 가지 어휘를 사용하는 것인지도 알아보고 싶어요. 그것은
> 어떻게 알 수 있을까요?
>
> 최 교사: 아, 그건 은미가 ㉢ 사용한 총 낱말 중에서 서로 다른 낱말의 비율을 산출해보면 알 수 있어요.
>
> 김 교사: 네, 잘 알겠습니다. 그리고 저번에 말씀드렸던 지호에 대해서도 의논드릴 일이 있어요. 내일 지호어머님과 상담하기
> 로 했는데, 어머님께서 지호에 대해 걱정이 많으세요. 저도 지호가 다른 친구들과 달리 가르치기 힘들다는 생각이
> 들어서요. 내일 어머님께 지호가 특수교육 대상자인지 진단·평가를 받으라고 말씀드리는 것이 좋겠지요?
>
> 최 교사: ㉣ 그 전에 일반 학급에서 교수방법 등을 수정하여 지도해 보면서, 지호의 발달에 변화가 있는지 살펴 보는 것이
> 우선인 것 같아요. 저도 도와드릴게요. 그렇게 해도 지속적으로 어려움이 있을 경우 특수교육 대상자 선정을 의뢰해
> 야겠지요.

1) 자발화 수집 시 고려할 사항에 근거하여 ㉠과 ㉡이 적절하지 <u>않은</u> 이유를 각각 쓰시오. [2점]

- ㉠: _____

- ㉡: _____

2) ㉢에서 측정하고자 하는 것은 무엇인지 쓰시오. [1점]

- _____

다음은 통합학급 최 교사와 특수학급 윤 교사가 협의회에서 나눈 대화이다. 물음에 답하시오.

윤 교사: 선생님, 은지의 언어평가를 위해서 자발화 분석을 했어요. 여기 평균 발화길이 분석 결과를 한번 보세요.

최 교사: 어떻게 나온 결과예요?

윤 교사: 100개의 발화를 수집하여 평균 발화길이를 분석했어요.

평균 발화길이	유아 발화		계산식
㉠	① 아빠–가|주–었–어	(5)	5+4+2+5+⋯/100＝4.00
	② 돔–인형|좋–아	(4)	
	③ 아빠|돔	(2)	
	④ 이|돔–인형|은지|돔	(5)	
	⋮		
㉡	① 아빠–가|주었어	(3)	3+2+2+4+⋯/100＝2.75
	② 돔인형|좋아	(2)	
	③ 아빠|돔	(2)	
	④ 이|돔인형|은지|돔	(4)	
	⋮		
평균 어절길이	① 아빠가|주었어	(2)	2+2+2+4+⋯/100＝2.50
	② 돔인형|좋아	(2)	
	③ 아빠|돔	(2)	
	④ 이|돔인형|은지|돔	(4)	
	⋮		

최 교사: 평균 발화길이 분석은 ㉢ 유아의 수용언어 능력을 평가하고, 교육진단에 목적을 두며, 구문론적 특성을 알아보기 위해서 하는 것이군요.

⋯중략⋯

윤 교사: 자발화 분석을 하면 조음오류도 분석할 수 있어요. 예를 들면, ㉣ /곰인형/을 /돔인형/이라고 조음하는 것 등이 되겠지요.

1) ㉠과 ㉡에 들어갈 평균 발화길이(MLU)의 유형을 각각 쓰시오. [2점]

• ㉠: _____   • ㉡: _____

2) ㉢에서 틀린 내용을 찾아 바르게 고쳐 쓰시오. [1점]

• _____

(나)는 유아의 발화 수준을 평가하기 위하여 수집한 교사와 영미의 대화내용이다. 물음에 답하시오.

(나) 대화

교사: 영미야, 뭐 하니?
영미: 돌 쌓아.
교사: 어머! 영미가 돌탑을 쌓고 있구나!
영미: 큰 돌 많이 쌓아.
교사: 돌을 몇 개나 쌓았니?
영미: 많이.
교사: 선생님이랑 함께 세어 볼까?
영미: 이거 같이 세.
교사: 그래, 같이 세어 보자.
　　　　　　　　　…하략…

4) (나)에 제시된 영미의 평균 발화길이를 낱말 수준(MLU-w)에서 산출하여 쓰시오. [1점]

　　•_____

(가)는 발달지체 유아 다영이와 엄마의 대화를 전사한 자료이고, (나)는 김 교사가 (가)를 보고 작성한 알림장이다. (다)와 (라)는 김 교사가 언어를 지도하는 장면이다. 물음에 답하시오.

(가) 발달지체 유아 다영이와 엄마의 대화

엄마: 다영아, 찰흙 놀이 그만하고, 소꿉놀이 할까?
다영: (고개를 끄덕이며) 응.
엄마: 찌개 끓이자.
다영: 좋아.
엄마: (호박을 가리키며) 이거 호박이야?
다영: 응.
엄마: 다영아, 근데 (도마를 들고) 이건 뭐야?
다영: 도마.
엄마: 그렇지. (칼을 보여주며) 그럼 이건 뭐야?
다영: 칼.
엄마: 그렇지.

(나) 김 교사의 알림장

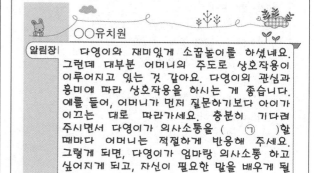

○○유치원

알림장

다영이와 재미있게 소꿉놀이를 하셨네요. 그런데 대부분 어머니의 주도로 상호작용이 이루어지고 있는 것 같아요. 다영이의 관심과 흥미에 따라 상호작용을 하시는 게 좋습니다. 예를 들어, 어머니가 먼저 질문하기보다 아이가 이끄는 대로 따라가세요. 충분히 기다려 주시면서 다영이가 의사소통을 (㉠)할 때마다 어머니는 적절하게 반응해 주세요. 그렇게 되면, 다영이가 엄마랑 의사소통 하고 싶어지게 되고, 자신이 필요한 말을 배우게 될 거예요.

(다)

김 교사: 다영아, 우리 무슨 놀이할까? (찰흙통과 비눗방울통을 보여 주며) 찰흙? 비눗방울?
다 영: 찰흙.
김 교사: (찰흙이 아니라 비눗방울통을 주며) 여기 있어.
다 영: 싫어.
김 교사: (찰흙을 아주 조금만 주며) 여기 있어.
다 영: (손을 내밀며) 더.
김 교사: (㉡) 여기 있어.
다 영: (찰흙통을 내밀며) ㉢ 열어.
김 교사: (뚜껑을 열어 주며) 여기 있어.

(라)

다 영: (도장 찍기 놀이통을 갖고 오면서) 도장.
김 교사: (고개를 끄덕이며) 도장 찍어.
다 영: (꽃을 찍으면서) 꽃.
김 교사: 꽃 찍어.
다 영: (자동차 도장을 찍으면서) 빠방.
김 교사: 빠방 찍어.
다 영: (강아지 도장을 찍으면서) 멍멍이.
김 교사: 멍멍이 찍어.
다 영: (소 도장을 찍으면서) ㉣ 음매 찍어.
김 교사: 그렇지. 잘했어.

1) ① (가)에서 다영이가 가장 많이 산출한 의사소통 기능을 도어(J. Dore)에 근거하여 쓰고, ② (나)의 ㉠에 들어갈 용어를 쓰시오. [2점]

- ①: _____

- ②: _____

3) (라)에서 김 교사가 중재하고자 한 언어의 ① 구문론적 목표와 ② ㉣에 해당하는 의미관계 유형을 쓰시오. [2점]

- ①: _____

- ②: _____

정답·해설

제1장 통합교육

제2장 시각장애

제3장 청각장애

제4장 의사소통장애

제1장 통합교육

제1절 통합교육의 이론

01
2019학년도 중등 B 2번

정답

- ㅣ. 지역사회 환경, 또래아동 들이 있는 일반학교에 배치한다.
  2. 아동의 주변 지역사회 환경에서 살아가기에 필수적인 기능적 기술을 가르친다.
- ㉡: 사회적 역할 가치화
  ㉢: 자기옹호

해설

■ **정상화의 원리**

정상화는 '장애인이 사회 주류의 규준과 패턴에 가능한 한 유사한 일상생활의 패턴과 조건을 즐겨야 한다는 이상'을 구체화한 개념이다. 정상화의 관심은 장애인이 생활하고 일하는 장소에서 그들의 교육·여가활동·인권을 가능한 한 정상적으로 만드는 데 있다. 그러므로 정상화는 특별한 처치·고립·시설을 떠나 장애인이 일반인과 동일한 권리·자유·선택을 즐기는 것을 보장하는 데로 이동할 것을 요청하였다.

■ **사회적 역할 가치화**

'사회적 평가 절하의 위험에 있는 사람을 위하여 가치 있는 사회적 역할을 개발하고 지원하며 방어하기 위하여 문화적으로 가치 있는 수단을 가능한 한 많이 이용하는 것'이다.

제2절 협력

02
2020학년도 유아 A 7번 일부

정답

2) ㉡: 간학문적 접근
   ㉢: 초학문적 접근
   장점: 종합적이면서도 하나로 통일된 중재계획을 제공할 수 있다.

해설

■ 초학문적 접근
  ❶ 장점
    – 다양한 전문영역 간의 상호작용을 격려한다.
    – 역할 공유를 권장한다.
    – 종합적이면서도 하나로 통일된 중재계획을 제공할 수 있다.
    – 유아에 대해서 좀 더 완전하게 이해하도록 돕는다.
    – 전문가의 지식·기술을 향상시키고 전문성을 강화한다.
  ❷ 단점
    – 다양한 영역의 전문가의 참여가 요구된다.
    – 서비스 대표자의 역할을 하는 교사에게 가장 큰 책임이 주어진다.
    – 고도의 협력과 상호작용을 필요로 한다.
    – 전문가 간의 의사소통과 계획을 위해서 많은 시간을 소모해야 한다.

03
2015학년도 유아 A 4번 일부

정답

1) 간학문적 접근
2) 원형진단

해설

1) 다양한 영역의 전문가들의 의사소통이 이루어지는 간학문적 접근이다.
2) 다양한 영역의 전문가들이 한 팀을 이루어 동시에 관찰평가하는 원형진단으로, 모든 영역의 전문가들이 함께 중재계획을 세우는 초학문적 접근이다.

04
2016학년도 유아 A 4번 일부

정답

2) ①: 간학문적 접근
   ②: 하나로 통일된 서비스계획에 기여한다.
   ③: 부모가 제공하는 정보가 2차적 정보로 여겨진다.

간학문적 접근의 서비스 전달 형태에서는 팀을 구성하는 모든 전문가와 가족이 진단과 중재의 모든 과정에서 함께 의논하고 협력한다는 공식적인 협력을 기초로 하지만, 때로는 전문가들이 지니는 자신의 전문영역에 대한 폐쇄적인 성향으로 인하여 진정한 의미에서의 팀 구성원 간 협력이 이루어지지 않을 수도 있다. 또한 간학문적 접근에서 가족 구성원이 팀의 구성원으로 여겨지기는 하지만 때때로 그들의 입력정보는 전문가에 의해 제공되는 정보의 2차적 정보로 여겨진다.

05 | 2013학년도 유아 B 2번 일부

정답

1) 원형진단

3) ⓒ: 초학문적

　　ⓔ: 간학문적

해설

초학문적 접근은 간학문적 접근의 강점을 기초로 생성된 접근 방법으로, 간학문적 접근이 가지고 있는 가장 큰 장점인 다양한 영역의 전문가들 간의 협력을 기초로 이루어진다. 그러나 초학문적 접근은 간학문적 접근이 지니는 제한점을 극복하기 위해 역할 공유와 주 서비스 제공자의 개념을 도입하였다.

06 | 2009학년도 중등 24번

정답 ②

해설

② 역할 양도란 구성원들이 통합된 의견 수렴과 절차를 거쳐 관련 서비스를 공동으로 제공하는 서비스 지원 모형이다. 학문들 간의 경계를 허물고 가족 및 팀원들 간 정보와 기술을 공유한다. 개별적인 서비스를 제공하기보다는 생태학적인 환경 진단과 함께 전문가들의 협력 체제 구축을 지향하며, 서비스가 통합적으로 전달된다. 서로의 전문적인 지식을 보다 적극적으로 공유·재조정하여 아동의 전인적인 발달을 위한 새로운 교육목표와 가족의 요구를 수렴한다. 다양한 영역의 전문가들이 서로의 역할을 공유하는데, 이것은 각 전문가들이 자신의 영역에 대한 초기평가를 실시한 후 대표 중재자인 주 서비스 제공자에게 자신의 전문영역의 교수기술을 가르침으로써 역할을 방출(role release)하는 것으로 모든 전문가가 '역할 전이(role transition)'의 과정을 거친다. '역할 전이'는 '역할 확대, 역할 확장, 역할 교환, 역할 방출, 역할 지원'의 단계로 이루어진다.

07 | 2012학년도 중등 34번

정답 ⑤

해설

ⓛ 역할 양도 ➡ 정기적 모임을 통해 언어재활사는 특수교사가 지도할 때에 필요한 구체적인 언어중재 전략에 관한 정보를 제공하기로 하였고,

ⓒ 원형 평가 ➡ 특수교사, 언어재활사, 부모는 학생 A의 의사 표현이 가장 활발히 나타나는 사회시간에 함께 모여 학생 A의 활동을 관찰하면서 언어평가를 실시

ⓜ 초학문적 접근 ➡ 언어중재는 한 학기 동안 특수교사가 혼자 맡아서 실시(주 서비스 제공자)

08 | 2018학년도 중등 B 3번

정답

• ⓐ: 초학문적 접근

　ⓛ: 원형진단

해설

교사, 부모, 물리치료사, 작업치료사 등 다양한 전문가들이 팀을 이루고 함께 모여 동시에 학생 E를 진단하는 것은 '원형진단'으로, 초학문적 접근의 특징이다.

09 | 2014학년도 중등 A 4번

정답

ⓒ은 치료 지원을 교실환경 내에서 지원받게 되며, ⓔ은 따로 분리된 환경에서 지원이 이루어진다. ⓒ에서 학생은 위치하고 있는 통합환경에서 지원을 받게 되므로, 일반 교육과정 내에서 다른 학생들과 상호작용할 기회를 제공한다.

해설

통합된 치료에서 학생들은 자신들이 서비스 받는 어디에서나 학습활동에서 빠지지 않게 된다. 치료서비스를 위해 학생을 가끔 데리고 나오는 것은 해당 학생뿐만 아니라 다른 학생들과 교사도 분리시키는 것이 된다.

정답   ③

해설

(가) 팀 교수(= 팀 티칭, 상호교수)

두 명의 교사가 주교사와 지원교사의 역할을 병행한다. 교사의 상호작용은 학습활동, 사회적 상황에서 학생들의 중요한 롤모델(역할모델)이 된다.

(나) 평행교수(= 병행교수)

두 명의 교사가 수업을 함께 계획하고 지도하며, 학생들의 반응을 이끌어내는 데 효과적이다.

(다) 교수-지원(= 일교수 일보조)

한 교사가 전반적인 지도와 학생 관리를 담당하는 동안 다른 교사는 부가적인 지원을 제공하기 때문에, 교과 및 수업내용에 대한 전문성을 고려하여 역할을 분담한다.

정답

3) ⓛ: 교수-지원

ⓒ: 대안교수

해설

■ 교수-지원 모형

정의	두 교사의 역할이 전체수업과 개별지원으로 구분되는 협력으로, 한 교사가 전체 학습지도에 우선적인 책임을 지고 다른 교사는 학생들 사이를 순회하면서 개별적으로 지원이 필요한 학생을 지도함
효과	• 모든 주제 활동에 적용 가능 • 일대일 직접 지도 가능 • 전체 교수를 담당하는 교수는 다른 협력교사가 학생을 개별적으로 지원하거나 행동 문제를 관리하므로 전체 수업에 더욱 집중할 수 있음 • 다른 모형에 비해 상대적으로 적은 협력계획 시간이 요구됨
고려 사항	• 교수 역할(전체 수업교사, 개별 지원교사)이 고정되어 있는 경우 교사의 역할에 대한 불만족이 있을 수 있음 • 특수교사가 개별지원 역할만 맡는다면 장애학생에게 낙인을 지을 수 있음 • 주교사, 보조교사 역할이 고정되는 경우는 진정한 협력교수라고 볼 수 없음

■ 대안교수

정의	한 교사가 대집단을 상대로 전체적인 수업지도에 책임을 지고 학습을 지도하는 동안 나머지 한 교사는 도움이 필요한 소집단의 학생에게 추가적인 심화학습이나 보충학습을 하는 등의 부가적인 지원을 제공함
효과	• 추가적인 지원이 필요한 학생에게 지원이 가능(심화수업, 보충수업) • 전체 수업을 담당하는 교사가 집중할 수 있도록 도움 제공
고려 사항	• 항상 소집단 교수에서 보충수업을 받는 학생이 생긴다면 다른 또래에게 '낙인'을 받는 경우가 있음 • 다양한 학생이 소집단 교수를 받을 수 있는 기회를 계획해야 함 • 교사의 역할도 대집단과 소집단으로 고정되면 안 됨

정답   ④

해설

두 교사가 선택한 협력교수 유형은 스테이션 교수이다.

㉠, ㉁ 대안교수(alternative teaching)의 장점에 해당하는 내용이다.

㉢ 팀 티칭(team teaching)과 관련된 내용이다.

정답

1) ①: 스테이션 교수

②: 협동과 독립성을 증진시킨다.

해설

■ 스테이션 교수

정의	교사는 수업내용에 대한 세 개 이상의 교사 주도 또는 독립적 학습을 할 수 있는 학습 스테이션을 준비하고, 학생은 수업 내용에 따라 집단이나 모둠을 만들어 자연스럽게 이동하면서 모든 영역의 내용을 학습함
장점	• 능동적인 학습환경을 제시함 • 소그룹으로 주의집중을 증가시킴 • 협동과 독립성을 증진킴 • 학생의 반응을 증가시킴 • 전략적으로 집단을 구성할 수 있음
단점	• 많은 계획과 준비가 필요함 • 교실이 시끄러워짐 • 집단으로 활동하는 기술과 독립적인 학습기술이 필요함 • 감독하기가 어려움

정답   ③

해설

(가)는 팀 티칭, (나)는 평행교수, (다)는 교수-지원에 대한 내용이다.

ㄱ. 팀 티칭은 교사들이 학습내용 및 자료를 공유하기 쉽다.

ㄴ. 팀 티칭은 두 명의 교사가 주교사와 지원교사의 역할을 병행한다. 교사의 상호작용은 학습활동이나 사회적 상황에서 학생들의 중요한 롤모델(역할모델)이 된다.

ㄷ. 평행교수는 두 명의 교사가 수업을 함께 계획하고 지도하며, 학생들의 반응을 이끌어 내는 데 효과적이다.

ㄹ. 평행교수는 집단 내 이질적, 집단 간 동질적으로 학생들을 배치한다.

ㅁ. ㅂ. 교수-지원의 내용이다. 하지만 협력교수 모형 (다)의 활동상의 유의점은 한 모둠/다른 모둠이라는 내용으로 교실을 두 모둠으로 나누었기에 대안교수로 해석하는 것이 바람직하다.

정답

장애학생을 통합학급에 성공적으로 배치하기 위한 방법적인 측면으로 '협력적 교수'와 '협동학습'이 있다.

평행교수는 학급을 두 집단으로 나누어 같은 내용을 교수하는 방법으로, 교사와 학생비율이 낮아 학생들이 복습하기에 효과적이다. 반면, 스테이션 교수는 학급을 두 개 이상의 집단으로 나누어 학생들이 영역별로 이동하면서 학습하는 것으로, 학생들의 협동과 독립성을 향상시킬 수 있는 방법이다.

평행교수와 스테이션 교수의 차이점은 첫째, 집단의 구성이 다르다. 평행교수는 두 개의 집단으로 나눌 때 집단 간에서는 동질집단, 집단 내에서는 이질집단으로 구성하는 반면, 스테이션 교수는 학습내용에 따라 집단을 구성한다. 둘째, 교수·학습활동의 내용 측면에서 다르다. 평행교수는 두 집단에 같은 내용을 교수하는 반면, 스테이션 교수는 모둠마다 학습해야 할 내용이 서로 다르며, 각 모둠을 이동하며 모든 내용을 학습하게 된다.

장애학생이 협동학습에서 긍정적인 역할을 할 수 있도록 특수교사가 제공할 수 있는 방법은 첫째, 장애학생의 능력을 고려한 집단을 구성하는 것이다. 학생들의 학업기술뿐만 아니라 학습유형, 양식, 경험을 고려한 집단 구성을 통해 집단 내에서 긍정적 상호작용이 일어날 수 있도록 한다. 둘째, 집단 내 의사소통이 원활히 일어날 수 있도록 대화기술과 의사소통 기술을 직접 가르친다.

특수교사는 장애학생의 교육과정적 통합을 위해 협력적 교수와 협동학습과 같은 방법적 측면을 익혀 장애학생의 통합을 향상시킬 수 있도록 해야 한다.

해설

■ 협동학습에서 교사의 역할
- 수업목표를 구체화한다.
- 수업 전에 학습집단의 크기, 학생들을 집단에 배정하는 방법, 수업에 활용할 자료 등을 결정한다.
- 학습과제 및 긍정적 상호 의존성을 설명한다.
- 학습자들의 과제수행을 지원하기 위해, 학습자 간의 대인관계 및 집단 기능이 향상되도록 필요한 경우 집단에 참여하기도 한다.
- 집단구성원의 학습과정을 관찰하고 적절한 피드백을 제공한다.
- 학생들의 학습을 평가하고, 집단이 잘 기능하도록 도와준다.

정답

2) ①: 대안교수
②: 도움이 필요한 나리만 계속 소집단에 배치될 수 있어 분리된 학습환경을 조성한다.

해설

■ 대안교수의 단점
- 도움이 필요한 학생만 계속 선택하기 쉽다.
- 분리된 학습환경을 조성한다.
- 조율하기가 어렵고, 학생을 고립시킬 수 있다.

정답

3) ①: 평행교수
②: 학생들의 적극성이 달라 동일한 수준의 내용을 성취하기 어려울 수 있다.

해설

■ 평행교수
❶ 교실을 두 집단으로 나눈 후, 같은 내용을 각 집단에서 교수하는 방식이다.
❷ 단점
- 동일한 수준의 내용을 성취하기가 어려울 수 있다.
- 조율하기가 어렵다.
- 상대 교사의 속도를 점검해야 한다.
- 교실이 시끄러워진다.
- 모둠 간 경쟁이 될 수 있다.

정답

1) ①: 대안교수
②: 소집단의 구성원을 자주 바꾸어 고정되지 않도록 한다.

해설

■ 대안교수
일반적 수준의 대집단과 수행능력이 평균 이상 또는 이하인 소집단을 구성하여 두 교사가 각 집단을 맡아서 교수한다. 이 교수를 실시할 때 중요한 점은 소집단이 고정되어서는 안 된다는 점이다. 교실 내에 또 다른 '교실'을 만드는 결과를 나타내어 낙인효과가 나타날 수도 있기 때문이다. 이 형태는 이전 시간에 배운 내용의 복습이나 반복학습에서 유용하다.

정답

- 대안교수, 대안교수는 지원이나 심화학습이 필요한 학생들을 소집단
  으로 따로 구성하여 수업하는 반면, 교수–지원 모형의 경우 전체 집단
  속에서 지원이 필요한 학생들에게 개별적인 지원을 제공한다.

해설

■ 대안교수
일반적인 수준의 대집단과 수행능력이 평균 이상 또는 이하
인 소집단을 구성한다.

■ 교수–지원
한 교사는 전체 학습지도에 우선적인 책임을 지고, 다른 교사
는 학생들 사이를 순회하면서 개별적인 지원이 필요한 학생
을 지도한다.

제3절 교수적합화(= 교수적 수정)

정답   ③

해설

(가) 아동의 개별화 교육계획 교수목표의 검토
(나) 일반학급 환경에 대한 정보수집
(다) 일반학급에서 아동의 학업수행 관련 특성 분석
(라) 아동에게 적합한 학습목표 설정
(마) 아동의 수업참여를 위한 교수적합화 유형의 결정 및 실제
  고안
(바) 교수적합화의 적용과 교수적합화가 적용된 수업참여의 양
  과 질의 평가

정답   ③

해설

③ 일반 교육과정과의 통합을 위해 내용 변경이 적은 교수방법
  수정(조절)을 먼저 고려한 후 교육과정 내용을 나중에 수정
  한다.
① 교수방법의 수정 – 활동
② 교수방법의 수정 – 자료
④ 교수환경의 수정 – 시간
⑤ 교수방법의 수정 – 전략

정답

1) 세희의 자리가 교사의 옆에 지정되면서 다른 학생들 간의 상호작용을
   방해할 수 있으므로, 또래아동들 사이에 세희의 좌석을 배치한다.

정답

3) 책상 간 간격을 넓혀 휠체어를 이용하는 수지가 이동할 수 있는 공간
   을 확보한다.

해설

■ 지체장애 학생의 통합교육
❶ 물리적 환경의 배려
  – 학교건물에 편의시설(경사로, 화장실 보조 장비 등)을
    설치한다.
  – 교실 내에서 휠체어나 목발을 사용하여 이동하기 쉽게
    공간을 만들도록 한다.
  – 특수하게 고안된 책상과 의자를 제공한다.
❷ 교수방법
  – 일반교사와 특수교육 전문가가 협의하여 결정한다.
  – 치료사와 협력하여 지체장애 아동들에게 물리치료,
    작업치료, 언어치료를 제공한다.
  – 지체장애를 가지고 있다고 하더라도 가능한 한 스스로
    하도록 하고, 오래 걸리더라도 기다려주는 것이 독립성
    증진에 바람직하다.

정답

3) ①: 친구의 도움을 받아 달리기
   ②: 휠체어를 이용하여 달리기

해설

■ 지체장애 학생 교수 방법의 수정

교수 활동	• 교수할 주요 과제를 구체적인 활동으로 구조화하여 작은 단계로 제시하기, 양 줄이기, 교육과제나 활동순서 바꾸기, 규율이나 규칙 수정하기, 과제를 활동 중심으로 수정하기 등 • 교수 회기 사이의 간격, 과제의 다양성, 과제 습득 활동 중 에 이미 아는 유지 단계의 과제 삽입 • 활동의 참여 수준을 수정해주는 부분 참여도 고려
교수 전략	• 교수 활동의 맥락에서 교수할 내용의 동기유발을 촉진하고 효과적인 교수를 위해 사용되는 여러 종류의 전략을 포함 • 학생들의 선호도 파악하고 이를 존중하는 것, 강화 전략을 활용하는 것
교수 자료	• 교구나 교재 수정은 학생의 장애를 고려하여 필요한 교육 자료를 수정하는 것 • 물체 고정하기, 경계면 만들기, 조작 등을 돕는 보조기기를 제공하는 방법

25 　2017학년도 초등 B 4번 일부

정답　4) 교수방법의 수정 - 교수자료의 수정

26 　2013학년도 유아 B 3번 일부

정답

2) ㉡: 교수자료의 수정

㉢: 교수환경의 수정

27 　2013학년도 유아 추시 B 8번 일부

정답　3) 교수방법의 수정

28 　2021학년도 유아 A 7번 일부

정답

2) ①: 교수방법의 수정

②: 거품이 나며, 향이 없는 액상형 물비누를 제공한다.

해설

교수 활동	교수할 수업의 주제를 구체적인 활동들로 구조화하고 수업 길이(차시)를 고려하여 편성한 것 ⑩ 교수할 주요 과제를 작은 단계로 나누는 것, 과제의 양을 줄이는 것, 과제를 쉽게 또는 구체적으로 수정하는 것, 과제를 활동 중심적으로 수정하는 것	
교수 전략	교수할 내용을 교수 활동의 맥락에서 효과적으로 교수하기 위해 사용하는 여러 종류의 전략	
	수업형태	강의, 시범, 게임, 모의실시, 역할놀이, 발표, 활동 중심적 수업
	교육공학 및 보조공학	워드프로세싱, 컴퓨터 보조학습용 소프트웨어, 장애학생의 기능적인 능력을 향상시키는 보조공학
	행동강화 전략	수업 내용의 효과적 교수를 위해 행동계약, 모델링, 토큰경제, 부모와 빈번한 의사소통, 즉각적인 개별적 피드백, 칭찬
	정보제시 및 반응양식	전체제시 방법, 부분제시 방법, 시각적·청각적 및 촉각적 학습양식에 따른 정보 제시 방법
교수 자료	교사가 사용하는 모든 교수자료를 장애학생 개개인의 능력과 수준에 맞게 변화하거나 새롭게 만드는 것을 포함	
	교수자료 수정	확대 인쇄자료, 헤드 스위치 사용이 가능한 컴퓨터, 녹음된 교과서, 녹음기로 읽기 과제 하기, 시험 준비 문제 제공, 계산기로 수학문제 학습하기, 언어의 단순화, 반응 선택 수 감소, 색깔로 표시되는 교재, 짧은 지시사항
	공학기술 영역	연필잡기 기기, 키보드 손가락 가이드, 자동페이지 넘기기, 자세 및 이동성에 관련된 기구, 전기적 의사소통 기구, 교수를 위한 컴퓨터 사용, 컴퓨터의 의사소통 기구와 같은 도구에의 접근에 관련된 것, 듣기 및 보기와 관련된 것, 여가 및 오락에 관련된 것, 자조기술에 관련된 것

29 　2018학년도 유아 B 3번 일부

정답　2) 또래교수

30 　2013학년도 중등 25번

정답　④

해설

㉡ 또래교수는 교사로부터 적절한 사전교육을 받은 학생이 같은 또래를 가르칠 수 있으며, 역할이 수시로 바뀔 경우 교사가 정한 규칙 등을 기준으로 하여 튜터와 튜티로 나뉘어 학습을 할 수 있다.

㉢ 상보적 또래교수는 기존의 튜터인 또래교수자와 튜티 역할을 하는 또래학습자의 역할이 서로 바뀌어 상보적인 관계로 거듭나는 것으로, 특히 장애학생이 특정 영역에서 뛰어난 능력이 보이는 경우 일반학생을 돕는 역할로 바뀐다.

㉣ 전 학급 또래교수(CWPT; Class Wide Peer Tutoring)는 교실에 있는 모든 학생이 또래교수에 참여하여, 모든 학생이 튜터가 될 뿐만 아니라 튜티의 역할을 하게 된다.

㉠ 또래교수를 실시할 때, 교사는 튜터가 튜티에게 어떤 방법으로 도움을 줄 것인지 알려주며 훈련한다. 그렇지만 튜터에게 교사의 역할과 책임까지 위임하는 것이 아니다. 교사는 수시로 튜터가 자신의 역할에 충실하고 있는지 확인하고, 교사가 개입이나 중재할 부분이 생긴다면 교사가 중재 및 개입할 수 있다.

㉣ 또래지원 학습전략(PALS)은 CWPT를 확장한 것이지만, 학생이 전략적인 학습활동에 참여하도록 고안되었다. 이 프로그램은 일반학급의 다양한 학습자에게 편의를 제공하고, 일반교실에서 적용할 수 있도록 하며, 학업성취를 향상시키고자 고안된 전략적·도전적·의욕적 활동을 학생에게 제공하기 위해 개발되었다. PALS 전략은 학생의 학년수준에 따라 다양하지만, 공통적인 특징으로는 튜터와 튜티 간의 고도로 구조화된 활동, 높은 비율의 구두응답과 약간의 필기 응답, 역할의 상보성이 포함된다.

2017학년도 중등 A 9번

정답

㉠: 상보적 또래교수

㉡: 튜터와 튜티의 행동을 모니터링 하고, 각자 역할을 충실히 수행할 경우 칭찬한다.

해설

또래교수는 교사가 교과내용이나 학업기술의 학습을 촉진하기 위해 두 명의 학생을 튜터-튜티의 관계로 짝을 짓는 교수배치이다. 또래교수에서 교사는 학업과제를 결정하고 교수자료를 제공한다. 또래교수가 두 학생 모두의 사회성 기술, 긍정적 관계, 자존감을 촉진하는 데 사용된다 하더라도 그 초점은 튜티의 학업적 진보에 있다. 또래교사는 단어 철자, 수학, 구어 읽기, 어휘와 같은 기본 기술영역에서 가르치고, 또래교수는 연습과 모니터링에 자주 사용된다. 효과적인 또래교수가 되기 위해서는 교사가 튜터와 튜티 모두의 행동을 모니터링 하고, 각자가 역할을 제대로 수행하고 있다면 칭찬해 주어야 한다.

---

32 **2012학년도 초등 2번**

정답 ①

해설

① 개념과 원리를 발견하는 것은 '발견학습'과 관련된 부분이며, 또래지원 학습전략(PALS)은 지식을 사회적 상호작용 속에서 구성하는 구성주의와 관련된 전략이다.

② PALS는 '짝지어 함께 읽기 → 문단 요약하기 → 예측 릴레이'로 구조화되어 있다.

③ PALS는 두 명의 학생이 짝을 지어 학습하는 전략으로, 한 학생이 오류를 보일 때 다른 학생의 교정적 피드백을 받을 수 있다.

④ PALS는 역할의 상보성에 따라 지수, 환희와 같은 비계 활동이 이루어지며 이를 통해 문제를 해결하고자 한다.

⑤ 차별화 교수는 다양한 학습자의 요구에 맞게 교수를 차별화 하는 것을 의미한다. PALS에서는 도우미와 배움이의 성취 수준에 따라 학습내용과 수준을 다르게 할 수 있다.

---

33 **2017학년도 중등 B 7번**

정답

㉢: 문단 요약하기

활동: 1. 돌아가며 큰 소리로 문단 읽기

　　　 2. 오류 수정하기

　　　 3. 10단어 이하로 문단의 중심내용 말하기

해설

■ 또래지원 학습전략(PALS)

파트너 읽기	• 돌아가면서 큰 소리로 읽기 • 오류 수정 • 읽은 것 다시 말하기
문단 요약하기	• 돌아가며 큰 소리로 단락 읽기 • 오류 수정하기 • 10단어 이하로 단락의 중심생각 말하기
예측 릴레이	• 다음에 무슨 일이 일어날지 돌아가며 예측하기 • 다음 단락을 큰 소리로 읽은 후 구문을 요약하기 • 이후에 일어날 일 다시 예측하기

---

34 **2015학년도 초등 B 1번**

정답

1) 민우의 국어성적은 낮지만, STAD모형은 개인 향상점수가 집단점수에 기여할 수 있어 학습의욕과 동기를 높일 수 있다.

2) ①: 또래지원 학습전략(PALS)

　　②: 피드백 제공하기

3) 읽은 것 다시 말하기

---

35 **2019학년도 초등 A 4번 일부**

정답

3) ⓐ: 전 학급 또래교수(학급 전체 또래교수)

　 ⓑ: 전문가 또래교수

해설

■ 전 학급 또래교수(학급 전체 또래교수)

　경도 장애학생 및 불리한 환경의 학생과 저성취 학생을 위해 고안된 것으로, 학급 내 모든 학생들이 2인 1조가 되어 또래교수를 실시하는 방법이다. 이 또래교수법은 단순 반복 연습 과제, 서로 간에 시범을 보이고 이를 따라 하는 활동이 포함된 과제 등이 적합하며, 특히 수학, 받아쓰기, 낱말공부, 과학, 사회 등의 교과에 적합하다.

　전 학급 또래교수를 위해 교사는 매주 학급의 학생들을 무작위로 두 팀으로 나누고, 각 팀 내에서 또래교수자와 또래학습자 역할을 번갈아 하는 2인 1조의 또래교수 팀을 구성하며, 학생들은 또래교수자와 또래학습자의 역할 모두에 대해 훈련을 받는다. 교사들은 또래교수 회기를 위해 일간, 주간 단위로 학습내용을 조직한다. 또래교수 회기는 일반적으로 1주에 4~5일 매일 20~45분 동안 실시한다.

■ 능력에 따른 또래교수 유형

역할 반전 또래교수	능력이 낮은 학생이 또래 교수자의 역할
전문가 또래교수	높은 능력을 가진 학생이 낮은 능력을 가진 학생을 가르치는 것

정답   ④

해설

(나) 전문가집단으로 모이기 위해서 각 조의 구성원들은 서로 다른 기후를 선택한다.

(다) 다섯 가지 기후 중 동일한 기후를 선택한 학생들끼리 전문가집단으로 모인다.

(라) 전문가집단에서 학습한 학생들은 자신의 원 모둠으로 돌아가 학습한 내용을 가르친다.

(가) 5명씩 4개 조를 이질집단으로 구성해야 한다.

(마) 학습한 후 개별퀴즈를 통하여 개인별 향상점수를 합쳐 조별점수를 산출해야 한다.

정답

1) 팀 보조 개별학습(TAI)

2) • 경아의 수준에 맞는 개별 학습지가 제공된다.

    • 또래들로부터 도움을 받으며 학습할 수 있다.

3) 개별적 책무성, 봉효과나 무임승차 효과가 발생할 수 있다.

해설

■ 팀 보조 개별학습(TAI)의 과정 및 의의

   – 진단평가 후 4~6명 정도의 이질적인 학생들로 팀을 구성한다.

   – 각자의 수준에 맞는 학습지를 가지고 개별학습한다.

   – 개별학습 시 개인의 수준에 맞게 주어진 문제지를 풀고 동료에게 점검받는다.

   – 이후 단원평가 문제지를 풀고, 팀원들은 두 명씩 짝을 지어 문제지를 상호 교환하여 채점한다.

   – 단원평가의 점수가 80% 이상이면 단원의 최종적인 개별시험을 본다.

   – 개별시험 점수의 합이 각 팀의 점수가 되고, 미리 설정한 팀 점수를 초과했을 때 팀은 보상을 받게 된다.

   – 의의: 개별수업의 한계를 보완한 협력학습과 개별학습의 혼합 모형이다.

■ 봉효과

학습능력이 높은 학습자가 자신의 노력의 결과가 다른 학습자에게 돌아가게 되는 것을 보고 학습에 적극적으로 참여하지 않게 되어 나타나는 부정적인 효과이다.

■ 무임승차 효과

소집단 학습에서 적극적으로 학습에 참가하지 않은 학습자가 학습에 적극적으로 참여한 학생의 성과를 공유하게 될 때 발생한다.

정답

• ㉠: 능력이 각기 다른 이질집단으로 구성한다.

• 학습 후 퀴즈에서 얻은 개인의 성적이 팀 성적에 반영된다.

해설

■ 모둠성취 분담모형(STAD)

❶ 모둠성취 분담모형은 본래 미구 존 홉킨스 대학에서 연구 개발된 STL(Studeng Team Learning) 프로그램의 하나이다. STL 프로그램의 기본적인 아이디어는 학습자들이 함께 학습하고, 자신뿐만 아니라 서로의 학습에 책임을 지게 하며, 모든 모둠구성원이 주어진 학습목표를 달성함으로써 얻을 수 있는 모둠목표를 강조하는 특징을 지니고 있다.

❷ 주요 특징

   – 교수자의 설명: 교수자는 단원의 전체 개요에 대하여 직접 교수한다.

   – 모둠학습: 성별, 성적, 성격 등을 고려하여 이질적인 학습자 4~6명으로 팀을 구성한 뒤, 모둠구성원 각자의 적절한 역할을 하고 모둠활동을 진행한다.

   – 퀴즈: 학급 전원에게 개별 퀴즈(시험)를 실시한다.

   – 평가: 각 개인의 향상점수를 합한 다음 이를 모둠원 수로 나누어 모둠점수를 산출한다.

   – 모둠점수의 게시와 보상: 모둠점수를 게시하고 일정 기준을 넘은 모둠에게 보상을 제공한다.

정답

2) ㉢: 개별적으로 과제를 부여한다.

    ㉣: 과제수행 여부에 따라 개별 및 팀 보상을 제공한다.

해설

■ 협력적 상호작용을 촉진하기 위한 협동학습의 특징

❶ 협동학습에서는 긍정적 상호 의존성이 중요하다. 긍정적 상호 의존성이란 팀 내의 학습자들이 목표, 보상, 자원, 역할, 정보 등에 대해 서로 의존하는 것을 의미한다. 쉽게 이야기하며, 다른 사람이 잘하는 것이 나에게 도움이 되고, 내가 잘하는 것 역시 다른 사람에게 도움이 되기 때문에 각자가 서로의 좋은 성과를 위해 다양한 차원에서 서로 돕고 의지하도록 하는 것이다.

❷ 개별 책무성을 포함한다. 이는 학습자 각자의 수행이 다른 구성원과 팀 전체에 영향을 미친다는 인식으로 인해 개인이 해야하는 과제에 책임과 노력을 다하는 것이다. 협동학습의 과제에서 개인의 역할을 명확히 하고, 그 수행 여부에 따라 개별 및 팀에 대한 보상이 있을 때 개별 책무성이 높아질 수 있다.

❸ 협동학습에서는 동등한 참여가 있어야 한다. 동등한 참여는 모두가 적극적으로 참여하도록 유도하면서 일부의 독점이 없도록 하는 것이다. 집단학습에서 발생되는 문제 가운데 집단이 함께 하는 상황에 편승해서 자신의 역할을 하지 않고 성과를 얻는 '무임승차 현상'이 있다. 협동학습은 이러한 폐해를 막고 균등하게 학습참여를 할 수 있는 기회를 제공한다. 동등한 참여를 유지하기 위하여 돌아가며 말하기, 대화카드 사용하기 등의 다양한 협동구조 전략이나 개인의 역할을 명확히 하는 방법을 활용할 수 있다.

❹ 여러 사람과 팀을 이루어 협력적으로 과제를 수행해 나가기 위해서는 다양한 협동기술이 요구된다. 이는 대인관계와 의사소통을 원활하게 할 수 있는 능력으로 볼 수 있으며, 구체적으로 도움 구하기, 도움 주기, 경청하기, 다른 사람을 칭찬하고 격려하기, 정보 나누기 등이 있다. 이러한 협동기술의 향상을 위해서는 많은 훈련과 경험이 필요하다.

40   2015학년도 초등 B 5번 일부

정답

3) 자율적 협동학습(Co-op Co-op)

해설

자율적 협동학습은 집단조사와는 다르게 각 개인이 '미니주제'를 선택하고 개별적으로 준비하여 모둠 내에서 발표하여 모둠의 소주제를 완성한다. 또한 모둠별로 소주제를 발표하여, 전체 주제에 대한 학습이 이루어진다.

41   2017학년도 초등 B 3번 일부

정답

2) ⓓ, 각 구성원의 향상점수로 집단점수를 산출한다.

해설

■ 직소 II

직소 팀은 보통 5~6명의 이질적인 학생들로 구성된다. 분절된 교재가 각 팀에서 주어지며 학생들은 각 주제를 하나씩 맡는다. 그런 다음, 다른 팀에서 나와 소주제별로 다른 팀 구성원과 합류하여 전문가집단에서 그 주제에 대한 학습을 한다. 학습이 끝나면 자기 팀으로 돌아와 팀 동료들에게 전문가집단에서 학습한 내용을 가르친다. 학생들은 개인별 형성평가를 받게 되며, STAD에서처럼 향상점수와 팀 점수가 계산되고 보상을 받게 된다. 이 방법은 직소 I 보다 과제의 상호의존성을 낮추고 보상의 상호의존성은 높인 것이다.

42   2018학년도 중등 B 1번

정답

• ⊙: 학생 각자의 수준에 맞는 학습지를 제공하여 개별학습을 진행한다.
• ⓒ: 단원평가의 점수가 80% 이상이면 그 단원의 최종적인 개별시험을 진행한다.
• ⓒ, 또래도우미의 도움에 의존하므로 촉진을 점진적으로 감소시켜 독립적으로 활동에 참여할 수 있도록 한다.
  ⓗ, 다른 장소로 옮기는 데 문제를 보이므로 학생의 자리를 고정시켜 문제를 예방한다.

해설

■ 팀 보조 개별학습(TAI)의 과정 및 의의

  - 진단평가 후 4~6명 정도의 이질적인 학생들로 팀을 구성한다.
  - 각자의 수준에 맞는 학습지를 가지고 개별학습을 한다.
  - 개별학습 시 개인의 수준에 맞게 주어진 문제지를 풀고 동료에게 점검을 받는다.
  - 이후 단원평가 문제지를 풀고, 팀 구성원들은 두 명씩 짝을 지어 문제지를 상호 교환하여 채점한다.
  - 단원평가의 점수가 80% 이상이면 단원의 최종 개별시험을 본다.
  - 개별시험 점수의 합이 각 팀의 점수가 되고, 미리 설정한 팀 점수를 초과했을 때 팀은 보상을 받게 된다.
  - 의의: 개별수업의 한계를 보완한 협력학습과 개별학습의 혼합 모형이다.

43   2010학년도 초등 29번

정답   ④

해설

④ 중다수준 교육과정: 장애학생이 비장애학생들과 과학교과 수업을 하지만 다른 수준으로 학습을 하고 있다.
①, ⑤ 교수적 수정: 동일한 교과와 수준으로 학습하지만 교수방법이 수정된다.
② 중복 교육과정: 동일한 시간에 장애학생과 비장애학생이 다른 교과의 교육목표를 추구한다.
③ 교수적 수정: 동일한 교과와 수준으로 학습하지만 교수자료가 수정된다.

정답 ④

해설

(가) 교육과정 중복(= 중복 교육과정)

동일한 교과 시간에 학생들이 서로 다른 교과의 교육목표를 추구하고 있다.

➡ 동물의 한살이를 조사하는 동안 친구의 이름 알기

(나) 부분참여

중도장애 아동들이 주어진 과제활동의 모든 단계를 혼자의 힘으로 참여할 수 없더라도, 그들이 할 수 있는 한 활동의 일부에라도 최대한 참여하게 한다.

➡ 온도계를 만드는 활동에서 참여가 가능한 색칠하기를 시킴

(다) 중다수준 교육과정

동일한 교과영역을 다른 수준으로 학습한다.

➡ 친구들은 여러 곳의 온도를 잴 때, 수준을 낮추어서 온도계 눈금을 읽음

정답

3) 대필은 목표인 받아쓰기를 적절하게 평가하는 방법이 아니기 때문에 평가의 타당도를 저해한다.

4) 중다수준 교육과정은 같은 교육과정 내 목표를 다르게 하는 것이다. 대안교수는 일반적인 내용을 학습하는 '대집단'과 심화·보충수업이 이루어지는 '소집단'으로 형성되기 때문에, 일반아동들과 수준을 다르게 하는 은수에게 해당 교육과정을 적용하기에 적절하다.

정답

1) 일반아동이 실과교과를 학습할 때, 은지의 수업목표는 국어교과에 두고 있기 때문이다.

해설

■ 교육과정 중복

장애학생이 일반학급과 같은 학습활동에 참여하되, 목표기술은 일반학생과 서로 다르다.

㉑ 일반학생은 음악시간에 4/4박자 리듬을 익히는 것이 목표라면 장애학생은 자리를 이탈하지 않고 자신의 순서에 발성을 내는 것이 목표이다.

정답

3) ①: 일반학생들이 사막 식물의 특징을 사는 곳과 관련지어 설명할 때 은수는 선인장의 특성을 알아보는 목표가 설정되었고, 동일한 교육과정 영역 내에서 난이도를 낮추어 수업이 제공되었다.

②: 중다수준 교육과정은 동일한 교육과정 영역 내에서 난이도를 수정하는 반면, 중복 교육과정은 같은 활동을 하지만 목표로 하는 영역이 각기 다르다.

정답

㉠: 시험 제시 형식, 평가자료

㉡: 답안의 형식, 응답방법

해설

■ 장애학생이 통합학급에서 수업을 받고 시험에 참여하기 위하여 시험을 조정하는 방법

– 시험지 평가문항마다 학생이 답을 쓸 수 있는 공간을 충분히 제시한다.

– 문항 간에 서로 방해가 되지 않도록 별도의 여백을 충분히 제공한다.

– 시험지는 학생이 보기 좋도록 미리 타이핑하여 작성한다.

– 시험을 끝낼 수 있도록 시간을 충분히 제공한다.

– 학생이 선을 직접 긋도록 하기 보다는 평가문항 옆에 빈칸을 따로 두어 답을 쓰도록 한다.

■ 교사 제작시험 이외 국가 수준에서 제공하는 표준화된 평가(학력평가, 학업적성평가)에 참여하도록 하는 시험조정 형태

❶ 시험 관련

시험 제시 형식	점자 시험지 또는 큰 활자 인쇄 시험지의 제공, 확대경의 사용, 지시문 읽어주기 등
시험환경	별도의 고사장에서 따로 시험보기, 칸막이 책상에 앉아 시험 보기 등
답안 형식	답을 손으로 가리키거나 구두로 말하면 대신 표시해 주기, 컴퓨터를 이용하여 답 쓰기 등
시험시간	추가시간 제공하기, 시험시간 중에 추가 휴식시간 제공하기 등

❷ 평가 관련

평가환경	평가공간	독립된 방 제공
	평가시간	시간 연장, 회기 연장, 휴식시간 변경
평가도구	평가자료	시험지의 확대, 점역, 녹음
	보조인력	수화통역사, 대필자, 점역사, 속기사 제공
평가방법	제시방법	지시 해석해주기, 소리 내어 읽어주기, 핵심어 강조하기
	응답방법	손으로 답 지적하기, 보기 이용하기, 구술하기, 수어로 답하기, 시험지에 답 쓰기

정답

4) 민기는 저조한 성취경험으로 인하여 학습된 무기력이 나타난다. 결과뿐만 아니라 태도와 노력에 다면적인 평가로 성공경험을 가질 수 있도록 평가방법을 수정한다.

50   **2009학년도 초등 5번**

정답   ③

해설

③ 시각장애 학생이 있는 통합학급의 경우 교실 내의 물리적 환경을 일관성 있게 구성·배치하여 시각장애 학생이 교실 환경에 적응할 수 있도록 한다.

① 문제행동은 일차적으로 예방적인 차원에서 제공되어야 한다.

② 항상 또래교수를 통해 보충설명과 피드백을 받도록 하는 것은 아니다. 학습과정과 수업내용에 따라 적절하게 이루어져야 한다.

④ 유창성장애 학생이 말을 더듬는 경우에는 교사가 학생의 말을 수용하고 경청하는 태도를 보여준다.

⑤ 수화통역자를 활용할 경우 질문은 학생에게 한다.

51   **2011학년도 유아 28번**

정답   ④

해설

ㄷ. 도입 단계에서는 교수-지원방법을, 전개 단계에서는 평행교수 방법을 사용했다.

ㄹ. **다수준포함 교수법(= 중다수준형 수업)**

모든 학생이 동일한 공간과 시간 동안에 자신의 현행 수준에 적합하면서 각자에게 의미 있는 학습을 할 수 있게 하는 방식이다. 중다수준형 수업은 학생마다 출발점 행동, 학습 양식, 학습속도 등이 다를 수 있음을 인정하고 학생의 수준에 맞게 내용 또는 방법을 차별화한다.

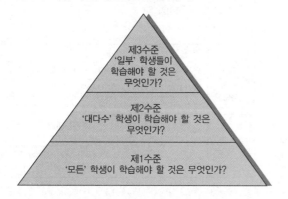

- 제1수준: 모든 학생이 습득하기를 바라는 매우 기본적인 내용·개념 기술로, '중핵요소' 또는 '핵심개념'이라 한다.
- 제2수준: 학급을 구성하는 대다수의 학생이 해당 단위 수업을 통해 배워야 하는 것들을 말한다.
- 제3수준: 좀 더 복잡하거나 상세한 내용이 포함되며, 보통 '심화수준'이라고 부른다.
- 이러한 수준을 결정하는 것은 학생의 일반적인 능력이나 성적이기보다는 해당 차시의 내용에 대한 학생의 현행 수준이나 선행지식 등이 기본이 되어야 한다.

52   **2011학년도 초등 5번**

정답   ③

해설

③ 준거참조-교육과정 중심 사정(CR-CBA)은 '측정할 기술 확인하기 → 목표 설정하기 → 문항 제작하기 → 수행기준 결정하기 → 검사 실시하기/자료 해석하기'의 단계로 적용된다.

① 스테이션 교수는 교사가 학습의 정거장(스테이션)을 만들고 학생들은 집단을 나누어 순서에 따라 스테이션을 옮겨가며 학습하는 형식이다. 따라서 은지가 앞자리 배치되어 학습되는 상황과 맞지 않다.

② 은지에게 적용된 전략은 행동계약이다. 행동계약(유관계약)은 한쪽이나 양쪽에서 구체화한 표적행동 기준 혹은 행동을 이행할 것을 서면으로 동의하는 것이다. 더 나아가 계약은 행동의 발생(혹은 발생하지 않음)에 있어 유관을 관리하게 될 결과를 진술한다.

④ 일반목표와 난이도 수준을 다르게 한 목표로, 기능적 기술 습득이 아닌 중다수준 교육과정에서 설정된 목표이다.

⑤ 은지가 또래의 도움을 받아서 과제를 수행하므로 또래교수를 통한 수업이 이루어진다.

53   **2011학년도 초등 23번**

정답   ④

해설

ㄹ. **평행교수**: 협동교수의 유형 중 하나이며 두 교사가 함께 수업을 계획하고 수준을 고려하여 집단을 분리한 후에 같은 내용을 동시에 적용하며 새로운 단원을 시작할 때보다 복습 형태에 적합하다.

⊙ 직소Ⅰ모형: '소집단 편성 → 주제 분담 → 전문가집단 토론 → 협동학습 → 평가 및 보상'의 절차에 따라 이루어진다.

⊙ 비연속 시행훈련(DTT): 기술을 포함한 단순한 목표(표적) 행동을 지도와 외적 타당도 확보에 용이하다. '주의집중 → 자극제시 → 반응 → (자극 및 반응 촉구 적용) → 피드백' 순서로 진행된다.

ⓒ 지역사회 교수: 지역사회 내 공간을 직접 활용하기 어려운 상황이거나 지역사회에 나가기 전에 구조화된 연습의 기회가 필요할 때 활용되는 수업 유형이다. 활용 방법에 따라 지역사회참조 수업, 지역사회 중심 교수, 지역사회 모의수업, 지역사회 생활기술로 나뉜다.

ⓜ 생태학적 목록검사: 아동에게 영향을 끼치고 있는 현재의 다양한 환경뿐만 아니라 예상되는 미래 환경의 영향력을 기능적으로 분석한 목록이다. 지역사회, 가정, 여가·오락, 교육, 직업 영역에서 개별화된 기능적 교육과정을 결정하는 데 필요한 핵심적인 내용이다.

---

54 | 2011학년도 중등 7번

정답 ③

해설

(나) 성취-과제분담(STAD)이 아닌 GI에 대한 설명이다.

(다) 평행교수가 아닌 팀 티칭에 대한 설명이다.

---

55 | 2013학년도 중등 18번

정답 ②

해설

ⓛ '협동학습'은 학급 전체 또는 5~6명으로 구성된 분단이 공동의 목적을 성취하기 위하여 협력적으로 하는 학습을 의미하며 '공동학습'이라고도 한다. 이러한 환경에서 상호 의존성이 작용하는 것은 자연스러운 현상이다.

ⓜ '다양한 정보제시 수단의 제공'에 따르면 교수자는 학생이 선호하는 학습양식을 고려하여 정보를 제시해야 하는 것으로, 학생 E에게 교과서를 텍스트 파일로 변환하여 화면읽기 프로그램으로 실행하여 내용을 듣게 한 것은 옳은 내용이다.

⊙ 학생 A에게 제공된 것은 중복(중첩) 교육과정이다.

ⓒ 학생 C에게는 중다수준 교육과정을 제공한다.

ⓔ 수업을 계획하는 과정에서 학생 D에게 성취 준거를 설정하여 준거참조평가를 실시한다. 규준참조평가는 학생의 수행능력을 규준에 비교하는 것으로, 다른 학생들과 상대적으로 비교할 때 사용한다.

---

56 | 2019학년도 중등 B (논술형) 8번

정답

특수교육 대상자들이 통합학급에서 수업참여의 양과 질을 최대화하기 위해서는, 교수환경, 교수집단, 교수방법, 교수내용, 평가방법에서 수정 및 보완하는 교수적 수정이 필요하다. 특수교육 대상자 학생들이 수업에 적극적으로 참여할 수 있도록 적용할 수 있는 교수적 수정은 다음과 같다.

A학생에게는 교수내용의 수정을 적용한다. 시각적 수행능력의 변화가 심하므로, 확대자료와 함께 음성자료를 함께 제공하여 시각적 수행이 불가능할 때 보완할 수 있도록 한다.

B학생에게는 교수방법의 수정을 적용한다. 듣기나 동영상자료를 접근할 때 어려움이 있으므로, 시각적 자료로 대체하여 제공한다.

C학생에게는 교수집단의 수정을 적용한다. 많은 사람과 함께 있는 상황을 어려워하므로, 또래교수를 설정하여 또래교수자와 함께 상호작용하며 수업에 참여할 수 있도록 한다.

특수교육 대상자들의 학습목표 달성 여부를 알아보기 위해서는 평가 수정을 적용한다.

A학생에게는 쓰기보다는 음성녹음으로 답안을 작성할 수 있도록 하며, 시각적 수행 변화에 대비한다.

B학생에게는 듣기자료를 지문으로 제공하여 평가의 타당성을 높인다.

C학생에게는 시험을 짧게짧게 여러 번 치게 하여 한 번에 많은 양의 시험문항이 제시되지 않도록 한다.

교수적 수정은 특수교육 대상자 학생들이 일반학급에서의 참여기회를 높이기 위해 여러 가지 부분을 수정하는 것이다. 하지만, 수정 이전에 보편적 학습설계와 같이 모든 학생이 참여할 수 있는 융통성 있는 교육과정이 계발된다면, 특수교육 대상자도 일반 교육과정에 더욱 수월하게 참여하게 되어 교육과정적 통합을 이룰 수 있을 것이다.

제2장 시각장애

제1절 원인별 교육적 조치

01

정답 ①

해설

① 저시력 학생을 위하여 교실 전체 조명을 일정하게 제공하고, 동시에 아동에게 국소조명을 따로 제공하되, 그림자가 지지 않도록 아동의 양쪽에 조명을 비춰준다.

② 망막색소변성은 유전성 질환이며, 진행성으로 청소년기에 매우 빠르게 진행될 수 있고, 일부 학생은 시력을 사용하여 학습할 수 없을 정도로 나빠져 시야협착과 야맹증을 자각하게 된다. 따라서 보행훈련을 조기에 실시하고 점자를 익히도록 지도한다.

③ 백내장이 수정체 가장자리에 있는 장애학생에게는 고도 조명을 사용하고, 중심부에 혼탁이 있는 장애학생에게는 낮은 조명을 사용한다.

④ 타이포스코프는 검은색의 두꺼운 종이나 플라스틱을 이용하여 대비를 높여 읽기에 도움을 주는 비광학적 도구이다. 글을 읽을 때 대비를 높이고, 반사로부터 눈부심을 막을 수 있으며, 읽을 줄을 제시받게 되어 보다 쉽게 독서를 할 수 있다.

⑤ 황반변성은 진행성 질병으로 심한 시각장애를 초래하여 중앙부가 보이지 않게 되며 색각, 대비, 민감도 등에 영향을 미친다. 따라서 글자와 종이의 대비가 선명한 자료를 사용하도록 하고, 필기 시 굵고 진한 선이 있는 종이와 검정색 사인펜을 사용하도록 한다.

02

정답 ②

해설

② 밝은 빛에서 눈부심을 호소하므로 어두운 조명을 제공한다.

■ 녹내장

방수의 유출장애로 안압이 높아져 생기는 질병을 녹내장이라고 한다. 개방각 녹내장의 경우, 대개 만성으로 초기에는 자각 증상이 없이 정상보다 약간 높게 안압이 지속되면서 서서히 시력이 저하되고 시야가 좁아지며, 시야가 좁아질수록 야맹증세가 나타난다. 실외활동이나 낯선 장소에서 보행에 어려움을 느끼며, 마지막에는 실명에 이르게 된다. 선천성 녹내장의 경우 안구가 늘어나고 확장되어 8~9mm여야 할 각막의 직경이 12mm 이상으로 커지는데 이를 '거대각막'이라고 하며, 소의 눈 같다 하여 '우안'이라고도 한다.

■ 녹내장의 교육적 조치

- 정상 안압을 유지하기 위하여 안약을 사용하도록 한다. 그러나 동공이 팽창되어 심한 수명을 느낄 수도 있으므로 세심한 관찰이 필요하다.
- 정확한 시간에 안약을 넣어야 하므로 교사는 수업 중에도 약을 넣도록 지도한다.
- 약물 복용 시 감각이 둔해질 수 있으니 감각훈련을 실시한다.
- 녹내장이 진행되어 시야가 좁아진 아동은 독서할 때 읽는 줄을 자주 잃으므로 타이포스코프를 사용하도록 한다.
- 시야가 좁은 경우 보행이 어려우므로 보행지도를 실시한다.
- 특히 밝은 빛에서 눈부심을 호소하므로 책을 읽을 때 아동에게 맞게 빛의 양을 조절한다.
- 피로와 스트레스로 인해 안압이 상승할 수 있으므로 스트레스를 받지 않도록 주의시킨다.

03

정답 ④

해설

④ 백색증은 색소 결핍 또는 멜라닌 색소의 감소가 함께 나타나는 열성 유전질환이다. 눈부심을 초래하기 때문에 외출 시 선글라스 또는 빛을 흡수하여 여과시키는 안경을 착용하거나, 차양이 넓은 모자를 쓰도록 한다.

① 녹내장 학생을 위한 교육적 조치이다.

② 망막박리는 고도 근시나 백내장 수술 후 발생하기 쉬우며, 미숙아 망막병증에도 나타난다.

③ 독서대 또는 높이를 조절할 수 있는 책상을 제공하여 저시력 기구를 사용해야 한다.

⑤ 밝은 조명은 표면에 반사된 광택 때문에 눈이 부시므로 전체 조명보다 낮은 조명을 선택해야 한다.

정답

2) ①: 정배, 미숙아 망막병증이 심한 경우에는 망막박리를 수반하게 된
   다. 망막박리가 있는 경우 충격이 가해지는 운동은 시력을 떨어
   뜨리는 원인이 된다.

   ②: 민수, 녹내장을 가진 학생들은 안압을 높일 수 있는 잠영, 물구
   나무 서기, 중량 들기 등의 운동을 해서는 안 된다.

해설

미숙아 망막병증이 심한 경우에는 전맹이 되고 시력이 매우 약
해지며 근시, 녹내장, 망막박리, 안구진탕을 수반하게 된다.

05

정답

3) 망막색소변성은 간체세포부터 병변이 발생하며, 간체세포의 경우 어
   두운 조명에서 활성화가 잘 되어 아동의 특성에 맞는 적절한 조명
   을 제공하는 것이 필요하다.

4) 확대기본 교육과정

해설

3) ■ 망막의 시세포

추체 세포	높은 조명에서 기능을 발휘하고 색각의 기능을 가짐
간체 세포	낮은 조명에서 기능을 발휘하고 명암의 기능을 가짐

■ 망막색소변성

유전성으로 병소는 망막의 시세포 중간 체이지만 결국
모든 시세포에 장애를 일으켜 그 결과 터널시야와 야맹
증이 나타난다. 이 질환은 진행성으로 청소년기에 매우
빠르게 진행될 수 있고, 일부 학생은 시력을 사용하여 학
습할 수 없을 정도로 나빠져 시야협착과 야맹증을 자각
하게 된다. 망막 주변에 흑색의 색소가 많이 발생하고,
점차 진행됨에 따라 시야검사에 변동이 나타난다. 처음
에는 주변시력만 저하되지만 점차 중심시력까지 저하되
어, 안경으로 교정되지 않는다.

4) 시각장애 학생의 연간 교육목적은 공통 교육과정보다 시각
장애와 관련된 독특한 요구를 나타내는 확대기본 교육과정
에 강조점을 두어야 한다. 공통 교육과정은 국어, 수학, 사
회, 과학, 체육, 음악 등과 같이 모든 학생이 공통적으로 배
우는 교육과정이고, 시각장애 학생만이 배우는 확대기본 교
육과정은 의사소통 기술, 보행기술, 일상생활 기술, 사회적
기술, 오락과 여가선용 기술, 진로교육, 보조공학 사용,
시효율성(시기능) 기술로 구성된다.

06

정답

2) 한영, 황반의 추체세포 손상으로 인하여 색 지각과 대비감도가 저하
   될 수 있다.

3) ①: 얼음찜질

   ②: 민수의 시력이 저하되며, 손의 촉각 둔감화로 점자를 읽기 어려
   우므로 청각 활용 보조기기를 제공한다.

해설

2) 황반변성

황반부 변성이 심해지면 색 지각과 대비감도도 저하될 수
있으므로 고대비 자료의 제공, 대비 조절 기능이 있는 확대
독서기를 사용하도록 한다.

3) ■ RICE 기법 - 부상 시 빠른 응급처치 방법
   - Rest: 충분한 휴식을 취한다.
   - Ice: 얼음찜질을 한다.
   - Compress: 압박한다.
   - Elevation: 환측을 높게 들어올린다.
   ■ 당뇨망막병증
   시력이 계속 저하되어 확대해도 자료를 보기 어려워지고,
   손의 촉각 둔감화로 점자를 읽기도 어렵다면 듣기자료와
   스크린리더와 같은 청각 활용 보조기기를 사용하여 학습
   한다.

제2절 시각장애 진단 및 평가

정답 ④

해설

학생의 좌안은 광각으로 인해 빛의 유무 정도만 판단할 수 있고,
우안은 수동으로 인해 눈앞에서 손을 좌우로 움직일 때 알아
볼 수 있는 정도이다. 광각과 수동은 교육적 맹에 해당되므로,
촉각이나 청각을 활용한 방법을 적용해야 한다.
ⓒ, ⓒ, ⓔ은 맹의 교육적 조치에 해당한다.
ⓕ, ⓜ은 저시력 교육적 조치에 해당한다.

정답 ②

해설
ⓒ 저시력 학생을 위한 적절한 교육적 조치이다.
ⓔ 미숙아 망막증은 신생아 망막에서 혈관을 형성하게 될 전구 조직이 산소를 매개로 하는 세포 독성반응 때문에 손상을 받아 발생하며, 이차적인 증상으로 근시, 백내장, 녹내장, 사시, 망막박리가 있다.
ⓖ 한천석 시력표의 측정 거리: 3m, 5m
 ➡ 진용한 시력표의 측정 거리: 4m
  ↳ 계산 결과 또한 오류: 0.1×4/5m = 0.08
 ➡ 따라서 0.1의 숫자를 읽지 못한다.
ⓒ 2011 개정 특수교육 교육과정에 따라 '건강, 도전, 경쟁, 표현, 여가' 영역으로 구성된다.
■ 미숙아 망막(병)증을 고려한 지도방법
 – 소근육과 대근육 운동, 시지각 기술, 보행기술을 지도한다.
 – 예후가 매우 좋지 않은 질환으로 망막박리에 대비한 사전 지도가 필요하다.

정답 ④

해설
④ ⓔ 활동을 위해 복도와 계단의 조명을 같은 수준으로 제공하여 빛 적응을 쉽게 할 수 있도록 하고 벽, 바닥, 계단, 난간 등의 위치를 확인할 수 있게 조명을 배치해야 한다.
① 그림자료와 노래를 통해서 주요 교실 위치에 대한 기억을 촉진할 수 있다.
② 광수는 저시력을 보이므로 식별 물체나 색깔을 보행단서로 정한 것은 바람직하며, 과제분석을 통한 반복지도로 학습효과를 높일 수 있다.
③ 시각장애인은 이동 시 장애물에 부딪치는 경우가 많으므로 보호법을 지도하는 것은 바람직하다.
⑤ 대비를 높여 시지각을 돕는 것은 바람직하다.

정답
● 읽기매체 평가

해설
■ 읽기매체 평가
 읽기 방식으로 점자, 확대글자, 음성 중에 학생에게 적합한 읽기 주매체와 보조매체를 결정한다.

제3절 시각장애 교육방법

정답 ①

해설
(가) 노란색 아세테이트지
 학생들의 읽기 속도를 향상시키는 데 흰색 계통의 용지가 적합하다. 특히 노란색 계열이 학생들이 글을 읽을 때 더 편안함을 느끼고 대비를 증가시키기 때문에, 책 위에 노란색 아세테이트지를 올려놓는다.
(나) 타이포스코프
 검은색의 플라스틱이나 두꺼운 종이를 이용해 대조를 높이는 비광학적 도구로, 학생이 글을 읽을 때 줄을 놓치지 않도록 도움을 준다.
■ 대비를 증가시키기 위한 교사의 역할
 – 굵은 선이 그어진 무광택 종이를 사용하게 한다.
 – 선명하고 큰 글자가 찍히는 타자기 제공한다.
 – 복잡한 환경에서의 교수와 화려한 의상 착용을 피한다.
 – 필요 이상으로 자세하게 표기된 부분은 삭제하고 나머지 부분만 확대한다.
 – 청–황, 진홍–황, 황–녹, 백–녹, 백–청, 백–진홍 등의 배합이 좋은 대비를 활용한다.
 – 저시력 학생에게 매직펜, 심이 부드러운 굵은 연필과 같은 필기도구를 권장한다.

정답 ⑤

해설
⑤ 학생 A는 주변시야에서 손상이 시작되어 중심부로 진행되는 유전성 질환이므로, 가족상담을 실시하고 점자를 학습시킨다. 중심외 보기는 중심시력에 문제가 발생하는 황반변성 학생에게 실시한다.
■ 망막색소변성
 망막색소변성은 주변부 시력을 상실시키므로 원거리 시력 사용 시에는 한 단계 큰 글자를, 근거리 시력 사용 시에는 한 단계 작은 글자를 사용하여 시야 확보를 위한 환경을 구성한다. 또한 예후가 좋지 않은 진행성 질환이므로 주기적으로 시력의 변화를 기록하고, 실명에 대비한 지속적인 상담과 심리치료를 병행하며 점자와 보행법 등을 지도한다. 독서 시 주사와 추시기술 교수법, 노란색 아세테이트지를 활용하며, 필기를 할 때는 굵고 진한 선이 그려진 종이와 검정색 사인펜을 사용하고, 진행이 지속될수록 시야 확장을 위한 CCTV와 저시력 기구 사용법을 지도해야 하며 졸업 후 결혼에 대비해 유전상담 등을 권장한다.

13 　　　　　　　　　　2021학년도 초등 A 3번 일부

정답

1) ①: 글자체는 굴림체, 고딕체와 같은 꾸밈이 없고 명료한 획의 글자로 바꾼다.

　②: 반사가 적은 종이를 사용하고, 흰 종이 대신 담황색 종이를 사용한다.

해설

■ 확대 글자본의 제작 방법과 유의점
- 확대 자료의 종이 크기가 크면 휴대하거나 손으로 다루기 어렵고 넓은 시야를 요구하므로 가급적 A4 정도 크기가 적절하다.
- 학생이 요구하는 확대가 큰 경우 너무 큰 종이를 사용하기보다 원본 자료를 편집하여 여러 페이지로 분리하여 확대하는 것이 좋다.
- 학생의 읽기 효율성을 향상시키기 위해 반사가 적은 종이를 사용하는 것이 좋으며, 흰색 종이에 눈부심을 느끼는 경우 옅은 담황색 종이를 사용할 수 있다.
- 확대 글자의 크기는 보통 16~18포인트 이상이며 24포인트를 넘지 않는 것이 좋다. 24포인트를 넘어서면 가독성이 떨어지므로 확대 자료와 확대 기구를 함께 사용하도록 한다.
- 글자체는 꾸밈이 없고 명료한 획의 글자가 좋다.
  - 한글: 명조체, 필기체, 장식적인 서체를 피하고 굴림체, 돋움체, 고딕체를 사용한다.
  - 영어: Arial, Verdana 서체가 추천할만하다.
- 글자 두께는 표제, 단어, 문장을 강조할 때 효과적으로 사용할 수 있다.
- 너무 가늘면 보기 어렵고, 너무 두꺼우면 글자의 획 간 간격이 좁아 오독할 수 있다. 예 눌란/늘린
- 특정 단어나 어구를 강조할 때 글자를 진하게 하거나 글자 두께가 더 두꺼운 글자체를 선택할 수 있다.
- 글자는 가로쓰기로 배열하는 것이 읽기에 도움이 되므로, 원본 자료가 세로쓰기로 되어 있어도 가로쓰기로 수정할 수 있다.
- 일반적으로 본문의 줄 간격은 180~200% 정도가 적당하며, 다만 제목, 문단, 인용처럼 페이지 내 중요한 부분을 강조하기 위해 줄 간 띄우기, 들여쓰기, 정렬 등을 활용할 수 있다.
- 글자와 기호 간의 자간이 너무 좁으면 읽기 어려우므로 자간 설정을 조정하거나 띄어쓰기를 통해 자간의 간격을 띄울 수 있다.
- 단어, 어구, 문장 등을 강조할 때는 두꺼운 글자체를 사용하거나 글자를 진하게 설정하거나 고대비의 형광펜 기능을 사용하는 것이 밑줄선보다 적절하다.
- 모양을 식별하기 어려운 주석이나 강조 표시 문양은 눈에 잘 띄는 색상과 문양으로 변경할 수 있다.
- 배경과 글자 색 간의 대비가 낮으면 확대해도 읽기 어려우므로 가능하다면 배경과 글자 색을 고대비로 수정하는 것이 좋다.
- 한 페이지를 다단으로 나누어 사용할 때 다단 간에 보다 넓은 여백을 확보해야 하며, 정렬 방법은 좌측 정렬이 가운데 정렬, 우측 정렬보다 다음 줄을 더 쉽게 찾고 읽을 수 있다.

14 　　　　　　　　　　　　2016학년도 중등 A 13번

정답

- '투사 확대법'을 사용하지 않았다. 투사 확대법에는 CCTV나 스크린을 사용하여 학생들에게 책을 읽도록 하는 방법이 있다.
- ㉠을 적용할 수 없는 학생은 점동기 학생이다. 당뇨망막병증으로 시력을 잃어 점자를 적용해야 하지만, 감각이 둔해질 수 있어 점자를 배우기 어렵다. 따라서 듣기자료를 제공하여 학습할 수 있도록 한다.

해설

- 일반 교과서의 150% 크기인 확대교과서 제공
  ➡ 상대적 크기 확대법에 해당한다.
- 판서내용을 볼 수 있게 망원경 제공
  ➡ 각도 확대법에 해당한다.
- 독서대 제공
  ➡ 상대적 거리 확대법에 해당한다.

15 　　　　　　　　　　2013학년도 초등 B 6번 일부

정답

1) ①: 수진

　②: 망막색소변성은 터널시야가 나타나 시야가 줄어든다. 따라서 좁은 시야를 활용하기 위해 추시와 주사하기 기술을 가르치는 것이 필요하다.

2) 1. 보조줄 사용하기
　 2. 음향장치 사용하기

16 　　　　　　　　　2014학년도 중등 A (기입형) 9번

정답

중심외 보기

해설

시야 중심부에 암점이 있으므로 중심외 보기를 실시한다.

해설

ⓒ 스탠드 확대경은 책에 놓고 밀면서 읽는 확대경으로 자료와의 거리가 일정하게 유지되는 장점과 함께 굴절률이 높다.

ⓔ 안경 장착형 확대경은 기존의 안경에 확대경을 부착시킨 것으로, 두 손을 자유롭게 사용할 수 있어 읽기와 쓰기를 함께 할 수 있고, 이중초점렌즈와 함께 사용할 수 있으며, 확대경과 책과의 거리를 일정하게 유지하면서 사용한다.

ⓐ 상대적 거리 확대법은 물체와 눈과의 거리를 가깝게 하는 방법으로 물체가 눈에 가까우면 가까울수록 망막상의 크기도 확대된다는 성질을 이용한 것이다. 물체가 떨어져 있는 거리가 현재 거리의 1/2이 되면 망막상의 크기는 2배가 된다.

ⓑ 시야가 좁은 학생이 확대경을 사용하면 시야가 더 좁아진다.

ⓐ: -20

ⓑ: 암점

해설

ⓐ 렌즈의 도수는 디옵터(D)로 표시하고 D = 100(cm) / 초점거리(cm) 공식에 따라 계산하면 D = 20이다. 오목렌즈의 경우에는 마이너스(-)를 붙이므로 -20D이다.

ⓑ 확대경은 원거리 시력을 사용하는 저시력 학생과 중심암점이 있는 학생에게 도움이 된다. 멀리 떨어져 있는 물체는 작게 보이므로 물체에 다가가거나 확대경을 사용하면 상이 확대된다. 중심암점이 있는 학생은 원거리에 있는 물체를 가깝게 가져오거나 확대하기를 원한다. 이러한 학생은 시력을 사용하는 데 조도 역시 중요한 요인이 되므로, 알맞은 조도를 유지할 수 있도록 조명시설을 설치하고, 중심외 보기 방법을 가르친다. 주변시야를 상실한 확대경을 사용하면 아동의 시야보다 더 좁은 시야를 갖게 되며, 중심시력을 상실하지 않았을 경우에는 굳이 확대경을 사용할 필요가 없다. 주변시야를 상실한 아동은 원거리 물체나 축소된 물체를 좋아하기 때문에 시야협착 아동은 머리와 눈의 운동을 통하여 책을 읽도록 한다.

3) ①: 망막색소변성이나 녹내장으로 인하여 주변시야가 좁아진 아동
   ②: 아동의 시야보다 더 좁아진 시야를 갖게 된다.

4) 스탠드 확대경

해설

3) 주변시야를 상실한 아동이 확대경을 사용하면 아동의 시야보다 더 좁은 시야를 갖게 된다. 또한 중심시력을 상실하지 않았을 경우에는 굳이 확대경을 사용할 필요가 없다. 주변시야를 상실한 아동은 원거리 물체나 축소된 물체를 좋아하기 때문에 시야협착 아동은 머리와 눈의 운동을 통하여 책을 읽도록 한다.

4) 스탠드 확대경은 책에 올려놓고 밀면서 읽는 확대경으로, 확대경과 자료의 거리가 일정하게 유지되는 장점이 있고 굴절률이 높다. 수전증이나 근육운동 장애가 있는 학생에게 유용하며, 독서용 안경과 함께 사용할 수 있다.

해설

ⓐ 주변시야를 상실한 장애아동이 확대경을 사용하면 아동의 시야보다 더 좁은 시야를 갖게 되므로 부적절하다. 확대경은 원거리 시력을 사용하는 저시력 학생과 중심암점이 있는 학생에게 도움이 되며, 중심시력을 상실하지 않은 경우에는 굳이 확대경을 사용할 필요가 없다. 주변시야를 상실한 아동은 원거리 물체나 축소된 물체를 좋아하기 때문에 시야협착 아동은 머리와 눈의 운동을 통하여 책을 읽도록 한다.

ⓑ 확대경을 자료 위에 대었다가 천천히 들어 올리면서 렌즈 배율에 맞는 초점거리를 맞춘다(초점거리 쉽게 결정하는 법).

ⓒ 눈과 확대경의 거리가 멀어지면 시야가 좁아지고, 눈과 확대경의 거리가 가까워지면 시야가 넓어진다.

ⓔ 스탠드 확대경은 자료와 확대경 사이의 거리를 일정하게 유지해 주므로, 손잡이형 확대경을 사용해서 초점거리를 유지하기 힘든 경우에 유용하다.

ⓜ 플랫베드 확대경은 빛을 모아주고, 조명이 부착된 확대경은 조명을 이용할 수 있으므로 밝은 조명을 선호하는 학생에게 유용하다.

21

정답 ⑤

해설

ⓔ 현아는 두 눈의 교정시력이 0.06 이하이거나, 두 눈의 시야가 각각 주시점에서 5도 이하인 학생으로 백내장을 가지고 있으며, 보조공학기기를 활용하면 어느 정도는 시력활용이 가능한 학생이므로, 확대경과 그림카드 사이의 초점거리를 6cm 정도 유지하여 사용하게 한다.

> • 1X = 4D → 4X = 16D
> • $D = \dfrac{100}{\text{초점거리}}$ → $16 = \dfrac{100}{\text{초점거리}}$, 초점거리 = 약 6cm

ⓐ 백내장이 수정체 가장자리에 있는 경우 고도 조명을 제공하고, 중심부에 있는 경우 낮은 조명을 제공해야 한다.

ⓑ 시각장애 아동의 특성상 대명사를 사용한 '그것 좀 주세요.'보다는 '연필 좀 주세요.'처럼 구체적으로 말하는 것이 내용을 이해하기가 쉽다.

ⓒ 교실 유리창 근처에서 시범을 보이면 직사광선과 빛반사로 인하여 눈부심이 발생할 수 있다.

ⓓ 광택이 많이 나는 그림카드는 오히려 눈을 부시게 만들어서 식별을 어렵게 한다.

22

정답 ②

해설

㉠ 망막 간상체는 밝은 곳에서 어두운 곳으로 들어갈 때 눈이 어두움에 적응하는 암순응의 역할을 한다. 의료적으로 망막 간상체에 문제가 있다면 야맹증일 가능성이 있다.

㉣ 1D는 초점거리가 1m인 렌즈의 도수를 뜻하며, 초점거리는 디옵터의 역수, 즉 초점거리(m) = 1/D (예 0.5D인 렌즈의 초점거리는 1m/0.5m = 2m)이다.

> 확대경의 배율은 3X → D로 변환 시 12D(X = 4D를 이용)
> 12D인 확대경의 초점거리(m) = 1/12 = 0.083333m = 8.3cm

㉡ 장애인복지법 제3급 1호: 좋은 눈의 시력이 0.06인 사람
→ 따라서 보기는 장애인복지법 제2급에 해당한다.

㉢ 장애인복지법 제3급 2호: 두 눈의 시야가 각각 모든 방향에서 5도 이하로 남은 사람
→ 따라서 보기는 장애인복지법 제4급 2호에 해당한다.
※ 현재 장애인복지법 급수 폐지됨

㉤ 원거리 시력검사는 3m 또는 6m 정도에서 보는 능력을 측정하고, 검사결과에 따라 망원경과 원거리용 확대독서기를 추천하는 데 목적이 있다.

23

정답

• 확대경을 사물로부터 5cm 거리에 두어 초점거리를 맞추고, 눈과 렌즈와의 거리를 최대한 가까이 하여 시야를 넓게 사용한다.

해설

초점거리 공식에 따라 구하면 아래와 같다.

> 디옵터(D) = 100(cm) / 초점거리(cm)

20 = 100 / 초점거리, 초점거리 = 5cm

■ 작업거리 조절

작업거리(working distance)란 눈과 대상물 사이의 거리이다. 작업거리는 렌즈와 사물 간의 거리, 렌즈와 눈 간의 거리의 합이라고 할 수 있다. 렌즈와 자료 사이의 거리인 '초점거리'가 확대경의 굴절률에 의해 결정된다는 점에서, 작업거리를 조절하는 것은 결국 눈과 렌즈 사이의 거리를 조절하는 것을 의미한다.

작업거리는 몸의 자세와 피로도에 영향을 미친다. 머리를 자료로부터 멀리하는 경우, 즉 작업거리를 길게 하는 경우 자세를 편안하게 취하고 피로도 줄일 수 있지만, 시야가 좁아진다. 손잡이형 확대경을 사용하여 자료를 효율적으로 읽기 위해서는 하루 중 시간, 당장에 수행하는 과제 등에 따라 렌즈로부터 눈의 거리를 바꿈으로써 작업거리를 조절한다.

정답

• ㉠, 확대경과 읽기 간의 거리는 렌즈 굴절률에 맞춰 일정하게 유지하고 눈과 확대경 간의 거리를 가까이 하여 더욱 넓은 시야를 확보할 수 있게 지도한다.

• ㉤, 양안 중 시력이 더 좋은 쪽 눈으로 망원경을 보게 하며, 훈련 초기에 목표물의 위치를 찾기 쉽도록 배율이 낮은 망원경을 사용하게 한다.

해설

㉠ 손잡이형 확대경을 사용할 때는 물체와 초점거리를 맞추고, 눈과의 거리를 일정하게 유지해야 한다.

㉤ 망원경 배율은 좌안과 우안 중 좋은 눈을 기준으로 단안 망원경을 추천하고, 두 눈의 시력이 같은 경우 쌍안경도 추천할 수 있다. 좋은 눈을 기준으로 하는 이유는 낮은 배율의 망원경을 사용하도록 하여 더 넓은 시야와 편안한 사용을 돕기 위함이다.

㉡ CCTV의 가장 큰 장점을 밝기를 조절하고 대비를 높일 수 있는 것이다. 시각장애 아동은 실제 자료보다 더 높은 대비를 필요로 하는 경우가 있으며, 진행성 황반질환이 있는 시각장애 아동은 훨씬 높은 조명과 대비가 필요하다.

ⓒ 일반 인쇄물을 스캔하여 광학문자인식 소프트웨어를 사용하여 그 정보를 컴퓨터로 옮길 수 있다. 시각장애인은 자신에게 적합한 형태, 즉 점자, 확대문자, 음성으로 출력하여 그 내용을 확인할 수 있다.

ⓔ 커서의 위치를 쉽게 찾을 수 있도록 커서의 너비를 '넓게' 조정한다. 마우스 포인터의 움직임을 따라가는 데 어려움을 보이므로, 포인터의 움직임 속도를 '느림'으로 조정한다.

25   2021학년도 중등 B 3번

[정답]

• 10cm, 확대경으로 자료를 크고 선명하게 보기 위해

• A 아동, 시야가 좁아 너무 큰 확대 자료나 고배율 확대경을 사용하면 잔존 시야 내에 목표물이 들어올 수 없기 때문이다.

[해설]

'D=100/초점거리'이므로, 이 공식에 따라 초점거리를 계산하면 초점거리는 10cm이다.

■ 확대경 사용거리

– 확대경으로 자료를 크고 선명하게 보기 위해서는 '자료-확대경 렌즈-눈' 간의 거리를 적절히 조절하는 것이 중요하다. 확대경 사용거리는 '학습자료와 확대경 렌즈 간의 거리', '확대경 렌즈와 눈 간의 거리'로 이루어지며, 학습자료로부터 눈까지의 거리를 작업 거리 또는 독서 거리라고 한다. 학생에게 확대경 사용거리에 대해 다음과 같이 지도하는 것이 필요하다.

– 초점거리: 학습자료와 확대경 렌즈 간의 거리를 말한다. 초점거리를 맞추고 유지해야 학습자료 글자를 해당 배율에 맞게 크고 선명하게 볼 수 있다. 초점거리는 [100cm/D(디옵터)] 계산식으로 구할 수 있으며, 확대경 배율이 높을수록 초점거리는 짧아진다. 학생이 10디옵터를 사용하면 100/10=10cm의 초점거리를 유지해야 한다.

– 확대경 렌즈와 눈 간의 거리는 시야와 관련이 있다. 확대경 렌즈로부터 눈이 멀리 떨어질수록 렌즈 속에 보이는 글자 수가 적어지고 렌즈 주변의 왜곡 현상을 더 많이 느끼게 되어 읽기 가독성이 떨어질 수 있다. 따라서 확대경 배율이 높을수록 렌즈에 더 다가가는 것이 필요하다.

■ 망막색소변성 교육적 고려사항

– 망막색소변성증은 시야 장애 외에 진행 정도에 따라 시력과 대비감도 저하도 야기할 수 있으므로 시야, 시력, 대비감도, 대비 선호, 조명 선호, 눈부심 등의 시각 평가를 실시할 필요가 있다.

– 망막색소변성증은 진행성 질환이므로, 지속적인 시야와 시력 감소로 특수교육 지원 요구가 변화할 수 있어 정기적인 시각 평가와 학습매체 평가 실시가 필요하다.

– 주변시야의 손상이 계속 진행되면 터널을 지나갈 때처럼 보이는 터널 시야가 나타나며, 효율적인 잔존 시각 활용을 위해 추시, 추적, 주사 등의 시기능 훈련이 필요할 수 있다.

– 주변 시야 손상으로 읽기 활동에서 글줄을 읽어버리는 현상이 나타나면 타이포스코프라인 읽기 가이드 등을 사용하도록 한다.

– 주변시야의 손상이 심해지면 커다란 사물의 경우 전체가 보이지 않을 수 있으므로 눈과 사물 간의 거리를 더 멀게 조절하여 먼저 전체 모양을 보도록 지도한다.

– 중심부까지 시야 손상이 진행되어 시력 저하가 일어나면 확대 자료, 확대경, 망원경 같은 확대기기를 사용하도록 한다. 시야가 좁기 때문에 너무 큰 확대 자료나 고배율 확대경을 사용하면 목표물이 잔존 시야 내에 들어올 수 없으므로 잔존 시야를 고려한 최소 확대 글자 크기나 확대경 배율을 추천해야 한다.

– 망막색소변성증 말기인 경우 실명할 수 있으므로 학생이 확대해도 읽기에 어려움을 보이기 시작하면 실명하기 전에 점자를 익히도록 지도한다.

– 야맹증이 심한 경우 휴대용 조명 기구를 사용하거나 야간 이동 시나 어두운 장소에서 흰 지팡이를 선택적으로 사용하도록 보행 교육을 실시할 수 있다.

– 망막색소변성증은 망막박리를 일으킬 수 있으므로 과격한 신체 활동을 자제하는 것이 필요하다.

26 2020학년도 중등 A 9번

[정답]

• ㉠: 시력이 좋은 쪽인 오른쪽 눈에 착용한다. 더 낮은 배율 망원경을 사용해 더 넓은 시야로 편안하게 볼 수 있도록 하기 위함이다.

• ㉡: 5배율

• ㉢: CCTV

[해설]

• ㉠ 단안 망원경을 사용하는 학생은 양안 중 좋은 쪽 눈에 사용하는 데, 더 낮은 배율을 사용함으로써 더 넓은 시야로 편안하게 볼 수 있기 때문이다. 단안 망원경은 양안의 시력 차이가 큰 경우 좋은 쪽 눈에 사용하고, 쌍안경은 양안의 시력 차이가 없는 경우에 사용한다.

• ㉡ 0.3 / 0.06 = 5

> 망원경 배율(X) = 목표 원거리 시력 ÷ 현재 원거리시력

• ㉢ 확대독서기(CCTV)는 고배율의 확대가 가능하고, 대비 조절 기능이 있어 낮은 대비자료를 고대비로 바꾸어 주고, 모니터의 밝기를 자신의 선호 수준이나 눈부심 여부에 따라 조절할 수 있다.

■ 확대독서기(CCTV)의 기능

- **배율 조절**: 확대(+)·축소(−) 버튼을 이용하여 글자를 불편함 없이 읽을 수 있는 최소 배율로 조절한다.
- **모니터 밝기조절**: 모니터 밝기조절 버튼을 이용하여 자신의 조명 선호도와 눈부심 여부에 따라 자신에게 맞는 모니터의 밝기로 조절한다.
- **색상대비 조절**: 색상대비 버튼을 사용하여 자신이 선호하는 바탕색과 글자색을 찾는다. 낮은 대비자료를 볼 때 대비 조절기능을 적극적으로 사용하도록 하고, 눈부심이 심한 학생은 검정색 바탕에 흰색 글자가 도움이 될 수 있다.
- **마커 기능**: 화면에 줄을 표시하거나 불필요한 영역을 가려 원하는 부분만을 볼 수 있다. 시야가 좁아 줄을 놓치거나 문장을 따라가며 읽기 능력이 부족한 학생에게 도움이 될 수 있다.
- **화면 캡처**: 시간 내에 보기 어려운 내용은 스마트폰의 사진촬영이나 캡처기능처럼 화면 내용을 저장하였다가 다시 불러내어 확대하여 볼 수 있다.

---

27   2017학년도 중등 A 10번 일부

정답

- ⓒ, 고시능력을 위해 자세를 조정하는 학생의 경우, 자세를 교정하기보다 시기능을 가장 잘 활용할 수 있는 자세를 취하도록 한다.
  ⓔ, 옵타콘은 묵자의 형태 그대로 양각화시켜주는 공학기기로, 옵타콘으로는 점자를 학습할 수 없다.
- ⓜ: 중학교 1학년 2학기부터 가르치며, 중학교 2학년부터 약자 사용을 평가한다.

해설

- ⓒ **안구진탕**: 안구가 규칙적·반복적·불수의적으로 움직이는 것이다. 특히 고시능력에 문제가 많고, 어떤 자세를 취해도 안구를 고정시키기 어렵다.
  - **■ 안구진탕 지도 방법**
    - 한 지점을 주시하는 훈련을 실시한다.
    - 근거리 과제는 눈을 피로하게 하므로 오랜 시간 계속하지 않도록 한다.
    - 초점을 맞추기 위하여 머리를 돌리거나 몸을 기울일 때, 꾸중을 하거나 자세를 교정시켜서는 안 된다.
- ⓜ **공통교육과정 – 영어**
  - **■ 교수학습 방향**
    29. 점자를 사용하는 학생들에게 중학교 1학년 2학기에 약자, 발음 기호 및 특수 기호를 정확하고 익숙하게 사용하도록 지도하며, 점자 문장 읽기, 쓰기 능력 신장 등을 위해 다양한 교수법을 개발·적용한다. (시각장애)

■ 평가방향

27. 점자 사용 학생의 평가는 약자 사용 규칙을 포함한 점자 활용 수준, 읽기 속도 및 쓰기의 정확도를 고려하여 실시하며 중학교 2학년부터는 약자를 사용하여 평가하는 것을 원칙으로 한다. (시각장애)

---

28   2019학년도 중등 B 5번 일부

정답

- ㉠: 문자의 영상을 이미지 스캐너로 받아들여 편집이 가능한 텍스트 형태로 변환해 주는 프로그램이다.
- ㉡: 점자 읽기, 음성 출력 등

해설

- **■ 점자정보 단말기**
  - **❶ 개념**

    점자정보 단말기는 점자로 읽고 쓸 수 있는 전자기기이다. 본체의 여섯 개의 점자입력 버튼으로 점자를 입력하고, 음성합성 장치와 점자 디스플레이를 통해 음성과 점자로 출력할 수 있다. 점자정보 단말기는 노트북처럼 파일과 폴더관리, 문서작성, 독서, 녹음과 재생, 인터넷 등의 다양한 기능이 있으며, 컴퓨터 및 스마트폰과 연결하여 사용할 수도 있다.

    점자정보 단말기는 초등학교에서 점자를 익힌 후부터 학습 및 생활 전반에서 적극적으로 사용하는 기기이다. 점자정보 단말기는 본체 중앙에 있는 〈space〉키를 기준으로 좌측으로 1점, 2점, 3점, 우측으로 4점, 5점, 6점의 점자입력 키가 배열되어 있다. 본체 하단에는 플라스틱 재질의 점자가 출력되는 점자 디스플레이가 있는데, 점 칸이 6개의 점이 아닌 8개의 점으로 구성된다. 점 칸의 제일 아래 두 점은 컴퓨터의 커서에 해당하는 것으로, 커서를 이동하여 원하는 위치에 점자를 입력, 수정할 수 있다.

    점자정보 단말기 종류 중에는 점자를 모르거나 익숙하지 않은 시각장애인을 위해 일반 묵자자판을 사용하여 입력할 수 있는 제품(한소네U2 쿼티 등)도 있다. 점자정보 단말기의 음성합성 장치는 음성 크기, 속도, 고저를 학생에게 맞게 설정할 수 있다. 일반적으로 처음 사용하는 경우에는 음성 속도를 느리게 설정하여 듣다가 점차 빠른 속도로 조정하여 듣게 되며, 여러 사람이 있는 곳에서는 이어폰을 사용하도록 해야 한다.

    점자정보 단말기를 보다 효율적으로 사용하기 위해 단축키를 기억하여 사용하는 것이 좋으며, 자체적으로 점자학습 프로그램을 탑재하고 있으므로 점자를 배우는 단계에 있는 학생은 점자학습 동기를 높이고 점자를 숙달하는 데 활용할 수 있다.

❷ 점자정보 단말기의 기능
- **워드프로세서**: 점자정보 단말기의 문서작성 프로그램으로 점자정보 단말기 문서 (hbl), 점자 문서(brl) 외에 MS 워드 문서(docx), 한글(hwp), 텍스트(txt) 파일 형식도 사용할 수 있다.
- **독서기**: 음성 독서를 위한 프로그램으로 점자정보 단말기 작성 문서(hbl), 점자 문서(brl), MS 워드 문서(docx), 한글(hwp), 텍스트(txt), E-book 파일 형식의 문서를 열어 음성으로 들을 수 있다. 읽기방법으로 '연속 읽기'를 선택하면 자동으로 줄을 이동하면서 문서 끝까지 읽어주고, '수동 읽기'를 선택하면 단어, 줄, 페이지 단위로 읽을 수 있다. 이전에 읽던 곳을 찾기 쉽게 '마크' 기능도 사용할 수 있다.
- **미디어 플레이어**: 디지털 녹음기와 같은 기능으로, 수업 강의 등 원하는 소리를 녹음하고 재생할 수 있으며, mp3 같은 오디오 파일도 들을 수 있다.
- **인터넷 설정**: 컴퓨터 없이 인터넷을 사용할 수 있어, 웹페이지나 이메일 이용이 가능하다.
- **온라인 데이지**: 데이지 도서를 읽을 수 있는 기능으로 국립중앙도서관에 회원으로 가입한 후에 온라인으로 데이지 도서를 내려 받아 이용할 수 있다.
- **기타 기능**: 주소록 관리, 계산기, 일정 관리, 달력, 알람 등의 기능을 가지고 있다.

---

29   2017학년도 초등 A 4번 일부

정답

2) 안구진탕으로 고시능력에 문제가 있으므로 타이포스코프를 제공하여 읽는 줄을 놓치지 않도록 지도한다.
3) 리버스 망원경, 역단안경 중 택 1
4) ①: 학습자의 경험들을 통합시켜 형성한다.
   ②: 실물이나 모형 등 대체적인 경험을 제공한다.

해설

3) 리버스 망원경, 역단안경은 시야를 확장시켜 주는 공학기기이다. 프레스넬 프리즘의 경우 시야를 확장시켜 주고 반맹 학생들에게 많이 적용한다.
4) **교수 · 학습운용 – 〈시각장애〉 중 (마) 항목**
시각장애로 인하여 습득하기 어려운 색채나 공간 등의 어휘는 구체적으로 설명하여 주되, 실물이나 모형 등의 대체적인 경험을 제공하거나 학습자의 경험들을 통합시켜 형성하도록 한다.

---

30   2013학년도 중등 19번

정답   ④

해설

㉠ 시각장애인의 빠른 스피치에서 묵독보다 청독이 훨씬 더 효과적이다. 시각장애 학생에게 있어서 촉각과 미미한 시각으로 학습하거나 생활하는 데 한계가 있으므로 이외의 방법인 듣기가 필요하다. 특히 전맹이나 시력이 시간이 지남에 따라 좋지 않을 가능성이 농후한 경우 미리 듣기를 통한 학습과 훈련이 필요하다.
㉢ 영어는 그 언어의 특성으로 인해 묵음 등이 생길 수 있다. 예컨대, know에서 'k'의 소리는 묵음이 되어 표현 되지 않는 것과, 비슷한 발음 등을 주의하는 것 등으로 인하여 발음과 철자를 함께 녹음하도록 권장한다.
㉣ 일반도서에도 차례가 있는 것처럼 녹음도서에도 책 전체의 위계나 순서를 알 수 있도록 책의 장, 절 등을 나타내는 숫자 등이 함께 녹음되어 있다.
㉤ 녹음도서의 특성상 원하는 페이지를 쉽게 찾아가기 어렵다. 한 번 재생된 후 다시 되돌려 듣기 위한 과정과 원하는 부분을 수동으로 찾아 확인하는 부분 역시 시간이 소요된다.

---

31   2019학년도 초등 B 5번 일부

정답

2) ①: ⓑ – 일부러 읽는 속도를 늦추지 말고 보통 속도로 최대한 명확하게 발음하여 읽는다.
   ②: ⓓ – 자료를 녹음할 때 원본 자료에 기재된 표지, 목차, 저자 소개 등을 빠뜨리지 않고 녹음하는 것을 기본으로 한다.

해설

■ **음성자료 제작 방법**
- 소음이 적은 시간과 장소에서 녹음한다.
- 일부러 읽는 속도를 늦추지 말고 보통 속도로 최대한 명확하게 발음하여 읽는다.
- 자료를 녹음할 때 원본 자료에 기재된 표지, 목차, 저자 소개 등을 빠뜨리지 않고 녹음하는 것을 기본으로 한다.
- 쉼표, 마침표 같은 구두점은 특별한 경우가 아니면 듣기 가독성과 이해도를 돕기 위해 생략한다.
- 녹음자료를 체계적으로 관리할 수 있도록 일정한 규칙에 따라 파일 이름을 붙인다.
- 도서는 한 개의 챕터를 한 개의 파일로 제작하는 것이 일반적이나, 한 개의 파일이 60분이 넘어가면 두 개 파일로 나누어 저장하고 이를 알기 쉽게 파일 이름에 번호를 달아준다.

- 제목번호 낭독은 보편적으로 로마자 단위는 '단원'을 붙여 낭독하고(II-2단원), 1.1은 '1장 1절'로, 1.1.1은 '1장 1절 1'로, ①은 '동그라미 일'로, (1)은 '괄호 일'로, 1)은 '반괄호 일'로 낭독한다.
- 괄호 안에 있는 글을 읽을 때에는 괄호 안의 글이 길거나 문장일 경우 '괄호 열고-내용 낭독-괄호 닫고' 순서로 읽는다. 괄호 안의 글이 한두 단어 정도면 괄호 밖으로 빼서 자연스러운 연결 문장으로 만들어 읽을 수 있다.
  - 예) '노년기의 20년 간 시간 수는(수면 시간 제외함) 하루 16시간으로'를 '노년기의 20년간 시간 수는 수면 시간을 제외한 하루 16시간으로'라고 읽는다.
- 문장 중에 '주'가 나오면 해당 문장을 마친 후 '주석 시작-주석내용-주석 끝' 순서로 읽는다.
  - 예) "다만 규범적 일원체인 사법인은 기본권 주체가 될 수 있다. 주 시작. 그러나 권리능력이 없는 단체의 기본권 주체성은 부인된다. 주 끝"
- 표를 읽을 경우에는 각 항목을 어떠한 순서로 읽을 것인지 알려 준 후 항목별 내용을 읽어 준다.

  예)

구분	오메가-3	수은	수은 대비 오메가-3 비율
연어	2.7	0.05	54.0
정어리	1.57	0.04	39.3
훈제 연어	1054	0.04	38.5
송어	1.15	0.06	19.2

'구분, 오메가-3, 수은, 수은 대비 오메가-3의 비율 순으로 낭독해드리겠습니다. 먼저 연어, 2.7, 0.05, 54.0 다음 정어리 1.57, 0.04, 39.3 다음 훈제 연어 1.54, 0.04, 38.5 마지막으로 송어 1.15, 0.06, 19.2 입니다.'라고 읽을 수 있다.
- 원 그래프는 현재 몇 시 방향(보통 12시 방향 기준)에서 시작하여 시계 또는 반 시계 방향으로 어떤 항목이 어느 정도 비율을 차지하는지 읽어준다.
- 막대 그래프는 가로축과 세로축의 제목을 읽고, 가로축의 항목별로 세로축의 크기를 설명한다.
- 선 그래프의 경우는 x축과 y축의 제목을 읽고, x축과 y축의 범위와 간격이 어떠한지를 먼저 이야기한다. 그 다음 각 좌표의 점을 x축, y축 순서로 읽어준다. 이때 그래프의 변화 경향성이 어디서부터 감소/증가하는지도 설명한다.

[정답]

㉠: 화면해설 서비스

㉡: DAISY 방식

[해설]

■ **화면해설 서비스(DVS)**

시력이 약하거나 전혀 볼 수 없는 시각장애인을 위하여, TV 스크린에서 일어나고 있는 비디오의 상황을 말로 설명해 주는 서비스이다. 시청자들의 혼동을 피하기 위하여 화면해설 서비스 아나운서는 보통 주 아나운서의 반대편에 앉아 세트의 모양, 출연자의 동작, 장면 변화, 몸짓 등을 말로 묘사한다. 이러한 DVS 아나운서의 설명은 TV의 다채널 방식에서 제 2 언어 채널로 방송되기 때문에 프로그램에서 진행되는 대화를 방해하지 않는다.

■ **화면해설 수신기**

DVS(화면해설 서비스) 수신기는 TV 화면을 볼 수 없는 시각장애인들을 위해 장면 하나하나를 마치 눈으로 보듯이 성우가 음성으로 해설해 청취할 수 있도록 특수 제작된 기기이다.

■ **DAISY 방식**

정보의 전자적 접근이 가능한 형태의 도서를 전자도서라고 한다. 시각장애인을 위한 콘텐츠 활용 면에서 국제적으로 표준화된 DAISY가 지원되는 플레이어가 있다. DAISY 방식은 아날로그 방식의 음성도서를 디지털 파일로 변환한 것이다. 전자도서를 재생하고 검색하는 방식으로, 시각장애인을 위한 콘텐츠 개발에 유용하다.

[정답]

3) ①: 공간을 입체적으로 파악하여, 인지지도를 형성하는 데 도움을 줄 수 있다.

　②: 필수적으로 전달할 정보만 자료에 포함시켜 혼란을 줄인다.

[해설]

양각그림을 만들 때 원본 그림과 똑같이 만드는 데 주안점을 둘 필요는 없다. 원본 그림에서 필수적이지 않은 요소는 제거하거나 단순화하여 양각그림을 만들면 더 잘 이해할 수 있다.

예) 우리나라의 지도 모양을 이해하는 데 있어 남도의 많은 섬을 배우는 게 목적이 아니라면 작은 섬들은 생략한다거나 보다 단순화하여 제시할 수 있음

정답

1) ①: 소근육 운동의 어려움으로 인해 직접 선택이 불가능하여 간접
　　선택을 조절하는 스위치를 사용한다.
　② : 데이지(DAISY)

해설

① 개인의 신체조절이 직접선택을 하기 어려운 경우라면 간접
선택의 방법을 고려해야 한다. 간접선택의 방법으로는 주로
스위치가 사용된다.
② 데이지 도서(DAISY)란 시각장애인 등 일반 활자의 이용에
어려움이 있는 사람을 위한 표준화된 형식의 디지털 도서로,
텍스트, 녹음, 점자 파일 등을 포함하므로 시각장애 정도에
따라 자신에게 적합한 것을 선택할 수 있다.

정답

5) 손 아래 손 안내법

해설

■ 손 아래 손 안내법
학생의 손 아래에 교사 손을 두고 교사의 손 움직임을 학생
이 인식하도록 하여 학습기술을 지도하는 방법이다. 교사가
학생의 손을 잡아끌지 않아 덜 개입적이므로 촉각적 민감성
이 심하거나, 친숙하지 않은 물체를 접촉하는 것을 주저하거
나, 물체를 탐색하는 데 거부감이나 문제행동 보이는 학생에
게 효과적이다. 교사는 학생이 손 아래 손 안내법으로 물체
에 대한 거부감이나 저항이 감소하면 손 위 손 안내법으로
바꾸어 지도할 수 있다.

제4절　시각장애 교과교육

정답　⑤

해설

전맹 학생은 시각을 사용할 수 없으므로 청각, 촉각 등과 같은
다른 대체감각으로 학습한다.
㉠, ㉡ 저시력 학생에 적절한 조치이다.
㉢ 청각을 사용한다.
㉣ 촉각을 사용한다.

정답　④

해설

㉠ 지도와 그래프를 보고 분석하는 능력은 사회과의 중요한
기능목표이다.
㉡ 전맹의 특성상 자료를 촉각화하고, 전체 산업지도에서 우리
지역에 해당되는 부분을 분리하여 제작함으로써 자료의
불필요한 부분을 생략하고 단순화시킨다.
㉺ 원본과 똑같이 만들기보다 필수적이지 않은 요소를 제거하
거나 단순화하여 만들면 시각장애 학생이 더욱 쉽게 이해할
수 있다.
㉢ 수업 주제는 '우리 지역에서 발달한 산업 조사하기'이므로
지형을 정확히 아는 것과 지역 경계선을 자세하게 묘사하는
것은 수업 주제와 관련이 없다.
㉣ 안내선은 지도에 표시되어 있는 길, 화살표, 상징(기호) 등
에 혼돈을 줄 수 있으므로 되도록 사용을 자제한다.

제5절　보행

정답　①

해설

㉠ 방향정위와 이동 훈련은 안전하고 독립적이며 효율적으로
이동할 수 있는 보행기술을 습득하여 독립적인 생활을 영위
할 수 있도록 돕는 영역이다.
㉣ 2점 촉타법은 실내외에서 이동할 때 사용하며 트레일링, 자
기보호법, 대각선법은 주로 실내에서 이동할 때 사용한다.
㉡ 안내견이 안전을 담당하므로, 시각장애인은 방향정위에만
집중할 수 있어 익숙하지 않은 지역에서 보행에 편리하다.
㉺ 일반적으로 16세가 지난 시각장애 학생이 안내견을 사용할
수 있다.
㉢ 터치 앤 슬라이드(touch and slide) 기법은 두 지점에 지
팡이가 닿을 때 지팡이를 앞으로 20㎝ 정도 밀어 주면서 가
는 방법이다. 보기 내용은 지면접촉 유지법에 해당한다.

39 2015학년도 유아 A 3번 일부

정답

1) 방향정위, 이동

2) 빛을 흡수하여 여과시키는 안경을 착용하고, 차양이 있는 모자를 쓰 도록 한다.

해설

1) 보행훈련의 원어는 'orientation & mobility training'으로 '방향정위'와 '이동훈련'으로 불리기도 한다.

| 방향 정위 | 잔존 감각을 활용하여 주어진 환경에서 자신의 위치를 설정 하는 능력 |
| 이동 | 잔존 감각을 활용하여 한 장소에서 자신의 목적장소까지 안전하고 효율적으로 품위 있게 이동하는 것 |

2) 백색증 학생의 시효율성을 높이기 위한 방법
   - 햇빛이 비치는 실외로 나갈 때, 빛을 흡수하여 여과시키 는 안경을 착용하고 차양이 있는 모자를 쓰도록 한다.
   - 교실의 자연조명을 조절하기 위해 직사광선을 차단하기 위하여 커튼이나 블라인드를 설치하는 등의 방법을 활용 한다.
   - 광택이 있는 표면이 반사되어 눈이 부시므로 교실의 전체 조명보다 낮은 조명을 선택해야 한다.
   - 백색증 학생은 원거리 활동을 가까운 거리에서 하는 것을 좋아하므로, 독서대 또는 높이를 조절할 수 있는 책상을 제공하고, 저시력 기구를 사용하도록 한다.
   - ■ 백색증
     색소 결핍 또는 멜라닌 색소의 감소가 나타나는 열성 유 전질환으로, 백색증 아동은 머리나 피부가 희고 홍채, 동 공, 안저는 적색을 띤다. 백색증 아동은 시력장애의 정도 가 심하고, 시력이 0.15 이상이 되기가 어려우며, 저시력 기구 또는 CCTV를 사용하면 도움이 된다.

40 2013학년도 중등 추시 B 4번 일부

정답

1) ①: 대각선법
   ②: 몸 전면 하부에 있는 장해물을 미리 알려주며 보호법과 같은 역할을 한다.

2) ⓒ: 단서
   ⓒ: 지표(랜드마크)
   차이점: 지표는 영속성과 지속성을 가지나, 단서의 경우 변화가 심하여 항상 사용할 수 없다.

4) ⓜ, 시각장애인 경호가 안내자인 희수의 팔꿈치 조금 위를 잡고 반보 뒤에서 걸어야 한다.

해설

1) 대각선법을 사용할 때 맹학생은 지팡이를 자신의 전면에 비스듬히 든다. 이때 지팡이는 완충기 역할을 한다. 지팡이 를 몸으로부터 떨어뜨려 비스듬한 각도를 이루고 지팡이의 끝은 지면으로부터 약 5cm 떨어지며 지팡이의 아래쪽 끝 과 위쪽 끝은 몸의 가장 넓은 부위보다 밖으로 2~4cm 나 가도록 잡는다. 대각선법은 몸 전면 하부에 있는 장해물을 미리 알려주며 보호법과 같은 역할을 한다. 대각선법은 주 로 익숙한 건물 내에서 사용된다.

4) 시각장애 학생은 안내인의 반보 뒤, 반보 옆에 서고, 서 있 는 쪽에서 가까운 일반인의 팔꿈치 위를 감아 잡는다.

41 2011학년도 중등 33번

정답 ④

해설

ⓛ 지팡이 호의 넓이는 신체부위에서 가장 넓은 어깨보다 약간 더 넓게(5cm) 유지한다.

ⓒ 계단을 오를 때에는 지팡이 손잡이 아래 부분을 연필 쥐듯 이 잡고 팔을 앞으로 뻗어 한두 계단 위쪽 끝부분을 지팡이 끝으로 스치듯 치면서 올라간다.

ⓜ 안내견 보행은 시각장애인의 허리 위쪽 장애물을 피할 수 있도록 도움을 주는 장점이 있다.

ⓣ 지표와 단서, 번호 체계, 친숙화 과정은 방향정위 지도 요소 에 해당한다.

ⓔ 주로 시각장애인의 안전을 지원하며, 시각장애인이 방향 정위에 집중할 수 있도록 도와준다.

42 2015학년도 초등 A 5번

정답

1) 인지지도(공간도에 관한 지식)

2) ⓐ: 앞문
   ⓑ: 1. 교실환경에서 고정되어 있어 항상 활용이 가능하다.
        2. 아동의 좌석 근처에서 쉽게 인지된다.

3) ⓛ: 둘레파악법(주변탐색)
   ⓒ: 수직횡단파악법(격자탐색)

해설

1) 방향정위 내용 중 '인지지도'에 관한 설명이다.

- **방향정위**

  ❶ 개관

  잔존 감각을 활용하여 주어진 환경에서 자신의 위치를 설정하는 능력을 말한다.

  ❷ 공간도에 관한 지식

  공간도에 관한 지식은 물건과 관계되는 지식으로서, 물건이나 장소의 위치를 아는 것을 의미한다.

  ❸ 공간적 최신화

  자신이 물건과의 관계를 형성하고 보행하는 동안 그 관계를 기억하는 과정이다. 즉, 개인이 공간 속에서 어느 위치에 있는가를 아는 것을 말한다.

  ❹ 인지지도와 공간 갱신

인지 지도	• 환경의 공간구조나 사물의 위치와 공간관계에 대한 정신적 이미지 • 사물 중심 기준위치에 따라 랜드마크, 보행경로, 사물들 간의 거리와 방향을 표상화한 것 • 시각장애인이 환경 내에서 독립적으로 보행한다면 그 환경에 대한 인지지도를 형성하고 있다는 것을 의미함
공간 갱신	• 보행자가 보행경로를 따라 이동하면서 자신과 사물 간의 거리와 방향 변화를 지속적으로 파악하는 과정 • 책상 하나가 보행자의 몸 바로 앞에 놓여 있는 상황을 예로 들자. 몸을 오른쪽으로 90도 회전하면 책상은 앞에 있지 않고 자신의 왼쪽에 놓이게 되는데, 이와 같이 자신과 사물의 관계는 보행자 자신이 이동하면 달라진다는 것을 이해하는 것이 공간 갱신임

2) 랜드마크는 일정 기간 고정되어 있고, 특정 환경의 고유한 특징을 드러내며, 쉽게 인지되어야 한다. 건물 내 복도 중앙에 위치한 엘리베이터는 한번 설치하고 나면 고정되어 있고, 해당 건물의 실내 공간구조에 대한 특징을 알려주며, 비교적 쉽게 발견할 수 있다는 점에서 실내 보행에 활용할 중요한 랜드마크이다. 만약 엘리베이터가 쉽게 발견하기 어려운 위치에 설치되어 있다면 랜드마크로 적절하지 않다. 긴 복도에 엘리베이터가 두 곳 이상에 설치되어 있다면 엘리베이터만으로는 특정 위치를 나타내는 것이 불충분하므로 엘리베이터마다 다른 랜드마크를 연계시켜 주어야 한다.

3) **자기익숙화** – 새로운 환경에 대해 보행자와 사물 간의 관계 및 사물들 간의 관계를 파악하는 방법이다.

- **자기익숙화의 종류**

주변 탐색	보행자가 특정 환경의 전체적인 윤곽을 이해하기 위해 특정 공간의 주위 경계를 각각 탐색하고 각 경계면의 특징을 반영한 이름을 붙여 기억하는 것
격자 탐색	특정 환경을 바둑판과 같이 구획을 설정하여 전후 또는 좌우 방향으로 체계적으로 이동하면서 사물의 위치를 파악하는 법
기준점	환경 전체를 탐색하기 위해 어느 지점에 있든지 간에 쉽게 돌아와 활용할 수 있는 기준

정답 ④

해설

(가) **따라가기(trailing)**

직선 보행을 유지하면서 따라가는 표면의 기준선(벽)으로부터 떨어지지 않기 위한 방법이다. 시각장애 학생은 원하는 방향을 향해가는 물체와 평행이 되도록 한다. 물체에 가까운 팔은 약 45도 정도로 아래쪽 정면을 향해 손을 허리 높이로 들고 새끼손가락과 약지손가락을 물체 표면에 가볍게 대고 스치면서 따라간다.

(나) **대각선법(diagonal technique)**

익숙한 건물 내에서 주로 사용하는 방법으로, 몸 전면 하부에 있는 위험 물체를 미리 알려주며 보호법과 같은 역할을 한다. 시각장애 학생은 완충기 역할을 담당하는 지팡이를 자신의 전면에 비스듬히 든다. 지팡이는 몸으로부터 떨어져 비스듬한 각도를 이루고 지팡이의 끝은 지면으로부터 약 5cm 떨어지도록 하며, 지팡이의 아래쪽과 위쪽 끝은 몸의 가장 넓은 부분보다 밖으로 2~4cm 나가도록 잡는다.

- **이외에 보행훈련에서 사용하는 기법**

  ❶ 자기보호법: 상부보호법과 하부보호법이 해당한다.

  － **상부보호법:** 얼굴, 목, 가슴을 위험 물체로부터 보호하기 위한 방법이다.

  － **하부보호법:** 허리 높이의 위험 물체로부터 신체의 하부를 보호하기 위한 방법이다.

  ❷ 촉타법(touch technique): 보행 중에 떨어질 우려가 있는 곳과 위험물체 탐지에 적합한 방법이다.

정답

3) 명칭: 트레일링

이유: '실내에서 벽을 따라 기준선 보행을 할 때 사용할 수 있는 기법이다.', '익숙한 실내에서 장해물을 미리 알려주는 보호법의 역할을 하는 기법이다.' 중 택 1

해설

- **트레일링**

  － 손 스쳐가기는 실내에서 흰지팡이 없이 벽을 따라 이동할 때 자주 사용하는 기술이다. 벽 주변에 장해물이 있는 경우에는 자기 보호법과 함께 사용할 수 있다.

  － **손의 자세:** 벽에 대는 손의 자세는 손등 또는 손의 측면이 가장 일반적이며, 벽의 재질이나 매끄러움 정도에 따라 선택할 수 있다.

－ 손 스쳐가기: 벽과 반보 떨어져 나란히 서서 벽과 가까운 쪽 팔을 전방 45도 각도로 뻗은 후 손의 측면이나 손등을 가볍게 벽에 대고 이동한다. 벽을 따라 이동할 때 벽에 댄 손이 몸통보다 항상 앞에 있어야 단서나 장해물을 먼저 확인할 수 있다.

■ 대각선법(diagonal technique)

실내와 친숙한 곳에서 주로 사용하는 기술이다. 흰 지팡이를 잡은 손의 팔을 뻗고 지팡이가 대각선 방향이 되도록 조정한 후 팁을 바닥으로부터 5cm 이하로 유지하여 이동할 때 장애물과 턱을 확인할 수 있다. 이점 촉타법처럼 지면을 두드리지 않기 때문에 촉각 정보는 수집하기 어렵다. 유아나 시각중복장애 학생이 흰 지팡이를 바닥에서 들어올리기 어렵다면 팁을 지면에 대고 이동할 수 있으며, 표준 팁 대신 볼 팁을 사용할 수도 있다. 대각선법은 지팡이를 잡은 손의 팔을 펴고 팁은 한발 앞에 항상 위치해야 한다. 또한 지팡이의 양 끝은 어깨보다 약 5cm 정도 더 나와야 한다. 대각선법에서 잡는 방법은 집게손가락 잡기(index finger grasp), 연필 잡는 식 잡기(pencil grasp), 엄지손가락 잡기(thumb grasp)가 있으며 어린 아동은 흰 지팡이를 견고하게 잡고 유지하도록 집게손가락 잡기나 엄지손가락 잡기를 추천할 수 있으며, 손에 힘이 있는 상급 학년 학생은 연필 잡는 식으로 잡기도 가능하다. <u>대각선법은 실내에서 벽을 따라 기준선 보행을 할 때도 사용할 수 있으며, 벽과 반대쪽 손으로 흰 지팡이를 잡고 지팡이 팁을 벽 걸레받이에 대고 이동한다.</u>

대각선법을 사용할 때 지팡이를 자신의 전면에 비스듬히 들어야 하는데 이때 지팡이는 완충기 역할을 한다. 지팡이를 몸으로부터 떨어뜨려 비스듬한 각도를 이루고 지팡이 끝은 지면으로부터 약 5cm 떨어트리며 지팡이의 아래쪽 끝과 위쪽 끝은 몸의 가장 넓은 부위보다 밖으로 2~4cm 나가도록 잡는다.

<u>대각선법은 몸 전면 하부에 있는 장해물을 미리 알려주며 보호법과 같은 역할을 하고,</u> 보통 익숙한 건물 내에서 사용된다.

정답

- ⓒ: 왼손으로 지팡이를 들고 오른쪽 골반 바깥쪽으로 내밀어 주먹을 쥔 모양으로 잡고 엄지를 뻗게 된다. 몸을 가로질러 지팡이를 뻗치고 지팡이 끝은 어깨에서 약 2.5cm 정도 더 나오게 한다. 지팡이 끝을 지면에서 약간 위로 띄운 상태에서 이동하게 된다.
- ⓒ: 오른쪽 벽과 나란히 15~20cm 간격을 두고 서서 오른쪽 팔을 45도 각도로 올려 계란을 쥔 듯한 손 모양을 만든 뒤 벽에 살짝 갖다대면서 가는 기법이다.

해설

■ 대각선법

실내에서 사용되는 주요 지팡이 기법이다. 지팡이는 골반 바깥쪽으로 내밀어 주먹을 쥔 모양으로 잡고 엄지를 뻗는다. 몸을 가로질러 지팡이를 뻗치고 지팡이 끝은 어깨에서 약 2.5cm 정도 더 나오게 한다. 지팡이 끝을 지면에서 약간 위로 띄운 상태에서 이동하게 된다. 실내에서 벽을 이용하는 경우 지팡이 끝을 벽에 붙이면서 가는 대각선법과 트레일링 기법을 동시에 사용하면 신속하고 편하게 목적지에 도달할 수 있다. 대각선법은 주로 익숙한 건물 내에서 사용한다.

■ 트레일링(trailing)

벽 등의 사물을 따라가는 기법으로 특히 시각장애 아동이 사물을 따라 이동하여 자신의 목표물을 찾는 방법이다. 자신이 따라 가고자 하는 대상과 나란히 15~20cm 간격을 두고 서서 사물 쪽의 팔을 45도 각도로 올려 계란을 쥔 듯한 손 모양을 만든 뒤 사물에 살짝 갖다대면서 가는 기법이다.

정답

- ⓒ, 추체의 기능인 색각을 상실했기 때문에 다양한 색상의 시각단서를 활용할 수 없다.
  ⓒ, 문을 통과할 때 안내자가 문을 열고 시각장애인이 문을 닫는다.
- 지팡이는 장애물을 탐지하고, 지면의 상태를 전달하기 때문에 너무 단단하거나 약하면 지면의 정보전달이 어렵다.

정답   ③

해설

ⓒ 2점 촉타법에서 손목운동 요령을 설명하는 보기이다.

ⓘ 터치 앤 슬라이드법: 지팡이로 한 점을 친 뒤 지팡이 끝을 다른 지점으로 가볍게 바닥에 미끄러트리는 기법이다.
터치 앤 드래그법: 지팡이로 친 뒤 몸 쪽으로 힘 있게 잡아 끌어 지면의 작은 변화를 찾아내는 기법이다.

ⓗ 2점 촉타법을 실내에서도 가능하나 장애학생에게 익숙한 실내에서 몸 양편을 두드리는 것은 불필요할 수 있다. 혹여 익숙하지 않은 실내라도 지팡이를 자주 두드리는 것이 소음을 만들어낼 수 있기 때문에 주의해서 사용해야 한다.

㉠ 계단을 오를 때는 지팡이를 연필 쥐듯이 잡는다. 대각선법은 계단을 내려갈 때, 장애물을 탐지할 때 주로 사용한다.

ⓛ 신체부위에서 가장 넓은 어깨넓이보다 5cm 밖의 지점을 접촉한다.

㉢ 지팡이의 끝이 보행 표면을 때릴 때 보행자는 지팡이의 방향과 반대쪽 발을 내딛는다.

제6절 점자

48

48   2009학년도 중등 25번

정답 ⑤

해설

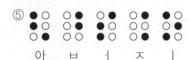

49   2009학년도 초등 9번

정답 ①

해설

㉠ 모음 앞(초성) 'ㅇ'은 항상 생략한다.

㉡ 읽기형: ①④
         ②⑤
         ③⑥

㉢ '가, 샤'는 약자가 따로 존재하고, '랴, 챠'는 첫소리 자음 다음에 오는 모음 'ㅑ'를 생략하지 않는다.

㉣ 첫소리에 오는 된소리를 쓸 때 자음 앞에 된소리 기호 6점을 표기한다.

50   2010학년도 중등 38번

정답 ④

해설

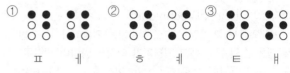

51   2011학년도 중등 11번

정답 ①

해설

52   2011학년도 초등 7번

정답 ⑤

해설

한 단어 안에서 '나, 다, 마, 바, 자, 카, 타, 파, 하' 다음에 모음이 올 때에는 약자를 사용할 수 없다.

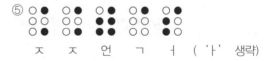

(초성 'ㅇ'은 생략)

③ ●● ●○ ○○ ●○
　 ○○ ●○ ○○ ●○
　 □　　ㅏ　　을

④ ●○ ○● ○○ ○●
　 ●○ ○○ ○● ○○
　 ●○ ○○ ●○ ○○
　 사　 ㄱ 　나　　('사'는 독자적인 약자 존재)

53　　　　2013학년도 중등 21번

정답　③

해설

©: ㅁ + 운 + ㅎ + ㅘ

@: 된소리표 + 사 + ㄹ(종성) + 된소리표 + 사 + ㄹ(종성)

㉠ ○● ●○ ○●
　 ●● ○○ ○○
　 ●● ○○ ○○
　 수표　 1　 8

©: ㅊ + ㅓ + ㅇ + ㅅ + ㅗ + ㄴ + 년
올바른 표기법: ㅊ + 졍 + ㅅ + ㅗ + ㄴ + 년
➡ 약자 '졍'은 그 앞에 'ㅅ, ㅆ, ㅈ, ㅉ, ㅊ'이 올 때는 '졍'이 된다.

○○ ●● ○○ ○○ ●● ○●
●● ○● ○● ●○ ○○ ○○
●○ ○○ ●○ ●○ ○○ ○○
ㅊ　 엉　 ㅅ 　ㅗ　 ㄴ 　연

54　　　　2013학년도 초등 추시 A 6번

정답

1) ⓐ: 영
　카드 A: 그러나
　카드 B: 막

2) 점자 타자기, 점자판, 점필

3) 전자점자

4) ③, 점자사용 학습자를 위하여 점자학습의 내용이 읽기, 쓰기와 문법 영역에 추가되었다.

해설

1) ⓐ 약자 '영'은 그 앞에 'ㅅ, ㅈ, ㅉ, ㅊ'이 올 때 '엉'이 된다.

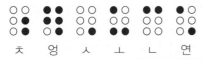

카드 A: 그러나
●○ ●●
●○ ●○
●○ ●○

카드 B:
ㅁ	(종)ㄱ
15	1
●○ ○○ ●●	●○ ○○ ○○

3) 점자정보 단말기는 여섯 개의 키와 스페이스 바로 구성되어 있는 점자 컴퓨터 기기로 가볍고 휴대할 수 있으며, 음성이나 전자점자를 지원한다.

4) '공통교육과정 국어 – 3. 목표'에 해당하는 내용이다.

정답

• ㉠: 읽기, 쓰기, 문법

　㉡: 시각장애 학생의 읽기 속도를 감안

• 1. 학: 3과 자음 'ㅎ'이 혼동될 수 있기 때문에 '3'과 '학' 사이에 띄어쓰기를 한다.

　2. 9: 9의 점형은 24점이다.

해설

• 숫자와 혼동되는 'ㄴ, ㄷ, ㅁ, ㅋ, ㅌ, ㅍ, ㅎ'의 첫소리 글자와 '운'의 약자가 숫자 다음에 이어 나올 때에는 숫자와 한글을 띄어 쓴다.

9	5
#i	#e

■ 4. 교수 · 학습 및 평가의 방향 – 나. 평가 방향 3)
　– ⑤ 시각장애 학생을 위한 국어 교과의 내용은 일반 교육과정의 '듣기 · 말하기', '읽기', '쓰기', '문법', '문학'의 다섯 가지 영역으로 구성하되, '묵자'와 '점자'의 학습 내용이 추가된다. 묵자 사용 학습자를 위하여 묵자를 효율적으로 사용하는 데 필요한 학습 내용이 읽기와 쓰기 영역에 추가되고, 점자 사용 학습자를 위하여 점자 학습 내용이 읽기, 쓰기와 문법 영역에 추가된다. 문법 학습에서는 점자 사용 학습자를 위하여 점자 학습에 필요한 규칙을 익히고 적용하는 활동을 강조한다.
　– ⑥ 시각장애 학생의 읽기 속도를 감안하여 지필 평가 시 지문의 양 조절, 녹음 자료의 제공 및 시력 정도별 적정 시간 제공 등을 종합적으로 고려하여 평가한다.

56　　　　2014학년도 중등 A 2번

정답

• 1. 우수
초성ㅇ + ㅜ + 초성ㅅ + ㅜ ➡ ㅜ + 초성ㅅ + ㅜ
'ㅇ'이 첫소리 자리에 쓰일 때에는 이를 표기하지 않음

• 3. 차로
초성ㅊ + 초성ㄹ + ㅗ ➡ 초성ㅊ + ㅏ + 초성ㄹ + ㅗ
약자에서 'ㅏ'를 생략하는 경우와 생략하지 않는 경우 알기

• 5. 구애
초성ㄱ + ㅜ + ㅐ ➡ 초성ㄱ + ㅜ + 붙임표 + ㅐ
'ㅑ, ㅘ, ㅜ, ㅝ'에 'ㅐ'가 이어 나올 때 그 사이에 붙임표쓰기

해설

2. 떡: (된소리표 + 초성 ㄷ + ㅓ)

4. 나사: (초성 ㄴ + 사)

정답

2) 24 - 136 - 36 - 34

해설

모음자에 '예'가 이어 나올 때는 그 사이에 붙임표(−)를 적어 나타낸다.

도예

정답

• 잘못 받아쓴 단어: (나) 바위, (라) 찡그리고
• 내용 요소
① : 밥그릇에서 '밥'을 쓸 때, 'ㅏ'를 생략하여 쓴다. ('나, 다, 마, 바, 자, 카, 타, 파, 하' 뒤에 모음이 이어나오지 않을 때, 'ㅏ 중성빼기' 법칙을 사용)
② : 한 단어 안에서 '나, 다, 마, 바, 자, 카, 타, 파, 하' 뒤에 모음이 이어 나올 때에는 'ㅏ'를 생략하지 않고 적는다. (나)의 점형을 읽으면 '뷔'가 된다. (약자에서 'ㅏ'를 생략하지 않는 경우 알기)
③ : 약어 '그리고' 뒤에 다른 음절이 붙어 쓰일 때에도 약어를 사용하여 적는다.
④ : 약어 '그리고' 앞에 다른 음절이 붙어 쓰일 때에는 약어를 사용하여 적지 않는다.

정답   3) 25초

정답   1) '석탑'

정답   4) 페널티 지역

정답   3) 예절실

정답

• 24 - 134 - 1235 - 3 - 15 - 1245

정답

㉠ : 1. 1,000 앞의 수표(3456점)가 생략되었다.
     2. 수의 자릿점을 표시하는 반점은 5점이 아니라 2점으로 적는다.
㉡ : 운
㉢ : 1. 부피를 줄일 수 있다.
     2. 읽기와 쓰기 속도를 증가시키기 위함이다.

해설

■ 한국 점자 규정

제47항 쉼표(,)는 으로 적는다.

[다만] 수의 자릿점을 표시하는 쉼표는 으로 적는다.
제38항 숫자 다음에 한글이 이어 나올 때에는 숫자와 한글을 붙여 쓴다.
[다만] 숫자와 혼동되는 'ㄴ, ㄷ, ㅁ, ㅋ, ㅌ, ㅍ, ㅎ'의 첫소리 글자와 '운'의 약자가 숫자 다음에 이어 나올 때에는 숫자와 한글을 띄어 쓴다.

■ 한국 점자표기의 기본 원칙 (2017 개정판)
제1항 한국 점자는 한 칸을 구성하는 점 여섯 개(세로 3개, 가로 2개)를 조합하여 만드는 63세 가지의 점형으로 적는다.
제2항 한 칸을 구성하는 점의 번호는 왼쪽 위에서 아래로 1점, 2점, 3점, 오른쪽 위에서 아래로 4점, 5점, 6점으로 한다.
제3항 글자나 부호를 이중으로 적지 않도록 여기에서 정한 한국 점자를 표준 점자로 정한다.
제4항 한글 이외의 점자는 세계 공통으로 사용하는 점자와 일치하게 표기함을 원칙으로 한다.
제5항 한국 점자는 풀어쓰기 방식으로 적는다.
제6항 한국 점자는 책의 부피를 줄이고, 정확하고 빠르며, 간편하게 사용할 수 있도록 정한다.

정답

• 356 - 6 - 1 - 256 - 1345 - 4 - 1345

정답

3) 어린 무용수

정답

• ㉢: 45-136-4-23456-6-135-2

정답

• ㉠: 1. '팠'을 적을 때는 'ㅏ'를 생략하지 않고 적는다.

　　2. 물음표의 점형은 236점이다.

• ㉡: 된소리표(6점)

• ㉢: 1-25-6-234

해설

■ 한국 점자 규정

㉠ 제17항 한 단어 안에서 '나, 다, 마, 바, 자, 카, 타, 파, 하' 뒤에 모음이 이어 나올 때에는 'ㅏ'를 생략하지 않고 적는다.

[붙임] '팠'을 적을 때에는 'ㅏ'를 생략하지 않고 적는다.

땅을 팠다.　⠿⠀⠿⠀⠿⠀⠿⠀⠿⠀⠿

제45항 물음표(?)는 ⠿으로 적는다.

㉡ 제14항 '까, 싸, 껏'은 각각 '가, 사, 것'의 약자 표기에 된소리 표를 덧붙여 적는다.

㉢ 제18항 다음의 단어들은 약어로 적어 나타낸다.

단어	그래서	그러나	그러면	그러므로	그런데	그리고	그리하여
약어	⠿⠿	⠿⠿	⠿⠿	⠿⠿	⠿⠿	⠿⠿	⠿⠿

[붙임] 위에 제시된 말들의 뒤에 다른 음절이 붙어 쓰일 때에도 약어를 사용하여 적는다.

그래서인지 ⠿⠿⠿⠿　　그러면서　⠿⠿⠿⠿

그런데도　⠿⠿⠿⠿　　그리하여도　⠿⠿⠿⠿

[다만] 위에 제시된 말들의 앞에 다른 음절이 붙어 쓰일 때에는 약어를 사용하여 적지 않는다.

쭈그리고 ⠿⠿⠿⠿⠿⠿　　우그리고 ⠿⠿⠿⠿⠿

찡그리고 ⠿⠿⠿⠿⠿⠿　　오그리고 ⠿⠿⠿⠿⠿

69

정답

4) ①: 심폐소생술

　　②: 12345-4-123456

해설

② 인공: 인-초성ㄱ-옹

인	ㄱ	옹
12345	4	123456
⠿	⠿	⠿

제3장 　청각장애

제1절 　청각장애 유형

01　　　　　2009학년도 중등 20번

정답　④

해설

감음신경성 청각장애의 손상 부위는 내이나 청신경에서 유발된다.

ⓒ 코르티기는 내이에 포함된다.

ⓒ 감음신경성 청각장애는 기도와 골도 모두 유사하게 청력 손실이 발생한다.

ⓜ 감음신경성 난청은 내이, 즉 와우부터 대뇌피질의 청각중추에 이르는 경로에 이상이 생기기 때문에 보청기를 착용하더라도 음의 보충현상(누가현상)으로 인해 불쾌수준만 증대되고 음 이득을 취하기 어려울 수 있다. 따라서 와우 내에 삽입된 전극으로 청신경을 직접 자극하여 소리를 들을 수 있도록 하는 인공와우 이식을 고려해야 한다.

ⓙ 이소골(침골, 등골, 추골)의 손상은 중이 손상으로 전음성 청각장애이다.

ⓔ 전음성 청각장애의 검사 결과이다.

ⓗ 전음성 청각장애일 경우 보청기 착용 효과가 충분히 예상된다.

02　　　　　2013학년도 중등 14번

정답　②

해설

ⓒ 감음신경성 청각장애는 내이에 손상이 있으며, 순음청력 검사결과 기도와 골도에서 손상을 나타내며, 기도와 골도 손상 차이가 없다.

ⓗ 혼합성 청각장애는 전음성·감음신경성·중추성 청각장애 중 두 가지 이상의 장애가 혼합된 것으로, 주로 전음성과 감음신경성 청각장애가 함께 나타난다. 기도와 골도 모두에 손상이 있으며, 기도의 손상이 골도의 손상보다 더 크다.

ⓐ 기도검사는 외이도와 중이도를 거쳐 내이로 도달하는 소리를 측정하는 검사이다. 따라서 내이에 손상이 있는 감음신경성 청각장애도 기도검사 결과 손상이 발생한다.

ⓒ 기저막은 달팽이관 내부에 위치하며 이는 내이에 문제가 있는 것으로 해석이 된다. 따라서 감음신경성 청각장애가 된다.

ⓔ 중추성 청각장애는 청신경이 연수에 들어가면서부터 대뇌피질사이의 중추신경계통에 장애가 있어 초래되는 경우이다. 달팽이관 안에서 파동을 일으키는 음파를 코르티기의 유모세포에서 전기적 에너지로 바뀌어 뇌로 전달된다.

ⓜ 고막과 이소골은 중이에 해당하므로 전음성 청각장애이다.

03　　　　　2019학년도 초등 B 4번 일부

정답

2) 우측 귀가 미로성 난청으로 내이가 손상되었음을 알 수 있다. 내이에 균형을 담당하는 전정기관이 있어 평형성이 떨어질 수 있다.

해설

■ 내이

내이는 구조가 매우 복잡하여 '미로'라고도 불린다. 내이는 크게 와우, 전정, 반규관으로 이루어져 있다. 이때 와우는 청각기관에, 전정과 반규관은 평형기관에 해당한다. 전정과 반규관은 기능적으로는 별개이지만 구조적으로는 와우와 연결되어 서로 통하는 구조로 이루어져 있다.

제2절 　청각장애 진단평가

04　　　　　2011학년도 중등 14번

정답　①

해설

(가) 임피던스 청력검사

고막을 향해 들려준 후 반사되어 나오는 소리의 양을 미세 마이크로 잡아 전기적 반응을 측정하는 검사로 유·소아의 검사를 위해 귀에 기구를 삽입할 때 거부감을 갖지 않도록 하는 것이 중요하다.

(나) 어음청력검사

말소리를 자극으로 사용하는 청력검사에 대한 일반적 용어로, 말소리 자료가 헤드폰 또는 스피커를 통해 제시되면 피검자는 말소리를 감지 · 인지 · 이해하는 것이다.

(다) 뇌간유발반응 검사

헤드폰을 통해 들려주는 청각신호를 피검자가 인지하면 뇌에서 전기적 활동이 계속되는 아주 작은 변화가 생긴다. 이때 뇌 활동에서 자극과 관련된 변화는 머리에 붙인 전극을 통해 전달되어 컴퓨터에 기록된다. 뇌간유발반응 검사는 아주 어린 아동의 청력 손실을 측정하는 데 가장 좋은 방법이다.

■ 골도검사

두개골에 주어진 음의 진동이 직접 내이로 전달되어 음을 청취하는 것으로, 기도검사와는 다르게 외이 · 중이의 상태에 거의 영향을 받지 않으며, 내이와 그 이상의 청각 전달계의 기능을 반영한다.

---

05   **2010학년도 중등 32번**

정답   ⑤

해설

⑤ **어음청취역치 검사(어음수용역치 검사)**: 어음청력검사의 대표적인 검사로 말소리를 탐지하고 이해할 수 있는 어음청취역치를 측정하는 검사이다. 검사어음의 50%를 정확히 청취할 수 있는 최소 언어강도를 기준으로 어음 이해에 필요한 최소 감음 정도를 측정한다. 이때 검사어음은 강도가 같은 2음절어나 강강격 단어(양음절 모두에 강도)를 주로 사용한다. 검사 순서는 잘 들리는 귀를 우선 실시하며, 차폐가 필요한 경우 어음잡음이나 백색잡음을 사용한다.

① **유희 청력검사**: 어린이에게 자극에 대한 반응 게임을 하며 음자극이 있을 때 고리 걸기, 상자에 나무토막 넣기 등과 같은 학생의 흥미를 유발할 수 있는 활동을 통해 측정한다.

② **이음향방사 검사**: 작은 이어폰을 통해 자극음을 들려주고, 귀 밖으로 나오는 소리를 귀 안의 작은 마이크로 이끌어내어(pick-up) 감각신경 이상 유무를 확인하는 객관적 검사이다.

③ **어음탐지역치 검사(어음감지역치 검사)**: 탐지가 가능한 최저 수준의 음의 강도를 측정한다.

④ **어음 변별검사(어음명료도 검사)**: 말소리의 변별도를 측정하기 위한 어음청력검사로 보통 말소리 청취 역치보다 40dB 정도 높은 강도에서 단음절어로 구성된 PB(Ponoetically Balanced)단어 목록을 들려준다. 이때 PB단어는 음성학적으로 균형을 이루고, 일상회화에서 사용되는 어음 빈도와 동일한 친숙한 어음이어야 한다.

---

06   **2012학년도 중등 31번**

정답   ③

해설

㉠ 뇌간유발반응 검사(ABR)는 청성 초기반응을 측정하는 객관적 청력검사다.

㉡ 링(Ling)은 기존의 5개음 검사에 250Hz, 40dB의 [m]음을 추가하여 6개음 검사를 제시하였다.

㉢ 순음청력검사는 순음을 이용하여 기도와 골도의 청력수준을 측정하는 주관적 청력검사다.

㉣ 어음청취역치 검사는 피검자가 검사음의 50%를 정확하게 대답하는 최소 어음강도인 어음청취역치를 알아보는 검사로, 일반적으로 어음청취역치와 순음청력역치는 거의 일치하며 대개 10dB 이내의 차이를 보인다. 15dB 이상 차이를 보일 때에는 검사 자체의 신뢰도가 없거나, 위난청(malingering)을 의심할 수 있다.

㉤ 60dB에서 100%의 어음명료도를 보이므로 전음성 난청이다.

  – **정상**: 약 40dB(HL) 정도에서 어음명료도 100%를 보인다.

  – **전음성 난청**: 어음강도를 계속해서 높여줄 경우 어음명료도 100%를 보인다.

  – **미로성 난청**: 어음강도를 계속해서 높이더라도 어음명료도 50~80%를 보인다.

  – **후미로성 난청**: 밀림현상을 보인다.

---

07   **2016학년도 중등 A 12번**

정답

(가): ㉠, 순음청력검사는 주관적인 검사로 피검자의 반응을 요구하기 때문에 신생아들에게 적용할 수 없다. 신생아 청력선별검사에는 청성뇌간반응 검사나 이음향방사 검사 등이 있다.

    ㉣, 장애인복지법에서 청각장애 등급을 판정할 때에는 6분법을 적용한다.

(나): ⓐ, 수화통역사를 활용하는 경우 교사는 학생이 수업내용을 이해했는지에 대하여 학생과 직접 의사소통해야 한다.

    ⓔ, 일반학급 교사와 급우들에게 보청기 혹은 인공와우 착용 사실을 알려 청각장애 아동에 대한 이해를 높이고 의사소통을 촉진할 수 있도록 한다.

정답

㉠: 말소리

㉡: 2000

해설

개인의 평균 청력수준을 표시하고자 하는 경우에는 주요 언어
주파수인 500Hz, 1,000Hz, 2,000Hz에서의 기도청력 수준
(청력손실도)를 합하여 그 평균치를 나타낸다.

공식			
3분법	(a + b + c/3)	4분법	(a + 2b + c/4)

a = 500Hz, b = 1,000Hz, c = 2,000Hz

정답

1) 혼합성

2) 1,000Hz의 주파수를 두 번 반복해서 청력검사를 실시하는 이유는
말소리를 지각하는 데 가장 중심이 되는 주파수이기 때문이다.

해설

1) 달팽이관은 내이의 기관이며, 중이와 내이가 동시에 손상되
었으므로 혼합성 청각장애이다.

정답 ②

해설

㉠ 오른쪽 귀의 기도(O)는 손실, 골도(<)는 정상이므로 전음
성 난청에 해당된다.

㉢ 저주파수대에서 청력 손실이 덜하기 때문에 여자 목소리(고
주파수)보다 남자 목소리(저주파수)를 더 잘 들을 수 있다.

㉥ 청력손실도가 41dB(중등도 난청)로 두 사람이 속삭이는 소
리(약 20dB)를 1.2m 거리에서 듣는 데 어려움을 보인다.

㉡ 전음성 난청이기 때문에 보청기의 도움을 받으면 듣기능력이
향상된다.

㉣ 1.8m 거리에서 6개음 검사를 할 경우, 마찰음 [s]는 6,000Hz
에서 30dB 정도의 음압을 갖기 때문에 55dB의 마찰음을
듣기는 어렵다.

㉤ 6개음 검사에 따라 대부분의 모음(/ah/, /oo/, /ee/)은 들
을 수 있는 반면, 고주파수대에 위치하는 대부분의 자음은
들을 수 없다.

정답 ②

해설

청력도에서 기도와 골도의 손상이 있으며 손상 차이가 거의
없으므로(10dB 이내) 감음신경성 청각장애를 나타내고 있다.

㉠ 5개음 검사 결과, /아/음을 들을 수 있다. /아/음은 1,000Hz
60dB의 음향학적 정보를 가지고 있고, 아동은 1,000Hz
에서 역치값이 30dB이므로, /아/음을 들을 수 있다.

㉢ 발성 시 자음 산출에 어려움이 있고, 과대비성이 나타난다.

㉥ 청능훈련을 할 때 큰 북(저주파수)과 캐스터네츠 소리(고주
파수)를 각각 들려준 후, 어떤 소리에 반응하는지를 살펴본다.

㉡ 중이에 의한 청력 손실이 원인인 것은 전음성 청각장애이다.

㉣ 3분법으로 계산한 왼쪽 귀(X)의 평균 청력수준은 10 + 25
+ 55/3 = 30dB, 30dB(HL)이다.

㉤ 역동 범위(들을 수 있는 범위)는 건청학생에 비하여 좁다.

정답 ①

해설

㉠ 혼합성 청각장애: 기도(손상) > 골도(손상)

㉡ 감음신경성 청각장애: 기도(손상) = 골도(손상)

㉢ 인공와우 수술은 와우(달팽이관)에 문제가 있는 감음신경성
청각장애에 효과적이다.

㉣ 인공와우의 체외부에는 마이크로폰, 언어합성기, 발신기가
해당하고, 체내부에는 수신기, 전극이 해당한다.

㉤ 5개음: ee[i], oo[u], ah[a], sh[ʃ], ss[s]

정답

1) 수미, 지우

2) 말소리를 지각하는 데 가장 중심이 되는 1,000Hz의 주파수를 2번
측정함으로써 검사 결과의 신뢰도를 확보할 수 있다.

3) 'dB HL'은 인간의 귀가 느끼는 평균적인 가청 수준을 표기한 것으
로, 청력검사기에 의하여 청력영점에 대한 dB로 측정된 검사치이다.

4) 0dB HL은 평균 정상감각수준에서 검사음을 감지하는 능력이 있음을
의미하는데, -5dB HL은 평균 정상수준보다 약간 더 나은 청감도를
가지는 것을 의미한다.

5) ②, 수미가 대화의 맥락을 이해할 수 있도록 완전한 문장으로 말해야
한다.

④, 교사가 임의로 자리를 정해주는 것이 아니라, 지우가 독화하기
가장 좋은 자리를 교사에게 알리고 그에 따른 자리배치를 해야 한다.

1) 외이나 중이에 손상이 있는 것은 전음성·혼합성 청각장애이다. 전음성 청각장애는 수미, 혼합성 청각장애는 지우가 해당된다. 병철은 감음신경성 청각장애이다.

3) 청력역치 표시 단위
- dB HL(Hearing Level): 평균 가청역치 위에 있는 dB 수치로, 일반적으로 순음청력검사의 가청역치를 대표하는 수치이다. 90dB의 청력 손실을 가졌다고 표현할 때 일반적으로 HL단위를 생략한다.
- dB IL(Intensity Level): 정해진 면적에 대한 압력으로, 'dB SPL'과 같은 수치이다.
- dB SPL(Sound Pressure Level): 소리의 압력을 나타내는 수치로 'dB'로 나타내며 '20μ Pa'와 같다. 'dB SPL'과 'dB HL'은 서로 다른 의미의 압력이다. 'dB SPL'은 발성과 관련되는 음압으로 이해되며, 'dB HL'은 고막에서 인지하는 음압으로 설명된다.
- dB SL(Sensation Level): 가청역치와 소리의 압력 차이를 인지하는 정도를 의미한다. 40dB의 청력 손실을 가진 청각장애 학생이 70dB의 소리를 듣게 되면 30dB SL을 가진다고 표현한다. 0dB의 청력 손실을 가진 건청인은 0dB에서 소리를 느끼게 되므로 'dB HL'과 'dB SL'은 동일하다.

5) ① FM 시스템은 FM 라디오 주파수를 이용하여 교사가 착용한 무선 마이크로폰을 통해 소음이 많은 교실에서 멀리 떨어진 아동에게 교사의 말소리를 바로 옆에서 말하는 것처럼 전달할 수 있다. 따라서 아동과 교사가 자유롭게 이동할 수 있고, 여러 사람이 말하는 토론시간에 효과적으로 사용할 수 있는 장점이 있다.

③ 물리적 환경의 배려
- 보청기를 통해 증폭된 소리를 최대한 잘 들을 수 있도록 소음이 없는 곳에 좌석을 배치한다.
- 좌석을 교실 앞쪽에 배정하여 다른 학생들의 얼굴을 볼 수 있도록 의자와 책상을 학생들을 향해 약간 돌리거나 이동할 수 있도록 허락하여 학습내용의 이해와 학습활동에 적극 참여할 수 있도록 배려한다.
- 말 읽기가 용이하도록 조명 상태를 양호하게 유지한다. 특히 비디오 시청이나 OHP를 사용하기 위해 조도를 낮추는 경우 교사의 얼굴에 조명을 비추어 교사가 말하는 것을 볼 수 있도록 해야 한다.
- 급우들이 말을 할 때 청각장애 학생 쪽으로 얼굴을 향하거나 조금 다가가서 말을 하도록 배려할 필요가 있다.
- 청각장애 학생은 힘들게 수업에 집중하므로 쉬는 시간에 혼자서 조용히 쉴 수 있는 공간이 필요하다고 호소하는 학생도 있으므로 그 대비가 필요하다.

정답

1) /i/, /u/, /a/, /ʃ/, /s/

3) /ㅅ/음의 음향학적 정보는 4,000Hz에서 30~40dB 사이에 분포하는데, 지수의 경우 보청기를 착용하고도 4,000Hz에서 50dB의 청력수준을 보여 /ㅅ/음을 들을 수 없다.

4) 기도와 골도가 모두 손상되어 있으며, 손상의 차이가 거의 없다.

5) 오른쪽 기도와 왼쪽 기도검사의 차이가 양이 간 감쇄치 40dB 이상보다 적게 차이가 나므로 반대청취가 이루어지지 않는다.

정답

㉠ 양이 간 감쇄(이간감약)

㉡ 골도음은 0~5dB의 감쇄 후 반대측 내이에 전달되므로, 골도검사에서는 항상 차폐를 시행할 필요가 있다.

해설

■ 차폐가 필요한 경우

기도 검사	기도음은 각 주파수에 따른 이간감약을 고려하여 차폐를 결정해야 한다. 일반적으로 차폐를 시행하지 않고 구한 청력역치가 검사하지 않는 귀의 골도청력역치와 40~50dB 이상 차이가 있는 경우 차폐를 시행한다. 그러나 차폐가 필요하지 않다고 판단되어 검사를 하였어도 검사 시 청력역치가 부정확하다고 판단되면 차폐를 하여 확인해보는 것이 좋다.
골도 검사	골도음은 0~5dB의 감쇄 후 반대측 내이에 전달되므로, 골도검사에서는 항상 차폐를 시행할 필요가 있다. 양쪽 귀의 기도청력역치를 알고 있으므로, 필요한 차폐강도와 과잉차폐가 일어나는 차폐강도를 측정할 수 있는 이점이 있다.

정답

2) 대본을 제공하거나 수화통역 서비스를 제공한다.

3) 기도청력은 손상되어 있으나, 골도청력은 정상범위이다.

4) ①: 오른쪽 귀의 기도청력검사와 어음청취역치 검사의 결과가 40dB의 차이가 보인다. 일반적으로 어음청취역치와 순음청력 역치는 거의 일치하며, 15dB 이상의 차이를 보일 때는 검사 자체의 신뢰도가 없거나 위난청을 의심할 수 있다.

②: 검사어음(말소리)을 이해하는 능력을 측정하는 검사로, 가장 편하게 느끼는 어음의 강도에서 검사어음을 얼마나 정확하게 이해하는가를 측정하는 검사이다.

해설

2) 듣기평가상의 유의점
청각장애로 인하여 듣기평가가 어려운 경우, 듣기를 대신할 수 있도록 대본을 제공하거나 수화통역 서비스를 제공하는 등 듣기평가를 대체할 방안을 마련한다.

17 2017학년도 중등 A 11번

정답

㉠: ㉠과 같이 순음을 측정하는 이유는 말소리 주요 주파수를 모두 포함하기 때문이다.

㉡: 순음청력검사 결과 청력도에서 청력 손실의 정도, 청각장애 유형, 청력형을 알 수 있다.

㉢: 어음명료도 검사에서 전음성은 어음의 강도가 증가함에 따라 어음명료도 100%에 도달할 수 있으나, 감음신경성의 경우 어음의 강도가 증가하여도 어음명료도 100%에 도달하지 못한다.

해설

순음은 소리굽쇠의 진동으로 발생하며, 대기에서는 소리의 진동이 배수로 증가한다. 소리는 '1, 2, 4, 8, 16, 32, 64, 128, 256, 512, 1024, 2048, 4096, 8192Hz' 등으로 증폭된다. 순음청력검사 시 측정하는 주파수가 '125, 250, 500, 1000, 2000, 4000, 8000Hz'로 결정되는 이유도 여기에 있다.

18 2017학년도 초등 B 5번 일부

정답

3) 말소리 바나나 영역 내의 각 주파수를 대표한다.

해설

청각장애 아동의 말소리 가청력에 대한 정보를 얻기 위하여 가장 많이 사용하는 것이 '보청기 착용 역치'와 '링의 6개음 검사'이다. 링의 6개음 검사는 정상 대화 수준에서 /u/, /a/, /i/, /m/, /ʃ/, /s/의 6개 말소리를 검사자가 음성으로 제시할 때, 피검자에게 소리의 감지 여부에 대하여 반응하게 하거나 자극음을 반복하여 따라 말하게 하는 말소리의 감지와 확인을 알아보는 검사다. 피검자가 정확히 자극음을 반복하여 말할 수 있다는 것은 말소리 스펙트럼의 정보를 활용하는 능력이 있다는 뜻이다. 6개의 말소리는 말소리 바나나 영역 내의 각 주파수를 대표한다고 할 수 있다.

19 2019학년도 유아 B 5번 일부

정답

1) ①: 4,000Hz의 역치를 포함하여 직업성 난청 진단에 도움을 준다.

② 링의 6개음 검사는 250~8,000Hz에서 30~60dB 영역의 바나나 스피치에 위치한 6개의 말소리만을 가지고 주파수 대역의 청취능력을 알 수 있는 검사로, 영수의 경우 양측 기도검사 결과가 바나나 스피치보다 높기 때문에 결과 예측이 어렵다.

2) 협대역 잡음

해설

1) ■ 청력 손실 정도

구분	활용
3분법	–
4분법	청력 손실 평가
6분법	장애등급 판정, 직업성 난청 진단

■ 바나나 스피치(banana speech)

링의 6개음 검사를 이해하기 위해서는 '바나나 스피치'의 성격을 먼저 알아야 한다. 말소리는 250~8,000Hz의 범위 안에 놓이며, 말소리에 들어 있는 각각의 음소를 오디오그램(audiogram)에 표시하면 바나나 모양이 되기 때문에 '바나나 스피치'라고 불린다. 순음청력검사에서도 250~8,000Hz를 검사하는 이유는 말소리가 분포되어 있는 주파수 대역이기 때문이다.

■ 링의 6개음 검사

바나나 스피치에 근거하여 모든 말소리를 검사하는 대신 6개의 말소리만을 가지고 주파수 대역의 청취능력을 알 수 있는 검사다. 5개음에서 사용되는 음은 /ee/, /oo/, /ah/, /sh/, /ss/이며, 6개음 검사를 할 경우에는 /m/이 추가된다. 많은 어음 가운데 6개의 음이 검사어음인 이유는 250~8,000Hz에 있는 대표적인 말소리로 분류되기 때문이다. 약 1.8m 거리에서 대화할 때 나타나는 대략적인 강도에 따른 주파수 대역을 청력도에 표기한 것으로, 30~60dB의 영역을 'CLEAR'라고 부른다.

2) 협대역 잡음은 순음청력검사 시 사용되며, 검사음의 주파수를 중심으로 위아래의 좁은 범위의 주파수만을 밴드 형태로 포함하는 잡음이다. 즉, 특정 주파수에서만 에너지가 높으며, 검사 상황에서 다양한 주파수별로 소리를 제공할 수 있다.

20 2019학년도 초등 B 4번 일부

정답

1) ⓐ, 어음명료도가 60%에 머물고 말림현상이 관찰되지 않기 때문에 미로성 난청에 해당한다.

ⓔ, 잘 들리는 왼쪽 귀에 차폐음을 제시하여, 검사받는 귀의 오른쪽 귀를 재검사한다.

해설

ⓐ 미로성 난청은 소리의 강도를 높이더라도 최대 명료도가 약 80%를 넘지 못한다. 후미로성 난청은 전형적인 명료도 곡선으로 말림현상이 매우 뚜렷하게 나타나며, PBmax가 매우 낮다.

ⓔ 비검사 귀에 잡음을 들려주어 검사 귀의 소리자극에 반응하지 못하도록 하는 것을 차폐라고 한다. 즉, 차폐음을 의도적으로 줌으로써 반대쪽 귀에 입력되는 자극음을 못 듣게 하는 것이다.

21

2020학년도 중등 B 11번

정답

- 73dB HL
- 순음청력검사는 말소리가 분포해 있는 주파수 대역에 대한 청력정보를 제공하는 반면, 어음청취역치 검사는 일상생활에서 사용되는 말소리에 대한 청취능력을 파악한다.
- ⓒ: 쾌적역치(MCL)

해설

- 50+(2×70)+(2×80)+90/6=73.3333으로, 평균역치는 73dB HL이다.
- 순음청력검사는 말소리가 분포해 있는 주파수 대역에 대한 청력의 정보를 제공하지만, 우리가 실제 사용하는 언어를 듣고 이해하는 능력을 평가하는 데는 어려움이 있다. 이러한 단점을 보완하기 위한 어음청력검사는 일상생활에서 사용되는 말소리를 활용하여 음성언어의 듣기 및 이해능력을 평가한다.

■ 어음명료도 검사 절차
❶ CD 플레이어를 사용할 경우 청력검사기의 모드를 전환하고, 검사기의 볼륨 등을 확인한다.
❷ 피검자에게 검사방법을 설명한다. 단어가 들릴 때마다 소리 내어 따라 말하거나 소리 나는 대로 종이에 쓰도록 한다.
❸ 검사방법을 숙지했다고 판단되면 본 검사에 들어간다.
❹ 청력이 좋은 쪽 귀를 먼저 검사한다.
❺ SRT보다 30~40dB 더 큰 강도 또는 쾌적역치(MCL)로 어음을 들려준다.
❻ 제시되는 단어의 간격은 약 4초로 한다.
❼ 10dB 또는 20dB 간격으로 명료도를 구하고 이 점들을 연결하면 어음명료도 곡선이 된다.
❽ 검사 결과가 50dB HL/Score 100%라면, 50dB HL에서 들려준 어음의 100%를 정확하게 인지하였다는 것을 의미한다.

22

2020학년도 초등 A 6번

정답

1) 감음신경성 청각장애-기도와 골도가 모두 손상되어 있으며, 기도와 골도의 역치 차이가 없다.
2) 골도검사는 이간감약이 0dB 이므로, 반대청취가 일어날 수 있어 항상 차폐한다.
3) ⓒ, 소리의 강도가 증가함에 따라 어음명료도도 증가하나, 최대명료도가 100%에 도달하지 못한다(최대명료도가 80% 수준).
4) ①: 변별
   ②: 제시하는 자극에 해당하는 그림카드 지적하기

해설

1) 감음신경성 청각장애

감음신경성	• 내이나 신경의 손상 • 기도역치와 골도역치가 모두 비정상으로 나타나면서 기도·골도역치 차이는 없음

2) 골도검사의 경우 검사하는 쪽에 주어진 골도음의 강도가 약간 감소한(0~5dB) 후 반대쪽 내이에 전달되므로 골도검사에서는 항상 차폐를 시행해야 한다.
3) ⓒ 미로성: 어음강도가 증가함에 따라 어음명료도치가 100%에는 못 미치지만, 어느 정도 증가하면 강도를 증가해도 어음명료도치는 변화가 없다.
   ⓐ 정상: 어음강도가 증가함에 따라 어음명료도치가 증가하여 약 40dB에서 100%에 이른다.
   ⓑ 전음성: 어음강도를 정상보다 강하게 하여 큰 소리를 들려주면 어음명료도치가 증가하여 약 60dB에서 100%에 이르는 것이다.
   ⓓ 후미로성: 어음강도를 증가시키면 어느 정도 어음명료도치가 증가하다 최대치에 도달한 후에는 어음강도가 증가하면 어음명료도치가 감소한다.
4) 청각적 변별과 청각적 확인

구분	내용	예시
청각적 변별	특정한 소리 같은지 다른지를 알고, 서로 다르게 반응하는 것을 학습하는 단계	같다/다르다
청각적 확인	새로운 청각정보를 이미 알고 있는 범주에 비추어 인식하고 알아맞히는 반응을 학습하는 단계	• 제시 자극에 맞는 그림 지적하기 • 제시 자극 따라 하기

2021학년도 유아 A 4번 일부

정답

1) 독화정보를 차단하여, 소리자극에만 반응하는지 확인하기 위함이다.
3) ①: 어음명료도 검사
   ②: 틀린 검사어음 수가 아닌 피검자가 정확히 들은 검사어음의 수를 백분율로 환산한다.

해설

1) 링(Ling) 6 소리검사
   검사자는 피검사자와 1m 정도 거리에서 입 가림판을 이용해 독화정보를 차단한 상태에서 6개의 음소를 제시한다. 아동에게 소리를 들을 때마다 조건화된 반응을 하게 한다(예 손들기, 주머니에 블록 넣기). 이후 조건화된 반응 양식에 익숙해진 아동은 소리 자극이 제공되지 않아도 소리를 들은 것처럼 위반응을 보일 수 있다. 따라서 소리 자극을 제공하지 않고 검사자 얼굴에서 입 가림판을 치운 상황에서도 소리 자극을 감지한 것 같은 반응을 보이는지 살펴봐야 한다. 아동이 위반응을 보이는 경우, 입 가림판이 개방되어도 소리는 안 들릴 수 있다는 사실을 다시 숙지하도록 해야 한다.

링 6 소리검사는 청각장애 아동의 어음 청취력 진단에 간편하고 유용하게 사용 가능하다. 우선 검사자는 청각장애 아동에게 반응하는 방법을 알려준다(예 자극음을 들으면 박수를 치거나 들은 소리를 모방하게 하는 것). 이후 자극음의 제시방향(예 앞, 뒤, 옆), 제시거리, 강도수준을 다르게 하여 아동에게 제시하고, 그에 대한 반응을 평가한다. 자극음 제시방향을 다르게 함으로써 검사의 신뢰성을 높이고 비교적 잘 들리는 쪽 귀를 알아볼 수 있다. 또한 자극음 제시거리를 다르게 하면 음운과의 거리가 어느 정도일 때 잘 듣는지를 알 수 있다. 마지막으로 음을 어느 정도 강도로 들려주는 것이 적절한지 알 수도 있다.

3) 어음명료도 검사 – 검사 해석방법

피검자가 정확히 들은 검사어음의 수를 백분율로 환산하는 방법이다(예 40개의 검사어음 가운데 40개를 맞은 경우 40/50×100을 함). 어음명료도 곡선은 피검자의 어음 이해능력을 보다 정확하게 보여준다.

---

24   2021학년도 초등 A 2번 일부

정답

1) ①: 감음신경성 청각장애, 혼합성 청각장애
   ②: 어음청력검사는 복합음인 말소리를 자극음으로 사용하기 때문에, 각 주파수별로 역치를 구할 수 없다.

2) ①: 주파수별 음성 증폭이 가능하며, 잡음과 피드백 제거를 포함한 복합적인 신호처리가 가능하다.
   ②: 첫 번째 공명주파수, 두 번째 공명주파수를 의미한다.

해설

1) ■ 어음청력검사

청각기능을 평가하기 위해 어음자극을 사용하여 어음을 듣는 민감도(회화 어음에 대한 역치)와 명확도(회화 어음에 대한 이해능력)를 평가하는 검사이다. 순음청력검사로 어음에 대한 청취와 이해능력을 추정할 수는 있으나 정확한 정보를 제공해 주지는 못한다. 따라서 회화에서 사용되는 어음에 대한 청취와 이해능력을 보다 정확하게 측정하기 위해서는 자극음으로 어음을 사용하여 검사를 실시해야 한다.

■ 소리의 유형

- **주기음**: 파형이 주기적으로 반복되는 소리로, 순음과 복합음으로 구분된다.
- **순음**: 소리굽쇠와 같이 규칙적인 단일 음파형을 갖는 경우
- **복합음**: 2개 이상의 주파수와 진폭들이 혼합된 소리, 즉 여러 개의 순음이 합쳐진 소리이다. 피아노나 색소폰 등의 대부분의 악기들이 해당하며, 사람의 말소리에서는 성대의 진동에 의해서 발생되는 모음이 복합음에 해당한다.

2) ■ 디지털 증폭기

현재 이용되는 보청기 대부분이 디지털 증폭기를 사용하며, 디지털 증폭기는 다음과 같은 원리로 이루어진다. 마이크로폰으로부터 아날로그 신호가 입력되면 내부의 아날로그-디지털 변환기를 거친다. 디지털 증폭기에서 디지털 신호로 바꾸어주고, 디지털 처리과정이 끝나면 신호는 디지털-아날로그 변환기를 통해 다시 아날로그 신호로 변환된다. 변환된 아날로그 신호가 수화기로 보내져서 소리로 재생된다. 디지털 기술을 이용한 보청기는 다음과 같은 장점을 갖는다.

- 주파수 반응 특성과 압축 비율 조정이 가능하다.
- 신호대잡음비 개선이 가능하다.
- 음향 되울림(acoustic feedback) 발생을 억제한다.
- 소비 전류가 감소되고 건전지 크기가 축소된다.
- 고음역대에서 이루어지는 말소리를 저음역대로 이동시켜 어음이해도를 높인다.
- 보청기와 전화기를 자동으로 연결시킨다.
- 청취환경에 따라 증폭이득을 자동 적용한다.
- 음향 악세사리, 블루투스, 와이파이 등의 무선통신이 가능하다.

> 아날로그 보청기는 음성신호의 단순한 증폭이 주된 기능인 반면, 디지털 보청기는 주파수별 음성신호 증폭뿐만 아니라 잡음과 피드백 제거를 포함한 복합적인 신호처리가 가능하다. 따라서 디지털 보청기가 아날로그 보청기를 빠르게 대체하고 있다.

■ 기본주파수와 공명주파수

- **기본주파수**: 성문에서 나오는 성문주파수이다.
- **공명주파수**: 4대 공명강(인두강, 구강, 비강, 순강)에 의해 생성되는 소리이다.

모음의 특성에 따라 공명주파수가 달라지며, 공명주파수는 음형대(formant)로 표기한다. 첫 번째 공명주파수는 F1, 두 번째 공명주파수는 F2, 세 번째 공명주파수는 F3 등으로 표기한다.

청각적으로 알아듣기 쉬운 소리는 F1과 F2가 가까이 존재하는 /아/, /우/ 등의 소리이며, 청각적으로 인지하기 어려운 /이/ 등은 F1과 F2의 거리가 상대적으로 멀리 떨어져 있는 특성을 보인다.

F2는 F1과 F3에 비해 모음의 공명주파수 급간이 매우 넓다. 이 같은 F2의 특성으로 말소리인지에 가장 중요한 역할을 담당한다고 할 수 있다. 청각장애 학생의 보청기 착용을 위한 피팅 과정에서 F2에 해당하는 주파수영역에 중요도를 두는 이유도 여기에 있다.

25

정답 ④

해설

④ 청각장애 학생은 상대적으로 문법적 기능어 습득에 더 어려움을 겪는다.

■ **청각장애 학생의 언어 특성**

청각장애 학생은 일반적으로 비장애 학생에 비해 단순하고 짧은 문장을 사용하며, 주로 명사, 동사, 형용사 등의 내용어 표현 능력이 관사, 조동사, 전치사, 접속사 등의 기능어에 비하여 발달된다. 즉, 의미 있는 내용어에 비해 상대적으로 기능어 습득에 어려움을 겪게 된다.

26

정답 ③

해설

③ 단일 문장(단문)보다 문단 속에서 통사구조를 이해하는 경향이 있는 이유는 단순히 단문으로 글을 이해하는 것보다 앞뒤 문장 문맥으로 이해하는 것이 상대적으로 이해에 도움이 되기 때문이다.

① 내적 언어는 자기에게 소리 없이 하는 말이다. 건청학생의 경우 음운 발달에서 전형적으로 구어를 습득하는 과정에서 부모를 포함한 의미 있는 사람들과 상호작용하여 내적 언어가 발달하지만, 청각장애 학생들은 언어 경험을 의미화하고 내재화하는 과정에서 언어적 기능이 결여되어 내적 언어가 결손되고, 이 때문에 건청학생에 비해 읽기 발달이 지체된다.

② 건청학생은 다른 사람의 말을 들으면서 자연스럽게 말과 언어를 습득하지만, 청각장애 학생은 반복과 교정훈련 등의 과정을 통해 배운다. 따라서 상대적으로 비유적인 표현에 어려움을 보인다.

④ 청각장애 학생은 전보식 문장(조사, 관계사 등이 빠진 핵심어 중심어로 이루어진 문장)이나 이중언어 등 그들만의 독특한 양상이 관찰된다.

⑤ 철자법보다 단어의미 이해력이 상대적으로 더 추상적인 개념이라고 볼 때, 철자법은 단순한 기계적 기능으로 볼 수 있다. 따라서 청각장애 학생의 특성상 철자법보다 단어의미 이해력 학업성취도 평가가 더 낮을 수 있다.

27

정답 ①

해설

제시된 청력도에는 골도검사가 나타나 있지 않으므로 전음성 난청인지 감음신경성 난청인지 알 수 없다. 하지만 난청 학생을 지도할 때 말의 정보를 반복적으로 제공하여 의사소통 단서를 파악하도록 유도한다. 또한 혜주와 같은 중등도 난청 학생은 음의 인지 특성상 청각적인 경험이 부족하므로 관용적으로 사용되는 표현을 별도로 지도할 필요가 있다.

ⓒ 형용사, 부사 같은 추상적인 단어습득이 어렵기 때문에 동시를 통한 읽기지도는 학생의 이해를 더 어렵게 만든다.

ⓔ 청력형만으로는 청각장애의 유형을 정확히 구별할 수는 없다. 그러나 혜주의 청력도는 고주파수로 갈수록 음의 손상이 심하고, 손상의 범위도 70dB 이상으로 감음신경성 장애로 유추할 수 있다. 감음신경성 장애의 경우, 음이 왜곡되어 들리므로 음의 강도만 높여서 지도하는 것은 효과가 적다.

ⓜ 음절마다 분리하여 말을 해도 학생이 이해하기 어려운 경우가 많으며(例 포도, 효도), 문장 속에서 내용과 의미를 파악하기가 더 쉽기 때문에 완전한 문장으로 말해야 한다.

28

정답 ②

해설

ⓒ 병변 부위에 따라서 전음성 · 감음신경성 · 혼합성 · 중추성 청각장애로 나눌 수 있다.

ⓒ 청력도를 통해서는 청력 손실 정도, 청각장애 유형, 청력형을 알 수 있다.

㉠ 가족성이나 유전성 난청일 수 있으므로 유심히 관찰해야 한다.

ⓔ 보청기와 인공와우의 적합화를 위해 5개음 검사(6개음 검사)를 실시할 수 있다.

ⓜ 보청기, 인공와우 등 보장구를 효율적으로 사용하기 위하여 소음을 낮추는 등의 환경을 조성한다.

ⓗ 인공와우를 이식한 학생을 위해서 머리에 강한 충격을 받을 가능성이 있는 스포츠를 피하고, 전자파나 자기의 영향을 받기 쉬우므로 주의하며, 수분, 땀에 약하므로 주의한다.

정답 ③

해설

(가) 보청기를 착용하더라도 학교 교실은 언제나 환경소음에 노출되어 있기 때문에 교사의 말소리를 청각장애 학생이 전부 다 이해할 수 있는 것은 아니다. 따라서 건청학생이 필기한 노트를 빌려 학습에 도움이 되도록 지도한다.

(다) FM 보청기는 신호대잡음비가 높아 교사의 목소리 전달이 용이하며 교실과 같은 소음이 있는 환경에서 FM 보청기 사용은 소음 속에서 교사의 말소리 청취에 도움을 준다.

(마) 수업 전 수화통역자는 수업내용에 대해 익숙하지 않으므로 사전에 교안이나 주요 단어와 교재 등을 보도록 하여, 주요 학습내용 중 어려운 수화나 개념 등을 미리 준비할 수 있도록 하고, 토론을 하거나 기자재를 이용하게 될 때에는 자리배치에 대해 미리 생각해야 한다.

(나) 화자는 입술의 움직임을 정상적으로 하며, 완전한 문장으로 말한다.

(라) 수업시간에 수화통역자는 가능한 한 고정된 위치에서 청각장애 학생을 마주보고 수업한다.

(바) 교사가 청각장애 학생에게 질문을 할 때, 수화통역자가 아니라 학생에게 직접 질문을 해야 한다.

정답 ③

해설

③ B 학교는 TC를 적용하는 학교이다. TC의 구체적인 실천 방법은 동시적 의사소통법을 활용한다.

① 로체스터법은 구화법에 지문자를 병용하는 청각장애아동 언어 교육방법의 하나이다.

② A 학교는 이중언어 - 이중문화 접근법을 적용하며, 1차 언어로 수화를 적용한다.

④ B 학교는 TC를 적용하는 학교이다. 토털 커뮤니케이션은 의사소통 양식에 있어 특정 양식의 절대적 우위성보다 청각장애인 개인에게 가장 적합하고 용이한 의사소통 양식을 선택하도록 한다.

⑤ C 학교의 경우 구화법을 채택하고 있다. 수화를 사용하는 것은 수화법이다.

정답

㉠: 손가락 점자

㉡: 촉수화

해설

■ 농 · 맹 중복장애 학생의 의사소통 방법

방법	내용
촉수화	청각장애가 먼저 발생하고 그 이후에 시각장애가 발생하여 아동이 수화언어를 모국어로 습득 또는 학습했다면 수화언어로 의사소통이 가능한데, 이때 잔존 시력이 없는 경우에는 수화언어 표현을 맹농이 손으로 접촉하여 수화언어로 의사소통하는 방법
지문자	농 · 맹 장애인이 수화언어를 습득하지 못했다면 수화언어 대신 지문자를 사용할 수도 있음. 잔존 시력이 있는 경우에는 수화자가 보이도록 거리를 조정하여 제시하고, 농 · 맹 장애인이 수화언어를 이해하기 위해서는 우선 수화자의 위치를 파악해야 하므로 수화자는 맹농이 수화자의 위치를 파악했는지 먼저 점검해야 함
손가락 점자	점자를 주된 의사소통 수단으로 학습한 맹농은 점자 타자기에 점자를 입력하는 것과 같은 방법으로 점자를 직접 양손의 손가락 위를 접촉하여 의사소통함. 보통 왼손가락과 오른손가락을 각각 3점씩 사용하며, 맹농이 사용하는 촉각언어 중 배우기 쉽고 사용하기 쉬운 방법
손문자	손바닥에 문자를 적어 의사소통하는 방법
필담	점자 또는 묵자를 이용해 기록하여 의사소통하는 방법
구어	보청기나 인공와우를 활용하여 의사소통하는 방법

정답

1) ㉡, 촉독수화를 사용하기 위해서는 수지와 인호 모두 촉각 수화를 알아야 의사소통할 수 있으나, 수지의 경우 지적장애를 동반하고 있어 촉독수화를 배우기 어렵다.

㉤, 아동이 AAC를 사용하여 주변 사람들과 의사소통이 가능하므로 구어 중심의 중재보다는 AAC를 활용하여 가능성을 향상시킨다.

해설

㉣ 청각 중복장애 아동에게 가장 적절한 의사소통 양식을 제안하기 위해서는 우선 의사소통에 필요한 대상 아동의 지각처리 및 인지처리(기억, 주의), 운동기술을 평가할 필요가 있다. 인지능력에 문제가 없고 시지각 기능과 운동기능이 손상되지 않은 경우 수화언어가 의사소통 도구로 효율적으로 사용될 수 있다. 그러나 청각 · 정신지체 아동의 경우는 인지능력의 제한으로 완전한 수화언어에 의한 의사소통이 어려우므로, 사용 빈도가 높은 수화단어로 구성된 단어 중심 수화체계가 필요하다. 또한 중도의 청각 중복장애 아동 중 운동기능을 보유한 아동은 언어를 획득하고 의사소통을 하기 위한 도구로 수화언어를 사용할 수 있다. 그러나 일반적으로 중도의 청각 중복장애 아동에게는 그림문자 지적과 같은 대안적 방법이 보다 효과적이다.

정답

1) 승규, 민지

2) 농 문화

3) 같은 독화소를 지닌 음소로 이루어져 독화로 구분하기 어렵다.

4) ⓒ, 항상 동일한 위치와 방향에서 독화하지 않도록 유의한다.

　ⓔ, 교사와 수화통역사는 학생의 학급참여와 학습을 촉진할 수 있도록 협력하며, 수업시간에 학생이 교사와 수화통역사를 동시에 바라볼 수 있도록 자리를 배치한다.

해설

1) 골도청력검사 결과

정상	기도역치 및 골도역치가 15dB HL 이하이며 동시에 역치 차이가 나타나지 않는 경우
전음성	• 외이나 중이에 문제가 있을 때 • 전음성 청각장애는 기도역치는 비정상인 반면, 골도역치는 정상 범위
감음성	• 내이나 신경의 손상 • 기도역치와 골도역치 모두 비정상으로 나타나면서 역치 차이가 나타나지 않는 경우
혼합성	• 소리의 전달기관인 외이 및 중이의 문제와 감각신경기관에도 문제가 있을 때 • 기도·골도역치가 비정상으로 나타나며 동시에 역치 차이가 10dB 이상일 경우
중추청각 처리장애	청각기관의 말초부위가 아닌 대뇌의 청각중추에 기질적인 장애가 생겨 청각장애를 일으키는 경우

2) 이중문화·이중언어 접근 프로그램은 농인의 정체성을 회복하는 것이다. 그 중 가장 중요한 것이 농인에 대한 이해이다. 따라서 이중문화·이중언어 접근 프로그램 개발에 가장 중요한 구성요소는 농 학생이 자신의 농 문화를 받아들여 자아정체감을 형성하도록 지원하는 것이다.

3) 독화소는 시각적으로 유사한 음소들을 하나로 묶어 동일한 시각적 변별 자질로 보는 음성의 가장 작은 시각적 단위이다.

■ 독화소 분류 – 이규식(1979)
　• 자음: /ㅍ, ㅂ, ㅁ/, /ㅅ, ㅈ, ㅊ/, /ㅌ, ㄴ, ㄷ, ㄹ/, /ㅋ, ㄱ, ㅇ/로 분류
　• 단모음: /ㅗ, ㅜ/, /ㅣ, ㅡ/, /ㅔ, ㅐ/, /ㅏ, ㅓ/로 분류

■ 독화소 분류 – 김영욱(1997)
　• 자음: /ㅂ, ㅃ, ㅍ, ㅁ/, /ㄷ, ㄸ, ㅌ, ㄴ/, /ㅇ/, /ㄱ, ㄲ, ㅋ, ㄹ, ㅎ/, /ㅅ, ㅆ/, /ㅈ, ㅉ, ㅊ/
　• 모음: /ㅝ/, /ㅑ, ㅏ/, /ㅛ, ㅗ/, /ㅟ/, /ㅓ, ㅕ/, /ㅣ, ㅡ, ㅢ/, /ㅜ, ㅠ/, /ㅔ, ㅐ, ㅖ, ㅒ/, /ㅚ, ㅞ, ㅙ, ㅘ/

정답

4) ⓒ, 반향이 생기면 음을 인지하기 더 어렵기 때문에 반향을 최대한 줄인다.

　ⓒ, FM 보청기는 신호대잡음비(SNR)을 높여서 말소리 이해도를 높인다.

해설

■ 반향

교실, 콘서트홀과 같은 공간에서 일어나는 음향적인 현상으로, 공간의 표면과 의자나 캐비넷과 같은 그 공간 안의 구성물로부터 반복되는 반사와 산란의 결과로서 소리의 강도가 총체적으로 지속되는 현상을 의미한다. 반향이 있는 곳보다 없는 곳에서 대화음을 구분하기 더 쉬우므로, 반향을 낮출 수 있도록 환경을 조정한다.

■ FM 보청기의 소리 전달방식

일반 보청기에 FM 수신기를 첨부하여 난청인의 귀에 착용하고, 이동용 송화기를 화자, 즉 보호자나 선생님의 입 주변에 설치한다. 청자와 화자의 거리에 상관없이 증폭량이 일정하고 화자가 송신하는 특정 주파수의 신호에만 반응하도록 하여 듣고자 하는 화자의 말소리만을 선별적으로 증폭하고, 주변 소음의 증폭은 억제한다. 이 방법은 신호대잡음비를 증강하는 효과를 극대화할 수 있다. 비장애인의 언어이해도는 약 +15dB의 SNR, 즉 주변소음보다 말소리가 15dB 클 때 최고치에 이를 수 있지만, 난청인은 +20~30dB의 SNR에서 청각을 최대로 활성화할 수 있다. 따라서 FM 보청기는 증폭량보다 더 효율적인 언어이해도를 얻을 수 있다.

제5절　청능훈련 및 독화

정답

① : '음의 인식 – 음의 변별 – 음의 확인 – 음의 이해' 4단계로 이루어져 있으며, 이때 ⓐ은 음의 이해 단계에 해당한다.

② : 초분절음(운율적 요소)은 분절음의 단위를 뛰어넘는 것으로, 분절음들이 연결되어 이루는 음절, 단어, 구절 등의 초분절적 단위에 나타나는 강세(stress), 성조(tone), 억양(intonation), 음장(length) 등이 있다. 이는 한 문장의 요소 또는 분절에 작용하여 그 의미와 형태를 변화시킨다.

2013학년도 유아 추시 A 8번 일부

정답

2) 음의 확인

2017학년도 유아 A 5번 일부

정답

4) ①: 음의 이해

②: 인공와우의 어음처리기 매핑은 개개인의 청각 특성에 맞추어 역치가 조정이 되어 있어, 타인의 어음처리기를 사용하였을 경우 효과를 얻기 어렵다.

해설

인공와우 이식수술 후 약 4주 후 외부 장치를 착용할 수 있게 되면 어음처리기의 프로그래밍을 시작한다. 인공와우 이식자가 외부 장치를 착용한 상태에서 컴퓨터와 연결된 진단적 프로그래밍 시스템을 사용하여 전극에 전달된 신호를 결정하는 전기적 자극 레벨을 결정하게 되는데, 이와 같이 어음처리기에 프로그래밍하는 과정을 '매핑(mapping)'이라고 한다. 인공와우의 전극은 주파수 영역이 약 100Hz에서 7~8kHz까지 폭넓게 분포되고, 각 전극마다 주파수대역이 있다. 주파수는 바깥쪽이 고주파수이고 안쪽으로 갈수록 저주파수가 할당된다. 주파수 대역에 따른 소리를 인공와우를 이식한 청각장애 아동이 듣고, 편안한 쾌적 역치와 소리를 감지하기 시작하는 최소 가청역치를 찾아내어 자기만의 역치를 갖게 된다.

38

2014학년도 중등 A 5번

정답

- ①: 1. 국어에는 입모양은 같으나 소리가 다른 동구형이음이 존재하기 때문에 독화만으로 정보를 받아들이기 어렵다.

  2. 입모양의 시각적 처리속도가 말소리의 청각적 처리속도보다 느리기 때문에 독화자가 자신이 필요한 정보를 모두 받아들이기 쉽지 않다.

- ②: 큐드 스피치란 뺨 근처에서 자·모음의 말소리를 나타내는 수신호를 추가하는 것으로, 독화 시 음소를 구별하는 데 도움을 준다.

해설

■ 큐드 스피치(= 발음암시법)

- 뺨 근처에서 자·모음의 말소리를 나타내는 수신호를 추가하는 것이다.

- 발음암시법은 독화의 보조 단서로 활용하거나 초기 언어 학습지도 시 시각적으로 식별이 어려운 음의 발성 형태를 지도하기 위해 고안되었다.

- 순구화법의 단점을 보완하기 위한 방법으로 음소와 입의 모양에 기초한 것이지 언어 또는 언어적 개념은 아니다.

– 언어 학습 및 발성, 발어 훈련 시 발성 요령과 소리값을 함께 인지하므로 자연스럽게 음성언어를 습득하게 된다. 독화로 구별이 어려운 음소들을 인식할 수 있게 함으로써 구어의 시각적 단서를 제공하는 수신호로, 수화도 지문자도 아니며 혼자서는 쓰임새가 없다.

39

2015학년도 초등 B 7번 일부

정답

1) 음의 이해

2) 이 사람은 다음에 뭐라고 말씀하셨지요?

3) 다른 음소를 대치하여 글자를 구성한다.

4) 교사는 판서를 하며 동시에 설명하지 않는다. 가능한 한 OHP나 프레젠테이션을 사용하여 학생 쪽으로 얼굴을 향하게 한다.

해설

2) 말 추적법(speech tracking)

대화 맥락에서 사용하는 의사소통 보충 전략이다. 말추적법은 청각적으로 이해한 단어·구·문장을 반복하면서 전체를 이해할 때까지 정보를 채워 나가는 전략을 사용한다. 청자는 대화내용을 모두 이해할 때까지 문장 전체 또는 일부를 다시 말해달라고 하는 다양한 보완 전략을 사용할 수 있어야 한다.

4) 교사는 자료를 제시할 때 여러 방법을 동시에 사용하면 안 된다. 예컨대, 칠판에 적으면서 동시에 말을 하면 시각적 정보(말 읽기)와 청각적 정보가 둘 다 감소한다. 이때 놓친 정보는 칠판에 쓰인 단어에 의존해야 한다.

2021학년도 중등 A 11번

정답

- ⓒ, 독화와 필기를 동시에 하기 어려우니, 필기를 하면서 설명하지 않는다.

  ⓜ, 시각적 자극을 제공하여, 독화 시 단서로 활용한다.

- ⓗ: 확인

ⓐ: '물' 소리를 듣고, 물을 가리킨다.

'불' 소리를 듣고, 불을 가리킨다. 중 택 1

해설

■ 독화 시 교사지원전략

- 학생들의 정서적 문제와 요구에 민감하게 대처해야 한다. 학생이 독화에 긍정적인 반응을 보이지 않더라도 교사는 독려하면서 함께 노력해야 한다.

- 교사는 독화과정에 대한 지식을 가지고 있어야 한다. 시각적으로 분명하게 보이는 말소리와 그렇지 않은 말소리를 구분할 줄 알고, 그에 따른 혼선이 없도록 한다.

- 교사의 말하는 습관을 개선한다. 입모양을 좀 더 분명하게 하고, 정상적인 형태를 유지하면서도 명확한 발음을 하는 방법을 익혀야 한다.
- 학생의 독화수준에 따라 난이도를 조절해야 한다. 처음 사용되는 단어는 가시도가 높고 친숙한 단어여야 하며, 내용을 연상할 수 있는 사전단서를 제공하는 것이 좋다.
- 독화 지도에는 교사가 말하는 것을 보고 그대로 따라 말하기, 질문에 대답하기, 써 보기 등의 다양한 방법이 있다.
- 독화에서는 가시도(visibility), 친숙도(familiarity), 연상(association)이 중요한 요소이다. 훈련 초기 단계에는 가시도가 높은 단어, 친숙한 어구, 연관되는 내용을 사용하여 쉽게 연상시켜 주는 것이 중요하다. 초기 단계부터 난이도가 너무 높으면 좌절하거나 흥미를 잃을 수 있다.
- 수업 시 말할 때는 항상 좀 더 큰 소리로 말해야 하며, 1~2개의 핵심 단어를 칠판에 써 놓으면 독화를 하는 데 단서 제시의 정보로 도움이 된다.
- 말하면서 판서를 하지 않으며, 교사와 학생의 위치를 고려하여 좌석배치를 한다. U형이나 O형은 집단토의를 할 때 독화를 좀 더 용이하게 하는 장점을 갖는다.
- 필기시간은 별도로 배정하여 수업 중에 이해하지 못하고 넘어가는 일이 없도록 해야 한다.
- 교과서를 읽을 때 입을 가리지 않고, 말을 할 때 교사의 위치를 고정시켜 독화를 하는 학생들이 독화를 하는 데 방해되는 요인을 최소화해야 한다.
- 필요시 자료를 수정해 준다. 예를 들면, 가시도와 친숙도가 더 높은 단어나 어구로 교체한다. 내용을 상세화하거나 내용을 다른 방법으로 진술하기 또는 연관되는 내용을 연상시키기 등이 있다.

■ 음의 확인
청각적 확인은 새롭게 입력되는 청각 정보를 이미 알고 있는 정보와 비교하여 인식하고 반응하는 단계이다. 청각적 확인 단계에서는 제시된 청각 정보를 정확하게 인식하여 청각정보가 가리키는 사물을 연상하거나 찾아내는 기술을 학습한다.
- 제시 자극에 맞는 그림 지적하기
- 제시 자극 따라 하기

41   2018학년도 중등 B 7번 일부

정답
- ㉠: 아동의 청력 손실 유무, 청력 손실 정도, 청각장애 유형을 진단하여 아동 특성에 맞는 청각 재활정보를 얻는다.
- /ㅅ/
- 1. 메시지를 다시 말해줄 것을 요구하기, 같은 내용의 메시지를 다른 단어로 바꾸어 말하기 등
- 2. 부분반복, 바꾸어 말하기, 이해하지 못한 단어 철자 요구하기 등

해설
■ 의사소통 전략

전략	전략 내용
예기 전략	• 청각장애 아동이 의사소통의 내용 및 상호작용을 사전에 준비 • 사용 가능한 어휘, 질문, 의사소통에서 예측되는 어려움을 미리 검토
수정 전략	• 아동이 의사소통하는 데 화자의 부적당한 행동이나 환경에 어려움이 있는 경우 수정하도록 요구하기 • 화자의 말이 지나치게 빠르거나 입을 가리는 행동을 할 때, 주변 소음이 너무 크거나 조명이 너무 어두워 화자의 얼굴을 제대로 볼 수 없는 경우 등 곤란을 주는 문제를 확인하여 수정하려고 노력함
회복 전략	• 메시지의 내용과 구조 혹은 화자의 의사소통 행동 모두를 수정 예) 더 천천히, 더 분명하게 해 달라고 요구하기 • 부분적으로 반복하기, 바꾸어 말하기, 핵심단어 말하기, 철자 말하기, 허공 혹은 손바닥에 쓰기, 쓰기 등 부가 설명 요구하기

42   2020학년도 중등 A 8번

정답
- ㉠: 동구형이음(동형이음어), 소리와 철자는 다르지만 입모양이 비슷하게 보이므로 독화만으로 의미 파악이 어렵다.
- ㉡: 모음의 중성화
- ㉢: 발화를 새로운 단어나 구문으로 반복한다.

해설
■ 동구형이음(= 동형이음어)
/바, 파, 마/와 같이 소리와 철자는 다르지만 입모양이 비슷하게 보이므로, 독화만으로 의미 파악이 어렵다.

■ 음운론적 특성
- 소리를 전혀 듣지 못하는 농 학생도 쿠잉 단계와 초기 옹알이 단계에서는 말소리를 산출한다.
- 생후 6개월 전후에 나타나는 옹알이 단계에서 점차적으로 나타나는 음소 확장과 음소 축소 현상이 뚜렷하게 나타나지 않는다.
- 건청학생의 경우에는 옹알이 단계에서 자·모음을 결합하여 여러 가지 소리를 만들어 반복하는 반면, 청각장애 학생은 똑같은 소리를 반복하는 경향을 보인다.
- 청각장애 학생은 분절적 요소뿐만 아니라 초분절적 요소에서도 오류를 보인다. 분절적 요소란 자·모음과 같은 음소를 말하며, 초분절적 요소는 말의 억양 장단, 속도, 쉼, 강세 등을 말한다.
- 조음음운장애 학생은 대부분 자음에서만 오류를 보이지만 청각장애 학생은 모음과 자음 모두에서 오류를 보인다.
- 모음의 중성화 현상이 나타난다. 이는 일종의 모음 변형으로, 예를 들면 전설 모음 /i/를 발음할 때 중성음인 /a/를 섞어서 발음하는 것을 말한다.
- 모음보다 자음에서 오류가 많은데, 특히 마찰음과 파찰음에서 오류를 보인다.

- 청각장애 학생은 혀를 지나치게 후반부 인두 쪽에 당겨 위치하여 발음하는 경향이 있어, 코 막힘 소리가 나는 맹관 공명 현상과 모음의 정확도가 낮다.
- **발화수정 전략 유형의 정의와 예**
  발화수정은 발화를 새로운 단어·구문으로 반복하는 것이다.
  - 예 A: 오늘 영화는 다 매진이래
    - B: 뭐라고?
    - A: 오늘 영화는 자리가 없대.

제6절 보조공학

43

정답 ④

해설
- ㉠ 보청기는 서늘하고 습기가 없는 곳에 보관한다.
- ㉡ 보청기의 기본 구조는 마이크로폰, 증폭기, 이어폰 등으로 이루어져 있다(책마다 다름).
- ㉢ 인공와우는 소리를 전기에너지로 변환하여 청신경을 직접 자극하는 전자 보조장치이다.
- ㉣ 인공와우 이식 대상은 양쪽 귀가 고도 난청인 학생이다.
- ㉤ 인공와우의 체내부 기기는 수화기(receiver), 전극(electrode)이 있다.

44
2012학년도 중등 30번

정답 ④

해설
- ㉡ 어음처리기는 전자파와 자기장의 영향을 받기 쉬우므로 주의해야 한다.
- ㉣ 청각장애 학생은 문장 속에서 내용과 의미를 파악하기 더 쉬우므로 음절마다 분리해서 말해주기 보다는 전체 문장을 반복하거나 바꾸어 말하는 것이 바람직하다.
- ㉤ 시각적 자료를 먼저 보여주는 것은 이어질 설명에 대한 청각장애 학생의 이해를 돕는다.
- ㉠ 인공와우는 체외부, 체내부로 이루어져 있다.
  - 체외부: 마이크로폰, 언어합성기, 발신기
  - 체내부: 수신기, 전극
- ㉢ 인공와우 수술을 하더라도 정상적인 청력을 기대하기는 어렵다.

45
2013학년도 초등 A 6번, 2013학년도 유아 A 2번

정답
1) 소리의 방향성을 찾기 힘들어 소리를 입체적으로 들을 수 없다.
2) 불쾌역치
3) '음원이 멀어짐에 따라 소리의 감소 현상이 없어 발신자와 수신자가 자유롭게 이동이 가능하다.'와 '말하는 사람의 음성만이 명료하게 증폭되고, 그 밖에 필요없는 주위의 소음은 제거 또는 억제된다.'
4) 마이크로폰 - 물리적 손상
   어음처리기 - 정전기
   송신기 - 충격 주의
   수신기·전극 - 자기장
   공통 문제 - 습기

해설
1) 양측에 청력 손실이 있는 경우에는 양측 귀 보청기 착용이 원칙이며 대부분의 청각장애 아동도 여기에 포함된다. 양측 귀 보청기 착용은 신호대잡음비의 개선 효과뿐만 아니라 소리가 발생된 쪽 귀에서 반대편 귀까지의 거리 때문에 음이 소실되는 음영효과를 줄일 수 있어 청취 효과가 좋아진다. 또한 방향성 탐지 개선 효과, 양측 착용으로 인한 이득음 증가로 인해 소리의 크기를 적당히 맞출 수 있어 소음성 난청 예방에도 도움이 된다.
2) 불쾌역치는 최소 가청역치와는 반대로 소리자극에 대해 거부감을 느끼는 수준이다. 강한 소리를 들었을 때 귀가 아프다, 너무 시끄럽다, 소리가 귀를 찌르는 것 같다 등으로 표현할 수 있는 수준을 일컫는다. 불쾌역치 검사는 보장구의 최대 출력을 결정하는 데 중요한 정보로 활용되고, 감각신경성 난청의 보충 현상을 예측하는 데에도 도움을 준다.
   불쾌역치의 역동 범위는 불쾌역치에서 최소 가청역치를 뺀 영역으로, 개인이 들을 수 있는 가청 범위를 말한다. 역동 범위는 주파수 영역이나 청력 손실 정도에 따라 다르고, 감각신경성 난청이 심할수록 역동범위는 좁아지는 경향이 있다. 이는 감각신경성 청각장애의 특징인 보충 현상과 관련이 있으며, 감각신경성 난청의 역동 범위는 아주 좁다. 이는 들리기 시작하는 지점에서 너무 커서 시끄럽다고 느끼는 지점까지의 감각 변화가 건청인에 비해 급격하게 변화하기 때문이다.

46
2015학년도 유아 B 5번 일부

정답
3) ①: FM 보청기
   ②: 교실 내의 소음을 최대한 줄여주고, 소음원에서 떨어진 위치에 배치한다. 또한 마이크와 수신기 사이에 방해물이 없도록 좌석을 배치한다.

47

정답

1) 귀꽂이가 정확하게 밀착되지 않거나, 건전지 교체 시기를 놓쳤을 때 음향 되울림이 발생하여 소리가 정상적으로 들리지 않는다.

2) ①: 신호대잡음비는 잡음 속에서 말소리 같은 신호음을 인지하는 비율로, 신호음이 소음보다 클 경우 말소리 인지력이 향상된다.

   ②: 커튼을 사용하여 소음을 낮추어 준다.

3) ©: 다른 학생들의 입모양과 누가 발표를 하는지 볼 수 있다.

   ②: 눈부심을 방지할 수 있다.

해설

1) 보청기의 문제점과 해결

   ❶ 보청기가 작동하지 않을 경우

   소리가 달라지거나 갑자기 소리가 나지 않을 경우에는 보청기 기기 자체에서 문제가 발생한 것이다. 보청기의 노후화, 증폭기 및 각종 조절 장치의 고장, 건전지의 방전 등을 원인으로 볼 수 있으며, 장기간 보청기를 사용하지 않았거나 보청기를 부적절한 장소에 보관하여 땀이나 수분 등으로 보청기가 부식되었을 가능성도 있다.

   오세진(2015)에 따르면 보청기가 작동하지 않을 경우 보청기의 건전지를 새 것으로 교환한다. 건전지 교체 시기를 놓치면 소리가 약해지거나 정상적으로 들리지 않는다. 또한 소리의 왜곡, 잡음 또는 음향 되울림 현상이 발생하며 자꾸 소리가 끊기는 현상이 나타난다. 그리고 수시로 보청기의 수신기 주변 귀지를 제거하고, 귀걸이형 보청기의 경우 땀을 제거한다. 또한 정기적으로 센터에 방문하여 보청기를 점검하도록 한다.

   ❷ 보청기의 소리가 이상할 때

   보청기의 증폭기 유형에 따라 조절 방법은 달라지나, 보통 대화음이 잘 들리지 않을 경우에는 음량조절기, 압축 역치, 압축 비율 등을 조절하면 해결이 되므로 센터나 청능사를 만나도록 지도한다.

   ❸ 보청기에서 소리가 발생한 경우

   음향 되울림 현상(howling)이란 보청기에서 증폭된 소리가 수화기를 통해 출력되어 다시 송화기로 돌아가 불필요한 진동을 생산하여 재증폭되는 현상을 말한다. 즉, 귓속형 혹은 귀꽂이 보청기를 외이도에 착용했을 경우 이들 사이에 생기는 틈새나 환기구를 통하여 보청기와 고막 사이에 잔여 공간에 있는 소리가 귀의 외부로 새어 나올 수 있다. 이 소리는 단순한 귀의 외부로 새어 나온 것으로 끝나는 것이 아니고, 다시 송화기로 입력되는 피드백 현상에 의해 보청기에서 음향 되울림 현상을 일으킬 수도 있다.

음향 되울림 현상이 발생하면 귀꽂이나 귓속형 보청기의 외형이 청각장애 학생의 외이도에 맞는지 확인하고, 소리가 새면 다시 제작하여 착용한다. 또한 귀걸이나 귀꽂이가 보청기의 수화기에 정확하게 삽입되어 있는지 확인한다. 찢어지거나 균열된 귀꽂이, 튜브, 이어후크는 새것으로 교환한다. 이렇게 해도 음향 되울림 현상이 반복되면 보청기 자체의 문제이므로 전문가에게 의뢰하는 것이 바람직하다.

단계	상태	해결방법
1	보청기를 착용한 상태	귀꽂이를 다시 정확하게 착용함
2	귀꽂이(소리출력부) 끝을 손으로 막은 상태	도음관(tube)의 상태를 확인함
3	도음관을 손가락으로 꼭 쥔 상태	• 이어후크의 노후 상태를 확인함 • 이어후크와 도음관의 연결상태를 확인함
4	이어후크(보청기의 소리출력부)를 손끝으로 막은 상태	이어후크의 노후 상태를 확인함
5	이어후크를 제거한 후에 소리출력부를 손끝으로 막은 상태	보청기 기기 이상이므로 수리함

2) 교실에서의 말인지도

   청각장애아는 말소리를 인지하는 데 있어 소음의 영향을 받는다. 지나친 소음이 존재하는 경우 말소리 인지력이 매우 낮아진다. 이렇듯 소음 속에서 말소리를 인지하는 정도를 파악하기 위해 신호대잡음비(Signal to Noise Ratio; SNR)를 고려해야 한다. 이것은 잡음 속에서 말소리 같은 신호음을 인지하는 비율로, 이를테면 교실에서 들리는 소음 속에서 화자가 말하는 신호음을 파악하는 것으로 신호음이 소음보다 큰 경우 말소리 인지력이 향상 될 것이며, 소음이 더 큰 경우 말소리 인지력이 떨어질 것이다.

   건청학생의 말소리 인지력은 선생님과 2m 떨어지면서부터 급격히 감소하게 되는데, 이런 경우 청각기능의 손실이 존재하게 된다면 어떻게 될 것인가? 보장구를 착용하게 된다면 모든 소리를 보상받을 수 있을까? 먼저 청력 손실을 갖게 된다면 이 2m 거리보다 훨씬 짧아지게 되는 것은 너무나 당연하다. 그러므로 보장구를 착용하게 되고 보장구를 착용한 보정청력의 정도에 따라 건청학생과 유사한 말소리 인지반응을 보일 수 있고 그렇지 않을 수도 있게 된다. 청각장애아가 인공와우를 착용할 경우 약 20~25dB의 가청역치가 나타난다. 그런 경우 모든 소리를 들을 수 있다. 그러나 실제로 인공와우를 착용한 청각장애아의 경우 소음 속에서 말소리 인지력이 이와 관련된 이론이 적용되지 못하는 것을 종종 볼 수 있다. 이것은 청각장애아가 기계를 통해 모든 소리를 듣기 때문에 소리를 선별하여 듣는 능력이 떨어져 모든 소리가 들릴 것이며, 특히 가까이에 있는 소리를 더 잘 듣게 되는 것이다. 따라서 인공와우를 착용한 청각장애아는 말소리 인지 능력이 뛰어나지만 소음 속에서 말소리를 파악하는 것이 어렵다. 그러므로 소음이 적은 2m 주위에 앉아 수업을 듣는다면 학습효과가 향상될 수 있다.

보통 청각장애아를 위한 신호대잡음비는 +15 ~ +25dB 인 경우가 가장 효과적이다. 교실상황에서 청각장애아가 교 사와 2m 안에 앉고 효과적인 신호대잡음비를 제공하는 것 은 쉬운 일이 아니다. 이를 보완하기 위해 학교에서 FM 보 청기를 청각장애아에게 제공해 주게 된다면 거리와 상관없 이 신호대잡음비가 높아져 말소리 인지력이 향상된다.

3) 교실 배치

청각장애 학생에게 좋은 자리배치란 잘 볼 수 있는 조건을 말한다. 조명의 경우 교실은 전체적으로 밝고 동일한 조명 밝기를 가져야 한다. 칠판 앞쪽은 어둡지 않도록 필요시 조 명을 비춰주는 것이 좋다. 프로젝터(빔)나 TV를 사용한 후 에는 반드시 바로 꺼야 하며, 눈부심을 방지하기 위하여 조 명은 학생의 등 뒤에 있는 것이 좋다. 창문은 가급적 학생을 등지고 있는 곳이 좋으며, 학생의 자리와 교탁과의 거리는 3m를 넘지 않아야 한다. 모둠수업을 하게 될 경우 쉽게 책 장 위치를 변형할 수 있는 구조가 좋으며, 교실에서 사용되 는 의자는 쉽게 방향을 바꾸어 앉을 수 있는 회전의자가 좋 다. 책상배치는 반원 형태나 L자형 배치가 적절하다.

---

48   **2021학년도 유아 A 4번 일부**

정답

2) ①: 신호대잡음비가 높아, 신호만 증폭하여 들려준다.
    ②: 차폐물에 약하므로, 신호가 있는 곳의 장애물을 없앤다.

해설

■ FM 보청기
청자와 화자의 거리에 상관없이 증폭량이 일정하고 화자가 송신하는 특정 주파수의 신호에만 반응하도록 하여, 듣고자 하는 화자의 말소리만 선별적으로 증폭하고 주변 소음의 증 폭은 억제한다. 이 방법은 FM 보청기의 특성인 '신호대잡음 비'를 증강하는 효과를 극대화할 수 있다.

■ FM 보청기의 문제점
주파수의 혼선, 즉 다른 전파의 방해로 인해 소음이 생길 수 있다. FM 신호체계는 차폐물에 매우 약하므로, 발화자와 청취자 사이에 신호를 가로막는 물건이나 환경이 존재하는 경우 많은 제약을 받는다.

---

49   **2019학년도 유아 A 1번 일부**

정답

1) ©, 수술 후 정상청력이 되지 않으며 소리에 대한 감각이 없으므로 청능훈련이 필요하다.

2) 소음을 낮춰주기 위해 커튼을 설치하고, 의자나 책상 다리에 소음용 덮개를 씌워준다.

해설

1) 인공와우에 대한 잘못된 생각

❶ 인공와우를 착용하면 즉시 소리를 듣게 될 것이다.
인공와우 시술을 받으면 즉시 소리를 듣게 된다. 그러나 소리를 단순히 들을 뿐이지 소리를 변별, 인지, 이해하 는 것은 아니다. 소리를 변별하고 인지하여 이해하는 데 는 오랜 시간 부모와 아동, 언어치료사, 특수교사, 일반 교사 등 모든 사람의 꾸준한 협조와 노력이 필요하다.

❷ 인공와우 음질은 우리가 듣는 소리와 같을 것이다.
인공와우의 음질은 자연음에 가깝기는 하지만 건청인이 듣는 소리와는 차이가 있다. 선천적 청각장애로 청각적 피드백을 한 번도 받지 못한 유아의 경우는 인공와우의 기계적 소리에 적응해 가는 시간이 더욱 많이 필요할 것 이고, 이를 촉진하기 위해 적절한 청능 재활 혹은 청각 학습이 뒷받침되어야 한다.

❸ 인공와우 이식을 받으면 정상적인 청력을 갖게 될 것이다.
인공와우를 이식한 아동의 청력은 대개 25dB HL에서 35dB HL 사이에 나타난다. 부모들은 아동의 청력이 높 으면 높을수록 말소리 인지력이 더 좋을 것으로 생각하는 데 반드시 그렇지는 않다. 청력이 지나치게 높을 경우 아 동은 소리에 대한 강한 거부반응을 일으킬 수도 있고, 두 통이나 다른 이상 증상을 호소할 수 있다.

❹ 수술한 지 얼마 되지 않았는데 착용을 거부한다. 인공와 우가 맞지 않는 것 같다.
인공와우는 전기적인 자극을 통해 소리가 입력되므로 전기적인 자극에 익숙해지기까지 다소 시간이 걸린다.

❺ 우리 아이는 조용한 곳에서는 소리에 대한 반응이 빠른 데 시끄러운 곳에서는 소리에 반응을 잘 하지 않는다. 프로그램에 문제가 있는 것 같다.
프로그램에 문제가 있다면 조용한 곳에서의 소리 반응 도 느리거나 여러 번 반복해야만 들을 수 있다. 조용한 곳에서는 반응이 있다면 프로그램의 문제보다는 소리를 지각하는 데 문제가 있다고 보는 것이 맞을 것이다.

2) 교실 내에서의 음향학적 조건

교실에서의 소음은 청각장애 학생의 어음청취력과 집중력 을 현저하게 떨어뜨린다. 따라서 교실 내 소음을 줄이는 것 이 무엇보다도 중요하다. 학교 건물이 노후화되었거나 교실 이 도로변에 있을 경우에는 청각장애 학생에게 불리하다. 학교 건물을 신축하거나 혹은 청각장애 학생이 있는 통합교 실의 경우에는 소음 제거에 효율적인 자재를 사용하는 것이 좋다. 교실의 잔향은 0.45초를 초과해서는 안 되며, 의자나 책상 다리에는 소음용 덮개를 씌워 주는 것이 소음을 줄이 는 데 효과적이다. TV나 프로젝터 등과 같은 전자제품은 사 용 즉시 꺼야 하며, 일상적인 활동을 하면서 발생하는 소음 을 줄일 수 있는 행동지침 등을 학생들에게 알려주는 것이 필요하다.

제7절 수어지도

50   2009학년도 중등 29번

정답 ⑤

해설

⑤ 국어 독화소의 수는 한국 수화소의 수보다 적다.
(독화소 < 음소 < 수화소)

■ 의사소통 지도 요소

음소 (phoneme)	• 국어 음운론(音韻論)상 최소 단위 • 자음(19개소), 모음(21개소)
독화소 (viseme)	• 말 읽기의 시각적 최소 단위 • 자음(6개), 모음 · 이중모음(9개)
수화소	• 수화의 시각적 최소 단위 • 수형(29개소), 수위(23개소), 수동(36개소), 수향(20개소), 체동(20개소)

51   2009학년도 초등 7번

정답 ③

해설

③ (ㅏ)와 (ㅡ)는 수형이 같으나 수향은 다르다.

① (ㄱ)과 (ㅋ)은 수향이 같다

② (ㅂ)과 (ㅈ)은 수형, 수향 모두 다르다.

④ (ㅣ)와 (ㅢ)는 수형, 수향 모두 다르다.

⑤ (ㅐ)와 (ㅟ)는 수형이 같다.

정답 ⑤

해설

⑤ (ㅈ)의 수형은 (7)과 같고, 수향은 (ㄱ)과 같다.

 (8)의 수형은 (ㅊ)과 같고, 수향은 (9)와 같다.

① (ㄷ)의 수형은 (2)와 같고, 수향은 (ㄴ)과 같다.

 (2)의 수형은 (ㄷ)과 같고, 수향은 (ㅂ)과 같다.

③ (ㅌ)의 수향은 (ㄷ)과 같다. (수형이 같은 지숫자가 없음)

②, ④ (4)의 수형은 (ㅂ)과 같고, 수향은 (2)와 같다.

53   2013학년도 중등 15번

정답 ③

해설

ⓛ 자연 수화는 나름의 규칙과 문법 체계가 갖추어진 언어의 형태로 존재된다.

ⓒ 사상성은 구체적 대상(예 바나나)에, 규약성은 추상적 어휘(예 사랑)에 해당한다.

ⓜ 수화도 하나의 언어이기 때문에 수화환경에 노출되면 자연스럽게 수화를 습득할 수 있다.

㉠ 음성언어의 형태소는 그 의미가 존재하는 가운데 최소한으로 쪼개지는 것이며, 자연 수화의 수화소는 음성언어의 형태소와 다르게 그 자체로 의미가 결합되어 수화소가 형성되기 때문에 음성언어의 형태소와 차이가 있다.

㉣ 수화 자체가 공간성과 동시성을 지니고 있어 상대에게 수화로 의사를 전달하면 공간성과 동시성이 나타난다. 따라서 문장 수준에서 표현할 때도 공간성과 동시성은 나타날 수 있다.

정답　**3)** 6, 1, 8

정답

3) ①: 자연 수화는 자연발생적으로 만들어진 수화인 반면, 문법 수화는 각국의 언어문법에 맞게 인위적으로 만들어 낸 수화이다.

②: 자연 수화는 국어와 다른 문법체계와 자체의 문법과 규칙을 가지는 반면, 문법 수화는 국어의 문법체계에 따른다.

해설

■ **자연수화**

농인들이 문화, 관습 속에서 자연발생적으로 만들어낸 수화로, 이 맥락에서 자연수화는 '농식 수화' 또는 '한국 수화(KSL)'라고도 불린다. 자연수화는 문법이 국어와 다르고 자체의 문법과 규칙을 가지고 있다. 관용적 표현이 많은 것이 특징이다.

■ **문법수화**

각국의 언어 문법에 맞게 인위적으로 만들어 낸 수화이다. '표준 수화'라고도 불리는데, 과연 이것을 '표준'이라고 할 수 있느냐는 점에서는 논란의 여지가 있다. 자연 수화가 관용적 표현 중심인 반면, 문법 수화는 문장형식의 수화가 중심이 되기 때문에 '문장식 수화' 또는 국어 문법에 맞도록 개발되었다 하여 '국어대응식 수화'라고도 불린다.

■ **자연수화와 문법수화 비교**

한국 수화(자연수화)	국어대응식 수화(문법수화)
• 축약하여 표현함	• 말이나 문장을 그대로 표현함
• 구조와 어순 등이 음성언어와 매우 다름	• 구조와 어순이 음성언어와 유사함
• 지화를 거의 활용하지 않음	• 지화를 적극 활용함
• 국어에 대한 이해가 필요 없음	• 국어 문법지식을 필요로 함
• 문법형태소를 생략함	• 문법형태소를 지문자나 수화어휘로 표현함

정답

• ⊙: 아니요, 밥 못 먹어서 배고파요.

• 도상성: 점심, 먹다, 밥, 배고프다, 빵, 우유, 주다 – 표현되는 형태가 사물의 모양을 본 떠 형성된 것으로 단어가 나타내는 의미와 형태가 서로 필연적이다.

자의성: 안녕, 아니요, 못, 감사합니다. – 표현되는 기호의 형태가 사물의 형태와 관계없이 만들어지는 단어로 단어의 형태와 의미가 임의 관계이다.

해설

– 교사: 안녕, 점심 먹었니?
– 학생(⊙): 아니요, 밥 못 먹어서 배고파요.
– 교사: 빵, 우유 줄까?
– 학생: 감사합니다. 잘 먹겠습니다.

■ **도상성(사상성)과 자의성(규약성)**

– 언어기호는 의미와 형태를 맺는 자의적 기호로 정의된다.
– 구체적 사물은 사상성이 높은 반면, 추상적 어휘는 규약성이 높다.
– 수화가 발전함에 따라 사상성이 감소하고 규약성이 증가한다.
– 수화 의미와 기호 표현은 사상 관계가 강하다.
　예 '소'의 수화는 소의 뿔을 사상하며 '개'의 수화는 수형이 개의 귀를 사상한다.
– 수화는 규약성을 포함한다.
　예 '형'과 '동생'은 양손 2지를 나란히 세운 후 형은 올리고 동생은 아래로 내린다.

정답

• ⊙: 국어를 효율적으로 가르치기 위한 것이다.
　(농인의 자아정체감을 형성시키기 위한 것이다.)

• ⓒ: 비수지 신호로, 문장을 이해하는 데 중요한 역할을 하며, 문법적 기능을 담당한다.

• ⓒ: 선생님

해설

■ **이중언어 접근**

수화를 농아동의 모국어로 인정하고 음성언어와 문자언어를 이차 언어로 이해하는 접근방법이다. 이중언어 교수법은 농아동의 요구에 따른 교수법으로, 기존의 방법론과는 차이를 지닌다. 청각장애아동과 가청아동의 가장 큰 차이점은 환경, 문화에서 오는 언어요구이므로, 농아동의 언어요구를 충족하려면 효과적인 교수법을 검토해야 한다.
이중언어 교수법은 국어를 효율적으로 가르치기 위한 것으로, 인지발달에 따른 수화 지도를 우선적으로 고려한다. 효과적인 이중언어 접근을 위해 교사는 농아동의 모국어와 이차언어 사이의 차이점과 유사점을 고려하고, 농아동에게 자아 정체감과 사회 정체감 같은 심리적·행동적 특성이 어떻게 반영되는가를 잘 분석하고 적용해야 한다. 또한 언어발달 단계에서 제일 늦게 학습되는 독해와 작문은 농아동의 학년이 높아질수록 어려움이 가중된다. 따라서 농아동의 이차 언어로서의 독해와 작문은 일차 언어인 수화로 이루어지는 것이 아니므로 언어의 인지형성이 중요하다.

■ 이중문화·이중언어 접근 프로그램 구성내용

구성 내용	구성요소	특징	제한점
농 문화	• 농문화 이해 • 농인과 교류	• 농문화 이해 프로 그램 개발 • 농문화 지원 단체 와의 교류	농문화에 대한 학부 모의 거부감
일차 언어	• 자연수화 정착 • 건청인과의 대화	• 일차언어 확립 및 전이 • 수화를 통한 의사 소통	건청인이 자연수화 체계를 지도하기 힘듦
학습 방법	• 수화를 통한 수업 • 수화통역	• 이차언어 이해 • 수화통역사 지원	수화통역사 배치 문 제만으로 학습 효과 가 극대화되는 것은 아님
사회 통합	• 농문화 수용 • 의사소통 향상	• 2bi 접근 프로그램 • 농문화 축제 참여 유도	• 교류를 위한 공간 필요 • 비행과 탈선 예방 을 위한 자체 윤리 필요

→ 이중문화·이중언어 접근 프로그램은 건청인의 문화와 농문화를 동등한 문화로 인정하는 데서 출발한다. 이중문화·이중언어 접근 프로그램은 농인의 정체성을 회복하는 것이다. 그 중 가장 중요한 것이 농인의 언어에 대한 이해이다. 따라서 이중문화·이중언어 접근 프로그램 개발에 중요한 구성요소는 농학생이 자신의 농문화를 받아들여 자아정체감을 형성하도록 지원해야 한다. 또한 농인의 모국어인 자연수화에 접근하도록 지원하여 학습방법을 개선하고 궁극적으로 사회통합을 이루도록 지원하는 내용으로 접근해야 한다.

■ 비수지 신호

수지신호의 반대 개념으로, 얼굴표정이나 입 모양, 머리와 상체의 움직임 등과 같이 손동작 외의 몸짓이 주는 신호를 말한다. 비수지 신호는 음성언어에서 초분절음과 같은 역할을 한다. 초분절음은 강세, 고저, 장단에 의해 만들어지는 소리로서 뜻이 구별되는 기능을 한다. 수화에서 문장을 이해하는 데 중요한 역할을 하며, 문법적 기능을 담당한다.

58 **2018학년도 초등 B 3번 일부**

정답

2) 수향, 수동, 수위, 체동 등이 모두 동일하고 수형만 다르기 때문이다.

4) ①: 편측성 난청
   ②: 청력이 나쁜 쪽 귀에서 들어온 신호를 청력이 좋은 쪽 귀로 전달한다.

5) ⓑ, 일차언어인 수화 사용을 확립하고 그것을 바탕으로 국어인 이차언어를 이해하도록 한다.

해설

■ 이중언어·이중문화 접근 프로그램 구성 내용

구성 내용	구성요소	특징	제한점
농 문화	• 농문화 이해 • 농인과 교류	• 농문화 이해 프로 그램 개발 • 농문화 지원 단체 와의 교류	농문화에 대한 학부 모의 거부감
일차 언어	• 자연 수화 정착 • 가청인과의 대화	• 일차언어 확립 및 전이 • 수화를 통한 의사 소통	가청인이 자연수화 체계 지도가 힘듦
학습 방법	• 수화를 통한 수업 • 수화통역	• 이차언어 이해 • 수화통역사 지원	수화통역사 배치 문 제만으로 학습효과 가 극대화되는 것은 아님
사회 통합	• 농문화 수용 • 의사소통 향상	• 2bi 접근 프로그램 • 농문화 축제 참여 유도	• 교류를 위한 공간 필요 • 비행과 탈선 예방 을 위한 자체 윤리 필요

59 **2021학년도 중등 B 11번**

정답

• 1. 몸짓
  2. 얼굴표정

• 1. 자연수화는 축약하여 표현하나, 문법수화는 말, 문장을 그대로 표현한다.
  2. 자연수화는 지화를 거의 사용하지 않으나, 문법수화는 지화를 적극 활용한다.

해설

• 특수교사: 여기, 에, 왜, 오다, ?(질문)
• 농학생: (수어통역사를 바라본다.)
• 수어통역사: 오다, 왜(비수지 질문부호)
• 농학생: 시험

■ 비수지 신호

수지신호의 반대 개념으로, 얼굴표정, 입 모양, 머리와 상체의 움직임 등과 같이 손동작 외의 몸짓이 주는 신호를 말한다. 비수지 신호는 음성언어에서 초분절음과 같은 역할을 한다. 초분절음은 강세, 고저 또는 장단에 의해 만들어지는 소리로서 뜻이 구별되는 기능을 하는데, 수화에서 비수지 신호는 문장을 이해하는 데 중요한 역할을 하며, 문법적 기능을 담당한다.

■ 자연수화와 문법수화
- **자연수화**: 농인들이 문화와 관습 속에서 자연발생적으로 만들어낸 수화이다. 이 맥락에서 자연수화는 '농식수화' 또는 '한국수화(KSL)'라고도 불린다. 자연수화는 문법이 국어와는 다르고 자체의 문법과 규칙을 가지고 있으며, 관용적 표현이 많은 것이 특징이다.
- **문법수화**: 각국의 언어 문법에 맞게 인위적으로 만들어낸 수화를 말한다. 그래서 표준수화라고도 불리는데, 과연 이것을 '표준'이라고 할 수 있느냐는 점에서는 논란의 여지가 있다. 자연수화가 관용적 표현 중심인 반면, 문법수화는 문장 형식의 수화가 중심이 되기 때문에 '문장식 수화' 또는 국어 문법에 맞도록 개발되었다 하여 국어대응식 수화'라고도 불린다.

한국수화(자연수화)	국어대응식 수화(문법수화)
• 축약하여 표현함 • 구조, 어순 등이 음성언어와는 매우 다름 • 지화를 거의 활용하지 않음 • 국어에 대한 이해가 필요 없음 • 문법형태소를 생략함	• 말이나 문장을 그대로 표현함 • 구조와 어순이 음성언어와 유사함 • 지화를 적극 활용함 • 국어 문법 지식이 필요함 • 문법형태소를 지문자나 수화어휘로 표현함

60	**2018학년도 중등 B 7번 일부**

정답 • ©: ㅅ, ㅗ, ㅁ, ㅅ, ㅏ, ㅌ, ㅏ, ㅇ

61	**2016학년도 초등 B 3번 일부**

정답 1) ㅂ

62	**2017학년도 초등 B 5번 일부**

정답 2) head

63	**2021학년도 초등 A 2번 일부**

정답

3) 9

해설

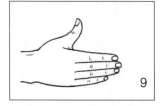

9

제4장 의사소통장애

제1절 의사소통

01 2016학년도 초등 A 1번 일부

정답

3) ①: 반언어적 표현과 비언어적 표현은 말이나 언어에 의존하지 않고 메시지를 전달함으로써 화자의 숨은 의도나 감정 등을 전달하는 역할을 한다.

②: ⓑ, ⓓ

해설

성공적인 의사소통이 이루어지기 위해서는 말과 언어와 같은 언어적 요소, 준언어적·비언어적(비구어적)·초언어적 요소를 이해하고 사용하는 의사소통 능력을 갖추어야 한다. '준언어적 요소'란 억양, 강세, 속도, 일시적인 침묵 등과 같이 말에 첨가하여 메시지를 전달하는 것을 말하며, '비언어적 요소'는 몸짓, 자세, 표정 등과 같이 말이나 언어에 의존하지 않고 메시지를 전달하는 것을 말한다. '초언어적 요소'란 언어 자체를 사고의 대상으로 하여 언어의 구조나 특질을 인식하는 능력이다.

인간의 의사소통에는 언어적 표현뿐만 아니라 비언어적·반언어적 표현도 있다. 실질적인 의사소통 상황에서도 알 수 있듯이 인간은 의식적으로나 무의식적으로나 비언어적·반언어적 표현을 많이 사용하고 있고, 이에 의해 많은 메시지를 주고받는다. 언어적 표현과는 달리 비언어적·반언어적 표현은 대체로 송신자의 숨은 의도를 감추지 못한다. 언어적 표현과 비언어적·반언어적 표현이 서로 충돌할 때, 우리가 더욱 신뢰할 수 있는 것은 비언어적·반언어적 표현이라고도 말할 수 있다. 왜냐하면 비언어적·반언어적 표현은 우리가 미처 인식하지 못하는 무의식 세계까지도 드러내기 때문이다. 언어적 표현보다 더 많은 정보를 내포하는 것이 바로 비언어적·반언어적 표현이다.

02 2010학년도 초등 11번

정답 ②

해설

그림은 공명기관(인두강, 구강, 비강)을 지나 발생하는 공명과정을 설명한 것이다.
ⓒ, ⓔ은 호흡기관에 대한 설명이다.

■ 공명과정

구강음은 연구개 근육이 위로 올라가 인두벽에 닿으면, 비강문이 닫히고 공기는 입으로 빠져나간다. 이와 달리 비강음은 공기가 입으로 나가는 길을 막고 연구개를 아래로 내려 비강문을 열게 되어, 공기가 비강으로 빠져나간다.

03 2014학년도 초등 A 6번 일부

정답

1) 연인두 폐쇄 부전으로 인하여 기류가 비강으로 새어나가 과대비음이 발생한다.

2) ③, 뇌성마비 학생 주희는 근육의 과도한 긴장으로 단순한 연습만으로는 발음의 정확성을 높이기 힘들다. 이상반사 패턴을 억제하고 조음기관의 최소한의 노력으로 조음이 가능하도록 자세 조정을 한다.

해설

1) ■ 연인두 폐쇄

연구개의 위치가 상승되어 후인두를 폐쇄시켜 구강과 인두강 사이를 막게 되는데, 그로 인하여 /m/, /n/, /ŋ/음을 제외한 소리를 산출할 경우 기류가 비강으로 새어 나가는 것을 막아준다.

■ 비음을 산출할 경우

연구개가 다시 낮아지면 비강으로 공기가 방출된다. 만약 구개파열로 연인두 폐쇄 기능이 적절하게 이뤄지지 않으면, 비음이 아닌 구강음에서 과대비음이 발생한다.

2) 뇌성마비 아동의 의사소통 지도

호흡 훈련	• 호흡은 뇌성마비 아동이 갖는 발성장애의 주 원인으로서, 일반적으로 최대 발성시간이 짧음. 특히, 호흡근육 조절능력의 부족으로 생겨나는 역호흡은 호기량을 짧게 하여 발화가 짧고 끊어질 듯한 현상을 가져옴. 따라서 역호흡을 억제하고 호흡량을 증가시키는 훈련이 필요함 • **호흡량을 증가시키는 훈련**: 바람개비 불어 돌리기, 비눗방울 불기, 빨대로 불어 소리내기
자세 조정 훈련	• 뇌성마비 아동의 조음치료에 있어서 적절한 자세 – 이상반사 패턴을 억제 – 조음기관의 최소한의 움직임으로 가능하도록 하는 자세 • 양순음: 머리를 앞으로 숙여 양 입술의 폐쇄가 쉽게 이루어질 수 있도록 함 • 경구개음, 치조음: 머리를 앞으로 숙여 설첨부나 경구개가 치조에 보다 가까워짐으로써 혀를 조금만 움직여도 적절한 조음위치에 닿을 수 있도록 함 • 연구개음: 목을 뒤로 젖힘으로써 혀뿌리가 중력 작용을 받아 구강의 뒤쪽으로 위치하는 것을 도움

제2절 언어발달

04

정답   4) 과잉확대

해설

'과잉확대/축소'는 의미론적인 것이고 '과잉일반화'는 문법습득 과정에서 나오는 오류이다. 탈문맥 과정에서 아동들은 과대일반화나 과소일반화 현상을 보이는데, 이는 언어습득 과정에서 나타나는 정상적인 오류형태이다. 과대일반화는 자신이 배운 말을 너무 넓은 범위까지 적용시켜서 사용하는 것으로, 다리가 4개 있는 동물은 모두 '개'라고 부르거나 탈것은 모두 '차'라고 부르는 경우가 그 예이다.

05

정답   1) 과잉일반화

해설

'과잉일반화'란 유아들이 언어를 배우는 과정에서 사용규칙을 일반화하는 것이다. 특히 문법습득 과정에서 많이 나타나며, 가장 대표적인 것은 주격 조사의 과잉일반화이다.

06

정답

1) ㉠ 과잉확대
   ㉡ 전보식 문장

해설

■ 과잉확대

유아가 아직 알고 있는 어휘의 양이 부족하고 정확한 지식이 형성되지 않아서 생기는 현상으로, 예컨대 성인 남자를 모두 '아빠'라고 하거나, 네 발 달린 동물을 모두 '개'라고 말하는 것이다.

■ 전보식 문장

기능어를 잘 사용하지 못하고 내용어만 짧게 말하는 것이다.

07

정답

• 문장 속에 포함된 낱말을 이해하기 쉽게 만들어준다.
  '거기서', '저번에' 중 택 1
• 전제능력
• 명료화 요구하기

해설

■ 결속표지

결속표지는 가리킴말을 써서 문장에 포함된 낱말을 이해하기 쉽게 만들기도 하고, 접속사나 연결어미를 써서 문장과 문장 사이의 관계를 명확하게 해 주기도 하며, 때로는 중복되는 부분을 생략해서 불필요한 부분까지 다 듣지 않아도 되게 해 준다.

가리킴말은 다양한 품사에서 쓰일 수 있어 대명사(나/너/우리/너희), 지시형용사(이/그/저), 시간부사(지금/아까/나중에), 장소부사(여기/저기), 동사(오다/가다)에도 사용된다. 문장과 문장 사이에 접속사나 연결어미를 사용하면 각각의 문장을 듣고 그 관계를 유추하는 것보다 훨씬 효과적이다. 이러한 접속사나 연결어미를 사용하면 추가(그리고, -고)나 반전(그러나 -지만), 원인(-니까)이나 이유(-려고) 등의 다양한 문장 간 관계를 좀 더 정확하게 전달해 준다.

마지막으로 중복되는 부분의 생략도 말의 의미를 전달하는 중요한 기술이다. 예를 들어, 수업시간에 "선생님, 화장실 가고 싶은데(화장실) 갔다 와도 돼요?"라고 낱말을 생략하는 것이 도리어 자연스러울 것이다. 또한 아침에 부은 얼굴을 쳐다보며 "너 어제 저녁에 라면 먹고 잤지? 내가 (너 어제 저녁에 라면 먹고 잔 거) 다 알아."에서처럼 중복되는 문장을 생략하는 것이 다 말하는 것보다 더 효율적으로 전달될 것이다.

■ 전제능력

전제(presupposition)는 문맥이나 상대방의 사전지식에 대해 말하는 사람이 어떻게 가정하고 있는지를 말하며, 이러한 가정에 의해 말하는 방식이나 내용이 수정되는 것이다. 예를 들어, 도둑질은 나쁘다는 것을 아는 아동에게는 "그걸 가져가면 도둑질이 되니까 안 되겠지?"라고 할 수 있지만, 그렇지 못한 아동에게는 "그걸 가져가면 주인이 슬퍼하니까 안 되겠지?"라고 하는 것이 더 효과적으로 전달될 것이다.

■ 명료화 요구 전략

유형	정의 및 예시
일반적 요구	원래 발화의 의미를 다시 묻는 경우 끝을 올리는 억양으로 이전의 발화의 어떤 부분에 대해 반복해줄 것을 요구함 예) A: "나 어제 할머니 집에 갔어요." 　　B: "응?" 또는 "뭐라고?", "못 알아듣겠다."
확인을 위한 요구	• 화자의 발화의 일부 혹은 전체를 반복함으로써 원래 발화의 의미를 확인하는 것 • 주로 끝을 올리는 억양이므로 '예/아니요' 질문과 비슷함 예) A: "나 어제 할머니 집에 갔어요." 　　B: "어제?" 또는 "할머니 집?"
발화의 특별한 부분 반복 요구	원래 발화의 구성요소의 일부를 의문사로 바꾸어 질문하여 특별한 부분을 반복해줄 것을 요구하는 경우 예) A: "나 어제 할머니 집에 갔어요." 　　B: "어제 어디에 갔어?"

제3절 평가

정답   3) 대치

해설

호랑이 → 호앙이 ➡ 생략 형태이다.
원숭이 → 원충이 ➡ 대치 형태이다.
꼬리 → 꼬디 ➡ 대치 형태이다.
동물원 → 동물런 ➡ 대치 형태이다.

---

08   2019학년도 중등 A (기입형) 3번

정답

㉠: 역동적 평가

㉡: 과정

해설

■ 역동적 평가

'역동적 평가(dynamic assessment)'로 불리는 특별한 평가 유형은 개인의 의사소통 수행을 최대한의 수준으로 이끌어내기 위해 필요한 도움이 어느 정도인지, 어떤 종류의 도움이 필요한지를 분석하는 것이다.

정답   1) 대치

해설

사탕 → /타탕/ ➡ ㅅ → ㅌ음소로 대치된다.
참새 → /참때/ ➡ ㅅ → ㄸ음소로 대치된다.
풍선 → /풍턴/ ➡ ㅅ → ㅌ음소로 대치된다.

제4절 조음장애 오류와 중재

09   2011학년도 초등 18번

정답   ④

해설

경호는 /ㅅ/이 들어간 낱말에 대하여 항상 '생략'을 보이는 것은 아니나, 초성/ㅅ/으로 시작되는 낱말에는 '생략'을 보인다. 또한 경호를 무시하는 친구들 때문에 행동이 위축되어 있다.

ㄱ. 수업에 적극적이고 상호작용이 활발한 급우들 사이에 좌석을 배치하여, 위축되어 있는 아동의 사회적 상호작용을 향상시킨다.

ㄹ. 언어치료가 진행되고 있다면 훈련된 낱말 중심으로 다양한 상황에서 일반화가 일어날 수 있도록 국어시간에 적극 활용하라고 권한다.

ㅁ. /ㅅ/으로 시작되는 단어(석현이, 심부름)에서 '생략'을 보이므로 /시/로 시작되는 '끝말잇기' 같은 말놀이는 학생의 흥미를 유발하고, 어휘력과 발음 능력을 향상시킬 수 있다.

ㄴ. /ㅅ/이 들어간 단어의 발음을 할 수 있는 기회를 제공한다. 글짓기는 '쓰기'이므로 발음과 관련이 없다.

ㄷ. 언어치료에서 진행되고 있는 목표단어를 학교에서 연습할 수 있도록 기회를 마련한다.

정답

1) ①: 생략   ②: 첨가   ③: 왜곡   ④: 대치

2) ①: 마찰음 /ㅅ/ → 파열음 /ㄷ/

    ②: 연구개음 /ㄱ/ → 치조음 /ㄷ/

3) ②, 철수의 조음오류 /다자/는 현재 지속성(-)를 보이는 조음을 지속성(+)로 수정해 주어야 한다.

    ④, 철수에게 적용하는 최소대립쌍은 의미가 있는 단어 중 자질이 다른 음소부터 시작하는 것이 효과적이다.

해설

1) 조음분석에 따른 오류 형태

형태	특성
생략	음소를 빠뜨리고 발음하지 않는 오류
대치	목표음소 대신 다른 음소로 발음하는 오류
왜곡	목표음소를 변이음의 형태로 바꾸어 발음하는 오류
첨가	목표음소 외의 음소를 첨가하는 오류

2) 조음 방법

분류	특징	양순음	치조음	경구개음	연구개음	성문음
파열음	예사소리(평음)	ㅂ	ㄷ		ㄱ	
	된소리(경음)	ㅃ	ㄸ		ㄲ	
	거센소리(기식음)	ㅍ	ㅌ		ㅋ	
마찰음	예사소리(평음)		ㅅ			ㅎ
	된소리(경음)		ㅆ			
파찰음	예사소리(평음)			ㅈ		
	된소리(경음)			ㅉ		
	거센소리(기식음)			ㅊ		
비음		ㅁ	ㄴ		ㅇ	
유음			ㄹ			

3) 최소대립쌍 훈련
① 언어인지적 접근법에서는 언어의 공통적 요인에 주목한다. 나타나는 오류음의 음소를 음성적 측면에서 교정하는 것이 아니라 언어적·인지적 요소에 관심을 갖고 <u>오류패턴을 찾아 교정</u>하는 것이다. 언어인지적 접근법의 가장 큰 장점은 언어학적 공통 성분요소를 다루기 때문에 유사한 음운과정의 영향을 받는 다른 분절음으로의 전이가 매우 용이하다는 것이다.
④ 자연스러운 의사소통 맥락을 강조한다. 그러므로 무의미 음절이나 독립음소보다는 의사소통 기능을 고려한 의미 낱말에서부터 치료를 시작한다. 독립적인 음소의 차이는 물리적으로 그리 큰 것이 아닐 수도 있으나, 낱말에 포함된 음소는 낱말의 의미를 분화시키고 이 차이는 물리적으로나 심리적으로 매우 큰 차이가 나는 점을 치료에 이용하는 것이다.

■ 음소의 변별자질

변별자질	정의 및 예
전방성 (anterior)	구강의 앞부분이 폐쇄되면서 산출되는 소리로 순음, 치음, 치경음이 해당됨 예 [+ 전방성] /m, p, b, f, v, θ, ə, n, t, d/
자음성 (consonantal)	구강에서 협착이 일어나면서 산출되는 소리로 방해음과 비음이 해당됨 예 [+ 자음성] /s, z, t, d, m, n, r, l/ [− 자음성] /æ, i, e, o, u/
지속성 (continuant)	협착 부위에서 기류가 막히지 않고 계속 흐르는 소리로 마찰음, 활음, 유음 및 모음이 해당됨 예 [+ 지속성] /f, v, s, z, h, j, r, l, i, e, o, u/ [− 지속성] /p, t, k, b, d, g/
광역성 (distributed)	기류가 흐르는 방향을 따라 상대적으로 먼 부위가 협착되어 산출되는 소리 예 [+ 광역성] /m, p, b, ʃ, ʒ, ʦ, ʣ/
비음성 (nasal)	연구개가 하강되어 산출되는 소리 예 [+ 비음성] /m, n, ŋ/
공명성 (sonorant)	자발적인 유성성이 가능한 형태로 성도가 상대적으로 개방되어 산출되는 소리 예 [+ 공명성] /æ, o, m, n, l, w, j/ [− 공명성] /p, b, t, d, k, g, ʃ, ʧ/
치찰성 (strident)	기류가 협착되어 강한 소음이 동반되는 소리 예 [+ 치찰성] /s, z, f, v/ [− 치찰성] /p, b, i, e, o/
성절성 (syllabic)	음절의 핵이 될 수 있는 소리로 모음, 성절적 유음, 성절적 비음이 해당됨 예 [+ 성절성] "button"에서의 [bʌtn] [− 성절성] "button"에서의 /b/와 /t/
유성성 (voiced)	성대가 진동하면서 산출되는 소리로서 모음, 비음, 활음, 유성자음이 해당됨 예 [+ 성절성] /i, e, o, m, n, j, w, b, d, g, z, v/ [− 성절성] /p, t, k, s, f/

[정답]

㉠: 구개파열, 혀의 구조적 이상, 청력의 이상, 중추 또는 말초신경계의 이상

㉡: 전통적 접근법에는 짝자극 기법, 조음점 자극법(지시법)이 있다. 전통적 접근법은 목표음소를 선정하고 목표음소를 유도하기 위한 프로그램을 활용하여 모델링과 훈련을 통해 음소의 정확도를 높이는 것을 목표로 한다. 언어인지적 접근법에는 변별자질 접근법, 음운변동 접근법이 있는다. 이는 언어의 공통적인 언어적·인지적 요소에 관심을 갖고 오류 패턴을 찾아서 교정하는 것이다.

차이점: 전통적인 접근법은 단일 음소에서 나타나는 오류에 독립적으로 접근하였고, 언어인지적 접근법은 언어의 공통적 성분요소에 접근하여 유사한 음운과정의 영향을 받는 다른 음소로 전이가 매우 용이하다.

[해설]

■ 전통적 접근법
반 리퍼를 중심으로 한 전통적 치료방법에는 조음점 지시법, 청지각 훈련, 짝자극법, 조음조절 프로그램 등이 있다. 전통적 치료법에서는 목표음소를 선정하고 목표음소를 유도하기 위한 프로그램을 활용하여 모델링과 훈련을 통해 음소의 정확도를 높이는 것을 목표로 한다.

■ 언어인지적 접근법
기존의 전통적 치료방법들이 단일 음소에서 나타난 오류에 독립적으로 접근하였다면, 언어인지적 접근법에서는 언어의 공통적 요인에 주목한다. 나타나는 오류음의 음소를 음성적 측면에서 교정하는 것이 아니라 언어적·인지적 요소에 관심을 갖고 오류 패턴을 찾아서 교정하는 것이다. 언어인지적 접근법의 가장 큰 장점은 언어학적 공통 성분요소를 다루기 때문에 유사한 음운과정의 영향을 받는 다른 분절음으로의 전이가 매우 용이하다는 것이다.

[정답]

3) 자 - 차

4) 치조음화, 전설음화

[해설]

3) 첫음절이 파찰음(ㅈ, ㅉ, ㅊ)이며, 나머지 음은 모두 같은 형태로 이루어진 단어로 구성되면 가능하다.

4) ㅈ → ㄷ ➡ 치조음화, 전설음화, 파열음화
ㄱ → ㄷ ➡ 치조음화, 전설음화

15 | **2017학년도 초등 A 1번 일부**

정답

1) ①: 치조음화, 전설음화

②: 같은 음운변동을 보이는 다른 단어들에 대한 일반화가 쉽다.

해설

① '가방' → /다방/ ➡ 치조음화, 전설음화

'토끼' → /토띠/ ➡ 치조음화, 전설음화, 치조음 동화

'꼬리' → /토리/ ➡ 치조음화, 전설음화, 치조음 동화

② 음운변동 접근법은 한 개의 음운학적 변화 과정의 제거로 여러 개의 오류음을 치료할 수 있다는 일반화에 기초하고 있다. 이 방법은 여러 개의 오류를 가지고 있는 아동을 치료하는 방법이며, 패턴분석 치료와 유사하다. 이 방법에서 훈련 단위는 음절과 단어로 시작하는데, 이는 음운변동이 독립음에서는 일어나지 않기 때문이다.

음운변동 분석 결과에 따라 치료 접근법이 달라질 수 있으나, 대개 일반화를 전제로 한 치료 접근법을 사용한다. 먼저 음운변동의 특성을 분석하여 치료의 효율성이 큰 것, 즉 전이 가능성이 큰 변동을 표적행동으로 선택한다. 선택된 표적행동은 주기법, 대조법, 변별자질 접근법 등을 통해 치료하되 대상의 특성에 따라 적절한 기법을 선택한다.

16 | **2020학년도 중등 A 3번**

정답

㉠: 음운변동

(나): 파열음화

해설

- 풍선 → 풍턴

(ㅅ → ㅌ) ➡ 파열음화, 기식음화

- 책상 → 책강

(ㅅ → ㄱ) ➡ 연구개음화, 후설음화, 파열음화

- 반바지 → 밥바디

(ㄴ → ㅂ) ➡ 양순음화, 전설음화, 파열음화

(ㅈ → ㄷ) ➡ 치조음화, 전설음화, 파열음화

- 자전거 → 다던더

(ㅈ → ㄷ) ➡ 치조음화, 전설음화, 파열음화

■ 음운변동 접근법

음운변동은 음운발달이 진행되는 과정에서 발음을 편리하게 하기 위해 음운체계를 수정하거나 단순화시키는 것으로, 음소가 조합되는 방식의 변이를 의미한다. 조음·음운장애 아동은 국어의 정상적인 음운변동이 아니라, 연령이 지남에 따라 버려야 하는 음운변동 현상을 그대로 가지고 있어 발음에 오류를 보인다.

17 | **2020학년도 유아 A 5번 일부**

정답

3) ①: 대치

②: 치조음화

해설

- 곰인형 → 돔인형

(ㄱ → ㄷ) ➡ 치조음화, 전설음화

18 | **2017학년도 중등 A 8번**

정답

㉠: 자극반응도

㉡: 변별자질 접근법

해설

■ 자극반응도

자극반응도란 특정 음소에 대해서 청각적·시각적·촉각적인 단서가 주어졌을 때 목표음소와 유사하게 조음하는 능력을 말한다. 아동의 자극반응도가 높은 음소부터 지도한다.

■ 변별자질 접근법

❶ 변별자질이란 어떤 음성요소가 다른 음성요소로부터 구별하는 데 필요한 음운상의 특징을 말한다. 변별자질 접근법에서는 /ㅅ/음이 치료의 목표음이 되는 것이 아니라 /ㅅ/음이 가지고 있는 변별자질에 초점을 두고, 오류에 깔려 있는 음운론적 양식을 발견할 수 있도록 돕는다.

❷ 단계

단계	내용
확인	아동이 치료에 사용될 어휘의 개념을 아는지 확인함
변별	아동이 변별자질을 지각할 수 있는지를 알아봄
훈련	최소 대조를 인식하고 단어를 발음함. 아동에게 그 단어를 말하도록 하고 치료사는 아동이 발음한 단어와 일치하는 그림을 가리킴
전이-훈련	아동이 표적단어를 발음할 수 있게 되면 길고 복잡한 문장을 훈련함

19 | **2018학년도 유아 A 4번 일부**

정답

3) ①: 짝자극 기법

②: ◎, 핵심단어는 어두나 어말 위치에 단 한 번 표적음을 내포하고 있어야 한다.

해설

■ 짝자극 기법

아동이 목표음소를 정확하게 발음하는 낱말을 찾아내어 낱말에서 그 음소를 연장하여 반복적으로 연습시키면서 점차 목표음소를 독립적으로도 바르게 발음하게 하는 방법이다.

용어	내용
핵심단어	• 아동이 표적음을 사회적으로 수용되는 방법으로 10번 가운데 적어도 9번 발음할 수 있는 낱말로 규정함 • 핵심단어는 어두나 어말 위치에 단 한번 표적음을 내포하고 있어야 함 • 아동의 어휘 중 핵심단어가 발견되지 않으면 가르쳐서 만듦
훈련단어	• 핵심단어와 짝지어 훈련할 단어로, 3번 발음 중 적어도 2번은 표적음에서 오조되어야 훈련단어 자격을 가짐 • 어두·어말 위치에 단 한번 표적음을 내포하고 있어야 하며, 어두·어말위치에 표적음이 있는 단어를 최소한 각각 10개를 찾아야 함. 핵심단어와 훈련단어는 모두 그림으로 그릴 수 있어야 함
단위반응	핵심단어와 훈련단어의 짝을 말함
훈련조	10개의 훈련단어의 각각과 핵심단어의 짝을 말함

---

20   2018학년도 초등 B 3번 일부

정답

1) 사과의 첫소리를 'ㄷ'으로 바꾸면 어떤 단어가 될까요?

　(사과 – 다과)

---

21   2018학년도 초등 B 6번

정답

1) ⓒ, 형식상 '아빠'와 발음이 비슷한 '아바바'라고 발음한다. 의미상 아빠가 있는 위치를 바라보며 표현한다.

2) ① 탈긴장음화
　② 기식음화

3) 자음 정확도는 개별 자음(목표음)을 얼마나 정확하게 산출했는가를 평가하는 반면, 음운변동 분석은 아동의 오류패턴 파악을 통해 여러 음소의 오류를 확인한다.

4) ⓓ, 정보식 문장 → 완전한 문장, 폐쇄형 질문 → FA 질문법

해설

1) ㉠, ㉢, ㉣: 수용언어

2) – 땅콩 → [강공]
　　ㄸ → ㄱ: 대치
　　　　➡ 연구개음화, 후설음화, 탈긴장음화(이완음화)
　　ㅋ → ㄱ: 대치
　　　　➡ 탈긴장음화(이완음화)
　　– 장구 → [앙쿠]
　　ㅈ → ㅇ: 생략
　　ㄱ → ㅋ: 대치
　　　　➡ 기식음화

---

3) 우리말 조음·음운평가(U–TAP)는 단어수준과 문장수준으로 구성되며, 자음정확도와 모음정확도, 음운변동 기록표를 통하여 음운오류 패턴 분석이 가능한 검사이다.
　자음과 모음정확도는 목표음을 얼마나 정확히 산출했는가를 평가하는 반면, 음운변동 분석은 아동이 보이는 오류의 패턴을 분석하는 것이다.

4) 쉽게 이해할 수 있으며 잘 구성된 구와 문장으로 된 좋은 모델을 제공해야 하므로, 완전한 문장으로 제공한다.

■ FA질문법: 두 개의 단어 가운데 하나를 선택할 수 있는 질문을 던지는 방법으로, 초기 어휘학습 단계에서 단순언어장애 아동은 주로 실제 의사와 무관하게 "응"이라는 답변을 가장 많이 한다. 이는 아동이 질문을 제대로 이해하지 못했거나 다른 말로 표현하는 방법을 모르기 때문이다. FA 질문법은 일어문과 이어문 단계에서 주로 사용된다.

■ 아동의 언어 모델로서의 교사: 교사는 항상 다음과 같은 자신의 언어행동을 주시하여야 한다.

– 아동이 말하기 전에 미루어 짐작하여 말하거나 즉각적으로 도움을 주지는 않는가?

– 아동과 대화할 때 자신의 말만 열심히 하지는 않는가?

– 너무 긴 문장을 사용하지는 않는가? 아동의 언어발달이 이어문 단계임에도 불구하고 한 문장에 너무 많은 단어가 사용된다면 아동은 그 말을 분명히 이해할 수 없을 것이다.

– 아동의 반응을 기다리고 있는가? 아동이 도움을 요청할 때까지 잠시 기다리는 것은 발화를 촉진하기 위한 기본이다. 그 뿐만 아니라 언어를 촉진하기 위해서는 교사의 발화를 줄이고 아동에게 말하는 기회를 많이 주어야 한다.

– 아동의 질문에 바람직한 답을 하고 있는가? 아동발달에서 '왜?'라는 질문은 매우 중요하다. 많은 질문을 함으로써 사고의 폭뿐만 아니라 어휘의 폭도 넓어진다. 그러나 아동이 '왜'라는 질문을 더 이상 하지 않는다면 거기에는 두 가지 이유가 있다. 첫째, 알고 싶은 것이 없다. 둘째, 묻고 싶지 않다. 단순언어 장애 아동이 '왜'라는 질문을 던지지 않는 이유는 자신이 무엇을 발언할 때 사람들은 늘 '무엇을 말하는지'보다 '어떻게 말하는지'에 관심을 갖기 때문이다. "선생님! 왜 날에는 해가 이어요?"라고 질문할 때, "'날'이 아니라 '낮'이지. 그리고 '해가 이어요'가 아니라 '있어요'야. 알았지?"라고 하며 결국 교사는 정작 아동의 질문에는 답하지 않는다.

– 아동에게 바람직한 형태로 질문하고 있는가? 교사는 가급적 아동의 발화를 많이 이끌어 내고자 한다. 그래서 다음과 같은 질문을 한다. "진혁이, 오늘 수업 어땠어?" 이 경우 대부분 "몰라요."라고 말하면 아동이 마치 말하고 싶지 않은 것처럼 받아들인다. 아동이 자신이 무엇을 했는지를 모르는 것이 아니라 어떻게 답해야 하는지를 모른다면, 교사는 어떻게 질문형태를 바

꿔 볼 수 있을까? 단순 언어장애 아동에게 질문할 때에는 너무 많은 단어를 요구하는 질문은 피하는 것이 좋다. 모든 상황에서 개방형의 질문이 바람직한 것은 아니다. 아동의 수준을 고려한 질문형태가 가장 최상이며, 특정한 반응을 유도하는 질문형태가 되어야 한다.
예 "어제 소풍은 어땠어요?"보다 "어제 소풍은 재미있었어요? 뭐가 제일 재미있었어요?"라고 묻는 것

제5절 유창성 장애

22 · 2010학년도 중등 37번

정답 ⑤

해설

⑤ 자신이 공포를 느끼거나 말을 더듬을 것이라고 예상되는 낱말에서 천천히 쉽게 시작하고 조절하는 것은 '준비하기(preparation set)' 지도방법에 해당한다.
예 저는 *서울역으로 갑니다.

① **둔감화**: 말더듬에 대한 사람들의 반응에 무감각해지도록 유도한다.
② **이완치료 접근법**: 여러 기법 중 한 가지를 사용하여 말더듬 학생을 이완상태로 유도한다.
③ **이끌어내기**: 말더듬이 지속될 때 나머지 말을 자연스럽게 이끌어 낸다.
예 저는 서서서 *서울역으로 갑니다.
④ **취소기법**: 말을 더듬을 때 그 말을 더듬어 끝내고 잠시 후 다시 시도한다.
예 저는 서서서서울역 …(멈춤)… 저는 *서울역으로 갑니다.

23 · 2013학년도 중등 37번

정답 ④

해설

ㄱ. 말더듬 수정법의 목표는 피하려는 행동이나 말과 관련된 두려움을 줄이고 말을 좀 더 쉽게 더듬도록 하는 것이다.
ㄷ. 확인 단계에서 치료자는 말을 더듬는 사람이 자신의 말더듬 핵심행동, 2차 행동뿐만 아니라 자신의 말에 대한 심리 및 태도를 알 수 있도록 돕는다. 거울이나 오디오 녹음 또는 비디오 녹화를 통해 자기의 모습을 쉬운 상황부터 가장 어려운 상황까지 순서적으로 확인하는 작업과 자신이 언제 두려움을 느끼며 언제, 어떻게 말을 회피하는지를 확인하고 받아들이게 한다.

ㅁ. 준비하기는 자신이 공포를 느끼거나 말을 더듬을 것으로 예상되는 낱말에서 천천히 쉽게 시작하고 조절하는 것을 말한다.
ㄴ. 말더듬 수정법에서는 피하려는 행동(2차 행동)을 다룬다. 즉, 말더듬을 피하려 애쓰고 두려운 단어나 상황을 피하려는 데서 말더듬이 비롯된다고 보는 관점이기 때문에 이차 행동을 다루려는 의지를 알 수 있다.
ㄹ. 유창성 완성법에 대한 설명이다. 유창성 완성법은 유창한 말을 체계적으로 수립하여 차츰 말더듬는 순간을 유창한 말로 바꾸는 방법이다. 즉, 행동수정 이론의 조작적 조건화와 프로그램 원리를 기초로 하여 특정한 상황에서 유창한 말을 하도록 확립시킨 후 차츰 일반 상황에서도 유지할 수 있도록 유도하는 방법이다.

24 · 2014학년도 중등 A (기입형) 11번

정답

㉠ 연장
㉡ 탈출행동

25 · 2017학년도 유아 A 5번 일부

정답

2) 속화

3) 말더듬이 고착화되면서 말더듬에서 빠져나오려는 보상행동으로 발생한다.

해설

■ **속화**
　❶ **정의**
　　말의 속도가 너무 빨라서 말의 유창성이 깨어진 경우를 말한다. 말의 반복이나 머뭇거림 등은 나타나지 않지만, 정도에 따라 동시조음, 생략, 대치, 왜곡 등으로 인해 청자에게 내용전달이 잘 되지 않는다.
　❷ **말더듬과 차이점**
　　- 말에 대한 불안이나 회피증상이 나타나지 않는다.
　　- 주의를 기울이면 말의 속도를 조절할 수 있다.
　　- 말의 산출과정보다는 말을 산출하기 전에 머릿속으로 생각하는 시간적인 지각의 결함이라 할 수 있다.
　　- 조음의 생략이나 대치 또는 스코핑(두 개 이상의 단어를 압축해서 발음) 등의 문제를 보인다.
　　- 읽기 · 쓰기 문제를 동반하는 경우가 많다.

❸ 속화의 중재

- 속화를 가지고 있는 아동들은 천천히 말하라고 요구하면 잠시동안 정상적인 속도를 되찾는다. 속화는 자신의 의지에 따라 어느 정도는 조절이 가능하기 때문에 의사의 진단을 받으러 갔을 때는 정작 아무런 증상이 보이지 않기도 한다.
- 근본적인 중재는 아이가 시간을 두고 말할 수 있는 조용하고 편안한 분위기를 조성해주는 것이다.
- 상대방의 말이 빠르면 빠를수록 아동의 말은 함께 빨라지고, 상대방이 초조해하면 할수록 아동의 말은 더욱 빨라지기 때문에 대화상대자는 스스로 말을 천천히 하는 모델링을 보여주어야 한다.

[정답]

3) 1. 예상하지 못한 질문은 피한다.
   2. 다른 아동에게 먼저 질문함으로써 아동이 준비할 수 있는 시간을 준다.

[해설]

교사가 종호에게 질문 시 유의해야 할 점은 아래와 같다.

- 부정적 정서(벌, 좌절, 불안, 죄의식, 적의)를 감소시켜줘야 한다.
- 말을 더듬어도 괜찮다는 허용적 분위기를 조성해 준다. 필요한 경우 교사가 약간 말을 어눌하게 하는 모습을 보여 주는 것도 괜찮다.
- 질문할 때에는 짧고 간단한 문장으로 한다.
- 잘 알지 못하는 답을 말할 때에는 말더듬 빈도가 높아지므로 예상치 못한 질문은 피하는 것이 좋고, 다른 아동에게 먼저 질문함으로써 아동이 준비할 수 있는 시간을 준다.
- 아동이 말을 하려고 할 때에는 절대로 중단하거나 다른 아동이 끼어들지 않도록 하고, 교사가 충분히 그 아동에게만 집중하는 모습을 보여 준다.
- 놀림을 당하지 않도록 반 아이들을 대상으로 사전 교육을 시킨다. 우리는 모두가 다 조금씩 말을 더듬는다는 사실과 상대방의 태도에 따라 더욱 말을 더듬을 수 있다는 주의도 함께 준다.
- '말더듬이'라는 용어를 사용하지 않도록 한다.
- 듣기가 답답하거나 아동이 힘들게 말하더라도 "이 말을 하려는 거지?"라고 하면서 대신 나머지 말을 해 주지 않는다.
- 수업시간에 '읽기' 순서를 면제해 주기보다는, 짝을 이루어 2명씩 함께 읽도록 하는 방법을 사용하는 것이 좋다. 이때 다른 아이들과 동일한 규칙을 주어야 한다.
- 교사가 치료사처럼 "다시 말해 봐." 또는 "이렇게 해봐."라고 말하지 않는다.

- 아이의 말을 이해하지 못했다면 이해한 척하지 말고 "미안해. 중간 단어를 이해 못했어."라든지, "철수가 무얼 어쨌다고? 다시 한번 말해줄래?"라고 구체적으로 요구하는 것이 좋다.
- 말을 더듬는 아이는 말로 자신의 부당함이나 상황을 잘 표현하지 못한다. 구두적 직면을 두려워하기 때문에 사실이 드러나지 않는 경우가 많다. 따라서 또래 아이들과의 갈등 상황이 발생할 경우 교사는 아이에게 설명할 수 있는 시간을 충분히 주고 들어 주려는 자세가 필요하다.
- 편안하고 수용적인 학급 분위기를 조성한다.
- 교사는 말의 속도를 늦추고, 아동의 발화가 끝난 직후 바로 대답하지 말고 시간간격을 둔 후에 반응한다.

[정답]

- ㉠: 회피행동, 자신이 특정 단어에서 말을 더듬을 것이라 예상하고 그 단어를 피하기 위해 하는 행동이다.
  ㉡: 탈출행동, 말더듬에서 빠져나오려는 보상적 행동이다.
- 1. 첫단어, 단어의 첫음절, 초성에서 발생한다.
  2. 모음인 경우보다 자음에서 더 자주 더듬는다.

[해설]

■ 심리언어학적 요인

❶ 심리언어학적 측면에서는 말더듬 증상이 나타나는 발화 지점에 초점을 두고 있다.

❷ 심리언어학적 측면

음운론적 측면	• 첫단어, 단어의 첫음절, 초성에서 발생함 • 모음인 경우보다 자음에서 더 자주 더듬음 • 특정음에서 특히 말을 자주 더듬음 • 폐쇄음이나 파찰음에서 막힘이 자주 나타남 • 마찰음에서는 연장이 자주 나타남
형태론적 측면	• 기능어(조사나 접속사)보다 내용어(명사, 동사, 형용사, 부사)에서 더 자주 더듬음 • 비교적 긴 단어에서 더 많이 나타남 • 사용 빈도가 높은 단어보다 잘 사용하지 않는 단어에서 더 자주 더듬음
구문론적 측면	• 문장의 길이가 길수록 출현 빈도가 높아짐 • 문장구성이 복잡할수록 출현 빈도가 높아짐
화용론적 측면	• 대화 상대자가 친숙하고 허용적일수록 말을 더듬는 빈도가 낮아짐 • 의사소통 스트레스 정도가 높을수록 빈도가 높아짐

28 　　2011학년도 중등 34번

정답 ⑤

해설

⑤ 학생 A는 성대의 오·남용을 하고 있다. 음성을 오·남용할 때에는 성대 위생교육을 활용한다. 성대 위생교육 중 특정 치료기법인 씹기기법, 하품-한숨기법 등을 사용한다. 이 기법들을 사용하여 음성치료를 하는 '직접치료 방법'보다는 환자에게 정상적인 음성 유지법, 효율적인 음성 사용법, 성대 남용 습관 제거법에 대한 설명을 해 주는 '간접치료 방법'을 사용하는 것이 좋다.

① 밀기 접근법은 환자가 손으로 벽이나 책상을 밀면서 발성하게 함으로써 마비되지 않은 성대를 마비된 쪽의 성대 대신 평상시보다 더 움직이게 하여 성대의 접촉을 돕는 것으로, 성대마비가 있는 학생들에게 적용되는 기법이다.

② 흡기발성은 기능적 실성증이나 부전 실성증 환자에게 적용할 때 종종 효과를 나타낸다. 보통의 성대 오·남용의 경우, 힘을 주어 시작하는 발성을 성대 위생교육에 좋지 못하다.

③ 목청을 가다듬거나 헛기침으로 내는 소리를 길게 늘여 음을 시작하는 소리는 심리적 또는 스트레스 요인과 관련된 음성장애의 치료방법으로 활용된다.

④ 빠르게 숨을 쉬며 힘주어 음을 시작하는 것은 오히려 성대를 상하게 만들 수 있다.

29 　　2016학년도 초등 B 6번 일부

정답

3) 선우가 말을 할 때, 불필요한 교실소음을 낮출 수 있도록 교실을 조용히 시킨 다음 수업을 진행한다.

해설

아동의 음성 남용을 피하기 위해 가족 구성원은 상황에 적절한 크기로 대화를 하고 있는가를 돌아보고, 조용히 말하는 습관을 갖도록 해야 한다. 또한 아동이 극도로 시끄러운 환경에서 말을 하고 있는지를 살펴보고, 가급적 불필요한 소음 원인을 제거하는 것이 좋다. 주변 소음이 큰 경우 자신도 모르는 사이에 목소리의 크기가 커지므로, 가급적 소음 속에서 말하는 것은 피하도록 한다.

30 　　2014학년도 초등 A 6번 일부

정답

3) 형식, 음운론

해설

뇌성마비 학생은 정상적인 말을 산출하기 위한 호흡, 발성, 조음, 신경기관에 문제가 있다. 정상적인 말의 산출에 문제가 있기 때문에 언어의 형식인 음운론에 문제를 보인다.

■ 뇌성마비 학생의 말 산출 문제

유형	내용
호흡 장애	• 날숨의 지속시간이 너무 짧음 • 역호흡 증상이 나타남 • 호흡량이 부족함 • 음절당 소모되는 공기의 양이 많음
발성 장애	• 날숨 시 성대가 열려 있는 경우 압력이 형성되지 않아 발성이 되지 않음 • 성대가 너무 경직된 경우 진동하기가 어려워서 발성이 되지 않음. 마치 무거운 물건을 들어 올릴 때 숨을 꾹 참는 듯한 상태의 발성과 같음 • 성대긴장도가 유지되지 않는 경우 비정상적인 음도, 폭발적인 음성 등이 산출됨
조음 장애	• 말소리의 강도, 음도, 운율상의 문제로 인하여 전체적으로 말의 명료도가 낮음 • 말의 지각능력이 낮음 • 경직형의 경우 연인두 폐쇄기능의 결함으로 파열음, 마찰음, 파찰음 산출이 어렵고, 과대비성이 나타남 • 조음기관의 기민성과 정확성이 떨어져 조음이 부정확함
운율 장애	• 소리의 높낮이를 적절하게 조절하기 어려움 • 소리의 강세를 적절하게 조절하기 어려움 • 발화 시, 필요한 곳에서 쉼을 적절하게 조절하기 어려움 • 발화 시, 필요한 호흡 양이 부족하거나 호흡 조절이 어려움 • 부적절한 쉼으로 인하여 문장 내의 속도 조절이 어려움

31 　　2015학년도 유아 A 7번 일부

정답

2) ㉡: 유창성 장애

　　㉢: 조음장애

3) 화용론

해설

2) ㉡ 핵심행동 중 막힘을 보이는 말더듬이다.

　　㉢ '풍선' → /푸선/ ➡ 종성 생략,

　　　 '사탕' → /아탕/ ➡ 초성 생략을 보이는 조음장애이다.

3) 화용론

　 - 사회적 상황에서의 언어의 사용과 관련된 규칙이다.

　 - 사회적 상황 단서를 이해한다.

　 - 다른 사람에게 영향을 미치기 위해 언어를 사용한다.

정답

• 구문론

해설

■ **구문론**

　단어의 배열, 문장의 구조, 서로 다른 종류의 문장 구성을 규정하는 규칙이다. '수용언어'는 문구와 문장을 이해하는 데 사용하고, '표현언어'는 문구와 문장 내에서 문법을 사용하는 데 사용한다.

정답

3) ㉢: 구문론
　 ㉣: 의미론

해설

■ **구문론**

　단어의 배열, 문장의 구조, 서로 다른 종류의 문장 구성을 규정하는 규칙이다. '수용언어'는 문구와 문장을 이해하는 데 사용하고, '표현언어'는 문구와 문장 내에서 문법을 사용하는 데 사용한다.

■ **의미론**

　의미(단어 및 단어의 조합)를 규정하는 규칙이다. '수용언어'는 단어의 의미와 단어들 간의 관계를 이해하는 데 사용하고, '표현언어'는 단어의 의미와 단어 간의 관계를 짓는 데 사용한다.

정답

1) ㉠: 유창성 장애
　 ㉡: 음성장애
2) 반향어
3) ①: 화용론
　 ②: 상동행동

해설

1) 말장애 종류

아동 언어장애	아동기에 언어의 음운·의미·문법·화용적 측면의 문제로 인하여 구어 또는 문어의 이해나 표현이 또래에 비해 유의하게 지체됨
조음·음운 장애	기능적·구조적·청각적·신경학적인 문제에 기인하여 말소리 산출에 있어 음소의 탈락, 대치, 왜곡, 삽입 등의 문제를 보임
음성장애	발성과정에 있어서 목소리의 크기, 높낮이, 음질 등에서 장애를 보임
유창성 장애	말이 비정상적으로 계속 끊어지거나 말의 흐름에 문제를 보임
신경 말장애	신경계의 손상으로 인하여 말 산출에 필요한 호흡, 발성, 공명, 조음 기능이 비정상적이며 말을 구사하는 데 장애를 보임
신경 언어장애	뇌손상으로 인하여 언어자극을 듣거나 읽어서 이해하는 데 어려움을 보이고, 말이나 글을 통해 언어를 표현하는 데 문제를 보임

2) 반향어란 상대방의 말을 메아리처럼 따라하는 것이다.
3) 화용론

　사회적 상황에서의 언어 사용과 관련된 규칙이다. '수용언어'는 사회적 상황 단서를 이해하는 데 사용하고, '표현언어'는 다른 사람에게 영향을 미치기 위해 언어를 사용한다.

정답　④

해설

단순 언어장애는 언어에만 어려움을 보이는 장애로, 언어장애가 인지장애, 청각장애, 신경학적인 결함이나 자폐증에 의한 것이어서는 안 된다. 이와 함께 레너드는 다음과 같은 진단준거를 제시했다.

레너드(Leonard)의 진단준거
– 표준화된 언어검사에서 –1.25 SD 이하
– 비언어성 지능검사 결과 85 이상
– 청력검사에서 이상이 없어야 하고
– 최근 중이염에 걸린 적이 없어야 하고
– 신경학적인 이상이 없고
– 구강구조 및 구강운동 기능에 이상이 없어야 하며
– 사회적 상호작용에 어려움이 없어야 한다.

따라서 소라의 진단평가 결과는 단순 언어장애에 부합하다는 것을 알 수 있다.

<table>
<tr><td>

36 — 2021학년도 중등 B 8번

정답

- 단순언어장애
- 음운인식

  음소를 듣고, 음소 결합하기
- 의미론

해설

■ 단순언어장애

- 지적장애나 자폐, 뇌성마비, 청각장애, 구강구조 또는 신경학적, 사회정서적 영역에서 결함을 가지고 있지 않다.
- 비언어성 지능검사에서 정상범주에 속한다.
- 표준화된 언어검사에서 표준편차 −1.25 이하에 속하는 정도의 발달지체를 보인다.

■ 상위언어인식

언어 자체를 사고의 대상으로 취급하고, 언어의 구조적 특성을 인식하고 조작하는 능력을 말한다.

분류	설명
음운자각	• 구어에서 사용되는 단어들 속에 들어 있는 여러 단위를 분리하거나, 이 단위들이 다시 결합하여 재합성될 수 있다는 것을 아는 것 • '돼지'라는 단어를 듣고 2음절로 만들어졌다는 것을 판단하고, '다람쥐'와 '도깨비'는 동일한 음소를 초성에서 가지고 있다는 것을 알 수 있어야 함 • 음운인식에 결함이 있는 경우, 잘못된 발음을 들려주었을 때 인식하는 능력도 낮음
단어자각	• 단어가 가지는 물리적 속성과 추상적 속성을 이해하는 능력 • 예를 들어, '돼지'라는 단어 속에는 포유동물 돼지가 갖는 물리적인 속성과 '많이 먹는 사람', '삼겹살', '더러움' 등의 추상적인 속성이 포함됨 • 이러한 개념 형성과 추상적 사고에 대한 인지적 유동성이 바로 단어자각 능력 • 또는 사물의 이름이 바뀌어도 속성은 바뀌지 않는다는 것을 아는 능력, 예를 들면 '서점−책방' 등을 이해하는 것을 말함 • 의미 인식에 결함이 있는 경우, 문장에 잘못된 단어가 사용되었을 때 틀렸다는 것을 잘 알아차리지 못함
구문자각	• 문법에 맞는 문장을 사용하는지에 대한 자각으로, "밥이 가 맛있어요." "선생님이 철수에게 책을 읽었다."와 같은 문장이 문법적으로 맞는지를 판단하는 능력 • 구문인식에 결함이 있는 경우, 비문을 포함한 문법성 판단 과제에서 낮은 수행능력을 보임 • 반면 문법적으로는 맞지만 의미가 맞지 않는 문장, 예를 들면 "동생이 아빠를 낳았다.", '밥을 마셔요"와 같은 문장의 오류를 판단하는 것은 의미자각에 해당하며 구문자각과 함께 분석할 수 있음
화용자각	• 자신의 발화가 상황에 적절한지, 목적달성에 적합한지 등을 스스로 점검하고 조절하는 것 • 우리는 발화의 오류가 발생했을 때 스스로 오류를 수정함 • 적절치 못한 말이 튀어나온 경우나 대화자의 연령, 지위에 맞지 않는 단어나 존칭을 썼을 때도 스스로 옳고 그름을 판단함 • 화용인식에 결함이 있는 경우, 대화의 상황적 맥락과 대화 규칙 등의 정/오답에 대한 판단 능력이 낮음

37 — 2011학년도 중등 37번

정답   ③

해설

(가) 의미적 단서는 주어진 자극의 기능, 형태 등을 설명한다.
> 예 '장화'를 보여주고, "이거 비 올 때 신는 거죠?"라고 질문

(라) 음향−음소적 단서는 보통 의미적 단서 파악 후에도 어려움을 보일 때 제공한다.
> 예 '지우개'를 보여주고, 'ㅈ → 지 → 지우 → 지우개' 등의 음소적 힌트 제공

(나) 학생 A 앞에서 '가위'의 음절 수 만큼 손으로 책상 두드리기는 음향−음소적 단서에 해당한다.

(다) (손동작으로 '가위 바위 보'를 하며) "○○, 바위, 보"라고 말하기에서 '손동작을 하면서'는 의미론적 단서에, '가위, 바위, 보 말하기'는 구문론적 단서에 해당한다.

38 — 2013학년도 중등 39번

정답   ⑤

해설

ⓒ, ⓔ '마비 말장애'는 중추 및 말초신경계의 손상으로 인하여 말 기제의 근육 조정장애로 나타나는 말장애를 뜻한다. 정상적인 말하기는 호흡, 발성, 공명, 조음, 운율 등을 담당하는 여러 발화 하부체계의 구조가 정상적인 상태여야 하며, 이들 기관 간의 기능이 조화롭게 이루어져야 비로소 가능하다. 일반적으로 중추 및 말초신경계의 손상은 이러한 발화 하부체계에 부정적인 영향을 미치며, 그 결과 호흡, 발성, 조음, 공명, 운율 등을 포함한 말 기능의 요소, 즉 속도, 강도, 범위, 타이밍, 정확성이 비정상적으로 된다. 마비 말장애는 여러 유형이 관찰되는 만큼 그 원인도 다양하다.

ⓗ '말실행증'은 후천적인 뇌손상으로 인한 근육의 마비나 약화 현상 없이, 조음기관의 위치를 프로그래밍하거나 일련의 조음운동을 체계적으로 수행하는 데 어려움을 보이는 말장애다. 전반적으로 변이성이 높으며, 발화 시 입술을 끊임없이 움직이면서 정확한 조음의 위치나 방법을 찾는 듯한 모색(摸索, groping)현상도 관찰된다. 대부분의 환자가 실어증을 동반하나, 말실행증만 따로 관찰되는 경우도 있다. 말실행증이 유발될 수 있는 뇌손상 부위는 주로 보조 운동영역으로 알려져 있으며, 도(島, insula)의 손상으로도 관찰될 수 있다. 발현 시점이 아동기인 경우 '아동 말실행증(CAS)'이라고 부르며, 중증 음운장애와의 감별이 쉽지 않다.

⊙ '브로카 실어증'은 대화나 그림 설명 등에서 표현능력이 상당히 저하되며, 특히 유창성이 떨어진다. 심한 경우 전혀 의미 전달이 안 될 정도로 무의미한 음절이나 모음만 반복하기도 하며, 발화의 길이가 2~3음절에 머물기도 한다(표현언어 저하). 청각적 이해력은 상당히 유지되는 편이지만 기능어가 많이 포함되거나 문법적으로 복잡한 문장에서는 이해력이 많이 떨어지는 편이다(수용언어 상대적 유지).

⊙ '베르니케 실어증'은 대화를 할 때 또는 그림 설명을 할 때 비교적 유창하며, 때에 따라서는 지나치게 많은 말을 늘어놓는 과유창성을 보이기도 한다. 대개 정상적인 운율이나 발음을 유지하고 비교적 문법에 맞게 말을 하나, 어떤 이는 기능어를 과도하게 사용하는 과도문체성의 경향을 보이기도 한다. 단어 유출상의 어려움으로 인하여 의미착어가 많이 등장하며, 음소착어를 보이기도 한다(표현언어 상대적 유지). 청각적 이해력이 두드러지게 떨어지며, 특히 제시되는 자극어가 문법적으로 복잡하거나 그 길이가 길어질수록 오류가 증가한다(수용언어 저하).

⊙ '말실행증'의 치료 원칙은 운동학습에 근거하며 반복연습이 치료의 주요 부분을 이룬다. 반복연습 과제는 집중적이면서 광범위하게 구성하는 것이 필요한데, 특히 주의해야 할 것은 자극이 복잡하고 길수록 오류가 많아지므로 소리, 단음절, 단어 등 비교적 단순한 자극에서 시작하여 그 복잡성과 길이를 점차 늘려가도록 해야 하는 것이다.

39 2011학년도 유아 15번

정답 ⑤

해설

ㄱ. ⊙은 혼잣말하기 기법은 맞으나, 혼잣말하기 기법은 아동의 발화를 유도하기 위해 교사가 언어적 자극을 제공하는 기법이며 따라 말하게 하는 방법이 아니다.

40 2013학년도 중등 22번

정답 ①

해설

① '평행적 발화'(parallel talk)기법은 아동의 행동을 기술해 주는 것이다. 예컨대, 아동이 우유를 마시고 있을 때 임상가는 "우유를 마셔요."라고 말해 준다. 이는 아동의 관심도 공유해 주는 것이다. 〈보기〉에서도 아동이 색연필로 그림을 그리고 있는 학생 A의 행동과 입장을 반영하여 임상가가 "색연필로 그림을 그려요."라고 말해 아동의 행동을 기술한 것이다.

② '재구성' 기법은 아동의 표현에서 나타난 오류를 빼고 맥락 안에서 다른 형태로 바꾸어서 말해주는 기법이다. 보기에서는 오류 부분은 고쳐 말하므로 '수정' 기법에 가깝다.

③ '확장' 기법은 아동이 산출한 발화에 문법적인 표지나 의미적 세부사항을 덧붙이는 것이다. 예컨대, 아동이 소꿉놀이를 하면서 인형에게 밥을 먹이며 '밥'이라고 표현한다면 임상가는 '밥 먹어.'라고 확장시킬 수 있다.

④ '확대'는 아동이 산출한 발화에 의미적 정보를 추가하는 것이다. 예를 들어, 아동이 '밥'이라고 말한 경우, 임상가는 '배고파.' 또는 '맛있다.'라고 확대시킬 수 있다.

⑤ '수정' 기법은 '수정모델 후 재시도 요청하기'의 맥락으로 접근할 때, 아동이 잘못 말한 부분이나 전체 문장을 수정한 상태로 다시 말해주고 나서 아동이 다시 말하도록 요청하는 방법이다. 이때 아동에게 다시 말하도록 하는 것은 아동의 반응이나 대화의 흐름에 따라 선택적으로 사용이 가능하다. 보기에서는 재구성 기법을 사용한 것이다.

※ 고은의 「의사소통장애아 교육」(1판)을 기준으로 접근할 것

41 2016학년도 중등 A 2번

정답

(가): 확대

(나): 확대는 아동의 발화의 의미론적인 부분을 덧붙여 주는 것이고, (나)에서 사용된 확장의 경우 아동의 발화의 문법적인 부분을 완전한 형태로 바꾸어 말해준다.

해설

■ 발화 후 언어자극 전략

기법	기능	예시
확장	문법적인 오류가 있는 아동의 표현을 문법적으로 완전한 형태로 바꾸어 말해줌	(그림책을 보며) 학생: "호랑이 토끼 먹어." 교사: "호랑이가 토끼를 먹어요."
확대	아동이 발화를 의미적으로 보완해줌	(그림책을 보며) 학생: "아저씨, 아저씨!" 교사: "소방관 아저씨구나."
교정적 피드백	아동의 잘못된 혹은 완전하지 않은 표현을 긍정적인 방법으로 고쳐줌	(친구 가방을 가리키며) 학생: "뻐." 교사: "맞아, 예쁘지?"
재구성	아동의 표현을 다른 문장 구조로 바꾸어 말해줌	학생: "때렸어, 준이가, 재인이를." 교사: "재인이가 준이한테 맞았구나."
수정	아동의 잘못된 발화를 직접적으로 고쳐서 말해줌	(고래 그림을 보며) 학생: "악어야." 교사: "악어가 아니라 고래야."
수정 후 재시도 요청	아동의 잘못된 발화를 교정해준 후 다시 한번 해보도록 함	(고래 그림을 보며) 학생: "악어야." 교사: "악어가 아니라 고래야. 다시 말해 볼까?"

		자기 수정 요청	학생: "안녕히 오세요"
자기 수정	아동이 잘못 말한 부분을 교사가 그대로 따라함으로써 발화가 적절하지 않음을 알려주고 수정하도록 함		교사: "(뭐라고?) 안녕히 오세요? 맞아?"
		자기 수정 모델	학생: "안녕히 오세요" 교사: "(뭐라고?) 안녕히 오세요? 안녕히 가세요."

42

정답

4) 선생님, 풀 주세요.

해설

■ 발화유도 전략

기법	기능 및 예시
혼잣말 기법	아동에게 요구하지 않으면서 교사가 자기 행위에 대해 혼자 대화를 하듯이 말을 함 예 (교사가 그림에 색칠을 하면서) "사과는 빨간색이니깐 빨간색으로 칠해줘야겠다."
평행적 발화기법	아동의 행위에 대해 아동의 입장에서 말함 예 학생: (지수가 들어온다.) 교사: "선생님 안녕하세요?"
FA (Forced Alternative) 질문법	아동에게 대답할 수 있는 2개의 모델을 제시함 예 "오늘은 오렌지를 먹을까? 아니면 포도를 먹을까?"
대치 요청	목표언어가 나올 때까지 아동이 말을 고쳐 나가도록 유도함 예 아동: "이거." 교사: "이거, 뭐?"

43

정답

1) ①: 평행적 발화기법
   ②: 공을 바구니에 넣어요. 바구니, 공을 넣어요.

해설

■ 평행적 발화기법

아동의 행위에 대해 아동의 입장에서 말한다.
예 학생: (지수가 들어온다.)
   교사: "선생님 안녕하세요?"

44

정답

3) ⓛ: 확대
   ⓒ: 확장

해설

■ 확대와 확장

기법	기능	예시
확대	아동이 한 발화를 의미적으로 보완해줌	(그림책을 보며) 학생: "아저씨, 아저씨!" 교사: "소방관 아저씨구나."
확장	문법적으로 오류가 있는 아동의 표현을 문법적으로 완전한 형태로 바꾸어 말해줌	(그림책을 보며) 학생: "호랑이 토끼 먹어." 교사: "호랑이가 토끼를 먹어요."

45

정답

1) ①: 우발교수
   ②: 비연속 시행훈련
2) ①: ㉠-평행적 발화기법, ㉡-혼잣말 기법
   ②: 평행적 발화기법은 교사가 아동의 입장에서 말을 하고, 혼잣말 기법은 교사가 자신의 입장에서 말한다.
   ③: 청각자극에 대한 과민반응

해설

1)

[A] 우발교수	준혁이의 자발적 의사소통 지도를 위해 교사는 준혁이가 볼 수 있지만 손이 닿지 않는 선반에 준혁이가 좋아하는 모형 자동차를 올려놓는다.(환경조성전략) 준혁이가 선반 아래에 와서 교사와 자동차를 번갈아 쳐다보며 교사의 팔을 잡아당긴다.(아동의 비언어적 요구) 교사는 준혁이가 말하기를 기대에 찬 눈으로 바라본다.(공동관심형성) 잠시 후 준혁이는 모형 자동차를 가리키며 "자동차"라고 말한다. 교사가 준혁이에게 모형 자동차를 꺼내 주니 자동차를 바닥에 굴리며 논다.(자연적 강화)
[B] 비연속 시행훈련	실외 놀이 후 준혁이는 교실에 들어오자마자 교구장에서 무엇인가를 찾는다. 교사는 준혁이에게 다가가서 모형자동차를 보여주며 "이게 뭐야?"라고 묻는다.(자극 제시) 준혁이가 잠시 생각하더니 "자동차"라고 대답한다.(반응) 교사는 "우와! 그래, 이건 자동차야."라며 모형 자동차를 준혁이에게 건네준다.(피드백) 준혁이가 '자동차'라고 말하지 않을 때는 자동차를 주지 않는다.(자극변별) 교사는 일과 활동 중에 시간 간격을 두고 이와 같은 교수 전략을 사용한다.(시행 간 간격)

2) 혼잣말 기법

아동의 근접발달영역 내의 수준을 참고하여 교사가 스스로 혼잣말을 함으로써 발화를 유도하는 교수전략이다. 스스로 묻고 답하는 과제전략적인 혼잣말을 교사가 자신의 입장에서 스스로 모델링해 주는 것은 아동에게 직접적인 지시를 하지 않고도 언어적 대화의 상호작용을 유도하는 효과를 기대할 수 있다. 반면에 평행적 발화기법은 아동 입장에서 아동의 행동을 언어로 표현해 주는 방법이다.

정답

2) ⓒ, 확장은 문법적으로 올바르게 고쳐서 다시 말해주는 것이므로, "신어요."라고 말해 주어야 한다.

4) 누가 사과를 먹었을까?

해설

2) 확장은 아동의 문장구조는 유지한 채, 문법적으로 바르게 고쳐 다시 들려주는 것이다.

4) W질문법
아동의 발화를 자극하는 가장 좋은 동기부여는 관심을 가지고 아동으로부터 답을 알고자 하는 것이다. 교사는 아동의 어휘발달 수준에 적합한 질문을 해야 하는데, 단순 언어장애인 경우 W질문법이 효과적이다. 답변을 하는데 있어 일반아동에 비해 더 많은 시간이 걸린다는 것을 감안해야 하는데, 일반적으로 3~5초 이상 쉼이 예상된다.

정답 ③

해설

자연적 언어 패러다임은 아동이 언어를 사용할 수 있는 기회를 지원하고 증가시킬 수 있도록 아동의 환경을 구성하는 것이다. 따라서 자연적 언어중재는 이를 기반으로 일상생활 속에서 사회적 상호작용이 일어나며, 아동이 자주 만나는 사람들로 구성되고 학생이 좋아하는 주제나 활동이 선호되는 중재들이다. 이러한 중재로는 우발교수, 공동행동 일과, 중심축 반응훈련 등이 있다.

ㄹ 자연적 언어중재는 학생이 중심이다. 따라서 중재자가 학생의 언어행동을 구체적으로 조절하는 것이 아니다.

ㅂ 자연적 언어중재는 집중적인 지도가 아닌 일상적인 중재이다. 따라서 적절한 보기가 아니다.

정답

2) 강화된 환경중심 언어중재

해설

■ 강화된 환경중심 언어중재
환경중심 언어중재의 수정된 형태로서, 기존의 우발교수, 시간지연, 요구-모델 등의 전략과 물리적 환경조절 전략, 반응적 상호작용 전략이 결합된 중재를 말한다.

정답

• 환경조성 전략, 반응적 상호작용 전략

해설

환경중심 언어중재는 언어 사용환경을 구조화하고 학생이 흥미를 보이는 사물이나 사건 속에서 교사와 자연스럽게 대화를 나눌 기회를 얻을 뿐만 아니라, 학생이 얻고자 하는 자연스러운 결과물을 의사소통 행동의 강화물로 얻을 수 있다는 특징이 있다.

이러한 환경중심 언어중재 방법만으로는 학생이 자연환경 속에서 언어습득을 위한 충분한 기회를 제공하는 데 제한점이 있다는 것을 인식하면서 좀 더 확장된 의미의 지도방법을 제시하고 있다. 즉, 환경을 좀 더 효율적으로 조절하고 학생의 의사소통 행동에 대한 반응적인 상호작용을 하여 학생의 언어습득을 강조하는 방법이다. 예를 들어, 환경중심 언어중재 방법을 수정한 '강화된 환경중심 언어중재', '전언어적 환경중심 중재' 등이 이에 포함되는 교수전략이다.

정답 ①

해설

(가) 반응 요구 후 모델링
모델링과 같이 학생과 교사가 함께 주의집중과 활동을 병행하며, 학생에게 언어적인 반응을 구두로 요구(연필을 영어로 뭐하고 하지?)한 후 시범(pencil이지? pencil이라고 말해봐.)을 보이는 것이다.

(나) 우발교수
효과적인 의사소통 기능 증진 방법으로, 교사는 목표로 하는 언어적 표현을 자연스럽게 유도하는 상황(연필 옆에 놓아둔 지우개)을 설정하여 그 상황에서 적절한 언어와 의사소통 방법을 학습하도록 하는 것이다.

정답 ⑤

해설

① 언어적 자극뿐만 아니라 비언어적 자극에도 반응한다.
② 동화책이 아닌, 아동이 관심을 보인 창가에 앉아있는 새에 공동관심을 맞추고 반응한다.
③ 아동에게 반드시 반응을 요구하지 않으며, 대화 차례를 지킬 수 있도록 아동의 반응을 기다려준다.
④ 아동과 교사의 공동관심, 상호관심을 가질 수 있도록 한다.

■ 반응적 상호작용

❶ 강화된 환경중심 언어중재는 환경교수 절차를 대화적 상호작용에 삽입함으로써 좋은 대화에서의 차례의 균형과 의사소통 기능과 형태의 지속적인 모델링 효과(반드시 반응을 요구하지 않는다)를 이용하고자 한다. 반응적 대화 양식은 학생의 의사소통을 지원하고 환경교수의 자연적인 질을 크게 향상시키는 전반적인 상호작용 접근이다. 환경구성이 물리적인 상황을 조성하는 것과 같이, 반응적 대화 양식은 언어를 위한 사회적 상황을 조성한다. 반응적 대화 양식과 환경 구성을 함께 사용함으로써 대화중심의 교수를 할 수 있는 지원적이고 상호작용적인 상황을 만들 수 있다.

❷ 반응적 상호작용의 과정
- **공동관심 및 상호관심 형성**: 공동관심은 교사와 학생이 같은 사물이나 활동에 집중하고 있을 때 발생하며, 상호관심은 학생과 교사가 서로를 바라보며 대화할 때 형성된다.
- **차례 주고받기**: 대화에서 학생과 교사가 의사소통하는 차례를 교환하는 것이다.
- **상대방의 행동에 따른 반응(유관반응)**: 교사가 학생의 의사소통 시도에 빠르고 의미 있게 반응하는 것을 말한다. 학생의 의사소통 시도를 알아차리고, 이에 반응해주는 것은 대화를 하기 위해 필수적이다. 이렇게 반응해주는 것은 학생의 의사소통 시도를 강화하고, 교사가 항상 대화상대자가 되어줄 수 있음을 알려주는 것이다.
- **긍정적인 감정표현**: 미소, 가벼운 두드림, 학생의 이름을 부르기, 따뜻한 목소리 톤, 긍정적인 상호작용 스타일이 포함된다. 구어 의사소통 능력이 제한적인 학생들은 특히 의사소통 상대자가 보내는 비구어적인 메시지에 민감할 수 있다. 학생의 의사소통 시도를 인정하고 의사소통하고자 할 때 옆에 있어줌으로써 학생에게 관심을 가지고 있음을 나타내는 교사는 대화를 촉진하고 있는 것이다.

정답

1) 공동관심 형성
2) 1. 아동의 잘못된 발화를 긍정적으로 수용해주었다.
   2. 아동에게 들려줄 때 의미를 더 확장하여 들려주었다.
3) 시간지연 전략
4) 환경조성 전략

해설

1) 반응적 상호작용의 공동관심 형성을 이루지 못하고 있다. 아동이 장난감 자동차를 가지고 놀고 있으나, 어머니는 그림책을 가지고 와 아동의 흥미파악을 제대로 하지 못하고 있다.

2) 확대와 교정적 피드백

기법	기능	예시
확대	아동이 한 발화를 의미적으로 보완해줌	(그림책을 보며) 학생: "아저씨, 아저씨!" 교사: "소방관 아저씨구나."
교정적 피드백	아동의 잘못된 혹은 완전하지 않은 표현을 긍정적인 방법으로 고쳐줌	(친구 가방을 가리키며) 학생: "삐." 교사: "맞아, 예쁘지?"

3) 시간지연 전략
언어치료사가 아동과 함께 쳐다보거나 활동하다가 아동의 언어적 반응을 가만히 기다려 주는 것이다. 아동이 말해야 하는 상황임을 눈치채고 말을 하면 그에 적절하게 교정 또는 시범 보인다. 만약 아동이 지연에 반응하지 않으면, 언어치료사는 다른 지연을 제시하거나, 반응요구 후 모델링 절차나 시범 절차를 사용한다.

정답

2) 환경조성 전략(손에 닿지 않는 상황)

해설

손에 닿지 않는 상황을 조성하며 아동의 자발적 의사소통 시도를 유도한다.

정답

2) 강아지와 고양이 장난감을 선택할 수 있도록 두 개 모두 민호에게 제공한다.
3) 손에 닿지 않는 상황 - 민호가 볼 수 있으나 손에 닿지 않는 책상 위에 장난감 자동차를 놓아두었다.

해설

■ 의사소통의 기능

기능	의사소통의 형태(비상징 예시)
행동조절: 타인으로 하여금 무엇인가를 하게 하거나 멈추도록 하는 일	
물건이나 행동 요구하기	• 손이 닿지 않는 곳의 물건을 향해 손을 뻗거나 바라본다. • 물건을 열거나 움직이게 도와달라고 하기 위해 건네준다. • 빈 컵을 다시 채우기 위해 들고 있다.
물건이나 행동 거부하기	• 간지럽히지 말라는 의미로 다른 사람의 손을 치운다. • 장난감을 치우면 울어버린다. • 원하지 않는 물건을 던진다.

사회적 상호작용: 자신에게 관심을 끄는 일	
사회적 일과 요구하기	• 계속 간지럽혀 달라고 요구하기 위해 다른 사람의 손을 톡톡 건드린다. • 까꿍놀이를 더 하고 싶어서 상대를 바라보거나 웃는다.
편안함 요구하기	• 무언가 불편할 때 편안해지기 위해 양육자를 향한다. • 안아달라고 하기 위해 손을 흔든다. • 자기의 자세를 고쳐달라는 의미로 의자에서 몸을 약간씩 흔든다.
인사하기	• 안녕하며 손을 흔든다. • 다른 사람이 악수할 것을 기대하고 팔을 뻗는다.
부르기	• 다른 사람에게 자기를 알리기 위해 바지를 잡아당긴다. • 상대를 자기 쪽으로 오게 하기 위해 발성한다.
보여주기	• 입 안에서 프르르 하는 소리를 내고 다른 사람의 반응을 얻기 위해 웃는다.
허락을 구하기	과자를 먹어도 된다는 허락을 얻기 위해 과자를 들고 서 있다.
공동관심: 사물이나 활동에 주의를 끄는 일	
물건이나 행동에 대한 설명	• 장난감을 보여주어 다른 사람이 같이 보도록 한다. • 다른 사람에게 벽에 걸린 그림을 보라고 손가락으로 벽 그림을 지적한다.
정보 요구하기	• 상자 안에 든 물건이 무엇인지 궁금하다는 표정을 지으면서 상자를 흔든다. • 책의 그림을 지적하고 무엇인지 묻기 위해 억양을 올린다.
선택의 기회 제공	비슷한 물건을 제시하여 선택할 수 있는 기회를 제공함 예 염색 활동을 하는데, 어떤 색으로 하고 싶은지 선택하도록 한다.
예상치 못한 상황	아동의 기대에 맞지 않는 비상식적이나 우스꽝스러운 요소를 만들어줌 예 인형 옷을 입히면서 양말을 머리에 씌우거나 풀 대신 지우개를 준다.

---

55 **2021학년도 유아 A 8번 일부**

정답

2) 닫힌 비누방울통을 준다.

해설

■ 물리적 환경조절 전략

아동의 언어를 촉진하기 위한 물리적 전략으로서, 아동이 선호하는 자료를 중심으로 물리적 환경을 설정한다. 대상 아동의 인지와 언어 수준 등을 잘 고려하되, 도움을 요청할 수 있도록 일부러 혼자 할 수 없는 상황으로 설정하는 것이 중요하다.

전략	방법
흥미 있는 자료	아동이 흥미를 가지고 있는 자료를 이용함 예 아동이 좋아하는 사물을 교실에 미리 배치한다.
닿지 않는 위치	시야 안에 두되, 아동의 손에 닿지 않는 곳에 둠 예 아동이 볼 수 있는 투명한 플라스틱 상자 안에 사물을 넣고 아동의 키보다 조금 더 높은 교구장 위에 둔다.
도움이 필요한 상황	성인의 도움이 필요한 상황을 만듦 예 아동이 좋아하는 장난감을 일부러 잘 열리지 않는 통에 담아 두거나, 점심시간에 수저를 제공하지 않는다.
불충분한 자료 제공	아동이 추가적인 자료를 요구하도록 수와 양을 적게 제공함 예 신발을 주는데 한 짝만 주거나, 미술활동 시간에 만들기에 필요한 재료보다 적은 양의 재료를 준다.
중요 요소 빼기	활동 과제에 필요한 중요 요소를 빼고 과제수행을 요구함 예 퍼즐 맞추기 게임을 하는데 퍼즐의 일부분을 빼고 완성하도록 한다.

---

56 **2017학년도 초등 B 2번 일부**

정답

4) 공동관심을 형성하여 학생이 흥미를 갖는 부분에 대해 언어적 요구를 하거나 코멘트를 할 수 있게 한다.

해설

공동관심은 교사와 학생이 같은 사물이나 활동에 집중하고 있을 때 발생하며, 상호관심은 학생과 교사가 서로 바라보며 대화할 때 형성된다. 공동관심을 통해 교사는 학생이 즉각적인 흥미를 갖는 사물이나 활동에 대해 언어적 요구를 하거나 코멘트를 할 수 있게 한다. 상호관심은 대화하는 사람들 간의 의사소통 참여를 유지하고 학생의 요구나 코멘트가 이해될 가능성과 적절하게 반응될 가능성을 높인다.

---

57 **2018학년도 중등 A 12번 일부**

정답

• 스크립트 언어교수법 - 특정 상황에 맞는 상황언어를 일반화된 형태로 지도할 수 있다.

---

58 **2014학년도 중등 B 1번**

정답

① : 1. 사회가 요구하는 방식의 의사소통과 행동양식을 습득하여 적절한 의사소통을 하는 것을 목표로 한다.
  2. 아동에게 그 상황에서 늘 쓰이는 상황적인 언어를 배우는 학습의 기회를 제공한다.

② : 아동이 스크립트에 익숙해졌을 때 의도적으로 스크립트를 위반하여 아동의 자발적인 언어를 유도한 것이다.

■ 스크립트

❶ 스크립트란 어떤 특정한 문맥 속에서 진행되는 단계적인 일련의 사건들을 설명하는 구조이다. 아동들은 익숙하고 일상화된 상황적 문맥 속에서 성인의 말을 예견할 수 있게 되고, 성인의 언어와 그 상황 간의 관계를 인지적으로 연결시킴으로써 상황적인 언어를 학습하게 된다.

❷ 스크립트 활용은 구어능력을 증진시키는 전략으로서, 사회가 요구하는 방식의 의사소통과 행동양식을 습득하여 적절한 의사소통을 하는 것을 목표로 한다. 보완·대체 의사소통이 구어적 결함을 비구어적 방법을 통해 의사소통하는 것을 목표로 한다면, 스크립트 활용은 구어 사용에 초점을 두고 있다.

❸ 스크립트 절차
- 단기적인 목표언어의 구조를 계획한다.
- 아동에게 익숙하며 주제가 있는 일상적인 활동(스크립트)을 선정한다.
- 선택한 스크립트 속에 포함될 하위 행동들을 나열한다.
- 선택한 하위 행동마다 구체적인 목표언어를 계획한다.
- 불필요한 하위 행동을 삭제한다.
- 목표언어를 유도할 수 있는 상황이나 발화를 계획한다.
- 계획한 활동들을 체계적으로 변화시키면서 여러 회기 동안 반복하여 실시한다.

❹ 스크립트를 언어치료에 활용할 때 스크립트 안에 주고받는 대화의 기회를 많이 가지거나, 상황적 언어를 활동 속에서 많이 사용하거나, 아동이 일단 스크립트에 익숙해지면 의도적으로 스크립트를 위반하는 사건을 만들어 아동의 자발적인 언어를 유도하도록 시도하는 것이 좋다.

59   2019학년도 중등 A 11번

정답

- ㉠: 아동이 상황이나 문맥을 이해하는 데 주의집중하느라 정작 말에는 주의집중하지 않는 문제를 없애기 위한 것이다.
- ㉡: 행위자-행위
- ㉢: 의자에 앉아요.

해설

㉠ 아동에게 익숙하며 주제가 있는 일상적인 활동(스크립트)을 선정한다. 예를 들어, 생일잔치라는 주제 활동이 주어질 경우 생일축하 노래를 부르고 나서 케이크에 꽂혀 있는 촛불을 불고, 케이크를 자르는 일련의 행동을 떠올릴 것이다. 이렇게 익숙한 활동을 선택하는 것은 아동이 상황이나 문맥을 이해하는 데 신경을 쓰느라 막상 말에는 주의를 집중하지 않는 문제를 없애기 위한 것이다.

제8절   자발화 분석

60   2009학년도 중등 30번

정답   ③

해설

㉡ 발음이 불명료하다는 것은 1차적으로 조음기관에 문제가 있을 수 있다는 점을 의미한다. 따라서 조음기관의 매커니즘을 먼저 확인할 필요가 있다.

㉢, ㉤ 아동은 상황과 대화 상대자에 따라 발화가 달라지므로, 아동의 언어 표본이 편협해지지 않도록 여러 사람과, 다양한 환경에서 언어표본을 수집하는 것이 바람직하다.

㉠ 그림어휘력 검사는 만 2세 0개월~만 8세 11개월의 아동들을 대상으로 수용 어휘력을 측정하기 위한 검사이다.

㉣ 구문의미 이해력 검사: 만 4세~만 9세(또는 초등학교 3학년) 수준의 구문의미 이해력을 측정하기 위한 검사로, 언어 이해력에 어려움을 보일 가능성이 있는 아동들로 만 4세에서 초등학교 3학년 정도의 구문 이해력 범주에 있는 아동들이면 검사의 대상이 될 수 있다. 따라서 원인 추론 이해력을 검사하기 위해서 언어문제 해결력 검사를 하도록 한다.

■ 언어문제 해결력 검사
이는 만 5세~만 12세까지의 아동을 대상으로 특정상황에서 대답하는 능력을 평가함으로써 언어를 통한 문제해결능력을 측정하기 위한 검사이다.

61   2009학년도 유아 33번

정답   ③

해설

ㄴ. 개별 유형 분석과 어휘다양도를 통해 의미론을, 평균 발화길이를 통해 구문론을, 대화기능을 분석하여 화용론의 발달을 분석할 수 있다.

ㄷ. 아동의 언어표본을 구하기 위해 여러 사람과의 대화를 골고루 수집하여야 한다.

ㄱ. 총 낱말 수를 총 발화 수로 나누어 평균 낱말길이를 구한다.

ㄹ. 전사를 할 때는 아동의 발화뿐만 아니라, 아동이 말하기 이전에 한 상대자의 말이나 행동과 그때의 상황 등을 기입하며, 오직 아동의 문장에만 문장번호를 붙인다.

정답 ⑤

해설

ⓒ 문법적 유형을 바꾸어주는 문법형태소의 이해와 표현에 지장이 없다는 것은 구문론(형태소, 낱말 나열, 구, 절 등을 이루는 방법) 발달에 문제가 없다는 것을 의미한다.

ⓔ 어휘다양도는 다른 낱말의 수/전체 낱말의 수이며, 어휘다양도로 아동의 의미론 발달을 알아볼 수 있다.

ⓐ 어휘다양도 수준을 고려할 경우 의미론 발달에는 문제가 없다.

ⓑ 평균 발화 길이를 볼 때, 구문론 발달에는 큰 문제가 없다.

정답 ③

해설

ㄱ. 자폐성장애 아동의 전형적인 언어특성은 늦은 언어발달과 정교함이 떨어지는 문장사용, 반향어 등이다.

ㄹ. 지우는 적절하거나 다양한 낱말을 이해하는 데 제한이 있으므로 위치나 동작을 나타내는 추상적인 표현은 직접 시범을 보이는 것이 좋다.

ㅁ. 언어에 대한 평가는 객관적인 평가와 주관적인 평가가 병행될 때 신뢰할 수 있으며, 교육목표를 설정하는 데 도움을 줄 수 있다.

ㄴ. 언어의 구성요소 (의미, 구문, 화용)의 결함과 언어의 질적 결함을 함께 보이고 있어 단순한 언어장애로 보기는 어렵다.

ㄷ. 발음보다는 대화상황에서 의사소통이 가능하도록 화용론에 초점을 맞춘다.

정답 ③

해설

ㄱ. ㉠은 '행위자(엄마) – 용언 수식(빨리) – 행위(온대)'로 구성되어 있다. 행위자는 동작을 하는 주체로, 흔히 동사에 대한 주어의 역할을 한다. 용언 수식은 행위나 서술 또는 부사를 수식하는 의미유형으로 부사의 역할을 한다. 행위는 행위자에 의해 관찰될 수 있는 움직임이나 활동을 나타내는 의미로서 동사의 역할을 한다.

ㄷ. ㉡은 반응하기 중 의례적 반응이다.

ㄹ. '네가 그러면 너랑 안 본다.'는 '네 – 가 – 그러 – 면 – 너 – 랑 – 안 – 보 – ㄴ – 다'로 10개의 형태소로 이루어진다.

ㄴ. 의사소통 행동은 상호작용에서 나타나는 행동으로 비상호적 행동은 포함하지 않는다. 여기서 상호작용 행동이란 신체적으로 근접한 행동이나, 몸짓이나 발성 또는 말로 접근이 일어난 경우, 또는 엄마의 의사소통 의도가 있은 후 아동이 3초 안에 응시 또는 반응한 경우를 포함한다. 따라서 ㉢의 책을 쳐다보는 행동은 의사소통 상호작용의 범위 안에 있다고 볼 수 있다.

정답 ①

해설

ㄱ. 행위 요구란 상대방이 어떤 행동을 취하도록 하는 것이다. 따라서 '행위 요구'는 가능하지만 대화상황에 부적절하다.
➡ '가방 주세요.', '집에 갈래요.'

ㄴ. '질문에 대한 반응'은 나타나지만 대화상황에 부적절하다.
➡ '햄버거 먹고 싶어요.'
질문에 대한 반응은 '예'는 수용, '아니요'는 저항, 부정을 나타내는 것으로, 위 대화에선 '네, 주스 좋아요.'가 이에 해당한다.

ㄹ. 요구에 대한 반응은 명료화(상대의 명료화 요구 후에 이전 발화를 반복하거나 명료하게 하려는 시도), 순응, 거부/저항을 나타내는 것이다. 위 대화에서는 '요구에 대한 반응'은 나타나지만 상대방의 '명료화 요구'에는 부적절하다.
➡ '햄버거요.'(요구에 대한 반응), '햄버거 먹고 싶어요.'(명료화 요구에 대한 부적절한 반응)

ㄷ. 주관적 진술은 직접적으로 관찰이 가능하지 않은 사실, 규칙, 태도, 느낌 또는 믿음에 대한 행동이나 진술을 하는 기능으로, 위 대화에선 '햄버거 맛있어요.', '집에 갈래요.'가 이에 해당한다. 주관적 진술은 나타나나 명료화 요구하기 (상대의 이전 발화에 대한 명료화 요구)는 나타나지 않는다.

ㅁ. '상황에 적절한 주제유지'가 되지 않고 있다.
➡ '집에 엄마 있어요.', '집에 갈래요.'

정답 ④

해설

다. 아동 발화의 구문론적인 분석에서는 아동이 나타내는 문장의 구조를 살펴볼 수 있다. 품사나 단문 또는 복문의 비율, 문장구조의 다양성 등을 분석함으로써 아동이 문장요소를 어떻게 사용하는지 알 수 있다.

라. 화용론적 능력은 말하는 사람에게 있어서는 듣는 사람의 의도를 인식하고 이해하는 능력을 의미하며, 듣는 사람에게 있어서는 말하는 사람의 의도를 인식하고 이해하는 능력을 의미한다.

바. 규준검사로 시행하는 경우 아동의 점수를 다른 또래 아동들의 점수와 비교가 가능하고, 준거검사로 시행하는 경우 성취목표에 달성 여부를 파악할 수 있어 교수목표 파악에 도움을 준다.

가. 자발화 표본을 수집하는 데 있어 가장 중요한 것은 그 표본이 아동의 평상시 언어를 대표할 수 있는가 하는 점이다. 대표적인 언어표본을 구하려면 여러 사람과의 대화를 골고루 수집하여야 한다. 아동은 상황에 따라서 자발성이 크게 달라지므로, 아동의 언어표본이 편협해지지 않도록 두 곳 이상의 장소에서 표본을 수집하는 것이 바람직하다.

나. 문장 간 의미관계를 분석하는 것은 의미론적 능력에서 알 수 있는 내용이다.

마. 어휘다양도(TTR)는 의미론적 능력에서 알 수 있는 내용이다.

67   2013학년도 유아 A 6번

정답

1) ㉠: 자발화

   ㉡: 형태소

2) 10/5 = 2

3) ②, ③ - 아동 발달연령보다 더 높은 수준의 목표이므로 적절하지 않다.

해설

2)

문장	낱말 수
① (이거) 이거 보고 이떠.	3
② 나비 와떠.	2
③ (어) 노난 나비.	2
④ 애뻐.	1
⑤ 나비 (음) 조아.	2

3) ② 말소리 발달 순서

연령	자음
3세	ㅁ, ㅍ, ㅂ, ㅃ/ㄷ, ㄸ, ㅌ
4세	ㄴ, ㅇ, ㅎ
5세	ㅉ, ㅊ, ㅈ
6세	ㅅ, ㅆ, ㄹ

③ 문법형태소 발달 순서

연령	문법 형태소
1세	종결어미(-야, -자)
2세	의존명사(거), 주격조사(가), 주제보조사(는), 보조용언(줘)
3세	연결어미(-고), 종결어미(다양)
4세	높임(-요), 의존명사(수), 목적격(를), 인용(-고), 관형사형+과거(-는)
5세	연결어미 다양함

68   2016학년도 중등 B 6번

정답

- 반향어, 자신의 행동을 통제하는 자기지시적 기능을 보인다.
- 화용적 능력은 상대방에게 자신의 의사소통 의도를 효과적으로 전달하고, 이것을 파트너지향적인 형태로 바꿀 수 있는 능력을 말한다. ㉡과 ㉢에서는 대화맥락에 맞는 주제 유지가 되지 않는다는 문제점이 있다.
- ②, ③ - 숫자세기 등과 같은 자동구어는 발화로 구분하지 않고 분석에서 제외한다.
- ⑨ - 2회 이상 동일한 발화가 단순 반복되면 최초 발화만 분석한다.

해설

■ 반향어의 기능

❶ 즉각 반향어

유형	기능	예시
언어적 이해가 전혀 없이 비상호적으로 나타나는 반향어	비초점	시선이나 동작이 사람이나 사물을 향하지 않고 발화 후에도 그 의도를 나타내는 증거가 보이지 않음
언어적 이해는 전혀 없지만 상호적으로 나타나는 반향어	주고받기 반응	시선이나 동작이 사람이나 사물을 향하고 있으나, 주고받는 순환적 반응이나 이해를 동반하지 않음
언어적 이해는 있지만 비상호적으로 나타나는 반향어	연습	행동을 일으키기 전에 생긴 반향어로서 직후의 동작이나 의도가 추측됨
	자기 규제	동작을 행하는 중에 자기가 행해야 할 동작에 대해 반향어로 말함
언어적 이해가 이루어지고 상호적으로 나타나는 반향어	기술	시선이나 동작이 사람이나 사물을 향해 있고 사물의 명칭을 반향어로써 말함
	긍정 대답	반향어로 긍정을 표현하는 것으로, 직전 또는 직후의 동작으로 그 의도가 표현되어 있다는 것을 알 수 있음
	요구	필요한 물건을 얻거나 하고 싶은 행동을 하기 위해 반향어를 말하는 것으로, 허가가 주어지면 사물을 가져거나 하고 싶은 행동을 함

❷ 지연 반향어

기능	예시
비목적적 기능	아무 목적이 없으며, 자기자극적
상황 연상	물체나 사람 또는 행동에 의해서만 초래되는 반향어
연습	• 언어적 형식을 갖춘 문장을 연습하듯이 반복함 • 대개 낮고 작은 소리로 연습하는 경향이 있음
자기지시적	• 대개 활동을 하기 전이나 하면서 반향어를 하는데, 연습에서처럼 다소 작은 소리로 함 • 자신의 행동을 통제하는 인지적인 기능을 갖고 있는 것으로 보임
비상호적 명명	• 행동이나 사물에 명명함 • 상호적인 명명과 유사하지만, 이 경우 스스로에게 말하는 것처럼 보이며 의사소통 의도가 보이지 않음
순서 지키기	• 교대로 말하는 상황에서 자신의 구어 순서를 채우는 기능을 함 • 의사소통 의도는 관찰되지 않음
발화 완성	상대방에 의해서 시작된 일상적인 말에 반응하여 그 발화를 완성하는 기능을 나타냄
상호적 명명	대개 제스처를 동반하여 활동이나 사물을 명명함
정보 제공	상대방에게 새로운 정보를 제공해 줌
부르기	• 상대방의 주의를 끌거나 상호작용을 유지하려는 기능을 가짐 • 상대방이 쳐다보지 않으면 계속 부르는 경우가 많음
수긍	• 상대방의 말을 수긍하는 기능을 가짐 • 대개 바로 전에 말한 것을 행동에 옮김
요구	• 원하는 물건을 얻기 위해 요구하는 기능을 나타냄 • 대개 원하는 물건을 바라보면서 말하며 그 물건을 얻을 때까지 계속 함
저항	• 다른 사람의 행동에 저항하는 기능을 가짐 • 그러므로 다른 사람의 행동을 저지하는 결과를 가져올 수 있음
지시적	다른 사람의 행동을 지시, 통제하는 기능을 가짐

---

69 **2016학년도 초등 A 3번 일부**

정답

2) 다양한 의사소통 행동을 시작하는 풍부한 기회를 가질 수 있도록 환경을 구성하여 샘플 수집을 하며, 학생이 의사소통을 시도하거나 상호작용에 참여할 수 있도록 만드는 상황이나 맥락은 무엇인지도 평가내용 속에 포함시켜야 한다.

해설

■ 비상징적 의사소통 진단을 위한 전략들
 – 친숙한 사람들과의 면담
 – 자연스러운 환경, 맥락에서의 관찰
 – 의사소통 샘플 모으기: 중도 · 중복장애 학생의 의사소통 평가는 구문론이나 형태론과 같은 언어의 형식적인 측면보다는 화용론적 기능의 발달에 중점을 두는 것이 중요하다. 이를 위하여 학생에 대한 구체적이고 실질적인 정보를 제공해줄 수 있는 친밀한 양육자 및 형제자매, 교사 등에

대한 면담을 실시하거나, 자연스러운 상황에서 학생의 상호작용 행동이나 의사소통 수단 등을 관찰할 수도 있다. 의사소통 샘플을 수집하기도 하는데, 이때 유의할 점은 학생이 먼저 의사소통을 시도하거나 상호작용에 참여할 수 있도록 만드는 상황이나 맥락은 무엇인지도 평가내용 속에 포함시켜야 한다는 것이다. 그리고 의사소통 평가를 위하여 하루 일과 활동 중의 자유놀이 장면이 이용될 수 있으나, 이러한 경우에도 중도 · 중복장애 학생이 다양한 의사소통 행동을 시작하는 풍부한 기회를 가질 수 있도록 환경을 구성하는 것이 바람직하다.

---

70 **2016학년도 유아 A 5번 일부**

정답

1) ㉠: 아동은 상황에 따라서 자발성이 크게 달라지므로, 두 곳 이상의 장소에서 표본을 수집하는 것이 바람직하다.

 ㉡: 노래하기, 숫자세기 등과 같이 자동 구어는 발화로 구분하지 않고 분석에서 제외한다.

2) 어휘다양도를 산출하여, 아동의 의미론적 영역을 평가할 수 있다.

해설

1) 아동은 상황에 따라서 자발성이 크게 달라진다. 아동의 언어표본이 편협해지지 않도록 하기 위해서는 가능한 한 한두 곳이상의 장소에서 표본을 수집하는 게 바람직하다. 밀러(Miller, 1981)는 아동의 언어는 장소나 상황에 따라서 달라질 수 있으므로 다양한 장소에서 수집된 표본이 더욱 대표적이라고 주장했다.

2) 발화 영역

영역	방법
의미론	개별 의미유형, 문장 간 의미관계 분석, 어휘다양도
구문론	형태소 · 낱말 · 어절에 의한 발화길이 분석
화용론	문장의 자율성 및 적절성, 언어기능의 다양성

---

71 **2020학년도 유아 A 5번 일부**

정답

1) ㉠: 평균 형태소길이

 ㉡: 평균 낱말길이

2) 수용언어 능력이 아니라 초기 표현언어 발달과 문법능력을 평가하기 위한 것이다.

해설

1) 아동의 자발적인 발화의 길이를 측정하는 척도로는 아동의 각 발화 속에 포함된 낱말이나 형태소의 수를 활용하여 평균을 내는 '평균 발화길이'가 있다.

2) 평균 발화길이는 초기 언어발달 단계에서 표현언어 발달과 문법 능력을 평가하는 척도로 가장 많이 쓰이는 단위이다.

3) "음매 찍어" 의미: (나는) 음매(를) 찍어.
　　　　　　　　　　(행위자) – 대상 – 행위

72　　2017학년도 유아 A 7번 일부

정답

4) 2.5

해설

발화	발화 수
① 돌 / 쌓아.	2
② 큰 / 돌 / 많이 / 쌓아.	4
③ 많이. /	1
④ 이거* / 같이 / 세.	3
총	10

* 이거: 이것의 구어체이나 자주 쓰여 대명사로 취급하며 1개의 단어로 처리한다.

따라서 10/4 = 2.50이다.

73　　2021학년도 유아 A 8번 일부

정답

1) ①: 대답
　 ②: 시도

3) ①: 2어절 발화
　 ②: 대상 – 행위

해설

1) 초기 구어기능 분석

구분	내용
명명 (labeling)	아동이 현재 조작하거나 감지하고 있는 사물의 이름을 대는 것 예 자동차를 가리키며 "자동차"라고 함
반복 (repeating)	상대방 말의 일부 또는 전부를 따라 하는 것 예 어른이 "빨간 모자"라고 했을 때 "모자"라고 함
대답 (answering)	상대방의 질문에 대답하는 것 예 어른이 "몇 살이야?" 하면 "세 살" 하고 대답함
행동 요구 (requesting action)	상대방이 어떤 행동을 취하도록 하는 것 예 "과자 주세요."
대답 요구 (requesting answer)	상대방의 대답을 유도하는 것 예 공을 들어 올리며 "공?"이라고 함
부르기 (calling)	상대방의 주의를 끌기 위한 말이나 음운 패턴 예 장난감을 가리키며 "엄마" 하고 부름으로써 엄마가 다가오게 함
인사 (greeting)	상대방에게 자신의 도착이나 출발을 알리는 것 예 "안녕", "빠이빠이"
저항 (protesting)	어떤 것을 싫어하거나 불허한다는 것을 나타내는 것 예 고개를 저으며 "싫어", "안 돼"
연습 (practicing)	앞의 문장과 연결되지 않는 말을 독백처럼 하는 것 예 어른이 "아이 춥다, 그치?" 했을 때 "아가, 아가" 하며 중얼거린다거나 아빠가 없는데도 "아빠, 아빠" 하며 중얼거림

해커스임용

설지민
특수교육학
영역별 이론+기출문제1

개정 2판 1쇄 발행	2021년 6월 29일
지은이	설지민
펴낸곳	해커스패스
펴낸이	해커스임용 출판팀
주소	서울시 강남구 강남대로 428 해커스임용
고객센터	02-566-6860
교재 관련 문의	teacher@pass.com
	해커스임용 사이트(teacher.Hackers.com) 1:1 고객센터
학원 강의 및 동영상강의	teacher.Hackers.com
ISBN	979-11-6662-473-5(13370)
Serial Number	02-01-01

해커스임용

- 임용 합격을 앞당기는 해커스임용 스타 교수진들의 고퀄리티 강의
- 풍부한 무료강의 · 학습자료 · 최신 임용 시험정보 제공
- 모바일 강좌 및 1:1 학습 컨설팅 서비스 제공